3ds Max 2018 & V-Ray

건축/인테리어 CG 실사 모델링 튜토리얼!

조우성 지음

기본+활용

iCox
Education by Sympathy

건축/인테리어 CG 실사 모델링 튜토리얼!

3ds Max 2018 & V-Ray 기본+활용

초판 1쇄 발행　2018년 07월 11일
초판 3쇄 발행　2023년 10월 31일

지은이　조우성
펴낸이　한준희
펴낸곳　(주)아이콕스

기획/편집　네모
디자인　디박스
영업　김남권
경영지원　김효선, 이정민

Education by Sympathy

주소　경기도 부천시 조마루로 385번길 122 삼보테크노타워 2002호
홈페이지　www.icoxpublish.com
쇼핑몰　www.baek2.kr (백두도서쇼핑몰)
이메일　icoxpub@naver.com
전화　032-674-5685
팩스　032-676-5685
등록　2015년 7월 9일 제 386-251002015000034호
ISBN　979-11-86886-79-3

이 도서의 국립중앙도서관 출판예정도서목록(CIP)은 서지정보유통지원시스템 홈페이지(http://seoji.nl.go.kr)와 국가자료공동목록시스템(http://
www.nl.go.kr/kolisnet)에서 이용하실 수 있습니다. (CIP제어번호 : CIP2018018569)

3DS MAX 2018 & V-RAY　머리말

안녕하세요. 독자 여러분! 건축/인테리어 CG 분야에서 새롭게 시작하시는 분이나 초보 디자이너 분들에게 도움을 드리고자 필자가 작업한 경험을 토대로 이 책을 통해 건축과 인테리어를 위한 3ds Max 모델링 기법을 소개하고자 합니다.

실무에서는 다양한 프로젝트를 신속히 진행할 수 있는 준비된 디자이너를 필요로 합니다. CG 디자이너의 기본 자격은 모델링 제작을 위한 툴을 능숙하게 다룰 수 있어야 하며 맵핑, 라이팅, 카메라 등 건축 환경에 맞는 설정 방법을 알고 있어야 합니다. 이러한 기술을 습득하기 위한 가장 좋은 방법은 현 실무자들의 모델링 방법을 꾸준히 관찰하고 반복적인 연습을 통해 3ds Max 사용 및 모델링 기술을 익히는 것이 무엇보다 중요합니다.
책의 내용은 실무 작업이 진행되는 순서에 맞게 모델링부터 맵핑, 라이팅, 렌더링 순이며 꼭 필요한 기능들과 그 기능을 이해할 수 있는 예제들로 구성되어 있습니다. 모델링 기법 및 재질, 매핑, 라이팅, 렌더링 등 필자가 사용하는 방식 그대로 정리하였으며 구독자들이 쉽게 따라할 수 있도록 수많은 노력으로 집필하였습니다. 더 많은 예제와 세부 기능 하나하나를 소개하고 싶었지만 지면의 한계로 그렇지 못한 부분은 가장 큰 아쉬움으로 남습니다.

마지막으로 이 책을 저와 함께 하자고 의뢰해주시고 무사히 출간되도록 수고해주신 기획 실장님께 감사드립니다. 또한 이번 집필 작업에 있어서 좋은 결과가 있도록 응원해준 가족과 친구들에게도 감사의 인사를 올립니다. 그리고 이 책을 통해 건축/인테리어 CG를 시작하시는 독자분들에게 많은 도움이 되길 바랍니다. 감사합니다.

지은이 조우성
segaplan@naver.com

3DS MAX 2018 & V-RAY

이 책의 구성 미리보기

입문자 및 CG 디자이너 초보자들이 3ds Max를
쉽고 빠르게 접할 수 있도록 체계적인 단계와 충분한 예제를 제공하여
다양한 기능을 습득하도록 구성하였습니다.

※ 이 책은 3ds Max 2018 최신판을 기준으로 작성되었으며 3ds Max 하위 버전(2015 이상)의
사용자도 사용할 수 있습니다.

**Plug-in & Script 소개 및
설치하기**

Lesson → 각 과정의 핵심 내용으로 쉽게 파악할 수 있도록
주제를 표시합니다.

많은 실무 디자이너들이 모델링 작업 시 플러그인과 스크립트를 사용한다. 반복적이고 복잡한 작업을 좀 더 쉽고
효율적으로 진행할 수 있기 때문이다. 종류가 다양하지만 건축 실무 작업 시 대표적으로 사용되는 프로그램을 소개하고자 한다.

 ——— **Floor generator V2_Free**

Section → 각 레슨의 세분화 단계를 섹션으로 정하고 상황에 따라 하위 단
계를 추가하여 중간 중간 진행되는 핵심 주제를 쉽게 파악할 수
있도록 구성합니다.

Floor generator는 바닥이나 벽에 타일 모델링을 적용시키는 프로그램이다.
다양하게 설정할 수 있으며 무료의 버전이 제공되어 신속하여 실무 작업에서 많이 사용되는 플러그인이다.

01 CG Source 홈페이지(www.cg-source.com)에 접속한다.
좌측의 Plugins/Tools 항목에서 FLOOR GENERATOR를 클릭한다.

02 무료와 유료 버전으로 구분되어 있으며 무료 버전으로 가입하여 설치해보자. 우측 상단의 Sign-Up을 클릭한다.

본문에서 설명하지 않은 자주 사용되거나 주요
기능에 대해 추가적으로 설명합니다.

Info

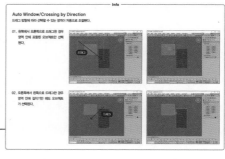

작업 시 필요한 실무 노하우나
주의사항에 대해 설명합니다.

Tip

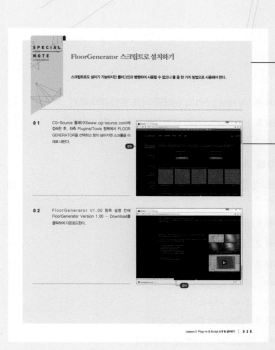

3ds Max에서 알아두어야 할 내용 중 본문에서 다루지 못한 핵심 기능이나 내용을 심도 있게 설명합니다.

클릭 위치 및 작업 과정을 이미지에 표시하여 직관적이고 빠르게 작업을 진행할 수 있습니다.

기능 예제 따라하기,
실습 예제 또는 예제 구성 등
충분한 연습을 통해 3ds Max의 기능 및
사용법을 습득할 수 있습니다.

기능
예제
따라하기 ──────────────── ShapeMerge 사용하기

01 Top 뷰를 선택한 후, 커맨드 패널의 Create 〉 Geometry 〉 Standard Primitives 〉 Plane을 선택하여 임의의 크기로 만든다.

02 Plane에 적용할 Shape를 만든다. 커맨드 패널의 Create 〉 Shape 〉 Splines 〉 Ngon을 선택하여 Plane 안에 들어갈 수 있게 임의의 크기로 만든다.

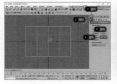

03 Plane 오브젝트를 선택한 후, 커맨드 패널의 Create 〉 Geometry 〉 Compound Objects 〉 ShapeMerge를 클릭한다.

04 커맨드 패널의 Modify 〉 Pick Operand 〉 Pick Shape를 선택한 후, Ngon Shape를 클릭한다.

3DS MAX 2018 & V-RAY 목차

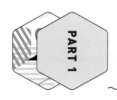

PART 1

건축 모델링의 시작

LESSON 1
3ds Max 2018 UI & 기본 환경 설정하기   **14**

SECTION 1 | 3ds max 2018 UI 설정하기   14
SPECIAL NOTE | 나만의 작업 공간 만들기   17
SECTION 2 | 3ds max 2018 기본 환경 설정하기   19

LESSON 2
Plug-in & Script 소개 및 설치하기   **21**

SECTION 1 | Floor generator V2_Free   21
SPECIAL NOTE | FloorGenerator 스크립트로 설치하기   25
SECTION 2 | Multitexture   28

LESSON 3
3ds Max 2018의 인터페이스   **31**

SECTION 1 | 3ds Max 2018 기본 화면 구성 파악하기   31
SECTION 2 | Main Toolbar 설정하기   33

SECTION 3 | Viewport의 이해와 사용 방법 파악하기   43
SECTION 4 | Viewport의 오브젝트 표현 방법 파악하기   53

LESSON 4
오브젝트의 변형 기능 알아보기   **58**

SECTION 1 | Transform Gizmo   58
SECTION 2 | Object Selection   64
SECTION 3 | Object의 복사   69
기능 예제 따라하기 | Array 사용하기   73
기능 예제 따라하기 | Mirror 사용하기   77
SECTION 4 | Object Group 짓기   77
기능 예제 따라하기 | Group과 Ungroup 사용하기   78
기능 예제 따라하기 | Open과 Close 사용하기   79
기능 예제 따라하기 | Attach와 Detach 사용하기   81
기능 예제 따라하기 | Explode 사용하기   82
SECTION 5 | Hide & Freeze   83
기능 예제 따라하기 | Hide by Category 사용하기   84
기능 예제 따라하기 | Layer Explorer 사용하기   85
기능 예제 따라하기 | Freeze 사용하기   89
SECTION 6 | 쿼드 메뉴(Quad Menu)   92
SPECIAL NOTE | 쿼드 메뉴 설정하기   94
SECTION 7 | Snap 잡기   96

PART 2

2D & 3D

LESSON 1
Create의 오브젝트 파악하기   **100**

SECTION 1 | Geometry의 Standard 오브젝트 기능
파악하기   100

SECTION 2 | Geometry의 Compound 오브젝트 기능
파악하기   110

기능 예제 따라하기 | ShapeMerge 사용하기   111

기능 예제 따라하기 | Loft 사용하기   113

기능 예제 따라하기 | ProBoolean 사용하기   117

SECTION 3 | Geometry의 VRay 기능 파악하기   119

기능 예제 따라하기 | VRayProxy 사용하기   120

SECTION 4 | Shapes의 Splines 기능 파악하기   122

LESSON 2
2D Spline   **129**

SECTION 1 | Modify 창 이해하기   129

SECTION 2 | Editable(Edit) Spline 기본 옵션   131

SECTION 3 | Selection Level과 그에 따른 주요 옵션   133

LESSON 3
2D Spline을 3D로 만들기   **137**

SECTION 1 | 면을 돌출하는 Extrude   137

기능 예제 따라하기 | Extrude 사용하기   138

SECTION 2 | 경사면을 만들어주는 Bevel   139

기능 예제 따라하기 | Bevel을 사용하여 십이면체 주사위 만들기   140

SECTION 3 | 라인따라 형태를 만들어주는 Bevel Profile   141

기능 예제 따라하기 | Bevel Profile 사용하기   144

SECTION 4 | 회전하면서 형태를 만들어주는 Lathe   146

기능 예제 따라하기 | Lathe 사용하여 유리잔 만들기   147

LESSON 4
3D Object   **149**

SECTION 1 | Editable(Edit) Poly 기본 옵션   149

SECTION 2 | Sub-Object Level과 그에 따른 주요 옵션들   152

LESSON 5
Object를 변형하는 명령어   **158**

SECTION 1 | Object를 휘어주는 Bend   158

기능 예제 따라하기 | Bend 사용하기   159

SECTION 2 | Object를 잘라주는 Slice   162

기능 예제 따라하기 | Slice 사용하기   163

SECTION 3 | Object를 반전시켜주는 Symmetry   165

기능 예제 따라하기 | Symmetry 사용하기   166

SECTION 4 | 양면으로 두께를 주는 Shell   167

기능 예제 따라하기 | Shell 사용하기   168

SECTION 5 | Object를 비틀어주는 Twist   169

기능 예제 따라하기 | Twist 사용하기   170

SECTION 6 | X/Y/Z축 다양한 변화를 주는 Noise   172

기능 예제 따라하기 | Noise 사용하기   173

SECTION 7 | Object 형태를 부드럽게 해주는 TurboSmooth   174

기능 예제 따라하기 | TurboSmooth 사용하기   175

SECTION 8 | 무작위 형태로 변화시켜주는 FFD   176

기능 예제 따라하기 | FFD 사용하기   177

PART 3

모델링
작업 시작

LESSON 1
건축 도면 정리하기   **180**

SECTION 1 | 이미지화 도면으로 작업 준비하기   180

SECTION 2 | 작업할 이미지 정리하기   182

SECTION 3 | 작업 도면 정리하기   185

LESSON 2
이미지 & 캐드 도면 및 3ds Max 환경 설정하기   **191**

SECTION 1 | 3ds Max 환경 설정하기   191
SECTION 2 | 이미지 설정하기   197
SPECIAL NOTE | 뷰포트 상의 이미지 해상도 조절   204
SECTION 3 | 도면 설정하기   206

LESSON 3
인테리어 관련 기본 규격 알아보기   **208**

SECTION 1 | 기본 가구 규격 알아보기   208

LESSON 4
인테리어 모델링 만들기   **211**

SECTION 1 | 의자 모델링하기   211
실습예제 | 팔걸이 의자 만들기   240
SECTION 2 | Mesh Stool 의자 모델링하기   241
실습예제 | 다른 타입 Mesh Stool 의자 만들기   279
SECTION 3 | 원형 테이블 모델링하기   280
SECTION 4 | 원목 테이블 상판 모델링하기   298
SECTION 5 | 펜던트 조명 모델링하기   305
SECTION 6 | 커튼 모델링하기   316

PART 4
건축 모델링

LESSON 1
순서별 공간 모델링하기   **330**

SECTION 1 | 모델링 공간 확인하기   330
SECTION 2 | 도면을 배경으로 벽체 만들기   332
1, 2층 벽체 만들기   332

정면 벽체 창호 만들기   337
좌측면 벽체 창호 만들기   342
배면 벽체 창호 만들기   342
우측면 벽체 창호 만들기   343
외부 벽체 만들기   343
SECTION 3 | 천장과 바닥 만들기   344
외부 바닥 만들기   344
1층, 2층 바닥 만들기   345
1, 2층 천장 만들기   349
SPECIAL NOTE | Layer 사용하기   356
SECTION 4 | 외부 창호 만들기   359
외부 창문 만들기   359
문 만들기   367
1층 전면 창호 만들기   374
SECTION 5 | 내부 구조물 만들기   386
1층 기둥과 보 만들기   386
기둥 보 장식 만들기   395
2층 기둥과 보 만들기   399
2층 보 레일 만들기   400
SECTION 6 | 1층 내부 벽체 수정 및 문 만들기   405
문 만들기   405
1층 내벽 수정하기   410
1층 내부 벽체 문 달아주기   419
벽장 손잡이 만들기   425
SECTION 7 | 주방 및 입구 벽장 만들기   430
주방 벽장 문틀과 슬라이딩 문 만들기   430
입구 벽장 및 슬라이딩 문 만들기   437
SECTION 8 | 계단 및 난간 만들기   445
계단 디딤판 만들기   445
계단 옆판 만들기   450
계단 난간 만들기   460
2층 난간 만들기   465
SECTION 9 | 2층 내부 벽체 수정 및 문 만들기   474
2층 벽체 수정하기   474
2층 문 만들기   479
2층 슬라이딩 도어 만들기   485
SECTION 10 | 걸레받이 바닥 프레임 만들기   488
주방 바닥 프레임 만들기   488
1, 2층 걸레받이 만들기   491
SECTION 11 | 가구 및 조명 배치하기   494

소파 494
거실 러그(Rug) 495
TV 테이블 Set 495
식탁 테이블 Set 495
식탁 조명 496
2층 조명 496
주방 조명 496
주방 조리대 및 소품 497
커튼 497
침대 497
침대 사이드 테이블 498
책상 499

PART 5

재질
(Materials)

LESSON 1
Material Editor의 이해하기 502

SECTION 1 | **Compact Material Editor 구성과 기능 알기** 502
Material Editor 502
Sample Slot 기능 505
SECTION 2 | **Slate Material Editor** 506
Slate Material Editor 506
Active View의 재질 및 노드(Node) 507
SECTION 3 | **Standard/VRay Material 기본 구성 파악하기** 511
Standard Material 511
VRay Materia 513
SECTION 4 | **Map Browser 알아두기** 518
Bitmap 518
Color Correction 520
Falloff 521
예제 | Falloff 사용해보기 522
Gradient 523
Gradient Ramp 523
Mix 524

예제 | Mix 사용해보기 524
Noise 525
예제 | Noise 사용해보기 526
Tiles 527

LESSON 2
VRay Material의 기능 파악하기 529

SECTION 1 | **VRay2SidedMtl** 529
예제 | VRay2SidedMtl을 사용하여 전등갓 재질 만들기 530
SECTION 2 | **VRayOverrideMtl** 532
예제 | VRayOverrideMtl을 사용하여 Color Bleeding 줄이기 532
SECTION 3 | **VRayLightMtl** 534
예제 | VRaylightMtl을 활용하기 535
SECTION 4 | **VRayBlendMtl** 537
예제 | VRayBlendMtl을 사용하여 Car Paint 재질을 만들기 537
SECTION 5 | **VRayDirt** 539
예제 | VRayDirty를 사용하여 콘크리트 벽 재질 만들기 540
SECTION 6 | **VRayEdgesTex** 544

LESSON 3
재질 만들기 546

SECTION 1 | **도장(페인트)** 546
무광 도장: VP 546
유광 도장: VP Op 548
반광 도장: VP Di 549
SECTION 2 | **Wood** 550
일반 Wood: WD 550
Wood 유광: WD Op 552
Wood 필름지: WD P 555
플로어링 Wood: WD F 557
플로어링 Wood 반광: WD F Di 559
SECTION 3 | **Stone** 561
거친 Stone: Mb 561
광택 Stone: Mb Op 564
Stone Tile: Mb Tile(Tiles Map 적용) 566
Stone Tile: Mb Tile (Bump Map 적용) 568
SECTION 4 | **벽돌/콘크리트** 570
거친 벽돌: Wall Brick 570

일반 콘크리트: Concrete 573

바닥 콘크리트: PI Concrete 575

바닥 에폭시 콘크리트: PI Concrte Op 577

SECTION 5 | 가죽 579

일반 가죽: Leather 579

벨벳 가죽: Velvet Leather 581

SECTION 6 | 천 584

일반 천 재질: FB 584

반투명 커튼: FB Opacity 586

일반 커튼 재질: FB Curtain 588

SECTION 7 | 유리 589

창문 유리: Win Glass 589

창문 유리 Side: Glass Side 591

안개 유리: Frost Glass 592

반사 유리: D Glass 593

거울: Mirror 594

SECTION 8 | 스틸 595

헤어라인 스틸: Hair Sus 595

구로 메탈: Guro Metal 597

골드 스틸: Gold Sus 599

알루미늄 스틸: AL Sus 600

크롬 메탈: Metal Crome 601

SECTION 9 | 재질 저장하기 602

LESSON 4
UVW 사용하기

604

PART 6

조명(Lighting) & 카메라(Camera)

LESSON 1
Light의 이해

612

SECTION 1 | 조명 이해하기 612

SECTION 2 | VRay Light 알아보기 615

LESSON 2
Light의 설치 방법 알기

620

SECTION 1 | 투시도를 표현하는 방법 620

기능 예제 따라하기 | 주경 장면 만들기 621

기능 예제 따라하기 | 야경 장면 따라하기 627

기능 예제 따라하기 | 화장실 장면 만들기 628

SECTION 2 | 아이소메트릭을 표현하는 방법 634

기능 예제 따라하기 | ISO 장면 만들기 635

LESSON 3
Camera에 대해서 파악하기

637

SECTION 1 | Camera 시점에 따른 구도 찾기 637

SECTION 2 | Camera의 종류 641

예제 | 내부 Physical Camera 설정하고 구도 잡아보기 648

PART 7

Mapping 및 Light & Camera 설정

LESSON 1
재질별 맵핑하기

654

SECTION 1 | 의자 맵핑하기 654

Standard stool 654

Mesh stool 664

SECTION 2 | 테이블 맵핑하기 667

원형 테이블 667

원목 테이블 671

SECTION 3 | 조명 맵핑하기 674

SECTION 4 | 커튼 맵핑하기 677

SECTION 5 | 건축 모델링 맵핑하기 680

VP(도장) 맵핑하기 680

Glass(유리) 맵핑하기 683

Wood 1(나무) 맵핑하기 686

Wood 2(나무) 맵핑하기 695

Wood Floor(나무 플로어링) 맵핑하기　　702
Sus(철) 맵핑하기　　707
Concrete(콘크리트) 맵핑하기　　711
기능 예제 따라하기 | 가구 맵핑하기　　713

LESSON 2
Light & Camera 설치하기　　**716**

SECTION 1 | **Light 설치하기**　　716
주경 Light 설치하기　　716
야경 Light 설치하기　　721
SECTION 2 | **Camera 설치하기**　　727
주경 Camera 설치하기　　727
야경 Camera 설치하기　　734
기능 예제 따라하기 | 2F Camera 설치하기　　737

PART 8

렌더링
(Rendering)

LESSON 1
Render Setup　　**742**

SECTION 1 | **Scanline Renderer 패널 알기**　　742
공통 Common 패널　　742
Renderer 패널　　746
Render Elements 패널　　747
SECTION 2 | **V-Ray 패널 알기**　　748
UI View　　748
Frame buffer　　748
Global switches　　749
Image sampler(Antialiasing)　　751
Image filter　　752
Bucket image sampler　　752
Progressive image sampler　　753
Global DMC　　753
Environment　　754
Color mapping　　755

Camera　　756
SECTION 3 | **GI 패널 알기**　　757
Global illumination　　757
Irradiance map　　758
Light cache　　759
Brute force GI　　759
Global photon map　　760
SECTION 4 | **Render Frame & V-Ray Frame VFB**　　760
Render Frame　　760
V-Ray Frame buffer = VFB　　762
VFB Color Corrections　　763

LESSON 2
Test 렌더링과 최종 렌더링 설정　　**766**

SECTION 1 | **Test 렌더링 설정 및 렌더링하기**　　766
Test 렌더링 설정하기　　766
SPECIAL NOTE | 렌더링 설정 저장하기/불러오기　　769
Test 렌더링하기　　771
SECTION 2 | **최종 렌더링 설정 및 렌더링하기**　　772
최종 렌더링 설정하기　　772
최종 렌더링하기　　774
야경 렌더링하기　　775

LESSON 3
보정하기　　**777**

SECTION 1 | V-Ray Frame buffer를 이용한 보정하기　　777
SECTION 2 | Photo Shop을 이용한 보정하기　　781

부록

실습예제 01 | **Redux House**　　787
실습예제 02 | **Guest House**　　790

건축 CG 작업을 위해 실무에서는 3ds Max와 V-ray 프로그램을 많이 사용한다.
건축 모델링 작업을 시작하기 앞서 프로그램들의 설치 방법과 작업 과정에서
유용한 스크립트(Script) 및 플러그인(Plug-In)에 대해 알아보자.

3DS MAX 2018

1

건축 모델링의 시작

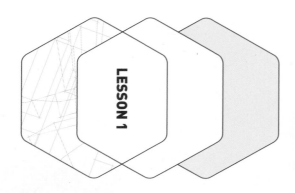

LESSON 1

3ds Max 2018 UI & 기본 환경 설정하기

설치된 초기 화면의 기본 구성으로 진행해도 되지만 사용자 작업 환경에 맞게 변경할 수 있다.
UI, 레이아웃, 기본 환경 설정 등 사용자에 맞게 조절해보자.

SECTION 1

3ds Max 2018 UI 설정하기

3ds Max를 실행하면 UI가 어두운 톤으로 설정되어 있다. UI의 기본 색상을 밝게 조정하고 레이아웃도 변경해보자.

01 3ds Max의 처음 실행 시 화면의 색상은 짙은 회색 톤으로 구성되어 있다. 밝은 톤으로 변경해보자.

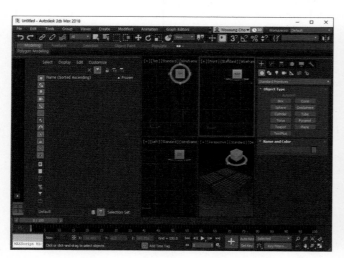

02 메인 메뉴바에서 Customize 〉 Custom UI and Defaults Switcher를 클릭한다.

03 [Choose initial settings for tool options and UI layout.] 창이 나타나면 UI schemes: 항목에서 ame-light를 선택하고 우측 하단의 [Set] 버튼을 클릭한다.

04 [Custom UI and Defaults Switcher] 창의 [확인] 버튼을 클릭한 후, 3ds Max를 재실행하면 현재 UI 상태로 사용 가능하다.

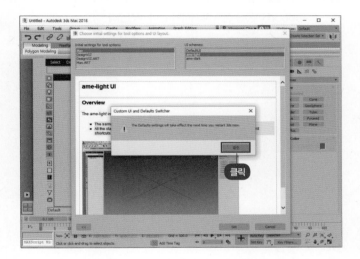

05 ame-light UI로 적용된 상태이다. 필요 없는 툴바를 제거하여 작업 화면을 넓게 만들자.

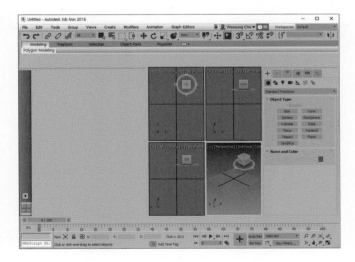

06 뷰포트의 좌측 툴바 상단에 마우스 커서를 가져가면 'Viewport Layout Tabs' 글자가 나타난다. 그 다음에 우 클릭한 후, [Interface] 창에서 Viewport Layout Tabs 항목의 선택을 체크 해제하여 창을 사라지게 한다.

 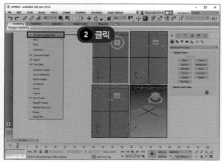 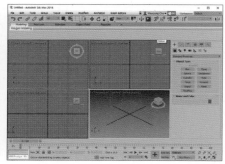

07 메인 툴바 하단의 Ribbon 툴바 좌측 끝에 마우스 커서를 위치하면 'Ribbon' 글자가 나타난다. 그 다음 우 클릭한 후, [Interface] 창에서 Ribbon 항목을 선택 해제하면 창이 사라진다.

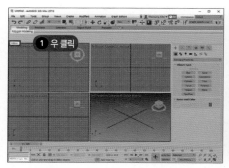 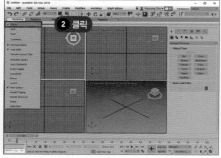 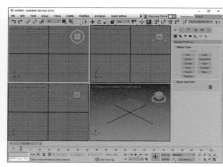

08 이전 상태로 되돌리려면 메인 툴바 좌측 끝에서 우 클릭 한 후, [Interface] 창에서 삭제한 툴바를 다시 선택한다.

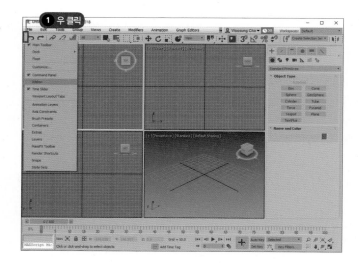

나만의
작업 공간 만들기

나만의 작업 공간을 [Manage Workspaces] 창에서 쉽게 만들 수 있다.

0 1 우측 상단의 Workspace: 항목에서 Manager Workspaces를 선택한다.

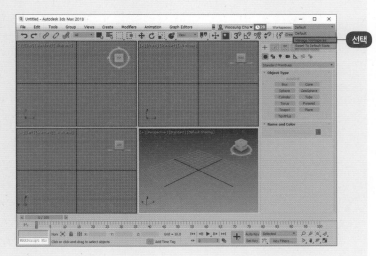

선택

0 2 [Manager Workspaces] 창에서 작업 공간에 관한 설정을 할 수 있다.

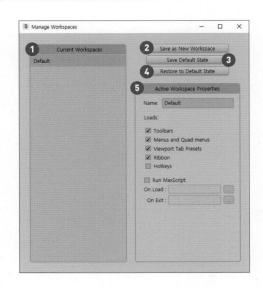

❶ Current Workspaces: 현재의 작업 공간을 표시하며 기존에 설정된 작업 공간의 유형을 선택할 수 있다.

❷ Save as New Workspace: 새로운 작업 공간을 저장한다.

❸ Save Default State: Current Workspaces에서 선택한 작업 공간에 저장한다.

❹ Restore to Default State: Current Workspaces에서 선택된 작업 공간을 처음 상태로 되돌린다.

❺ Active Workspace Properties: 작업 공간의 이름 및 툴바를 설정하는 창이다.

0 3 Workspace 항목에서 Reset To Default State를 선택하여 작업 공간을 초기화시킬 수 있다.

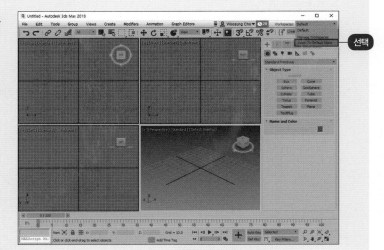

3ds Max 2018 기본 환경 설정하기

효율적인 작업을 위해 기본 환경 설정이 필요하다.
오브젝트의 선택 방법, 파일의 오토 백업, 실행 취소(Undo) 단계 등에 대해 설정해보자.

01 Undo 기능의 단계를 설정한다. 메인 메뉴바에서 Customize 〉 Preferences…를 클릭한다.

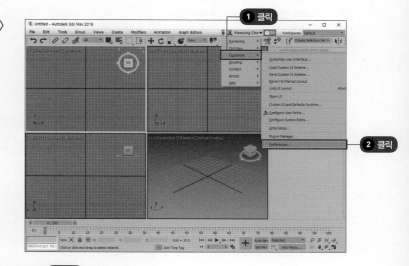

02 [Preference Settings] 창이 나타나면 [General] 탭에서 Scene Undo 항목의 Levels 값을 30으로 입력한다.

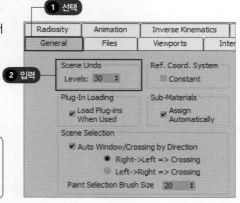

t i p

실행 취소(Undo) 단계가 너무 높은 수치면 오류가 발생할 수 있기 때문에 주의해야 한다.

03 다음은 오브젝트 선택 방법을 설정해보자. Scene Selection 항목에서 Auto Window/Crossing by Direction을 체크한다.

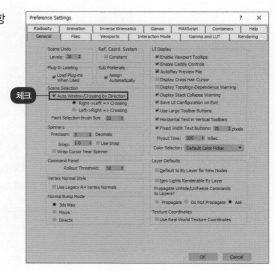

Auto Window/Crossing by Direction

드래그 방향에 따라 선택할 수 있는 영역이 자동으로 조절된다.

01. 왼쪽에서 오른쪽으로 드래그한 경우
    영역 안에 포함된 오브젝트만 선택
    된다.

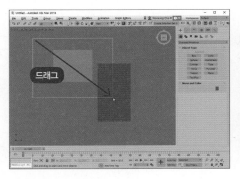
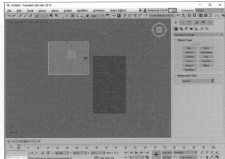

02. 오른쪽에서 왼쪽으로 드래그한 경우
    영역 안에 걸치기만 해도 오브젝트
    가 선택된다.

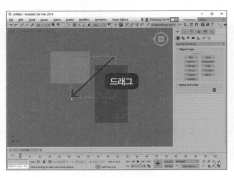
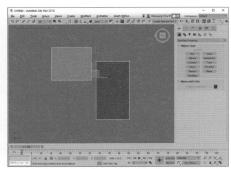

04 다음은 오토 백업에 대해 설정해보자. [Files] 탭에서 Auto Backup 항목의 값들을 조절한다.

❶ Number of Autobak Files: 오토 백업되는 파일의 개수를 설정한다.

❷ Backup Interval(minutes): 파일이 저장되는 시간을 분단위로 설정한다.

❸ Auto Backup File Name: 오토 백업되는 파일의 이름을 설정한다.

> **t i p**
>
> 잦은 백업은 작업 진행 시 불편할 수 있으니 30분에서 1시간 사이가 적당하다. 오
> 토 백업되는 파일의 이름을 설정해놓으면 필요 시 파일 찾기가 수월하다.

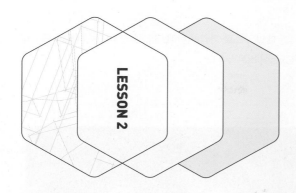

Plug-in & Script 소개 및 설치하기

많은 실무 디자이너들이 모델링 작업 시 플러그인과 스크립트를 사용한다. 반복적이고 복잡한 작업을 좀 더 쉽고 효율적으로 진행할 수 있기 때문이다. 종류가 다양하지만 건축 실무 작업 시 대표적으로 사용되는 프로그램을 소개하고자 한다.

SECTION 1

Floor generator V2_Free

Floor generator는 바닥이나 벽에 타일 모델링을 적용시키는 프로그램이다.
다양하게 설정할 수 있으며 버전의 업그레이드가 신속하여 실무 작업에서 많이 사용되는 플러그인이다.

01 CG Source 홈페이지(www.cg-source.com)에 접속한다. 좌측의 Plugins/Tools 항목에서 FLOOR GENERATOR를 클릭한다.

02 무료와 유료 버전으로 구분되어 있으며 무료 버전으로 가입하여 설치해보자. 우측 상단의 Sign-Up을 클릭한다.

클릭

클릭

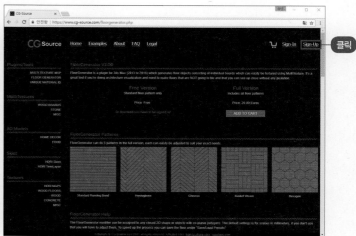

03 이름, 메일 주소, 암호, 국적 등 기본 정보를 입력하고 하단의 [Sigh-Up] 버튼을 클릭한다.

04 '입력한 메일 주소로 가입인증 메일을 전송했다.'는 내용이 표시되면 [Close] 버튼 누른다.

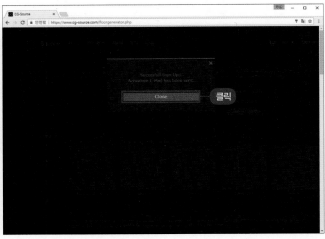

05 전송된 메일에서 Activate Account을 클릭한다.

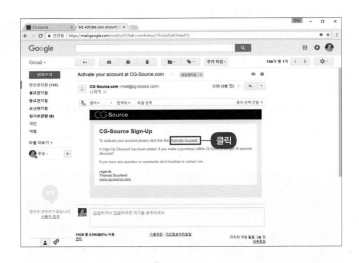

06 가입 인증이 완료되면 [SIGN-IN] 창에 이메일 주소와 암호를 입력하고, [Sign-In] 버튼을 클릭하여 로그인한다.

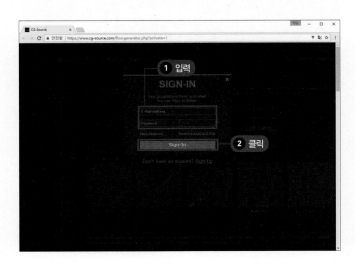

07 Free Version의 다운로드가 활성화되면 [DOWNLOAD] 버튼을 클릭한다.

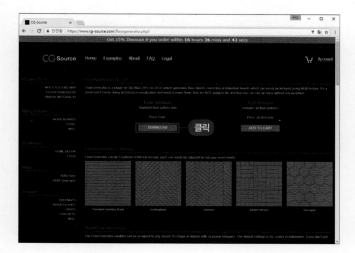

08 다운로드한 파일의 압축을 해제한다.

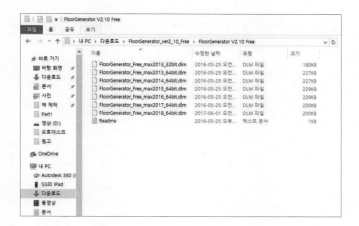

09 3ds Max 프로그램을 종료하고 'FloorGenerator_Free_max2018_64bit.dlm' 파일을 C: 〉 Program Files 〉 Autodesk 〉 3ds Max 2018 〉 Plugins 폴더 안에 복사하면 설치가 완료된다.

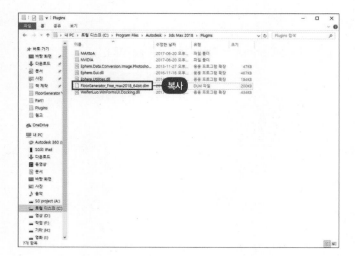

10 FloorGenerator를 적용해보자. 3ds Max를 실행한 후, 커맨드
패널에서 Create 〉 Geometry 〉 Standard Primitives 〉
Plane을 클릭하고 Top 뷰에서 임의의 크기로 평면을 생성한다.

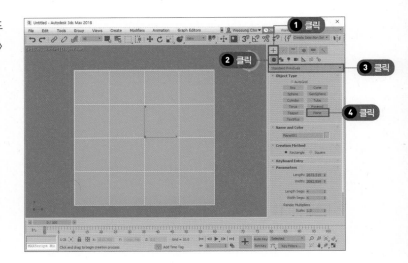

11 Modify 〉 Modifier list 〉 FloorGenerator를 선택하여 명령어
를 적용시킨다.

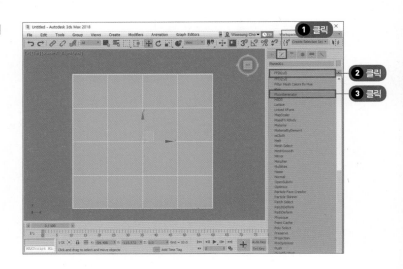

12 FloorGenerator 명령어가 적용된 상태이다.

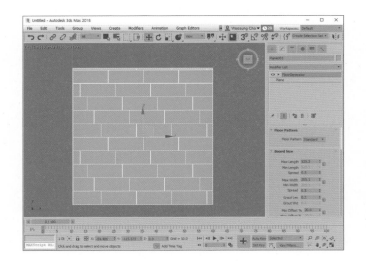

FloorGenerator 스크립트로 설치하기

스크립트로도 설치가 가능하지만 플러그인과 병행하여 사용할 수 없으니 둘 중 한 가지 방법으로 사용해야 한다.

01 CG-Source 홈페이지(www.cg-source.com)에 접속한 후, 좌측 Plugins/Tools 항목에서 FLOOR GENERATOR을 선택하고 창이 넘어가면 스크롤을 아래로 내린다.

클릭

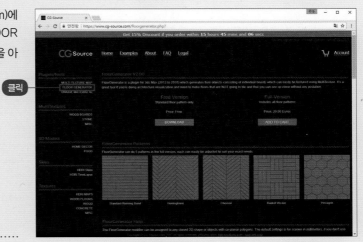

02 FloorGenerator V1.00 항목 설명 칸에 FloorGenerator Version 1.00 - Download를 클릭하여 다운로드한다.

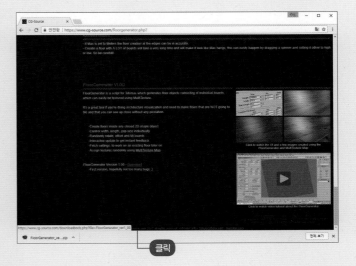

클릭

0 3 다운로드한 FloorGenerator_ver1_00 파일의 압축을 해제한다.

0 4 FloorGenerator_ver1_00.ms 파일을 C: 〉 Program Files 〉 Autodesk 〉 3ds Max 2018 〉 Scripts 폴더에 복사한다.

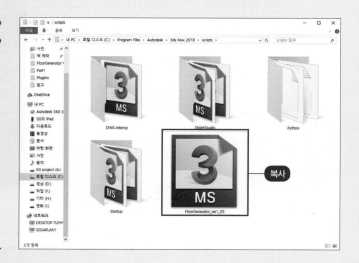

0 5 3ds Max를 실행한 후, 메인 메뉴 바에서 Scripting 〉 Run Script…을 클릭한다.

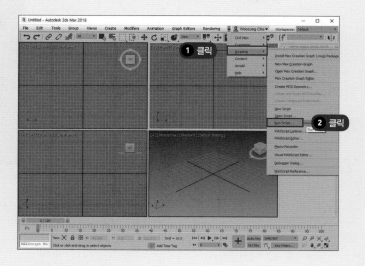

0 6 [Choose Editor File] 창이 나타나면 Scripts 폴더 안에서 FloorGenerator_ver1_00.ms파일을 선택한 후 우측 하단의 [Open] 버튼을 클릭하여 실행한다.

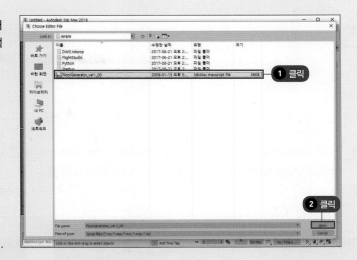

0 7 [FloorGenerator] 창이 나타나면 값을 입력하여 사용한다.

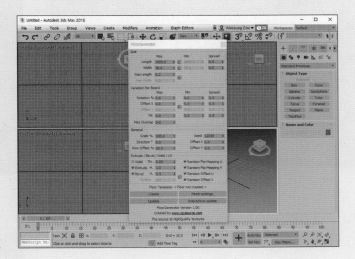

Multitexture

FloorGenerator와 같이 병행하여 사용하는 오브젝트와 재질 ID에 무작위로 쉽게 할당해주는 플러그인이다.
감마, 색조 및 채도를 조정하여 적용시킬 수 있다.

01 CG Source 홈페이지(www.cg-source.com)에 접속한다. 좌측의 Plugins/Tools 항목에서 MULTI TEXTURE MAP을 클릭한다.

02 MultiTexture를 다운로드하기 위해 가입 및 로그인이 필요하다. 앞의 Floorgenerer에서 가입을 하였다면 우측 상단의 [Sing-in] 버튼을 눌러 로그인한다.

03 중간 지점의 MultiTexture Map Version 2.X 옆에 Download 를 클릭한다.

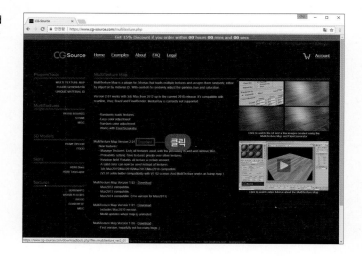

04 다운로드된 파일을 압축 해제하면 맥스의 버전별로 파일이 존재한다.

05 MultiTexture_max2018_64.dlt 파일을 선택한 후, C: 〉 Program Files 〉 Autodesk 〉 3ds Max 2018 〉 Plugins 폴더 안에 복사하여 설치를 완료한다.

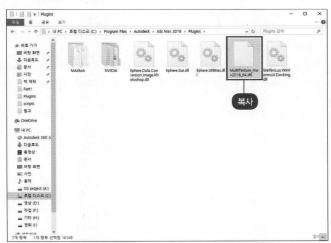

06 3ds Max 2018를 실행한 후, 메인 툴바에서 Slate Material Editor( )(M)을 클릭한다.

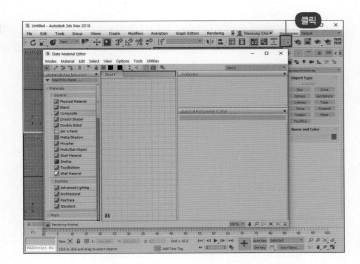

07 [Slate Material Editor] 창에서 Material/Map Browser 〉 Map 〉 General 〉 MultiTexture에서 설치된 것을 확인한다.

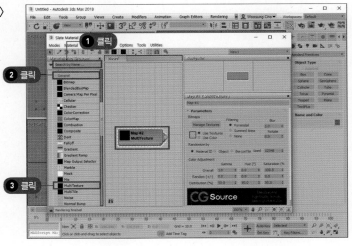

플러그인 · 스크립트 관련 사이트

작업자의 편의성을 위해 다양한 플러그인과 스크립트가 존재한다. 사용하는 3ds Max 프로그램 버전에 따라 적용하는 파일의 버전도 다른 경우가 많기 때문에 잘 확인하고 설치하는 것이 중요하다.

01 | Joycg(www.Joycg.com)

3ds Max 관련 소식과 강좌 및 플러그인, 스크립트를 다운받을 수 있는 사이트이다. 여러 가지 무료/유료 튜토리얼 자료들이 풍부하여 자주 애용하는 사이트이다.

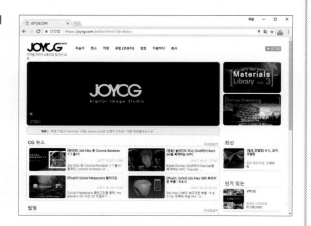

02 | 3dsmax 또자 만큼 맥스하기(http://cafe.naver.com/maxddoja)

3ds Max 관련 소식과 개인이 만든 모델링 및 강좌, 맵 소스 등 다양한 정보들을 확인할 수 있는 카페이다.

03 | SCRIPTSPOT(www.scriptspot.com)

스크립트 & 플러그인을 다운받을 수 있는 사이트이다. 3ds Max 사용자가 만든 자료들을 다운받을 수 있다.

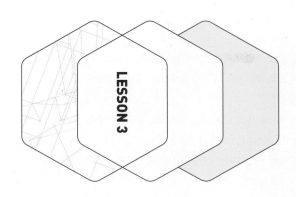

LESSON 3

3ds Max 2018의 인터페이스

3ds Max 2018의 인터페이스는 기존 2017 버전과 크게 다르지 않다. 기존 맥스를 써왔던 사용자라면 크게 불편함을 느끼지 못할 것이다. 다양한 인터페이스의 변화가 가능하여 사용자의 취향에 따라 작업 환경 설정이 가능하다.

SECTION 1

3ds Max 2018 기본 화면 구성 파악하기

처음 사용자라면 3ds Max 2018의 인터페이스를 확인하는 것이 순서이다. 구성 요소의 명칭을 익히고 주요 기능들이 어디에 위치하고 있는지 확인하도록 하자.

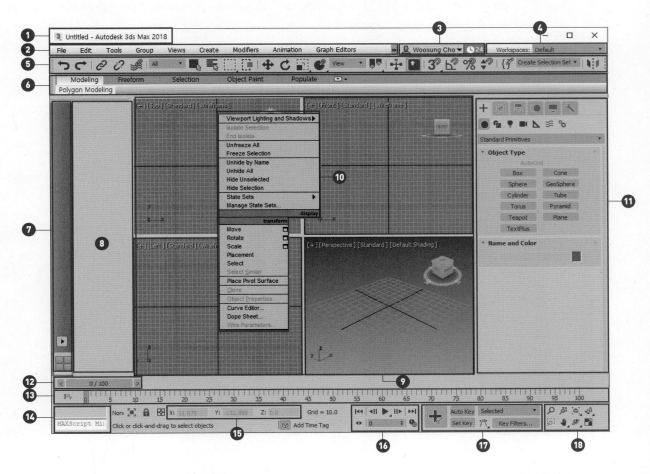

❶ Title Bar: 현재 작업하고 있는 파일명을 보여준다.

❷ Menu Bar: 3ds Max에서 사용되는 모든 메뉴가 있는 곳으로 클릭하면 다양한 하위 메뉴들을 볼 수 있다.

❸ Info Center: 3ds max의 사용자 정보가 표시된다.

❹ Workspacse: 다양한 작업 공간을 불러올 수 있는 곳이다. 사용자마다 Workspacse에서 도구 모음, 메뉴, 뷰포트 레이아웃 등 각종 화면 구성의 도구들을 설정할 수 있다. 또한 저장, 불러오기 및 초기화할 수 있다.

❺ Main Toolbar: 3ds Max에 자주 사용되는 핵심 도구를 나열한 곳이다. 주로 사용하는 도구에 따라 메뉴를 추가하고 삭제할 수 있다.

❻ Graphite Modeling Tools: 3ds Max 2010 버전부터 새롭게 추가된 툴바로 Poly Modeling에 필요한 편집 명령들이 강화되어 나열된 곳이다. Main Toolbar의 'Graphite Modeling Tools' 토글 버튼을 사용함에 따라 나타나거나 숨길 수 있다.

❼ Viewport Layout Tabs: 다양하게 설정된 뷰포트 구성을 빠르게 전환할 수 있는 탭 모음이다. 기본적으로 제공된 레이아웃을 사용하거나 사용자 정의의 레이아웃을 만들 수 있다.

❽ Scene Explorer: 장면 탐색기에서 오브젝트를 보고, 정렬하고, 필터링하고, 선택할 수 있으며 이름을 변경하거나 삭제, 숨기기, 고정하기, 계층 만들기 등 오브젝트의 특성을 편집할 수 있다.

❾ Viewport layout: 여러 스타일의 뷰포트로 분할하거나 확장된 뷰포트로 변경할 수 있다.

❿ Quad Menu: 활성화 뷰포트 안에서 레이블 위치를 제외하고 어느 곳이든 우 클릭하면 쿼드 메뉴가 표시된다. 메뉴의 옵션은 선택 항목에 따라 달라진다.

⓫ Command panel: Create, Modify, Hierarchy, Motion, Display, Utilities Panel의 6가지로 구성되어 있다.

⓬ Time Slider: 애니메이션 작업 시 사용되며 동작에 따른 시간의 흐름을 사용자가 파악할 수 있다.

⓭ Track Bar: 애니메이션에 사용된 Key와 전체적인 흐름을 파악할 수 있다.

⓮ Mini Script listener: 스크립트를 입력하는 창으로 편집 및 조정까지 할 수 있다.

⓯ Prompt line & Status Bar Control: 동작에 대한 결과와 다음 동작에 대한 지시사항을 보여주고 오브젝트의 이동, 회전, 크기 등에 따른 좌표 정보를 표시한다. 절대좌표의 명령을 사용하여 오브젝트를 제어할 수 있다.

⓰ Animation Playback Controls: 애니메이션에 등록된 Key를 선택하거나 실행, 정지, 시간에 따른 애니메이션 동작을 살펴보며 전체 시간을 조절할 수 있다.

⓱ Animation Keying Control: 애니메이션 동작(Key) 설정과 Key Filter 등을 제어한다.

⓲ Viewport Navigation Controls: 작업 화면의 확대, 축소, 이동 등 화면을 제어한다.

◦◦◦◦◦◦◦◦◦◦ Info ◦◦◦◦◦◦◦◦◦◦

Viewport navigation Controls

뷰를 Perspective View에서 Camera View로 변경하면 Viewport navigation Controls의 아이콘 모양이 카메라 관련 아이콘으로 변경된다. 또한 Ctrl + C 는 Perspective View 화면 그대로 카메라를 추가할 수 있다.

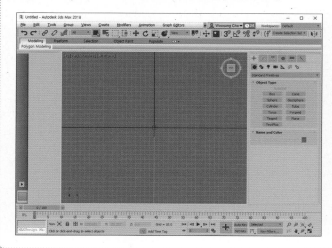
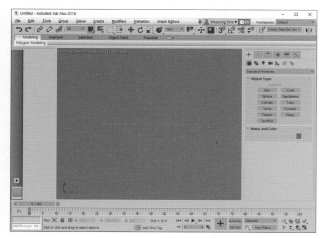

SECTION 2

Main Toolbar 설정하기

툴바는 자주 사용하거나 필요한 기능을 바로 선택하여 사용할 수 있는 기능이다. 기본 툴바의 구성 및 활성화되지 않은
툴바들을 확인하고 작업자에 필요한 구성으로 설정해보자.

UI Toolbar 불러오기

01 메인 툴바 좌측 끝부분으로 이동한 후, 우 클릭하면 툴바 메뉴가 나
타난다.

02 그림과 같이 툴바 메뉴에서 다양한 툴바들을 선택하여 활성화 할수
있다.

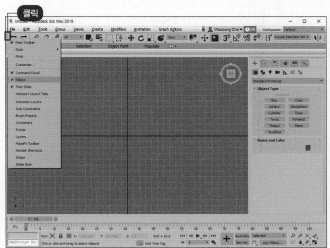

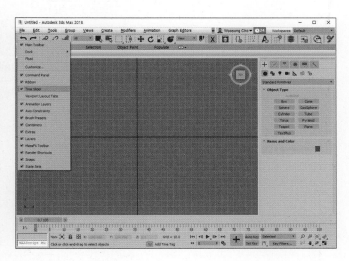

---

t i p

3ds Max 창의 크기에 따라서 메인 툴바 라인에 보여지는 아이콘 개수가 달라진다.

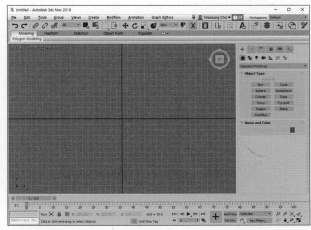

▲ 1024x768

▲ 1920x1080

03 사용하지 않는 툴바는 툴바 메뉴에서 체크 해제하여 비활성화한다. 필자는 Layers 툴바와 Render Shortcuts 툴바를 제외하고 체크를 해제했다.

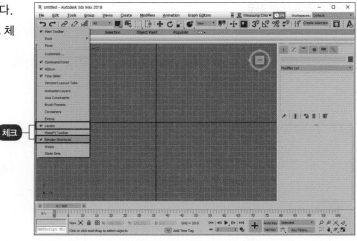

Info

Layers 툴바

오브젝트 양이 많은 복잡한 모델링 시 유용하게 사용할 수 있는 툴바로 일부 오브젝트를 숨기거나 얼리게 하여 작업을 효율적으로 할 수 있으며 새로운 레이어를 추가하거나 관리할 수 있다.

Render Shortcuts 툴바

렌더링 설정을 저장한 후, A, B, C 아이콘을 사용하여 쉽고 빠르게 렌더링 결과를 확인할 수 있다.

---

04 툴바의 좌측 끝부분을 드래그하여 이동하면 분리할 수 있다.

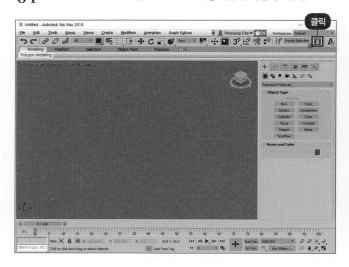

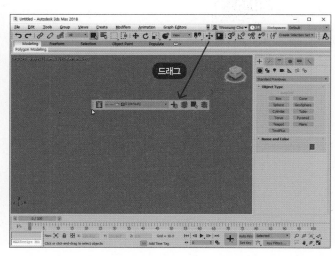

05 툴바는 상하좌우 어디든 드래그하여 배치 및 이동이 가능하다.

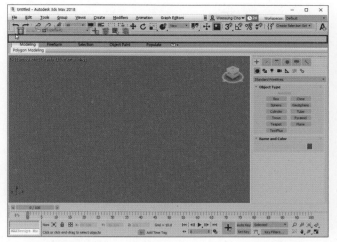

▲ Main Toolbar 아래

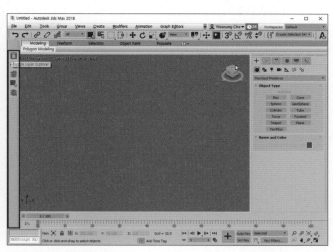

▲ Viewport 좌측

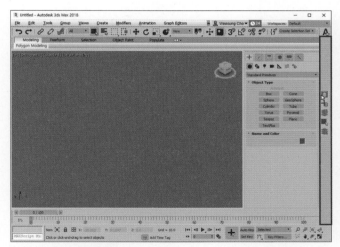

▲ Command Panel 우측

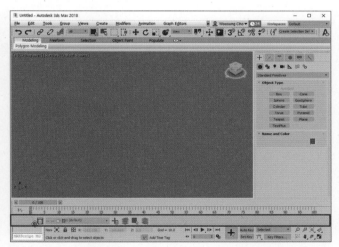

▲ Time Slider 아래

06 필자의 경우 작업 동선에 맞춰 메인 툴바 아래쪽에 Render Shortcuts 툴바와 같이 배치시켰다.

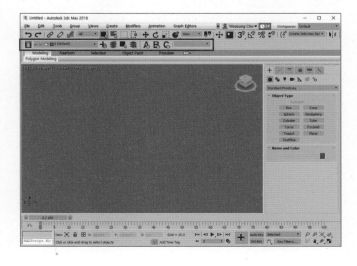

07 메인 툴바의 아이콘이 전부 나타나지 않는다. 커서를 메인 툴바 뒤로 이동하면 모양이 변경된다. 그다음 클릭하여 드래그하면 우측의 숨겨져 있던 아이콘이 나타난다.

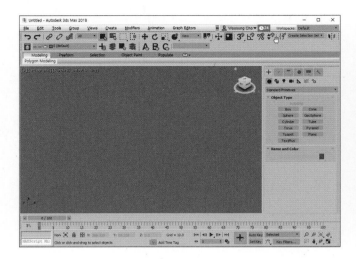 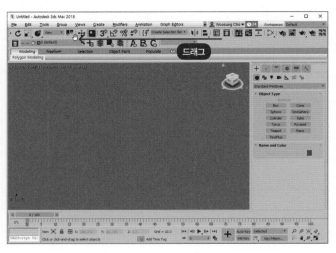

08 메인 툴바의 Toggle Ribbon(▦) 아이콘을 클릭하여 작업 공간을 넓힌다. Ribbon 명령은 폴리곤 모델링 시 필요한 툴로 사용할 때만 활성화시킨다.

 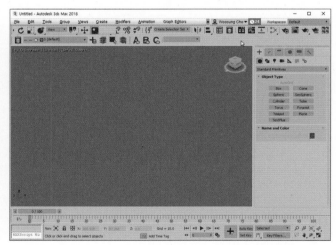

SteeringWheels와 ViewCube

두 기능은 2009 버전부터 추가되었다. Viewport를 자유롭게 컨트롤할 수 있지만 작업 진행 시 불편한 경우가 많아 잘 사용하지 않는 기능이다. 초기 설정 상태에 SteeringWheels는 비활성화 되어 있으며, ViewCube는 활성화가 되어 있다.

01 | SteeringWheels

Viewport 좌측 상단의 [+]를 선택하여 SteeringWheels 〉 Toggle SteeringWheels(Shift + W)를 클릭한다. 사용하지 않은 경우 Esc 또는 Shift + W 를 누른다.

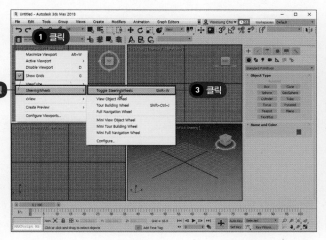
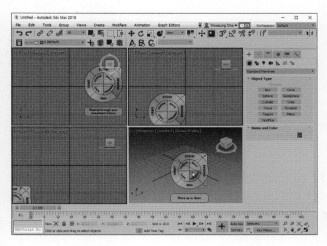

02 | ViewCube

Viewport 좌측 상단의 [+]를 선택하여 ViewCube 〉 Show the View Cube(Alt + Ctrl + V)를 클릭한다.

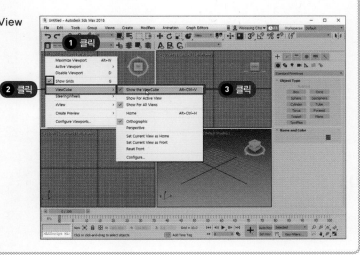

메인 툴바의 아이콘 크기 조절 및 추가하기

01 메인 메뉴바에서 Customize 〉 Perference를 선택한다.

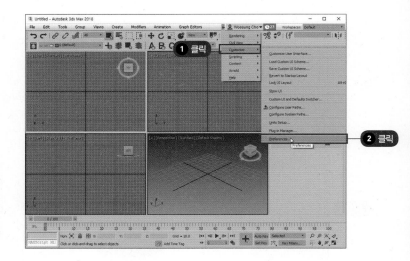

02 [Preference Setting] 창의 [General] 탭을 선택한 후, UIDisplay 항목에서 Use large Toolbar Buttons를 체크 해제 하고 우측 하단의 [OK] 버튼을 클릭한다.

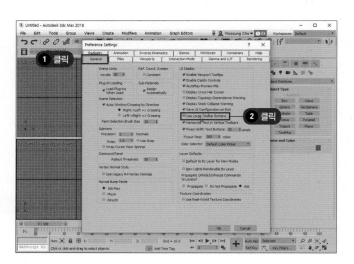

03 Please exit and restart…라는 메시지 창이 표시되면 [확인] 버튼을 클릭한다.

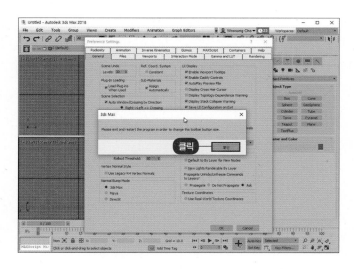

---
tip

설정을 적용시키기 위해 3ds Max의 재실행이 필요하다

---

04 재실행하면 메인 툴바의 아이콘이 축소되어 좀 더 많은 아이콘을 볼 수 있다.

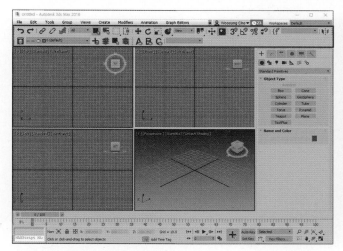

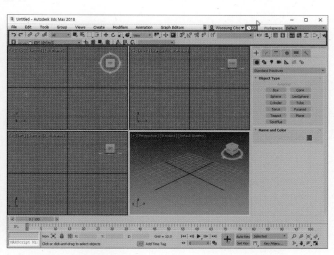

▲ Use large Toolbar Buttons 체크 전

▲ Use large Toolbar Buttons 체크 후

05 다음은 사용자 정의의 툴바를 만들고 아이콘을 등록해보자. 메인 메뉴바에서 Customize 〉 User Interface를 클릭한다.

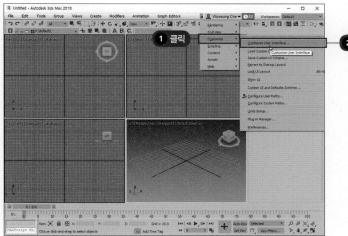

06 [Customize User Interface] 창에서 [Toolbars] 탭을 선택한다. Group 항목 우측의 [New..] 버튼을 클릭하여 [New Toobar] 창이 나타나면 Name 항목에 'user'를 입력하고 [OK] 버튼을 클릭한다.

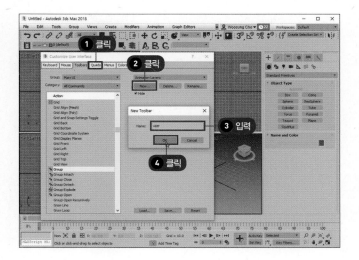

07 그다음 툴바 리스트에서 user를 선택한다.

08 [Customize User Interface] 창을 움직이면 가려져 있던 user 툴바가 보인다.

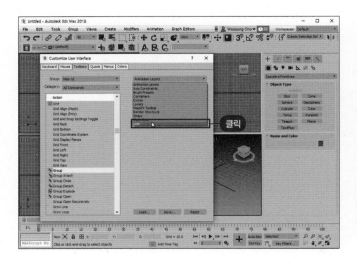 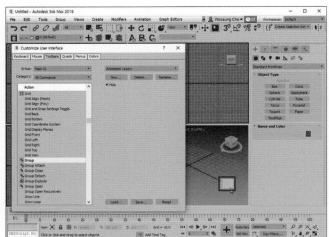

09 Action 리스트에서 Array 명령을 선택한 후, user 툴바의 빈 공간으로 마우스를 드래그하여 아이콘을 삽입한다.

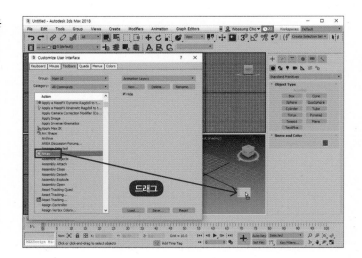

10 Array가 삽입된 것을 확인한다. 이와 같이 자주 사용하는 기능을 툴바에 추가하여 작업의 효율을 높일 수 있다.

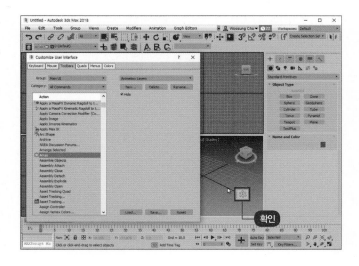

11 user 툴바를 Render Shortcuts 툴바 옆으로 드래그하여 배치
한다.

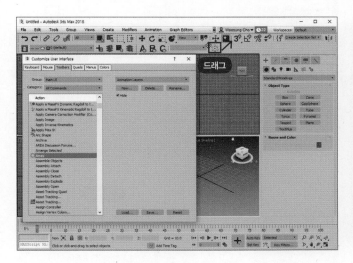

12 지금까지 만든 툴바 환경을 저장하기 위해 [Toolbar] 탭 우측 하
단의 [Save...] 버튼을 클릭 한 후, [Save UI File As]창에서
파일 이름을 'Workspace1__usersave__'로 입력하고 [Save] 버튼을
클릭한다.

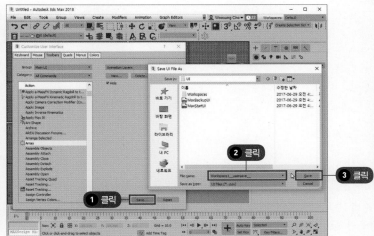

13 다른 컴퓨터에서 현재 등록된 툴바를 설정하려면 C: 드라이브 〉 사
용자 계정 〉 AppData 〉 Local 〉 Autodesk 〉 3dsMax 〉
2018 -64bit - ENU - en-US - UI에서 'Workspace1_
usersave_' 파일을 복사한다.

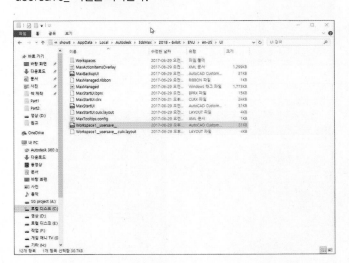

14 그다음 복사한 파일을 3ds Max 설치 드라이브 〉 Program
Files 〉 Autodesk 〉 3ds Max 2018 - en-su - UI 폴더 안
에 복사한다.

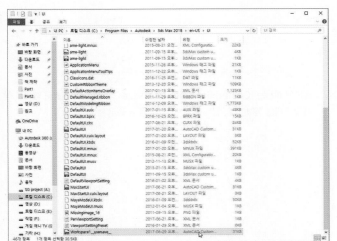

15 [Customize User Interface] 창의 [Toolbar] 탭에서 우측 하단 [Load...] 버튼을 클릭한 후, [Load Ui File] 창에서 'Workspace1__usersave__'을 선택하고 [Open] 버튼을 클릭한다.

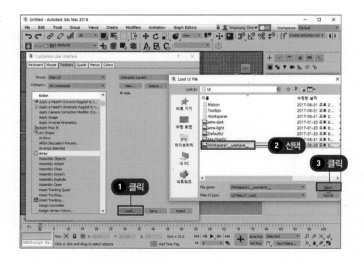

16 메인 툴바에 등록된 아이콘을 우 클릭한 후, 팝업 메뉴에서 Delete Button를 선택하면 아이콘을 삭제할 수 있다.

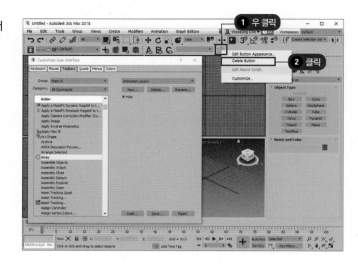

tip

툴바의 삭제는 [Custormize User Interface] 창의 [Toolbars] 탭에서 삭제할 툴바를 선택한 후, [Delete...] 버튼을 클릭한다.

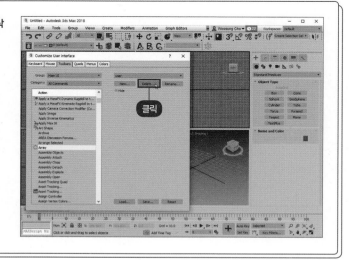

SECTION 3

Viewport의 이해와 사용 방법 파악하기

3D 공간에서 작업하기 위해 Viewport의 이해가 필요하다.
먼저 2차원과 3차원의 공간부터 이해하고 Viewport를 사용하는 방법에 대해 확인하자.

Viewport 이해하기

01 3ds Max를 실행하면 화면 중간에 4개의 창이 보이는데 이것을 Viewport라고 한다. 4개로 창이 각각 다른 시점에서 바라보고 있으며 바라보는 방향에 따라 위에서 보면 Top View, 정면은 Front View, 좌측은 Left View, 우측은 Right View라고 한다. 초기 Viewport의 기본 구성은 Top, Front, Left, Perspective이다.

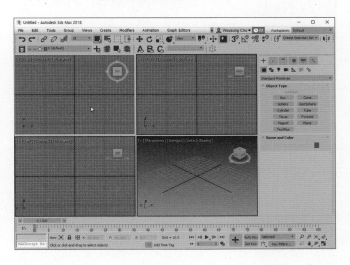

02 기본 구성 중 Perspective는 3차원 공간이며 나머지는 2차원 공간이다. 2차원은 X축, Y축, Z축 중 두 개의 축으로 평면적인 공간을 표현하고 3차원은 X축, Y축, Z축 모두 포함하여 공간을 표현한다. 2차원의 Viewport는 Top, Bottom, Left, Right, Front, Back View이고 3차원의 Viewport는 Orthographic, Perspective, Camera View이다.

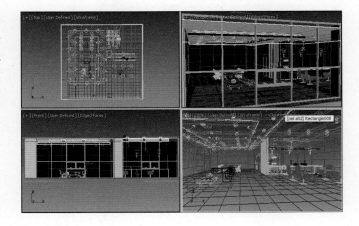

03 분할된 창 또는 단독 창에 사용자가 언제든지 2차원 또는 3차원 공간으로 변경할 수 있다. 변경하는 방법은 좌측 상단의 View 이름을 클릭한 후, 팝업 메뉴에서 변경할 View를 선택하거나 단축키 V를 표시된 쿼드 메뉴에서 선택하여 변경할 수 있다.

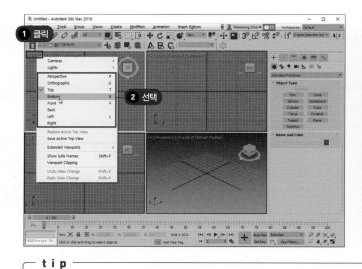
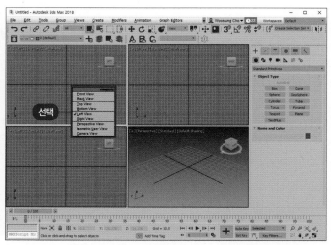

---

t i p

Viewport 단축키

- F : Front
- T : Top
- L : Left
- P : Perspective
- C : Camera
- V + K : Back
- B : Bottom
- V + R : Right
- U : Orthographic

---

04 선택된 Viewport는 테두리가 노란색으로 표시되며, 애니메이션의 경우 빨간색으로 표시된다.

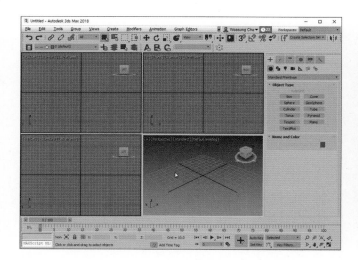
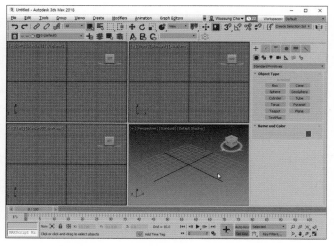

Viewport Navigation Controls 다루기

01 Viewport Controls는 아이콘들로 구성된 직관적인 기능으로 사용이 간편하다. Top, Front, left, Orthographic View 선택 시와 Persepective View 선택 시 아이콘 기능의 차이가 있으며, Zoom Region( )과 Field-of-view( )이다.

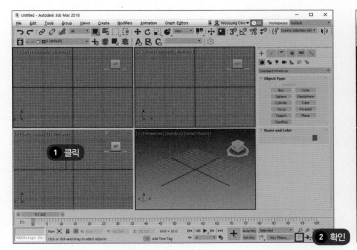
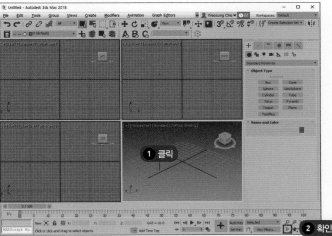

02 카메라 설치 시에도 뷰포트에 맞게 아이콘 기능이 변경된다.

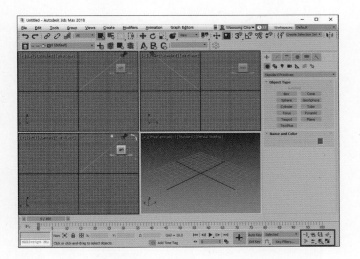

Viewport Navigation Controls의 기능 익히기

❶ Zoom(🔍)(Alt + Z): 드래그하거나 마우스 휠을 조정하면 선택한 뷰포트의 화면을 확대/축소된다. 또한 커서의 위치를 기준점으로 적용된다.

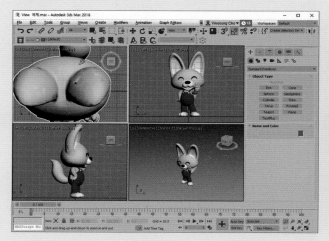
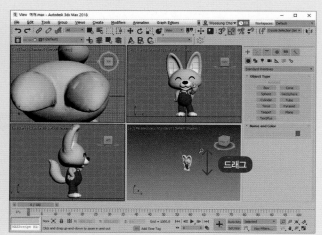

❷ Zoom All(🔍): 뷰포트 한곳에서 드래그하면 전체가 동시에 확대/축소된다.

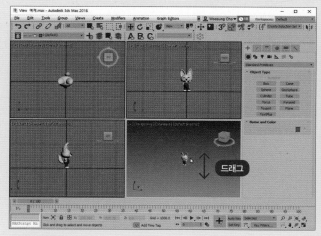
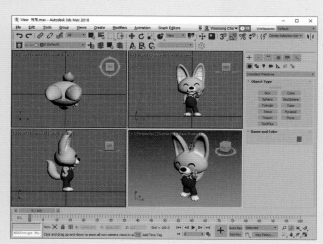

▲ Zoom Out

▲ Zoom In

❸ Zoom Extents(): 모든 오브젝트가 활성화된 뷰포트 크기에 맞게 조정된다.

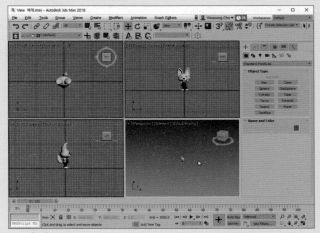

▲ 사용 전

▲ 사용 후

❹ Zoom Extents Selected(): 선택된 오브젝트가 적용할 뷰포트 크기에 맞게 조정된다.

❺ Zoom Extents All()(Shift + Ctrl + Z): 뷰포트 전체에 모든 오브젝트가 꽉 차게 보이도록 조정된다.

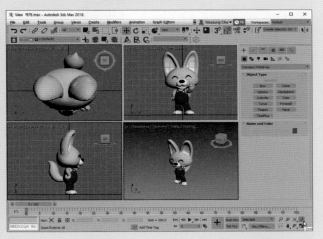

❻ Zoom Extents All Selected(): 뷰포트 전체에 선택된 오브젝트가 꽉 차게 보이도록 조정된다.

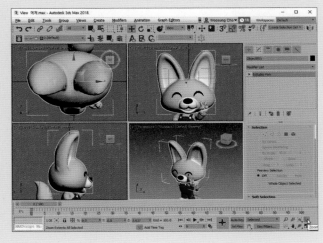

❼ Zoom Region()(Ctrl + W): 확대할 영역을 드래그하여 지정한다.

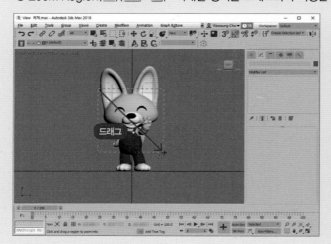

❽ Pan View(): 작업 화면을 상하좌우로 이동하여 보여준다.

❾ Orbit()(Ctrl + R): 중심축을 기준으로 화면을 회전하며 오브젝트를 관찰할 수 있다.

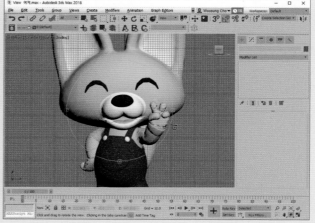

❿ Orbit Selected(): 선택한 오브젝트를 기준으로 화면이 회전된다.

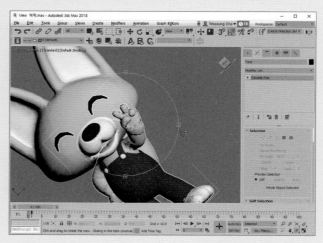

❶ Orbit SubObject(): 오브젝트의 Vertex를 선택한 후, 선택된 Vertex를 중심으로 오브젝트가 회전된다.

❷ Orbit Point of Interest(): Viewport에서 클릭한 마우스 커서를 중심으로 View가 회전된다.

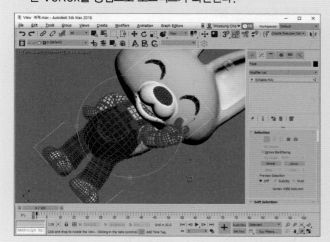

❸ Maximize Viewport Toggle()(Alt + W): 선택한 뷰포트를 전체 화면으로 확대하거나 분할된다.

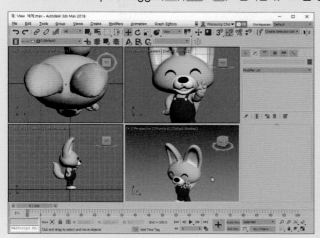

❹ Field-of-View()(Ctrl + W): 시야를 조절하여 물체가 보이는 범위를 조절한다. Perspective 뷰에서 활성화된다.

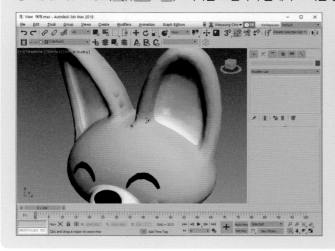

⓯ Walk Through(👣): 시점을 변경하여 화면을 조절한다. Perspective 뷰에서 활성화된다.

⓰ 2D Pan Zoom Mode(🔍): Perspective 뷰에서 적용되며 시점의 변화 없이 화면을 이동하거나 마우스 휠을 조절하여 확대/축소할 수 있다.

Viewport & Command Panel 크기 조절

01 Viewport의 중앙 경계선을 드래그하여 뷰포트의 크기 비율을 변경할 수 있다.

02 크기 비율을 초기 상태로 되돌리려면 Viewport 경계선을 우 클릭한 후, Reset Layout을 선택한다.

03 Viewport와 Command Panel의 경계선을 드래그하면 패널을 확장하거나 축소시킬 수 있다.

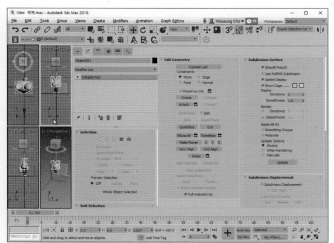

Viewport의 Layout

01 메인 메뉴바의 View 〉 Viewport Configuration을 클릭한다.

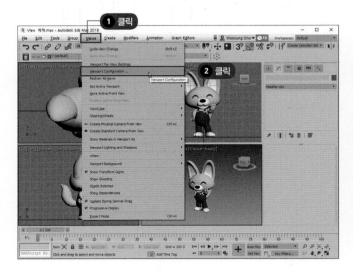

02 [Viewport Configuration] 창에서 [Layout] 탭을 선택하여 변경할 Layout을 선택한다.

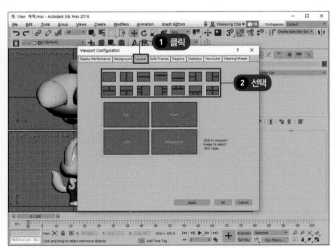

Info

Layout 선택 방법 추가로 알기

레이아웃의 변경은 다음과 같은 방법으로도 변경할 수 있다.

01. Viewport의 [+]를 클릭한 후, Configure Viewports를 선택하고 [Viewport Configuration] 창이 나타나면 Layout을 선택한다.

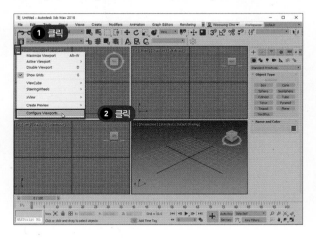

02. 또는 Viewport Navigation Controls 위에서 우 클릭하여 [Viewport Configuration] 창을 불러올 수 있다.

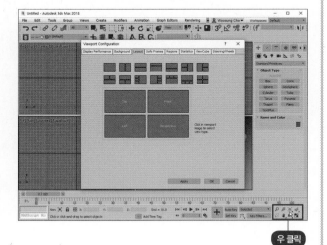

Viewport의 오브젝트 표현 방법 파악하기

작업을 원활이 진행하려면 Viewport에서 보는 눈을 키워야 한다. 오브젝트 편집 시 Vertex와 Edge를 구분할 수 있어야하며, 렌더링 시 재질이나 형태가 어떻게 나올지 파악하는 것도 중요하다. 또한 조명 설치 후 효과가 어떻게 나타날지 Viewport 통해 판단해야 한다. 다양한 표현 방법을 알아보자.

오브젝트 표현 방법

Viewport에서 오브젝트를 편집하기 위해 다양한 표현 방법을 알아보자.

01 Wireframe/Shaded Toggles(F3): 뷰에서 오브젝트를 와이어프레임과 음영 상태로 전환할 수 있다.

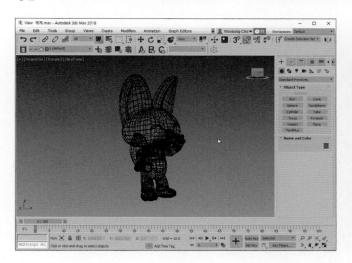 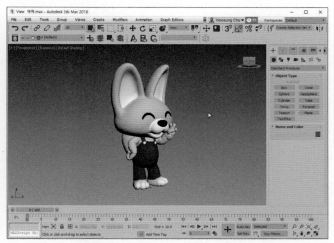

02 Edged Faces Toggle(F4): 선택된 뷰가 Shaded 상태일 때 오브젝트의 Edge를 보여주거나 숨긴다.

03 High Quality(Shift + F3): 뷰포트에 오브젝트 음영 상태를 표현하거나 숨긴다.

 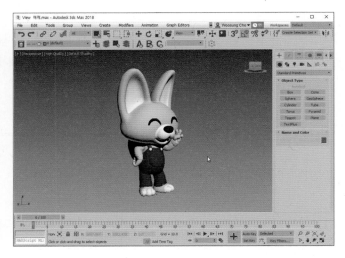

04 Show/Hide Grids Toggle(G): 선택한 뷰의 Gird를 숨기거나 나타낸다.

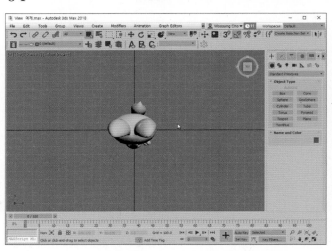 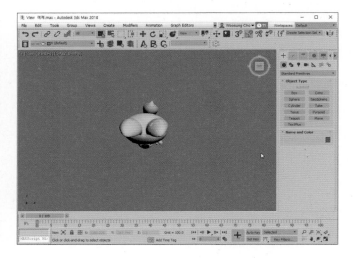

05 Pan Viewport(I): 작업 중에 뷰의 위치를 변경하거나 선택된 뷰를 커서 중앙으로 이동한다.

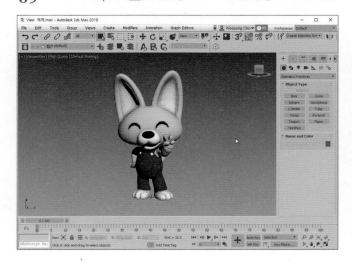 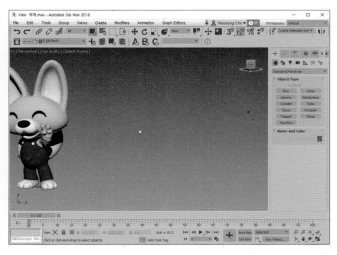

Visual Style

뷰포트의 Visual Style을 사용하여 렌더링한 것과 같이 사실적인 표현이 가능하다. 뷰포트 좌측 상단 목록의 Default Shading을 클릭하면 Visual Style이 나온다. 표현 방법을 확인한다.

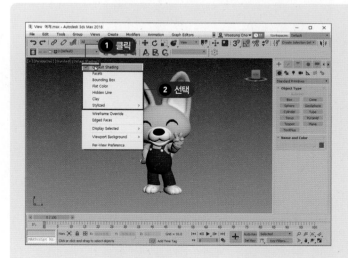

A. Default Shading

3ds Max의 기본적인 스타일이다. 고품질의 음영 처리와 광원을 사용하여 사실적으로 표현한다.

B. Facets

2017 버전부터 추가된 기능으로 스무딩의 설정과는 상관없이 면으로 표현한다.

C. Boundong Box

오브젝트를 와이어박스 형태로 표현한다.

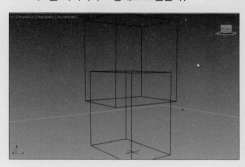

D. Flat Color

광원에 상관없이 원색으로 표현하며 그림자를 표시한다.

E. Hidden Line

시점에서 멀어지는 방향과 오브젝트에 가려지는 Line을 숨긴다.

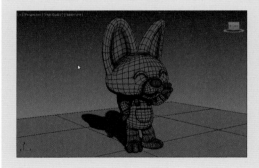

F. Clay

단일 색상으로 표현한다.

G. Stylized

회화적인 효과를 적용한다.

① Graphite

② Color Pencil

③ Ink

④ Color Ink

⑤ Acrylic

⑥ Pastel

⑦ Tech

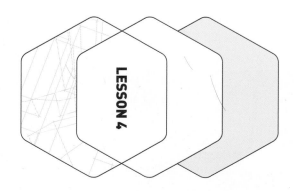

오브젝트의
변형 기능 알아보기

오브젝트의 이동과 복사, 회전 등 기본적인 조작 방법과 복사, 스냅, 좌표에 따른 이동 방법 등에 대해 알아보자.

SECTION 1

Transform Gizmo

Transform Gizmo에는 Move, Rotate, Scale이 있다. Scale에는 Uniform Scale, Non-uniform Scale, Squash가 있다. 오브젝트를 다루는 기본적인 기능으로 X축(적색), Y축(녹색), Z축(청색)의 3가지 색상으로 화면에 표시된다.

Move(✛)(W)

01 오브젝트를 이동시키는 기능이다. 이동 명령의 취소하려면 툴바의 Undo(↶)(Ctrl + Z)를 선택한다. 다시 되돌리려면 Redo(↷)(Ctrl + Y)를 선택한다.

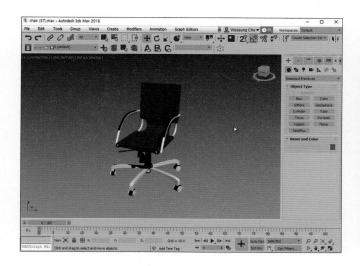

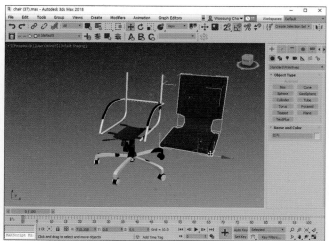

02 하나의 축을 선택하거나 두개의 축을 동시에 선택하여 이동할 수 있다. XY, YZ, ZX축을 선택하여 평면 단위로 이동할 수 있다.

▲ X축 선택

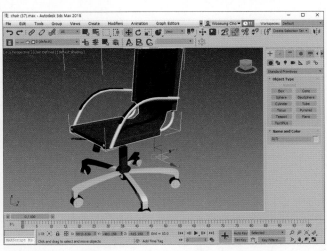

▲ XY축 선택

▲ YZ축 선택

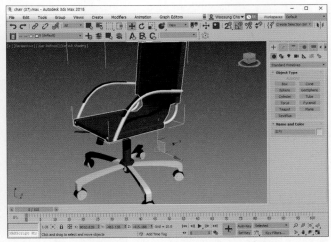

▲ ZX축 선택

Info

Transform Gizmo Size 조절

사용자에 맞게 Gizmo의 크기를 조절해보자.

1. 메뉴바의 Customize 〉 Preference를 클릭한다.
2. [Preference Settings] 창에서 [Gizmos] 탭을 선택한 후, Move Gizmo 항목에서 Realtive Size(%) 값을 입력하여 Gizmo의 크기를 조절한다.
3. 더욱 간단하게 [+]와 [−]를 이용하여 Gizmo의 사이즈를 조절할 수 있다.

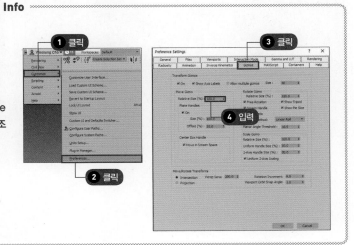

Rotate(C)(E)

01 오브젝트를 회전시키는 기능이다. 회전축은 X축, Y축, Z축에 기준하거나, Perspective 뷰인 3차원의 공간에서 Screen Mode를 이용하는 네 가지 방법이 있다.

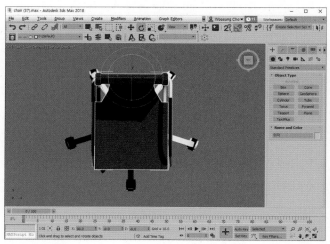

▲ XYZ축을 선택

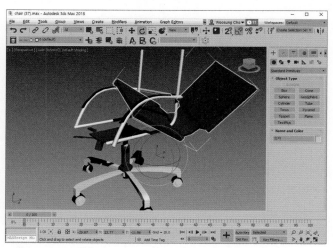

▲ Screen Mode 선택

02 메인 툴바에서 Angle Snap( )(A)를 클릭하여 일정한 각도로 회전한다. 또한 아이콘을 우 클릭하여 나타나는 [Grid and Snap Settings] 창에서 General 항목의 Angle 값을 입력하여 회전값을 조절한다.

03 [Preference Settings] 창의 [Gizmos] 탭에서 Rotate의 설정을 변경할 수 있다. Rotate Gizmo 항목에서 전부 체크가 되어 있는지 확인한다.

Scale()(R)

01 오브젝트의 크기를 조절한다. 3개의 축을 전부 사용하거나 2개의 축 또는 1개의 축만으로도 오브젝트의 크기 조절이 가능하다. 사용하는 축의 개수에 따라 커서 모양의 변화가 있어 시각적으로 확인할 수 있다.

02 크기를 조절하는 방법은 축에 따라 달라지는 Uniform Scale, Non-Uniform Scale, Squash가 있으며 메인 툴바에서 쉽게 변경할 수 있다. 단축키는 R 이다.

Scale 옵션별 특징

1. Uniform Scale(■): X, Y, Z축 방향이 적용되어 오브젝트 크기가 일정한 비율로 조절된다.

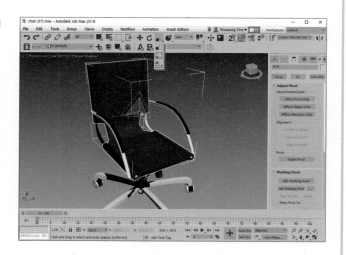

2. Non-Uniform Scale(■): 비정형으로 오브젝트의 크기를 조절된다. 한 개 또는 두 개의 축을 선택하여 크기를 변경할 수 있다.

3. Squash(■): 선택한 축 방향으로 늘리면 선택되지 않은 축 방향으로 축소되며 오브젝트가 짓눌려진 상태로 변경된다.

03 [Preference Settings] 창의 [Gizmos] 탭에서 Scale Gizmo 를 설정할 수 있다.

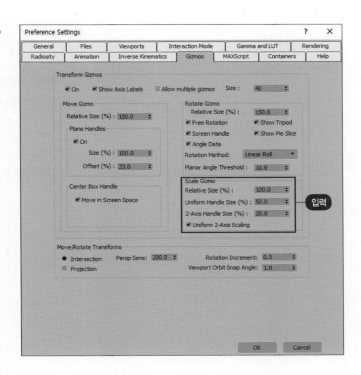

Transform Gizmo의 Display On/Off

1. 메뉴바에서 Views 〉 Show Transform Gizmo의 체크를 해제하면 Transform Gizmo를 화면에서 숨길 수 있다.

2. 작업 시 시야에 방해 요인이 될 때 사용한다.

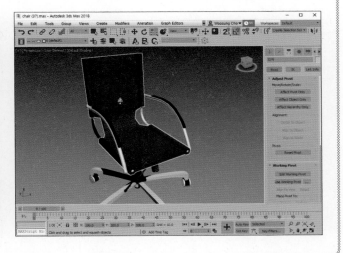

Object Selection

수많은 오브젝트로 구성된 복잡한 모델링 작업 시 필요한 오브젝트를 쉽고 빠르게 선택하는 것은
효율적인 작업을 위해 익혀야 할 기능이다. 다양한 오브젝트 선택 방법에 대해 알아보자.

메인 툴바의 Selection Object(▨) 아이콘을 클릭한 후, 오브젝트를 선택할 수 있다. 또한 Move, Rotate, Scale 툴을 사용하여 오브젝트를 선택할
수 있다.

▲ Selection Object 툴의 선택

▲ Move 툴을 선택

▲ Rotate 툴의 선택

▲ Scale 툴의 선택

Ctrl + 선택

선택 툴 사용 시 Ctrl 를 누른 채 이용하면 오브젝트를 다중 선택할 수 있다. 또한 선택된 많은 오브젝트 중 특정 오브젝트의 선택을 해제하려면 Alt 누른 채 클릭하면 된다.

 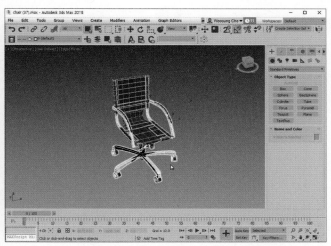

Window/Crossing

메인 툴바의 Window/Crossing( )은 Select Object 툴의 선택 영역 방식을 결정한다.

A. Window( )

선택 영역 안에 포함된 오브젝트만 선택한다.

B. Crossing( )

선택 영역에 걸쳐 있기만 해도 오브젝트를 선택한다.

선택 영역의 종류

메인 툴바의 Selection Region( ) 툴에서 선택 영역을 지정하는 방식을 변경할 수 있다.

A. Rectangular( )

사각형 형태로 선택 영역을 설정한다.

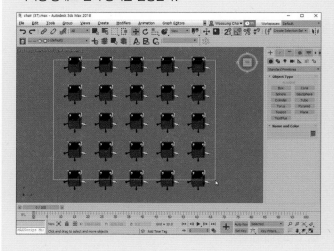

B. Circular( )

원형 형태로 선택 영역을 설정한다.

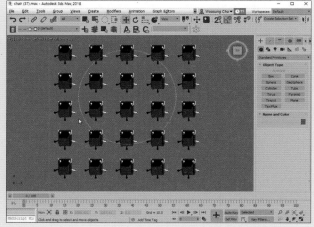

C. Fence( )

울타리를 치듯 직선 형태로 선택 영역을 설정한다.

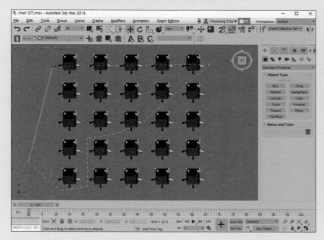

D. Lasso( )

그림을 그리듯 자유롭게 드래그하여 선택 영역을 설정한다.

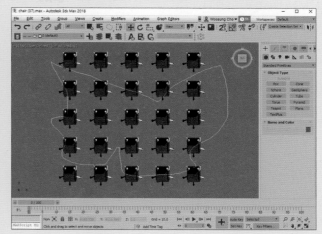

E. Paint( )

브러쉬로 드로잉 하듯 드래그하여 선택 영역을 설정한다. 원 영역 안에 포함되어야 선택이 적용되며 오브젝트의 점(Vertex)들을 선택할 때 유용하게 사용할 수 있는 기능이다.

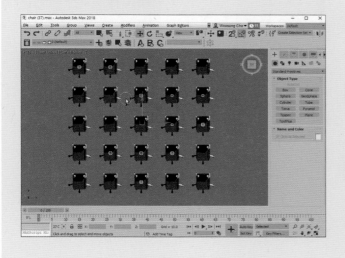

Info

Paint 툴의 선택 영역 조절

Paint 툴의 선택 영역 크기를 조절할 수 있다. 메인 메뉴바의 Customize 〉 Preferences 〉 [General] 탭에서 Scene Selection 항목의 Paint Selection Brush Sized에서 크기를 변경할 수 있다.

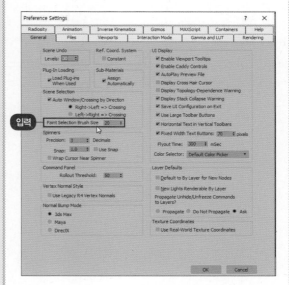

F. Select by Name(🖐)(H)

오브젝트의 이름으로 선택할 수 있는 기능이다. 메인 툴바의 Select by Name 툴을 클릭한다.

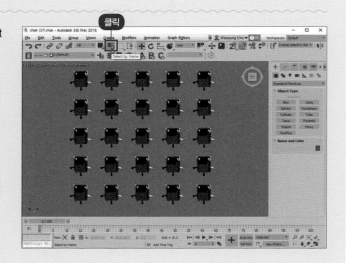

[Select From Scene] 창이 나타나면 선택 지정할 오브젝트를 클릭한다. 여러 개를 동시에 지정하려면 Ctrl 를 누른 채 클릭한다.

> **t i p**
>
> 모델링 작업 군에 따라 오브젝트에 이름을 구분하여 지정하는 것이 좋다. 큰 프로젝트의 경우 수많은 오브젝트들이 존재하여 직접 선택하기 어려운 환경일 때 Select by Name 기능을 이용하면 작업의 효율을 높일 수 있다.

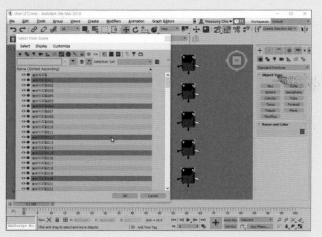

Object의 복사

일반적인 복사부터 배치와 대칭 구조를 이용하는 방법까지 다양하게 오브젝트를 복사할 수 있다.

Clone으로 오브젝트 복사하기(Ctrl + V)

오브젝트를 선택한 후, 메인 메뉴바의 Edit 〉 Clone를 클릭한 후, [Clone Options] 창에서 Object의 복사 형식을 선택하고 복사하는 것이 일반적인
방법이다. Ctrl + V 를 활용하면 복사 명령을 빠르게 적용할 수 있다.

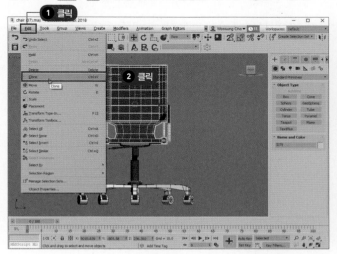
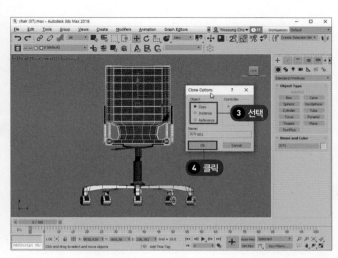

Shift로 복사하기(Shift +Move, Rotate, Scale)

오브젝트를 선택하고 Shift 를 누른 상태에서 Move, Rotate, Scale 기
능을 적용하면 Clone 기능과 동일하게 복사할 수 있다. [Clone
Options] 창이 나타나면 Number of Copies에서 복사할 개수를 지정
할 수 있다.

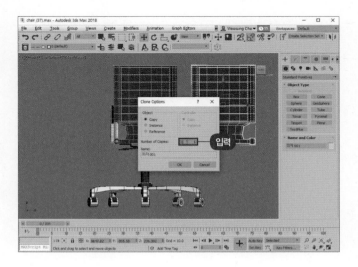

Clone Option

복사 옵션에 따라 복사되는 오브젝트의 성질이 달라진다.

[Clone Options] 창의 표시된 3가지 옵션별 특징은 다음과 같다.

A. Copy: A ≠ B

원본과 사본의 속성이 서로 영향을 주지 않은 상태로 복사된다.

01   좌측이 원본이고 우측은 사본이다. 좌측의 오브젝트를 선택한 후, 커맨드 패널 창에서 Modify 〉 Modifier List 〉 FFD 3×3×3를 클릭하여 적용한다.

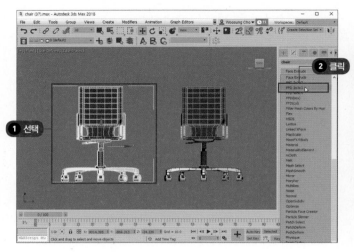
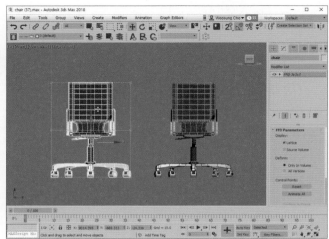

02   좌측의 오브젝트만 FFD 3x3x3가 적용된 것을 확인할 수 있다.

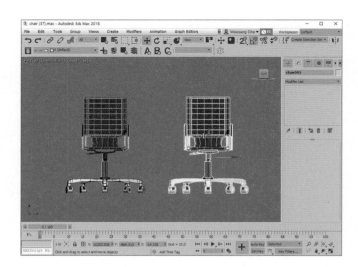

B. Instance: A = B

원본과 사본의 속성이 서로 영향을 받는 상태로 복사된다.

01 좌측이 원본이며 우측이 복사된 오브젝트이다. 복사된 오브젝트에 FFD 3x3x3을 적용시키면 원본 오브젝트도 동일하게 적용된 것을 확인할 수 있다.

02 서로가 영향을 받는 속성을 가지고 있어 원본과 사본에 상관없이 한쪽의 명령어를 삭제하면 나머지도 동일하게 적용된다.

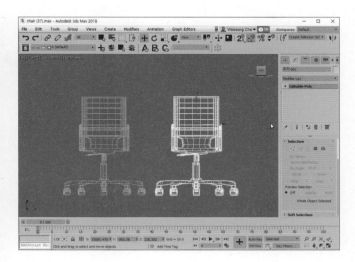

03 또한 커맨드 패널의 Stack View > Make Unique에서 아이콘이 활성화되어 있다면 오브젝트가 Instance 관계인 것을 의미한다.

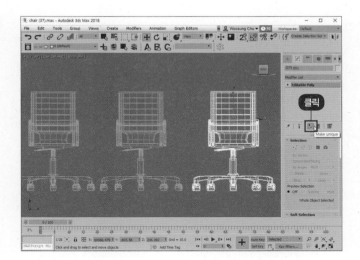

C. Reference: A 〈 B

사본은 원본에 영향을 주지 않으며 원본만 사본에 영향을 주는 상태로 복사된다.

01 우측 사본 오브젝트에 FFD 3×3×3을 적용하면 원본에는 적용되 지 않는다.

02 좌측 원본 오브젝트에 FFD 3x3x3을 적용하면 사본 오브젝트에도 동일하게 적용된다.

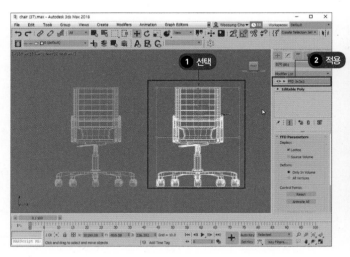 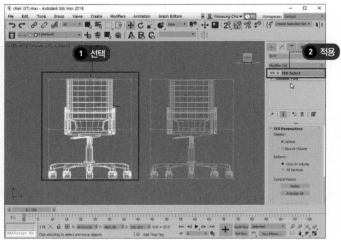

Array로 배열 복사하기

Array는 지정한 값으로 일정하게 배열하여 복사하는 기능이다. 메인 메뉴 바의 Tools 〉 Array를 클릭하면 [Array] 창이 나타나며 수치 값을 입력 하여 사용한다. 또한 메인 툴바에 아이콘을 등록할 수 있다.

Array는 개수 및 거리와 각도 그리고 스케일 값을 입력하여 1D, 2D, 3D 방향으로 복사할 수 있다.

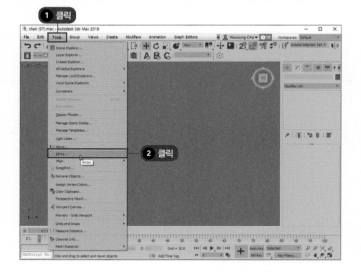

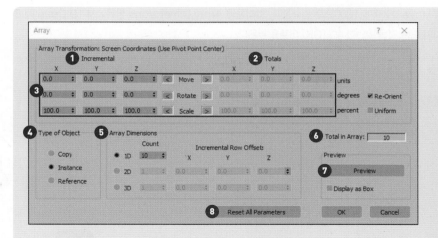

❶ Incremental: 선택된 기준으로부터 값을 입력하면 그 값만큼 복사가 된다.

❷ Totals: 처음과 끝의 값 안에서 거리나 개수 또는 배열이 퍼센트로 적용되어 복사된다.

❸ Move, Rotate, Scale: 이동, 회전, 크기 값을 입력한다.

❹ Type of Object: 복사 방식을 선택한다.

Copy, Instance, Reference가 있다.

❺ Array Dimensions: 1D, 2D, 3D 방향의 객체 개수와 거리 값을 입력한다.

❻ Total in Array: 복사된 오브젝트의 개수를 확인한다.

❼ Preview: 입력한 결과를 보여준다.

❽ Reset All Parameters: 입력 값을 모두 초기화한다.

기능
예제
따라하기

━━━━━━━━━━━━━━━━━━━━━━━━━━━━ Array 사용하기

⦿ 예제 파일 | Sample/Part01/Lesson04/Array.max

01   1D 복사로 오브젝트 10개를 복사해보자. Perspective 뷰에서 오브젝트를 선택한 후, 메인 메뉴바의 Tools 〉Array를 선택한다.

t i p

Array 적용 시 확인이 수월한 Perspective View에서 작업하는 것을 추천한다.

02 [Array] 창이 나타나면 Incremental 항목에서 Move의 X축에 1200으로 입력한다. 그다음에 Array Dimensions 항목에서 1D Count에 8을 입력하고 [Preview] 버튼을 눌러 8개가 복사가 되는 것을 확인한 후, [OK] 버튼을 누른다.

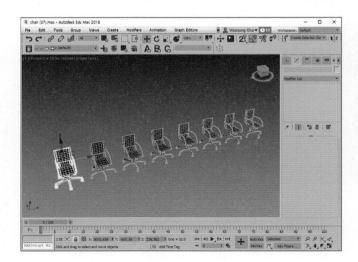
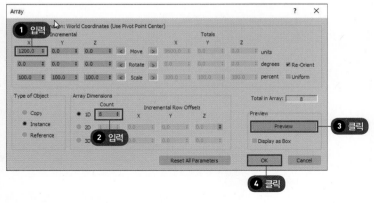

03 2D를 사용하여 10X4 배열 복사한다. Array Dimensions 항목에서 2D를 체크한 후, 2D Count에 4를 입력하고 Y축에 1200을 입력한다. [Preview] 버튼을 눌러 확인한 후, [OK] 버튼을 누른다.

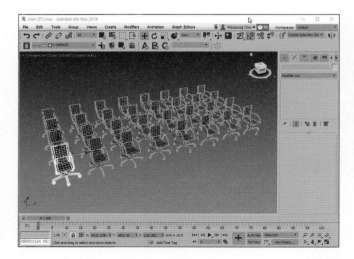
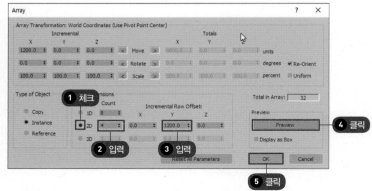

04 3D를 사용하여 10X4X2 배열로 만든다. Array Dimensions 항목에서 3D를 체크한 후, 3D Count에 2를 입력하고 Z축에 1200을 입력한다. [Preview] 버튼을 눌러 확인한 후, [OK] 버튼을 누른다.

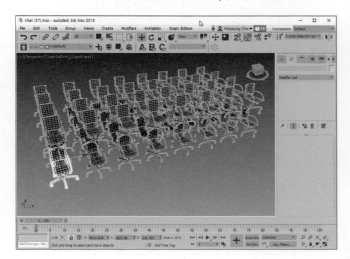
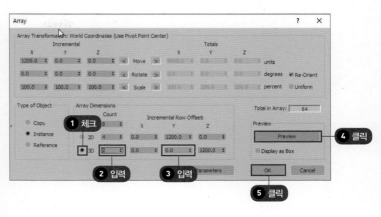

05 10X4X2 배열에 회전과 크기도 적용할 수 있다. Incremental 항목에서 Rotate Z축에 20을 입력하고 Scale의 Z축은 90을 입력한다. [Preview] 버튼을 눌러 확인한 후, [OK] 버튼을 누른다.

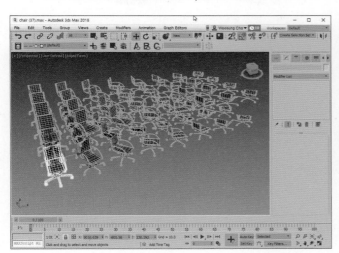
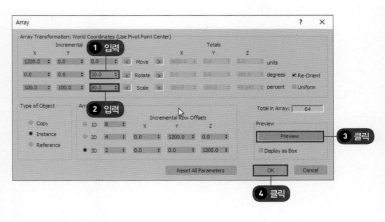

06 Incremental 방식이 아닌 Totals 방식으로 복사해보자. Totals의 Move에서 화살표(⊡)를 선택한 후, X축에 8000을 입력하고 1D Count에 10을 입력한다. [Preview] 버튼을 눌러 확인한 후, [OK] 버튼을 누른다.

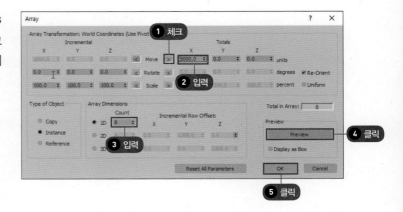

07 결과를 확인하면 8000 거리 안에서 10개의 오브젝트가 균등한 거리로 복사된 것을 확인할 수 있다.

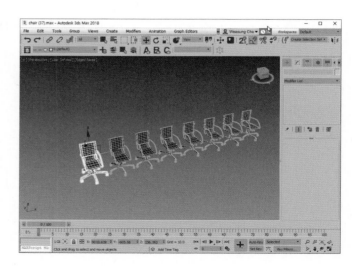

Mirror를 사용해서 대칭 복사하기

Mirror는 오브젝트를 대칭 구조로 복사한다. 메인 메뉴바에서 Tools 〉 Mirror를 선택하거나 메인 툴바의 Mirror( )를 클릭하여 실행할 수 있다.

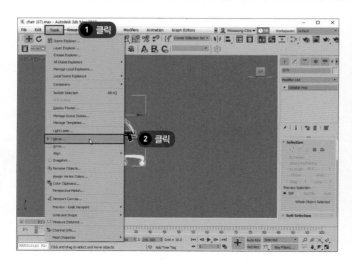
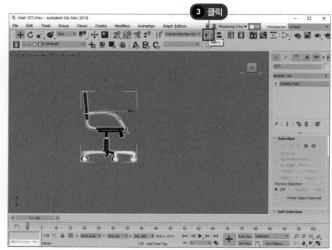

Mirror의 기능에 대해서 살펴보자.

❶ Transform: 오브젝트 자체에 적용된다. Stack에 명령어가 쌓이지 않는다.

❷ Geometry: Stack에 명령어가 적용된다.

❸ Mirror Axis: 축을 설정한다. 2개의 축 방향까지 설정할 수 있다.

❹ Offset: 간격을 입력한다.

❺ Clone Selection: 복사 방식을 선택한다.

기능
예제
따라하기

Mirror 사용하기

01 메인 툴바에서 Mirror를 클릭한 후, [Mirror: Screen C...] 창에서 Mirror Axis에 Y축을 선택한다. Offset을 800으로 입력하고 Clone Selection은 Copy를 선택한 후, [OK] 버튼을 클릭하면 대칭 복사가 적용된다. 다른 방향으로도 대칭 복사가 어떻게 적용되는지 확인해 본다.

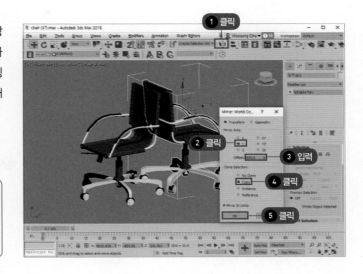

tip

Clone Option의 복사 방식을 활용하면 오브젝트의 편집 과정이나 후에 진행되는 맵핑과 조명 값 설정 시 수월하게 작업을 진행할 수 있다. 후 작업을 고려하여 복사 방식을 선택하는 것이 중요하다.

SECTION 4

Object Group 짓기

Group은 2개 이상의 오브젝트를 하나의 군집으로 묶어주는 기능이다. 다시 군집을 해제하거나 군집 안에 오브젝트를 추가할 수 있다. Gourp은 주로 오브젝트, 재질, 형태 등 동일한 속성을 가진 객체들을 묶어 관리할 수 있는 장점이 있다.

Group과 Ungroup

Group은 오브젝트를 묶어주고 Ungroup는 그룹을 해제하는 명령어이다. 메인 메뉴바의 Group 메뉴에서 선택할 수 있다.

Group과 Ungroup 사용하기

01 그림과 같이 커맨드 패널의 Geometry 〉 Standard Primitives 〉 Box, Sphere, Cylinder를 선택하여 임의의 크기로 오브젝트를 4개씩 만든다.

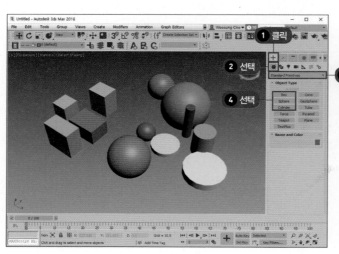

02 Group을 사용하여 오브젝트들을 정리해보자. 박스를 모두 선택한 후, 메인 메뉴바에서 Group 〉 Group를 클릭한다. [Group] 창이 나타나면 Group의 이름을 'Box'로 입력한 후, [OK] 버튼을 누른다.

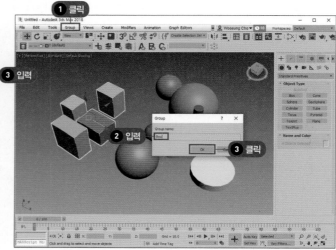

03 마찬가지로 같은 종류의 오브젝트들을 선택하여 각각 Sphere, Cylinder의 그룹을 생성한다.

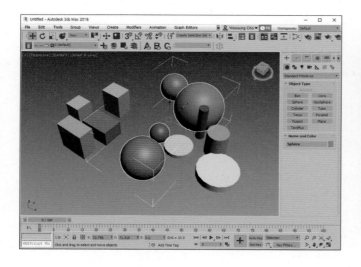

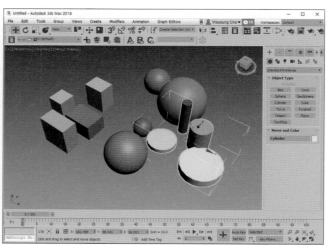

04 그룹을 해제하기 위해서는 그룹으로 지정된 오브젝트를 선택하고 메인 메뉴바에서 Group > Ungroup를 선택한다.

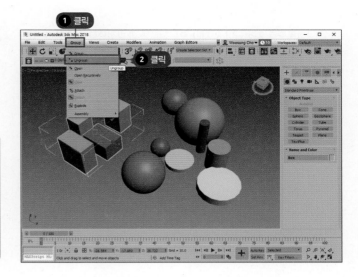

> **tip**
>
> 그룹을 지정할 때는 같은 종류의 오브젝트나 재질 등 속성이 동일한 군끼리 정리하면 작업의 편의성을 높여준다. 예를 들어 일정한 부분의 모델링 군을 잠시 화면에서 숨겨야할 경우나, 같은 재질을 적용할 오브젝트를 그룹으로 지정하여 사용하면 일일이 지정하는 번거로움 없이 한 번의 동일한 명령을 적용할 수 있다. 또한 식별이 용이하도록 그룹의 이름을 지정하는 것도 필요하다.

Open과 Close 기능

Open과 Close는 형태가 같은 오브젝트이거나 재질일 경우, Instance 복사를 하지 않은 오브젝트를 편집할 때 사용한다. Open 명령어로 그룹 안의 오브젝트들을 수정하고 작업이 완료되면 Close 명령으로 닫아준다

기능 예제 따라하기 ~~~~~~~~~~~~~~~~~~~~~~~~~~~~~~~~~~~~~~~ **Open과 Close 사용하기**

01 Sphere 그룹을 선택한 후, 메인 메뉴바의 Group > Open을 선택한다.

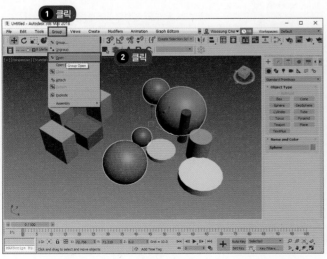

02 오브젝트 영역에 분홍색 테두리가 표시된다.

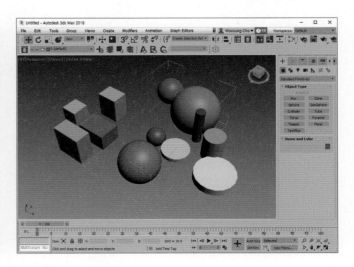

03 그룹으로 지정되어 있지만 오브젝트를 개별적으로 선택할 수 있어
　　　일부분만 수정할 수 있다.

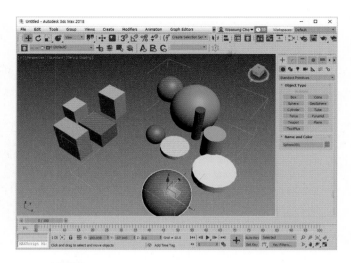

04 Sphere 그룹에서 하나의 오브젝트를 선택하고 메인 메뉴바의
　　　Group 〉 Close를 클릭한다.

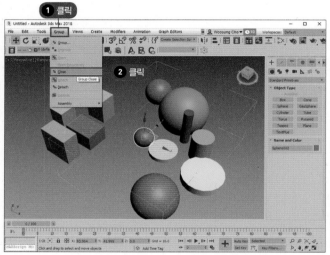

05 그룹 오브젝트가 닫히면서 Sphere의 분홍색 테두리가 사라지고,
　　　다시 오브젝트를 선택하면 전체가 선택된다.

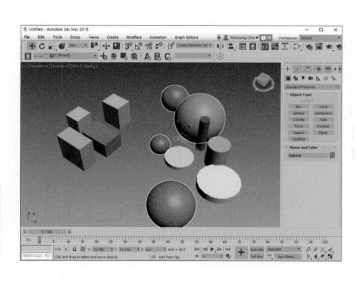

t i p

일반적으로 Ungroup을 사용하여 그룹을 해제하지만 Open한 상태에서
분홍색 테두리를 제거하여 해제하는 방법도 있다. 그룹 안 오브젝트 삭제
시 분홍색 테두리가 제거되지 않도록 주의한다.

Attach와 Detach

Attach는 그룹 된 오브젝트에 새로운 오브젝트를 추가하거나 그룹까지 추가할 수 있는 명령어이고, Detach는 그룹 안의 필요 없는 오브젝트를 내보낼 때 사용하는 명령어이다.

Attach와 Detach 사용하기

01 그룹이 지정되지 않은 임의의 Box를 선택한 후, 메인 메뉴바에서 Group 〉 Attach를 선택한다.

02 Sphere 그룹을 선택하면 Box가 그룹으로 추가된다.

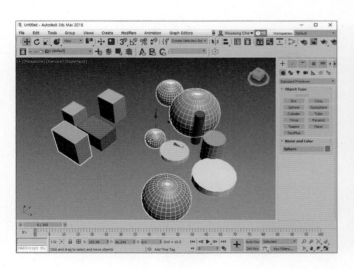

03 Detach를 사용하여 추가하였던 Box 오브젝트를 다시 분리해보자. Sphere 그룹을 선택한 후, 메인 메뉴바의 Group 〉 Open을 클릭하고 Box 오브젝트를 선택한다.

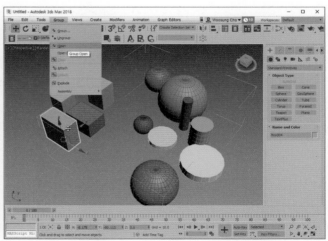

04 그다음 메인 메뉴바에서 Group 〉 Detach을 선택하면 오브젝트가 그룹에서 제거된다.

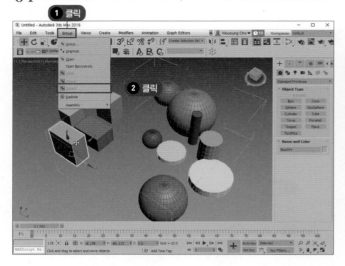 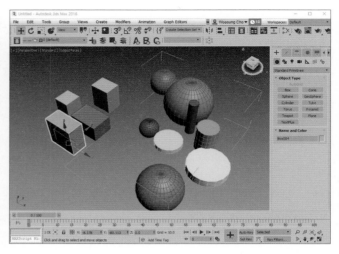

t i p

Attach는 그룹과 그룹 간에도 적용할 수 있다.

Explode

하나의 그룹만 해제하는 Ungorup과는 다르게 Explode는 그룹 안에 모든 오브젝트를 해제한다.

기능
예제
따라하기

Explode 사용하기

01 그림과 같이 Sphere, Cylinder의 그룹을 선택한 후, 메인 메뉴바의 Group 〉 Group을 클릭한다. 그다음 그룹의 이름을 'One' 으로 입력한 후, [OK] 버튼을 클릭한다.

02 One 그룹을 선택한 후, 메인 메뉴바의 Group 〉 Explode를 선택하면 모든 그룹들이 해제된다.

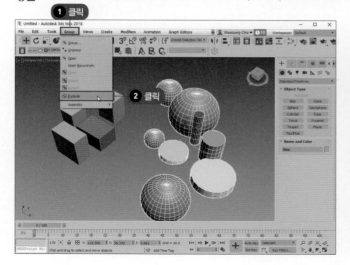
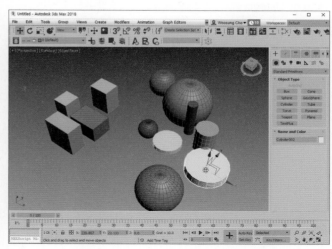

SECTION 5

Hide & Freeze

복잡한 인테리어 공간이나 건물 모델링 시 많은 오브젝트들로 인해 오브젝트를 선택이 어려운 경우가 발생한다.
Hide 기능으로 작업에 방해가 되는 오브젝트를 잠시 숨기거나 Freeze 기능으로 선택 및 이동되지 않도록 고정할 수 있다.

Hide

Hide는 일반 오브젝트 및 그룹으로 지정한 오브젝트를 숨기거나 Layer Explorer를 이용하여 레이어 전체를 숨기고자 할 때 사용한다.

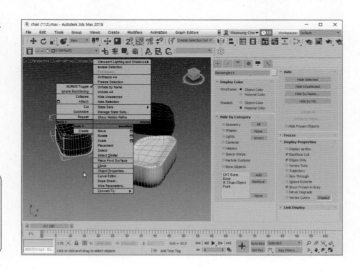

> **tip**
>
> 작은 프로젝트에서는 그룹으로 지정한 후, Hide를 적용하는 것으로도 충분하지만 큰 프로젝트 작업일 경우 Layer Explorer를 이용하여 숨기는 Hide 방식을 많이 사용한다.

A. Hide by Category

Hide by Category에서 오브젝트 종류의 맞게 숨길 수 있다.

Geometry(Shift + G), Shapes(Shift + S), Lights(Shift + L),
Cameras(Shift + C) 등 커맨드 패널의 Display 〉 Hide by
Category에서 속성별로 쉽게 선택할 수 있다.

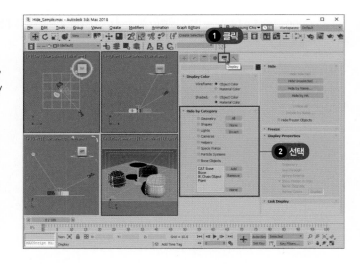

기능
예제
따라하기

Hide by Category 사용하기

● 예제 파일 | Sample/Part01/Lesson04/Hide.max

01 커맨드 패널의 Display 〉 Hide by Category에서 Geometry를 체크하면 뷰포트에서 오브젝트들이 사라진다. 다시 체크를 해제하면 오브젝
트들이 뷰포트 화면에 나타난다.

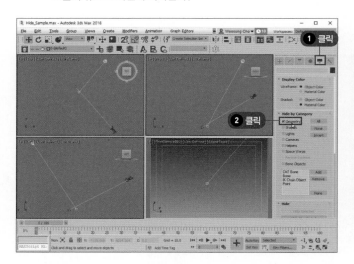

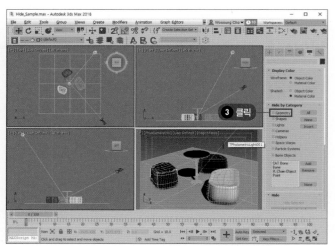

02 마찬가지로 다른 Lights, Cameras 등 순차적으로 체크를 하거나 체크 해제하여 뷰포트를 확인한다.

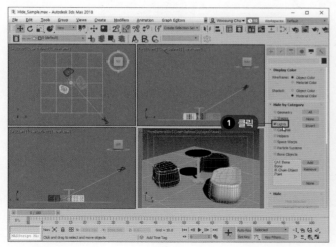

▲ Lights Hide

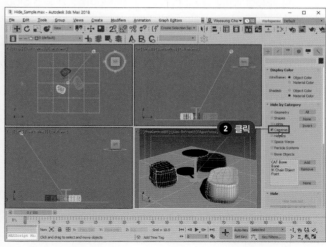

▲ Cameras Hide

B. Layer Explorer

레이어를 활용하면 오브젝트 및 기타 구성 요소를 다양하게 구별하여 화면에 표시 여부를 쉽게 제어할 수 있다.

기능
예제
따라하기

Layer Explorer 사용하기

예제 파일 | Sample/Part01/Lesson04/Hide.max

01 Layer Explorer 툴바에서 Toggle Layer Explorer(▤)를 클릭한다. 그러면 [Scene Explorer – Layer Explorer] 창이 나타난다.

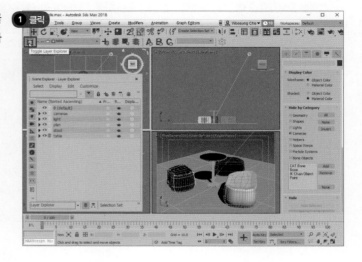

02 Cameras, Light, Plan, Stool, Table 등 5개의 레이어가 있
다. Stool 레이어의 Hide( )를 클릭하여 비활성화 되면 Stool
레이어에 속한 오브젝트들이 화면에서 사라진다.

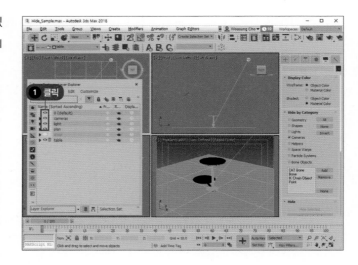

C. 쿼드 메뉴와 커맨드 패널 Display에서 Hide 옵션

쿼드 메뉴 또는 Display에서 오브젝트를 숨기거나 표시할 수 있다.
Viewport에서 우 클릭하면 나타나는 쿼드(Quad) 메뉴와 커맨드 패널의
Display 〉 Hide에서 확인할 수 있다.

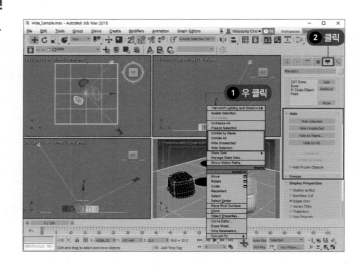

❶ Hide Selected
선택한 오브젝트를 숨긴다. 오브젝트를 하나 또는 다중 선택하여 적용할 수 있다.

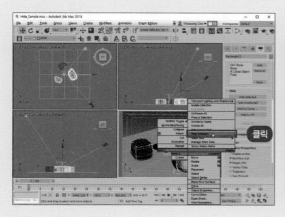
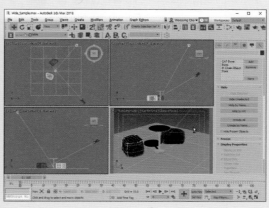

❷ Hide Unselected

선택된 오브젝트를 제외하고 모두 숨긴다.

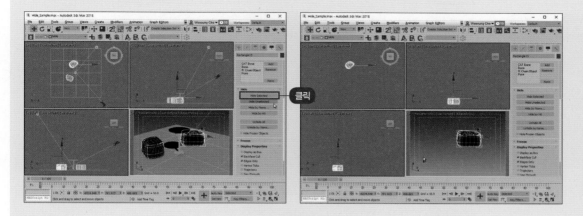

❸ Hide by Name

커맨드 패널의 Display 〉 Hide 옵션에만 있는 명령어이다. Hide by Name 명령어를 클릭하면 [Hide Objects]가 표시되며 적용할 오브젝트를 하나 또는 다중 선택하여 적용한다.

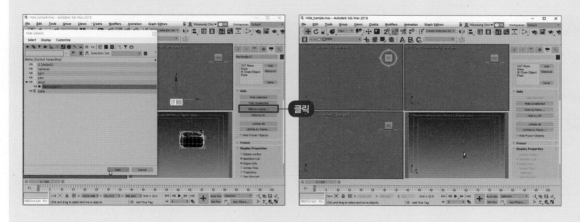

❹ Unhide All

숨겨져 있는 모든 오브젝트를 나타나게 한다.

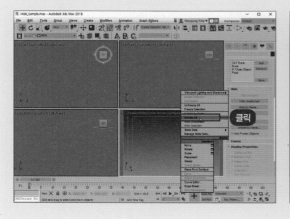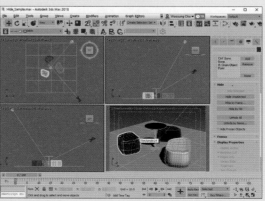

❺ Hide by Hit

커맨드 패널의 Display 〉 Hide 옵션에만 있는 명령어이다. Viewport에서 오브젝트를 직접 선택하여 적용한다.

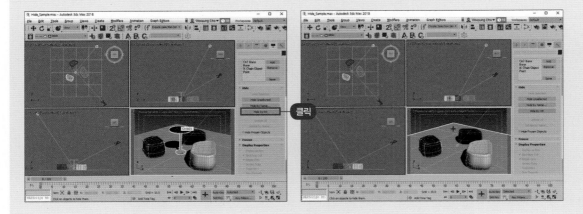

❻ Unhide by Name

숨겨진 오브젝트를 이름으로 검색하여 다시 표시하는 기능이다. 클릭하면 [Unhide Objects] 창에 숨겨진 오브젝트들의 리스트가 표시된다. 화면에 나타나게 할 오브젝트를 선택하여 적용한다.

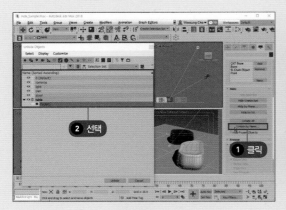

❼ Hide Frozen Objects

커맨드 패널의 Display 〉 Hide 옵션에만 있는 명령어이다. Hide Frozen Objects를 체크하면 Frozen이 적용된 오브젝트만 숨겨진다.

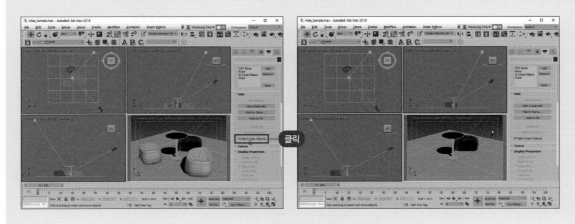

Freeze

'얼리다' 의미의 Freeze 명령어는 오브젝트를 선택 또는 이동하지 못하게 잠그는 기능이다.

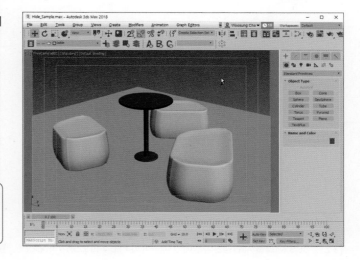

> **tip**
>
> 불러온 도면을 바탕으로 모델링 작업 시 이동되는 것을 방지하기 위해 주로 사용한다.

기능 예제 따라하기

Freeze 사용하기

● 예제 파일 | Sample/Part01/Lesson04/Freeze.dwg

01 Freeze가 적용되는 색상을 변경해보자. 보통 Freeze를 적용하면 Viewport와 유사한 회색이라 구분하기가 쉽지 않다. 메인 메뉴바에서 Customize 〉 Customize User Interface…를 선택한다.

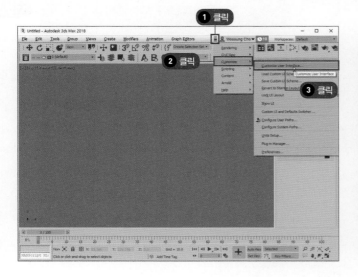

02 [Customize User Interface] 창에서 [Color] 탭을 선택한 후, Elements 항목에서 Geometry를 선택한다. 목록에서 Freeze 를 선택하고 우측의 Color을 클릭한다. [Color Selector] 창에서 원하는 색을 선택 한 후, [OK] 버튼을 클릭한다.

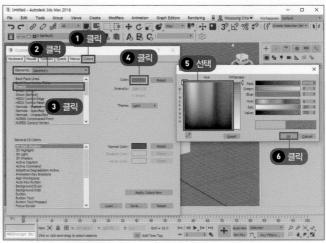

03 변경된 설정을 계속 사용하기 위해 [Save…] 버튼을 클릭하여 저
장한다.

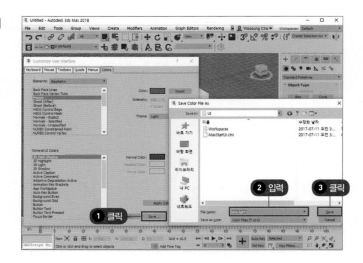

04 3ds Max를 재실행한 후, 메인 메뉴바의 File 〉 Import 〉 Import…를 클릭한다. [Import] 창에서 예제 도면 파일을 불러온다.

● 예제 파일 | Sample/Part01/Lesson04/Freeze.dwg

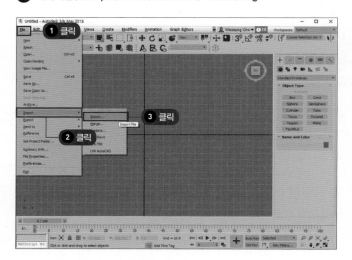

05 [AutoCAD DWG/DXF Import Options] 창이 표시되면 기본
설정 상태로 [OK] 버튼을 클릭한다.

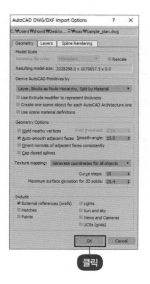

06 불러온 도면을 전부 선택한 후, 커맨드 패널의 Display 〉 Freeze 항목에서 [Freeze Selected] 버튼을 클릭하거나 우 클릭한 후, 쿼드 메뉴에서 Freeze Selected를 클릭한다.

07 오브젝트를 Freeze 도면 [Customize User Interface] 창에서 설정하였던 색상으로 변경된다.

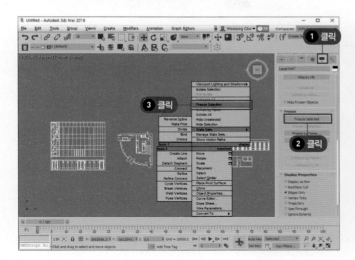

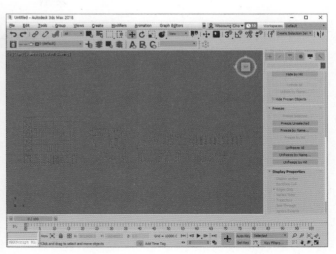

08 얼려진 도면 위에서 Line 작업을 위해 스냅 설정이 필요하다. 메인 툴바에서 Snap Toggle(3°)를 우 클릭한 후, [Grid and Snap Settings] 창을 표시한다.

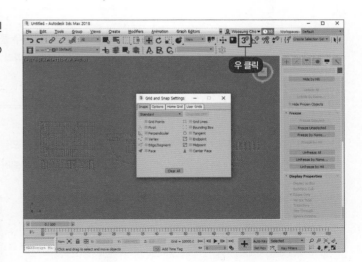

09 [Options] 탭에서 Sanp to Frozen objects를 체크한다. 이 옵션의 활성화로 얼려진 오브젝트에도 스냅을 적용시킬 수 있다.

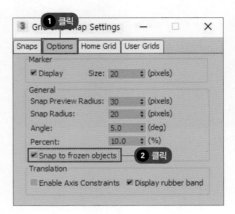

10 그다음 [Snaps] 탭에서 Vertex만 체크하고 창을 닫는다. Freeze가 적용된 오브젝트 위로 커서를 이동하면 스냅이 적용되는 것을 확인할 수 있다.

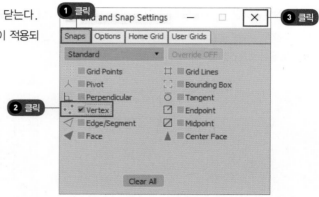

쿼드 메뉴(Quad Menu)

쿼드 메뉴는 Viewport에서 우 클릭 시 표시되며 다양한 명령어를 신속하게 처리할 수 있는 장점이 있다. 또한 작업 상황에 따라 다양한 쿼드 메뉴가 제공되며 사용자만의 메뉴를 개별 구성할 수 있다.

쿼드 메뉴의 기능

오브젝트를 선택하고 우 클릭 시 표시된다. 오브젝트를 선택하지 않았을 때와는 조금 다르다. 메뉴의 구성은 Transform과 Display 관련 항목이 있고, 오브젝트를 선택 시 Object Properties와 Convert to 등의 명령이 추가되어 있다.

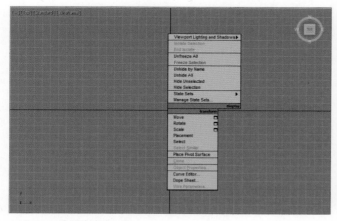

▲ Viewport 우 클릭 시 쿼드 메뉴

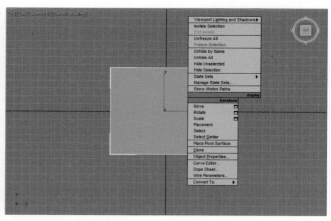

▲ 오브젝트 선택 시 쿼드 메뉴

Alt + 우 클릭

Transform, Coordinates, Pose, 애니메이션 관련 메뉴들로 구성되어 있다.

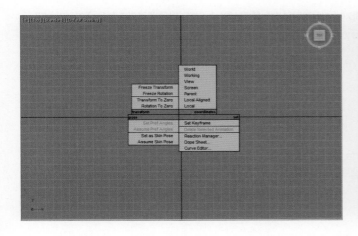

Shift + 우 클릭

Snap 관련 설정들로 구성되어 있다.

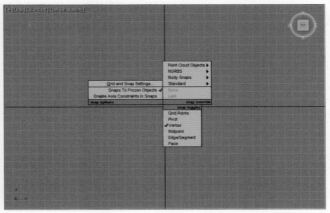

Ctrl + 우 클릭

기본적인 2D Spline과 3D 오브젝트들을 선택하여 작업할 수 있도록 Primitives와 Transform 항목들이 있다.

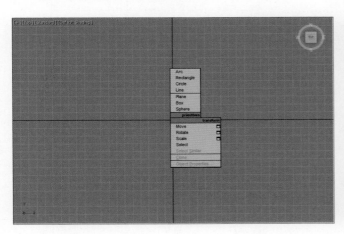

Ctrl + Alt + 우 클릭

렌더링 관련 옵션과 환경 설정, 효과 설정 등으로 구성되어 있으며 오브젝트를 선택한 후에는 오브젝트의 속성까지 설정할 수 있다.

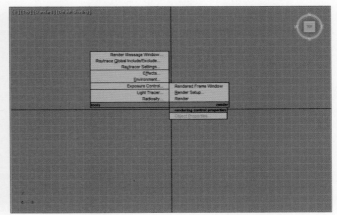

쿼드 메뉴 설정하기

쿼드 메뉴에 자주 사용하는 명령어를 추가하거나 사용자만의 메뉴를 구성할 수 있다. 많은 종류의 기능을 추가하기 보단
자주 사용하는 편집 명령어 위주로 추가하여 사용한다.

01 메인 메뉴바의 Customize 〉 Customize User Interface…를 클릭
한다. [Customize User Interface] 창에서 [Quad] 탭으로 이동한다.

02 사용자 정의의 메뉴를 구성하려면 우측의 [New…] 버튼을 클릭하여 새
로운 메뉴를 등록할 수 있다.

0 3   기존 메뉴에 명령어를 추가하려면 쿼드 메뉴의 4개 영역 중 한곳을 선택한 후, 좌측 Action 항목에서 추가할 명령어를 선택하고 드래그하여 이동시킨다.

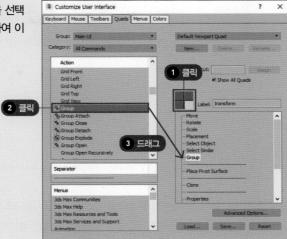

0 4   필요 없는 명령어를 삭제하려면 키보드의 Delete 를 누르거나 우 클릭하여 Delete Menu Item을 선택한다.

0 5   구성이 완료되면 [Save…] 버튼을 클릭하여 새로운 이름으로 저장할 수 있다.

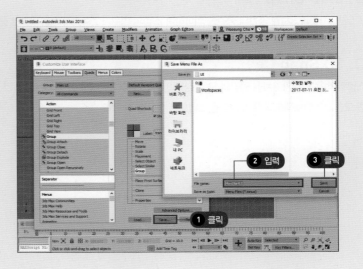

Snap 잡기

Snap을 활용하면 오브젝트가 가지고 있는 특정한 지점을 자동으로 선택할 수 있어 작업의 효율을 높일 수 있기 때문에 많이 사용하는 중요한 기능이다. 스냅의 종류와 옵션에 대해 알아보자.

Snaps Toggle(3°)(S)

오브젝트에 존재하는 특정 지점을 쉽게 선택할 수 있어 이동시킬 때나 Vertex, Edge 등의 오브젝트 편집 시 많이 사용된다. 메인 툴바의 Snap Toggle(3°)(S)를 활성화하면 스냅이 적용된다. Snap Toggle 아이콘을 우 클릭하면 [Grid and Snap Settings] 창이 나타난다. [Snaps] 탭에서 스냅 옵션을 선택할 수 있으며 Vertex, Endpoint, Midpoint를 많이 사용한다.

스냅의 적용은 공간별로 구분할 수 있으며 2D Snap, 2.5D Snap, 3D Snap이 있다.

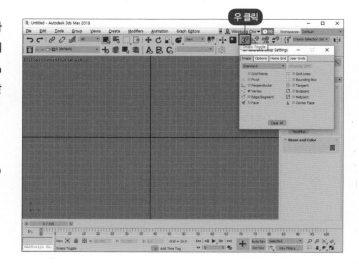

A. 2D Snap (2°)

스냅의 적용 범위가 2차원 평면의 X, Y축 평면에 해당하는 오브젝트 점들만 선택된다.

B. 2.5D Snap (2°⁵)

2.5란 2차원과 3차원 공간의 중간을 의미하며 스냅의 범위가 Z축까지 적용되지만 선택되는 점의 위치는 2차원 평면에 적용된다.

C. 3D Snap (3°)

스냅의 적용 범위가 3차원 공간의 모든 점을 인식한다. X, Y, Z축에 위치한 모든 3D 오브젝트의 특정 지점을 스냅으로 선택할 수 있다.

---

t i p

일반적으로 기초 평면 작업 시 3D 오브젝트의 간섭을 피하기 위해 2.5D Snap 옵션을 많이 사용한다.

Angle Snaps Toggle(⌐²)(A)

회전 각도의 Snap을 설정한다. 활성화시키면 설정된 각도로 일정하게 회전한다. [Grid and Snap Settings] 창의 [Options] 탭에서 General 〉 Angle 값을 조절하여 설정한다.

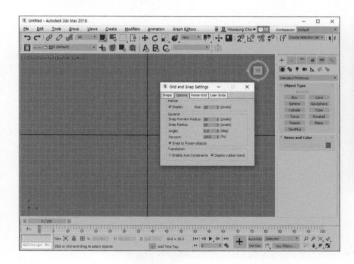
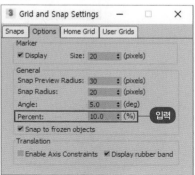

Precent Snap Toggle(%)(Shift + Ctrl + P)

오브젝트의 크기를 일정한 비율로 확대하거나 축소할 때 사용한다. [Grid and Snap Settings] 창의 [Options] 탭에서 General 〉 Percent: 값을 조절하여 설정한다.

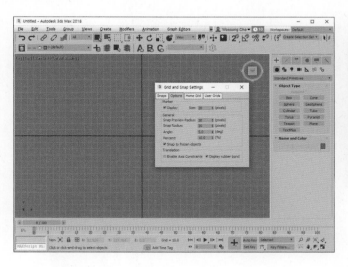
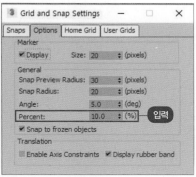

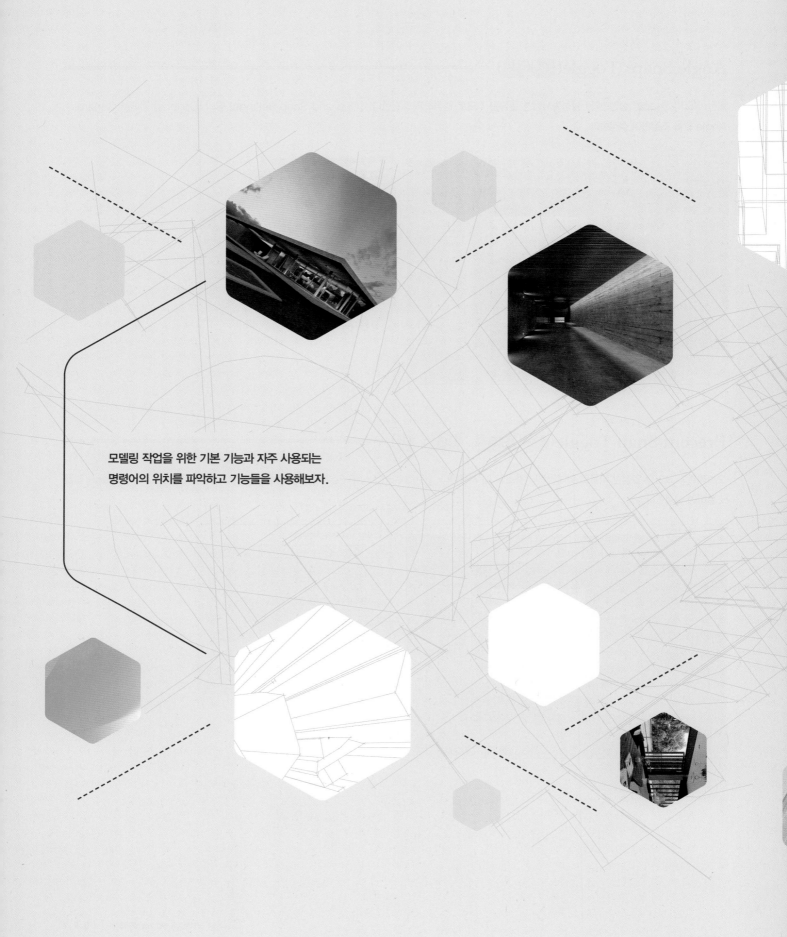

모델링 작업을 위한 기본 기능과 자주 사용되는
명령어의 위치를 파악하고 기능들을 사용해보자.

3DS MAX 2018

2

2D & 3D

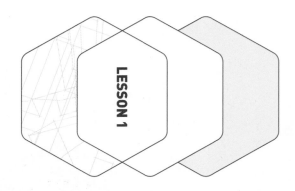

LESSON 1

Create의
오브젝트 파악하기

2D & 3D 기본 오브젝트를 만들거나 편집할 수 있는 기능들을 사용할 수 있다.

SECTION 1

Geometry의 Standard 오브젝트 기능 파악하기

Box, Sphere, Cylinder 등의 3차원 오브젝트를 생성할 수 있다. 편집할 수 있는 명령어와 Vray의 VrayProxy
및 Vrayplane이 있다. 건축, 인테리어 작업에서 자주 사용되는 기능들 위주로 알아보자.

Box

정육면체 또는 직육면체의 오브젝트를 생성한다. 모델링 작업 시 기초 형태로 많이 사용된다.

커맨드 패널의 Create 〉 Geometry 〉 Standard Primitives 〉 Box를
선택하여 생성한 후, 길이(Length), 폭(Width), 높이(Height)의 값을 입
력하여 크기를 지정한다.

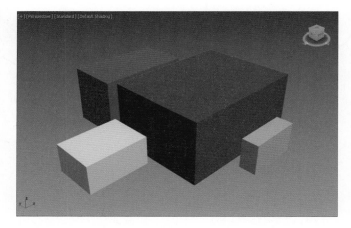

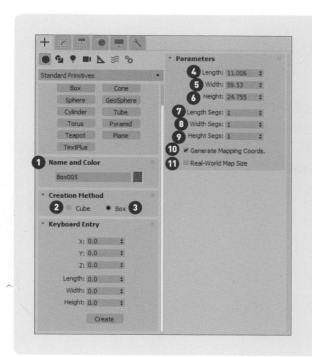

❶ Name and Color: 오브젝트의 이름과 색상을 지정한다.

❷ Cube: 정육면체의 Box를 생성한다.

❸ Box: 가로, 세로 및 높이를 설정하여 Box를 생성한다.

❹ Length: Box의 길이를 설정한다.

❺ Width: Box의 폭을 설정한다.

❻ Height: Box의 높이를 설정한다.

❼ Length Segs: 길이 방향의 분할 값을 설정한다.

❽ Width Segs: 폭 방향의 분할 값을 설정한다.

❾ Height Segs: 높이 방향의 분할 값을 설정한다.

❿ Generate Mapping Coords: 별도의 설정 없이도 자동으로 맵핑이 적용된다.

⓫ Real-World Map Size: 실제 사이즈로 맵핑이 적용된다.

---

tip

Real-World Map Size 옵션을 사용하지 않고 UVW Map을 사용한다.

Info

Keyboard Entry는 좌표 값과 크기를 입력한 후, [Create] 버튼을 클릭하면 Box 오브젝트가 생성된다.

Cone

원뿔형 오브젝트를 생성한다. 끝을 뾰족하게 하거나 잘려진 모양으로 만들 수 있다.

커맨드 패널의 Create 〉 Geometry 〉 Standard Primitives 〉 Cone 를 클릭하여 생성한 후, 하부 반지름(Radius1), 상부 반지름(Radius2), 높이(Height) 값을 입력한다.

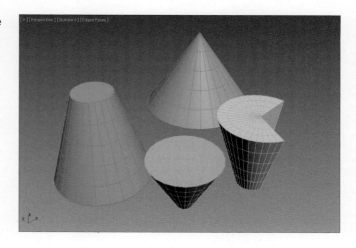

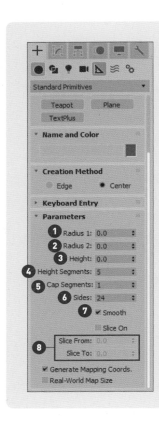

❶ Radius1 : 아래쪽 반지름을 설정한다.

❷ Radius2 : 위쪽 반지름을 설정한다.

❸ Height : 높이를 설정한다.

❹ Height Segments : 높이를 몇 등분할지 설정한다.

❺ Cap Segments : 윗면과 아랫면을 몇 등분할지 설정한다.

❻ Sides : 위와 아랫면의 구성 개수를 설정한다.

❼ Smooth : 오브젝트의 표면을 부드럽게 처리한다.

❽ Slice From & To : 피자 조각과 같이 잘려나간 Cone을 만든다. Slice On을 활성화시켜야 하며 시작 지점 또는 끝 지점을 각도 값으로 설정한다.

Sphere

면의 모양이 사각형으로 구성된 구를 생성한다.

커맨드 패널의 Create 〉 Geometry 〉 Standard Primitives 〉 Sphere 선택하여 구를 생성한 후, 반지름(Radius)과 면 개수 (Segments)의 값을 설정한다.

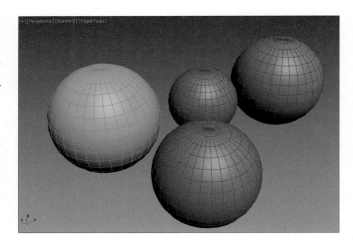

❶ Radius: 구의 반지름을 설정한다.

❷ Segments: 구성하는 면의 개수를 설정한다.

❸ Hemisphere: 반구 형태의 오브젝트를 만들 때 사용한다. 0 값일 때 완전 구 형태, 0.5 값일 때 반구 형태
이다.

❹ Chop: 구의 일부분을 잘라낸 형태로 만든다.

❺ Squash: 구의 일부분을 짓누른 행태로 만든다. Chop와 형태는 비슷하지만 잘려나간 부분의 면 구성이 다
르다.

❻ Base To Pivot: 중심축을 아래쪽으로 이동한다.

GeoSphere

면의 모양이 삼각형으로 구성된 구를 생성한다.

커맨드 패널의 Create 〉 Geometry 〉 Standard Primitives 〉
GeoSphere를 선택하여 구를 생성한 후, 반지름(Radius)과 면 개수
(Segments)의 값을 설정한다.

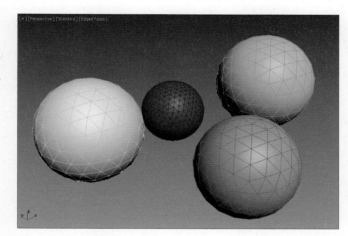

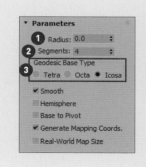

❶ Radius: 반지름을 설정한다.

❷ Segments: 구성하는 면의 개수를 설정한다.

❸ Geodesic Base Type: 면의 기초 형태를 설정한다. Tetra(4개의 삼각형)/Octa(8개의 삼각형)/
Icosa(20개의 삼각형) 세가지 중 하나를 선택한다.

┌─ t i p ───
│ Sphere와 GeoSphere는 동일한 형태지만 면의 구성상 편집하기 쉬운 Sphere를 많이 사용한다.
└───

Cylinder

원기둥 오브젝트를 만든다. 변형이 용이하여 모델링의 기초 모델로 많이 사용된다.

커맨드 패널의 Create 〉 Geometry 〉 Standard Primitives 〉 Cylinder를 선택하여 생성한 후, 원기둥의 반지름(Radius)과 높이(Height) 값을 설정한다.

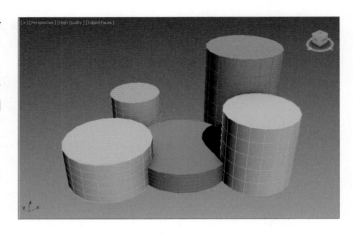

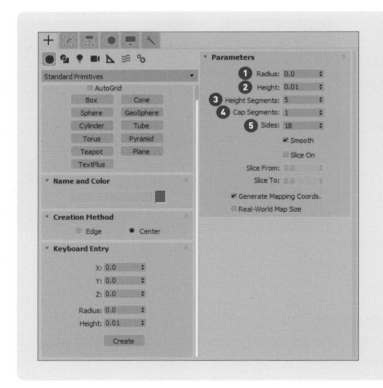

❶ Radius: 반지름을 설정한다.

❷ Height: 높이를 설정한다.

❸ Height Segments: 원통의 면 개수를 설정한다.

❹ Cap Segments: 위/아래의 면 개수를 설정한다.

❺ Sides: 둘레의 면 개수를 설정한다.

Tube

기둥 안쪽이 뚫려있는 튜브 모양의 오브젝트를 생성한다.

커맨드 패널의 Create 〉 Geometry 〉 Standard Primitives 〉 Tube를
선택하여 생성한 후, 원기둥의 바깥쪽 반지름(Radius1)과 안쪽 반지름
(Radius2), 높이(Height) 값을 설정한다.

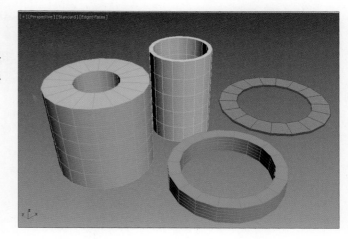

❶ Radius 1 : 바깥쪽 원의 반지름을 설정한다.

❷ Radius 2 : 안쪽 원의 반지름을 설정한다.

❸ Height: 높이를 설정한다.

❹ Height Segments : 면의 개수를 설정한다.

❺ Cap Segments : 위/아래의 면 개수를 설정한다.

❻ Sides : 둘레의 면 개수를 설정한다.

Torus

도넛 형태의 오브젝트를 생성한다.

커맨드 패널의 Create 〉 Geometry 〉 Standard Primitives 〉 Torus
를 선택하여 생성한 후, 도넛의 바깥쪽 반지름(Radius1)과 안쪽 반지름
(Radius2)의 값을 설정한다.

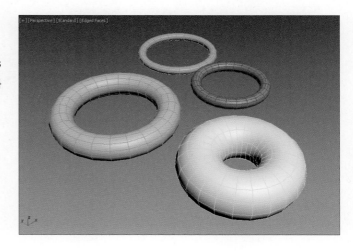

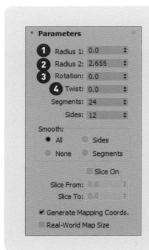

❶ Radius1 : Torus의 안쪽 반지름을 설정한다.

❷ Radius2 : Torus의 바깥쪽 반지름을 설정한다.

❸ Rotation : 만들어진 Segments를 안쪽으로 회전한다.

❹ Twist : 만들어진 Segments를 회전한다.

Pyramid

피라미드 형태의 오브젝트를 생성한다.

커맨드 패널의 Create 〉 Geometry 〉 Standard Primitives 〉 Pyramid를 선택하여 생성한 후, 폭(Width), 길이(Depth), 높이(Height)의 값을 설정한다.

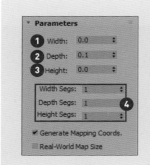

❶ Width : 폭을 설정한다.

❷ Depth : 길이를 설정한다.

❸ Height : 높이를 설정한다.

❹ Width/Depth/Height Segs : 폭, 길이, 높이에 대한 면 분할 개수를 설정한다.

Teapot

주전자 형태의 오브젝트를 생성한다. 재질이나 조명 테스트용으로 많이 사용한다.

커맨드 패널의 Create 〉 Geometry 〉 Standard Primitives 〉 Teapot 를 선택하여 생성한 후, 크기(Radius), 면 분할(Segments)의 값을 설정한다.

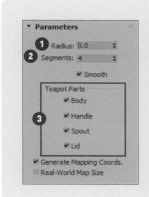

❶ Radius: 크기를 설정한다.

❷ Segments: 면이 분할되는 값을 설정한다.

❸ Teapor Parts: Teapot의 구성 요소를 선택한다. 몸체(Body), 손잡이(Handle), 주둥이(Spout), 뚜껑(Lid)을 체크하여 선택한다.

Plane

평면 오브젝트를 생성한다. 두께가 없는 오브젝트로 인테리어 공간의 바닥이나 캐릭터, 인체, 제품 모델링 시 사용된다.

커맨드 패널의 Create 〉 Geometry 〉 Standard Primitives 〉 Plane 을 선택하여 생성한 후, 길이(Length), 폭(Width)의 값을 설정한다.

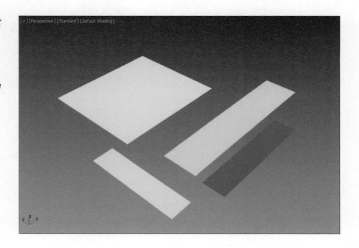

❶ Length: 길이를 설정한다.

❷ Width: 폭을 설정한다.

❸ Length Segs: 길이에 대한 면 분할 값을 설정한다.

❹ Width Segs: 폭에 대한 면 분할 값을 설정한다.

❺ Render Multipliers: 렌더링 시 부드러운 표면의 점도를 설정한다.

❻ Scale: 렌더링 시 나타날 크기를 설정한다. 입력한 값에 따라 크기가 달라진다.

❼ Density: 밀도 값을 설정한다.

TextPlus

텍스트 오브젝트를 생성한다. Extrude와 Bevel이 바로 적용되어 3D 형태로 만들 수 있다.

커맨드 패널의 Create 〉 Geometry 〉 Standard Primitives 〉 TextPlus를 선택하여 선택한 후, Point로 뷰포트에서 바로 생성하거나 Region에서 영역을 지정하여 생성한다.

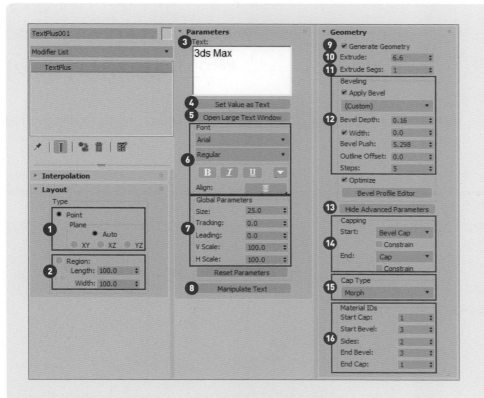

A. Layout Type

❶ Point: 뷰포트에서 클릭하여 생성한다.

❷ Region: 생성할 영역의 길이와 폭을 설정한다.

B. Parameters

❸ Text: 문자를 입력한다.

❹ Set Value as Text: 객체 값을 텍스트로 보여준다. 객체의 값이 변경되면 업데이트된 텍스트가 바로 반영된다.

❺ Open large Text Window: 많은 양의 문장을 편집할 수 있는 창이 표시된다.

❻ Font: 서체, 굵기, 기울기 등을 설정한다.

❼ Global Parameters: 텍스트 크기 및 간격을 설정한다.

❽ Manipulate Text: 각각의 텍스트 크기와 위치 간격을 수동으로 설정한다.

C. Geometry

❾ Generate Geometry: 체크하면 Shape에서 3D 오브젝트가 된다.

❿ Extrude: 돌출되는 높이를 설정한다.

⓫ Extrude Segs: 돌출되는 면의 분할 개수를 설정한다.

⓬ Beveling: 돌출되는 형태에 Bevel를 적용한다. Bevel 기능처럼 다양한 효과를 만든다.

⓭ Show/Hide Advanced parameters: Bevel의 추가 옵션을 보여주거나 숨긴다.

⓮ Capping: 돌출되는 텍스트의 시작점과 끝점에 대해 Cap 적용 여부를 선택한다.

⓯ Cap Type: Cap을 적용할 경우 형태를 설정한다.

⓰ Material IDs: Cap이 적용되는 부분의 ID 번호를 부여한다.

Geometry의 Compound
오브젝트 기능 파악하기

오브젝트를 합성하는 기능이다. 주로 사용하는 기능으로 Boolean과 ShapeMerge, Loft, ProBoolean을 사용한다. Edit Poly에서 편집하기 어려운 형태를 쉽게 만들 수 있다.

ShapeMerge

오브젝트 면에 Shape 형태를 생성한다. 복잡한 면을 돌출하거나 다른 재질을 입힐 때 사용한다.

적용할 오브젝트를 선택한 후, 커맨드 패널의 Create 〉 Geometry 〉 Compound Objects 〉 ShapeMerge를 클릭한다.

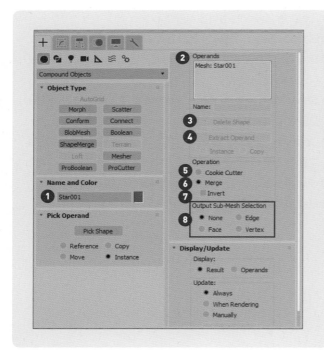

A. Pick Operand

❶ Pick Shape: 오브젝트에 적용시킬 Shape를 선택한다.

B. Parameters

❷ Operands: 오브젝트에 적용된 Shape를 보여준다.

❸ Delete Shape: 선택한 Shape를 제거한다.

❹ Extract Operand: 선택한 Shape를 추출한다.

❺ Cookie Cutter: Shape 형태로 잘라낸다.

❻ Merge: Shape를 오브젝트의 표면과 합친다.

❼ Invert: Cookie Cutter 효과를 반전시킨다.

❽ Output Sub-Mesh Selection: 추출되는 Sub-Mesh의 선택 수준을 지정한다.

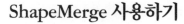
01 Top 뷰를 선택한 후, 커맨드 패널의 Create > Geometry > Standard Primitives > Plane을 선택하여 임의의 크기로 만든다.

02 Plane에 적용할 Shape를 만든다. 커맨드 패널의 Create > Shape > Splines > Ngon을 선택하여 Plane 안에 들어갈 수 있게 임의의 크기로 만든다.

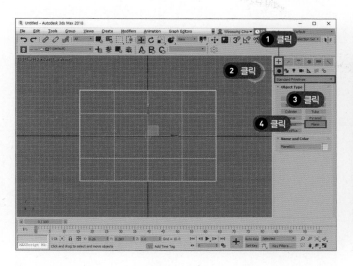

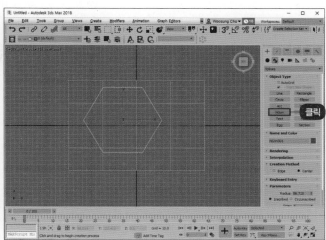

03 Plane 오브젝트를 선택한 후, 커맨드 패널의 Create > Geometry > Compound Objects > ShapeMerge를 클릭한다.

04 커맨드 패널의 Modify > Pick Operand > Pick Shape를 선택한 후, Ngon Shape를 클릭한다.

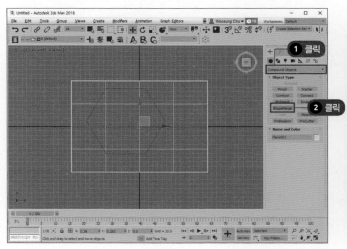

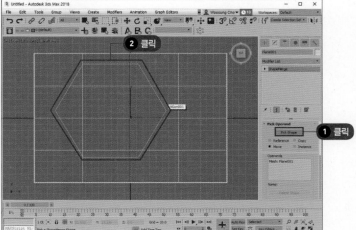

05 Perspective 뷰로 화면을 변경한 후, Plane에 Ngon Shape
가 적용된 것을 확인한다.

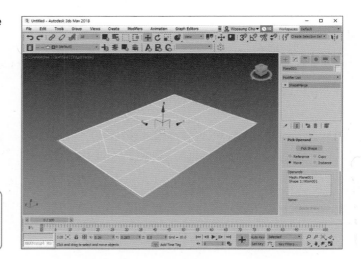

> **t i p**
>
> ShapeMerge는 Segment가 겹쳐있지 않거나 Shape의 위치가 앞면
> 이나 윗면에 없으면 적용되지 않는다.

Loft

단면과 경로를 설정하여 오브젝트를 만드는 기능이다. 병이나 기둥 같은 오
브젝트를 만들 때 사용한다.
적용할 오브젝트를 선택한 후, 커맨드 패널의 Create 〉 Geometry 〉
Compound 〉 Loft를 클릭한다.

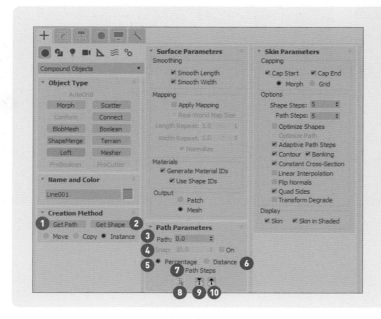

A. Creation Method

❶ Get Path : Shape(단면)가 선택되어 있을 때 Path(경
로)를 선택한다.

❷ Get Shape : Path(경로)가 선택되어 있을 때 Shape(단
면)를 선택한다.

B. Path Parameters

❸ Path : Path로 사용할 Shape 위치를 변경하여 가져오기
위해 지정한다.

❹ Shape(On) : 정확한 Path 값으로 변경하기 위해 지정한다.

❺ Percentage : 퍼센트(%) 값으로 위치를 지정한다.

❻ Distance : 길이로 위치를 지정한다.

❼ Path Steps: 경로의 스탭 위치를 조절한다.

❽ Pick Shape: Shape를 지정한다.

❾ Previous Shape: 이전 Shape로 지정한다.

❿ Next Shape: 다음 Shape로 지정한다.

기능
예제
따라하기

~~~~~~~~~~~~~~~~~~~~~~~~~~~~~~~~~~~~~~ Loft 사용하기

● 예제 파일 | Sample/Part02/Lesson01/Loft.max

01 예제 파일을 불러온 후, 화면에서 Loft를 사용할 Shape와 Path
를 확인한다.

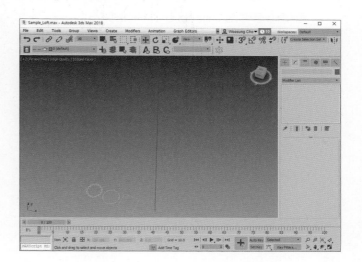

02 Path 오브젝트를 선택한 후, 커맨드 패널의 Create 〉
Geometry 〉 Compound Objects 〉 Loft를 클릭한다.

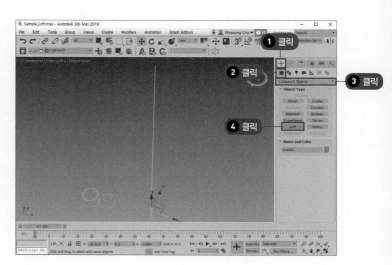

03 커맨드 패널의 Modify 〉 Creation Method 〉 Get Shape를 클릭한 후, 정사각형 Shape를 선택하면 Path 오브젝트의 경로를 따라 사각형 기둥이 생성된다.

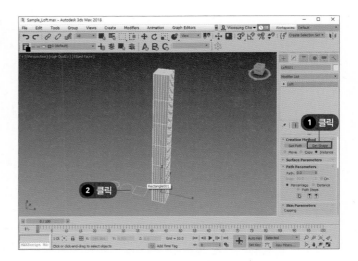

04 Path Parameters 〉 Path에 10을 입력한 후, Get Shape를 클릭하고 정사각형 Shape를 선택하여 적용한다.

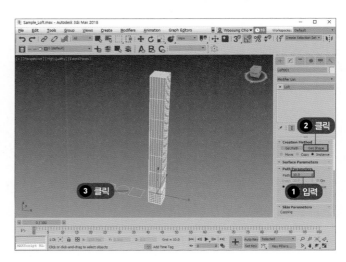

05 다음으로 Path Parameters 〉 Path에 12를 입력한 후, Get Shape를 클릭하여 원 Shape를 선택하여 적용한다.

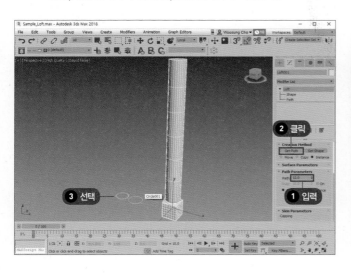

06 Path Parameters 〉 Path에 88을 입력하고 Get Shape를 클릭한 후, 원 Shape를 선택하여 적용한다.

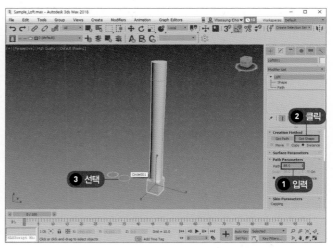

원 Shape를 적용 시 비틀리는 경우가 있다. 이런 경우 커맨드 패널의 Modify 〉
Stack 창에서 Loft 좌측의 화살표(▼)를 클릭한 후, Shape를 선택한다. 그다음 원
Shape가 적용된 곳을 선택한 후, 적용된 면을 회전하여 조정한다.

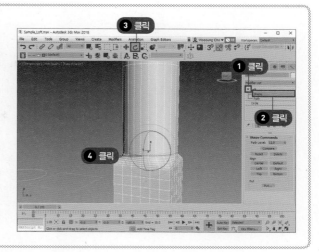

07 마지막으로 Path Parameters 〉 Path에 90을 입력하고 Get
Shape를 클릭한 후, 정사각형 Shape를 선택하여 기둥을 완성한다.

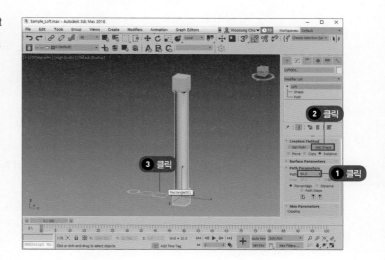

ProBoolean

2개 이상의 오브젝트를 하나로 합치거나 모양대로 파여진 형태를 만들 때
사용한다.

오브젝트를 선택한 후, 커맨드 패널의 Create 〉 Geometry 〉 Compound
Objects 〉 ProBoolean을 클릭한다.

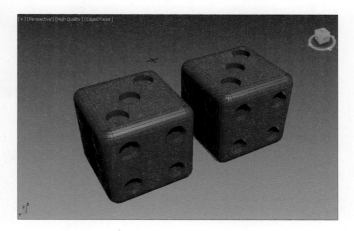

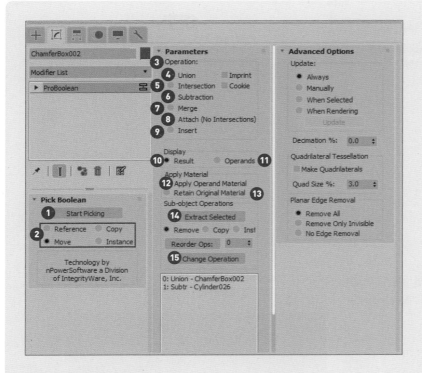

A. Pick Boolean

❶ Start Picking: 클릭한 후에 병합할 오브젝트를 선택하면 ProBoolean이 적용된다.

❷ Reference/Copy/Move/Instance: Start Picking을 클릭하기 전에 선택 변경한다.

B. Parameters

❸ Operation: 오브젝트가 병합되는 방식을 설정한다.

❹ Union: 2개 이상의 오브젝트를 하나로 합친다.

❺ Intersection: 오브젝트 간 교차되는 부분만 합치고 나머지 부분은 삭제한다.

❻ Subtraction: 원본 오브젝트에서 겹치는 부분만 삭제한다.

❼ Merge: 오브젝트의 형태를 유지한 상태로 결합한다.

❽ Attach(No Intersections): 선택한 오브젝트를 결합하지만 연결 되어있지 않다.

❾ Insert: 교차된 부분만 삭제하고 교차되지 않는 부분만 남겨둔다.

❿ Result: ProBoolean의 연산 결과를 표시한다.

⓫ Operands: 원본 오브젝트를 활성화 후, 편집하여 결과를 변경한다.

⓬ Apply Operand Material: 병합되는 오브젝트의 재질이 다른 경우 각각의 재질로 유지된다.

⓭ Retain Original Material: 원본 오브젝트 재질로 유지된다.

⓮ Extract Selected: 결합된 오브젝트를 내보낸다.

⓯ Change Operation 대화상자: 원본 오브젝트와 결합된 오브젝트가 표시된다.

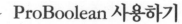

기능
예제
따라하기

ProBoolean 사용하기

● 예제 파일 | Sample/Part02/Lesson01/Proboolean.max

01 메인 메뉴바의 File 〉 Open을 클릭하여 예제 파일을 불러온다.

02 Viewport를 확인하면 주사위 Box 오브젝트와 주사위 눈 오브젝트로 구성되어 있다.

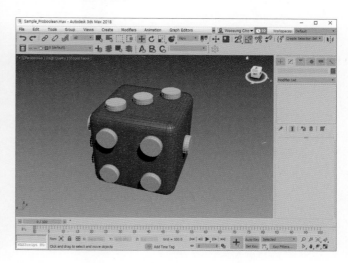

03 구멍을 뚫을 주사위 눈 오브젝트를 전부 선택한 후, 메인 메뉴바에서 Group 〉 Group을 클릭한다. Group 이름을 '주사위눈'으로 입력하고 [OK] 버튼을 눌러 그룹으로 지정한다.

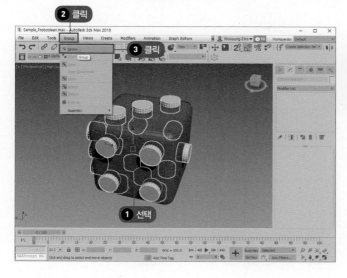

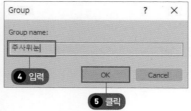

04 주사위 Box 오브젝트를 선택한 후, 커맨드 패널의 Create 〉 Geometry 〉 Compound Objects 〉 ProBoolean을 선택한다.

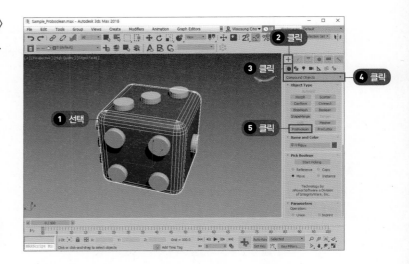

05 Pick Boolean 〉 Start Picking을 클릭한 후, Subtraction을 선택한다.

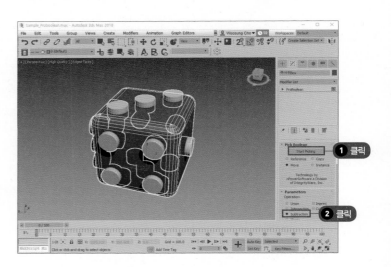

06 '주사위눈' 그룹을 클릭하면 겹쳐진 부분이 제거되면서 주사위 눈이 완성되었다.

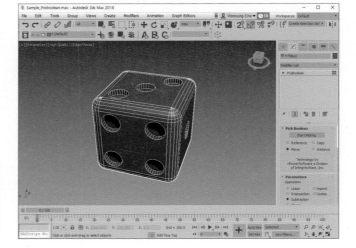

---

tip

Boolean

ProBoolean의 과거 버전이다. 차이점으로 Boolean은 적용한 후, Edit Poly로 변경하면 깨지는 면이 발생하여 수정이 불편하다.

Geometry의 VRay 기능 파악하기

VRay 설치 후 사용 가능하다. 자주 사용하는 기능으로 VRayProxy와 VRayPland에 대해서 알아보자.

VRayProxy

VRayProxy는 Mesh 파일의 형태로 저장한 후, 뷰에서는 Mesh 형태로 보이고 렌더링 시 결과물이 보인다.

커맨드 패널의 Create 〉 Geometry 〉 VRay 〉 VRayproxy를 클릭하여 사용한다.

A. MeshProxy params

❶ Mesh file: Mesh 파일을 불러와 Proxy 형태를 보여준다.

❷ Display: Proxy 파일이 뷰포트에서 표시되는 형태를 설정한다.

❸ bounding box: Proxy가 박스 형태로 보인다.

❹ Preview from File(edges): Proxy가 Edge 형태로 보인다.

❺ Preview from File(faces): Proxy가 면의 형태로 보인다.

❻ Point: Proxy가 점의 형태로 보인다.

❼ show whole mesh: Proxy가 되기 전의 형태 그대로 보여준다.

❽ Import as mesh: Proxy를 Editable Mesh로 내보낸다.

01 그림과 같이 임의의 크기로 Box를 만든다.

02 커맨드 패널의 Modify 〉 Modifier List 〉 TurboSmooth를 적용한 후, Main의 Iterations 값을 5로 입력한다.

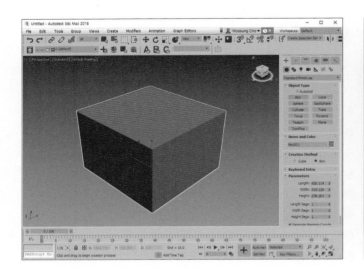

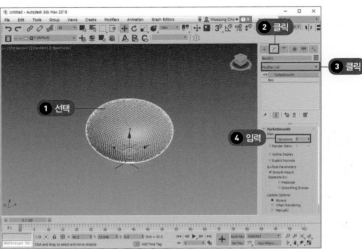

03 Show Statistics Toggle(7)을 클릭하면 뷰의 좌측 상단에 Polys와 Verts의 값이 표시된다. TurboSmooth의 Iterations 값에 따라 변경된다.

04 오브젝트를 선택하고 우 클릭한 후, 쿼드 메뉴에서 V-Ray mesh export를 클릭한다. [VRay mesh Exprot] 창이 나타나면 Automatically create proxies를 체크한다. 그다음 저장할 경로를 확인하고 [OK] 버튼을 클릭한다.

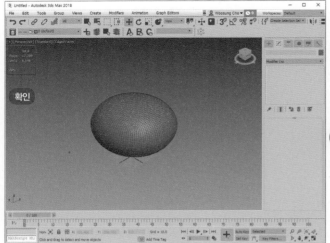

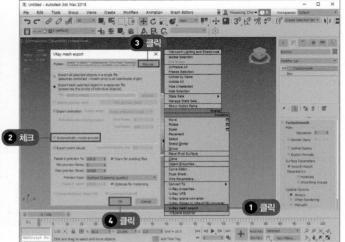

05 커맨드 패널의 Create 〉 Geometry 〉 VRay 〉 VRayProxy를 클릭한 후, MeshProxy params에서 Mesh file의 [Browse] 버튼을 클릭하여 저장한 Mseh 파일을 불러온다.

06 Display 항목에서 bounding box를 선택한 후, 뷰포트를 확인하면 Box 형태로 변환된다. 좌측 상단의 Polys와 Verts가 12와 8로 변경된 것을 확인한다.

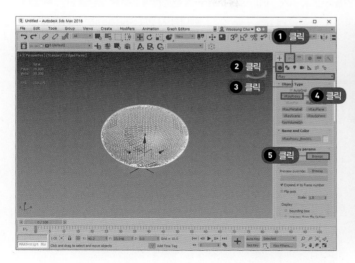

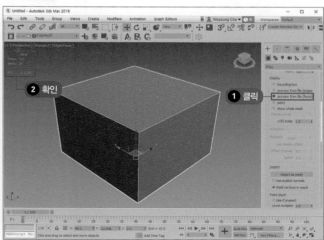

> **tip**
>
> VRayProxy는 파일명을 구분하도록 저장하여 사용할 때 착각하지 않게 한다.

VRayPlane

VRayPlane은 Plane처럼 사용할 수 있는 오브젝트로 크기 조정 없이 재질을 적용하여 사용한다. 렌더링 시 VRayPlane은 길이를 무한대로 보여주기 때문에 주로 ISO의 배경이나 장면을 연출할 때 사용한다. 커맨드 패널의 Create 〉 Geometry 〉 VRay 〉 VRayPlane을 클릭하여 사용한다.

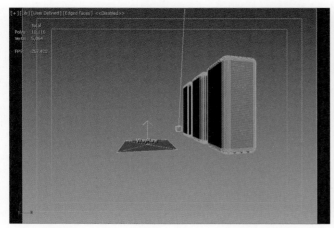

▲ Viewport 화면

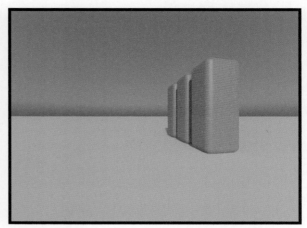

▲ 렌더링 결과

Shapes의 Splines 기능 파악하기

Spline을 이용하여 다양한 형태를 만들어낸다. Arc, Ellipse, Ngon을 활용하여 독특한 모양을 만들 수 있다.
렌더링 시 2D Shapes는 보이지 않는다.

Spline

Line은 직선과 곡선을 만들 수 있다. 또한 Extrude를 사용하여 입체 형태로 만든다. Line은 점(Vertex), 선(Segment), 면(Spline)으로 구성되어 하나의 Spline으로 만들어진다.

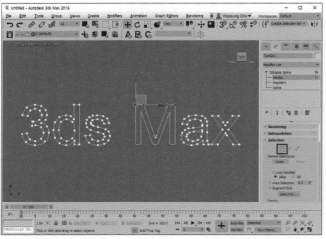

▲ Vertex를 선택

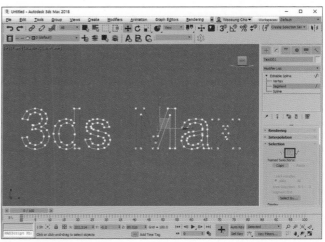

▲ Segment를 선택

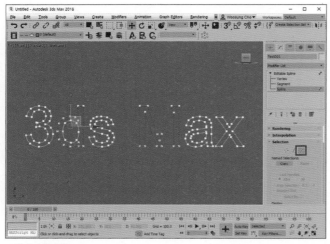

▲ Spline를 선택

Vertex는 네 가지의 형태로 선을 연결하고 Vertex Handle를 통해서 선의 형태를 변경한다.

A. Corner: Vertex를 직선으로 연결한다.

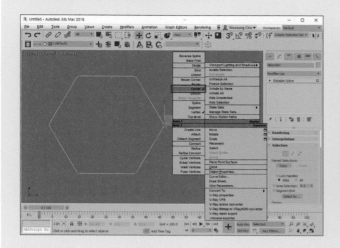

B. Smooth: Vertex를 곡선으로 연결한다.

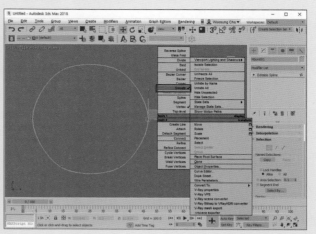

C. Bezier: Vertex Handle을 이용하여 원하는 곡선으로 만든다. 방향선이 수평을 유지하며 양쪽 선에 영향을 준다.

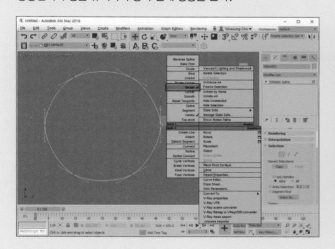

D. Bezier Corner: Vertex Handle을 사용하여 직선이나 곡선으로 만든다. 방향선이 독립적으로 조절된다.

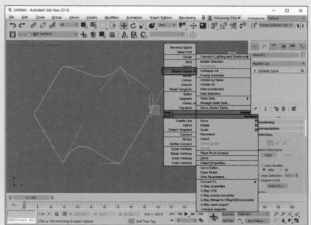

E. Vertex Handle: Vertex를 선택하면 노란색 선과 녹색의 점이 나타난다. 녹색 점을 클릭한 후, 드래그하여 곡선의 크기와 방향을 변경한다.

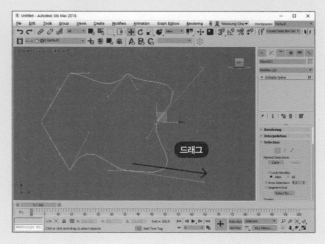

Line

직선 곡선 상관없이 자유로운 선을 만든다.

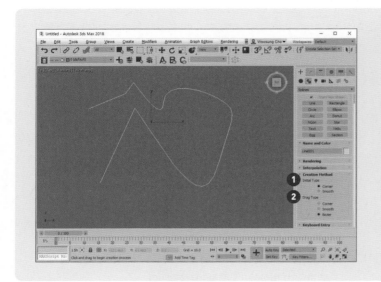

❶ Initial Type: Line의 포인트를 그릴 때 Corner(직선)나 Smooth(곡선) 선의 속성을 선택한다.

❷ Drag Type: Line의 포인트를 클릭한 상태로 움직이면 Corner(직선)나 Smooth(곡선), Bezier(곡선 다음 선이 진행될 방향을 지정) 선의 속성을 선택한다.

Rectangle

가로, 세로의 값을 입력하여 직사각형 및 정사각형을 만든다.

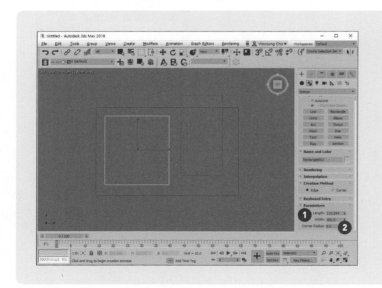

❶ Length, Width: 가로 및 세로의 값을 입력한다.

❷ Corner Radius: 모서리를 둥글게 깎아낸다.

Circle

원형을 만든다.

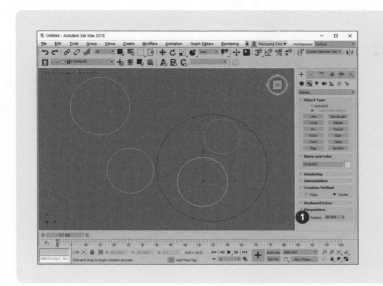

❶ Radius: 반지름의 값을 입력한다.

Ellipse

타원형을 만든다.

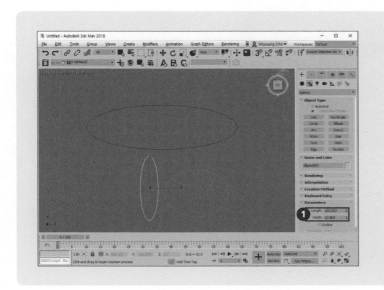

❶ Length, Width: 타원의 장축과 단축의 길이를 입력한다.

Arc

호를 만든다.

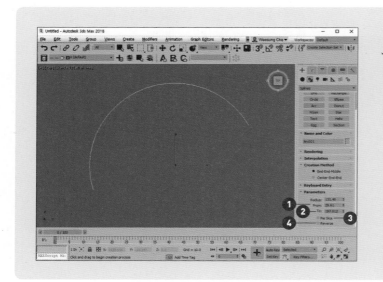

❶ From: 시작점의 각도를 설정한다.

❷ To: 끝점의 각도를 설정한다.

❸ Pie Slice: 시작점과 끝점이 연결된다.

❹ Reverse: 시작점과 끝점의 방향을 변경한다.

Ngon

다각형을 만든다.

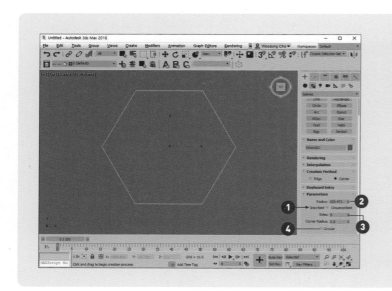

❶ Inscribed: 안쪽 모서리의 반지름을 설정한다.

❷ Circumscribed: 바깥쪽 모서리의 반지름을 설정한다.

❸ Sides: 측면의 개수를 설정한다.

❹ Circular: 체크하면 원형으로 만든다.

Star

별 모양을 만든다.

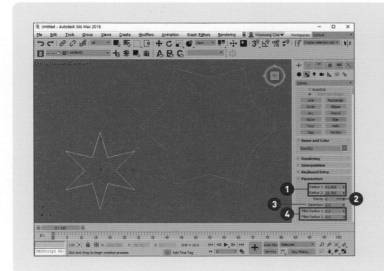

❶ Radius 1, Radius 2: 안쪽과 바깥쪽의 크기를 설정한다.

❷ Points: 별의 포인트 수를 설정한다.

❸ Distortion: 중심을 기준으로 안쪽과 바깥쪽 점을 변경한다.

❹ Fillet Radius 1, Fillet Radius 2: 안쪽과 바깥쪽의 모서리 곡선을 설정한다.

Text

문자 Spline을 만든다.

❶ Pont: 서체를 설정한다.

❷ Style: 문자의 스타일을 설정한다.

❸ Size: 문자의 크기를 설정한다.

❹ Kerning: 문장의 간격을 설정한다.

❺ Leading: 문장의 행간을 조절한다.

❻ Text: 문구를 입력한다.

Helix

나선 형태의 Spline를 만든다.

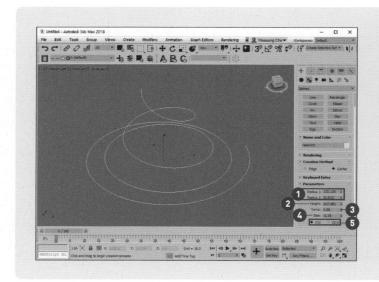

❶ Radius 1, Radius 2: 나선의 시작과 끝의 반지름을 설정 한다.

❷ Height: 나선의 높이를 설정한다.

❸ Turns: 시작점과 끝점 사이에서 회전하는 횟수를 설정한다.

❹ Bies: 나선의 회전 끝에서 회전이 시작되도록 설정한다. 높이가 0인 경우 영향을 미치지 않는다.

❺ CW/CCW: 나선의 회전 방향을 설정한다. CW(시계 방향)/ CCW(반 시계 방향)

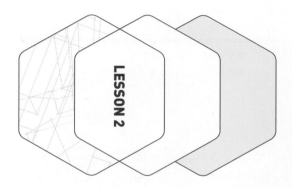

2D Spline

Modify 창에서 명령어를 사용하여 2D Spline과 3D Object를 편집한다. Modify 창을 이해하고 편집에 필요한 Editable Spline과 Poly의 기능을 알아보자.

SECTION 1

Modify 창 이해하기

2d, 3d 오브젝트 상관없이 수정 및 편집할 수 있다. Vertex, Edge, Border, Polygon, Element를 수정할 수 있는 범위와 적용되는 명령어가 다르고 Stack에 명령어를 추가하여 편집이 가능하다. Modify 패널의 구성을 알아보자

Modify 패널

❶ Modifier List: 오브젝트를 편집하거나 변형시키기 위한 명령어들의 목록이다.

❷ Stack: 명령어 위에서 우 클릭하면 편집할 수 있는 메뉴가 나타난다.

❸ 눈 모양 아이콘: 적용된 편집 명령어를 사용할 것인지 On/Off 한다.

❹ 화살표: 적용된 명령어 하단의 단계를 확인할 수 있다.

❺ Pin Stack: [Pin Stack] 버튼을 클릭하면 현재 선택된 편집 명령어만 나타난다.

❻ Show end result on/off toggle: 편집 명령어의 적용 여부를 결정한다.

❼ Make unique: Instance로 복제된 오브젝트를 복사된 오브젝트로 변경한다.

❽ Remove modifier from the stack: 적용된 편집 명령어를 제거한다.

❾ Configure Modifier Sets: 툴바를 편집한다.

❿ Modify Parameter: 선택한 명령의 세부 옵션 설정을 보여주고 편집할 수 있다.

Modify 대화상자

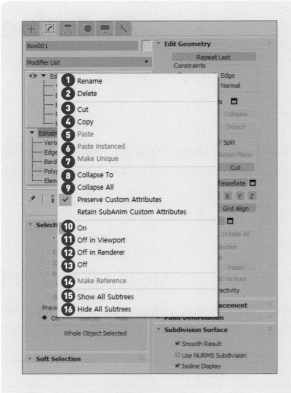

❶ Rename: 명령의 이름을 변경한다.

❷ Delete: 명령을 삭제한다.

❸ Cut: 해당 오브젝트의 명령을 잘라낸다. 클립보드에 남아있어 붙여넣기 할 수 있다.

❹ Copy: 스택의 명령을 복사한다.

❺ Paste: Cut나 Copy한 명령을 붙여넣기 한다.

❻ Paste Instanced: Paste와 같은 기능이지만, 명령을 수정하면 붙여넣기 한 오브젝트의 명령도 같이 수정된다.

❼ Make Unique: 연결된 오브젝트를 독립적으로 만든다.

❽ Collapse To: 마우스 커서가 위치하는 아래쪽 명령들을 모두 합친다.

❾ Collapse All: 마우스 커서의 위치와 상관없이 모든 명령을 합친다.

❿ On: 전구 모양의 아이콘을 클릭하는 것과 같은 명령이다.

⓫ Off in Viewport: 뷰포트에서만 명령이 적용되지 않은 상태로 보인다.

⓬ Off in Renderer: 렌더링 시 명령이 적용되지 않은 상태로 보인다.

⓭ Off: 뷰포트와 렌더링 시 모든 명령이 적용되지 않은 상태로 보인다.

⓮ Make Reference: Modifier 명령이 적용되어 있는 상태로 오브젝트를 복사한 후, 복사한 오브젝트에 Make Reference를 적용하면 원본 오브젝트에도 같이 적용된다.

⓯ Show All Subtrees: 모든 명령의 서브 오브젝트 항목을 연다.

⓰ Hide All Subtrees: 모든 명령의 서브 오브젝트 항목을 닫는다.

Editable(Edit) Spline 기본 옵션

Spline은 Line, Rectangle, Circle 등을 말한다. Editable(Edit) Spline을 사용하여
Vertex, Segment, Spline의 Sub-Object Level에서 편집이 가능하다.

Vertex( )(1)

Spline의 곡선과 직선 등을 구성하는 점을 의미한다.

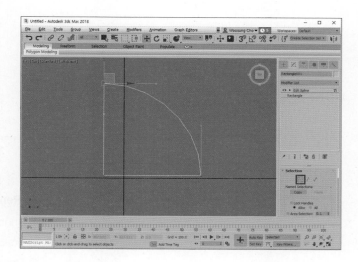

Segment( )(2)

점과 점을 연결하는 선을 의미한다.

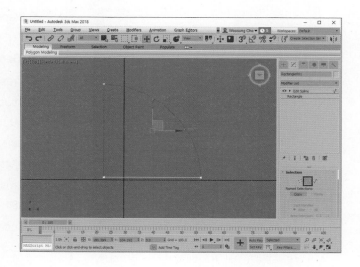

Spline(✓)(3)

하나 이상의 Segment가 연결된 조합을 의미한다.

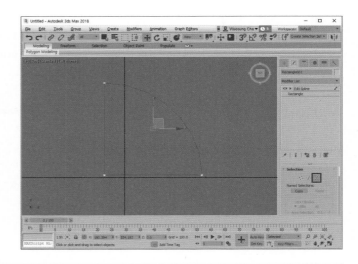

기본 공통 옵션들

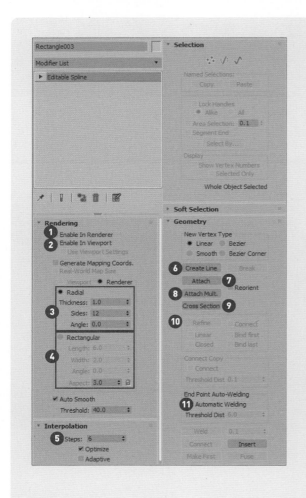

A. Rendering

❶ Enable In Renderer: Renderer 할 때 Spline이 보인다.

❷ Enable In Viewport: 뷰포트에서 Spline이 보인다.

❸ Radial: Spline이 원형 형태로 보인다.

❹ Rectangular: Spline이 사각형 형태로 보인다.

B. Interpolation

❺ Steps: Segment의 등분수를 조절한다.

C. Geometry

❻ Create Line: 시작점과 끝점에서 새로운 Line을 그린다.

❼ Attach: 선택한 Spline을 현재 선택한 Spline 속성으로 만든다.

❽ Attach Mult: 동시에 여러 개의 Spline을 Attach를 할 때 사용한다. [Attach Multiple] 창에서 Attach할 Spline을 선택하거나 Ctrl 를 누른 채 선택하여 추가할 수 있다.

❾ Cross Section: Modifier List에 있는 Cross Section과 동일한 기능이 지만 수동으로 Attach 되어있는 상태에서 여러 개의 Spline을 순서대로 Surface하면 올바른 면이 생성한다.

❿ Reorient: Reorient에 체크하고 Attach를 적용하면 현재 선택한 Spline 과 같은 좌표로 정렬한다.

⓫ End Point Automatic Welding: 끝점을 자동으로 이어준다. Automatic Welding에 체크를 하고 끝점을 선택한 후, 다른 끝점으로 이동시키면 자동 으로 이어준다.

Selection Level과 그에 따른 주요 옵션

선택 레벨에 따라 편집 할 수 있는 명령들이 달라진다. 레벨에 따라 사용하는 옵션들을 파악한다.

Vertex Level

Spline 점들의 형태와 위치를 수정한다.

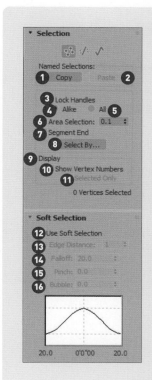

A. Selection

❶ Copy: Named Selection Sets에 지정된 Set가 선택되었을 때 필요한 Set를 저장한다.

❷ Paste: 복사한 부분을 선택하여 새로운 Set를 만든다.

❸ Lock Handles: 체크하면 Vertex Handle이 고정된다.

❹ Alike: 녹색 조정 핸들의 한쪽 방향만 조정한다.

❺ All: 선택된 점들의 조정 핸들을 대칭으로 조정한다.

❻ Area Selection: 입력한 값만큼 선택된 점 근처의 점들을 선택한다.

❼ Segment End: 선택한 근처의 점을 선택한다.

❽ Select By: 다른 Selection Level에서 선택한 부분이 있을 경우 [Select By] 창이 나타나면 선택한 부분
에 맞는 점을 선택한다.

❾ Display: 점들이 가지고 있는 번호를 보이게 한다.

❿ Show Vertex Numbers: Spline이 가지고 있는 점의 번호를 모두 보여준다.

⓫ Selected Only: Show Vertex Numbers가 선택 되었을 경우만 사용 가능하며 선택된 점의 번호만 보여
준다.

B. Soft Selection

⓬ Use Soft Selection: 선택한 Vertex의 주변으로 자기장이 둘러쌓인 것처럼 동작한다.

⓭ Edge Distance: Soft Selection 영역을 선택한 위치와 최대 범위 사이를 지정한다.

⓮ Falloff: 중심에서 영향받는 영역의 거리이다.

⓯ Pinch: 수직 축을 따라 곡선의 위쪽 점을 올리고 내린다.

⓰ Bubble: 수직 축을 따라 곡선을 확장하고 축소한다.

> **tip**
>
> Soft Selection는 Vertex의 양이 많은 Spline에 사용되며, 선
> 택된 Vertex 주변으로 자기장처럼 같이 움직인다.
>
>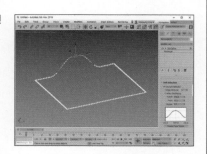

C. Geometry

⑰ New Vertex Type: 새롭게 생성되는 정점의 접선을 결정한다. 정점은 Spline을 `Shift` +드래그로 복사한다.

⑱ Linear: 새 정점이 직선의 접선을 가진다.

⑲ Bezier: 새 정점이 Bezier 접선을 가진다.

⑳ Smooth: 새 정점이 부드러운 접선을 가진다.

㉑ Bezier Corner: 새 정점이 Bezier 모서리 접선을 가진다.

㉒ Break: 선택된 점에서 Spline을 끊어준다.

㉓ Refine: Segment에 Vertex를 추가한다.

㉔ Connect: 새 정점을 연결한다. Refine으로 정점을 추가하고 새 정점에 Spline을 연결한다.

㉕ Linear: 새 정점을 연결하여 생성된 Spline을 직선으로 만든다.

㉖ Bind First: 새 정점이 생성되면 첫 번째 정점으로 선택한 세그먼트의 중심으로 결합한다.

㉗ Closed: Spline의 첫 번째와 마지막 Spline을 연결하여 닫힌 Spline을 생성한다.

㉘ Bind last: 새 정점 생성 시 마지막 정점이 선택한 Segment의 중심으로 결합된다.

㉙ Weld: 선택된 정점을 기준으로 범위내의 점들을 하나로 합친다.

㉚ Connect: 연결되지 않은 점과 점을 이어준다.

㉛ Insert: 정점을 삽입하여 추가 Segment를 생성한다. 클릭하여 드래그하면 Bezier 정점이 생성된다.

㉜ CrossInsert: Spline이 교차되는 곳에 정점을 추가한다.

㉝ Fillet: Segment가 만나는 모서리를 둥글게 깎아서 정점을 추가한다.

㉞ Chamfer: Segment가 만나는 모서리를 비스듬하게 깎아서 정점을 추가한다.

㉟ Hide: 선택된 정점을 기준으로 연결된 모든 Segment를 숨긴다.

㊱ Unhide All: 숨겨진 하위 오브젝트를 모두 표시한다.

㊲ Delete: 선택된 정점을 삭제한다. `Delete` 를 사용할 수 있다.

Segment Level

점과 점을 이은 선분을 Segment라 하며 이러한 Segment를 수정한다.

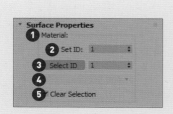

A. Surface Properties

❶ Material: 선택한 Segment에 재질을 부여한다.

❷ Set Id: 선택된 Segment에 ID 번호를 지정한다.

❸ Select Id: 지정된 ID에 해당되는 Segment를 선택한다.

❹ Select by Name: 적용된 재질의 이름을 확인한다.

❺ Clear Selection: 다른 ID를 선택할 시 선택한 부분을 제외하고 입력한 ID 부분만 선택한다.

B. Geometry

❻ Connect Copy: Shift 를 누른 상태로 복사하여 원본과 복사된 Segment 사이에 새로운 Spline이 생긴다.

❼ Divide: 지정한 정점 수를 추가하여 선택한 Segment를 등분하여 추가된다.

❽ Detach: Spline에서 Segment을 분리한다. 분리된 Segment는 새로운 Shape가 된다.

❾ Same Shp: 선택된 Segment가 분리되지만 실제로는 Attach가 된 상태이다.

❿ Reorient: 분리된 Segment가 0, 0, 0의 절대좌표 값으로 자동으로 정렬된다.

⓫ Copy: 원본은 그대로 두고 Segment가 복사된다.

Spline Level

Spline 오브젝트 내의 단일 및 다중 Spline을 선택하고 이동, 회전, 배율을 조정한다.

❶ Reverse: Vertex의 방향을 반대 방향으로 변경한다.

❷ Outline: 지정한 거리대로 안과 밖으로 등간격 복사된다. Center를 체크하면 가운데를 기준으로 복사한다.

❸ Boolean: 두 가지의 Spline이 겹쳐 있어야 사용이 가능하다. Union(합집합), Subtraction(차집합), Intersection(교집합)의 세 가지 방법으로 사용 가능하다.

❹ Union(합집합): A와 B의 Spline을 하나로 합쳐준다.

❺ Subtraction(차집합): A에서 B의 Spline을 빼준다.

❻ Intersection(교집합): A와 B가 교차되는 Spline을 남게 한다.

❼ Mirror: 선택한 Spline을 방향과는 상관없이 뒤집거나 동시에 복사한다.

❽ Copy: 선택하면 Spline이 복사가 된다.

❾ About Pivot: 선택하면 Spline이 Pivot을 중심으로 복사가 된다.

❿ Trim: 두 개의 Spline이 겹치는 부분을 정리하여 서로가 같은 단일 지점에서 만나게 한다. 점을 드래그하여 선택한 후, Weld를 사용하여 결합한다.

⓫ Extend: 닫혀있지 않은 Spline의 끝점을 다른 Spline으로 연장하여 새로운 Spline을 생성한다.

⓬ Close: 닫히지 않은 부분을 새로운 Spline으로 연결하여 닫는다.

⓭ Explode: 하나의 Segment를 각개의 Spline으로 분해한다.

⓮ Spline: 선택된 Spline이 각 낱개별로 분리된다.

⓯ Objects: 선택한 Spline을 별도의 오브젝트로 분리한다.

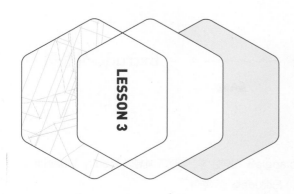

LESSON 3

2D Spline을 3D로 만들기

2D Spline을 3D 입체 형태의 오브젝트로 변환할 수 있다. 변환이 가능한 명령어들의 기능을 살펴보자.

SECTION 1

면을 돌출하는 Extrude

Spline에 면을 3D 오브젝트로 만들어주는 명령어이다. 입력한 값에 따라서 돌출되는 높이가 달라진다

커맨드 패널의 Modify 〉 Modifier List 〉 Extrude를 클릭한다.

A. Parameters

❶ Amount: 면의 돌출 값을 입력한다.

❷ Segments: 돌출되는 측면의 Segment 개수를
　지정한다.

❸ Cap Start: 시작되는 면을 닫는다.

❹ Cap End: 끝나는 면을 닫는다.

❺ Morph: Morphing 애니메이션을 사용한다.

❻ Grid: 그물 구조로 수정할 때 사용한다.

❼ Patch: 전체 면의 Segment가 균등하게 만들어진다.

❽ Mesh: 일반적으로 사용하는 Output의 방식이다. 편집 명령어를 사용했을 때 변화가 없다.

❾ NURBS: 위, 아래 면이 없으며 면 형태가 삼각형으로 만들어진다. Element로 선택 시 큰 면을 기준으로
　분리된다.

❿ Generate Material IDs: 재질 ID를 적용한다.

⓫ Use Shape IDs: Shape에 사용된 ID를 오브젝트에 적용한다.

⓬ Smooth: 면을 부드럽게 처리한다.

01 커맨드 패널의 Geometry 〉 Splines 〉 Rectangle을 클릭하여 가로, 세로의 크기가 500인 Rectangle을 만든다.

02 Rectangle을 선택한 후, 커맨드 패널의 Modify 〉 Modifier List 〉 Extrude를 클릭한다.

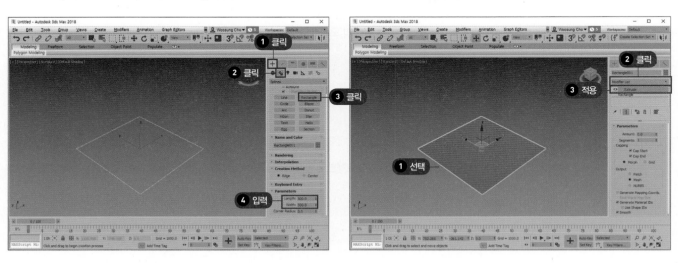

03 Parameters의 Amount 값을 300으로 입력한다.

04 Parameters의 Segments 값을 4로 입력한다. 돌출된 방향으로 4등분 된다.

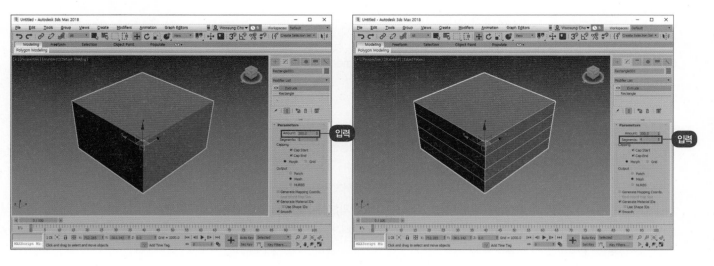

경사면을 만들어주는 Bevel

돌출한 면의 모서리를 깎거나 둥글게 만든다. 옵션을 변경하여 여러 형태를 만들 수 있다.

커맨드 패널의 Modify 〉 Modifier List 〉 Bevel를 클릭한다.

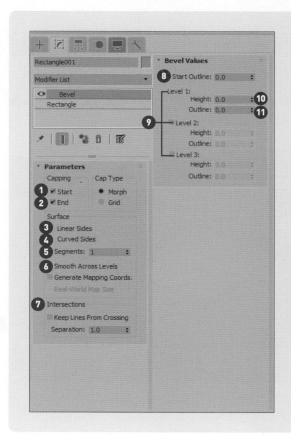

A. Parameters

❶ Start: Bevel을 적용한 후, 시작되는 면을 닫는다.

❷ End: Bevel을 적용한 후, 끝나는 면을 닫는다.

❸ Linear Sides: Bevel의 측면을 직선으로 처리한다.

❹ Curved Sides: Bevel의 측면을 곡선으로 처리한다.

❺ Segments: 레벨별로 등분할 면의 개수를 정한다.

❻ Smooth Across Levels: 레벨별로 교차되는 지점을 부드럽게 처리한다.

❼ Intersections: Keep Lines From Crossing을 체크한 후, Separation 값으로 모서리의 돌출 면을 조절한다.

B. Bevel Values

❽ Start Outline: 시작 지점의 윤곽선 크기를 설정한다.

❾ Level: 레벨별로 돌출되는 값을 설정한다.

❿ Height: 돌출되는 높이 값을 정한다.

⓫ Outline: 돌출되는 면의 폭 값을 정한다.

Bevel을 사용하여 십이면체 주사위 만들기

01 커맨드 패널의 Create 〉 Shape 〉 Splines 〉 NGon을 선택한 후, Radius 값을 250, Sides 값을 5로 입력하여 5각형 NGon 을 만든다.

02 커맨드 패널의 Modify 〉 Modifier List 〉 Bevel를 클릭한다.

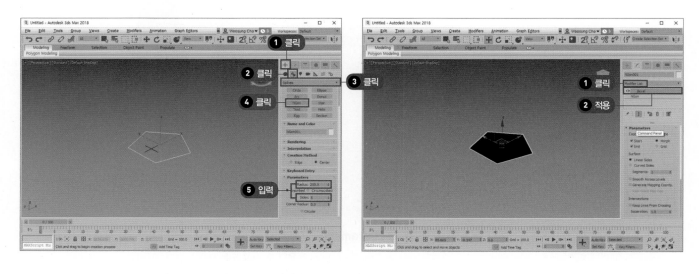

03 Bevel Values에서 Level 1의 Height 값을 300, Outline 값을 200으로 입력한다.

04 다음 Level 2를 체크한 후, Height 값을 300, Outline 값을 −200으로 입력한다.

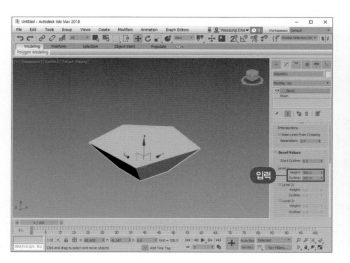

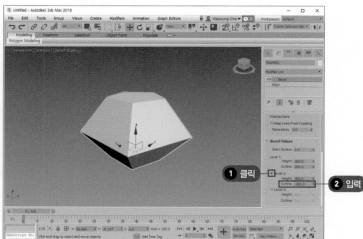

05 우측 하단의 Viewport Navigation Control에서 Orbit(⊕)
(Ctrl + R)를 선택하여 확인한다.

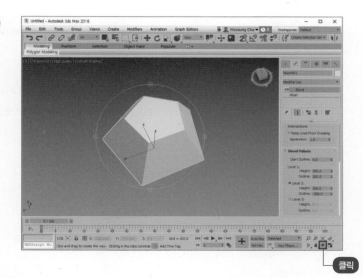

클릭

SECTION 3

라인따라 형태를 만들어주는 Bevel Profile

경로를 이용하여 Shape를 단면 형태로 만들어준다. Loft와 비슷하지만 단면 형태에 따라 자유롭게 변경할 수 있다.

커맨드 패널의 Modify 〉 Modifier List 〉 Bevel Profile를 클릭하고 Stack에 추가하여 사용한다.

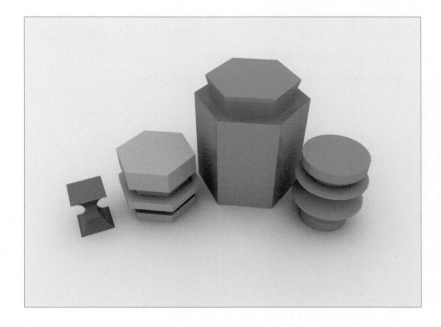

Classic Type

❶ Pick Profile : Bevel Profile에 사용될 단면 Shape를 선택한다.

❷ Keep Lines From Crossing : 표면이 교차되지 않게 설정한다.

Improved Type

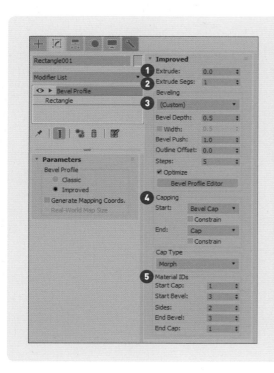

❶ Extrude : 돌출되는 면의 높이 값을 설정한다.

❷ Extrude Segs : 돌출되는 면의 Segment 개수를 입력한다.

❸ Beveling: Bevel과 같은 기능으로 설정되어 있는 형상이나 사용자 임의의 형상을 수정하여 사용한다.

● Concave

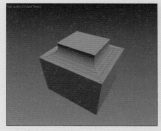

● Convex

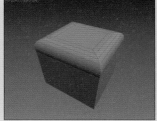

● Engrave

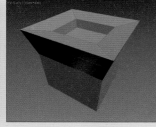

● Half Circle

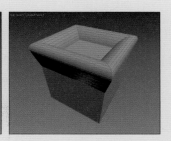

● Ledge

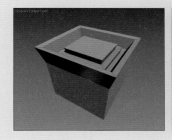

● Linear

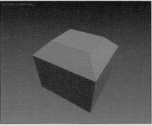

● Ogee

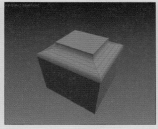

● Three Step

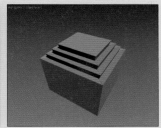

● Two Step

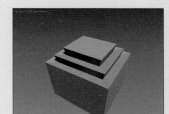

● Custom: [Bevel Profile Editor] 창에서 곡선 그래프를 편집하여 오브젝트에 적용한다.

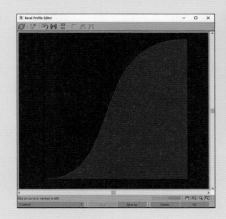

❹ Capping: 오브젝트의 시작과 끝부분의 면을 생성할지 설정한다.

– Cap: Bevel이 적용되지 않은 상태로 면을 생성한다.

– No Cap: Bevel이 적용되지 않은 상태로 면을 생성하지 않는다.

– Bevel Cap: Bevel이 적용된 상태로 면을 생성한다.

– Bevel No Cap: Bevel이 적용된 상태로 면을 생성하지 않는다.

❺ Material IDs: 돌출되는 면에 각각 ID를 지정한다.

01 Classic 버전을 사용한다. Viewport를 클릭한 후, 커맨드 패널의 Create 〉 Shapes 〉 Splines 〉 Rectangle을 클릭하여 가로, 세로가 250인 Rectangle를 만든다.

02 다음은 커맨드 패널의 Create 〉 Shapes 〉 Splines 〉 Ngon을 클릭한 후, Radius에 30을 입력하여 Ngon을 만든다.

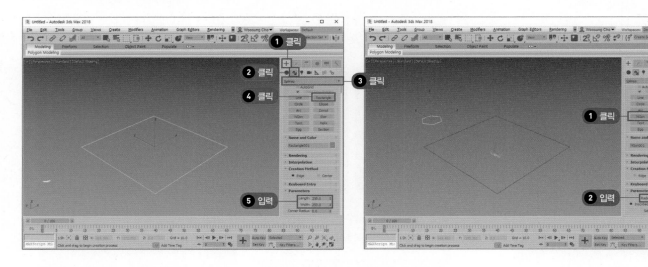

03 Rectangle를 선택한 후, 커맨드 패널의 Modify 〉 Modifier List 〉 Bevel Profile을 적용한다.

04 Parameters 항목에서 Classic을 선택한 후, Pick Profile을 클릭하고 Ngon을 선택하여 적용한다.

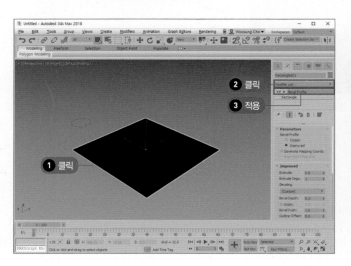

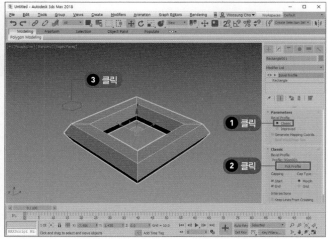

05 NGon을 선택한 후, Sides에 5를 입력하여 형태를 변경한다.

06 Improved 버전을 사용한다. Parameters에서 Improved를 선택한 후, Improved 항목에서 Extrude에 150을 입력한다.

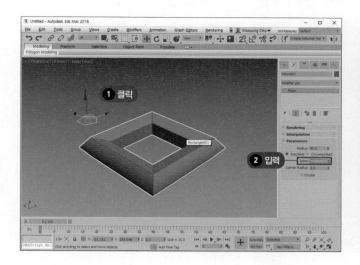

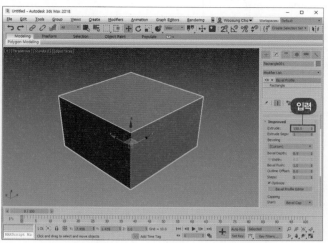

07 Beveling 선택 항목에서 (Custom)을 선택하고 [Bevel Profile Editor] 창에서 모양을 수정한다.

08 그림과 같이 그래프를 수정한 후, 우측 하단의 [OK] 버튼을 클릭하여 적용한다.

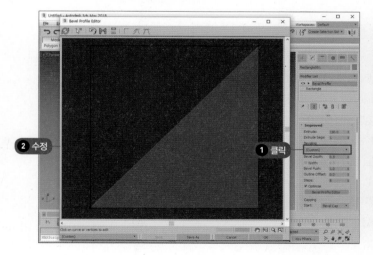

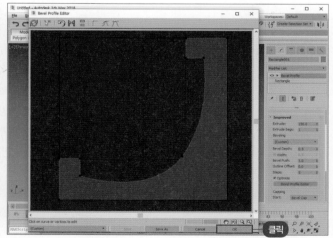

09 Improved 항목에서 Bevel Depth에 150을 입력하면 만들어진 모양대로 변경된다.

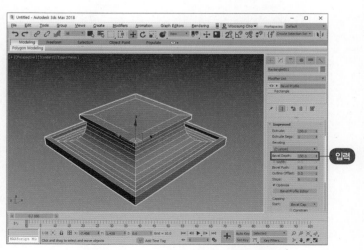

회전하면서 형태를 만들어주는 Lathe

Shape를 360도 회전하여 모델링한다. 병이나 원형 기둥의 모델링 시 사용한다.

커맨드 패널의 Create 〉 Modify 〉 Modifier List 〉 Lathe를 클릭하여 사용한다. Spline에만 사용 가능하다.

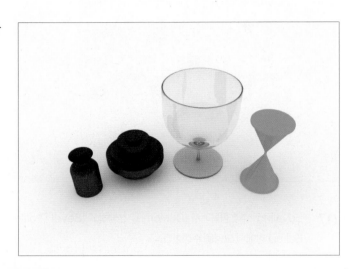

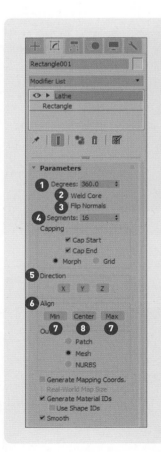

A. Parameters

❶ Degree: 회전되는 각도 값을 입력한다. 360도가 기본이다.

❷ Weld Core: 회전축 근처의 Vertex를 하나로 합친다.

❸ Flip Normals: 선택 시 면의 방향을 변경한다.

❹ Segment: 회전 방향의 등분 개수를 설정한다. 6을 입력할 경우 육각형의 회전체가 만들어진다.

❺ Direction: 회전되는 축의 방향을 정한다.

❻ Align: 축의 방향을 정렬한다.

❼ Min/Max: X축 방향의 왼쪽/오른쪽으로 정렬한다.

❽ Center: Shape의 중심으로 축을 정렬한다.

Lathe 사용하여 유리잔 만들기

● 예제 파일 | Sample/Part02/Lesson03/Lathe.max

01 메인 메뉴바의 File 〉 Open을 클릭하여 예제 파일을 불러온다.

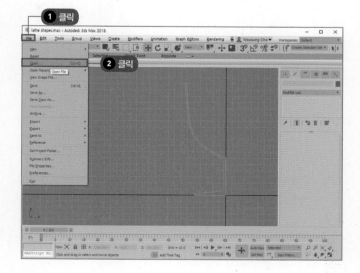

02 유리잔의 단면 Shape를 선택한 후, 커맨드 패널의 Modify 〉
Modifier List 〉 Lathe를 클릭하여 적용한다.

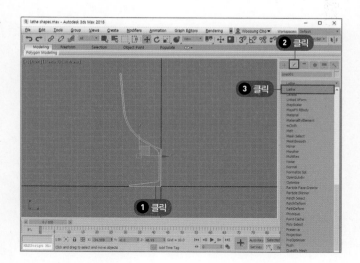

03 Lathe 명령어가 적용된 것을 확인한 후, Parameters에서 설정을 변경한다.

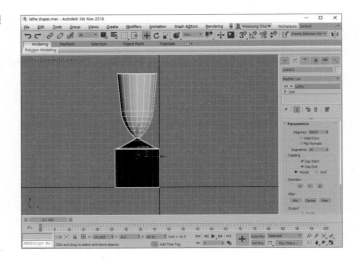

04 Parameters에서 Weld Core를 체크한 후, Align에서 [Max] 버튼을 클릭한다.

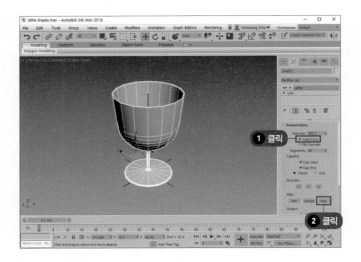

05 Segments에 36을 입력하여 면을 부드럽게 만든다.

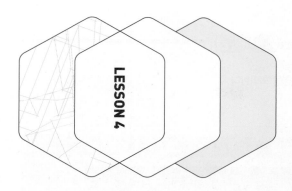

LESSON 4

3D Object

Editable(Edit) Poly는 3차원 오브젝트의 편집 작업을 도와주는 명령어로 5가지 Sub-Object Level을 가지고 편집이 가능하다.

SECTION 1

Editable(Edit) Poly 기본 옵션

Vertex, Edge, Border, Polygon, Element의 5가지 Level로 편집할 수 있다.
Level마다 편집할 시 기본적으로 알아야 할 필수 옵션을 확인하자.

Vertex( )(1)

Spline의 접하는 점을 의미한다. Spline처럼 곡선이 없다.

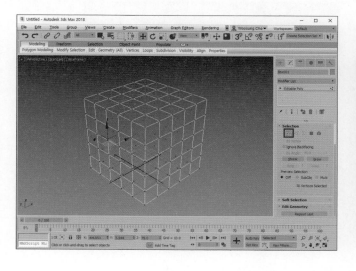

Edge( )(2)

Spline의 Segment(선)에 해당되지만 Poly에서는 모서리를 의미한다.

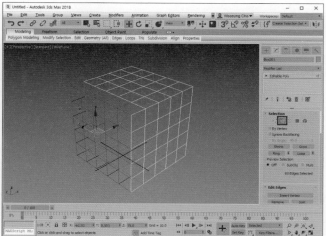

Border(⟩)(3)

오브젝트가 열린 상태의 끝 외곽선을 의미한다. 면의 일부분이 지워진 경우
선택된다.

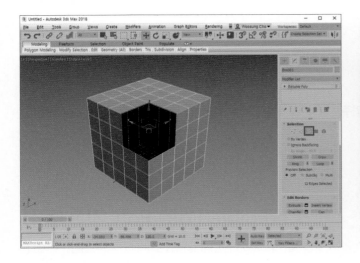

Polygon(■)(4)

오브젝트의 면을 의미한다.

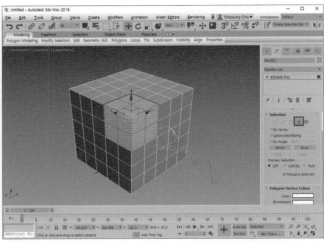

Element(◆)(5)

면으로 구성된 집합체를 의미한다.

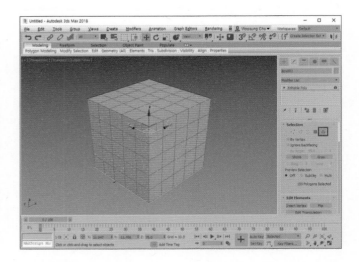

기본 옵션들

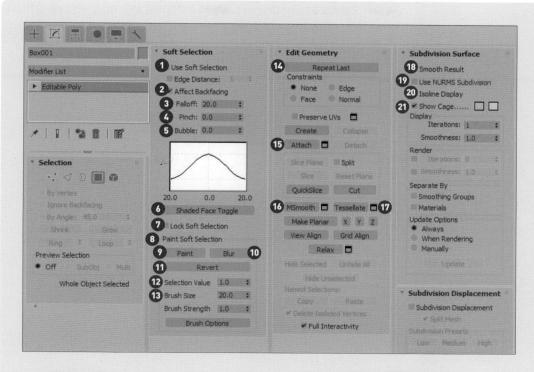

A. Soft Selection

❶ Use Soft Selection: Soft Selection을 사용할 수 있다.

❷ Affect Back Facing: 선택을 해제하거나 얇은 오브젝트를 선택할 경우 반대편까지 선택되지 않게 한다.

❸ Falloff: 중심에서 영향을 받는 가장자리까지 영역을 조절한다.

❹ Pinch: 중심축의 안쪽 부분의 곡선 범위를 조절한다.

❺ Bubble: 중심축의 바깥쪽 부분의 곡선 범위를 조절한다.

❻ Shaded Face Toggle: 면에 Soft Selection 범위가 나타난다.

❼ Lock Soft Selection: Paint Soft Selection의 범위 선택을 사용하지 못하게 잠가놓는다.

❽ Paint Soft Selection: 브러쉬를 사용하여 범위를 선택한다.

❾ Paint: 붓으로 그림을 그리듯 선택 범위를 선택한다.

❿ Blur: 선택한 주변의 범위를 부드럽게 만든다.

⓫ Revert: 선택한 범위의 영역을 되돌린다.

⓬ Selection Value: Selection Value 입력 값에 따라서 범위를 지정한다.

⓭ Brush Size/Brush Strength: 브러쉬의 크기와 강도를 지정한다.

B. Edit Geometry

⓮ Repeat Last: 마지막으로 했던 작업을 반복한다.

⓯ Attach: 다른 3D 오브젝트를 같은 물체로 만든다.

⓰ MSmooth: 오브젝트 전체에 Mesh Smooth를 적용한다.

⓱ Tessellat: 오브젝트 전체의 면의 분할한다.

C. Subdivison Surface

⓲ Smooth Result: 모든 면에 같은 Smooth를 적용한다.

⓳ Use NURMS Subdivision: NURMS 방식의 Smooth를 적용한다.

⓴ Isoline Display: NURMS가 적용된 상태의 면에 적용되기 전의 Edge 상태가 나타난다.

㉑ Show Cage: NURMS가 적용된 가상의 그물망이 나타난다. 색상도 변경이 가능하다.

Sub-Object Level과 그에 따른 주요 옵션들

오브젝트의 Sub-Object Level의 선택에 따른 사용 가능한 명령어를 알아보자.

Vertex(1)

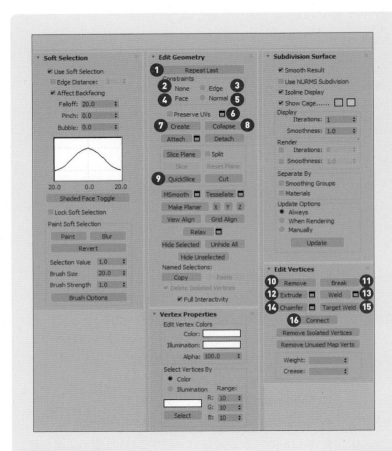

A. Edit Geometry

❶ Constraints: 기존 형상위에서 점의 움직임을 제한된다.

❷ None: 제한 조건이 없다.

❸ Edge: Edge 경계의 위에서만 움직이도록 제한한다.

❹ Face: 면 위에서만 움직이도록 제한한다.

❺ Normal: 움직임의 제한을 법선이나 법선의 평균으로 제한한다.

❻ Preserve UVs: 오브젝트의 점을 움직일 때 옵션을 체크하면 기존의 적용했던 맵에 영향주지 않는다.

❼ Create: 새로운 점을 만들어서 Polygon을 생성한다.

❽ Collapse: 선택한 점을 중심으로 인접한 Vertex를 응집시킨다.

❾ Quick Slice: Gizmo의 조작 없이 선택한 후, 원하는 방향으로 바로 Slice를 할 수 있다. 선택을 해제하지 않으면 지속적으로 Slice를 사용할 수 있다.

B. Edit Vertices

❿ Remove: 선택한 점을 지운다. 면은 삭제되지 않는다. 〈Delete〉로 삭제하는 것과 다르다.

⓫ Break: 선택된 점을 분할하여 연결된 부분들을 떨어지게 한다.

⑫ Extrude: 점을 돌출시켜 새로운 면을 만든다. Setting 선택 시 원하는 값을 입력하여 사용한다.

- Height: 돌출되는 높이는 값을 입력한다.
- Width: 선택된 점의 기본 면 크기를 지정한다.

▲ Setting 선택

⑬ Weld: 선택한 범위 값 안에 있는 점을 합쳐준다. Setting 선택 시 원하는 값을 입력하여 사용한다.

- Weld Threshold: 점이 합쳐질 범위 값을 입력한다.
- Weld Vertices: 합치기 전과 합

▲ Setting 선택

처진 후의 점 개수를 보여준다.

⑭ Chamfer: 선택된 점을 깎아내 Edge와 면을 만들어낸다. Setting 선택 시 원하는 값을 입력하여 사용한다.

- Vertex Chamfer Amount: Chamfer 값을 입력한다.
- Open Chamfer: Chamfer가 적용된 평면 부분의 면을 삭제한다.

▲ Setting 선택

⑮ Target Weld: 점과 점을 연결해서 인접한 면을 서로 연결한다.
⑯ Connect: 선택한 점과 점 사이에 새로운 Edge를 만든다.

Edge(2)

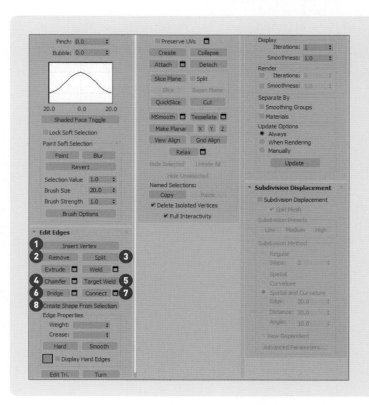

A. Edit Edges

❶ Insert Vertex: Edge에 점을 추가한다.
❷ Remove: 선택된 Edge를 제거한다. Remove만 선택하여 Edge를 지우면 Vertex는 그대로 남는다. `Ctrl`를 누른 채 Remove를 적용하면 Edge와 점이 함께 제거한다.
❸ Split: 선택한 Edge를 분리한다. 가장자리의 Edge를 선택하여 면으로 분리된다.

❹ Chamfer: 선택한 Edge를 두 개의 Edge로 나눠 새로운 면을 만든다. Setting을 선택한 후, 값을 입력하여 사용한다.

▲ Setting 선택

- Chamfer Type: Chamfer의 유형을 선택한다.
- Standard Chamfer: 기존 방식으로 Chamfer를 할 경우 사변형이나 삼각형의 면을 생성한다.
- Quad Chamfer: Chamfer를 할 경우 사변형만을 생성한다. 사변형 주위의 보조로 생성되는 면은 삼각형이 생긴다.
- Edge Chamfer Amount: Chamfer의 범위 값을 입력한다.
- Connect Edges Segments: Chamfer 영역에 Edge Segment 값을 추가하여 둥근 모서리를 만든다.
- Edge Tension: Chamfer로 생성된 Edge 사이의 각도를 결정한다. 기본 값은 1이며 0으로 조절할수록 둥글게 만든다.
- Open Chamfer: Chamfer 영역이 삭제되어 열린 공간이 만들어진다.
- Invert Open: Quad Chamfer 모드에서만 사용한다. Open Chamfer로 만들어진 면만 남기고 다른 면들은 삭제된다.

❺ Targer Weld: Edge와 Edge를 서로 연결해준다.

❻ Bridge: Targe Weld와 비슷하지만 연결한 후, 선택할 수 있는 옵션 설정이 다르다. Setting 선택 시 원하는 값을 입력하여 사용한다.
- Segments: 브릿지에 연결하는 면의 등분할 값을 입력한다.
- Smooth: 부드럽게 해주는 각도를 지정한다.

▲ Setting 선택

❼ Connect: 선택한 Edge와 Edge 사이를 서로 연결해준다. Setting 선택 시에 원하는 값을 입력하여 사용한다.
- Segment: 연결할 Edge 개수의 값을 입력한다.
- Pinch: 2개 이상의 Edge가 생성될 시 간격을 조절한다.
- Slide: 2개 이상의 Edge가 생성될 시 방향을 치우치게 위치한다.

▲ Setting 선택

❽ Create Shape From Selection: 선택한 Edge의 모양으로 Shape 형태로 뽑아내어 다른 객체로 만든다.
- Curve Name: 새롭게 만든 Spline의 이름을 정한다.
- Shape Type: 새롭게 만든 Spline 점의 속성을 Smooth(곡선)나 Linear(직선)으로 선택한다.

▲ Setting 선택

Border(3)

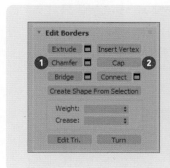

A. Edit Borders

❶ Chamfer : 기존 Vertex와 Edge와는 다르게 한쪽 방향의 모서리를 기준으로 두고 적용된다.

❷ Cap : 선택한 Border를 닫힌 상태로 만든다.

Polygon(4), Element(5)

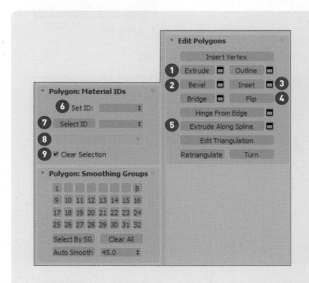

A. Edit Polygons

❶ Extrude : 선택된 면에서 드래그하여 수직으로 돌출할 수 있다.
Setting 선택 시 값을 입력하여 사용한다.

▲ Setting 선택

– Extrude Type : 돌출시키는 방법을 선택한다.

▲ Setting 선택

– Group: 선택한 면들이 수직으로 돌출된다.

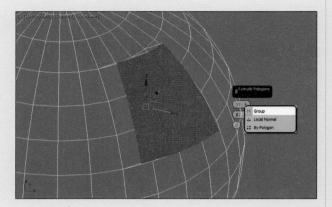

– Local Normal: 선택한 면들이 면의 방향에 따라 돌출된다.

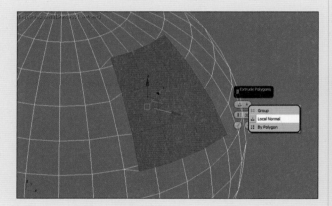

– By Polygon: 선택한 면들이 개별적으로 방향에 따라 돌출된다.

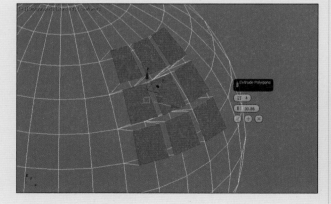

❷ Bevel: 선택한 면을 Extrude와 Outline을 같이 진행한다.

❸ Inset: 선택한 면 안에서 돌출시키지 않고 Bevel을 실행한다. Setting 선택 시 원하는 값을 입력하여 사용한다.
  – Inset Settings: 컨트롤을 통해서 Inset를 반복적으로 실행한다.

▲ Setting 선택

❹ Flip: 선택한 면의 방향을 반대 방향으로 반전한다.

❺ Extrude Along Spline: 돌출된 면을 선택한 후, Spline을 선택하면 Spline 모양으로 면이 돌출된다. Setting 선택 시 원하는 값을 입력하여 사용한다.

▲ Setting 선택

– Segments: 생성되는 면의 개수를 입력한다.

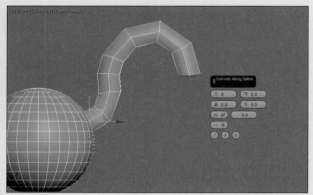

– Taper Amount: 기울기의 값을 입력하여 생성되는 방향으로 확장하거나 축소한다.

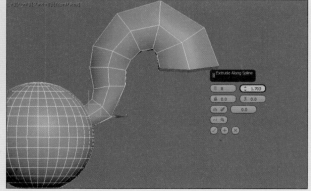

– Taper Curve: Taper가 진행되는 비율을 설정한다.

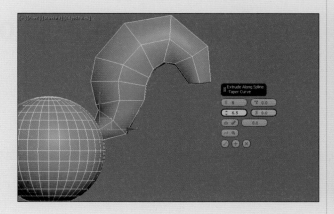

– Rotation: 돌출되는 면을 회전한다.

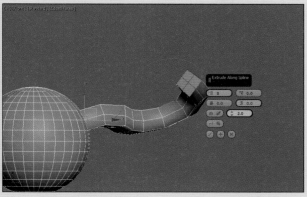

– Twist: 돌출되는 길이에 따라 회전을 적용한다.

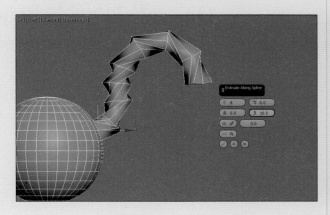

– Pick Spline: 돌출시킬 Spline을 선택한다.

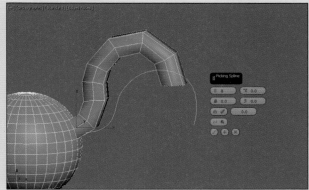

– Extrude Along Spline Align: 돌출 되는 면을 수직 방향으로 정리한다.

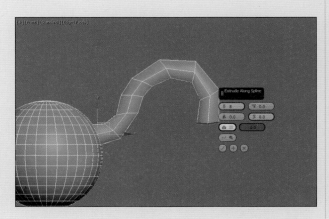

B. Polygon: Material IDs

❻ Set Id: 선택한 면에 재질 번호를 할당한다.

❼ Select Id: 선택하고 싶은 ID를 입력하면 해당되는 ID가 적용된 면들이 선택된다.

❽ [Select By Name]: 재질이 적용되어 있을 경우 이름을 보여준다.

❾ Clear Selection: 설정된 재질 ID나 재질 이름의 선택을 취소한다.

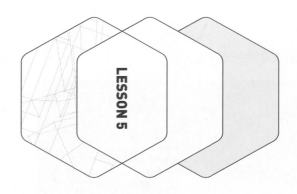

Object를 변형하는 명령어

오브젝트의 모양을 변형시켜주는 기능들이다. 자주 사용되는 명령어를 살펴보자.

Object를 휘어주는 Bend

오브젝트를 3개의 축 방향으로 휘게 만든다. 축 방향 설정과 강도를 입력하여 변형한다.

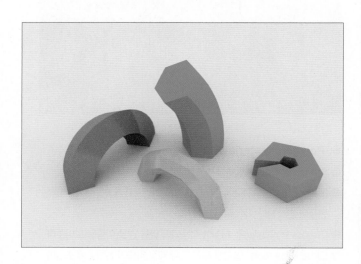

축의 Edge가 많을수록 휘어진 부분이 부드럽고 반대로 적을수록 다각형의
모양처럼 각진 형태가 된다. Edge 개수의 적절한 조절이 필요하다.

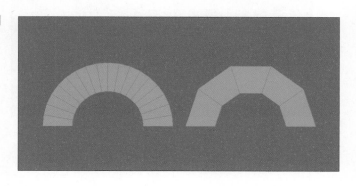

커맨드 패널의 Modify > Modifier List > Bend를 적용하여 사용한다.

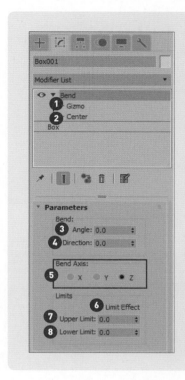

A. Parameters

❶ Gizmo: 변형되는 축을 뷰포트에서 활성화시킨다. 축을 이동 및 회전시켜서 변형과 크기를 조절한다.

❷ Center: 변형되는 중심점을 보여준다. 오브젝트 축의 위치와 같게 설정되어 있다.

❸ Angle: 휘어지는 각도를 설정한다.

❹ Direction: 축을 기준으로 회전되는 각도를 설정한다.

❺ Bend Axis: 휘어지는 방향의 축을 설정한다.

❻ Limits Effect: 특정 구간을 휘게 할 시 설정한다.

❼ Upper Limit: 중심을 기준으로 위쪽 부분의 변형되는 범위를 설정한다.

❽ Lower Limit: 중심을 기준으로 아래쪽 부분의 변형되는 범위를 설정한다.

기능
예제
따라하기

Bend 사용하기

01 커맨드 패널의 Create > Geometry > Standard Primitives >
Box를 클릭하여 생성한 후, 가로와 세로 50, 높이 350, Height
Segs는 8로 입력하여 만든다.

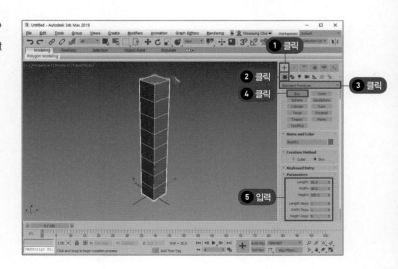

02 만들어진 오브젝트를 선택한 후, 커맨드 패널의 Modify 〉
Modifier List 〉 Bend를 클릭한다.

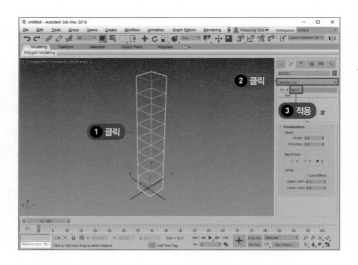

03 Bend Parameters에서 Angle에 90을 입력한 후, 오브젝트의
변형을 확인한다.

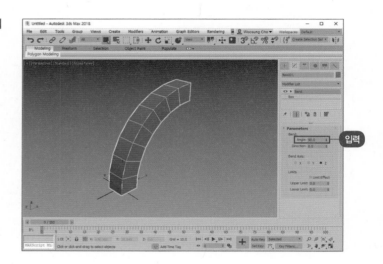

04 Bend가 적용되는 축의 방향을 Z축에서 X축으로 체크한 후, 변형
되는 것을 확인한다.

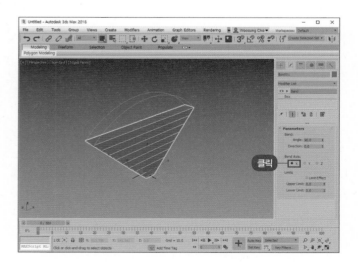

05 축의 방향을 Z축으로 변경한 후, Stack에서 Box를 클릭하고 Height Segs를 3으로 입력한다.

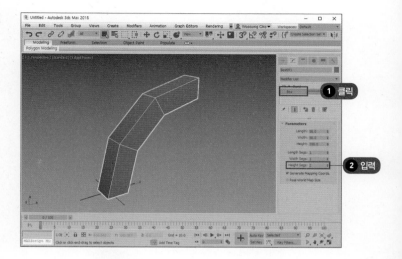

06 다시 Height Segs를 8로 변경한 후, Stack에서 Bend를 클릭하고 Bend Parameters에서 Direction에 70을 입력한다.

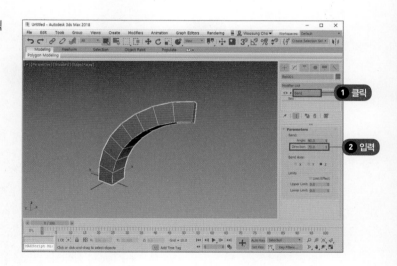

07 Direction에 0을 입력한 후, Limits에서 Limit Effect를 체크하고 Upper Limit에 180을 입력한다.

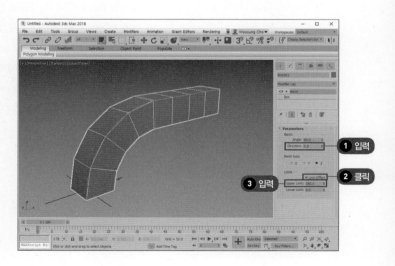

---
tip

Stack에서 Gizmo를 선택하여 오브젝트에 적용되는 밴드의 영역을 변경해서 사용가능하다.

Object를 잘라주는 Slice

Gizmo의 위치에서 평면으로 잘라 내거나 잘라낸 면을 사라지게 한다.

커맨드 패널의 Modify 〉 Modifier List 〉 Slice를 적용하여 사용한다.

A. Slice Parameters

❶ Slice Type: 잘라내는 방법을 설정한다.

❷ Refine Mesh: 잘리는 부분에 Edge가 추가된다.

❸ Split Mesh: 잘린 부분이 별도의 오브젝트로 변경된다.

❹ Remove Top: 잘린 면 위로 모든 오브젝트를 삭제한다.

❺ Remove Bottom : 잘린 면 아래로 모든 오브젝트를 삭제한다.

❻ Faces: 잘린 면을 삼각형 Mesh 형태로 처리한다.

❼ Polygons: 잘린 면을 사각형 Poly 형태로 처리한다.

01 커맨드 패널의 Create 〉 Geometry 〉 Standard Primitives 〉 Box를 클릭하여 생성한 후, 가로, 세로, 높이 값을 150으로 입력하여 정육면체 Box를 만든다.

02 Box 오브젝트를 선택하고 커맨드 패널의 Modify 〉 Modifier List 〉 Slice를 적용한다.

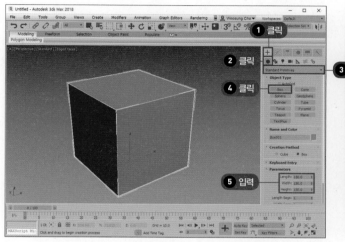

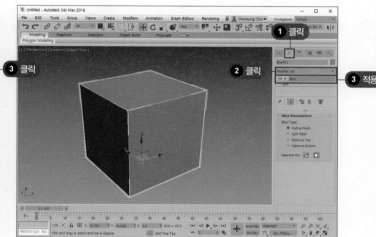

03 Slice parameters에서 Slice Type을 Refine Mesh로 체크한 후, Stack에서 Slice Subtrees(▶)를 클릭한다. 그다음 Slice Plane을 선택하여 움직이면 Slice Plane의 위치에 따라 절단면을 이동한다.

04 Slice Type을 Split Mesh를 체크한 후, Slice Plane을 움직이면 Refine Mesh와 똑같이 적용된다.

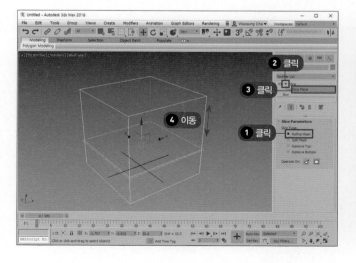

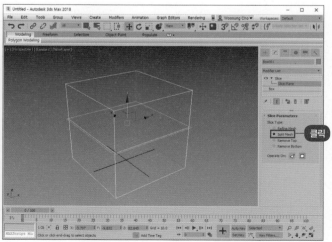

05 Modifier List 〉 Edit Poly를 적용한 후, Element(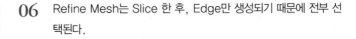)(5)를 선택한다. 그다음 오브젝트를 클릭하면 Split Mesh로 Slice 되어 따로 선택이 된다.

06 Refine Mesh는 Slice 한 후, Edge만 생성되기 때문에 전부 선택된다.

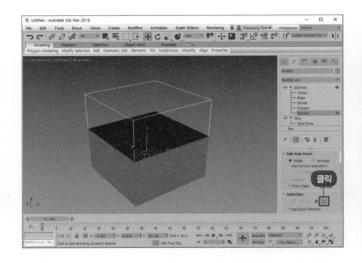

07 Stack에서 Edit Poly를 삭제하고 Slice를 선택한 후, Slice Type을 Remove Top으로 체크한다. 잘라진 면 위쪽의 오브젝트가 사라진다.

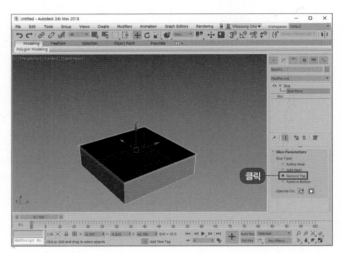

08 반대로 Slice Type을 Remove Bottom를 체크하면 잘라진 면 아래쪽의 오브젝트가 사라진다.

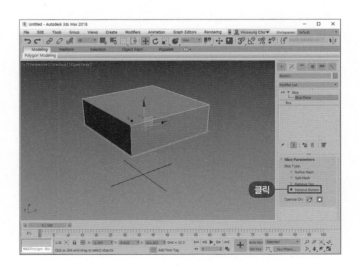

Object를 반전시켜주는 Symmetry

Symmetry는 축을 기준으로 대칭으로 만들어준다. 좌우대칭 형태의 모델링 시 유용하게 사용한다.

커맨드 패널의 Modify 〉 Modifier List 〉 Symmetry를 적용하여 사용한다.

A. Parameters

❶ Mirror Axis: 대칭이 적용되는 축의 방향을 설정한다.

❷ Slice Along Mirror: Mirror 축을 기준으로 자른다.

❸ Weld Seam: 잘라지는 부분의 점들을 자동으로 합친다.

❹ Threshold: 합쳐지는 점의 범위 값을 지정한다.

01 커맨드 패널의 Create 〉 Geometry 〉 Standard Primitives 〉 Teapot을 클릭하여 임의의 크기로 만든다.

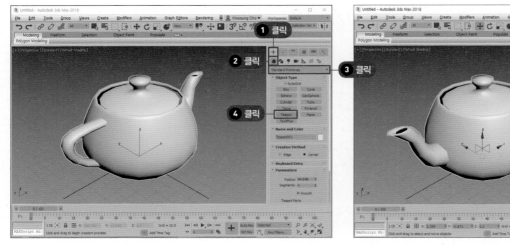

02 커맨드 패널의 Modify 〉 Modifier List 〉 Symmetry를 적용한다.

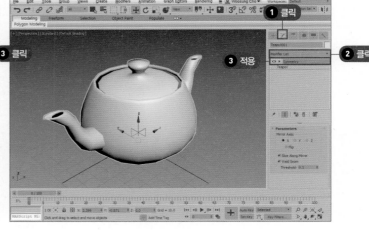

03 Stack에서 Symmetry Subtrees(▶)를 클릭하고 Mirror를 선택한 후, 뷰포트에서 Gizmo를 이동하고 형태가 변형되는 것을 확인한다.

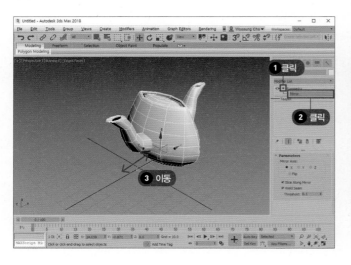

04 메인 툴바에서 Rotate Gizmo(C)(E)로 클릭한 후, 회전하고 형태를 확인한다.

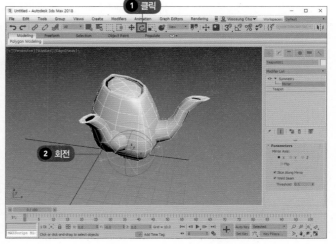

05 Symmetry Parameters에서 축의 방향을 변경한 후, 회전하여 적용되는 것을 확인한다.

양면으로 두께를 주는 Shell

Shell은 오브젝트 면의 양방향으로 두께를 주는 기능이다.

커맨드 패널의 Modify 〉 Modifier List 〉 Shell을 적용하여 사용한다.

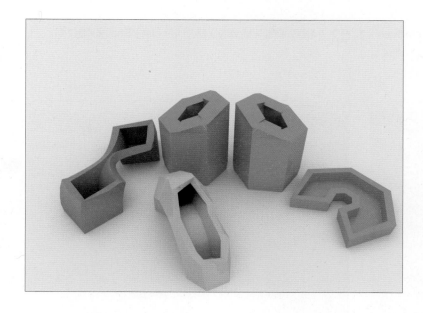

A. Parameters

❶ Inner Amount: 안쪽 두께 값을 입력한다.

❷ Outer Amount: 바깥쪽 두께 값을 입력한다.

❸ Segments: 등분할 면의 개수를 입력한다.

 **Shell 사용하기**

01 커맨드 패널의 Create 〉 Geometry 〉 Standard Primitives 〉 Box를 클릭하여 임의의 크기로 만든다. 두께를 확인하기 위해 뷰포트를 Wireframe(F3) 상태로 변경하여 확인한다.

02 커맨드 패널의 Modify 〉 Modifier List 〉 Shell을 적용한다.

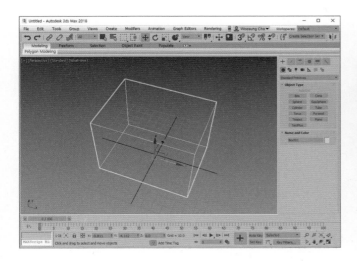

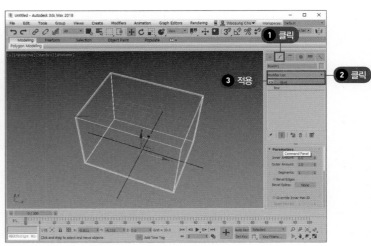

03 Shell Parameters에서 Inner Amount에 30을 입력한 후, 안쪽의 두께를 확인한다.

04 Outer Amount에 30을 입력하면 바깥쪽으로 두께가 생성된다.

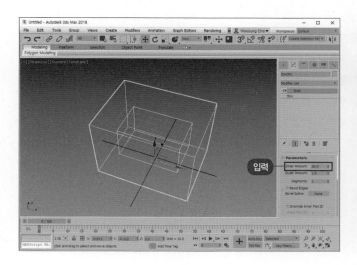

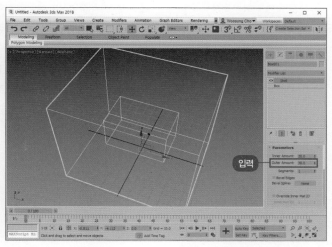

SECTION 5

Object를 비틀어주는 Twist

Twist는 오브젝트를 비틀어준다. 축을 선택한 후, 비트는 각도를 조정한다.

커맨드 패널의 Modify 〉 Modifier List 〉 Twist를 적용하여 사용한다.

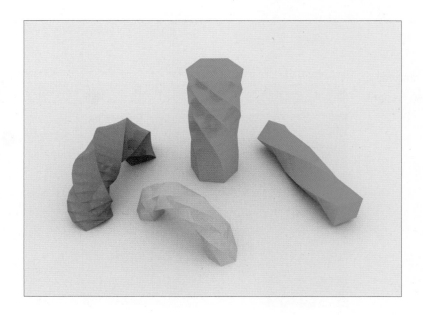

A. Parameters

❶ Angle: 비틀어지는 각도를 입력한다.

❷ Bias: 한쪽으로 편향하여 비틀어준다. 뭉쳐지는 범위값(100~-100)을 입력하여 조절한다.

❸ Twist Axis: 적용되는 방향의 기준 축을 설정한다.

❹ Limits Effect: 설정한 구간만 비틀기가 적용된다.

❺ Upper Limit: 중심을 기준으로 위쪽의 비틀기 범위를 지정한다.

❻ Lower Limit: 중심을 기준으로 아래쪽의 비틀기 범위를 지정한다.

기능
예제
따라하기

Twist 사용하기

01 커맨드 패널의 Create 〈 Geometry 〈 Standard Primitives 〈 Box를 클릭하여 생성한 후, 가로와 세로 50, 높이 250, Height Segs 15를 입력하여 Box를 만든다.

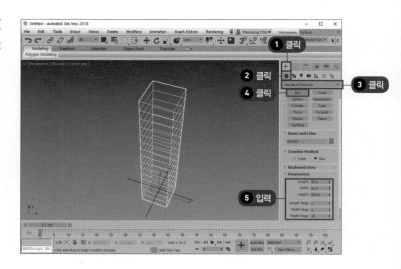

02 Box 오브젝트를 선택한 후, 커맨드 패널의 Modify 〉 Modifier List 〉 Twist를 적용한다.

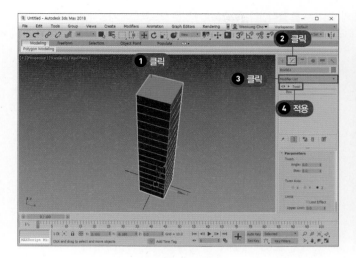

03 Twist Parameters에서 Angle 값을 임의로 입력한 후, 결과를 확인한다.

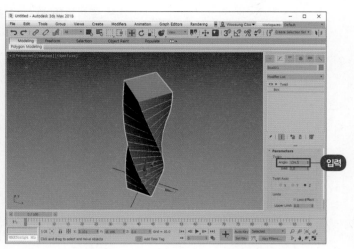

04 Limits의 Limit Effect를 체크한 후, Upper Limit의 값을 변경해 본다.

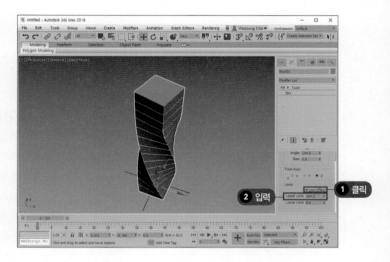

05 Lower Limit의 값을 증가시켜 변화를 확인한다.

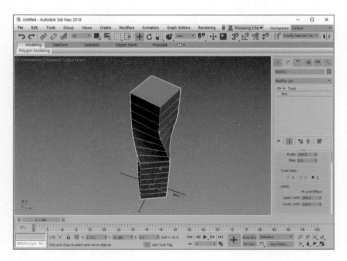

X/Y/Z축 다양한 변화를 주는 Noise

Noise는 3축의 방향으로 오브젝트의 Vertex를 움직인다. Vertex가 많은 오브젝트에 사용하면 효과가 좋다.
지형물을 만드는데 많이 사용한다.

커맨드 패널의 Modify 〉 Modifier List 〉 Noise를 적용하여 사용한다.

A. Parameters

❶ Seed: 임의의 시작점 위치를 설정한다.

❷ Scale: Noise의 형태와 크기를 설정한다.

❸ Fractal: 프랙털 효과를 적용한다.

❹ Roughness: 변형의 범위를 설정한다. 수치가 낮을수록 부드러워진다.

❺ Iterations: 프랙털 기능에서 사용하는 반복 횟수를 설정한다.

❻ Strength: 중심을 기준으로 아래쪽의 비틀기 범위를 지정한다.

❼ Animation: Noise에 애니메이션 효과를 적용한다. Strength 값에 따라 효과가 변화한다.

Noise 사용하기

01 커맨드 패널의 Create 〉 Geometry 〉 Standard Primitives 〉 Plane를 클릭한 후, 가로와 세로를 400, 가로 및 세로 Segs에 각각 40을 입력하여 Plane을 만든다.

02 Plane을 선택한 후, 커맨드 패널의 Modify 〉 Modifier List 〉 Noise를 적용한다.

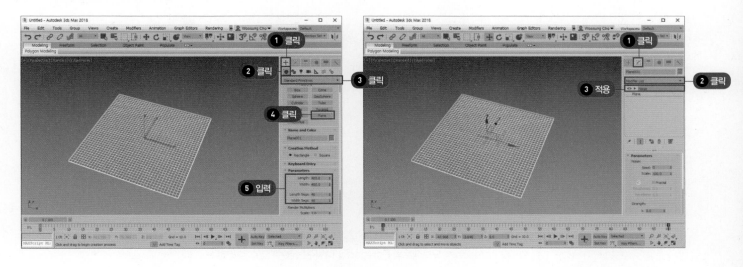

03 Noise Parameters에서 Noise의 Seed를 300으로 입력한 후, 하단 Strength의 Z는 100으로 입력한다.

04 Noise의 Scale을 100에서 50으로 변경한 후, 결과를 확인해본다.

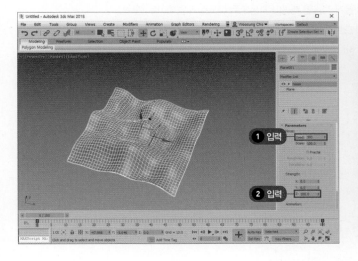

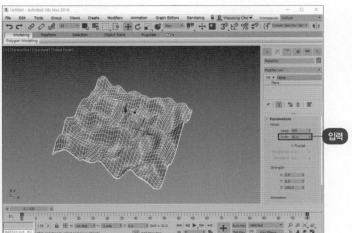

Object 형태를 부드럽게 해주는 TurboSmooth

TurboSmooth는 오브젝트의 표면을 부드럽게 처리한다. 오브젝트의 면의 개수를 최소화하여 데이터양을 줄일 때 효과적으로 사용할 수 있다. 인테리어 모델링 시 크게 중요하지 않은 각종 집기류 모델들에 사용하기 적합한 기능이다.

커맨드 패널의 Modify 〉 Modifier List 〉 TurboSmooth를 적용하여 사용한다.

A. TurboSmooth

❶ Iterations: 오브젝트의 Polygon을 나눠주는 횟수 값을 입력한다.

❷ Render Iters: 렌더링 시 오브젝트에 적용되는 반복 횟수 값을 입력한다.

❸ Isoline Display: 체크하면 오브젝트의 원래 형태를 보여준다.

❹ Explicit Normals: TurboSmooth의 출력을 계산한다.

❺ Always: TurboSmooth를 새롭게 적용할 때마다 자동으로 뷰포트에 업데이트 한다.

❻ When Rendering: 렌더링 시 오브젝트에 적용된 Smooth가 뷰포트에 업데이트 된다.

❼ Manually: 수동으로 업데이트 한다. [Update] 버튼을 클릭하기 전에는 업데이트가 되지 않는다.

1 7 4 PART 2 2D & 3D

01 커맨드 패널의 Create 〉 Geometry 〉 Standard Primitives 〉 Teapot를 클릭한 후, Radius 180, Segments 4를 입력해서 만든다.

02 Teapot을 선택하고 커맨드 패널의 Modify 〉 Modifier List 〉 TurboSmooth를 적용한다.

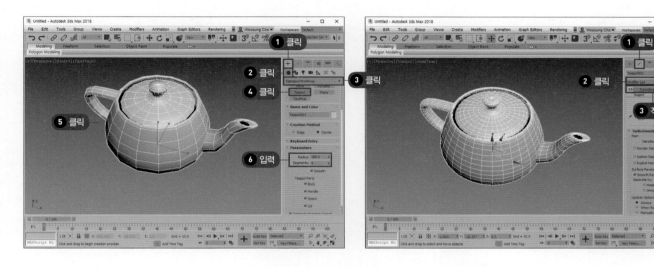

03 TubroSmooth Parameters의 Iterations 기본 값은 1이다. 3으로 입력한 후, 오브젝트의 어떤 변화가 있는지 확인해보자.

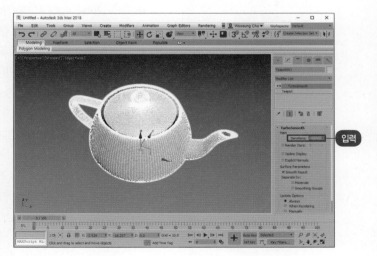

tip

Iterations 값이 3을 초과하지 않도록 하자. 초과할 경우 불필요한 면들이 생성되어 작업에 과부하가 걸릴 수 있다. 또한 실제로 렌더링 결과도 효과가 미비하여 2~3 정도가 적당하다.

무작위 형태로 변화시켜주는 FFD

Free-Form Deformation(자유변형)의 약자로 FFD라고 한다.
단일 명령어가 아닌 2×2, 3×3, 4×4 등의 격자가 정해져 있거나 FFD Box라는 격자를 지정하지 않는 것이 있다.
격자의 숫자가 많아질수록 형태를 자유롭게 변형시킬 수 있지만 조작이 어려워진다.

커맨드 패널의 Modify 〉 Modifier List 〉 FFD를 선택하여 사용한다.

A. FFD Parameters

❶ Lattice: 격자 상자의 이동, 회전, 크기 등을 변형한다.

❷ Set Volume: 선택 시 제어점이 녹색으로 활성화된다. 오브젝트를 변형하지 않고 이동한다.

❸ Lattice: 제어점을 연결하는 선들을 표시한다.

❹ Source Volume: 제어점들을 수정하지 않은 상태로 표시한다.

❺ Only In Volume: 내부에 있는 정점을 변형한다.

❻ All Vertices: 정점 전부를 Source Vulume에 상관없이 변형한다.

❼ Control Points: 선택한 격자의 제어점을 조작하여 오브젝트의 형태를 변형한다.

❽ Reset: 제어점을 초기화시킨다.

❾ Animate All: Control Point를 제어점에 지정하여 애니메이션을 만든다.

❿ Conform to Shape: FFD 격자점 형태를 오브젝트의 형태에 맞게 변형시킨다.

⓫ Inside Points: 오브젝트의 안쪽 점만 Conform to Shape의 영향을 준다.

⓬ Outside Points: 오브젝트의 바깥쪽 점만 Conform to Shape의 영향을 준다.

01 커맨드 패널의 Create 〉 Geometry 〉 Standard Primitives 〉 Teapot를 클릭한 후, Radius 45, Segments 9를 입력한다.

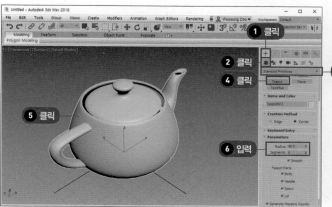

02 Teapot를 선택한 후, 커맨드 패널의 Modify 〉 Modifier List 〉 FFD 3x3x3를 선택하여 적용한다.

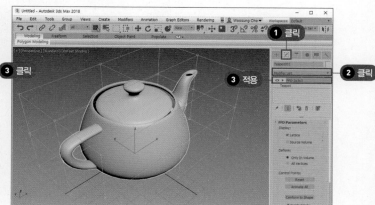

03 Stack에서 FFD 3x3x3 Subtrees(▶)를 클릭하여 Control Points를 선택한 후, 주황색 정사각형의 제어점을 선택하여 이동한다.

04 제어점을 다중 선택하고 이동하여 형태를 편집한다.

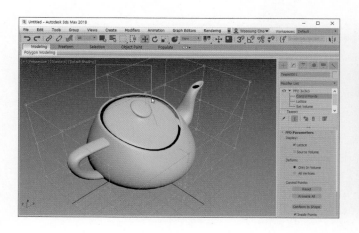

05 FFD Parameters의 Control Points에서 [Reset] 버튼을 클릭하면 초기화된다.

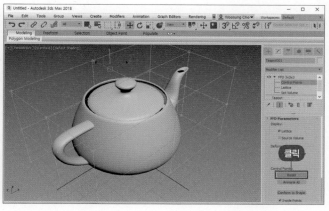

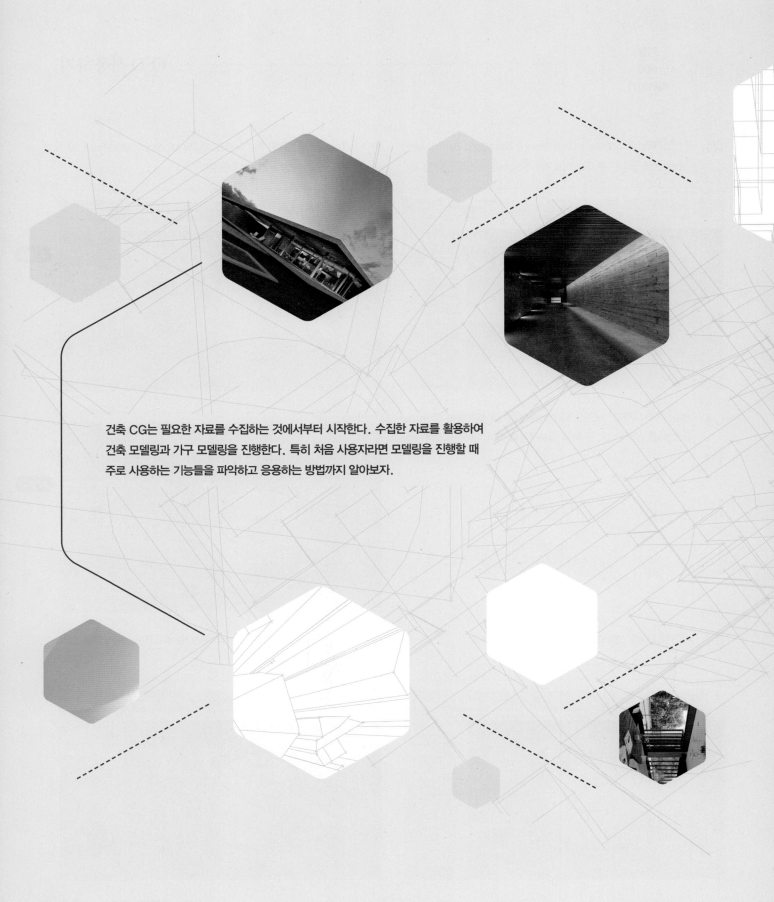

건축 CG는 필요한 자료를 수집하는 것에서부터 시작한다. 수집한 자료를 활용하여
건축 모델링과 가구 모델링을 진행한다. 특히 처음 사용자라면 모델링을 진행할 때
주로 사용하는 기능들을 파악하고 응용하는 방법까지 알아보자.

3DS MAX 2018

3

모델링 작업 시작

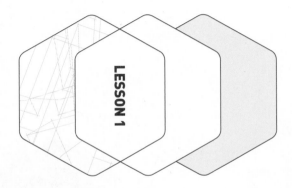

건축 도면
정리하기

건축 CG는 정교한 모델링을 위해 설계 도면을 바탕으로 진행된다. 또한 이미지나 스케치를 사용하여 진행할 수 있다.

이미지화 도면으로 작업 준비하기

이미지 도면은 건축 CG와 관련된 공개 웹사이트를 이용하면 초보자에게 다양한 형태에 건축 모델링 자료를 구할 수 있다.
사용할 부분만 보정한 후 사용한다.

01 아키데일리 사이트(www.archdaily.com)에 접속한 후, 상위 카테고리에서 Projects를 선택한다.

02 Search 칸에 's-house'를 입력하여 검색한다. 우측 상단에 S-House/Coil Kazuteru Matumura A...를 클릭한다.

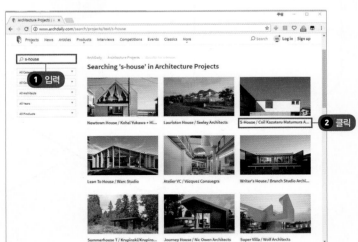

Info

아키데일리(http://www.archdaily.com)
건축부터 인테리어까지 다양한 최신 디자인 트랜드를 접할 수 있는 곳이다. 건축물과 건축가의 이름까지 상세하게 확인 가능하며 초보자뿐만 아니라 실무자들까지 많은 정보를 얻을 수 있다.

03 S-House/Coil Kazuteru Matumura Architects 페이지에서 작업할 이미지들을 확인한다.

04 페이지 하단의 이미지 중에서 첫 번째 이미지를 클릭한다.

05 저장할 이미지들을 확인한 후, 이미지를 우 클릭하고 '이미지를 다른 이름으로 저장'을 선택하여 폴더에 저장한다.

● **예제 파일** | Sample/Part03/Lesson01/S-House image/*.jpg

06 작업에 필요한 이미지들을 확인한다.

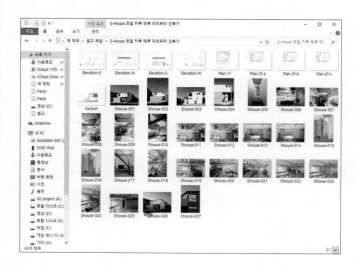

작업할 이미지 정리하기

이미지 자료들 중 모델링 작업에 필요한 평면도와 입면도 이미지를 작업하기 용이하도록
Photoshop에서 여백이 없도록 편집한다.

01 Photoshop을 실행한 후, 저장된 폴더에서 Plan-1f.jpg 파일을
불러온다.

● 예제 파일 | Sample/Part03/Lesson01/S-House image/Plan-1f.jpg

02 여백 정리는 치수가 표시된 곳과 벽체나 바닥 라인을 기준으로 정리
한다. 빨간색 영역이 치수가 표시된 곳이고 하늘색 영역이 정리하
는 영역이다.

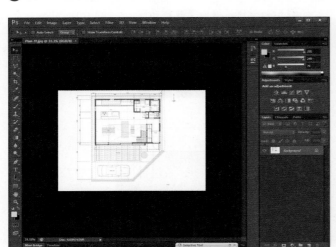

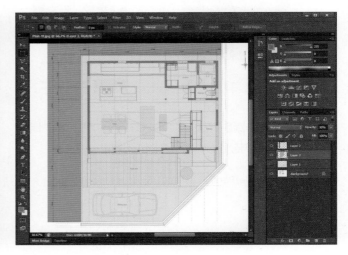

03 Crop Tool을 이용하여 필요 없는 영역을 잘라낸 후, 파일을 평면
1f.jpg로 저장한다.

● 예제 파일 | Sample/Part03/Lesson01/S-House/평면1f.jpg

클릭

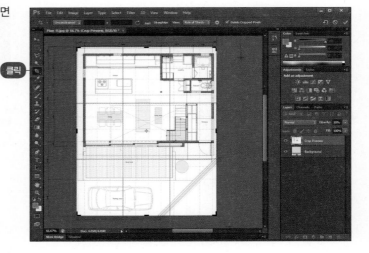

04 폴더에서 Plan-2f-a.jpg의 이미지 파일을 같은 방법으로 모델링에 필요한 부분만을 남기고 평면2f.jpg로 저장한다.

⊙ 예제 파일 | Sample/Part03/Lesson01/S-House/평면2f.jpg

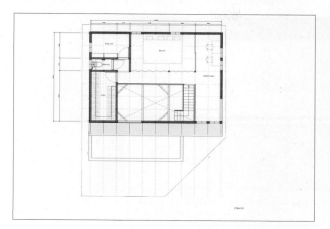

05 좌측 입면 이미지도 동일한 방법으로 편집한다.

⊙ 예제 파일 | Sample/Part03/Lesson01/S-House/입면L.jpg

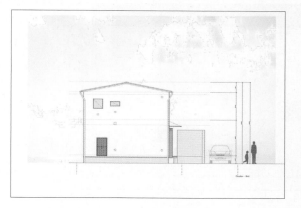
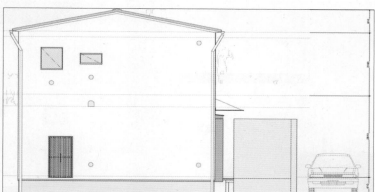

06 우측 입면 이미지도 동일한 방법으로 편집한다.

⊙ 예제 파일 | Sample/Part03/Lesson01/S-House/입면R.jpg

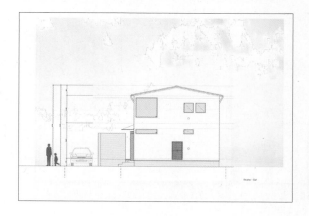

07 정면 이미지도 동일한 방법으로 편집한다.

⊙ 예제 파일 | Sample/Part03/Lesson01/S-House/입면C.jpg

 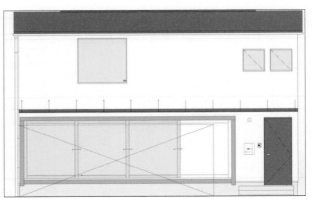

08 후면 이미지도 동일한 방법으로 편집한다.

⊙ 예제 파일 | Sample/Part03/Lesson01/S-House/입면B.jpg

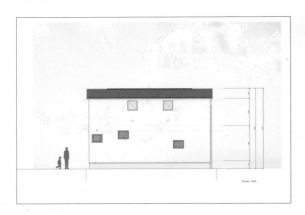 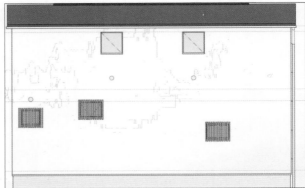

09 단면 이미지도 동일한 방법으로 편집한다.

⊙ 예제 파일 | Sample/Part03/Lesson01/S-House/입면Sec.jpg

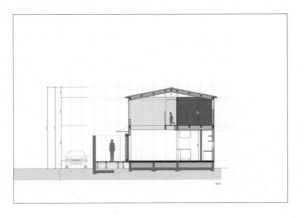 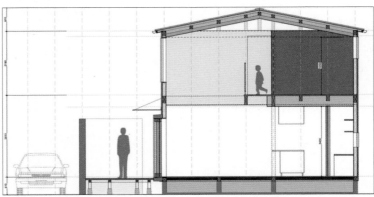

작업 도면 정리하기

AutoCAD를 사용하여 도면을 정리한 후, 도면에 표시되어 있는 기본 마감재 정보를 숙지한다.

01 AutoCAD를 실행한 후, Plan Setting_01.dwg 파일을 불러오면 평면도, 천장도, 입면도 등 파일을 확인할 수 있다.

⦿ 예제 파일 | Sample/Part03/Lesson01/Plan Setting_01.dwg

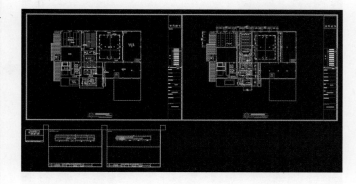

02 휴게실과 대회의실을 평면도 → 천장도 → 입면도 순으로 정리한다.

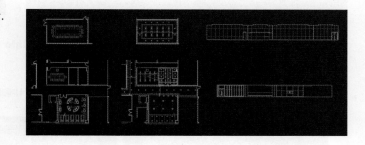

03 휴게실 평면도부터 모델링이 이루어지는 범위만큼 Rectangle를 사용하여 그림과 같이 사각형 영역을 설정한다.

tip

사각형 영역은 정리할 도면의 영역을 의미한다.

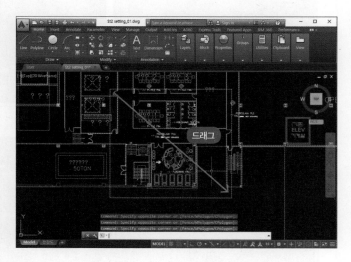

04 사각형 영역을 제외한 나머지 부분은 삭제한다.

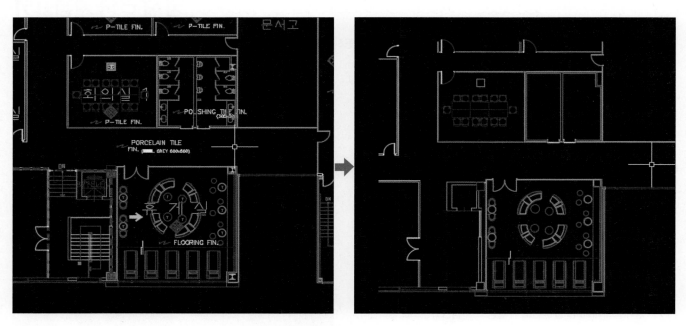

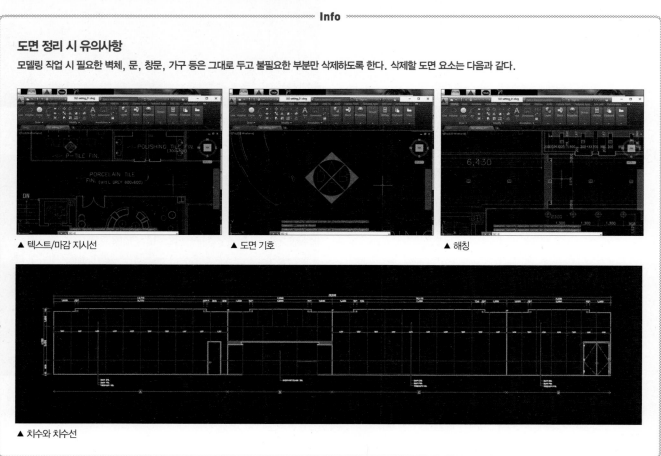

»»» Info »»»

도면 정리 시 유의사항

모델링 작업 시 필요한 벽체, 문, 창문, 가구 등은 그대로 두고 불필요한 부분만 삭제하도록 한다. 삭제할 도면 요소는 다음과 같다.

▲ 텍스트/마감 지시선

▲ 도면 기호

▲ 해칭

▲ 치수와 치수선

05 그림과 같이 천장도는 벽체와 조명을 제외하고 정리한다.

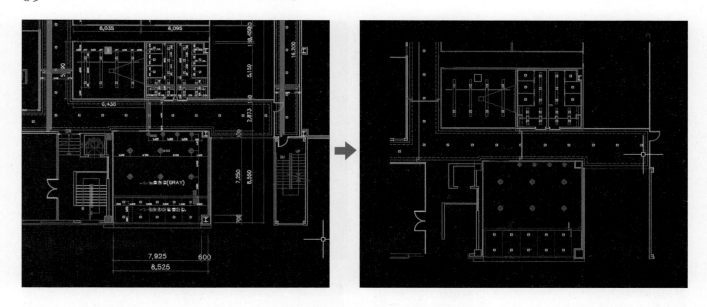

06 입면도 또한 벽체 구조물을 제외하고 텍스트 및 치수선을 삭제하여 정리한다.

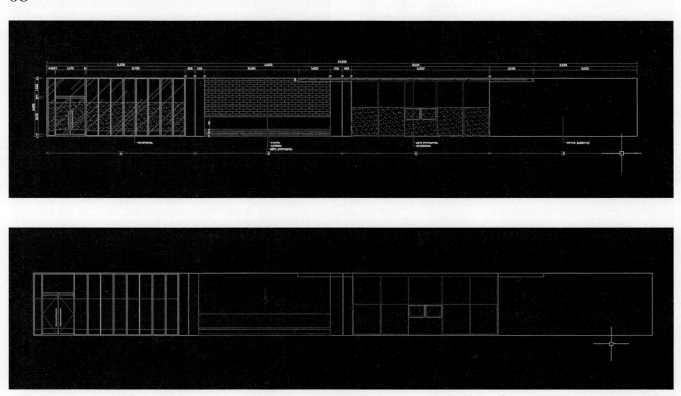

07 동일한 방법으로 대회의실 부분의 도면도 정리한다.

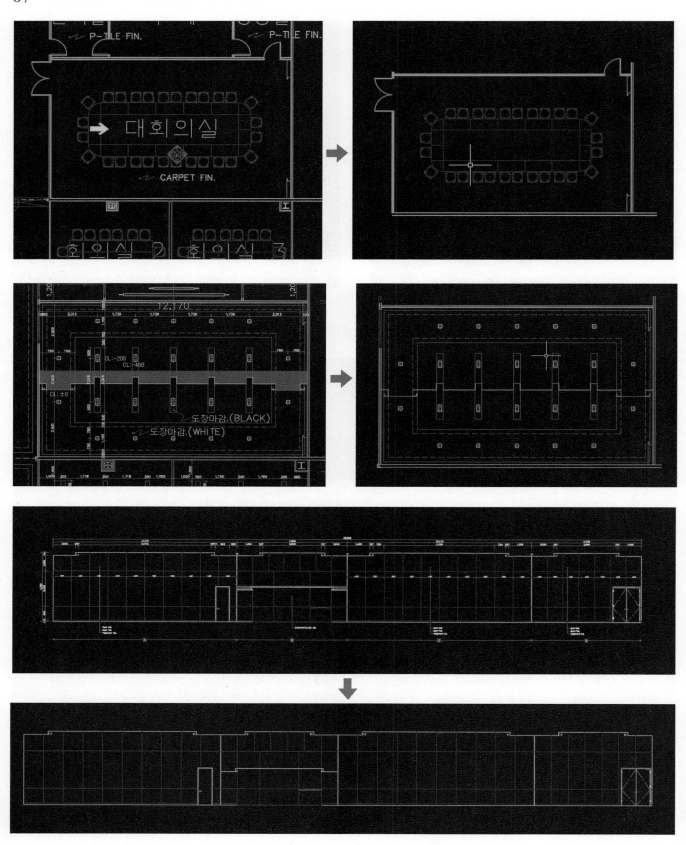

08 정리가 완료된 평면도, 천장도, 입면도 순으로 위치를 정렬한다.

● 예제 파일 | Sample/Part03/Lesson01/Plan Setting_02.dwg

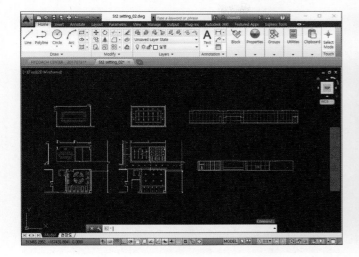

09 Matchprop를 명령어 창에 입력한다. 명령어 창에 'Select source object:'라는 문구가 나타나면 기본 색상으로 지정할 객체를 선택한다. 그다음 도면 전체를 선택하여 선들의 색상을 변경한다.

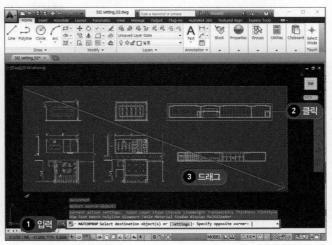

10 블록(Block)으로 되어 있거나 변경되지 않는 것들이 있다.

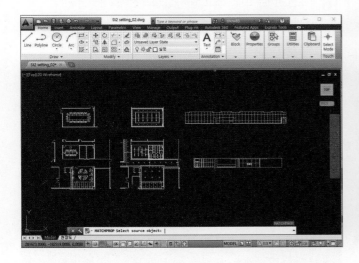

11 명령어 창에 Explode(X)를 입력한 후, 전체를 선택하여 분리한다.

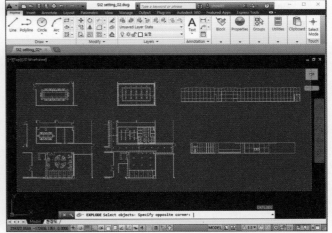

12 다시 명령어 창에 Matchprop를 입력하여 적용하면 동일한 색상으로 변경할 수 있다.

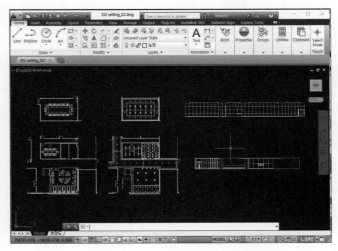

13 도면을 3ds Max로 이동하기 전 Purge를 사용하여 한 번 더 정리한다. 명령어 창에 Purge를 실행한다. [Purge] 창이 나타나면 Purge Nested items를 체크하고 하단의 [Purge All] 버튼을 클릭한다.

14 [Purge All] 버튼을 클릭하면 [Purge - Confirm Purge] 창이 나타난다. [Purge all items]을 클릭한 후, Purge가 실행된다. 창이 자동으로 사라지면 [Purge] 창에서 [Close] 버튼을 클릭한다.

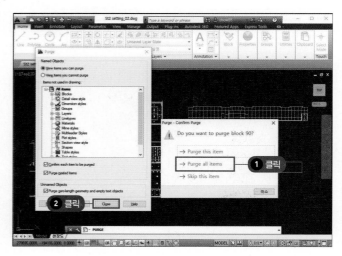

15 Purge 작업이 끝난 후, Wblock을 명령어 창에 실행하면 [Write Block] 창이 나타난다. Objects 항목에서 Select objects(🔩)를 클릭한다.

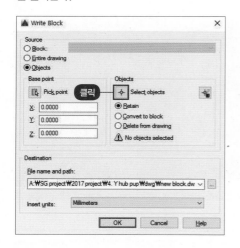

16 도면 전체를 드래그하고 Enter 를 눌러 선택을 완료한다.

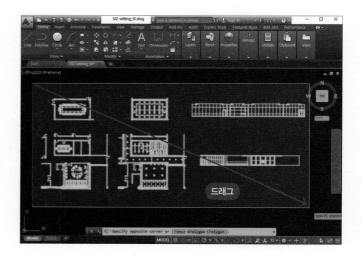

17 Destination에서 저장할 경로와 Plan_Layout.dwg 파일명을 입력한 후, 단위를 Millimeters로 선택한다. 그다음 [OK] 버튼을 클릭하여 저장한다.

● 예제 파일 | Sample/Part03/Lesson01/Plan Setting_p.dwg

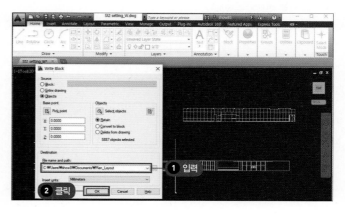

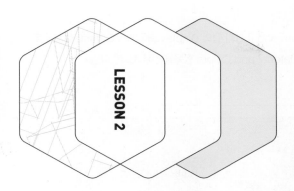

이미지 & 캐드 도면 및
3ds Max 환경 설정하기

이미지 도면과 캐드 도면의 기본인 세팅 과정은 추후 모델링 시 기초가 되는 부분이다.

현 과정을 제대로 이해하지 못할 경우 모델링 시 원만한 진행이 어려울 수 있다. 본격적인 작업에 앞서 기본 환경 설정에 대해 체크해보자.

3ds Max 환경 설정하기

모델링 작업을 진행하기 전에 3ds Max에서 기본적인 기능들을 알게 되었다면
다음은 건축 모델링 작업에 적합한 작업 환경을 만들어보자.

Preference Settings & Unit 설정하기

01 메인 메뉴바의 Customize 〉 Preferences…를 클릭한 후,
[Preference Settings] 창이 나타난다.

02 [General] 탭의 Scene Selection 항목에서 Auto Window/
Crossing by Direction을 체크한다.

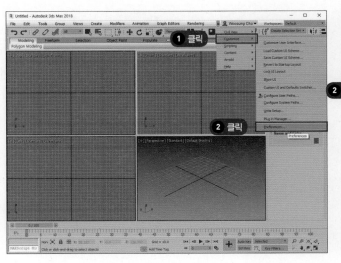

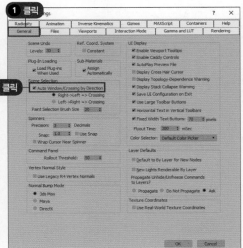

03 [Files] 탭의 Auto Backup에서 Number of Autobak Files에 10을 입력하여 오토 백업 단계를 설정한다. Backup Interval (minutes) 오토 백업되는 시간 단위(분)을 60으로 입력한다.

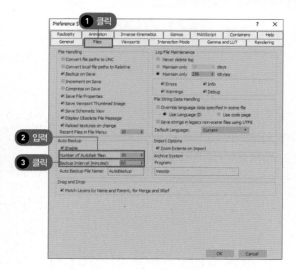

> **tip**
>
> 오토 백업 파일 수와 백업 시간의 설정은 사용자 작업 스타일에 맞게 변경하여 사용한다.

04 Gamma and [LUT] 탭의 Display 항목에서 Gamma를 2.2로 하고 Material and Colors 항목을 전부 체크한다.

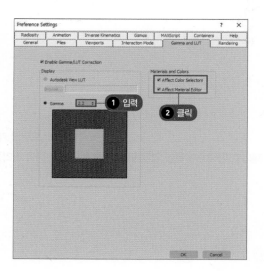

> **tip**
>
> Gamma 값이 구 버전에서는 1.0이지만 최신 버전은 2.0으로 자동 설정되어 있다.

05 [Gizmos] 탭의 Move, Rotate, Scale Gizmo 크기를 원하는 만큼 조절한다. 기타 설정을 변경하고 [OK] 버튼을 클릭하여 설정을 저장한다.

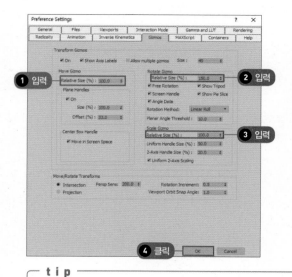

> **tip**
>
> 필자는 기본 값을 사용한다.

06 다음은 단위(Unit)을 설정한다. 메인 메뉴바의 Customize 〉 Units Setup…을 클릭하면 [Units Setup] 창이 나타난다.

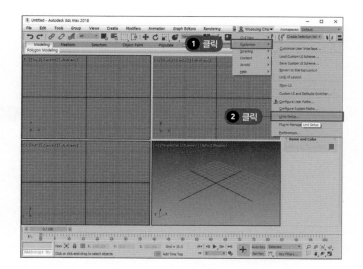

07 상단의 [System Unit Setup] 버튼을 클릭한 후, [System Unit Setup] 창이 나타나면 System Unit Scale에서 Millimeters로 설정하고 [OK] 버튼을 클릭한다.

08 Display Unit Scale에서 Metric 단위를 Millimeters로 선택한 후, Generic Units를 체크하고 [OK] 버튼을 클릭한다.

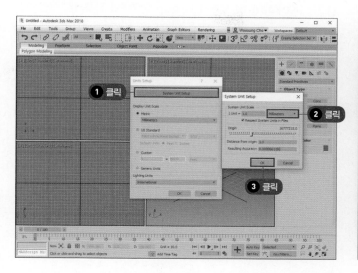

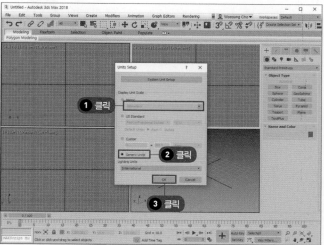

Info

Display Unit Scale과 System Unit Scale의 차이점

Display Unit Scale은 작업 화면에 표시되는 1 Unit 당 단위를 조절하며 System Unit Scale은 치수 입력의 수치 단위를 조절한다.

① 가로, 세로 높이가 모두 500mm인 Box를 만든다.

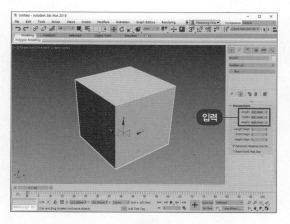

② Display Unit Scale에서 Millimeters를 Centimeters로 변경하면 Parameters 뷰의 단위가 mm에서 cm로 변경된다.
System Unit Scale에서 단위를 변경한 후, Display Unit Scale처럼 단위가 변경된 것이 아니라 표현되는 수치가 500mm에서 5000mm로 변경된다.

단축키 & 쿼드 메뉴 설정하기

01 메인 메뉴바의 Customize 〉 Customize User Interface를 클릭하면 [Customize User Interface] 창이 나타난다.

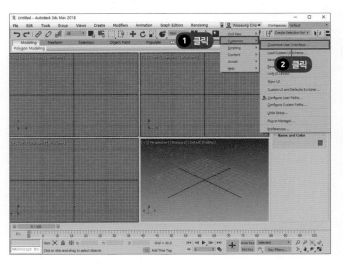

02 [Keyboard] 탭에서 Group 명령어의 단축키를 설정한다. Hotkey에 ' Shift + 1 '을 입력한 후, 좌측 목록에서 Group을 찾아 선택한다. 그다음 [Assign] 버튼을 클릭한다.

03 Group Open 단축키를 ' Shift + 2 '로 지정한다.

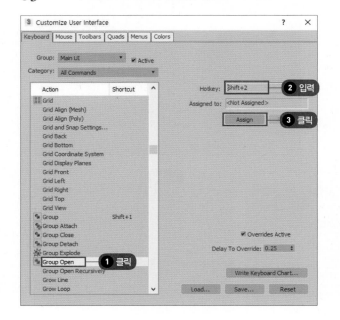

04 Group Close 단축키를 ' Shift + 3 '으로 지정한다.

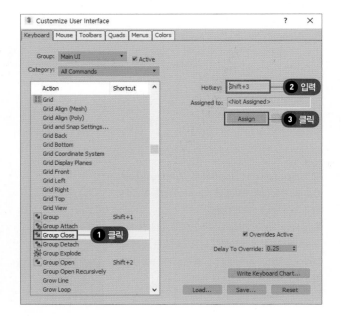

05 [Quads] 탭을 클릭한다.

06 우측 쿼드 메뉴의 종류 선택에서 Default Viewport Quad가 선택되어진 것을 확인한 후, 아래의 추가할 명령어를 Quad 슬롯에서 좌측 하단의 tools 2 슬롯을 선택한다.

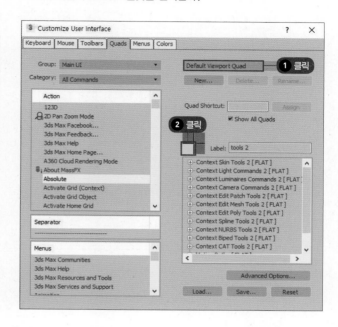

07 tools 2 슬롯 메뉴에서 Context Edit poly Tools 2[FLAT]를 더블클릭하여 목록을 펼친다.

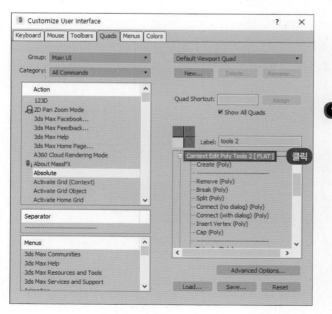

08 왼쪽의 Action에서 Similar를 드래그하여 원하는 위치로 옮기면 자동으로 추가된다. 그 다음 추가할 명령어를 같은 방법으로 추가한 후, 우측 상단의 [X] 버튼을 눌러 창을 닫는다.

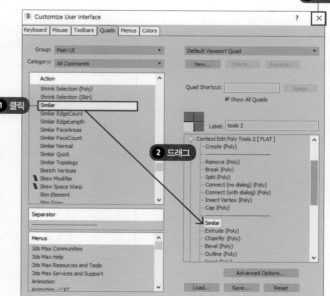

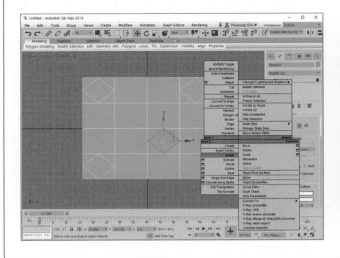 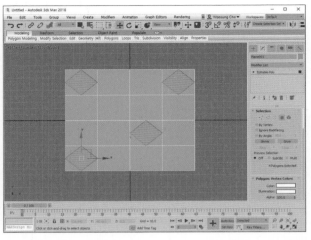

Snap 설정하기

01 메인 툴바에서 스냅을 2.5 Snap Toggle(🔢)로 변경한다.

02 메인 툴바에서 2.5 Snaps Toggle(🔢)(S)을 우 클릭하면 [Grid and Snap Settings] 창이 나타난다.

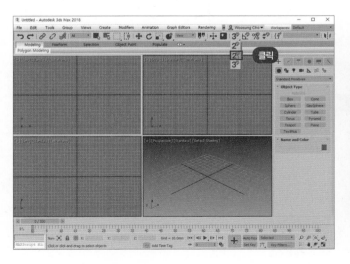 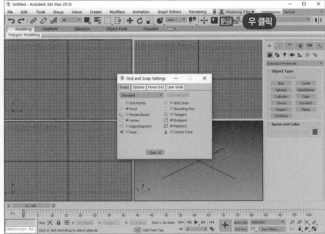

03 [Snaps] 탭에서 주로 사용하는 Vertex, Endpoint, Midpoint 를 체크하고 나머지는 해제한다.

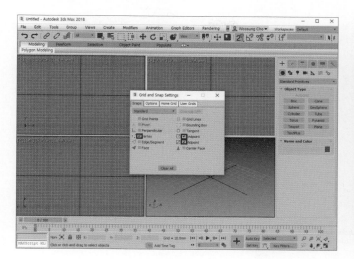

04 [Options] 탭에서 General 항목의 Snap to frozen Objects 와 Translation 항목의 Enable Axis Constraints를 체크한다.

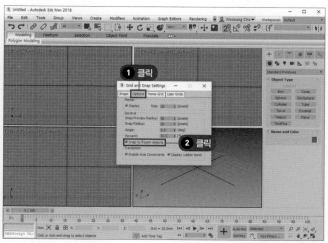

> **t i p**
>
> Snap to frozen Objects를 체크하면 Frozen 상태인 오브젝트도 스냅이 적용된다. Enable Axis Constraints는 지정된 축 또는 평면에만 맞춰 이동하도록 제한하는 기능이다.

SECTION 2

이미지 수정하기

단위 설정 및 평면도, 입면도를 육면체 형태로 배치하는 방법과 뷰포트에서 이미지의 선명도를 올리는 방법에 대해 알아보자.

이미지 도면의 크기 확인하기

01 먼저 건물의 전체 크기를 확인해보자. Plan-1f.jpg 이미지를 확인하면 가로의 총합이 10,000mm, 세로의 총합이 12,356mm 이다.

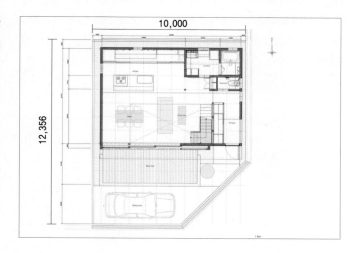

02 Section.jpg 이미지를 확인하면 총 높이는 6,410mm, 1층의 높이는 2,810mm, 2층의 높이는 2,110mm이다.

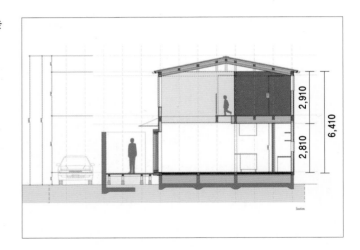

1:1 크기로 배치하기

01 Top 뷰를 선택한 후, 커맨드 패널에서 Create 〉 Geometry 〉 Standard 〉 Plane을 선택하여 임의의 크기로 평면을 만든다.

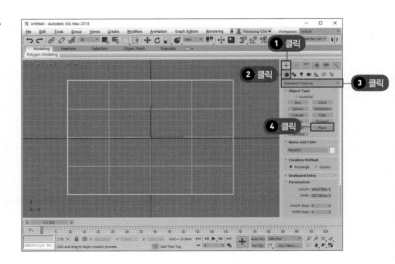

02 Name and Color에서 오브젝트의 이름을 'Plan'으로 변경한 후, 커맨드 패널의 Modify을 선택한다. Parameters에서 Length: 12,356, Width: 10,000, Length Segs: 1, Width Segs: 1로 입력한다.

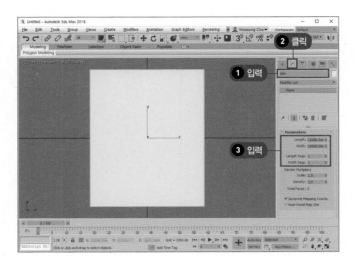

03 폴더에서 평면1F.jpg를 선택한 후, Plan 오브젝트 위로 드래그하
면 자동으로 삽입된다.

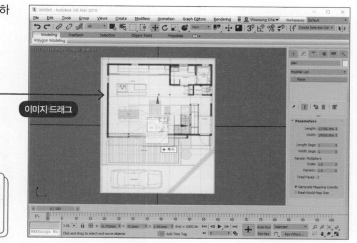

이미지 드래그

---

tip

Plane에만 이미지가 삽입이 된다. Rectangle나 다른 곳에는 삽입되지
않는다.

---

04 좌측 입면을 만든다. 좌측 입면은 가로 12,356mm, 세로(높이)
6,410mm이다. 그림과 같이 임의의 크기로 평면을 추가한다.

05 Modify의 Name and Color에서 이름을 'el-L'로 입력한다.
Parameters에서 Length: 6,410, Width: 12,356을 입력하
고 폴더에서 입면L.jpg 파일을 드래그하여 이미지를 삽입한다.

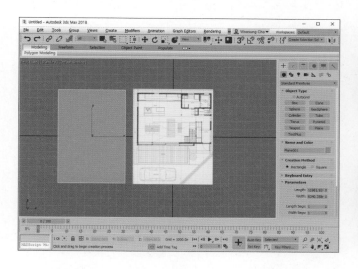

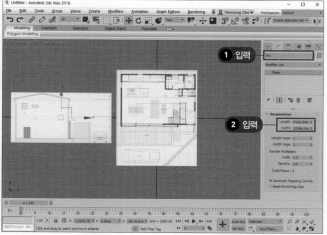

1 입력

2 입력

06 우측 입면을 만든다. 좌측 입면과 같은 크기이다. el-L 선택한 후,
Shift 누른 채 이동하면 [Clone Options] 창이 나타난다.
Object에서 Copy를 체크하고 [OK] 버튼을 눌러 복사를 완료한다.

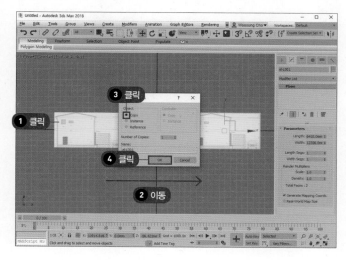

1 클릭

3 클릭

4 클릭

2 이동

07 복사한 오브젝트를 선택하고 Modify의 Name and Color에서
이름을 'el-R'로 변경한 후, 폴더에서 입면R.jpg 파일을 선택하여
이미지를 삽입한다.

08 단면도를 만든다. 만들어진 el-L를 선택하여 Shift 누른 채 이동
하고 [Clone Options] 창이 나타나면 Object 항목에서 Copy
체크한다. 이름을 'el-S'을 입력하고 [OK] 버튼을 클릭한다. 폴더에서 입
면Sec.jpg 파일을 드래그하여 이미지를 삽입한다.

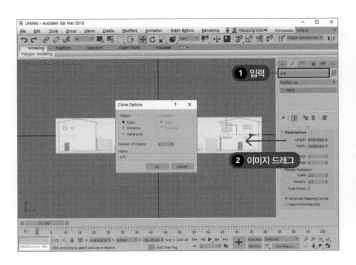

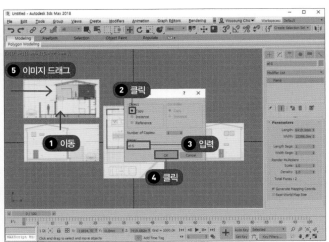

09 정면도와 배면도를 만든다. el-S를 선택하여 Shift 누른 채 이동
하고 [Clone Options]창이 나타나면 Object항목에서 copy 체
크하고 이름을 el-C을 입력한 후, [OK]버튼을 눌러 복사를 완료한다. 그
다음 Parameters에서 Length에 6,410 , Width에 10,000을 입력하
고 폴더에서 입면C.jpg 파일을 선택하여 이미지를 삽입한다.

10 el-C를 선택하여 Shift 누른 채 이동하고 [Clone Options] 창
이 나타나면 Object 항목에서 Copy 체크한다. 이름을 'el-B'로
입력한 후, [OK] 버튼을 눌러 복사를 완료한다. 폴더에서 입면B.jpg 파일
을 드래그하여 이미지를 삽입한다.

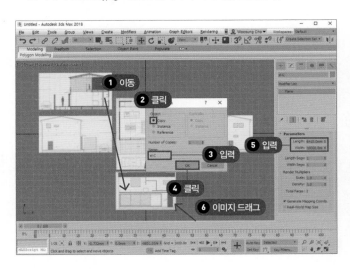

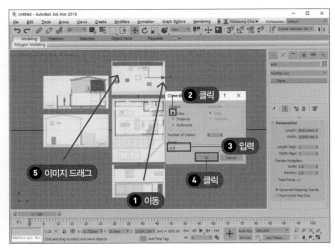

11 오브젝트들을 배치한다. Plan 오브젝트를 선택한 후, 하단의 절대 좌표의 X, Y, Z에 0, 0, 0을 입력하여 위치를 이동한다.

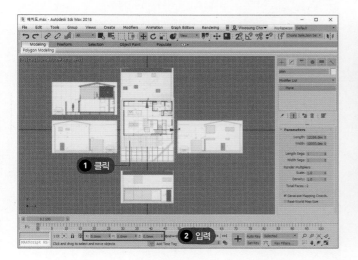

12 Perspective 뷰로 변경한 후, 메인 툴바에서 Select and Rotate(C)(E)를 선택한다. 그다음 2.5 Snaps Toggle(2⁵)(S)를 활성화한다. 그다음 el-L을 선택한 후, 하단의 절대좌표 X와 Z에 90을 입력하여 회전한다.

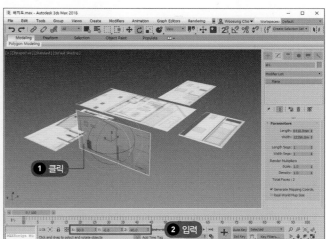

13 el-R와 el-S 오브젝트를 각각 선택한 후, 절대좌표 X와 Z에 90을 입력하여 회전한다.

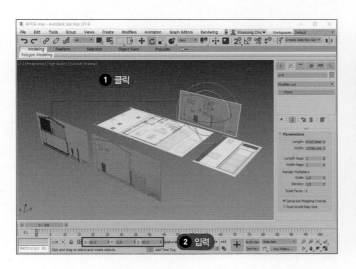

14 el-C를 선택한 후, 하단의 절대좌표 X에 90을 입력하여 회전한다. 그다음 el-B를 선택한 후, 절대좌표 X에 90, Z에 180을 입력하여 회전한다.

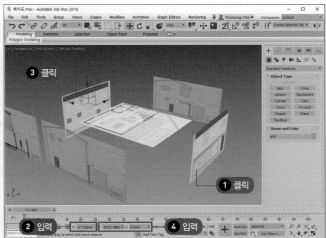

15 Front 뷰로 변경한 후, 메인 툴바에서 Select and Move(✛)
(W)로 변경한다. 그다음 Plan 오브젝트를 제외하고 전부 선택한
다. 선택된 오브젝트를 Plan 오브젝트와 같은 높이로 이동한다.

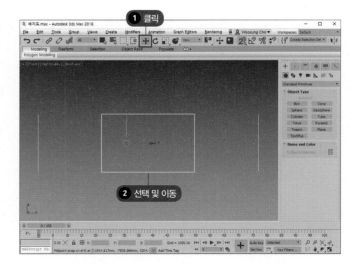

16 Top 뷰로 변경한 후, el-Sec 오브젝트를 제외하고 Plan 오브젝
트의 4면에 맞닿게 각각 오브젝트를 이동한다. Snap을 이용하여
이동하고 el-B는 윗면, el-L은 좌측면, el-R은 우측면, el-C는 아랫면
으로 각각 이동하여 붙여준다.

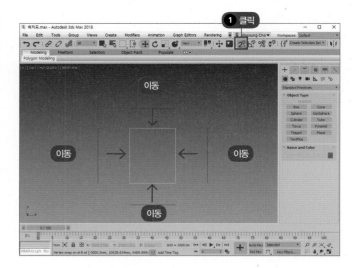

17 Perspective 뷰에서 Box 형태로 잘 정리되었는지 확인한다.

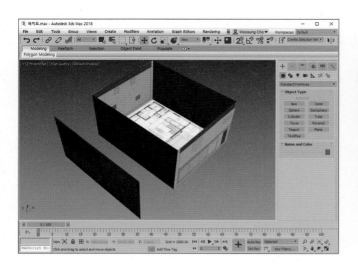

18 el-Sec 오브젝트를 선택한 후, Snap을 이용하여 Plan 오브젝트
중간으로 이동한다.

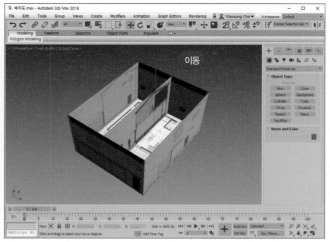

19 Plan 오브젝트를 선택한 후, Ctrl + V 를 눌러 나타난 [Clone
Options] 창에서 Object 항목을 Copy로 선택한다. 그다음
Name에 '2f Plan'을 입력한 후, [OK] 버튼을 클릭하여 복사한다.

20 2f Plan 오브젝트를 선택한 후, 하단의 절대좌표 Z에 2810을 입
력하여 이동한다.

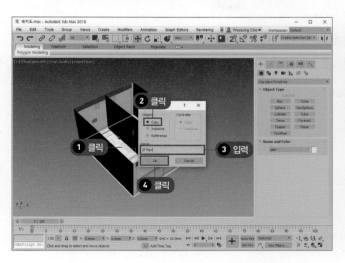

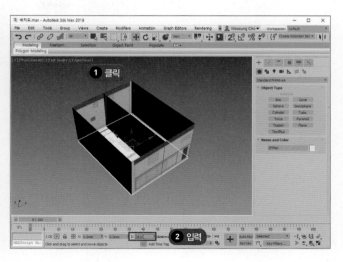

21 이미지 도면이 있는 폴더에서 평면2f-a.jpg를 드래그한 후, 2f
Plan 오브젝트에 삽입하면 완성된다.

⊙ 예제 파일 | Sample/Part03/Lesson02/배치도.max

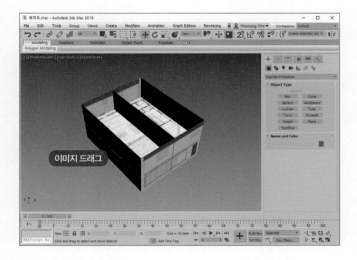

Info

정육면체로 보는 도면의 종류와 위치

다음과 같이 육면체를 기준으로 밑면은 평면도, 윗면은 천장도, 좌측면은 좌측면도, 우측
면은 우측면도, 정면은 정면도, 뒷면은 배면도라 한다.

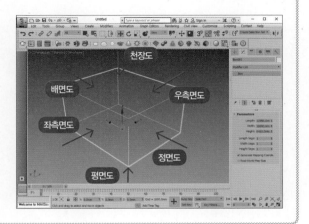

뷰포트 상의
이미지 해상도 조절

삽입된 이미지에 따라 해상도가 좋지 않은 경우가 발생한다. 그런 경우 Nitrous Viewport Texture Size 플러그인
프로그램으로 뷰포트 해상도를 조절하여 이미지의 선명도를 올릴 수 있다.

◉ 예제 파일 | Sample/Part 03/Lesson02/Nitrous Viewport Texture Size.ms

0 1 　메인 메뉴바에서 Customize 〉 Preferences…를 클릭한다.

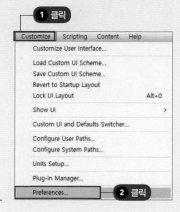

0 2 　[Preferences Settings] 창이 나타나면 [Viewports] 탭
　　에서 Backface Cull on Object Creation을 체크한다.

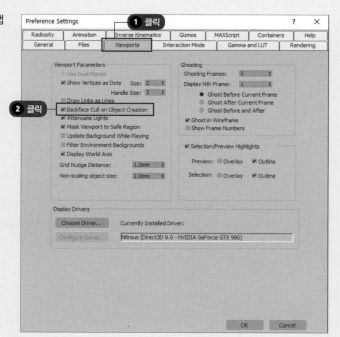

03 폴더에서 NitrousTextureDialog 파일을 Viewport에서 드래그하면 자동으로 프로그램이 실행되어져 [Nitrous Viewport Texture Size v1.3] 창을 생성한다.

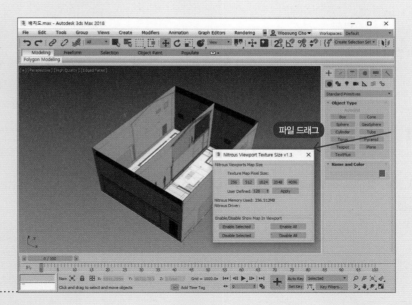

04 [Nitrous Viewport Texture Size v1.3] 창의 User Defined에 2048을 입력하고 [Apply]를 클릭한 후, Enable/Disable Show Map In Viewport에 [Enable All] 버튼을 클릭하면 이미지가 선명하게 변경된 것을 확인하다.

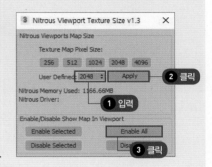

05 User Defined: 2048을 적용한 후, 이전과 차이를 확인한다.

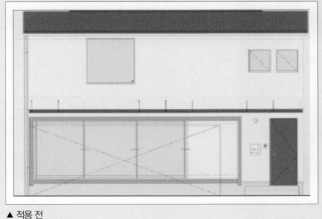

▲ 적용 전　　　　　　　　　　　　　　　　　▲ 적용 후

도면 설정하기

도면을 Import 기능을 사용하여 불러온 후, 모델링 작업에 방해가 되지 않도록 고정시키는 방법을 알아보자.

01 메인 메뉴바의 File 〉 Import 〉 Import를 클릭한 후, Plan_Layout.dwg 파일을 선택하여 도면을 불러온다.

◉ 예제 파일 | Sample/Part03/Lesson01/Plan Setting_p.dwg

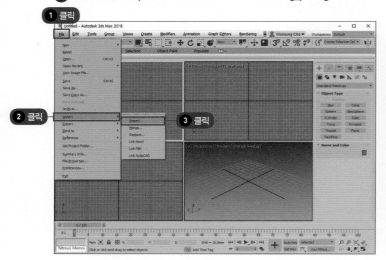

02 도면 오브젝트를 선택한 후, Name and Color에 'DWG_Plan' 을 입력하고 절대좌표 X, Y, Z에 0, 0, 0으로 입력하여 위치를 이동한다.

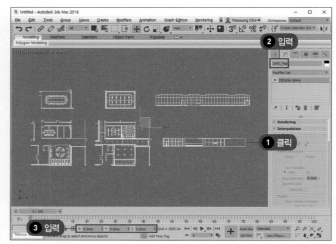

03 DWG_Plan을 선택한 후, 우 클릭하고 Quad Menu 〉 transform 〉 Object Properties를 클릭한다.

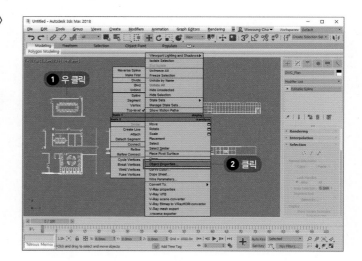

04 [Object Properties] 창의 [General] 탭에서 Display
properties의 Show Frozen in Gray를 체크 해제하고 [OK]
버튼을 클릭한다.

05 우 클릭한 후, Quad Menu 〉 display 〉 Freeze Selection을
선택하여 DWG_Plan을 고정한다.

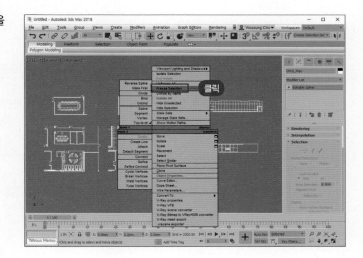

06 오브젝트를 선택하여 Freeze Selection이 적용되었는지 확인한다.

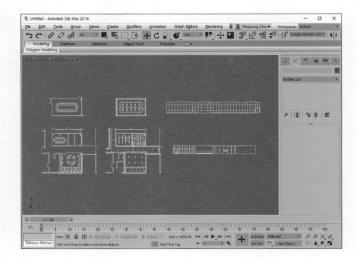

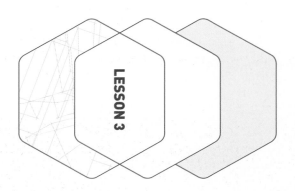

인테리어 관련
기본 규격 알아보기

모든 공간의 설계는 일반적으로 통일된 규격에 맞게 작업을 진행하기 때문에 건축 및 인테리어 관련 기본 규격 정보를 알아두자.

기본 가구 규격 알아보기

모든 사물에 대한 공간과 가구에 대한 설계 기준은 인체 치수에 의해 결정된다.

참고 파일 | Sample/Part03/Lesson03/Furniture Scale1~9.jpg

휴먼스케일(Human Scale)

인체 치수는 휴먼스케일(Human Scale)을 적용한다. 사람의 평균 체격을 말한다.

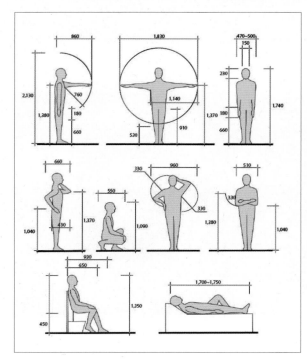

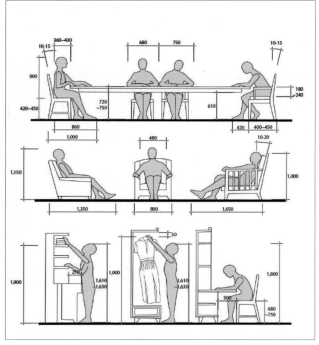

건축 및 인테리어에 필요한 가구 길이와 양, 체적의 기준은 사람의 자세와 동작 그리고 감각에 단위를 맞춘 것이다. 사람의 신체 동작 범위에는 앉은 자세, 걷는 자세, 팔을 뻗은 자세, 누운 자세, 후각, 청각, 시각적 범위가 포함된다. 또한 크기뿐 아니라 공간에서의 가구 배치와 배열 등에도 휴먼 스케일을 반영하여 적용된다.

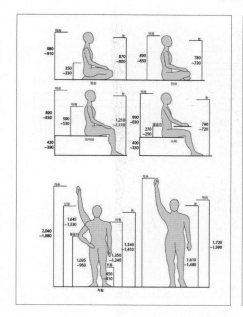

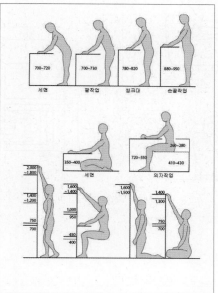

공간 배치에 따른 Scale

A. 테이블 배치에 따른 공간 Scale

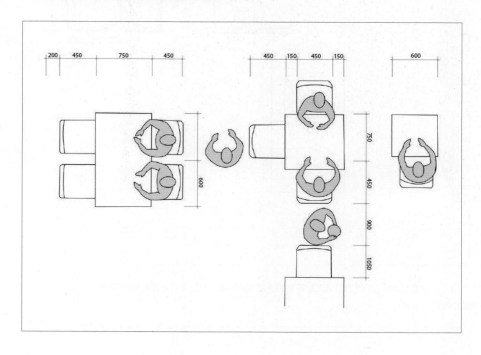

B. 소파에 앉았을 때 공간 Scale

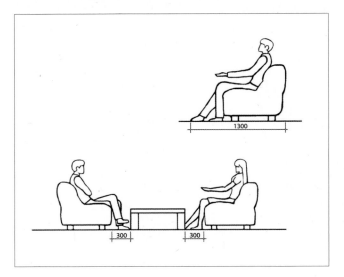

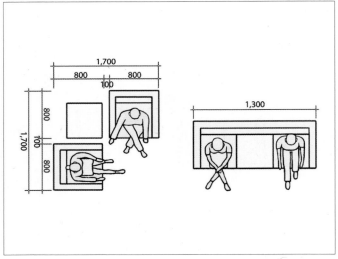

C. 책상 배치에 따른 공간 Scale

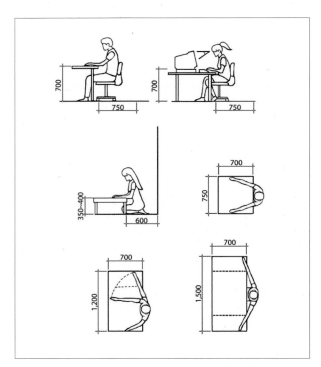

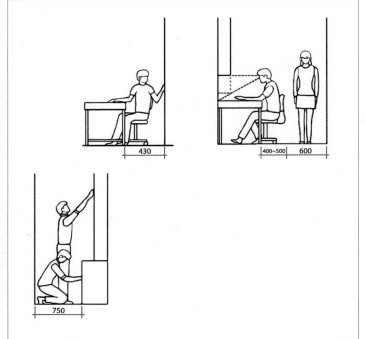

tip

실무 작업 시 도면에 배치도가 포함되어 있어 배치, 배열 정보는 필요하지 않지만 휴먼 스케일의 정보는 확인하고 넘어가자. 휴먼 스케일의 기본적인
정보는 관련 서적을 참고하거나 웹사이트를 통한 정보 수집도 가능하다.

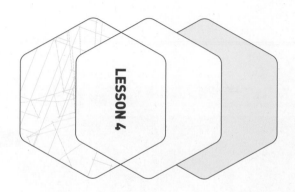

인테리어 모델링 만들기

인테리어 작업 시 많이 사용되는 모델링을 통해 3ds Max의 기능을 이해하고 감각을 익힌다.
규격에 맞게 만드는 방법을 익히고 단순한 형태에서 복잡한 형태까지 다양한 모델링을 진행해본다.

SECTION 1

의자 모델링하기

다음 그림은 팔걸이 유무에 따른 의자의 유형으로 A형(좌측)과 B형(우측)으로 구분하자. A형과 B형 중 하나만 만들어도
나머지 유형은 쉽게 만들 수 있다. 모델링은 A형으로 진행하고 B형은 사용자가 직접 만들어보자. 기본적인 크기 정보는
가로: 550, 세로: 580, 전체 높이: 870, 다리 높이: 460, 등받이 폭: 370이다.

⊙ 예제 파일 | Sample/Part03/Lesson04/Section01/Standard ch(a).max
　예제 파일 | Sample/Part03/Lesson04/Section01/ch N1~ch N5.jpg

기준 박스 만들기

01 전체 크기에 해당되는 기준 박스를 만들어 기준을 잡는다. 커맨드
패널에서 Create 〉 Geometry 〉 Standard Primitives 〉 Box
를 클릭한 후, Perspective 뷰에서 임의의 박스를 만든다.

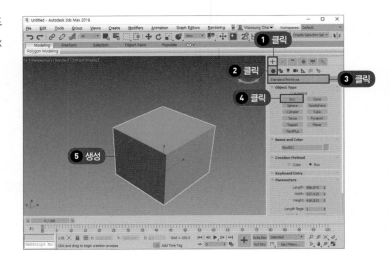

02 Name and Color에 'Base Box'를 입력한 후, Parameters의
Length에 550, Width에 580, Height에 870을 입력하여
Base Box의 크기를 조절한다.

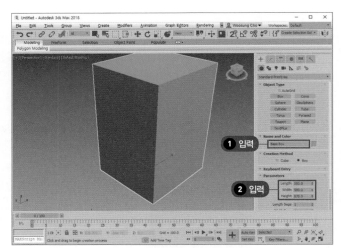

03 Base Box를 선택한 후, Display as See-through
Toggle(Alt + X)를 입력하여 반투명 상태로 만든다.

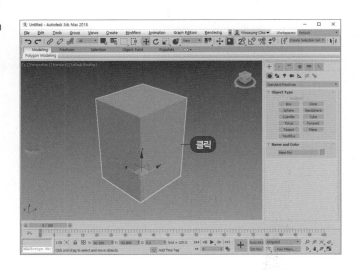

Display as See-through Toggle

01. 오브젝트를 반투명 상태로 만드는 기능으로 오브젝트를 우 클릭하여 Quad Menu 〉 transform 〉 Object Properties...를 클릭한다.

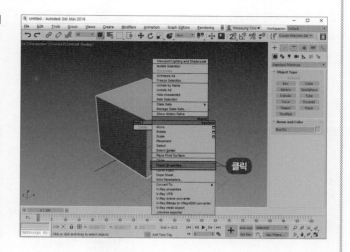

02. [Object Properties] 창에서 [General] 탭을 선택하고 Display Properties에서 By Object로 되어 있는 것을 확인한 후, See-Through를 체크하면 오브젝트가 반투명 상태가 된다.

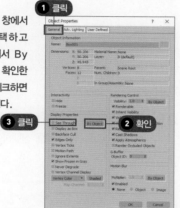

03. Alt + X 단축키를 입력하여 바로 사용 가능하다. 적용이 되지 않으면 Display Properties에서 By Layer로 되어 있는 것을 클릭하여 By Object로 변경한다.

의자 다리 만들기

01 이미지를 확인하면 의자의 위아래 다리 폭이 다르고 뒤쪽은 다리는 기울기와 가로 및 세로 길이가 다른 직사각형의 형태로 확인이 가능 하다.

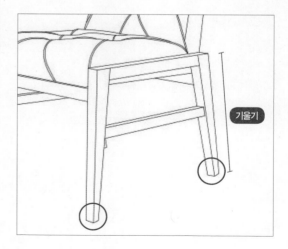

02 앞다리부터 만든다. 커맨드 패널에서 Create 〉 Gerometry 〉 Standard 〉 Box를 선택한 후, Perspective뷰에서 Box를 임의크기로 만든다. 그다음 Name and color에 'Ch L'을 입력하고 Parameters의 Length, Width에 35, Height에 450를 입력하여 크기를 변경한다.

03 Ch L 오브젝트를 선택한 후, Top뷰로 변경한다. 그다음 메인 툴바에서 Select and Move (✛)(W)를 선택하고 2.5 Snaps Toggle (²⁵)(S)를 클릭한 후, 좌측 아래쪽의 Snap을 선택하고 Base Box의 좌측 상단 모서리로 이동한다.

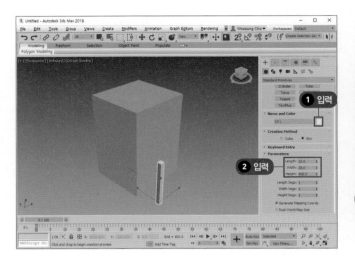

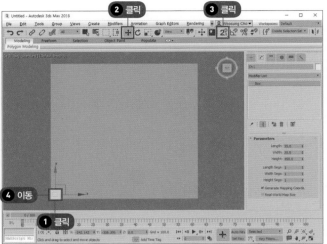

04 Ch L을 이동한 후, 커맨드 패널의 Modify 〉 Modifier List 〉 Edit Poly을 선택하여 적용한다.

05 Ch L 오브젝트를 선택한 후, 우 클릭하여 Quad Menu 〉 display 〉 Hide Unselected를 선택하고 Ch L 오브젝트를 제외한 다른 오브젝트를 숨긴다.

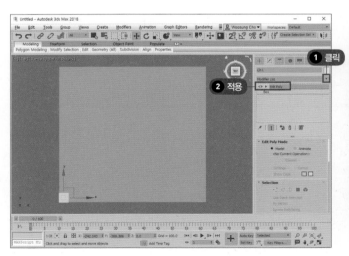

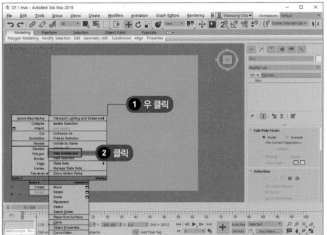

06 Left 뷰로 변경한 후, Ch L 오브젝트를 선택한 상태로 Selection 에서 Vertex(⋮)(1)를 클릭하고 좌측 상단의 Vertex를 드래그 하여 선택한다.

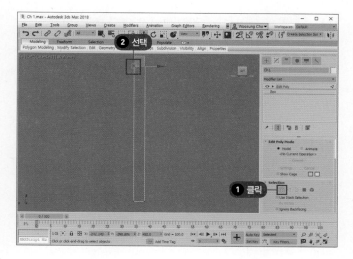

```
t i p
```
Vertex와 Edge를 드래그하여 선택하면 겹쳐있는 모든 점들이 선택된 다. 클릭하여 선택한 경우 앞에 점만 선택된다.

07 선택한 상태로 F12를 눌러 [Transform Type-In] 창을 표시하고 Offset:Screen의 X 값에 −10을 입력하여 이동시킨다.

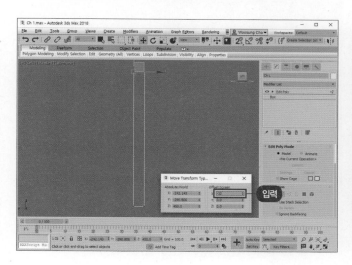

08 좌측 하단의 Vertex를 드래그한 후, [Transform Type-In] 창 에서 Offset:Screen의 X 값에 10을 입력하여 이동시킨다.

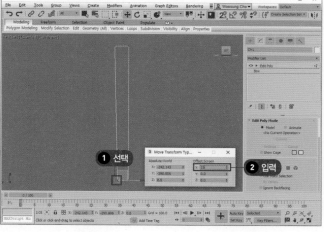

09 Selection에서 Edge(◁)(2)를 선택한 후, 세로 Edge를 전부 드래그하여 선택한다.

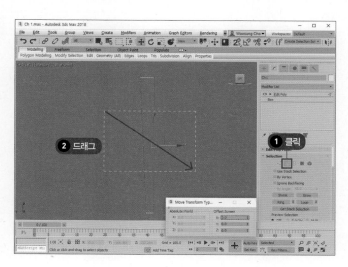

10 선택한 상태에서 Edit Edges에서 Connect Setting(▣)을 클릭한 후, Segments 값에 1을 입력하고 [OK](✅) 버튼을 클릭한다.

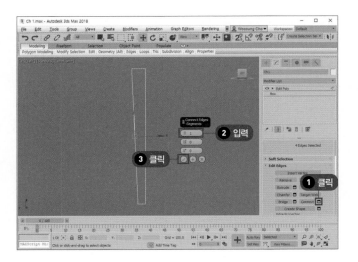

11 만든 Segment 위쪽의 세로 Segment를 선택한다. Edit Edge의 Connect Setting(▣)을 클릭한 후, Segments에 2, Pinch에 50을 입력하여 [OK](✅) 버튼을 클릭한다.

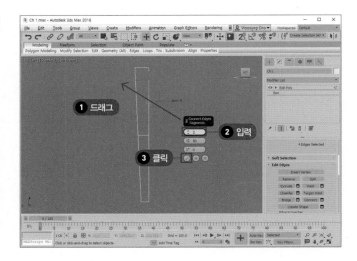

12 Selection에서 Polygon(▣)(④)으로 변경한 후, Back 뷰에서 보이는 오브젝트의 중간 면을 선택한다.

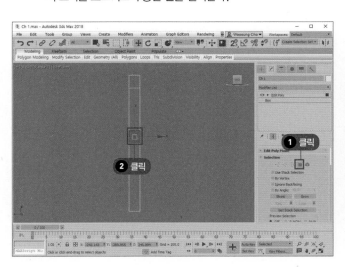

13 Edit Polygons에서 Inset Setting (▣)을 클릭한 후, Amount에 5를 입력하고 [OK](✅) 버튼을 클릭한다.

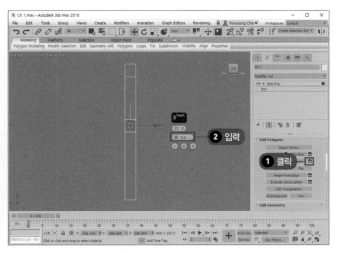

14 Polygon 선택을 해제하고 Left 뷰로 변경한다. Selection에서 Element(　)(⑤)으로 변경한 후, 오브젝트를 선택하고, Shift 를 누른 채 X축 방향으로 이동시킨다.

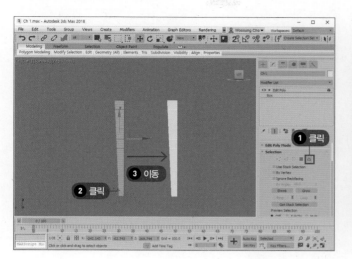

15 [Clone part of Mesh] 창이 나타나면 Clone To Element를 체크하고 [OK] 버튼을 클릭하여 오브젝트를 복사한다.

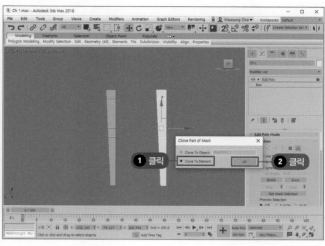

> **tip**
>
> [Clone Part of Mesh] 창의 Clone To Object는 별도의 오브젝트 가 생성되며 이름을 설정한다. Clone To Element는 Attach 상태의 오브젝트로 복사가 가능하다.

16 복사된 오브젝트를 선택한 후, 메인 툴바에서 Select and Rotate(　)(Ｅ)으로 변경한다. 그 다음 Top 뷰에서 180도 회전 한다.

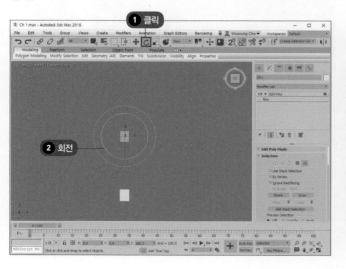

17 Perspective 뷰로 변경한 후, Selection에서 Polygon(　) (④)으로 변경한다. 그 다음 복사한 오브젝트 상단 안쪽 면과 중간 에 Insert한 안쪽 면을 각각 선택한다.

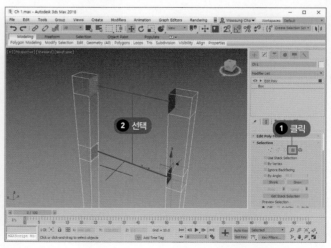

18 Edit Polygons에서 Bridge를 클릭한 후, 선택한 면들을 서로 연결한다.

19 Top 뷰에서 우 클릭한 후, Quad Menu 〉 display 〉 Unhide All를 클릭하여 숨겨놓은 Base Box를 나타나게 한다.

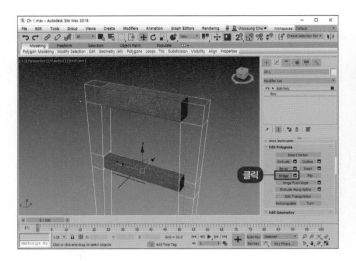

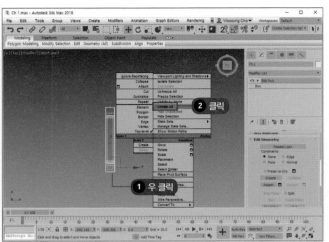

20 Selection에서 Vertex(⬚)(1)를 선택한 후, 메인 툴바의 Snaps Toggle(⬚)(S)을 클릭한다. 반대쪽으로 이동할 위쪽의 Vertex를 드래그하여 Base Box 좌측 상단으로 이동하여 동일한 라인으로 맞춘다.

21 Base Box를 Hide 시킨 후, Selection에서 Polygon(⬛)(4)으로 변경한다. 그다음 Right 뷰에서 상단의 면을 선택한다.

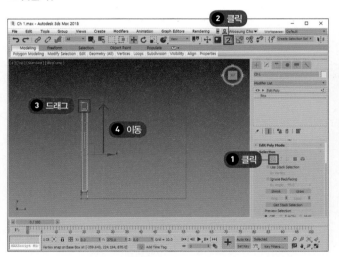

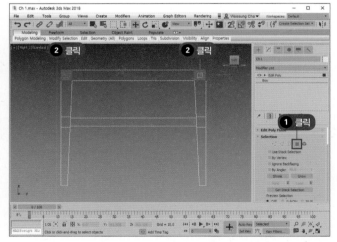

의자 시트 중간 지지대 만들기

01 Top 뷰로 변경한 후, Shift 를 누른 채 X축 방향으로 면을 이동한
다. 그다음 [Clone Part of Mesh] 창에서 Clone To Element
를 체크하고 [OK] 버튼을 클릭한다.

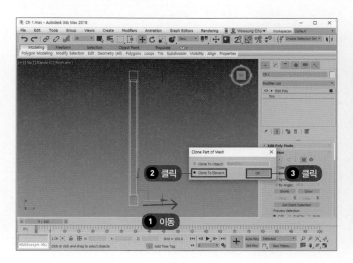

02 복사된 면을 선택한 상태로 Perspective 뷰로 변경한 후, Edit
Polygon에서 Extrude Setting(□)을 클릭한다. 그다음
Height에 100을 입력하고 [OK](◯) 버튼을 클릭한다.

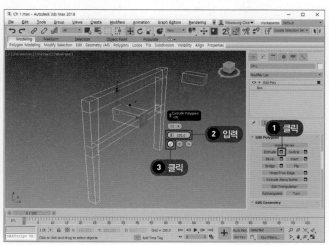

03 Selection에서 Element(▣)(5)으로 변경한다. 돌출된 부분을
전부 선택하고 Top 뷰로 변경한 후, Ch L 우측면으로 이동하여
면이 맞닿게 이동한다.

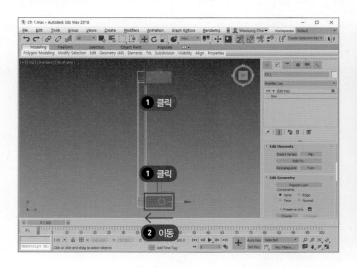

04 메인 툴바에서 Select and Uniform Scale(▣)(R)으로 변경
한 후, Left 뷰에서 X, Y축 Gizmo를 축으로 크기를 하단의 절대
좌표 X, Y가 100에서 76이 되도록 크기를 줄인다.

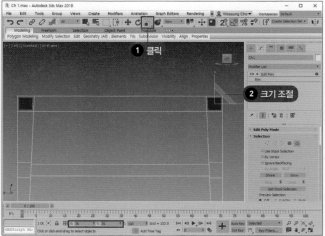

05 메인 툴바에서 Select and Move(✛)(W)로 선택한 후, F12을 눌러 [Transform Type-in] 창을 표시하고 Offset:Screen의 Y 값에 −60을 입력하여 이동시킨다.

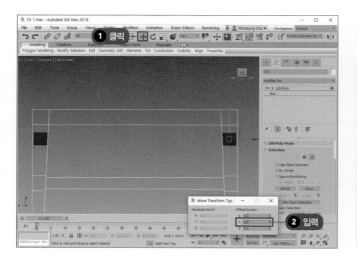

06 Top 뷰로 변경한 후, 숨겨놓았던 Base Box를 Unhide한다. 그 다음 Selection에서 Vertex(⋮⋮)(1)로 변경한 후, 시트 중간 지지대 우측 끝 라인의 Vertex를 전부 선택하고 Base Box 가운데 위치로 이동한다.

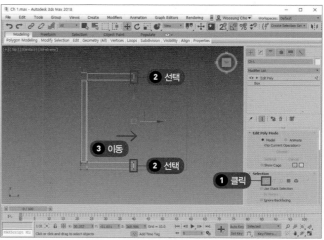

결합 부분 만든 후 Symmetry 사용하여 다리 완성하기

01 다음과 같이 이미지를 확인한 후, 의자 다리가 결합된 부분을 만든다.

02 Perspective 뷰로 변경한 후, Selection에서 Edge(◁)(2)를 선택한다. 그다음 의자 앞부분의 Segment를 아래의 이미지처럼 선택한다.

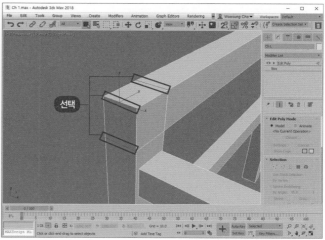

03 Connect Setting(■)을 선택하여 Segments 값에 4, Pinch 값에 40을 입력하여 [OK](✓)를 클릭한다.

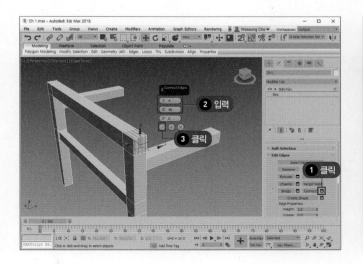

04 Base Box를 Unhide 한 후, Modifier List > Symmetry를 적용한다. Stack에서 Symmetry의 Subtrees(▶)를 클릭한 후, Mirror(1)을 선택한다. Base Box의 중간으로 Gizmo를 이동한 후, 좌우 반전이 되도록 Flip을 체크한다.

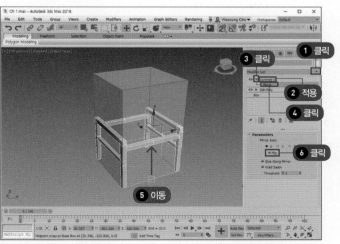

의자 시트 만들기

01 Top 뷰에서 커맨드 패널의 Create > Geometry > Standard Primitives > Box를 선택한 후 생성하여 다리 안쪽 크기에 맞게 박스를 만든다. 그다음 Name and Color에서 이름을 'Ch sh'로 변경하고 Parameters에서 Height 값을 100으로 입력한다.

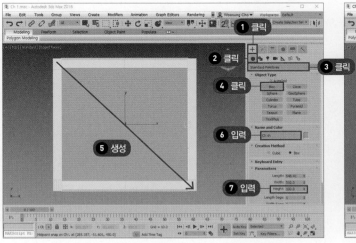

02 Front 뷰로 변경한 후, 메인 툴바에서 Snaps Toggle(🔳)(S)을 클릭한다. 그다음 의자 다리 중간 지지대 윗면과 맞닿게 위로 이동한다.

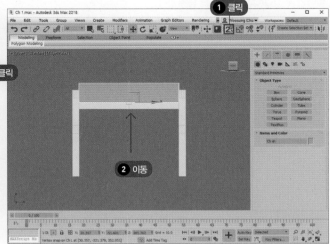

03 Top 뷰로 변경한 후, 커맨드 패널에 Modify 〉 Modifier list 〉 Edit poly를 적용한다. 그다음 Selection에서 Edge(◁)(②)를 선택한다. 가로 Segment를 드래그한 후, Connect Setting(■)을 선택하고 Segments 값에 1을 입력하여 [OK](✓) 버튼을 클릭한다.

04 Selection에서 Polygon(■)(④)으로 변경하고 생성된 Segment를 기준으로 우측을 드래그하여 선택한 후, 삭제한다.

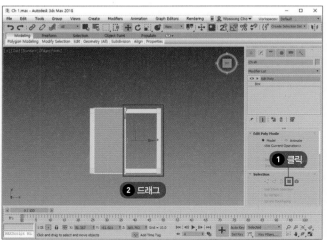

> **t i p**
>
> 오브젝트의 반쪽을 제거한 후, Symmetry를 사용하여 반대쪽을 동일하게 만든다.

05 Front 뷰로 변경한 후, Selection에서 Edge(◁)(②)를 선택하여 세로 Segment를 전부 드래그하여 선택한다. 그다음 Connect Setting (■)을 클릭하여 Segments에 2, Pinch에 70, Slide에 10을 입력한 후, [OK](✓) 버튼을 클릭한다.

06 가로 Segment를 전부 드래그한 후, Connect Setting(■)을 클릭한다. 그다음 Segments 값에 1, Slide 값에 80을 입력하고 [OK](✓) 버튼을 클릭한다.

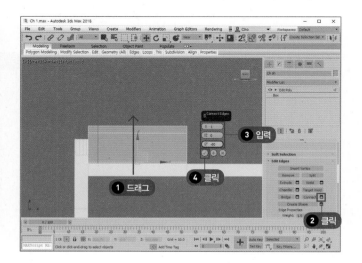

07 Top 뷰로 변경한 후, 세로 Segment를 선택한다. 그다음 Connect Setting(□)를 클릭하여 Segments 값에 2, Pinch 값에 80을 입력하고 [OK](◎) 버튼을 클릭한다.

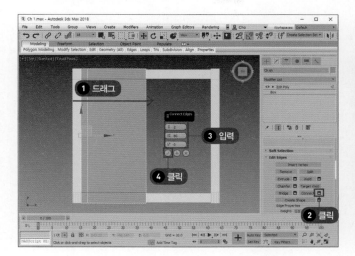

08 Ch Sh 오브젝트만을 제외하고 Unhide한 후, Left 뷰로 변경한다. 그다음 Selection에서 Vertex(▦)(1)로 변경한 후, 뷰에서 보이는 양 끝 모서리의 Vertex를 드래그하여 선택한다.

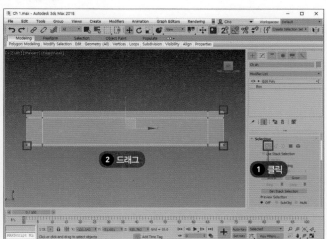

09 메인 툴바에서 Select and Uniform Scale(▦)(R)를 선택하고 절대좌표 X 값을 94로 변경한다.

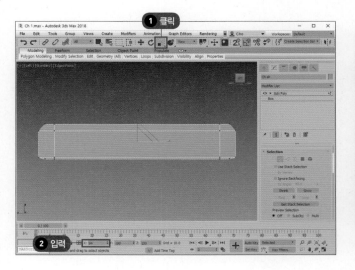

10 Front 뷰로 변경한 후, 좌측의 모서리 Vertex만 드래그하여 선택한다. F12 을 눌러 [Transform Type-In] 창을 표시하고 Offset:Screen의 X 값에 10을 입력한다.

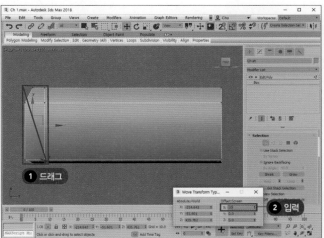

11 Selection에서 Edge(▨)(2)으로 변경한 후, 좌측 상단의 모서리를 드래그하여 선택한다.

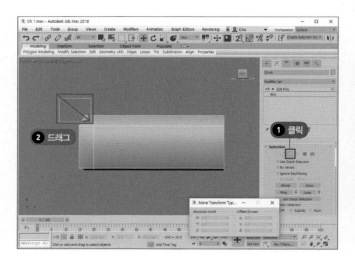

12 Left 뷰로 변경하고 상단 양끝의 모서리의 Segment를 드래그하여 선택한 후, [Transform Type-In] 창에서 Offset:Screen의 Y 값을 -5로 입력한다.

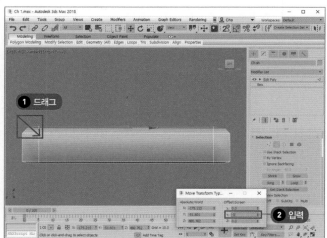

13 Selection에서 Polygon(▨▨▨)(4)으로 변경한다. Perspective 뷰에서 윗면을 선택한 후, [Transform Type-In] 창에서 Offset:Screen의 Z 값을 5로 입력한다.

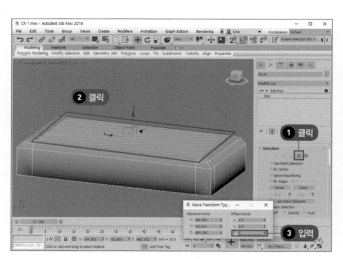

14 커맨드 패널의 Modify 〉 Modifier list 〉 TurboSmooth를 적용하고 형태를 확인한다.

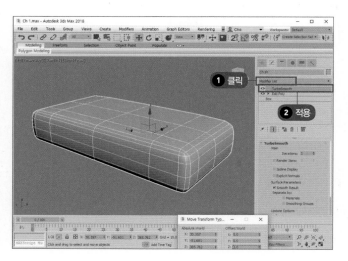

- t i p
TurboSmooth를 적용한 후, 형태를 편집할 때마다 확인한다.

15 Ch L 오브젝트를 Unhide한 후, 이미지와 형태가 비슷한지 확인한다. 시트 형태를 볼륨 있게 변경한다.

16 Stack에서 TuboSmooth의 On/Off( )을 클릭하여 Off 상태로 만든다.

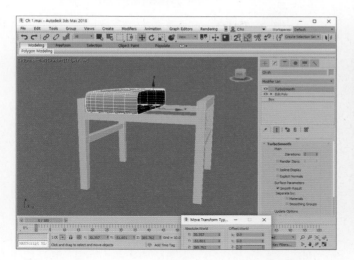

17 Stack에서 Edit Poly를 선택한다. Selection에서 Vertex( )(1)를 선택한 후, Front 뷰에서 의자 다리 위쪽의 Vertex를 전부 드래그하여 선택한다. 그다음 의자의 상단 라인과 높이가 최대한 같아지도록 Vertex를 이동한다.

18 선택한 Vertex 중에서 제일 하단의 Vertex들의 선택을 해제한다. 그다음 [Transform Type-In] 창에서 Offset:Screen의 Y 값을 5로 입력한다.

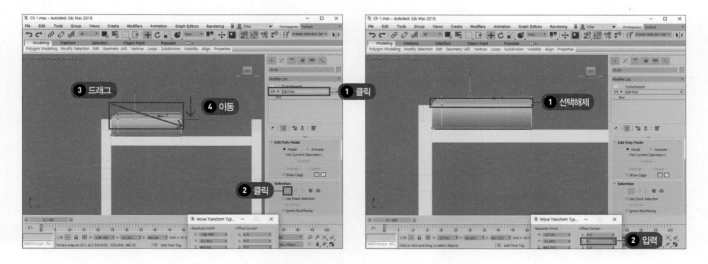

19 선택된 밑에 줄 Vertex의 선택을 해제하고 [Transform Type-In] 창에서 Offset:Screen의 Y 값을 5로 입력한다.

20 Stack에서 TurboSmooth의 On/Off(👁)을 클릭하여 On 상태로 만든 후, 의자 이미지와 비교한다.

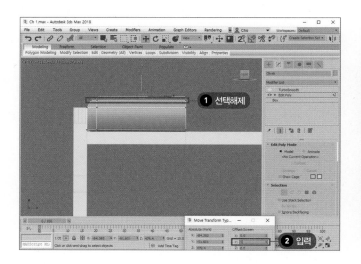

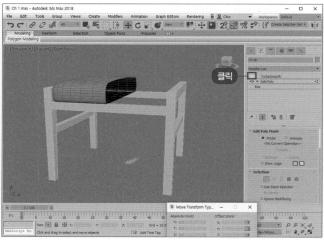

> **tip**
>
> 기본 형태를 만든 후, 사진 이미지와 비교하며 모델링을 수정한다.

시트 패턴 만들기

01 이미지에서 쿠션을 확인하면 격자 모양의 패턴과 패턴이 겹치는 부분에 단추가 있는 것을 확인한다.

02 Ch sh오브젝트를 Hide한 후, 커맨드 패널에서 Create 〉 Geometry 〉 Standard Primitives 〉 Plane을 선택한다. 그다음 의자 시트처럼 안쪽으로 만들어주고 Parameters에서 Length Segs와 Width Segs 값을 1로 입력한다.

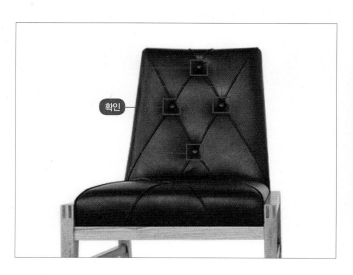

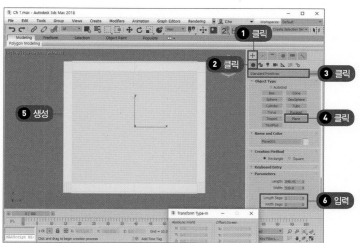

03 Name and Color에 'Patern'이라고 입력한 후, Patern 오브젝트만을 남기고 Unhide 한다.

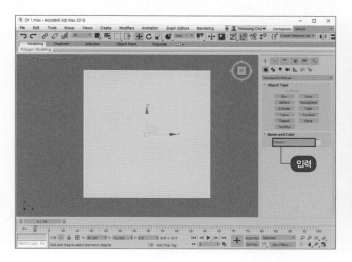

04 커맨드 패널의 Modify 〉 Modifier List 〉 Edit Poly를 적용한 후, Selection에서 Edge( )(2)를 클릭하고 가로 Segment 전부를 드래그하여 선택한다. 그다음 Edit Edges에서 Connect Setting(■)을 클릭하여 Segments 값을 1로 입력하고 [OK]( ) 클릭한다.

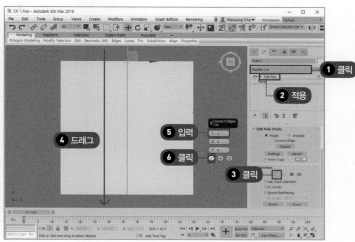

05 세로 Segment를 전부 드래그하여 선택한 후, Connect Setting(■)을 클릭하여 Segments 값에 3, Pinch 값에 40을 입력하여 [OK]( )를 클릭한다.

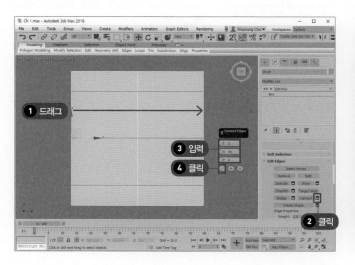

06 Edit Geometry에서 QuickSlice를 선택한 후, 만들어진 상단의 교차점과 좌측 하단의 모서리를 클릭하여 Segment를 만든다.

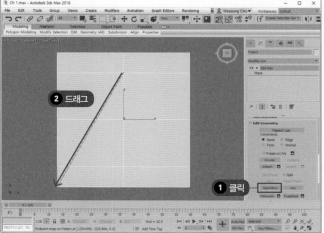

07 그다음 반대로 QuickSlice한다.

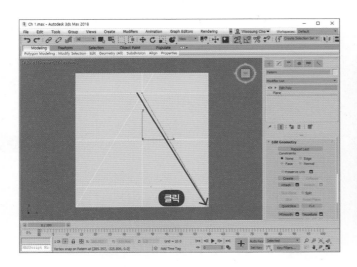

08 동일한 방법으로 다음 그림과 같이 하단에 QuickSlice를 사용하여 Segment를 격자로 만든다.

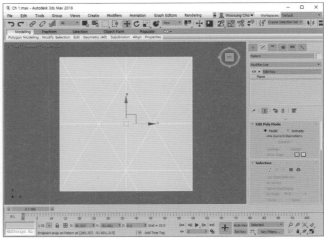

---

t i p

QucikSlice는 Connect 보다 쉽게 Segment를 만들 수 있다. 많은 양의 Segment를 만들기에는 부적합하지만 원하는 방향대로 쉽게 만들 수 있는 장점이 있다.

시트 패턴 및 단추 만들기

01 Ch sh오브젝트를 Unhide 한 후, 선택하여 Stack에서 Edit Poly를 선택한다. 그다음 Selection에서 Edge(◢)(2)를 선택하여 가운데 세로 Segment를 드래그한다. Edit Geometry에서 Connect Setting(■)을 클릭하여 Segments 값에 3, Pinch 값에 67을 입력하고 [OK](⊘)를 클릭한다.

02 Patten 오브젝트의 Segment와 겹치게 한다. WireFrame(F3)으로 변경한 후, 가로 Segment를 드래그하여 선택한다. 그다음 Connect Setting(■)을 클릭하여 Segments 값에 1, Slide 값에 -8을 입력하고 [OK](⊘)를 클릭한다.

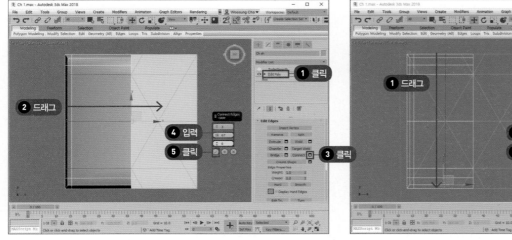

03 만들어진 Segment 주위로 Connect를 사용하여 Segment를 1개씩 더 추가한다.

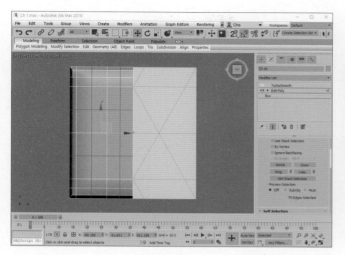

04 단추와 파여진 형태를 만들기 위해 Modifier List 〉 Edit Poly를 선택한다.

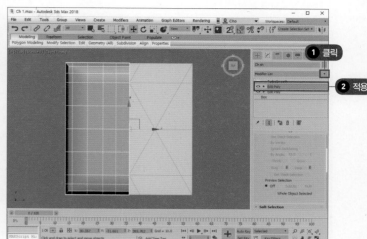

05 WireFrame(F3)으로 변경한다. 그다음 Selection에서 Vertex( ) (1)으로 변경한 후, 패턴이 겹치는 우측의 3지점의 Vertex를 클릭하여 선택한다.

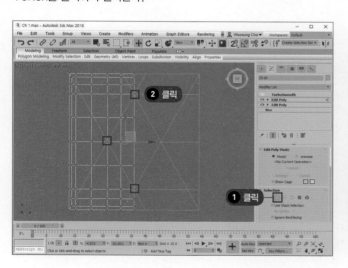

06 Edit Vertices의 Chamfer Setting( )을 클릭한 후, Vertex Chamfer Amount에 20를 입력하고 [OK]( )를 눌러 적용한다.

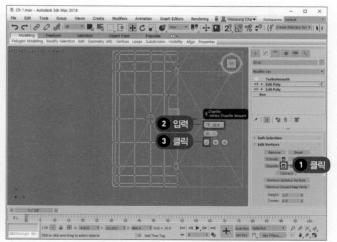

07 Vertex를 선택한 상태로 Front 뷰로 변경한 후, F12를 눌러 [Transform Type-In] 창을 열고 Offset:Screen의 Y 값에 −15를 입력하여 움직인다.

08 Top 뷰에서 Edged Faces(F3)으로 변경한다. Selection에서 Polygon(■)(4)을 선택한 후, Chamfer된 면을 3군데 선택한다.

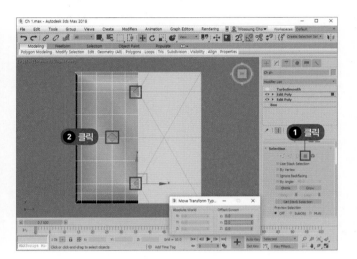

09 Perspective 뷰로 변경한 후, Edit Polygons에서 Bevel Setting(■)을 클릭하여 Outline에 −2를 입력하고 [Apply and Continue](➕) 버튼을 클릭한다.

10 Outline에 −5를 입력하고 [Apply and Continue](➕) 버튼을 클릭한다.

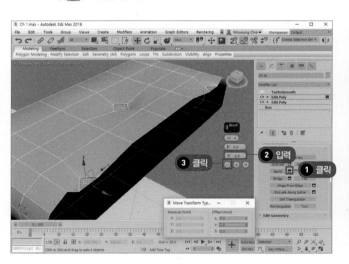

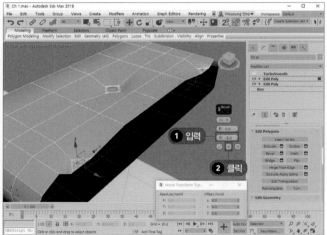

11 Height에 3, Outline에 10을 입력하고 [Apply and Continue](![plus]) 버튼을 클릭한다. 다시 Height에 4를 입력하고 [Apply and Continue](![plus]) 버튼을 클릭한다. 마지막으로 Height에 5, Outline에 −10을 입력하고 [OK](![ok]) 버튼을 클릭한다.

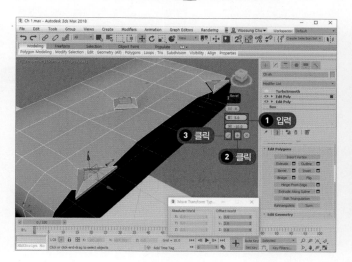

12 Front 뷰에서 WireFrame(F3)으로 화면을 변경한다. Selection에서 Vertex(![vertex])(1)을 선택한 후, 만들어진 오른쪽 단추의 우측 Vertex를 드래그하여 선택한다.

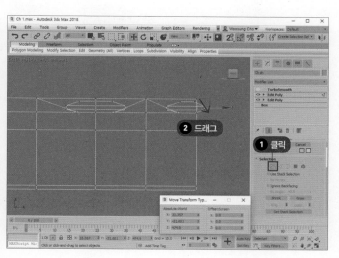

13 선택한 Vertex를 우측의 지워진 면 끝 라인으로 정렬한다.

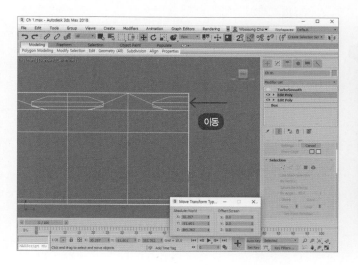

14 Top 뷰로 변경한다. 위아래 단추 모양이 다르기 때문에 동일하게 만든다. 위쪽 단추의 Vertex를 드래그한 후, 메인 툴바에서 Select and Uniform Scale(![scale])(R)로 변경한다. 비례가 맞게 절대좌표 값에서 Y축 값을 75로 줄인다.

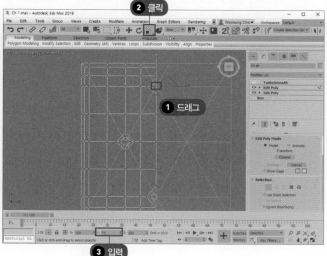

15 아래쪽 단추도 Vertex를 선택하여 마찬가지로 크기를 조절한다.

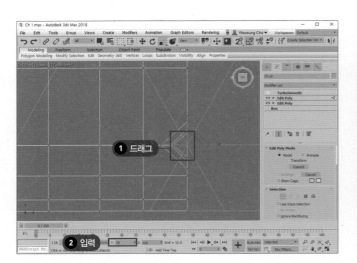

16 Edged Faces(F3)으로 변경한다. 그다음 Modifier List 〉 Symmetry를 선택하여 적용한 후, Parameters에서 Flip를 체크하고 선택하여 반전시킨다.

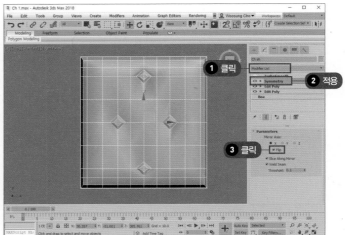

17 패턴의 라인을 만들기 위해서 Stack에서 TurboSmooth의 On/Off(👁)를 클릭하여 On 상태로 만든 후, Modifier List 〉 Edit Poly를 적용한다.

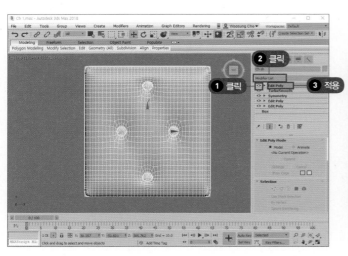

18 WireFrame(F3)으로 변경한다. Edit Geometry에서 QuickSlice를 선택한 후, 메인 툴바에서 Snaps Toggle(🧲)(3)을 클릭하고 아래쪽 패턴의 대각선 Line을 만든다.

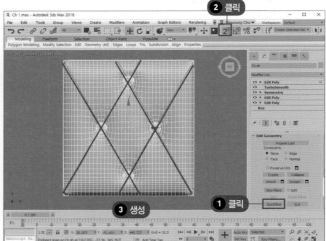

19 QuickSlice를 적용한 후, Selection에서 Edge(◁)(2)으로 변경하면 패턴 라인이 자동으로 선택된다. Edit Edges에서 Create Shape Setting(□)을 클릭한 후, [Create Shape] 창의 Shape name에서 'Shape'를 입력한다. Shape Type에서 Linear로 체크하고 [OK] 버튼을 클릭한다.

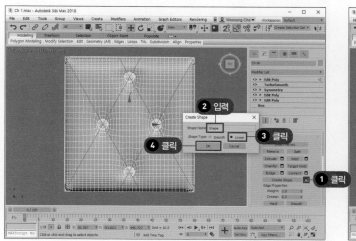

20 Ch sh 오브젝트의 Stack에서 마지막에 적용했던 Edit Poly를 선택한 후, 우 클릭하고 대화상자에서 Delete를 클릭하여 삭제한다.

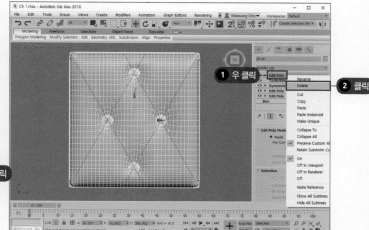

21 Shape 오브젝트를 선택하고 Selection에서 Segment(╱) (2)를 선택한 후, 단추 주위에 있는 Segment를 선택하여 전부 삭제한다.

22 Rendering에서 Enable In Renderer와 Enable IN Viewport를 체크한다. 그다음 Radial의 Thickness에 5를 입력한다.

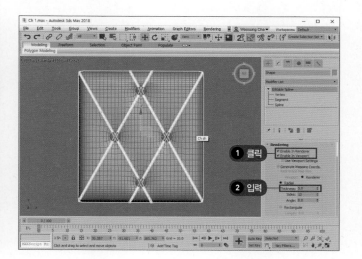

23 Ch sh 오브젝트를 선택한 후, Modifier List 〉 Edit Poly를 적용
한다. 그다음 Edit Geometry에서 Attach를 클릭하여 Shape
오브젝트를 선택한다.

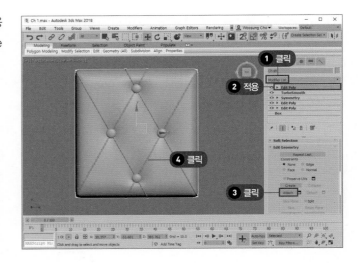

의자 등받이 만들기

01 Ch L 오브젝트를 Unhide 한다. 그다음 Ch sh 오브젝트를 선택
한 후, Shift 를 누른 채 위쪽으로 이동한다. [Clone Options]
창이 나타나면 Object에서 Copy를 선택하고 [OK] 버튼을 클릭하여 복
사한다.

02 Left 뷰에서 메인 툴바의 Select and Rotate(C)(E)으로 변경
한 후, Z축 방향으로 90도 회전한다.

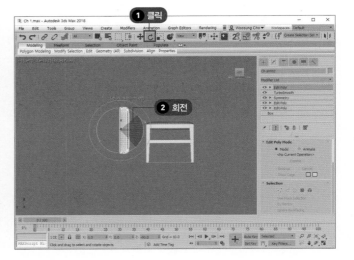

03 메인 툴바에서 Select and Move(✛)(W)로 변경한 후, Ch sh 오브젝트의 좌측 끝 라인에 겹치도록 이동한다.

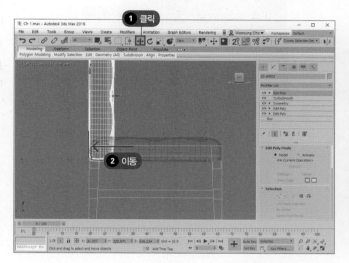

04 Ch sh 오브젝트를 선택한 후, 커맨드 패널의 Modify 〉 Modifier List 〉 FFD 2x2x2를 클릭한다. Stack에서 Subtrees(▶)를 클릭하여 Control Points(1)를 선택한 후, Front 뷰의 좌측 Control Points를 선택한다. 그다음 [Transform Type-In] F12 창을 열고 Offset:Screen의 X 값에 25를 입력하여 이동한다.

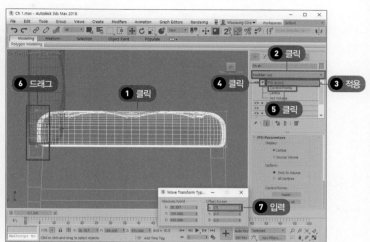

05 좌측 상단의 Control Points를 선택한 후, [Transform Type-In] 창에서 Offset:Screen의 X 값에 45를 입력하여 이동한다.

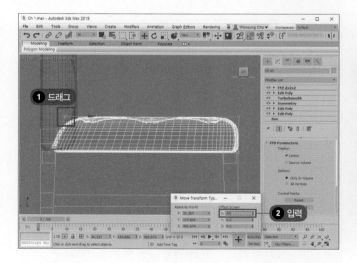

06 이미지를 확인한 후, 뒷면 형태를 수정한다. Perspective 뷰에서 Ch sh002 오브젝트를 선택한 후, Stack의 제일 위쪽에 Edit Poly를 선택한다. 그다음 Selection에서 Element(●)(5)를 선택한 후, Shape를 선택하고 Edit Geometry에서 Detach를 클릭하여 분리한다.

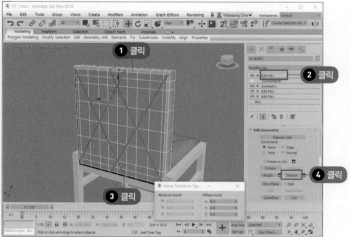

07 Stack에서 제일 위쪽의 Edit Poly를 삭제한 후, Symmetry를 선택하고 Modifier List 〉 Edit Poly를 추가한다. 그다음 Turbo Smooth의 On/Off( )를 Off 상태로 만든다.

08 의자의 뒷면 이미지를 확인한다. 뒷면에 사각형으로 패턴과 앞쪽이 패턴이 연결되어 있는 것을 확인한다.

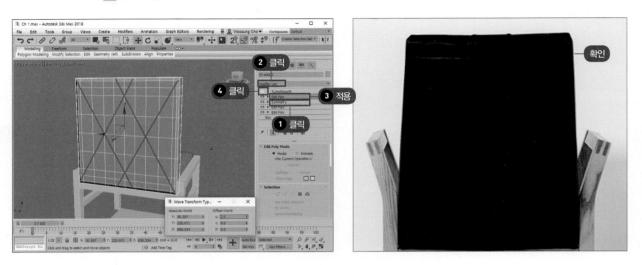

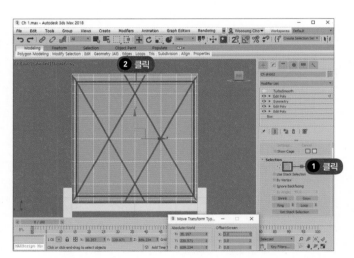

09 Back 뷰로 변경한 후, Selection에서 Edge( )(2)를 선택한다. 그다음 이미지처럼 비슷한 위치에 있는 Segment를 사각형 형태로 선택한다.

10 선택한 Segment를 Edit Edges에서 Create Shape Setting( )을 클릭한 후, Shape Type을 Linear로 체크하고 [OK] 버튼을 클릭한다.

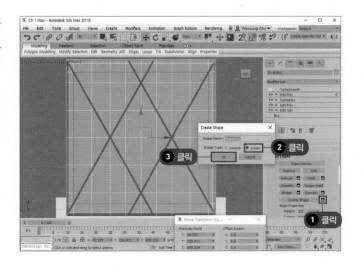

11 Shape를 분리한 후, Extrude Setting(■)을 클릭한다. 그다음 Height 값에 −10, Width 값에 3을 입력하고 [OK](◯)를 클릭한다.

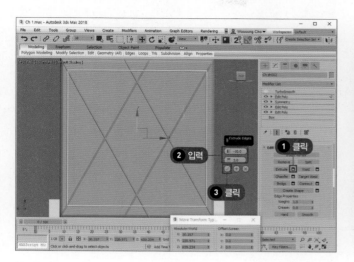

12 Shape003 오브젝트를 선택한 후, Selection에서 Vertex(∴)(1)로 변경하고 모서리 전부를 선택한다. 그다음 Geometry에서 Fillet 값을 10으로 입력하여 모서리를 둥글게 만든다.

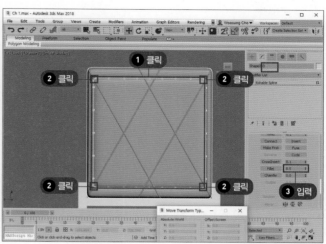

13 시트 이미지처럼 만들기 위해 Detach한 오브젝트를 선택한 후, Selection에서 Polygon(■)(4)을 클릭하고 Shape003 오브젝트의 안쪽 면을 선택하여 삭제한다.

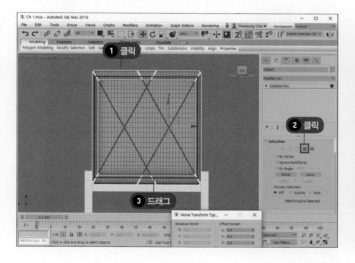

14 Selection에서 Border(◖)(3)를 선택한다. 그다음 Ctrl + A 를 눌러 삭제된 부분을 선택한다. Edit Borders에서 Cap를 클릭하여 빈공간의 면을 만든다.

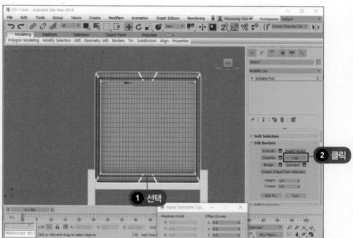

15 Ch sh 오브젝트를 선택한 후, Stack에서 Edit Poly를 선택한
다. 그다음 Edit Geometry에서 Attach를 클릭하여
Shape003과 Object 오브젝트를 선택한다.

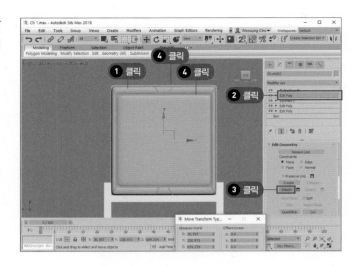

FFD 사용하여 의자 형태 조정하기

01 Left 뷰로 변경한 후, Modifier List 〉 FFD 2X2X2를 적용한다.
그다음 FFD 2X2X2의 Subtrees(▶)를 Control Points(1)
로 선택한 후, 화면에서 우측 하단의 Control Points를 드래그하여 선택
한다. [Transform Type-In] 창에서 Offset:Screen의 Y 값을 50으
로 입력한다.

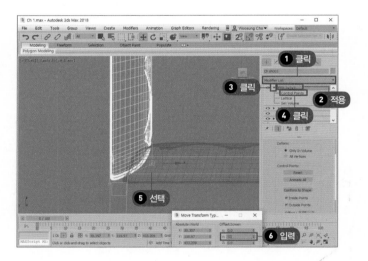

02 상단의 Control Points를 드래그하여 선택한 후, [Transform
Type-In] 창에서 Offset:Screen의 X 값을 -50으로 입력한다.

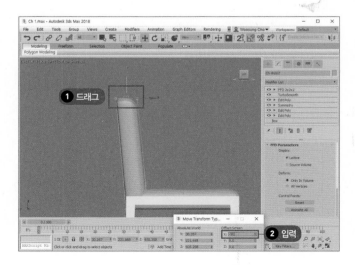

03 상단의 우측 Control Points를 드래그하여 선택한 후, [Transform Type-In] 창에서 Offset:Screen의 X 값을 −20으로 입력한다.

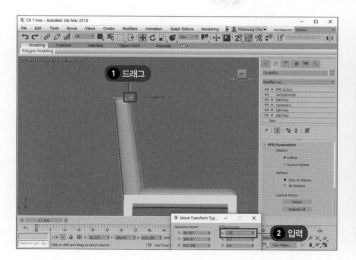

04 Front 뷰로 변경한 후, 상단의 Control Points를 드래그하여 선택한다. 그다음 메인 툴바에서 Select and Uniform Scale(■)(R)를 선택하고 X축 방향으로 절대좌표의 X 값이 900이 되도록 조절한다.

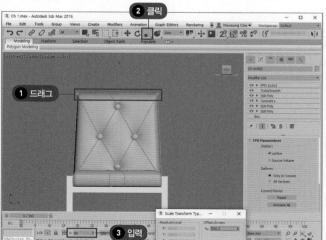

05 의자를 제외한 오브젝트를 삭제한 후, 남아 있는 오브젝트를 선택한다. 그다음 커맨드 패널의 Modify 〉 Modifier List 〉 FFD 3X3X3을 적용한다.

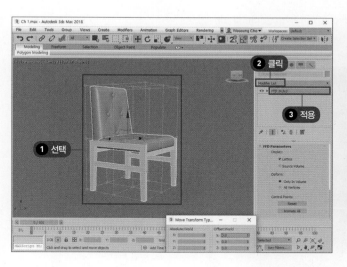

06 Left 뷰로 변경한 후, FFD 3X3X3 Subtrees(▶)를 클릭하여 Control Points(1)를 선택한다. 그다음 화면의 좌측 하단 Control Points를 드래그하여 선택한 후, [Transform Type-In] 창에서 Offset:Screen의 X 값을 −50으로 입력한다.

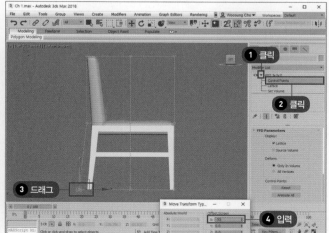

---

t i p

여러 오브젝트를 선택한 후, FFD와 다른 명령을 적용하면 같은 효과가 적용된다.

07 우측 하단의 Control Points를 드래그하여 선택한 후, [Transform Type-In] 창에서 Offset:Screen의 X 값을 30으로 입력하여 이동한다.

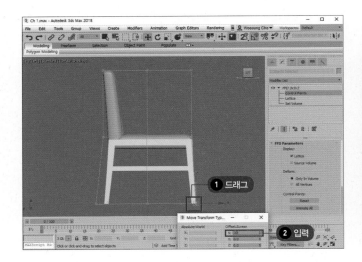

1 드래그

2 입력

08 다음과 같이 의자 A형의 형태가 완성된다.

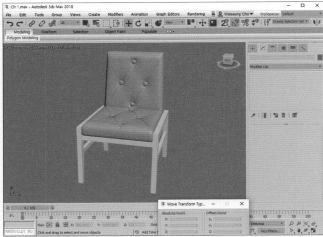

팔걸이 의자 만들기

A형 의자를 편집하여 B타입으로 만든다.

● 예제 파일 | Sample/Part03/Lesson04/Section01/ch N4.jpg, ch N5.jpg

실|습|예|제

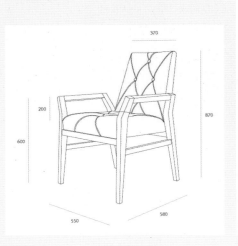

AVELON DINING ARM CHAIR

Abelon dining table set is handmade of wood and the warm feeling of the glass plus a distinctive chic design of the highlighted products.

Mesh Stool 의자 모델링하기

팔걸이와 등받이가 없는 형식의 Stool 의자이다. A형을 만든 후, 다른 유형도 직접 만들어보자. 기본 크기 정보는
의자 높이: 760, 하단의 다리 폭: 420, 상단 다리 폭: 310, 상판 두께: 20, 발걸이 높이: 290이다.

● 예제 파일: Sample/Part03/Lesson04/Section02/Mesh ch(a).max
　예제 파일: Sample/Part03/Lesson04/Section02/Mesh ch N1~Mesh ch N5.jpg

의자 기본 형태 만들기

01 Perspective 뷰에서 커맨드 패널의 Create 〉 Geometry 〉 Standard Primitives 〉 Box를 클릭한 후, 임의의 크기로 만든다. 그다음 Name and Color에서 이름을 'Base Box'로 입력하여 변경하고 Parameters의 Length와 Width 값을 420, Height 값을 760으로 입력한다.

02 Base Box 오브젝트를 선택하고 Ctrl + V 를 누른 후, [Clone Options] 창이 나타나면 Copy 옵션을 선택한다. Name에 'Stool'을 입력하고 [OK] 버튼을 클릭한다.

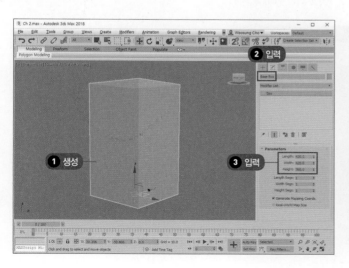

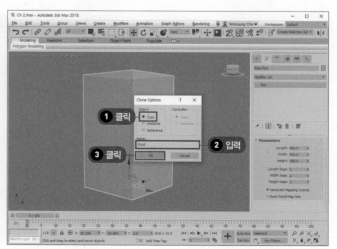

03 Display as See-through Toggle(Alt + X)를 눌러 반투명
상태를 해제한 후, 커맨드 패널의 Modify 〉 Modifier List 〉 Edit
Poly를 적용한다.

04 Top 뷰로 변경한 후, Selection에서 Edge(◁)(2)를 선택하
고 가로 Segment를 드래그하여 선택한다. 그다음 Edit Edges
에서 Connect Setting(▫)을 선택하고 Segments에 1을 입력한 후,
[OK](⊘) 버튼을 클릭한다.

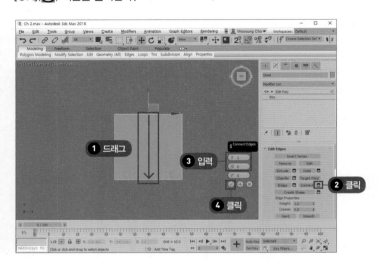

05 반대로 세로 Segment만 드래그하여 선택한 후, Edit Edges에
서 Connect Setting(▫)을 선택한다. 그다음 Segments에 1
을 입력하여 [OK](⊘) 버튼을 클릭한다.

06 Selection에서 Polygon(▦)(4)을 선택하여 나눠진 부분의 좌
측 하단을 제외하고 삭제한다.

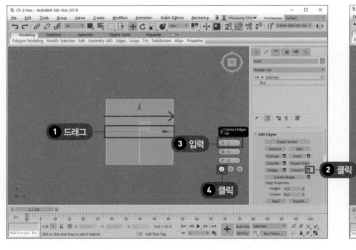

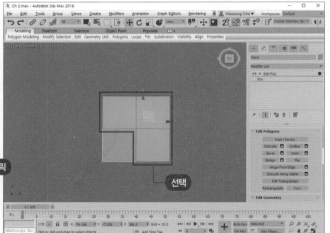

07 다음은 Perspective 뷰에서 아랫면을 선택하여 삭제한다.

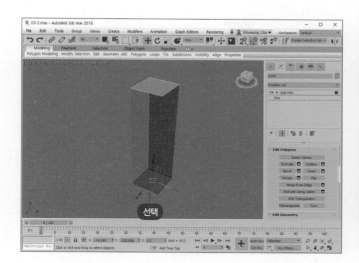

08 다음과 같이 면을 삭제한 후, Top 뷰로 변경한다. 그다음 Selection 에서 Edge(◁)(2)을 선택한다.

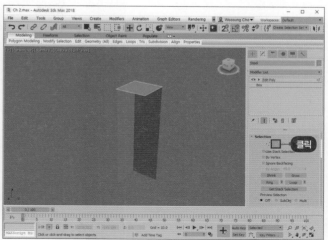

09 가로 Segment를 드래그하여 선택한다. 그다음 Edit Edges에서 Connect Setting(□)을 클릭한 후, Segments 값에 1, Slide 값에 −40을 입력하고 [OK](◯)를 클릭한다.

10 세로 Segment를 드래그하여 선택하고 Edit Edges에서 Connect Setting(□)을 클릭한 후, Segments 값에 1, Slide 값에 40을 입력하고 [OK](◯)를 클릭한다.

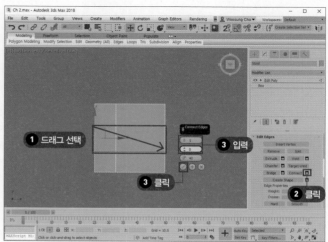

11 Front 뷰로 변경한 후, 세로 Segment를 드래그하여 선택한다.
그다음 Edit Edges에서 Connect Setting(■)을 클릭한 후,
Segments 값에 1, Slide 값에 −75를 입력하고 [OK](✓)를 클릭한다.

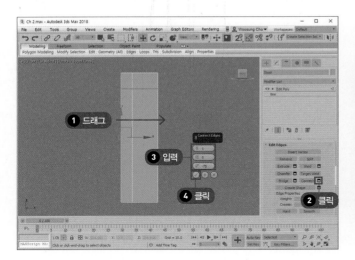

12 Selection에서 Polygon(■)(4)으로 변경한 후,
Perspective 뷰에서 좌측 하단 면과 우측의 하단 면을 선택하여
삭제한다.

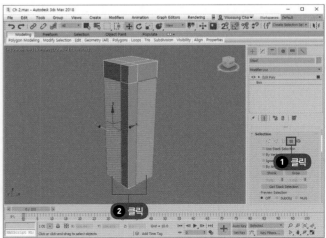

13 Selection에서 Vertex(⠿)(1)로 변경한 후, Front 뷰에서 하
단 다리 부분의 우측 Vertex를 클릭한다. 그다음 [Transform
Type-In](F12)창을 열고 Offset:Screen의 X 값에 −30을 입력하여 이
동한다.

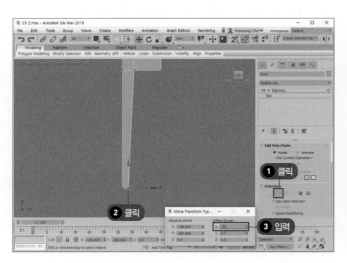

14 상단 중간 부분의 Vertex를 드래그하여 선택한 후, [Transform
Type-In](F12)창에서 Offset:Screen의 X값을 20으로 입력하여
이동한다.

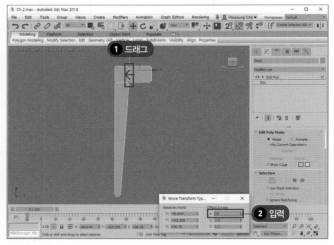

15 좌측부분은 13~14번 과정을 참고하여 같은 모양으로 만든다.

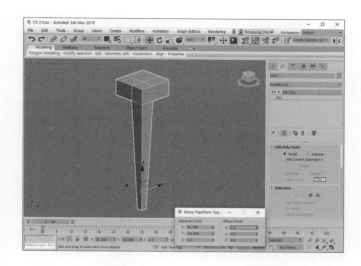

의자 다리 편집하기

01 다리 부분의 홈 부분을 만든다. Selection에서 Edge( )(2)를
클릭한 후, Front 뷰에서 하단 부분의 세로 Segment를 드래그하
며 선택한다. Edit Edges에서 Connect Setting(■)을 클릭한 후,
Segments에 2를 Slide에 −45을 입력하고 [OK](◯)를 클릭한다.

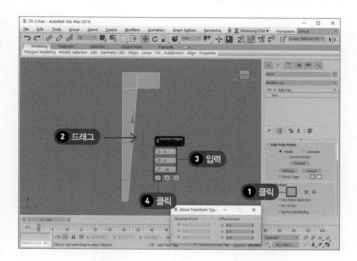

02 Connect로 만들어진 Segment를 선택한다. Edit Edges에서
Chamfer Setting(■)을 클릭한 후, Amount에 15를 입력하여
[OK] (◯)를 클릭한다.

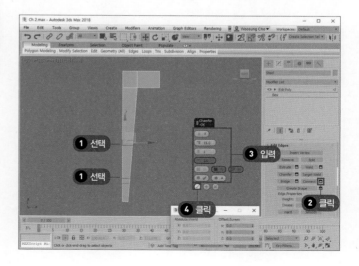

03 Perspective 뷰에서 Chamfer로 나눠진 중간 모서리의 세로 Segment를 선택한다. 그다음 Edit Edges에서 Chamfer Setting(■)을 선택하고 Amount에 15를 입력하여 [OK](✓)를 클릭한다.

04 Chamfer가 적용된 가로 Segment를 선택한다. 그다음 Edit Edges에서 Connect Setting(■)을 클릭한 후, Segments에 1을 입력하고 [OK](✓)를 클릭한다.

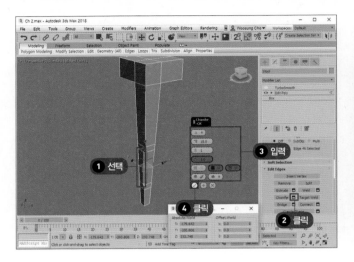

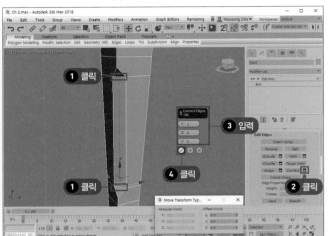

05 만들어진 Segment의 양끝 Vertex를 반대편 Vertex와 연결 작업을 한다. Selection에서 Vertex(⋯)(1)으로 변경한 후, 연결할 Vertex를 클릭하고 Edit Geometry에서 Connect를 클릭한다.

06 Selection에서 Edge(✓)(2)를 클릭한 후, 중간의 Segment만을 선택한다. 그다음 Top 뷰로 변경한 후, [Transform Type-In](F12) 창에서 Offset:Screen의 X와 Y 값을 10으로 입력한다.

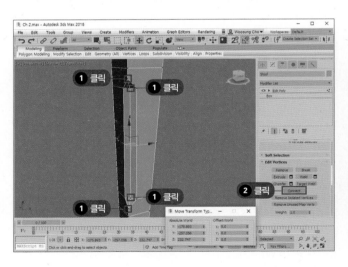

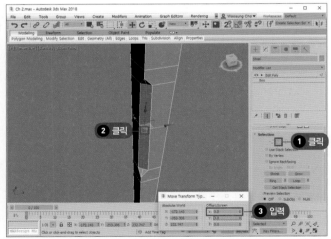

> **tip**
>
> 편집할 때 면의 형태를 사각형 형태로 만들면 추후 TurboSmooth를 적용하여 생성되는 면의 형태가 일정하다.

07 Front 뷰에서 03번 과정에서 Chamfer로 나뉘었던 Segment의 위아래 안쪽 Segment를 선택한 후, Selection에서 Loop를 클릭하여 이어져 있는 가로 라인을 전부 선택한다.

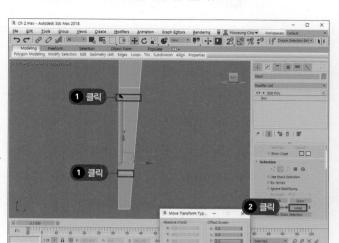

08 선택한 상태로 Edit Edges에서 Chamfer Setting(■)을 클릭한다. 그다음 Amount 값에 5를 입력한 후, [OK](✓)를 클릭한다.

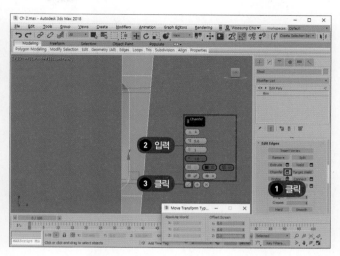

09 다리 커버를 만든다. 다리 하단 부분의 세로 Segment를 드래그하여 선택한 후, Edit Edges에서 Connect Setting(■)을 클릭한다. 그다음 Segments 값에 1, Slide 값에 −30을 입력하고 [OK](✓)를 클릭한다.

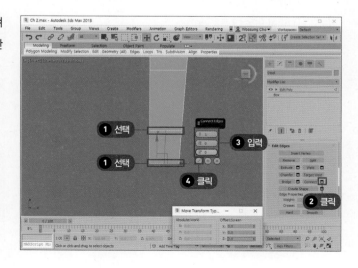

10 만들어진 Segment와 제일 하단의 가로 Segment를 드래그하여 선택한 후, Edit Edges에서 Connect Setting(■)을 클릭한다. 그다음 Segments에 1을 입력하고 [OK](✓)를 클릭한다.

11 Perspective 뷰로 전환하고 Selection에서 Polygon(■)(4)으로 변경한 후, 다리 커버의 나눠진 좌우측 끝 면을 선택하고 삭제한다.

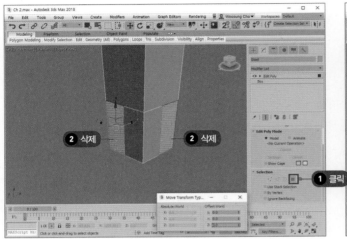

12 Selection에서 Edge( )(2)로 변경한 후, 삭제된 안쪽면의 Segment를 클릭한다.

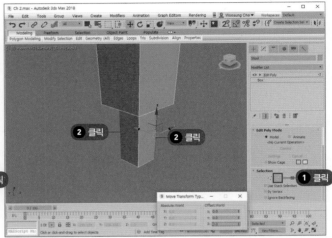

13 Shift를 누른 채 Top 뷰에서 대각선 방향으로 움직이면 새롭게 면이 생성된다. 임의의 크기로 돌출한다.

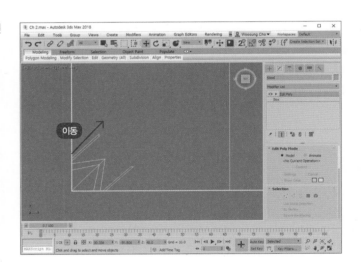

14 다시 한 번 면을 더 돌출한다.

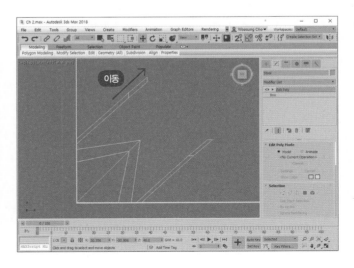

오브젝트 안쪽 면이 보이지 않을 경우

안쪽에 형태들이 뷰포트 상에 보이지 않는 경우가 있다. 3ds Max 자체의 그래픽카드 기능에 이상이 발생했기 때문이다.

01. 메인 메뉴바의 Customize 〉 Preferences...를 클릭하고 [Preference Settings] 창에서 Viewports 탭을 선택한다.

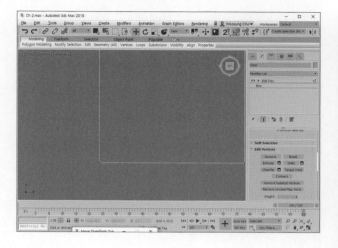

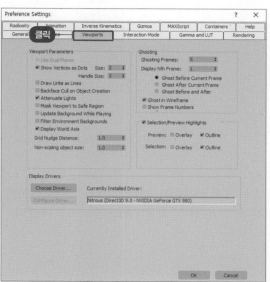

02. 하단의 Display Drivers에서 Choose Driver...을 클릭한 후, [Display Driver Selection] 창이 나타나면 목록에서 Nitrous Direct3D 9를 선택하고 [OK] 버튼을 클릭한다.

03. '3ds Max를 재시작'하라는 문구가 표시된다. [확인] 버튼을 클릭하여 재시작한다. 재시작을 하면 보이지 않았던 면들이나 Segment들이 표시된다.

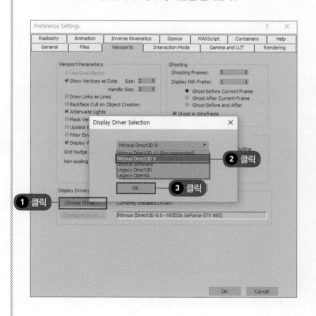

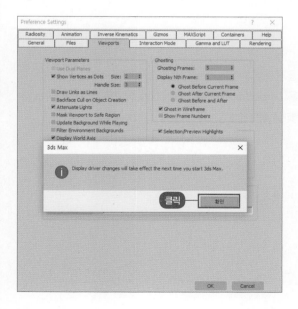

15 커맨드 패널에서 Create 〉 Shapes 〉 Splines 〉 Circle을 클릭한
후, 의자의 모서리를 중심으로 Radius가 22인 Circle을 만든다.

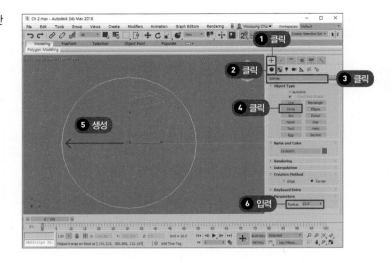

16 Stool 오브젝트를 선택한 후, Selection에서 Vertex( )(1)
를 클릭한다. 그다음 원의 호와 맞게 돌출한 Vertex를 이동한다.

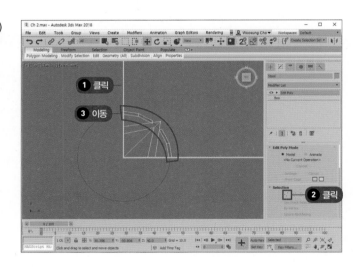

17 원을 삭제한 후, Modifier List 〉 TurboSmooth를 적용한다. 그
다음 TurboSmooth에서 Interations에 2를 입력하여 부드럽게
만든 후, 형태를 확인한다.

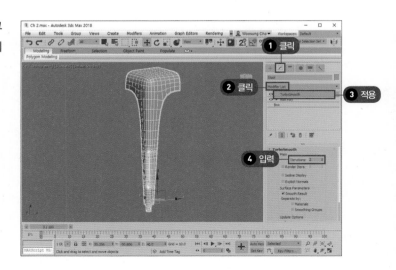

의자 상판 편집하기

01 적용한 TurboSmooth를 삭제한 후, Top 뷰로 변경한다. 그다음 Selection에서 Edge(◁)(2)를 선택하고 우측의 가로 Segment를 드래그하여 선택한다.

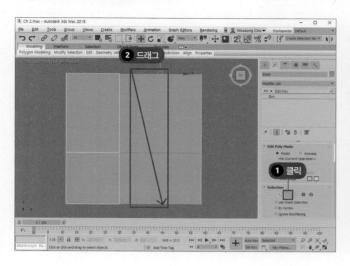

02 Edit Edges에서 Connect Setting(□)을 클릭한 후, Segments 값에 1, Slide 값에 90을 입력하고 [OK](◯)를 클릭한다.

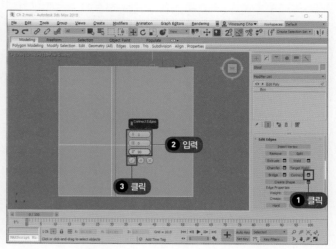

03 중간에 가로 Segment를 기준으로 위쪽의 세로 Segment를 드래그한다.

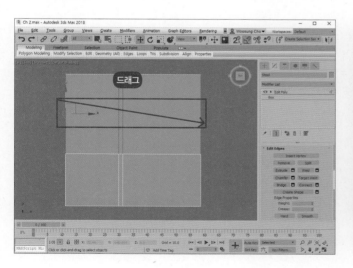

04 02번 과정을 반복한다.

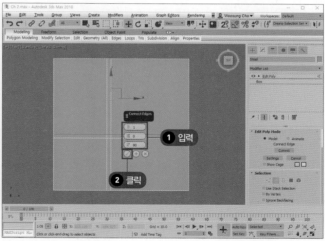

05 Front 뷰로 변경한 후, 의자 좌판 부분의 세로 Segment를 전부 드래그하여 선택한다. 그다음 Edit Edges에서 Connect Setting(■)을 클릭하여 Segments 값에 1을 입력하고 [OK](✓)를 클릭한다.

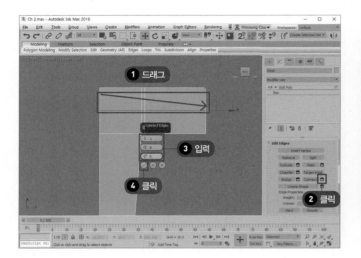

06 메인 툴바에서 Snaps Toggle(💈)(S)을 활성화한 후, 만들어진 Segment를 상단 라인으로 이동한다. 그다음 [Transform Type-In](F12) 창을 열고 Offset:Screen의 Y 값을 −20으로 입력하여 움직인다.

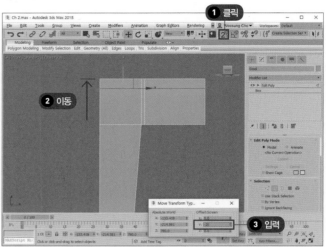

07 움직였던 가로 Segment 라인 밑으로 좌판 영역의 세로 Segment를 드래그하여 선택한다.

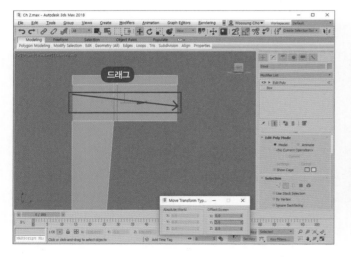

08 Edit Edges에서 Connect Setting(■)을 클릭한 후, Segments 값에 1, Slide 값에 85를 입력하고 [OK](✓)를 클릭한다.

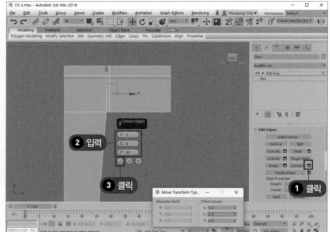

09 Front 뷰에서 확인하면 +자 모양의 면이 만들어졌다. Selection 에서 Polygon(■)(4)으로 변경한 후, T자 모양이 되도록 면을 선택한다.

10 Left 뷰에서도 09번 과정처럼 T자 모양이 되게 면을 선택한다.

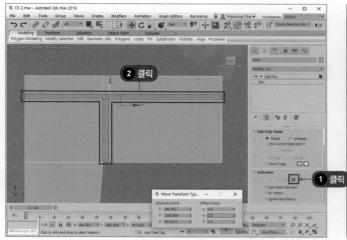

11 Edit Polygons에서 Extrude Setting(■)을 클릭한다. 그다음 Extrude polygons를 Local Normals로 선택하고 Height에 -5을 입력하여 [OK](⊘)를 클릭한다.

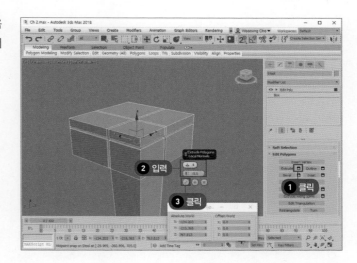

12 Extrude된 들어간 부분의 Segment를 선택한 후, Selection에 서 Ring을 클릭하여 들어간 부분의 Segment를 전부 선택한다.

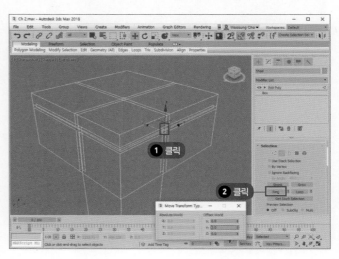

13 Edit Edges에서 Connect Setting(▣)을 클릭한 후, Segments 값에 1을 입력하고 [OK](◯)를 클릭한다.

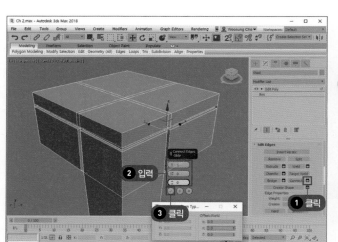

14 WireFrame(F3) 변경한 후, Selection에서 Polygon(▣)(4)을 선택한다. 그다음 Extrude를 적용하여 생긴 T자의 좌우측과 하단 끝의 면을 선택하여 삭제한다.

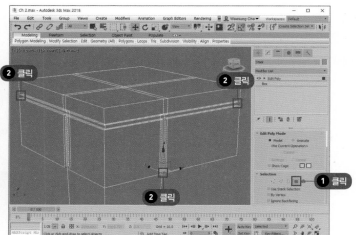

15 Front 뷰로 변경한 후, Selection에서 Edge(◁)(2)을 선택한다. 그다음 Extrude한 면의 위아래로 세로 Segment들을 드래그하여 선택한다.

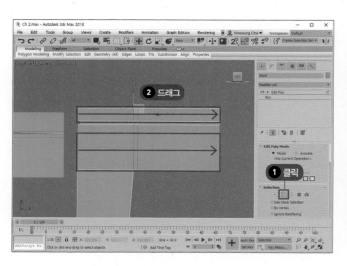

16 Edit Edges에서 Connect Setting(▣)을 클릭한 후, Segments 값에 1, Slide 값에 85를 입력하고 [OK](◯)를 클릭한다.

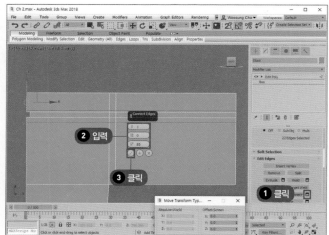

17 Connect로 생긴 Segment 중에서 Alt 를 누른 상태로 상단의 Segment만을 드래그하여 선택 해제한다.

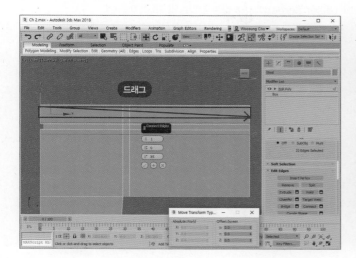

18 [Transform Type-In](F12) 창에 Offset:Screen의 Y 값을 4 로 입력하여 움직인다.

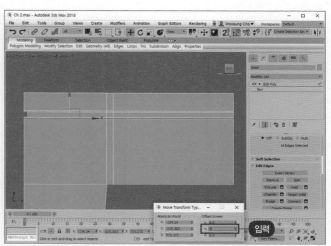

19 커맨드 패널의 Modify 〉 Modifier List 〉 TurboSmooth를 적용한 다. 이미지와 비교하면 간격의 틈이 다르다. 적용한 TurboSmooth 를 삭제한다.

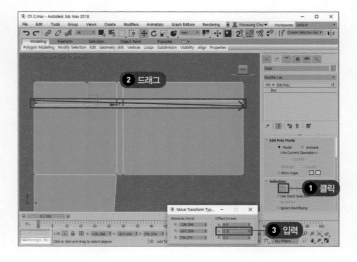

20 Front 뷰에서 Selection을 Vertex( )(1)로 변경한 후, 틈 하 단 두개 라인의 Vertex를 전부 드래그하여 선택한다. 그다음 [Transform Type-In] 창에 Offset:Screen에서 Y 값을 2.5로 입력하 여 이동한다.

21 좌판과 다리가 만나는 우측 한 개 라인의 Vertex를 전부 드래그하여 선택하고 [Transform Type-In] 창에 Offset:Screen에서 X 값에 −2.5를 입력하여 이동한다.

22 Left 뷰에서 21번 과정과 마찬가지로 좌측 한 개 라인의 Vertex를 전부 드래그하여 선택한 후, [Transform Type-In] 창에 Offset:Screen에서 X 값을 2.5로 입력하여 이동한다.

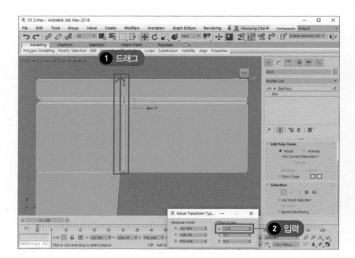 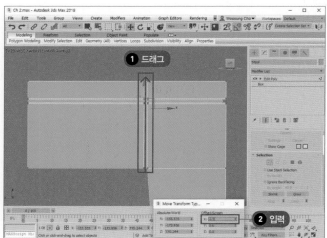

23 TurboSmooth를 적용하고 확인한다. 틈의 간격이 조절된 것을 확인한다.

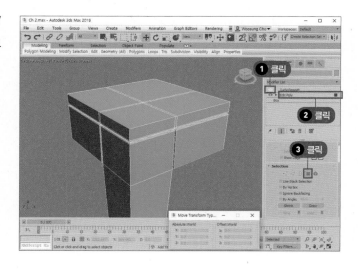

24 좌판 상단의 형태를 만든다. Stack에서 TurboSmooth의 On/Off(👁)를 클릭하여 Off 상태로 만든 후, Edit Poly를 선택하고 Selection에서 Polygon(▪)(4)를 클릭한다.

25 위쪽의 면들을 전부 선택한다.

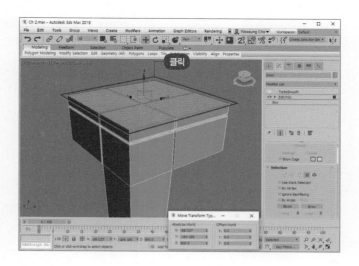

26 Edit Polygons에서 Inset Setting (■)을 클릭한 후, Amount 에 5를 입력하고 [OK](✔)을 클릭한다.

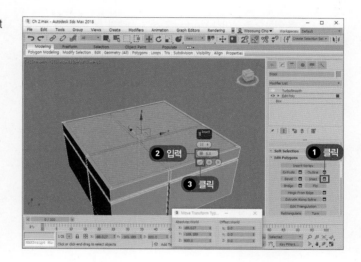

27 Top 뷰로 변경한 후, Inset로 생긴 윗면과, 좌측면을 선택하여 삭 제한다.

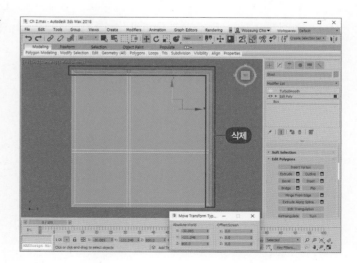

28 Selection에서 Vertex(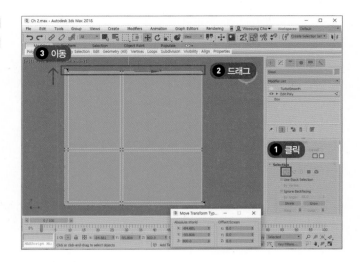)(1)로 변경한다. 그다음 위쪽의
   Vertex가 들어간 부분을 전부 드래그한 후, 좌측과 라인이 같게
이동한다.

29 우측 안쪽으로 들어간 Vertex를 전부 선택한 후, 우측 끝 라인과
   같게 이동한다.

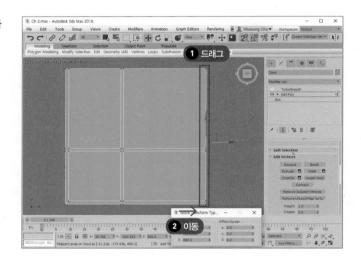

30 Stack에서 TurboSmooth의 On/Off (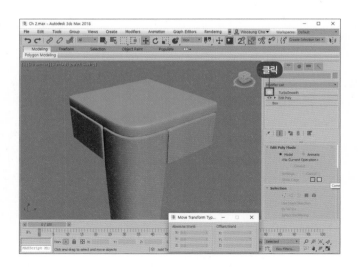)를 클릭하여 On 상
   태로 만든 후, 형태를 확인한다.

의자 다리걸이 만들기

01 Top 뷰로 변경한 후, 커맨드 패널에서 Create 〉 Geometry 〉 Standard Primitives 〉 Box를 클릭한다. 그다음 Length: 15, Width: 150, Height: 15인 크기로 변경한다.

02 Left 뷰로 변경한 후, [Transform Type-In] 창에서 Offset:Screen의 Y 값을 290으로 입력한다.

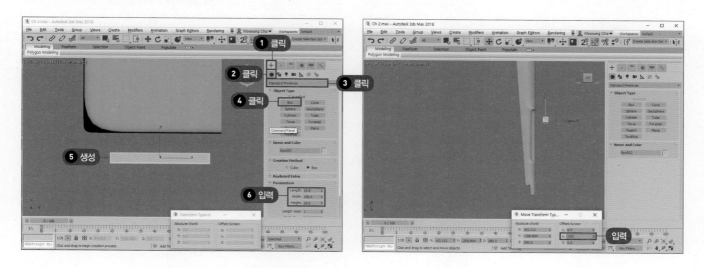

03 커맨드 패널의 Modify 〉 Modifier List 〉 Edit Poly를 적용한 후, Selection에서 Edge( )(2)를 선택한다.

04 가로 Segment를 전부 드래그하여 선택한다. Edit Edges에서 Connect Setting(□)을 클릭한 후, Segments에 1을 입력하고 [OK] (◯)를 클릭한다.

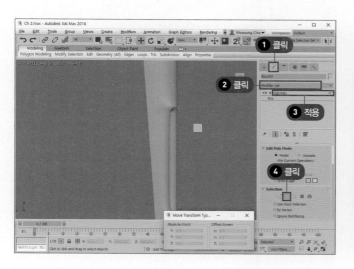

05 세로 Segment를 전부 드래그하여 선택한다. Edit Edges에서 Connect Setting(■)을 클릭한 후, Segments에 1을 입력하고 [OK](✓)를 클릭한다.

06 Front 뷰로 변경한 후, Selection에서 Vertex( )(1)를 선택한다. 그다음 우측 끝 라인의 Vertex를 전부 드래그하여 선택한 후, Stool 오브젝트의 우측 끝 라인과 같게 이동한다.

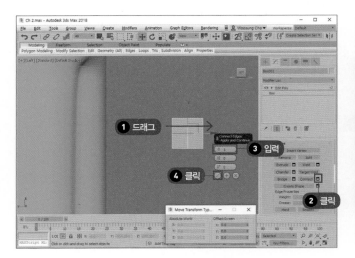

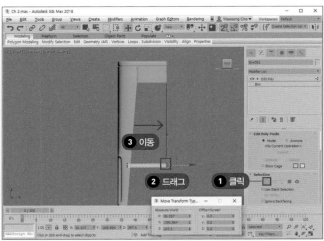

07 좌측 라인의 Vertex를 드래그하여 전부 선택한 후, 다리의 홈이 파여져 있는 부분과 다리 우측 옆면의 중간에 오도록 이동한다.

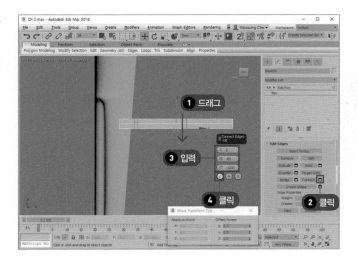

08 Selection에서 Edge( )(2)를 선택한다. 가로 Segment를 전부 드래그하여 선택한 후, Edit Edges에서 Connect Setting(■)을 클릭한다. 그다음 Segments 값에 2, Pinch 값에 −85, Slide 값에 −1230을 입력하고 [OK](✓)를 클릭한다.

09 Selection에서 Polygon(■)(4)으로 변경한 후, 의자 다리와 겹쳐지는 부분까지 드래그하여 선택한다.

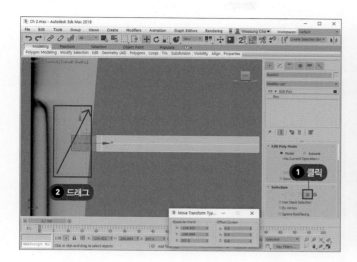

10 Left 뷰로 변경하고 메인 툴바에서 Select and Uniform Scale(■)(R)로 선택한 후, 하단의 절대좌표 X가 20이 되도록 줄인다.

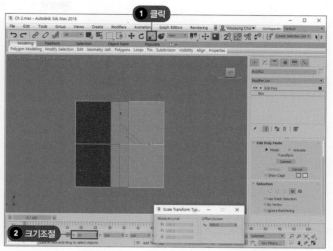

11 WireFrame(F3)으로 변경한 후, 메인 툴바에서 Snaps Toggle(2)(S)을 클릭한다. 그다음 커맨드 패널에서 Create 〉 Shapes 〉 Splines 〉 Circle을 선택한 후, 다리걸이 중심에서 면에 맞아 떨어지도록 Snap을 이용하여 만든다.

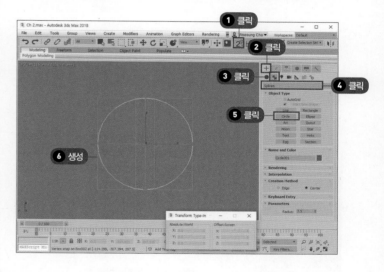

12 다리걸이 오브젝트를 선택하여 Selection에서 Vertex(⣀)(1)로 변경한 후, View에서 보이는 각 끝의 모서리의 Vertex를 드래그하여 선택한다.

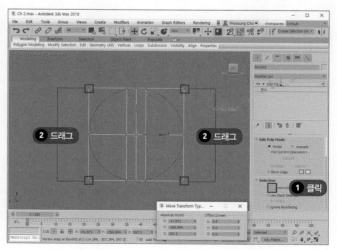

13 메인 툴바에서 Select and Uniform Scale(🔳)(R)로 변경한 후, 하단의 절대좌표 X, Y가 70정도 되도록 줄인다.

14 Perspective 뷰에서 Edged Faces(F3)으로 변경한다. 그다음 메인 툴바에서 Select and Move(✛)(W)로 변경하고 Selection에서 Polygon(▣)(4)을 선택하여 우측 옆면을 전부 선택한 후, 삭제한다.

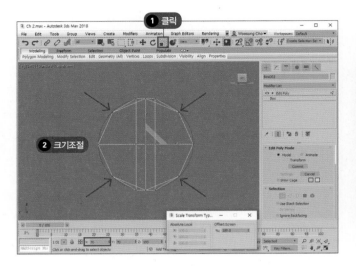

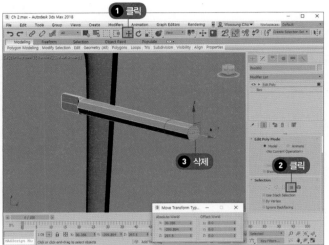

15 Selection에서 Edge(◁)(2)를 선택한다. 그다음 좌측 양끝의 모서리를 선택하고 Edit Edges에서 Chamfer Setting(▢)을 클릭한 후, Amount에 2을 입력하여 [OK](◯)를 클릭한다.

16 줄인 부분과 원으로 만든 부분의 연결된 가로 Segment를 전부 드래그하여 선택한 후, Edit Edges에서 Connect Setting(▢)을 클릭한다. 그다음 Segments에 1을 입력하고 [OK](◯)를 클릭한다.

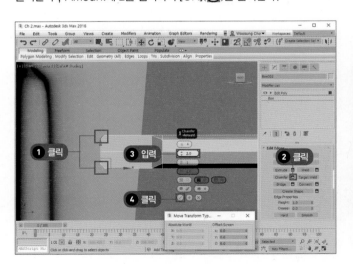

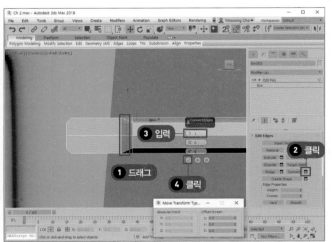

17 Left 뷰에서 WireFrame(F3)으로 변경한 후, 다리걸이의 중심과
  의자 다리의 끝 면이 같게 위치를 이동한다.

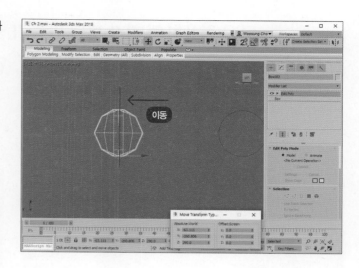

18 Stool 오브젝트를 선택한 후, Stack에서 Edit Poly를 선택하고
  Modifier List 〉 Edit Poly를 추가한다.

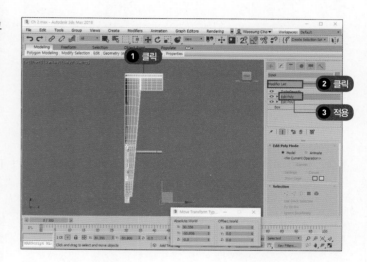

19 Stack에서 TurboSmooth의 On/Off(👁)를 클릭하여 Off 상태
  로 만든 후, Edit Geometry에서 Attach를 클릭하여 두번째로
추가한 Edit Poly를 선택한다.

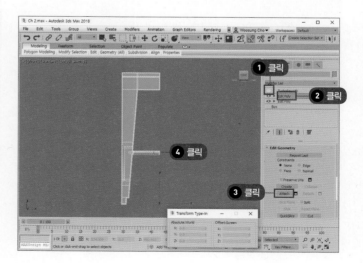

Symmetry, FFD 적용하여 의자 형태 만들기

01 Stack의 TurboSmooth 아래로 Modifier List > Symmetry를 적용한 후, Symmetry의 Subtrees(▶)를 클릭하여 Mirror를 선택한다. 그다음 메인 툴바에서 Select and Rotate(⟳)(E)를 클릭하고 하단의 절대좌표 Z가 −45가 되도록 회전한다.

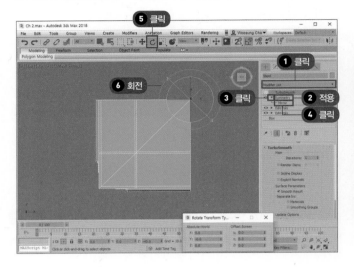

02 Modifier List > Symmetry를 적용한 후, Parameters에서 Flip을 체크한다.

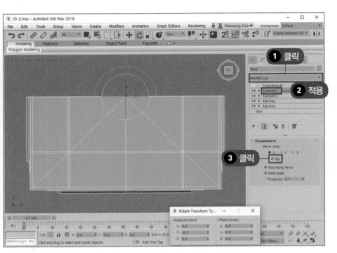

03 Symmetry를 한번 더 적용한 후, Parameters의 Mirror Axis에서 Y와 Flip을 체크한다.

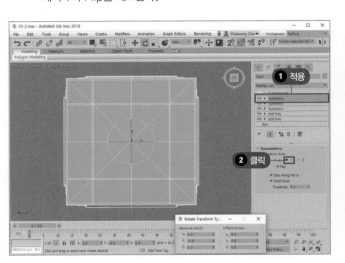

04 Perspective 뷰로 변경한 후, Stack에서 TurboSmooth의 On/Off(👁)를 클릭하여 On 상태로 형태를 확인한다.

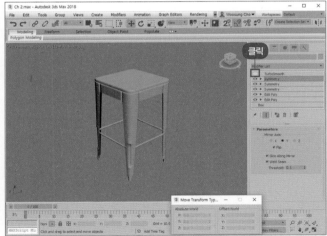

05 상판의 폭과 의자 하단의 폭이 다르다. 상판의 폭은 가로, 세로 310이다. Modifier List 〉 FFD 2x2x2를 적용한다.

06 Top 뷰로 변경한다. WireFrame(F3)으로 변경한 후, 커맨드 패널에서 Create 〉 Geometry 〉 Standard Primitives 〉 Box를 선택한다. 그다음 Creation Method에서 Cube를 체크하여 Stool의 중심에서 Box를 만든다. Parameters에서 Length, Width, Height 값을 310으로 입력한다.

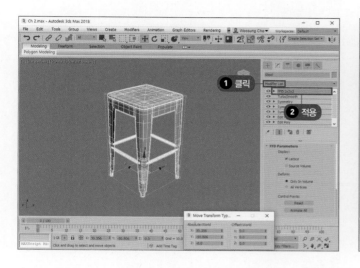

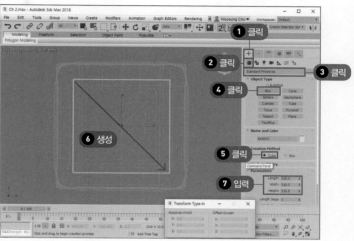

07 Stool 오브젝트를 선택하여 Stack의 FFD 2x2x2의 Subtrees(▶)를 클릭한 후, Control Points(1)를 선택한다. 그다음 Front 뷰에서 상단의 Control Points를 드래그하여 선택한다.

08 Top 뷰로 변경한 후, 메인 툴바에서 Select and Uniform Scale(▦)(R)로 변경한다. 그다음 하단의 절대좌표 X, Y가 71이 되도록 줄인다.

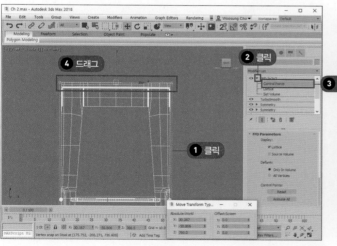

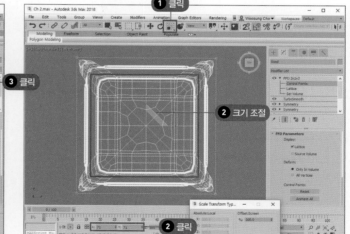

09 모양을 만들기 위해서 만들었던 오브젝트들을 삭제하여 화면을 정
리한다.

의자 등받이 만들기

01 Front 뷰에서 커맨드 패널의 Create 〉 Shapes 〉 Splines 〉
Rectangle을 선택한 후, Name and Color에 'Ch b'를 입력하
고 Parameters에서 Length: 180, Width: 310을 입력하여 만든다.

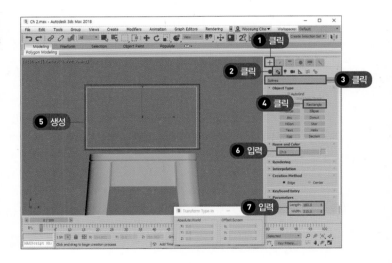

02 Ch b 오브젝트를 선택한 후, 우 클릭하여 Quad Menu 〉
transform 〉 Convert To: 〉 Convert to Editable Spline을
선택한다.

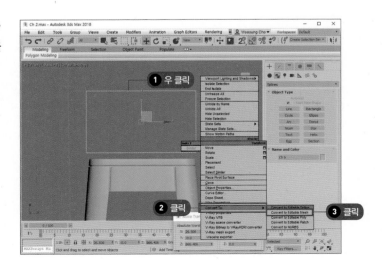

03 메인 툴바에서 Snaps Toggle(🧲)(S)을 선택한 후, Selection 에서 Vertex(∵)(1)를 클릭한다. 그다음 Geometry에 Refine 을 클릭하여 위쪽 Segment의 중간 지점에 Vertex를 추가한다.

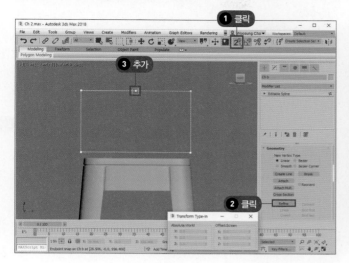

04 Selection에서 Segment(✓)(2)로 변경한 후, 그림과 같이 Vertex를 추가한 우측과 하단의 Segment, 우측의 세로 Segment를 선택하여 삭제한다.

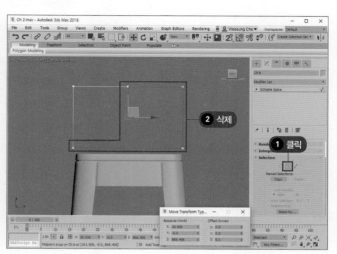

05 Selection에서 Vertex(∵)(1)를 클릭한다. 그다음 상부 우측 끝의 Vertex를 선택하여 Stool 오브젝트 중앙으로 위치하도록 우 측으로 이동한다.

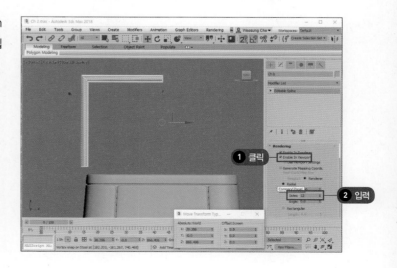

06 Rendering에서 Enable In Renderer와 Enable In Viewport를 체크한 후, Radial에서 Thickness 값을 12로 입 력한다.

07 Selection에서 Vertex(■)(①)를 클릭한 후, 좌측 상단의 Vertex를 선택하고 Geometry의 Fillet을 30으로 입력하여 모서리를 둥글게 만든다.

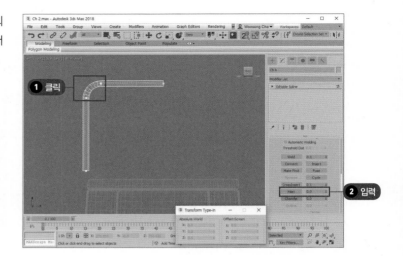

08 커맨드 패널의 Modify 〉 Modifier List 〉 Edit Poly를 적용한다. 그다음 Selection에서 Polygon(■)(④)를 선택한다.

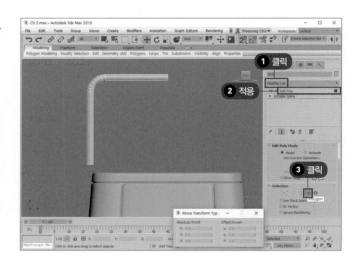

09 Ch b의 시작과 끝나는 옆면을 드래그한 후, 삭제한다.

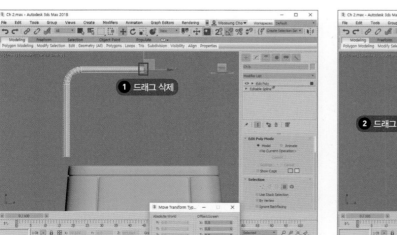

10 Selection에서 Vertex(■)(①)으로 변경한 후, 하단의 Vertex를 드래그하여 선택한다. 그다음 절대좌표 Z축 값에 730을 입력하여 이동한다.

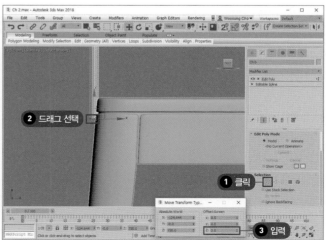

11 Selection에서 Edge( )(2)으로 변경한 후, 좌측의 세로 Segment를 전부 드래그하여 선택한다. 그다음 Edit Edges에서 Connect Setting(■)을 클릭하여 Segments 값에 2, Pinch 값에 −60, Slide 값에 320을 입력하고 [OK](✓)를 클릭한다.

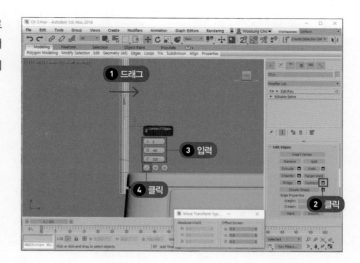

12 Selection에서 Vertex( )(1)로 변경한 후, 상단의 꺾인 부분과 하단의 Segment를 추가한 위 라인의 Vertex를 선택한다. 그다음 [Transform Type-In] 창의 Offset:Screen에서 X에 −10을 입력한다.

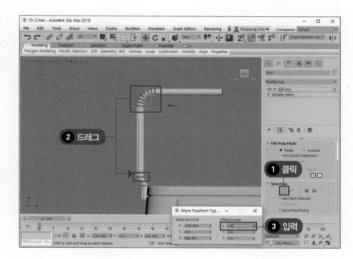

13 Selection에서 Polygon(■)(4)으로 변경한 후, 하단의 Stool 과 만나는 면들을 전부 드래그하여 선택한다.

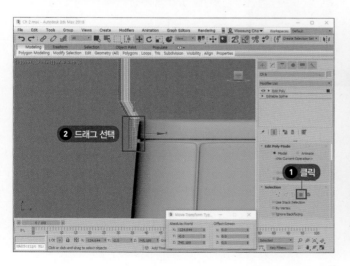

14 메인 툴바에서 Select and Uniform Scale( )(R)을 선택한 후, X축 방향으로 하단의 절대좌표 X가 50이 되도록 줄여준다.

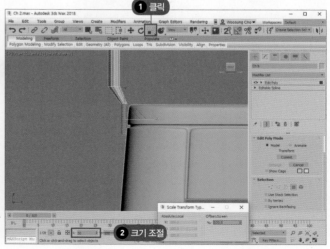

15 Left 뷰로 변경한 후, X축 방향으로 하단의 절대좌표 X가 200이 되도록 늘려준다.

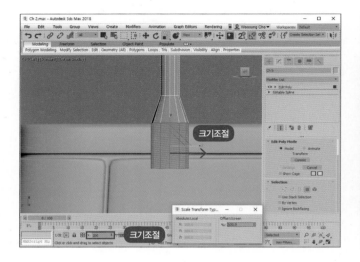

16 메인 툴바에서 Select and Move(✛)(W)로 변경하고 Selection에서 Edge(◁)(2)를 선택한 후, Front 뷰에서 등받이 라인이 꺾이는 부분의 세로 Segment를 드래그하여 선택한다. 그다음 Edit Edges에서 Connect Setting(□)을 클릭한 후, Segments에 2를 Pinch에 60을 입력하고 [OK](✓)를 클릭한다.

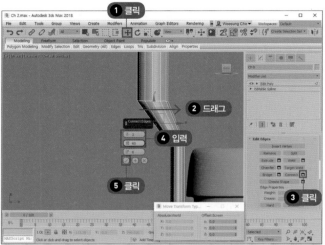

17 Selection에서 Border(◖)(3)을 선택한 후, 하단의 삭제했던 끝 면을 선택한다. 그다음 Edit Borders에서 Cap을 클릭하여 채워준다.

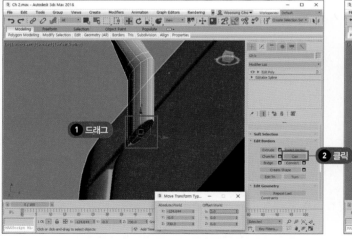

18 Selection에서 Edge(◁)(2)로 변경한 후, Stool과 만나는 부분의 세로 Segment를 선택한다. 그다음 Edit Edges에서 Connect Setting(□)을 선택한 후, Segments에 1, Slide에 −80을 입력하고 [OK](✓)를 클릭한다.

19 Left 뷰로 변경한 후, 메인 툴바에서 Select and Rotate(ⓒ)(Ｅ)로 선택하고 Z축 방향으로 30도 회전한다.

20 메인 툴바에서 Select and Move(✛)(Ⓦ)로 선택한 후, [Transform Type-In] 창의 Offset:Screen에서 X 값을 -100으로 입력하고 Y 값에 -15를 입력한다.

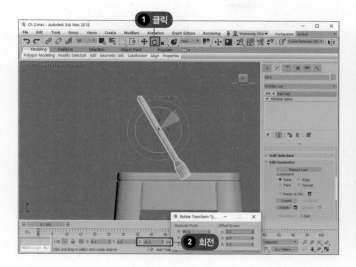

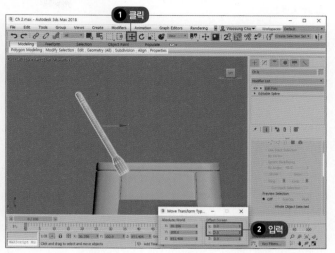

> **t i p**
>
> 하단의 절대좌표 Z축 값이 30이 나오도록 한다. 실제로는 X축 방향으로 60도 회전된 것과 동일하다.

21 커맨드 패널에서 Create > Geometry > Standard Primitives > Cylinder를 선택한 후, 겹쳐지는 부분의 나사를 만든다. 그다음 Left 뷰에서 그림과 같이 중심 부분에 오브젝트를 만들고 Radius: 8, Height: 20, Height Segments: 1을 입력한다.

22 커맨드 패널의 Modify > Modifier List > Edit Poly를 적용한 후, Front 뷰에서 등받이가 의자와 만나는 중심으로 이동한다.

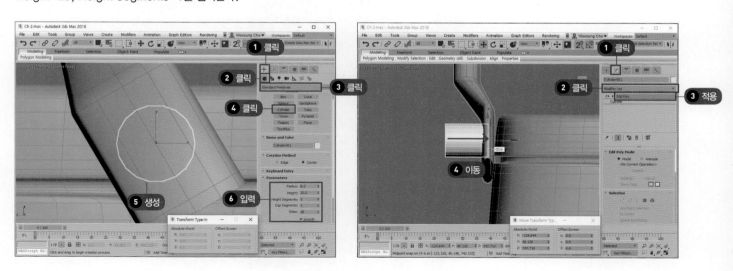

23 Selection에서 Edge( )(2)를 선택한 후, 좌측 옆면의
Segment를 드래그하여 선택한다. 그다음 Edit Edges에서
Chamfer Setting( )을 클릭한 후, Amount에 4를 입력하고 [OK]( )
를 클릭한다.

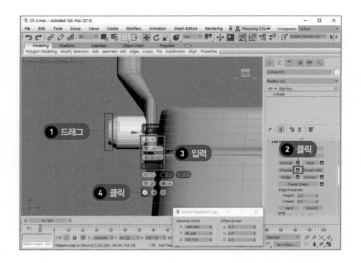

24 Selection에서 Vertex( )(1)로 변경한 후, Chamfer를 적
용한 면의 Vertex를 드래그하여 선택한다. 그다음 [Transform
Type-In] 창에 Offset:Screen의 X에 13을 입력한다.

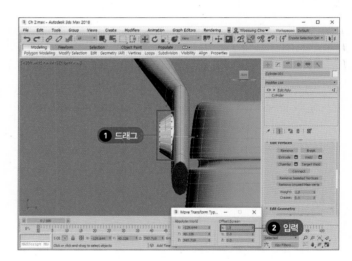

25 Perspective 뷰로 전환하고 Selection에서 Polygon( )(4)
으로 변경한 후, 우측 옆면을 클릭하여 삭제한다.

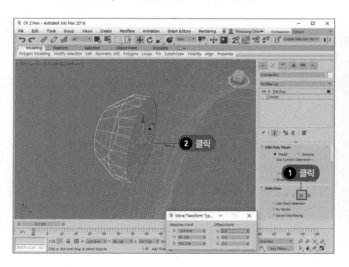

26 좌측 옆면을 선택한다. Front 뷰로 변경하고 [Transform
Type-In] 창에서 Offset:Screen의 X 값을 2로 입력한다.

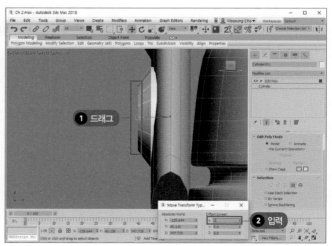

27 Perspective 뷰로 변경한 후, Edit Polys에서 Inset Setting (□)을 클릭한다. 그다음 Amount에 1을 입력하고 Apply and Continue(+)을 클릭한다.

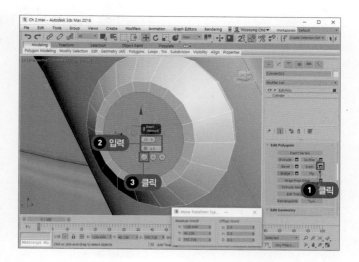

28 Amount에 3을 입력하고 [OK](○)를 클릭한다.

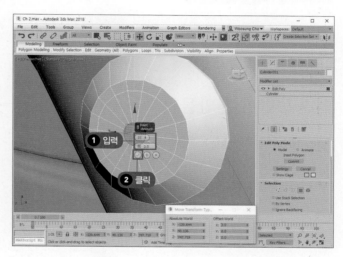

29 Edit Edges에서 Extrude Setting(□)을 클릭한 후, Height에 -2을 입력하고 [OK](○)를 클릭한다.

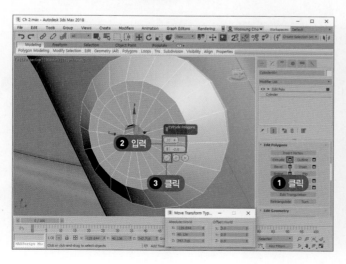

30 Ch b 오브젝트를 선택한 후, Edit Geometry에서 Attach를 클릭하여 나사를 합친다.

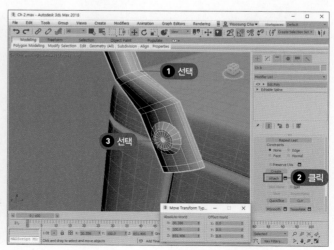

31 커맨드 패널의 Modify 〉 Modifier List 〉 Symmetry를 적용한 후, Parameters에서 Flip을 체크한다.

32 Modify 〉 Modifier List 〉 TurboSmooth를 적용한다.

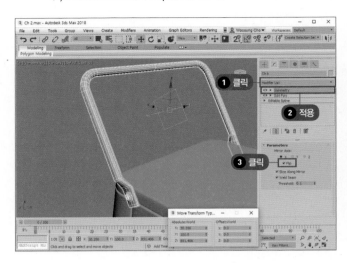

의자 등받이 판 만들기

01 Front 뷰로 변경하고 커맨드 패널에서 Create 〉 Shapes 〉 Splines 〉 Rectangle을 클릭하여 사각형을 생성한 후, Parameters에서 Length: 180, Width: 130을 입력한다.

02 우 클릭하여 Quad Menu 〉 transform 〉 Convert To: 〉 Convert to Editable Poly를 선택한다.

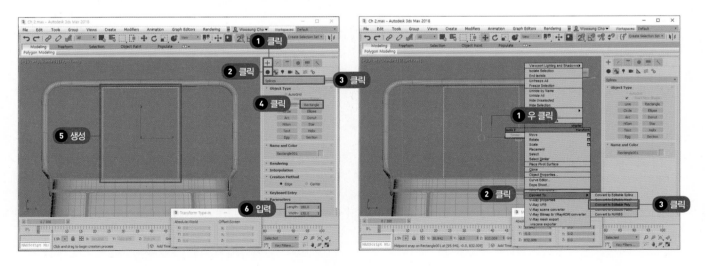

03 Selection에서 Edge(◁)(2)를 클릭한다. 그다음 세로 Segment을 선택한다. Edit Edges에서 Connect Setting(■)을 클릭한 후, Segments에 9를 입력하고 [OK](✓)를 클릭한다.

04 가로의 Segment를 전부 선택한다. 그다음 Edit Edges에서 Connect Setting(■)을 클릭한 후, Segments에 2, Pinch에 55를 입력하고 [OK](✓)를 클릭한다.

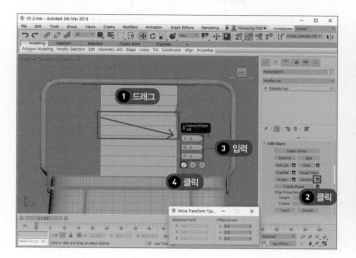

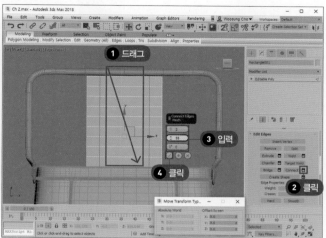

05 Connect가 적용된 중간의 가로 Segment를 선택한다. 그다음 Edit Edges에서 Connect Setting(■)을 클릭한 후, Segments에 2, Pinch에 55를 입력하고 [OK](✓)를 클릭한다.

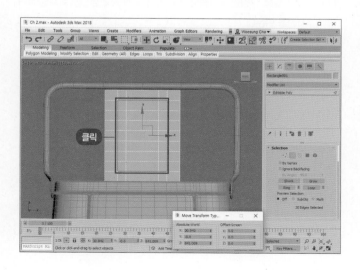

06 다음과 같이 등받이 판의 홈을 만들기 위해 Segment를 선택한다.

07 Edit Edges에서 Extrude Setting(■)을 클릭한 후, Heigth에 −5, Width에 1.5를 입력하고 [OK](◯)를 클릭한다.

08 Left 뷰로 변경한 후, 좌측의 끝 라인 맞게 X축 방향으로 이동한다.

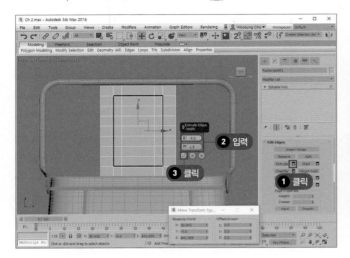 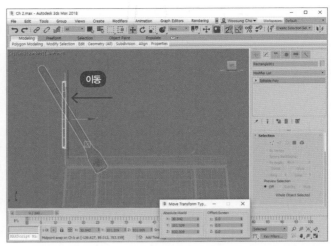

09 Front 뷰로 변경한 후, 커맨드 패널의 Modify 〉 Modifier List 〉 FFD 2x2x2를 적용한다. 그다음 FFD 2x2x2의 Subtrees(▶) 를 클릭하여 펼치고 Control Points(1)를 클릭한다. 상단의 Control Points를 드래그하여 선택하고 등받이 하단 라인과 위치가 같도록 Y축으로 이동한다.

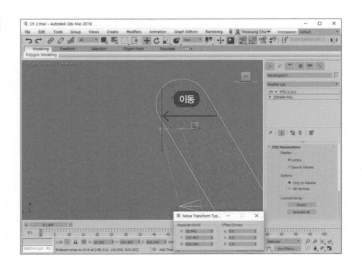

10 Left 뷰로 변경한 후, 등받이 라인에 맞게 X축 방향으로 이동하여 사선을 만든다.

11 커맨드 패널의 Modify 〉 Modifier List 〉 FFD 4x4x4를 적용한다.

12 FFD 4x4x4의 Subtrees(▶)를 클릭한 후, Control Points (1)를 클릭한다. 그다음 아래에서 두 번째 라인의 Control Points를 전부 드래그하여 선택하고 [Transform Type-In] 창에서 Offset:Screen의 X에 25을 입력하여 앞쪽으로 이동한다.

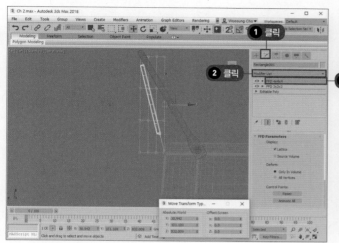

13 [Transform Type-In] 창에서 Offset:Screen의 Y에 −20을 입력하여 아래쪽으로 이동한다.

14 그 위쪽 라인의 Control Points를 전부 드래그하여 선택하고 [Transform Type-In] 창에서 Offset:Screen의 Y에 −40을 입력하여 아래쪽으로 이동한다.

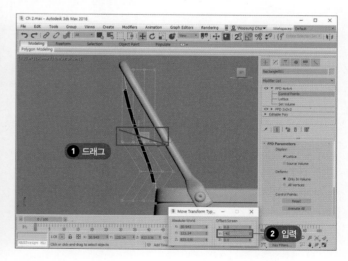

15 마지막으로 [Transform Type-In] 창에서 Offset:Screen의 X 에 −20을 입력하여 좌측으로 이동한다.

16 커맨드 패널의 Modify 〉 Modifier List 〉 TurboSmooth를 적용한 후, TurboSmooth의 Main Iterations를 1로 입력한다.

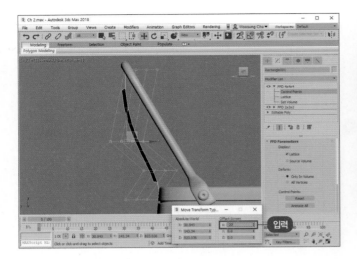

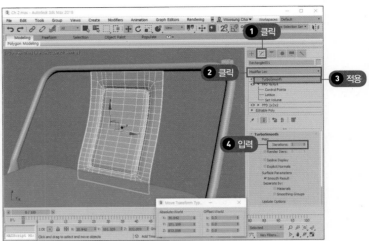

17 Modify 〉 Modifier List 〉 Shell를 적용한 후, Parameters의 Inner Amount: 2, Outer Amount: 0을 입력한다.

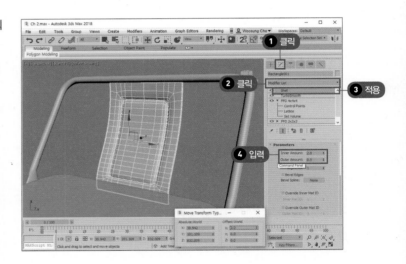

18 Name and Color에서 이름을 'Pan'으로 변경하고 Perspective 뷰에서 형태를 확인한 후, 완성된 오브젝트들을 제외하고 전부 삭제한다.

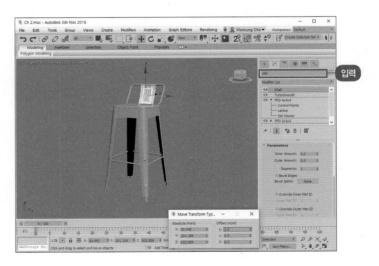

다른 타입 Mesh Stool 의자 만들기

기본 A 타입: 의자를 수정하여 사진 이미지처럼 다른 모양의 의자를 만들어보자. 주로 상판의 형태와 등받이가 다른 것만 생각하고 만들면 된다.

B 타입: 등받이가 없다.

● 예제 파일 | Sample/Part03/Lesson04/Section02/Mesh ch B.jpg

C 타입: 등받이의 형태가 다르고 의자 앉는 좌판 형태가 다르다.

● 예제 파일 | Sample/Part03/Lesson04/Section02/Mesh ch C.jpg

D 타입: 등받이 형태가 다르다.

● 예제 파일 | Sample/Part03/Lesson04/Section02/Mesh ch D.jpg

원형 테이블 모델링하기

테이블은 대칭 구조의 형태로 단면을 만든 후, Lathe를 사용하여 만들거나 Polygon 모델링으로
만들 수 있다. 두 가지 방법으로 만들어보자. 테이블의 규격 정보는 상판의 넓이: 600, 높이: 650이다.

◉ **예제 파일** | Sample/Part03/Lesson04/Section03/Table1.max, Table2.max

▲ 상판 재질: 헤쉬무늬목/ 다리 재질: 고무나무

Lathe로 원형 테이블 모델링하기

01 단면을 쉽게 그리기 위해 이미지를 편집한다. Photoshop을 실행
한 후, 제공된 예제 이미지 파일을 불러온다.

02 좌측 툴박스에서 Crop Tool을 선택한 후, 테이블의 상하좌우 끝
라인으로 위치를 이동한다.

◉ **예제 파일** | Sample/Part03/Lesson04/Section03/table.jpg

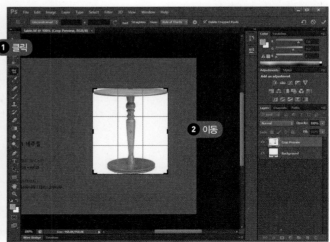

03 Enter 를 눌러 Crop 영역을 잘라낸 후, 상단의 메인 메뉴바에서 File > Save As…를 클릭하여 'table1.jpg' 이름으로 바탕화면에 저장한다.

🔵 **예제 파일** | Sample/Part03/Lesson04/Section03/table.jpg

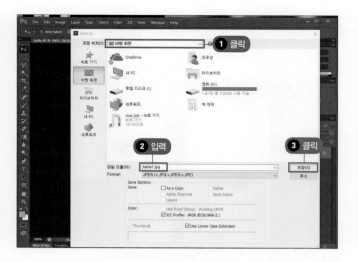

04 3ds Max를 실행한다. Top 뷰에서 커맨드 패널의 Create > Geometry > Standard Primitives > Plane을 클릭한 후, 임의의 크기로 만든다. 그다음 Name and Color에 'Plan'을 입력하고 Parameters의 Length: 650, Width: 600을 Length Segs와 Width Segs에 1을 입력한다.

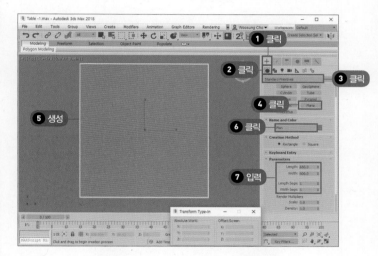

05 바탕화면에 저장되어 있는 table1.jpg를 드래그하여 Plan 오브젝트에 이미지를 삽입한다.

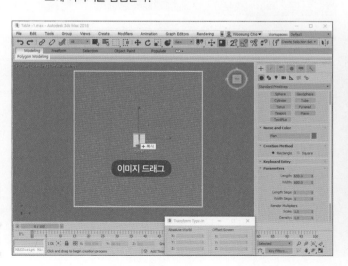

06 이미지를 삽입하였다면 다음과 같이 화면에 나타난다.

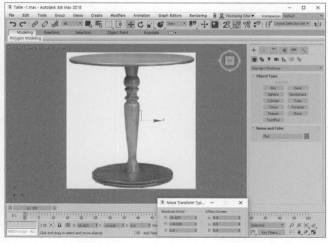

07 커맨드 패널에서 Create 〉 Shapes 〉 Splines 〉 Lines를 클릭한 후, 기둥을 중심으로 좌측 테이블 외곽 라인을 따라 그려준다.

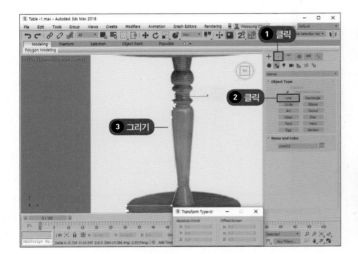

08 이미지가 단면 상태로 보이지 않기 때문에 하부 쪽은 그림과 같이 중심부까지 외곽 라인을 그린다.

09 하부 중심 쪽 Vertex를 선택한 후, 좌측 Vertex 하단의 위치와 동일하게 Y축으로 이동한다.

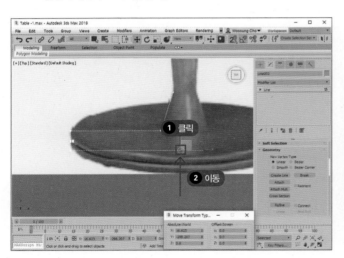

10 다음과 같이 반쪽을 전부 그렸다면 디테일하게 Vertex의 위치를 수정한다.

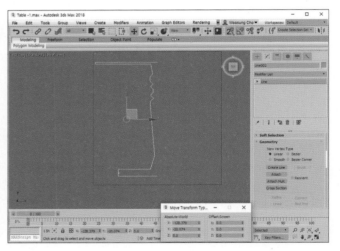

┌─ **t i p** ─────────────────────────────────
외곽 라인을 그릴 때는 최소한의 Vertex를 사용한다.
└──

11 외곽 라인의 수정은 직선으로 그렸던 부분을 Fillet으로 적용하거나 Vertex Handle을 사용한다. 그다음 Selection에서 Vertex ( )(1)를 클릭한 후, 하단의 모서리 Vertex를 선택하여 Geometry에서 Fillet을 15로 입력한다.

12 직선으로 되어 있는 Vertex를 클릭한 후, 우 클릭하여 Quad Menu 〉 tools 1 〉 Bezier Corner로 Vertex Handle을 만든다. 그다음 Handle을 사용하여 위치를 조정한다.

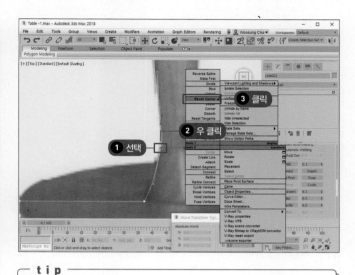

t i p

Bezier를 선택해도 상관없다.

13 Line을 전부 정리한 후, 커맨드 패널의 Modify 〉 Modifier List 〉 Lathe를 적용한다.

14 Parameters에서 Weld Core를 체크한 후, Segments을 32로 변경하고 Align에서 [Max] 버튼을 클릭한다.

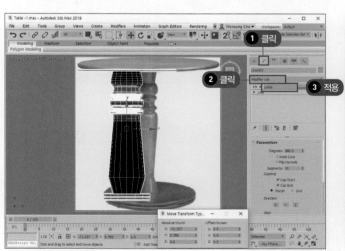

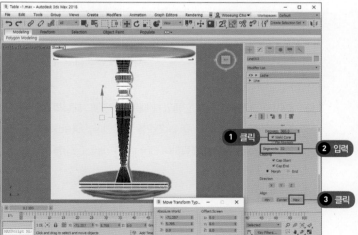

t i p

형태가 이상하면 Stack에서 Lathe의 Subtrees(▶)를 클릭하여 Lathe Gizmo(1)의 위치를 조정한다. 다른 방법으로는 Lathe 적용하기 전, 커맨드 패널에서 Hierarchy 〉 Adjust Pivot에 Affect Pivot Only를 클릭하여 Gizmo의 위치를 중심으로 이동하고 적용한다.

15 Left 뷰로 변경한 후, 메인 툴바에서 Select and Rotate(⟳) (E)를 클릭하고 Z축을 선택하여 90도 회전한다.

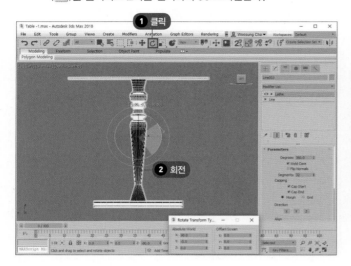

16 메인 툴바에서 Select and Move(✛)(W)으로 변경한 후, 테이블 바닥 라인의 Z축 좌표에 301.279를 입력한다.

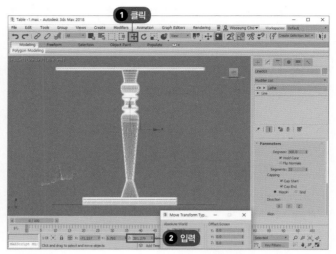

17 Edged Faces(F3) 상태일 때 오브젝트가 검정색이면 면이 뒤집혀진 경우이다. Parameters의 Flip Normals를 체크하여 면을 뒤집는다.

18 이미지 크기보다 작게 만들었기 때문에 커맨드 패널의 Modify 〉 Modifier List 〉 FFD 2x2x2를 적용한다. Stack에서 FFD 2x2x2의 Subtrees(▶)를 클릭하여 Control Points(1)를 클릭한다.

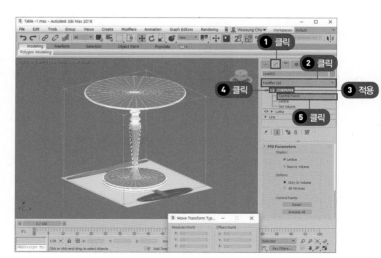

19 상단의 Control Points를 전부 드래그한 후, [Transform Type-In](F12) 창에 Absolute:world에서 Z에 650을 입력하여 이동한다.

20 마지막으로 Name and Color에 'Table1'을 입력하고 이미지는 삭제한다.

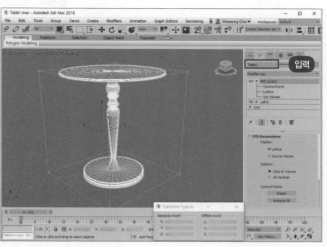

Edit Poly의 Bevel로 원형 테이블 모델링하기

01 메인 툴바에서 Select and Rotate(C)(E)으로 변경한 후, Front 뷰에서 X축 방향으로 90도 회전한다.

02 Plan 하단의 Z축 값을 0으로 만든다. 하단의 절대 좌표 X,Y에 0을, Z에 325를 입력한다.

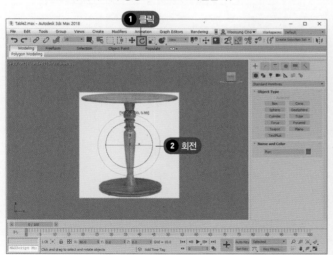

tip

Lathe를 이용한 과정의 6번까지는 같다. Lathe에서는 Top 뷰에서 작업하여 만들어진 테이블을 90도 회전했지만 이번에는 Plan 오브젝트를 미리 90도 회전한 후, Front 뷰에서 작업한다.

03 Top 뷰에서 커맨드 패널의 Create 〉 Geometry 〉 Standard Primitives 〉 Box를 클릭하여 임의의 크기로 만든 후, Name and Color에 'Table2', Length과 Width에 600, Height에 50을 입력하여 만든다.

04 WireFrame(F3)으로 변경한 후, 메인 툴바에서 Snaps Toggle(2)(S)를 클릭한다. 그다음 Table2 오브젝트를 클릭한 후, 좌측의 중간을 Snap으로 잡아 Plan 오브젝트 좌측과 만나게 이동한다.

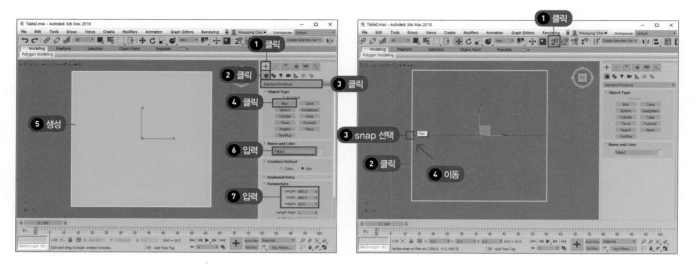

05 커맨드 패널의 Modify 〉 Modifier List 〉 Edit Poly를 적용한 후, Selection에서 Element(5)을 선택하고 메인 툴바에서 Select and Uniform Scale(R)로 변경한다.

06 오브젝트를 선택한 후, XY축으로 하단의 절대좌표 X, Y가 60이 나오게 크기를 줄인다.

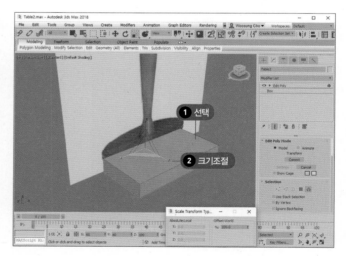

07 Top 뷰에서 Selection에서 Edge(⬦)(2)로 변경한다. 그다음
세로 Segment를 전부 드래그하여 선택한 후, Edit Edges에서
Connect Setting(◻)을 클릭하여 Segments에 1를 입력하고 [OK]
(⊘)를 클릭한다.

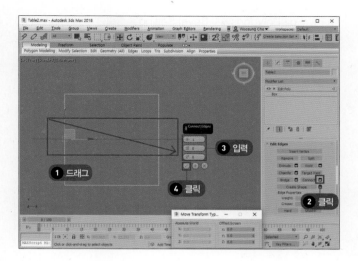

08 가로 Segment를 전부 드래그하여 선택한 후, Edit Edges에서
Connect Setting(◻)을 클릭하여 Segments에 1를 입력하고
[OK](⊘)를 클릭한다.

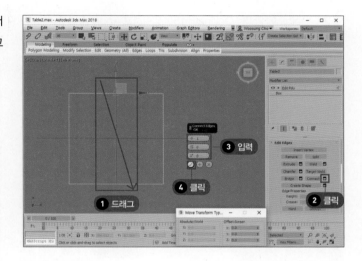

09 Selection에서 Polygon(▣)(4) 선택으로 변경한 후, Box의
윗면을 전부 선택한다.

10 Perspective 뷰로 변경한 후, Edit Polygons에서 Insert
Setting(◻)을 클릭한다. 그다음 Amount에 140을 입력하고
[OK](⊘)를 클릭한다.

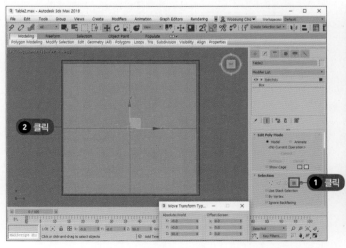

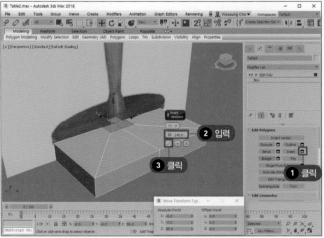

11 Edit Polygons에서 Bevel Setting을 클릭한 후, Heigth에 80을 Outline에 −20을 입력하고 Apply and Continue(⊕)를 클릭한다.

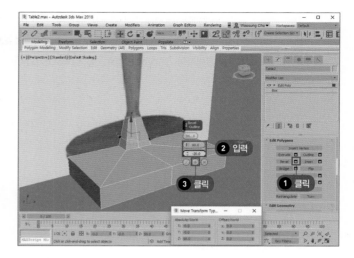

┌─ t i p ─────────────────────────────────
│ Apply and Continue(⊕)를 클릭할 때 연속으로 클릭되어 두 번 적용
│ 이 된다. 주의하면서 진행한다.
└───

12 Heigth에 260을 Outline에 15을 입력하고 Apply and Continue (⊕)를 클릭한다.

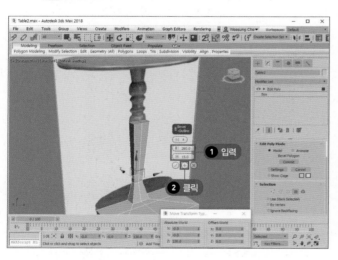

13 Heigth에 20을 Outline에 −7를 입력하고 Apply and Continue (⊕)를 클릭한다.

14 Heigth에 5를 Outline에 −7를 입력하고 Apply and Continue (⊕)를 클릭한다.

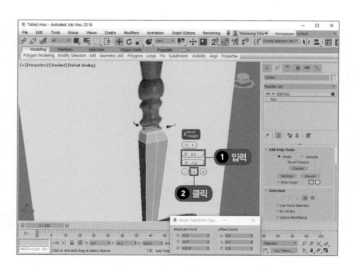

15 Heigth에 8, Outline에 4를 입력하고 Apply and Continue (⊕)를 클릭한다.

16 Heigth에 10, Outline에 8을 입력하고 Apply and Continue (⊕)를 클릭한다.

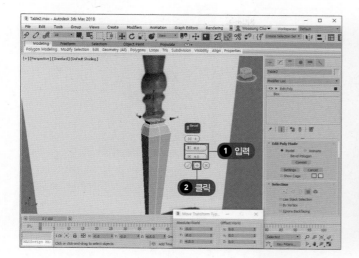

17 Heigth에 9을 Outline에 −10을 입력하고 Apply and Continue (⊕)를 클릭한다.

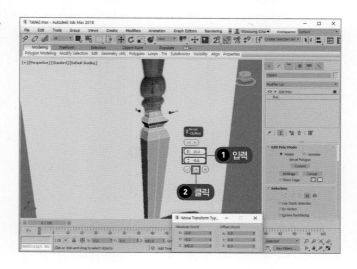

18 Heigth에 15를 Outline에 −5를 입력하고 Apply and Continue (⊕)를 클릭한다.

19 Heigth에 15를 Outline에 9를 입력하고 Apply and Continue (⊕)를 클릭한다.

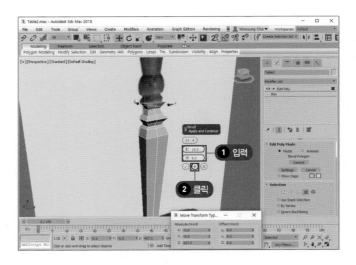

20 Heigth에 5를 Outline에 0을 입력하고 Apply and Continue (⊕)를 클릭한다.

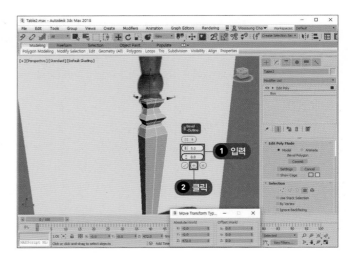

21 Heigth에 10을 Outline에 −7을 입력하고 Apply and Continue (⊕)를 클릭한다.

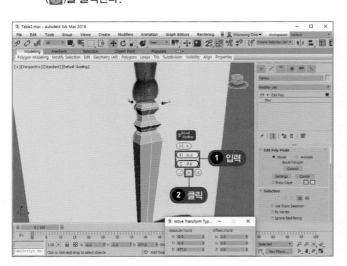

22 Heigth에 10을 Outline에 15를 입력하고 Apply and Continue (⊕)를 클릭한다.

23 Heigth에 30를 Outline에 0를 입력하고 Apply and Continue (⊕)를 클릭한다.

24 Heigth에 10을 Outline에 -10을 입력하고 Apply and Continue (⊕)를 클릭한다.

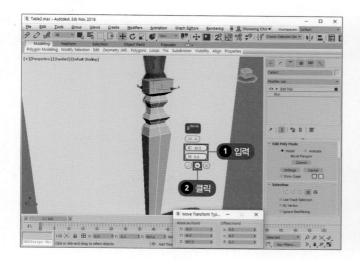

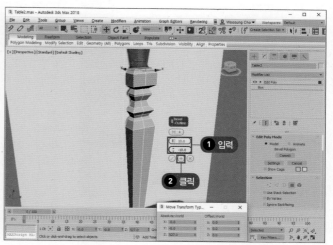

25 Heigth에 50을 Outline에 10을 입력하고 Apply and Continue (⊕)를 클릭한다.

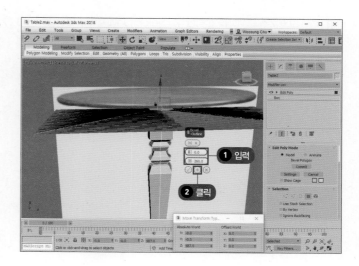

26 Heigth에 0을 Outline에 260을 입력하고 Apply and Continue (⊕)를 클릭한다.

27 Heigth에 20을, Outline에 0을 입력하고 [OK](⊘)를 클릭한다.

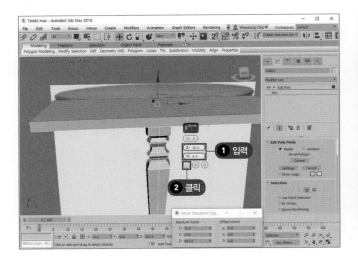

28 다음과 같이 만들어진 것을 확인한다.

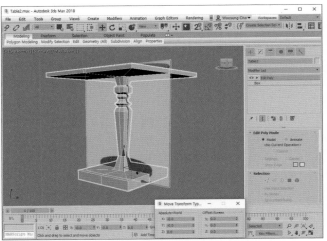

29 Top 뷰에서 WireFrame(F3)으로 변경한 후, 커맨드 패널에서 Create > Shapes > Splines >Circle을 만들고 Table2의 중심 외곽 라인과 동일하게 Circle을 만든다.

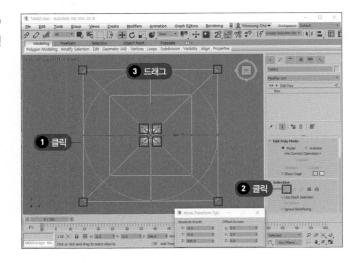

30 Table2 오브젝트를 선택한 후, Selection에서 Vertex(∴)(1)를 선택한다. 그다음 각 끝의 모서리 Vertex를 전부 드래그하여 선택한다.

31 메인 툴바에서 Select and Uniform Scale( )(R)으로 변경한 후, 모서리의 점들이 원과 만날 수 있도록 하단의 절대좌표 X, Y가 70이 되도록 줄인다.

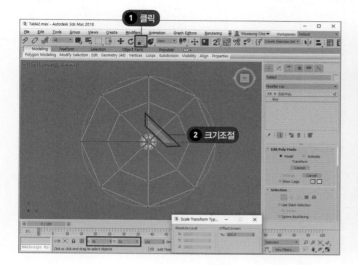

> ┌ **t i p** ─────────────────────────────
> │ Vertex를 원의 호의 근처로 최대한 가까이 한 후, TurboSmooth를 적
> │ 용하면 원에 가까운 형태가 만들어진다.
> └──────────────────────────────────────

32 Front 뷰에서 Edged Faces(F3)상태로 변경한다. 커맨드 패널의 Modify 〉 Modifier List 〉 TurboSmooth를 적용한다. 그다음 오브젝트의 모양을 확인하고 추가로 Segment를 추가하거나 Vertex의 위치를 확인한다.

33 Stack에서 TurboSmooth의 On/Off( )를 클릭하여 Off 상태로 만든 후, Edit Poly를 선택하고 Selection에서 Edge( )(2)를 선택한다.

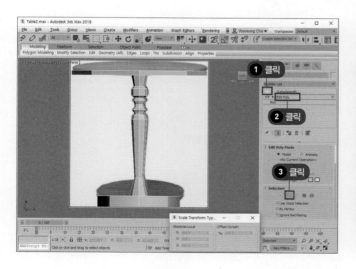

34 메인 툴바에서 Select and Move( )(W)으로 변경한다. 그다음 하단 테이블 받침 부분의 세로 Segment를 드래그하여 선택한 후, Edit Edges에서 Connect Setting( )을 클릭한다. 그리고 Segments에 1를 입력하고 [OK]( )를 클릭한다.

35 메인 툴바에서 Select and Uniform Scale( )(**R**)으로 변경한 후, Selection에서 Vertex( )(**1**)을 선택한다. 그다음 하단 받침 부분의 Vertex를 선택하고 Y축으로 하단의 절대좌표 Y가 60이 되게 줄인다.

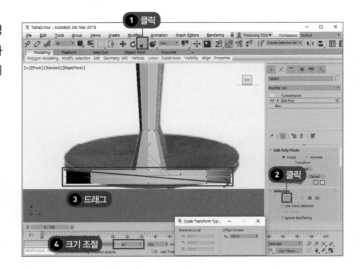

36 Selection에서 Edge( )(**2**)선택을 하면 Connect로 만든 Segment가 선택되어 있다. 그다음 Edit Edges에서 Exrtude Setting( )을 선택하여 Height에 −10, Width에 5을 입력하고 [OK]( )를 클릭한다.

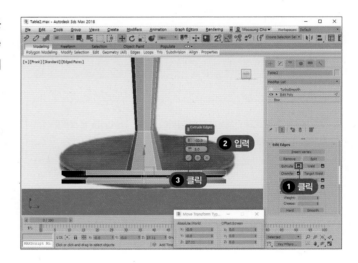

37 받침 부분과 만나는 테이블 기둥 하단의 세로 Segment를 선택한다. 그다음 Edit Edges에서 Connect Setting( )을 클릭한 후, Segments에 1, Slide에 −95를 입력하고 [OK]( )를 클릭한다.

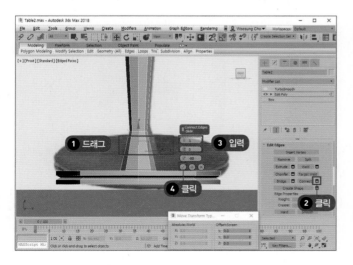

38 17번 과정을 참고한다. 중간 부분 한 개의 가로 Segment만 드래그하여 선택한 후, Edit Edges에서 Chamfer Setting( )을 클릭하여 Amount에 5을 입력하고 [OK]( )를 클릭한다.

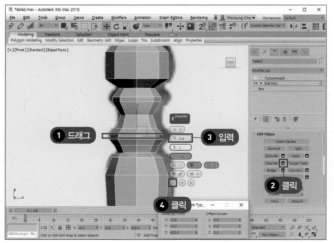

39 테이블 상판과 만나는 기둥의 세로 Segment을 선택한 후, Edit Edges에서 Connect Setting(■)을 클릭한다. 그다음 Segments 에 1, Slide에 97을 입력하고 [OK](◯)를 클릭한다.

40 상판의 옆면 부분의 세로 Segment를 전부 선택한 후, Edit Edges에서 Connect Setting(■)을 클릭한다. 그다음 Segments에 2를 입력하고 [OK](◯)를 클릭한다.

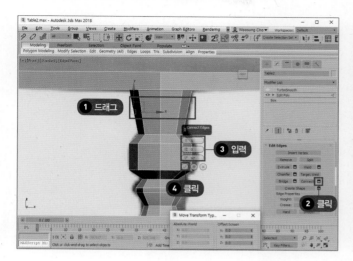

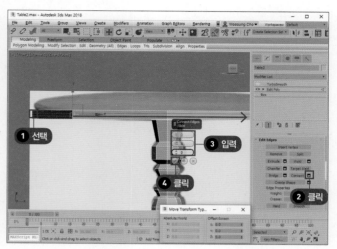

41 Selection에서 Polygon(■)(4)로 변경한 후, Perspective 뷰에서 상판의 윗면을 전부 선택한다. 그다음 Edit Polygons에서 Inset Setting(■)을 클릭하여 Amount에 15를 입력하고 [OK](◯)를 클릭한다.

42 Perspective 뷰의 시점을 아래에서 위로 변경한 후, 상판의 아랫 면을 전부 선택한다. 그다음 Edit Polygons에서 Inset Setting (■)을 클릭하여 Amount에 15를 입력하고 [OK](◯)를 클릭한다.

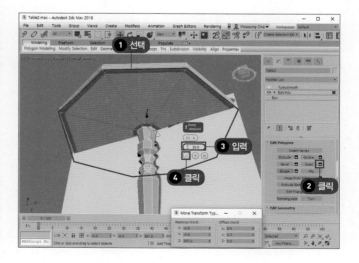

43. 시점을 위로 변경한 후, 테이블 받침대 윗부분의 면을 전부 선택한
다. 그다음 Edit Polygons에서 Inset Setting(■)을 클릭하여
Amount에 15를 입력하고 [OK](✓)를 클릭한다.

44. 테이블 받침대의 하단 면을 전부 선택한다. 그다음 Edit Polygons
에서 Inset Setting(■)을 클릭하여 Amount에 15를 입력하고
[OK](✓)를 클릭한다.

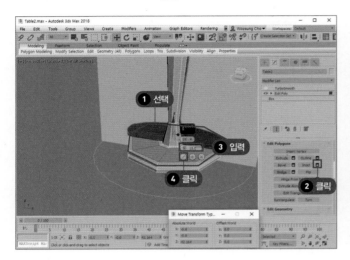

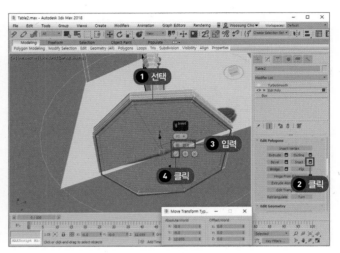

45. Stack에서 TurboSmooth의 On/Off(👁)를 클릭하여 On 상태
로 만든 후, TurboSmooth의 Main에서 Iterations에 2를 입력
하고 형태를 확인한다.

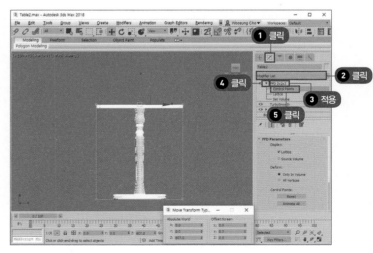

46. Front 뷰로 변경한 후, 커맨드 패널의 Modify 〉 Modifier List 〉
FFD 2x2x2를 적용한다. 그다음 FFD 2x2x2 Subtrees(▶)를
클릭하여 Control Points(1)를 선택한다.

47 상단의 Control Points를 전부 선택한 후, 하단의 절대좌표 Z에 650을 입력하여 이동한다.

48 하단의 Control Points를 전부 선택한 후, 하단의 절대좌표 Z에 0을 입력하여 이동한다.

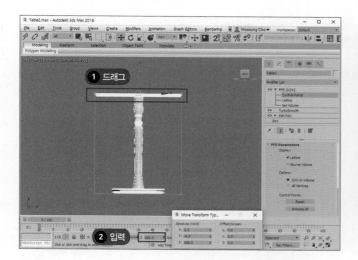

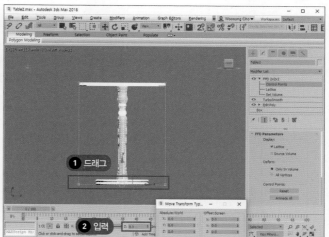

49 Top 뷰에서 메인 툴바의 Select and Uniform Scale(▣)(R)으로 변경한 후, Control Points를 전부 선택하고 XY축 방향으로 절대좌표 X,Y가 110이 되도록 크기를 수정한다.

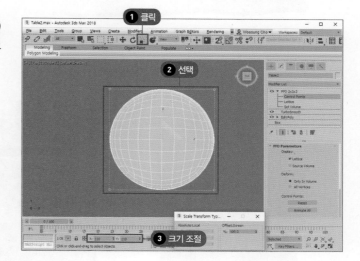

50 마지막으로 필요 없는 오브젝트를 정리하여 Table2 오브젝트만 남도록 한다.

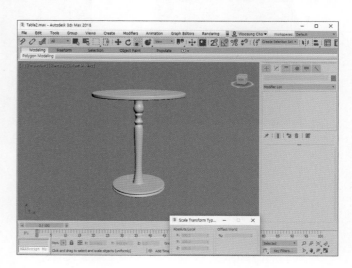

원목 테이블 상판 모델링하기

원목 테이블은 대칭 구조의 형태가 아니라 비정형으로 되어 있는 테이블이다.
모델링하기가 어렵지만 만든 후에 FFD로 변형하여 사용한다. 기본 크기는 가로: 1800, 세로: 1000, 높이: 100이다.

⦿ 예제 파일 | Sample/Part03/Lesson04/Section04/Wd Table.max
　 예제 파일 | Sample/Part03/Lesson04/Section04/WD T1~T4.jpg

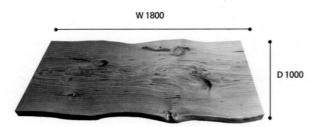

01 커맨드 패널의 Create 〉 Geometry 〉 Standard Primitives 〉 Plane를 클릭한 후, Top 뷰에서 임의의 크기로 만든다. 그다음 Name and Color에 'Plane'로 변경하고 Parameters의 Length에 1800, Width에 1000, Length Segs, Width Segs에 각각 1을 입력한다.

02 예제 폴더에 있는 상판 이미지를 드래그하여 Plane 위에 이미지를 삽입한다.

● 예제 파일 | Sample/Part03/Lesson04/Section04/WD T4.jpg

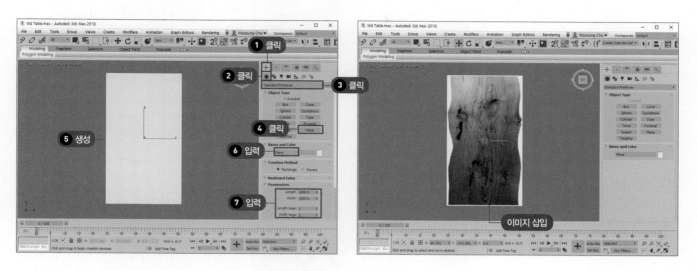

03 커맨드 패널에서 Create 〉 Geometry 〉 Standard Primitives 〉 Box를 선택한 후, 메인 툴바에서 Snaps Toggle(2⅘)(S)을 활성화한다. 그다음 Plane의 좌우 대각선 모서리를 선택하여 Box를 만든 후, Name and Color에 'Wd t'로 입력하고 Parameters의 Height를 100으로 입력한다.

04 Wd t 오브젝트를 선택한 후, 커맨드 패널의 Modify 〉 Modifier List 〉 Edit Poly를 적용한다.

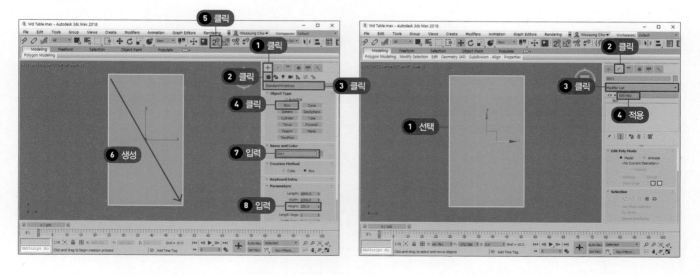

05 Edit Poly를 적용한 후, Display as See-through Toggle (Alt + X)를 클릭하여 Plane을 반투명 상태로 만든다.

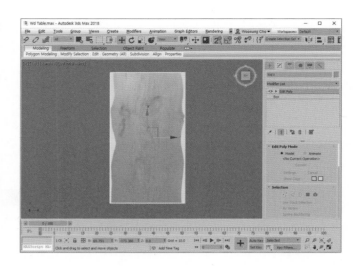

06 Selection에서 Edge(   )(2)를 선택한 후, 세로 Segment를 선택한다. 그다음 Edit Edges에서 Connect Setting(   )을 클릭한 후, Segments에 8를 입력하여 [OK](   )를 클릭한다.

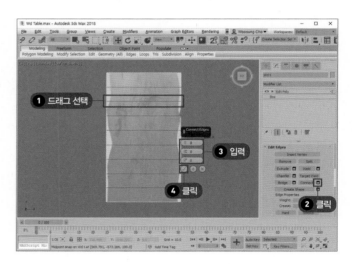

07 Selection에서 Vertex(   )(1) 선택한 후, 우측부터 Vetex를 선택한다. 그다음 Plane 이미지 외곽 라인에 맞게 위치를 수정한다.

08 Vertex의 이동은 가로 수평이 맞게 이동한다.

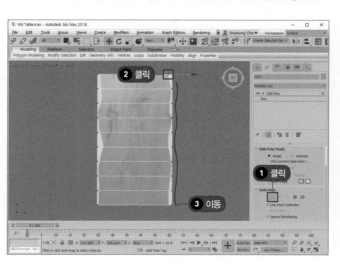

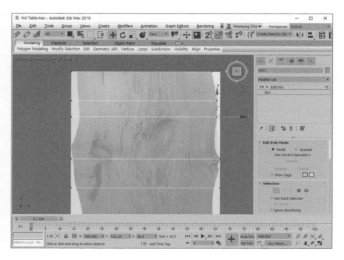

09 Edit Edges에서 Connect Setting(■)을 클릭한 후, Segments에 2를 입력하고 [OK](✓)를 클릭하여 추가로 만든다.

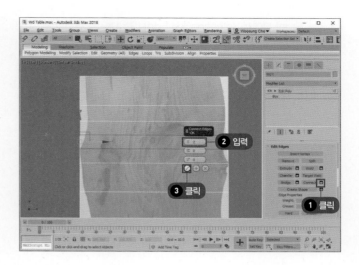

10 다음과 같이 우측 Vertex의 위치 조절이 완료하였다면 좌측의 Vertex들도 수정한다.

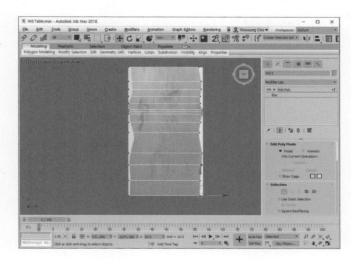

11 Vertex 이동 시 딱 맞지 않아도 되며 꺾이는 면을 생각하면서 맞춘다.

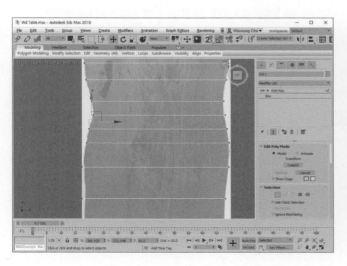

12 좌우 Vertex의 위치를 조정한 후, Display as See-through Toggle(Alt + X)를 눌러 반투명 상태를 해제한다.

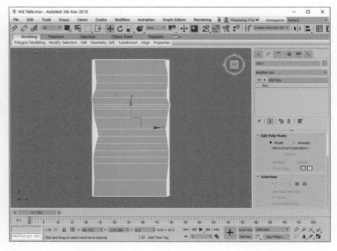

13 Front 뷰에서 Selection에서 Edge( )(2)로 변경한 후, 세로 Segment를 전부 선택한다. 그다음 Edit Edges에서 Connect Setting( )을 클릭한 후, Segments에 2를 Pinch에 88을 입력하고 [OK]( )를 클릭한다.

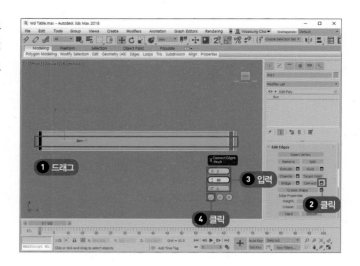

14 Top 뷰에서 가로 Segment를 전부 선택한다. 그다음 Edit Edges에서 Connect Setting( )을 클릭한 후, Segments에 2를 Pinch에 97을 입력하고 [OK]( )를 클릭한다.

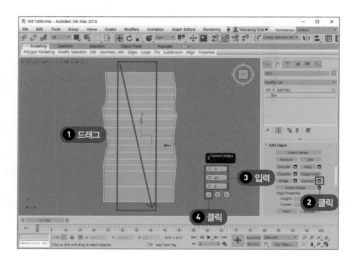

15 커맨드 패널의 Modify 〉 Modifier List 〉 TurboSmooth와 FFD 2x2x2를 적용한다. 그다음 FFD 2x2x2의 Subtrees( )를 클릭한 후, Control Points(1)를 클릭한다.

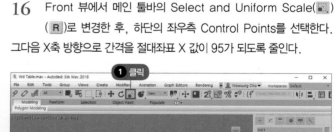

16 Front 뷰에서 메인 툴바의 Select and Uniform Scale( ) (R)로 변경한 후, 하단의 좌우측 Control Points를 선택한다. 그다음 X축 방향으로 간격을 절대좌표 X 값이 95가 되도록 줄인다.

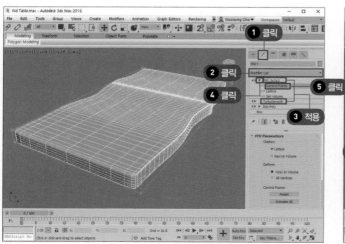

17 Perspective 뷰에서 형태를 확인한다. 옆면의 형태가 심플한 형 태가 되었다. 다음으로 옆면이 울퉁불퉁한 형태를 만들어보자.

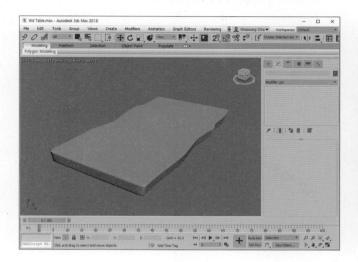

18 오브젝트를 선택한 후, 커맨드 패널의 Modify 〉 Modifier List 〉 Edit Poly를 적용한다.

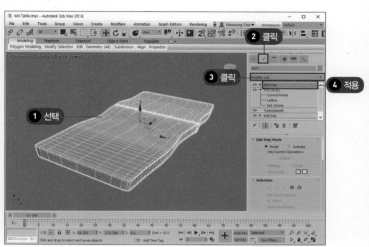

19 다음과 같이 옆면을 원하는 부분까지 선택한다.

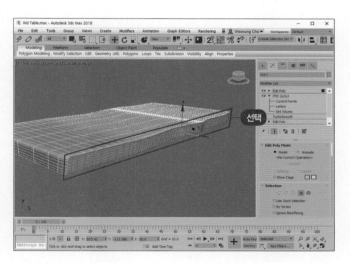

t i p

선택된 범위는 똑같게 하지 않아도 상관없다. 옆면이라고 생각되는 범위를 선택한다.

20 커맨드 패널의 Modify 〉 Modifier List 〉 Noise를 적용한다. Polygon을 선택한 상태로 명령어를 적용한다.

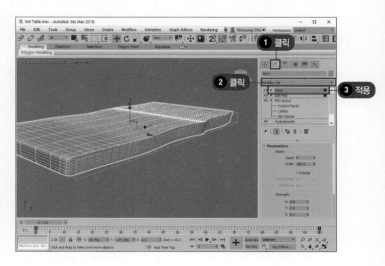

21 Parameters에서 Noise의 Seed를 390으로 입력한 후, Strenght에서 X에 −48을 입력한다.

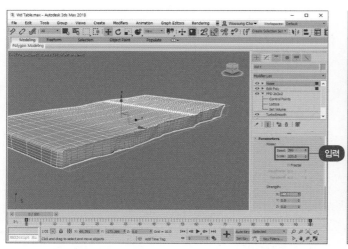

22 오브젝트 선택을 해제한 후, 옆면이 변경된 것을 확인한다. Noise 값에 따라 형태는 다르게 변경이 가능하다.

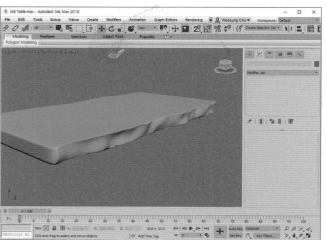

23 반대쪽 면도 Nosie를 적용하고 싶다면 커맨드 패널의 Modify 〉 Modifier List 〉 Edit Poly를 적용한다.

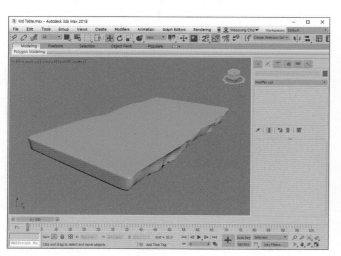

24 Edit Poly를 적용하면 다시 영역을 선택해야 한다.

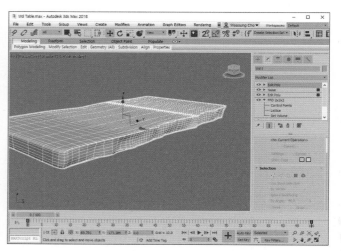

25 필요 없는 오브젝트를 삭제한 후, 저장한다.

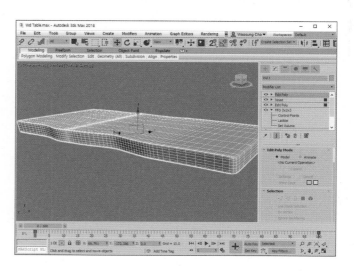

펜던트 조명 모델링 하기

다음 펜던트 이미지는 전체적인 형태가 동일하지만 패턴이 다르다. 왼쪽부터 A,B,C 타입의 조명이라 정하고
A 타입을 만들어보자. A 타입을 만들면 B,C 타입을 쉽게 만들 수 있다.

기본 크기는 지름: 33, 높이: 230이다. 기본 형태를 만든 후, 회전되어 올라가는 형태로 수정해보자.

● 예제 파일 | Sample/Part03/Lesson04/Section05/Light Twist.max
　예제 파일 | Sample/Part03/Lesson04/Section05/Light TW1.jpg
　예제 파일 | Sample/Part03/Lesson04/Section05/Light TW2.jpg

기본 형태 만들기

01 3ds Max를 실행한 후, Perspective 뷰에서 커맨드 패널의
Create 〉 Geometry 〉 Standard Primitives 〉 Box를 클릭하
여 임의의 크기로 만든다. 그다음 Name and Color에 'base',
Parameters의 Length와 Width에 330, Height에 230을 입력하여
변경한다.

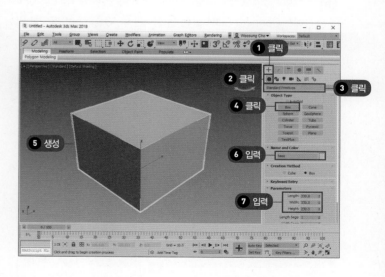

02 커맨드 패널에서 Modify 〉 Modifier List 〉 Edit Poly를 적용한
후, Selection에서 Edge( )(2)를 선택한다. 그다음 Top 뷰
에서 세로 Segment를 드래그하여 선택하고 Edit Edges에서 Connect
Setting(■)을 클릭한 후, Segments에 1를 입력하여 [OK](✔)를 클릭
한다.

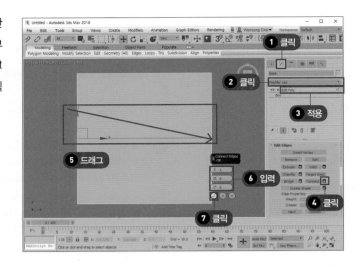

03 가로 Segment를 드래그한다. 그다음 Edit Edges에서 Connect
Setting(■)을 클릭한 후, Segments에 1를 입력하여 [OK](✔)
를 클릭한다.

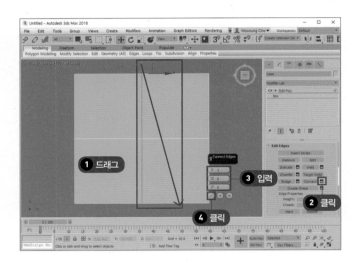

04 Front 뷰에서 세로 Segment를 선택한다. 그다음 Edit Edges
에서 Connect Setting(■)을 클릭한 후, Segments에 2를 입
력하여 [OK](✔)를 클릭한다.

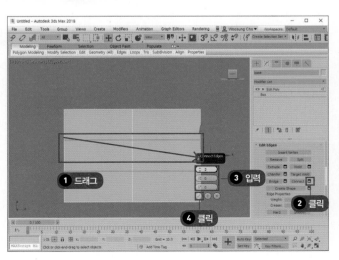

05 Selection에서 Polygon(■)(4)으로 변경한 후, 윗면을 전부
선택하여 삭제한다.

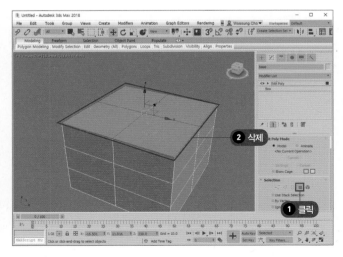

06 아랫면도 전부 선택하여 삭제한다.

07 Top 뷰에서 WireFrame(F3)으로 변경한 후, 메인 툴바에서 Snaps Toggle(2)(S)을 선택한다. 그다음 커맨드 패널의 Create 〉 Shapes 〉 Splines 〉 Circle를 클릭한 후, Creation Method에서 Edge를 선택하고 Snap을 이용하여 Box의 좌측 끝점과 우측 끝점에 접하는 원을 만든다.

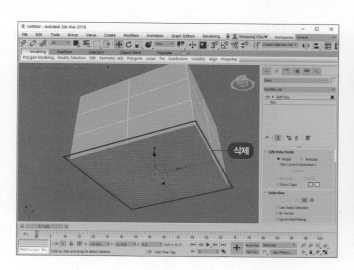

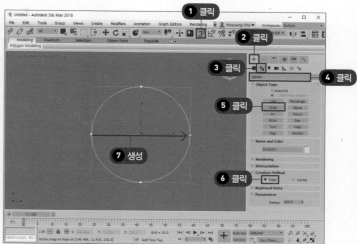

08 Base 오브젝트를 선택한 후, Selection에서 Vertex(⦂)(1) 를 클릭하고 각 모서리의 Vertex를 전부 선택한다.

09 메인 툴바에서 Select and Uniform Scale(▣)(R)로 변경한 후, XY축으로 원의 크기와 같도록 하단의 절대좌표 X, Y를 70으로 줄인다.

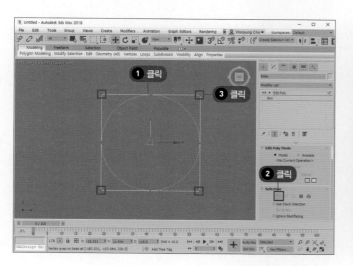

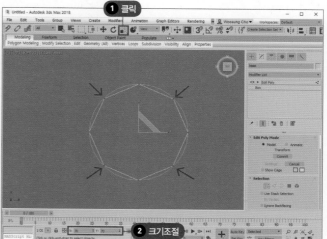

10 Front 뷰에서 제일 위 라인의 Vertex를 전부 드래그하여 선택한 후, [Transform Type-In](F12)창을 열고 Offset:Screen에서 %에 10을 입력하여 줄인다.

11 두 번째 라인의 Vertex를 전부 드래그하여 선택한 후, [Transform Type-In] 창에서 Offset:Screen의 %를 30으로 입력하여 줄인다.

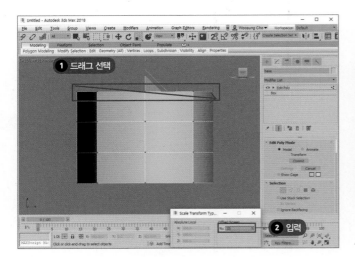

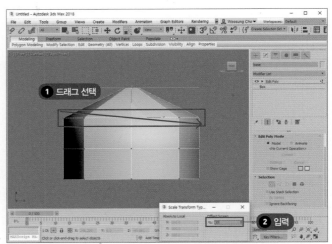

12 세 번째 라인의 Vertex를 전부 드래그하여 선택한 후, [Transform Type-In] 창에서 Offset:Screen의 %를 120으로 입력하여 늘린다.

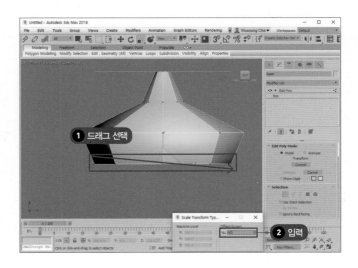

13 제일 밑 라인의 Vertex를 전부 드래그하여 선택한 후, [Transform Type-In] 창에서 Offset:Screen의 %를 80으로 입력하여 줄인다.

14 10번부터 13번 과정을 완료하면 다음과 같은 형태가 나온다. 형태를 확인한 후, 메인 툴바에 Select and Move(✛)(W)을 클릭한다.

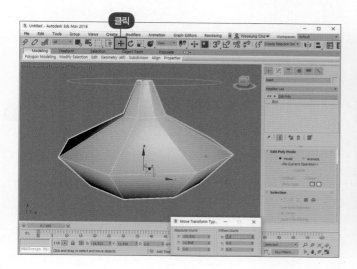

15 커맨드 패널에서 Modify 〉 Modifier List 〉 TurboSmooth를 적용한다. 그다음 TurboSmooth에서 Main의 Iteratios에 2를 입력한다. 기본적인 형태가 완성되었다. 다른 타입의 조명도 여기서부터 진행해서 만들 수 있다.

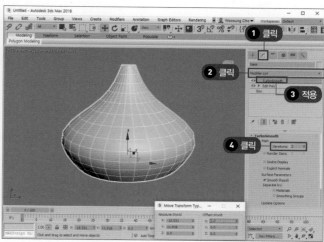

조명 모양 만들기

01 A 타입의 모양을 만들기 위해서 Top 뷰로 변경한 후, Modifier List 〉 Edit Poly를 적용한다.

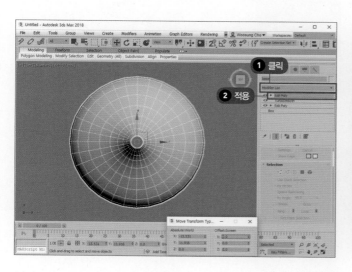

02 Selection에서 Edge(◁)(2)를 선택한 후, 12시에 위치한 세로 Segment 라인 우측의 세로 Segment를 선택한다. 그리고 한 칸식 건너 Segment를 한바퀴 선택한다.

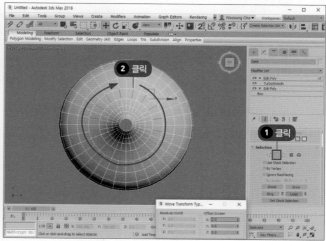

03 다음으로 Selection에서 [Loop] 버튼을 클릭하면 선택한 Segment와 연결된 Segment가 전부 선택된다.

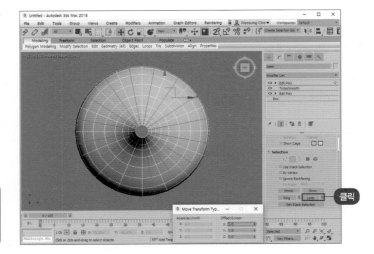

> **t i p**
>
> 점,선,면을 선택할 때 Loop와 Grow를 적극 활용한다. 일일이 선택하는 번거로움을 줄일 수 있다.

04 Perspective 뷰로 변경한 후, Edit Edges에서 Extrude Setting(□) 클릭한다. 그다음 Height에 −5를 Width에 3을 입력하고 [OK](◯)를 클릭한다.

05 다음의 이미지는 TurboSmooth를 적용했다. 조명 이미지와 비교하면 조명 상단 부위와 하단 부위를 편집해야 한다.

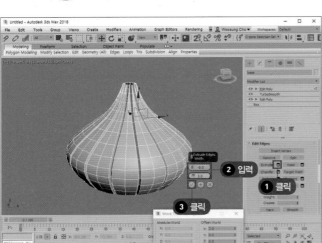

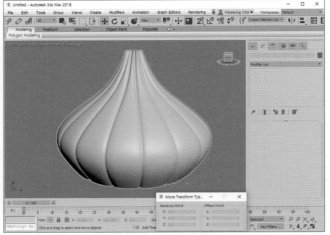

06 Front 뷰에서 WireFrame(F3)으로 변경한 후, Selection에서 Vertex(⠿)(1)을 선택한다. 그다음 상단의 Extrude가 된 Vertex를 전부 드래그하여 선택한다.

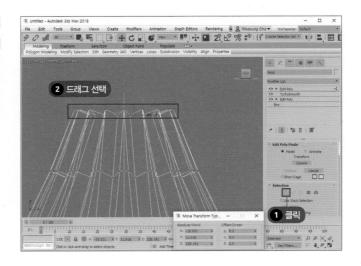

07 메인 툴바에서 Snaps Toggle(⚡)(⑤)를 클릭한 후, 위쪽 라인
의 Vertex 위치와 동일하도록 Y축 방향으로 이동한다.

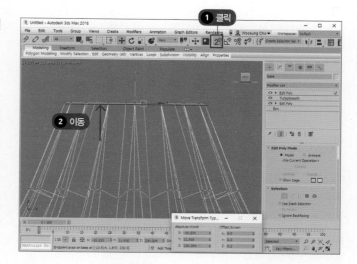

08 Edged Faces(F3)로 변경한 후, 메인 툴바에서 Select and
Uniform Scale(⬚)(R)을 클릭한다. 그다음 Top 뷰에서
[Transform Type-In] 창의 Offset:Screen에서 %를 145로 입력하
여 간격을 벌린다.

09 다음과 같은 형태가 된 것을 확인한다.

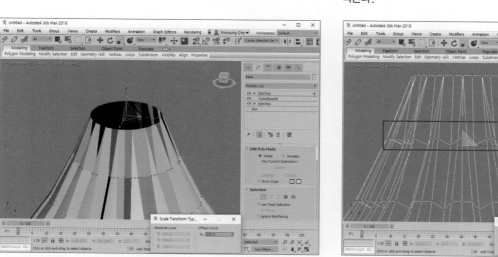

10 Front 뷰에서 WireFrame(F3) 상태로 변경한다. 그다음 위에서
두 번째 라인의 Extrude가 적용된 Vertex를 전부 드래그하여 선
택한다.

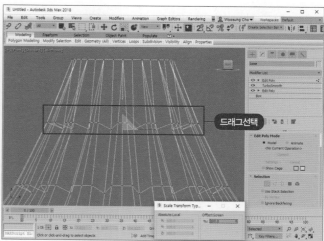

11 Top 뷰에서 Edged Faces(F3) 상태로 변경한 후, [Transform Type-In] 창에서 Offset:Screen의 %를 125로 입력하여 간격을 벌린다.

12 두 번째 라인의 Vertex까지 간격을 벌리면 TruboSmooth가 적용되었을 때 깊게 파여진 부분이 줄어든다.

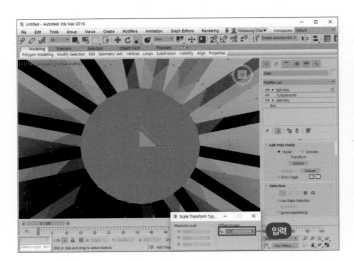

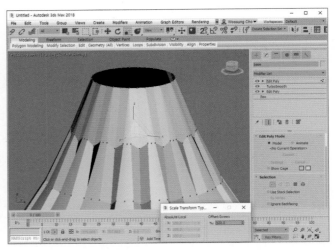

13 Front 뷰에서 WireFrame(F3)으로 변경한 후, 밑 라인의 Extrude가 된 Vertex를 전부 선택하고 메인 툴바에서 Select and Move(✥)(W)을 클릭한다.

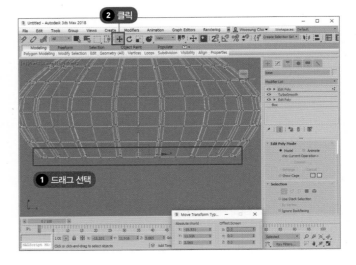

14 선택된 Vertex를 밑에 라인과 일치되도록 이동한다.

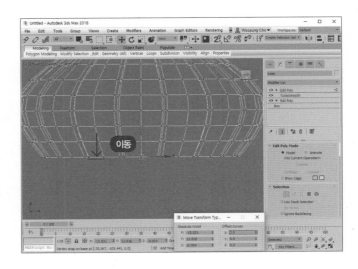

15 선택된 상태로 Perspective 뷰로 전환하고 메인 툴바의 Select and Uniform Scale(▣)(R)로 변경한 후, [Transform Type-In] 창에서 Offset:Screen의 %를 103으로 입력하여 간격을 벌린다.

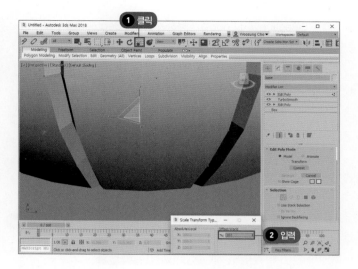

16 다음과 같이 되었다면 TruboSmooth를 적용하여 때 깊게 파여지는 부분을 부드럽게 처리할 수 있다.

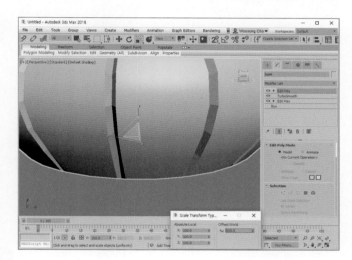

17 TurboSmooth를 적용한 상태이다. 5번 과정과는 다르게 위쪽과 아래쪽의 파여진 틈이 매끄럽게 처리된 것을 확인할수 있다.

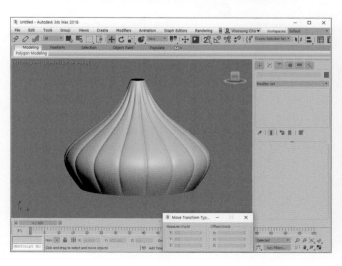

18 Selection에서 Edge(◁)(2)을 클릭하여 파여진 홈 사이의 Segment를 한바퀴 선택한다.

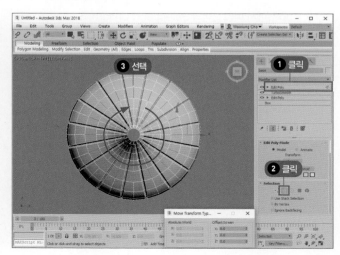

19 Selection에서 Loop를 적용하여 이어진 Segment를 전부 선택한다.

20 Front 뷰에서 Shift 를 누른 채, Selection에서 Vertex(::)(1)를 클릭하면 선택 된 Segment의 Vertex가 선택된다.

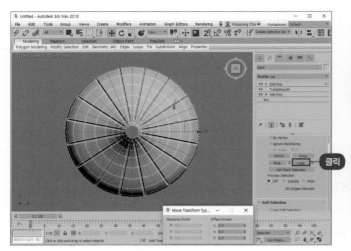

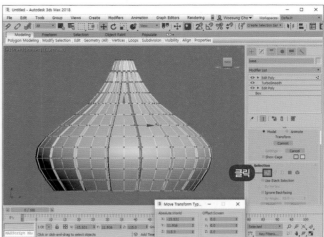

21 선택된 것을 확인한 후, 위에서 3번째 라인의 Vertex와 제일 밑 라인의 Vertex들을 Alt 를 누른 채 드래그하여 선택 해제한다.

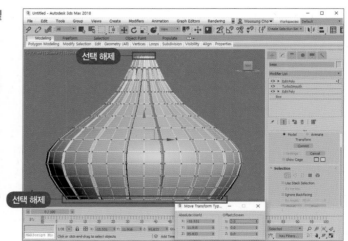

22 Top 뷰에서 메인 툴바의 Select and Uniform Scale(::)(R)로 변경한다. [Transform Type-In] 창에서 Offset:Screen의 %를 107로 입력하여 간격을 벌린다.

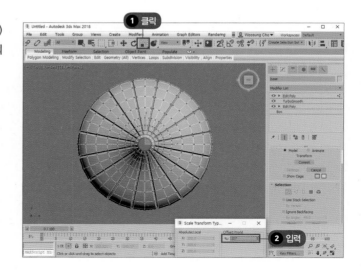

23 Perspective 뷰에서 형태를 확인하면 양파 모양처럼 되어 있다.

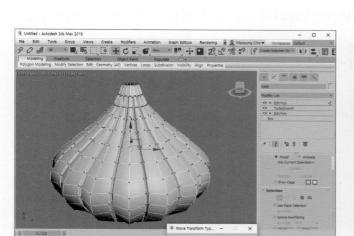

24 커맨드 패널에서 Modify 〉 Modifier List 〉 TurboSmooth를 적용한다. TurboSmooth에서 Main의 Iteratios에 2를 입력하여 면을 부드럽게 만든다.

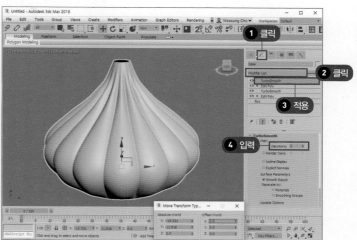

25 마지막으로 Modifier List 〉 Twist를 적용한 후, Parameters에서 Twist의 Angle에 –45를 입력하여 비틀어지게 한다.

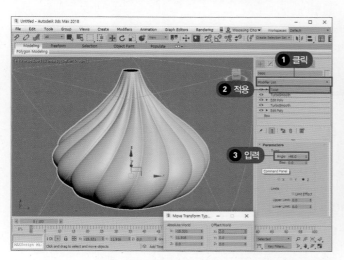

26 나머지 부분도 추가하여 완성한다.

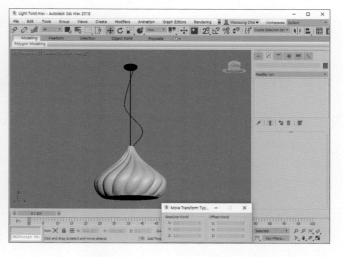

> **t i p**
>
> 조명의 다른 부분은 제공된 예제 파일을 확인하여 참고한다.

커튼 모델링 하기

커튼은 일정하지 않은 자유로운 형태이다. 부드러운 형태의 커튼 모델링을 FFD와 Noise 명령을 사용하여 만들어보자.

예제 파일 | Sample/Part03/Lesson04/Section07/curtain.max
예제 파일 | Sample/Part03/Lesson04/Section07/Curtain 01~Curtain 03.jpg

기본 형태 만들기

01 3ds Max를 실행한 후, Top 뷰의 커맨드 패널에서 Create 〉 Shapes 〉 Splines 〉 Rectangle을 선택하고 임의의 사각형을 그려준다. 그다음 Parameters에서 Length에 200을 Width에 1500을 입력하여 크기를 수정한다.

02 우 클릭하고 Quad Menu 〉 transform 〉 Convert To 〉 Convert to Editable Spline을 클릭하여 적용한다.

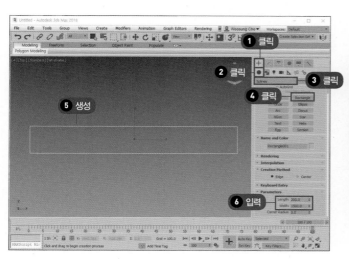

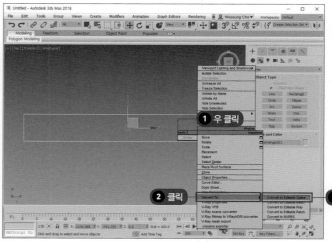

03 Selection에서 Segment(✓)(2)를 선택한 후, 상단의 가로 Segment를 제외하고 나머지는 삭제한다.

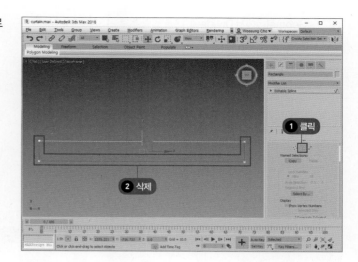

04 Selection에서 Vertex(⋮)(1)를 클릭하고 Vertex를 선택한다.

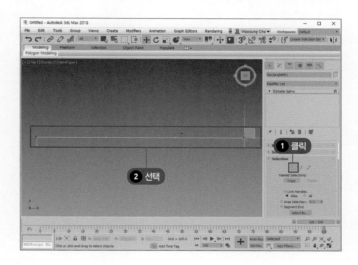

05 Divide로 일정한 간격의 Vertex를 만들기 위해 우 클릭하고 Quad Menu 〉 tools1 〉 Corner를 클릭한다.

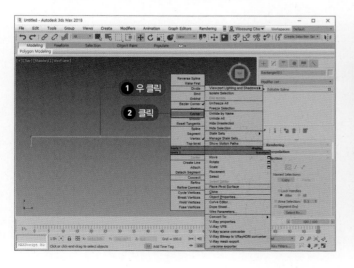

06 Selection에서 Segment(✓)(2)를 클릭하고 Segment를 선택한다.

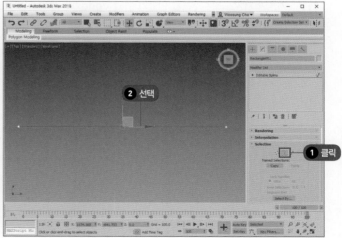

07 Geometry에서 Divide에 13을 입력한 후, 13개의 Vertex를 일정한 간격으로 추가한다.

08 Selection에서 Vertex( )(1)를 클릭하고 Vertex를 전부 선택한 후, 우 클릭하여 Quad Menu 〉 tools1 〉 Bezier를 클릭한다.

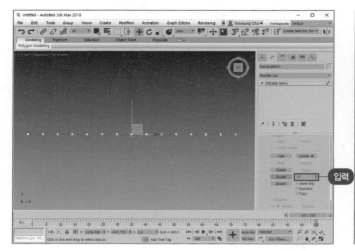

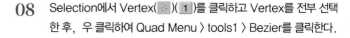

09 좌측에서 두 번째 Vertex를 선택한 후, 한 칸씩 건너서 Vertex를 선택한다.

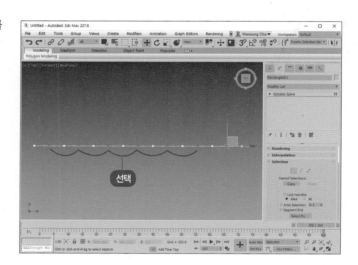

10 커튼의 자연스러운 주름을 만들기 위해 Vertex의 간격을 임의로 이동한다.

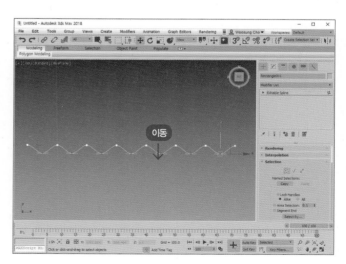

11 Vertex를 선택한 후, Vertext Handle를 조절하여 각각 Vertex 곡선이 다르게 만든다.

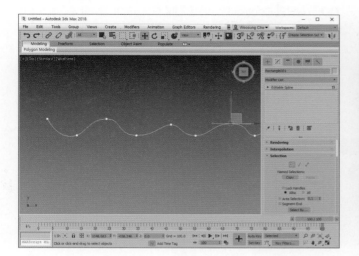

12 다음과 같이 자연스러운 커튼의 주름의 형상이 되도록 곡선을 편집한다.

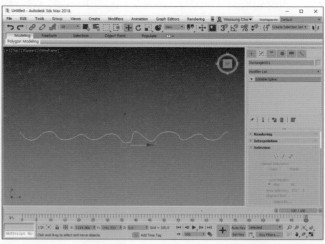

tip
천은 자유로운 형태를 가지기 때문에 형태에 큰 비중을 둘 필요는 없다.

13 커맨드 패널에서 Modify 〉 Modifier List 〉 Extrude를 적용한 후, Parameters에서 Amount에 2500을 입력한다.

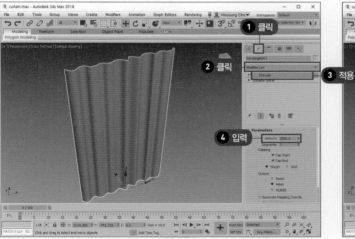

14 커튼의 기본 형태가 완성되었다. 다음은 FFD를 사용하여 모양을 변경한다.

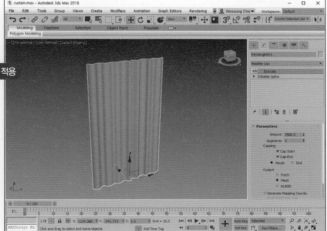

FFD를 사용하여 커텐 모양 만들기

01 커맨드 패널에서 Modify 〉 Modifier List 〉 FFD 2x2x2를 적용한 후, Stack에 FFD 2x2x2의 Subtrees (▶)를 클릭하여 Control Points (1) 선택한다.

02 상단의 Control Points를 전부 드래그하여 선택한 후, 메인 툴바에서 Select and Uniform Scale(▦)(R)를 선택한다.

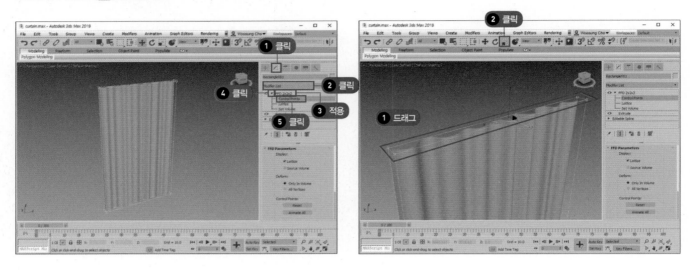

03 Y축 방향으로 Control Points를 좁혀준다. 곡선이 사라질 정도로 가깝게 좁힌다.

04 상부와 하부가 다른 모양의 커튼이 만들어진다.

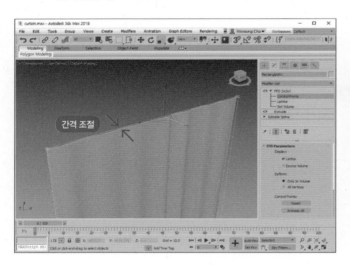

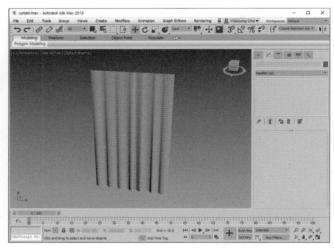

05 다시 한번 커맨드 패널에서 Modify 〉 Modifier List 〉 FFD 3x3x3을 적용한 후, Stack의 FFD 3x3x3의 Subtrees(▶)를 클릭하여 Control Points(1)를 선택한다.

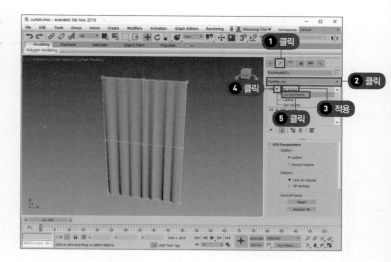

06 메인 툴바에서 Select and Move(✛)(W)를 선택한 후, 좌측과 중간의 Control Points를 드래그하여 선택하고 우측으로 이동해 보자. 커튼이 펼쳐지는 모양을 만들 수 있다.

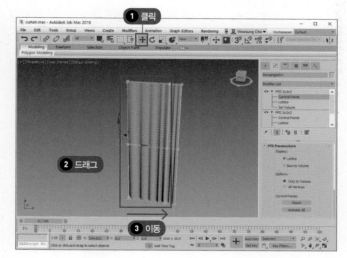

07 좌측만을 드래그하여 선택하고 우측으로 이동한다.

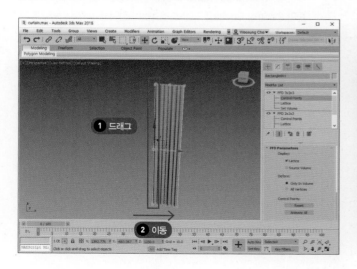

08 커튼이 접힌 모양도 만들어진다.

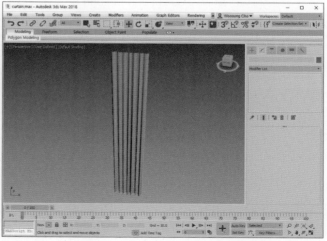

09 모양을 변형하기 위해서 커맨드 패널에서 Modify 〉 Modifier List 〉 Edit Poly를 적용한 후, Selection에서 Edge(◢)(②)를 클릭한다. 그다음 Edit Edges에서 Connect Setting(▣)을 클릭한 후, Segments에 8을 입력하고 [OK](◯)를 클릭한다.

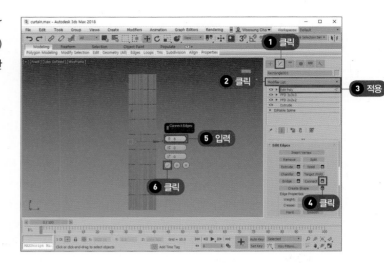

10 커맨드 패널에서 Modify 〉 Modifier List 〉 FFD 4x4x4를 적용한 후, Stack에 FFD 4x4x4의 Subtrees(▶)를 클릭하여 Control Points(①)를 선택한다.

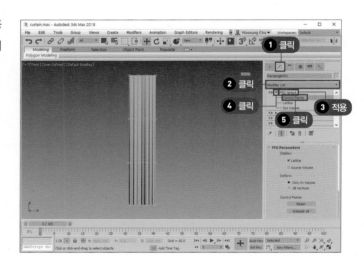

11 첫 번째 줄과 두 번째 줄의 양끝 Control Points를 드래그하여 선택한 후, 메인 툴바에서 Select and Uniform Scale (▣)(R)를 선택한다. 그다음에 X축 방향으로 간격을 벌려준다.

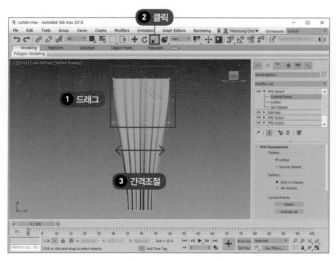

12 메인 툴바에서 Select and Move(✛)(W)을 선택한 후, 세 번째 줄의 Control Points를 전부 드래그하여 선택하고 Y축 방향으로 조금 이동한다.

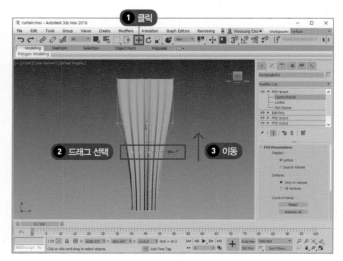

13 메인 툴바에서 Select and Uniform Scale(▦)(R)을 선택한 후, 세 번째와 네 번째 줄의 Control Points를 전부 드래그하여 선택하고 X축 방향으로 간격을 좁혀준다.

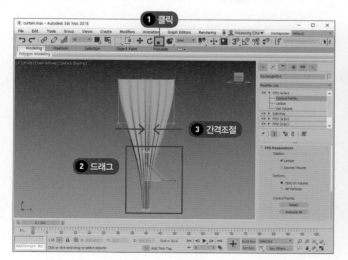

14 메인 툴바에서 Select and Move(✛)(W)을 선택한 후, 두 번째 줄의 Control Points를 전부 드래그하여 선택하고 Y축 방향 아래쪽으로 이동한다.

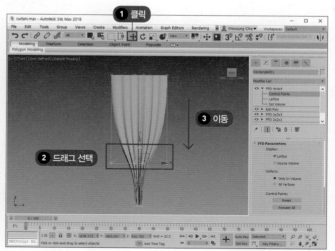

15 세 번째 줄의 Control Points를 전부 드래그하여 선택한 후, Y축 방향 위쪽으로 이동하여 커튼의 상부 모양이 곡선으로 내려오게 만든다.

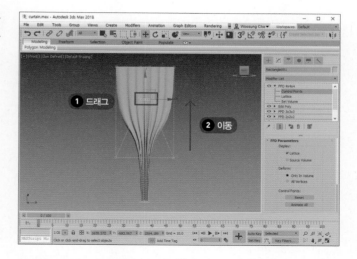

16 메인 툴바에서 Select and Uniform Scale(▦)(R)로 변경한다. 그다음 네 번째 줄의 Control Points를 전부 드래그하여 선택하고 X축 방향으로 간격을 조금 벌려준다.

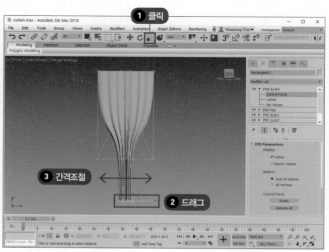

17 중앙으로 모이는 커튼 모양을 만들 수 있다.

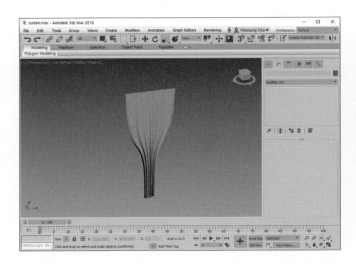

18 다음으로 상부커튼 모양을 수정해보자. 그다음 Stack에 적용했던 FFD 2x2x의 On/Off(👁)를 클릭하여 Off 상태로 만들다.

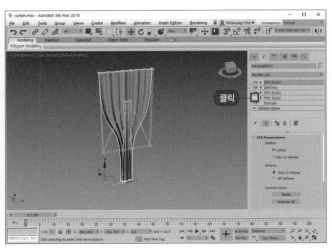

19 상부 굴곡이 풍성한 모양의 커튼을 만들 수 있다.

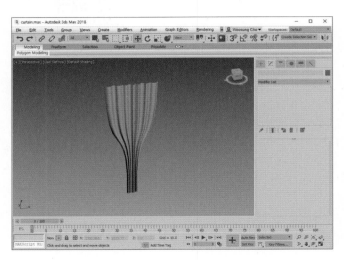

20 FFD를 삭제하여 처음으로 돌아간 후, 커튼 하단의 굴곡 모양을 변경하여 자연스럽게 바닥에 떨어진 모양을 만들어본다.

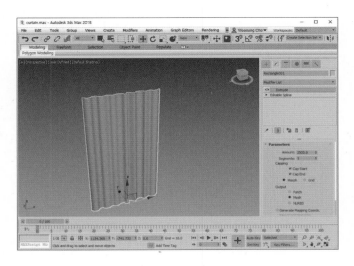

21 커맨드 패널에서 Modify 〉 Modifier List 〉 Edit Poly를 적용하여 Selection에서 Edge( )(2)를 선택한다.

22 Front 뷰에서 세로 Segment를 드래그하여 선택한다. Edit Edges에서 Connect Setting( )을 클릭한 후, Segments에 4를 입력하고 [OK]( )를 클릭한다.

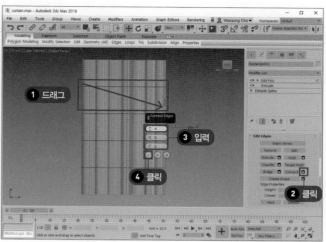

23 Selection에서 Vertex( )(1)를 클릭한 후, 만들어진 Segment 중에 제일 밑 라인의 Vertex를 드래그하여 선택한 후 아래로 최대한 이동한다.

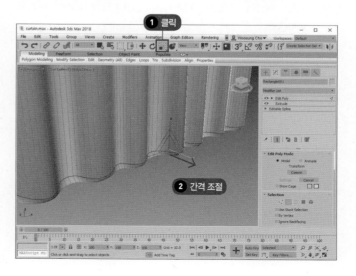

24 Perspective 뷰에서 메인 툴바의 Select and Uniform Scale ( )(R)으로 변경한 후, Y축 방향으로 적절하게 늘려준다.

25 Selection에서 Vertex( )(1)로 변경한 후, 하단의 Vertex를 전부 드래그하여 선택한다.

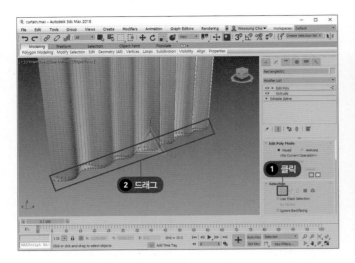

26 Vertex를 선택한 상태로 커맨드 패널에서 Modify 〉 Modifier List 〉 Noise를 적용한다.

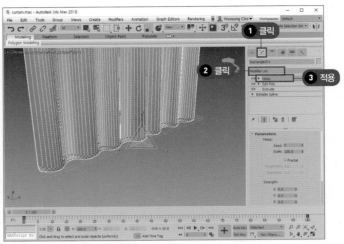

27 Parameters에서 Noise의 Seed와 Scale의 값을 변경한 후, Strength에서 X, Y, Z에 값을 원하는 만큼 입력하여 모양을 자유롭게 만들어본다.

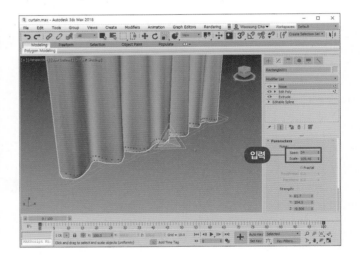

28 커맨드 패널에서 Modify 〉 Modifier List 〉 TurboSmooth를 적용한다.

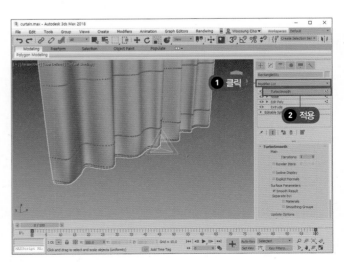

29 선택을 해제한 후, 모양을 살펴본다.

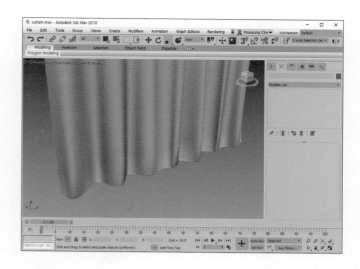

30 Noise를 사용하지 않았던 모양과 비교해보자. 29번 과정이 더 자연스러워 보인다.

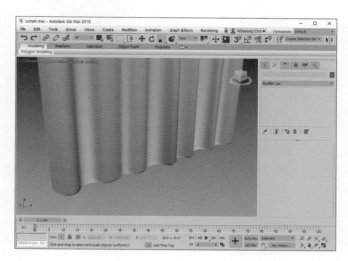

31 Line을 이용하여 기본 모양을 만든 후, Noise와 FFD를 이용하여 다양한 커튼 모양을 만들 수 있다.

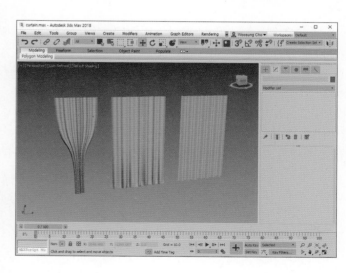

> **t i p**
> 지금까지 모델링 작업 방법을 진행하였다. 사용자마다 모델링 하는 방법은 다양하다. 사용자가 쉽고 빠르게 만들 수 있는 방법을 익히고 숙달해보도록 하자.

모델링의 순서는 외관 벽체 및 창호와 같은 큰 틀부터 시작하고
내부 벽체와 구조물, 그리고 가구 및 조명 등의 집기 순으로 진행한다.

3DS MAX 2018

4

건축 모델링

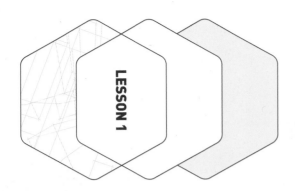

LESSON 1

순서별 공간 모델링하기

도면을 배치하고 벽면, 바닥, 천장 순으로 만든 후, 내부 공간에 문이나 창문 그리고 가구와 조명들을 만들어보자.

SECTION 1

모델링 공간 확인하기

모델링을 시작하기 전 이미지를 참고하여 정보들을 파악한다.

모델링 예제는 S-House/Coil Kazuteru Matumura Architects의 작품으로 심플하고 모던한 건축물이다. 이미지들을 확인하고 모델링 과정을 상상해보자.

● 예제 파일 | Sample/Part03/Lesson01/S-House image/Shouse-001~027.jpg

도면을 배경으로 벽체 만들기

각 방향에 맞는 입면도를 확인하여 외부 건축 벽체를 만든다. 정면, 좌측면, 배면, 우측면 벽체를 만들어보자.

1, 2층 벽체 만들기

01 메인 메뉴바의 File 〉 Open을 선택하여 예제 파일을 불러온다.

⊙ 예제 파일 | Sample/Part03/Lesson02/배치도.max

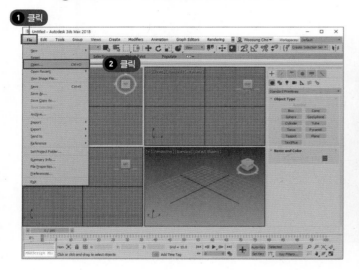

02 메인 메뉴바의 File 〉 Save as를 선택하고 [Save File As] 창에서 File name에 'S-House'을 입력한 후, 원하는 경로에 다른 이름으로 저장한다.

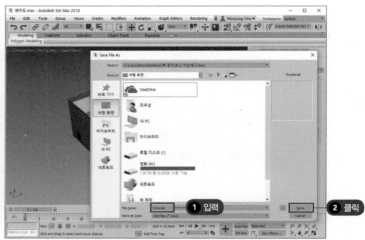

03 1층부터 작업을 시작한다. Plan 오브젝트를 제외하고 다른 오브젝트들을 Hide 명령으로 숨긴다.

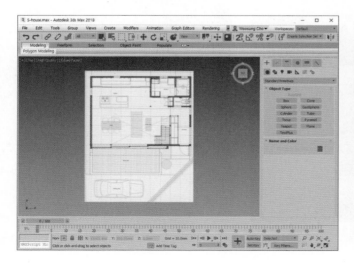

04 커맨드 패널에서 Create 〉 Shapes 〉 Splines 〉 Line을 클릭한 후, 좌측 하단의 벽체 라인을 따라 그린다.

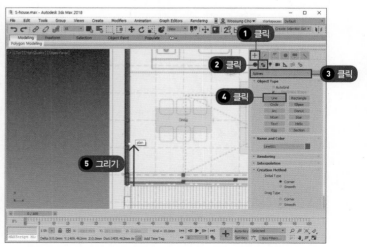

> **tip**
>
> Shift 를 누른 상태로 Line을 그리면 수평 수직으로 방향을 제어할 수 있다.

05 벽체의 문이나 창문의 위치에 Vertex를 만든다.

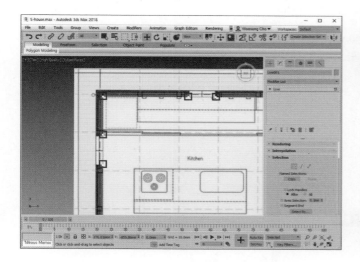

06 내부 벽체가 시작되는 구간에도 Vertex를 만든다.

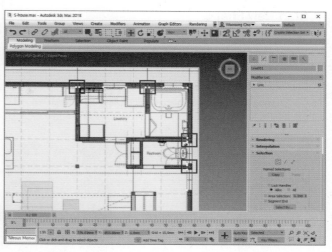

07 외부 벽체 라인을 만든 후, Name and Color에 'out 1f wall'을 입력하고 마무리한다.

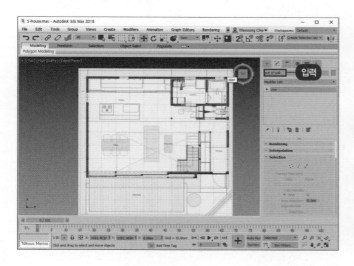

08 Shift 를 누른 채 내부 벽체 라인도 그려준다.

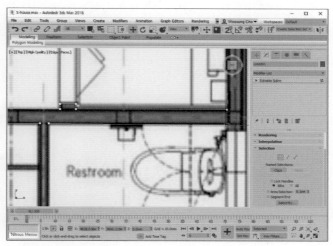

09 마지막으로 Name and Color에 'in 1f wall'을 입력한다.

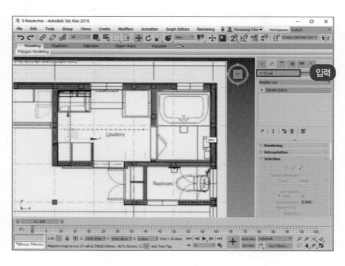

Start New Shape

Start New Shape의 체크를 해제한 후, Line이나 Rectangle, Circle을 계속해서 만들면 하나의 Shape로 만들어진다. Attach 작업의 반복을 줄일 수 있고 Vertex Handle을 사용하여 곡선을 만드는 것보다 Circle이나 Arc를 사용하여 곡선을 만드는 것이 형태를 정확하게 표현할 수 있다.

01. 마지막으로 만든 Line 오브젝트를 선택한 후, 커맨드 패널에서 Create 〉 Shapes에 Start New Shape의 체크를 해제하고 Line을 계속해서 그린다.

02. [Spline] 창이 나타나면 [예] 버튼을 누르고 창을 닫는다. 그 후에 Line 오브젝트를 선택하면 별도로 선택되지 않고 하나의 오브젝트로 선택이 된다.

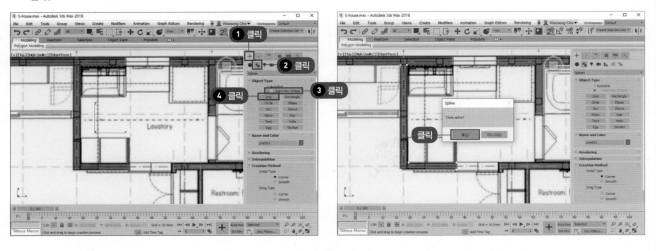

---

10 외부 벽체의 1층 높이는 2810mm이고 2층은 2180mm이며 내부 벽체의 1층 높이는 2400mm이고 2층은 1950mm이다.

11 out 1f wall 오브젝트를 선택한 후, 커맨드 패널에서 Modify 〉 Modifier List 〉 Extrude를 클릭하고 Parameter에서 Amount에 2810을 입력한다.

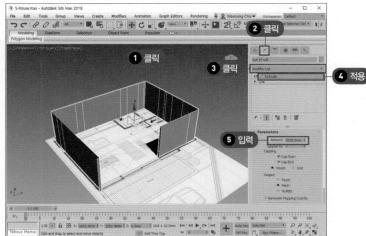

12 in 1f wall을 선택한 후, 커맨드 패널에서 Modify 〉 Modifier List 〉 Extrude를 클릭하고 Parameter에서 Amount에 2400을 입력한다.

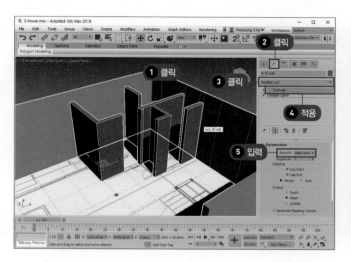

13 2층의 벽체를 만든다. 2f plan을 제외하고 Unhide 한 후, 2f plan을 선택하여 하단의 절대좌표 Z에 0을 입력한다.

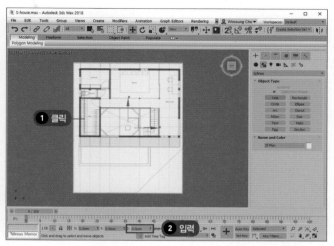

> **t i p**
>
> 2f plan의 Z 좌표가 0보다 높게 있으면 Line으로 벽체를 따라 만들 때 선이 보이지 않는다.

14 커맨드 패널에서 Create 〉 Shapes 〉 Splines 〉 Line을 선택한 후, 1층 벽체와 같이 2층도 만든다. 만든 후에 Name and Color에 'out 2f wall'을 입력한다.

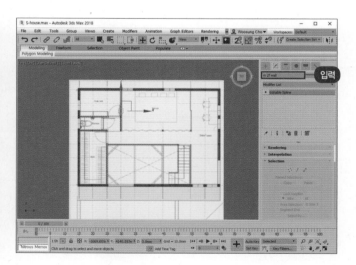

15 2층 좌측에 있는 내부 벽체도 만든 후, Name and Color에 'in 2f wall'을 입력한다.

16 out 2f wall을 클릭한 후, 커맨드 패널에서 Modify 〉 Modifier List 〉 Extrude를 선택한다. 그다음 Parameter에서 Amount에 2990을 입력한다.

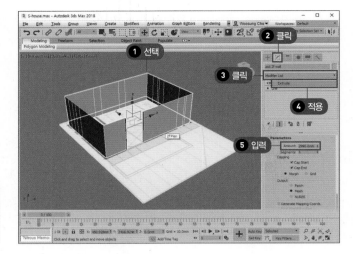

tip

2층 높이는 2180mm지만, 천장 높이 810mm까지 포함하여 2990mm를 입력한다.

17 in 2f wall을 클릭한 후, 커맨드 패널에서 Modify 〉 Modifier List 〉 Extrude를 클릭하고 Parameter에서 Amount에 1950을 입력한다.

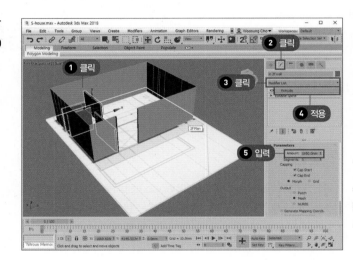

18 벽체 오브젝트들을 선택한 후, [Transform Type-In]([F12]) 창을 열고 Offset:Screen의 Y에 2810을 입력하여 이동한다.

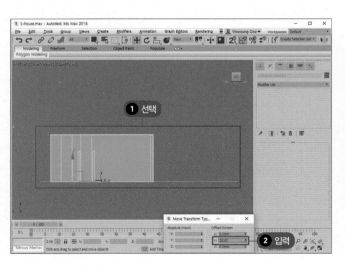

19 1, 2층 외부 벽체를 선택한 후, 다른 오브젝트들은 Hide로 숨긴다.

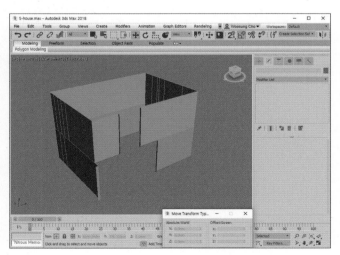

20 Top 뷰에서 확인을 하면 이미지를 따라 만들었기 때문에 1층과 2층의 벽체 라인이 맞지 않는다.

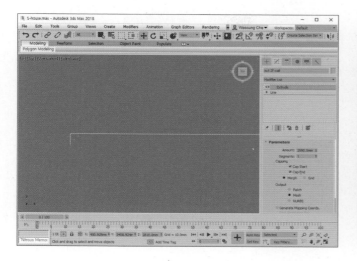

21 out 2F wall 오브젝트를 선택한 후, 커맨드 패널에서 Modify 〉 Line을 선택한다. 그다음 Selection에서 Edge( )(2)를 클릭하고 1층 벽체를 기준으로 2층 벽체 Line을 이동하여 일치시킨다.

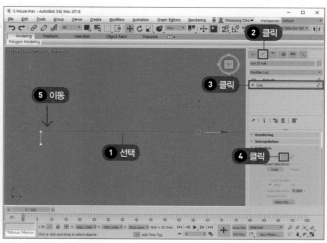

t i p

1층 벽체를 기준으로 같은 라인이 되도록 수정한다. 벽체의 기준이 2층이어도 상관없다.

정면 벽체 창호 만들기

01 el-C, B, R, L 오브젝트들을 선택한 후, 다른 오브젝트들을 Hide 명령으로 숨긴다.

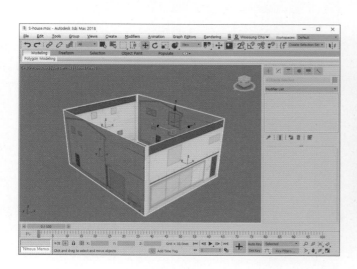

02 내부 공간 높이에 맞춰 작업하기 위해 이미지를 조정한다. [Transform Type-In](F12) 창을 열고 Offset:Screen의 Z에 -610을 입력한다.

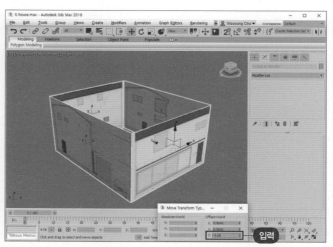

t i p

오브젝트의 하부 위치를 바닥 높이(G.L=Ground Level)와 동일하게 수정한다.

03 el-C 오브젝트와 out 1f wall, ou2 1f wall 오브젝트를 제외하고 오브젝트를 숨긴다.

04 el-C 오브젝트를 선택한 후, 벽체 오브젝트의 뒤로 움직이거나 안쪽으로 이동한다.

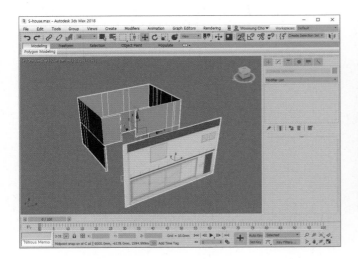

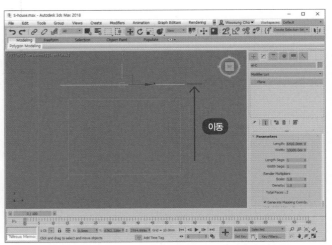

05 벽체 오브젝트를 전부 선택한 후, `Alt` + `X`를 눌러 Display as See-through Toggle를 활성화하여 반투명 상태로 변경한다.

06 out 1f wall 오브젝트를 선택한 후, 커맨드 패널에서 Modify 〉 Modifier List 〉 Edit Poly를 선택한다. 그다음 Selection에서 Edge(◁)(2)를 클릭한다.

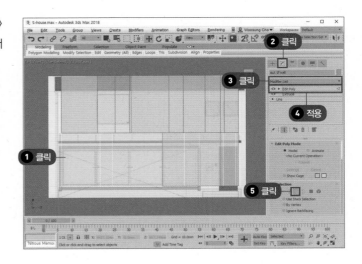

07 세로 Segment를 드래그하여 선택한 후, Edit Edges에서 Connect Setting(■)을 클릭한다. 그다음 Segments에 1을 입력하고 [OK](◯)를 클릭하여 적용한다.

08 Selection에서 Vertex(⁙)(1)를 선택한 후, 하단의 절대좌표 Z에 2100을 입력하여 이동한다.

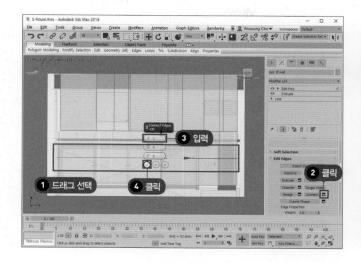

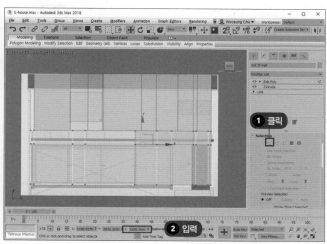

09 정면 창 위의 벽체를 만든다. Selection에서 Polygon(■)(4)을 클릭한 후, 창 위 오른쪽 벽면의 옆면 윗부분을 선택한다. 그다음 Edit Polygons에서 Extrude Setting(■)을 클릭한 후, Amount에 1500을 입력하고 [OK](◯)를 클릭한다.

10 Front 뷰로 전환하고 Selection에서 Vertex(⁙)(1)을 클릭한 후, Extrude한 면을 선택하고 좌측의 벽면 라인과 맞닿게 이동한다.

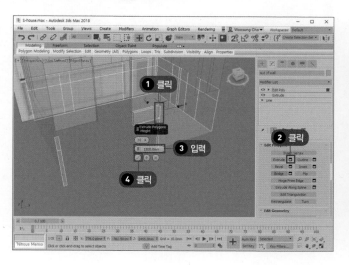

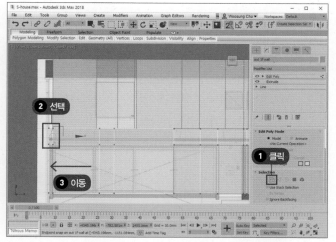

11 Selection에서 Polygon(■)(4)을 클릭하여 오른쪽 문이 있는 곳을 선택하다. 그다음 Edit Polygons에서 Extrude Setting(□)을 클릭한 후, Amount에 −1500을 입력하고 [OK](✔)를 클릭한다.

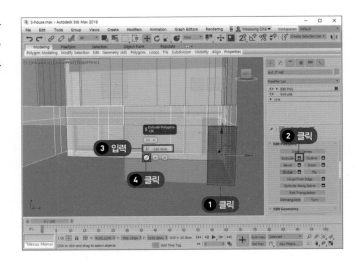

12 out 2f wall을 클릭하여 out 1f wall를 선택한 후, 커맨드 패널에서 Modify 〉 Modifier List 〉 Edit Poly를 클릭하고 Selection에서 Edge(◁)(2)를 선택한다.

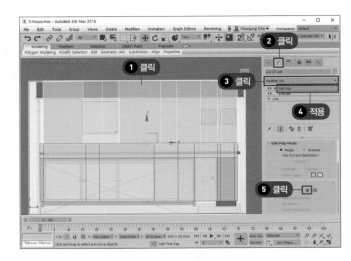

13 세로 Segment를 선택한 후, Edit Edges에서 Connect Setting(□)을 클릭한다. 그다음 Segments에 2를 입력하고 [OK](✔)를 클릭한다.

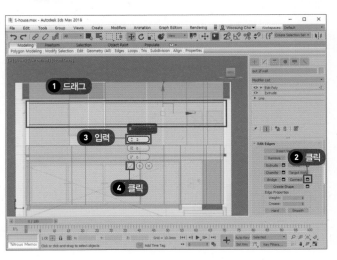

14 1층처럼 Vertex와 Segment를 선택한 후, 창문 크기에 맞게 이동한다.

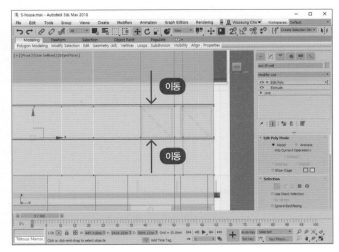

15 좌측도 마찬가지로 Vertex를 창문 크기에 맞게 이동한다.

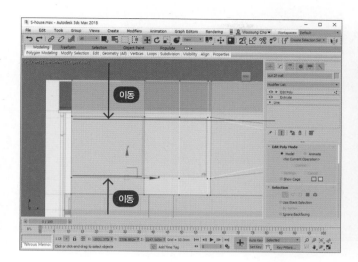

16 좌측 창문 위치의 벽체를 만든다. Selection에서 Polygon(■) (4)을 선택한 후, 위아래의 옆면을 선택한다.

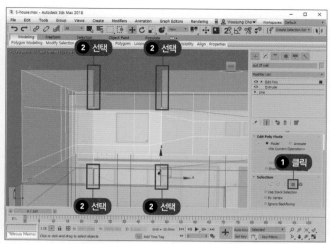

17 Edit Polygons에서 Bridge를 선택하여 면을 서로 연결한다.

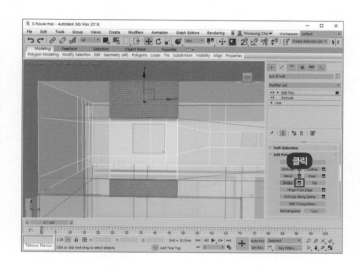

18 우측 창문의 면을 선택한 후, Edit Polygons에서 Extrude Setting(■)을 클릭한다. 그다음 Amount에 −1500을 입력하고 [OK](✓)를 클릭하여 적용한 후, 선택된 면을 삭제한다.

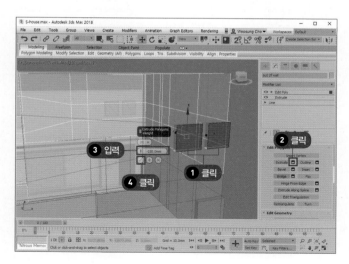

19 정면 벽체 수정을 완료하였다. 정면 벽체 창호 과정을 참고하여 좌측면, 배면, 우측면 벽체를 수정한다.

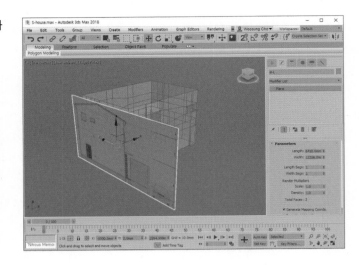

좌측면 벽체 창호 만들기

01 el- L 오브젝트를 사용하여 다음과 같이 좌측면 벽체를 수정한다.

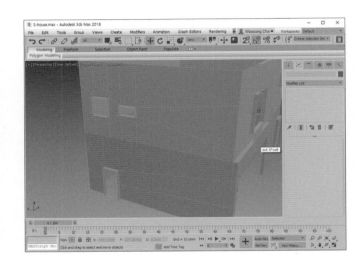

배면 벽체 창호 만들기

01 el- B 오브젝트를 사용하여 다음과 같이 배면 벽체를 수정한다.

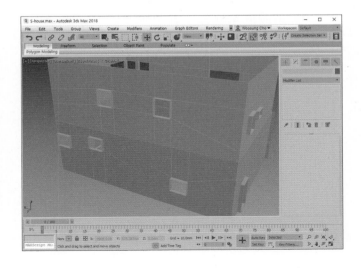

우측면 벽체 창호 만들기

01   el- B 오브젝트를 사용하여 다음과 같이 우측면 벽체를 수정한다.

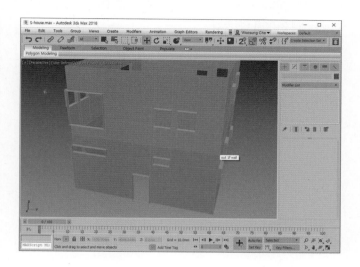

외부 벽체 만들기

01   1f plan 오브젝트를 제외하고 Hide 한 후, Top 뷰로 변경한다. 그다음 1층 앞 외부 공간의 벽체를 만든다.

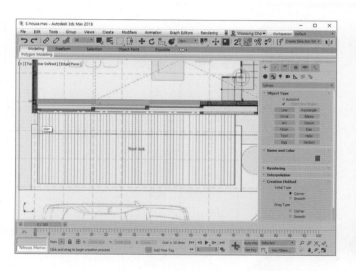

02   커맨드 패널에서 Create 〉 Shapes 〉 Splines 〉 Line을 선택한 후, 벽체를 따라 만든다. 그다음 Name and Color에 'con wall'를 입력한다.

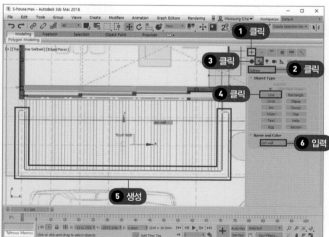

03 con wall 오브젝트를 선택한 후, 커맨드 패널에서 Modify 〉
Modifier List 〉 Extrude를 클릭하고 Parameters에서
Amount에 2100을 입력한다.

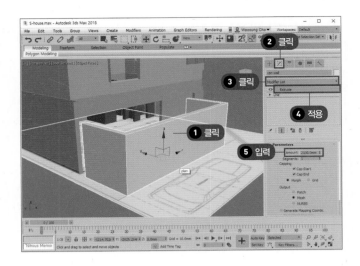

천장과 바닥 만들기

벽체 크기에 맞춰 1, 2층 천장과 바닥을 만들어보자.

외부 바닥 만들기

01 1f plan 오브젝트를 제외하고 Hide 한 후, 커맨드 패널에서
Create 〉 Shapes 〉 Splines 〉 Line을 선택하여 바닥 라인을
따라 만든다. 그다음 Name and Color에 'deck wd'라고 입력한다.

02 deck wd를 선택한 후, 커맨드 패널에서 Modify 〉 Modifier
List 〉 Edit Poly를 클릭하여 Polygon 상태로 만든다.

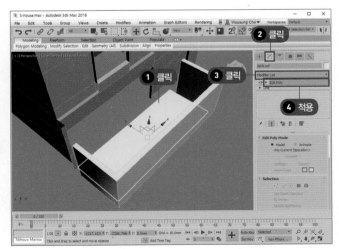

1층, 2층 바닥 만들기

01 벽체 오브젝트를 제외하고 Hide 한 후, Top 뷰로 변경한다. 그다음 메인 툴바에서 Snaps Toggle(2³)(S)을 클릭한다. 그리고 커맨드 패널에서 Create 〉 Shapes 〉 Splines 〉 Rectangle를 선택한 후, Snap을 활성화하고 벽체의 좌측 상단과 우측 하단의 Vertex를 선택하여 만든다.

02 Rectangle를 선택한 후, 커맨드 패널에서 Modify 〉 Modifier List 〉 Edit Poly을 적용하고 Name and Color에 '1f pl'을 입력한다.

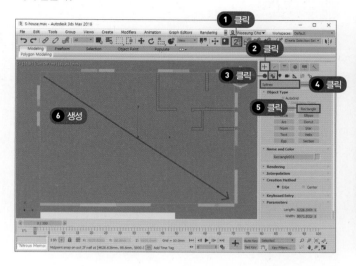

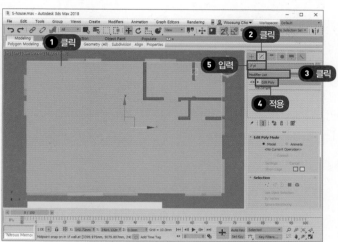

03 Selection에서 Edge(◁)(2)를 클릭한 후, 세로 Segment를 전부 드래그하여 선택한다. 그다음 Edit Edges에서 Connect Setting(■)을 클릭한 후, Segments에 1을 입력하고 [OK](⊘)를 클릭한다.

04 메인 툴바에서 Snaps Toggle(2³)(S)을 클릭한 후, Snap을 사용하여 만들어진 Segments를 좌측 하단의 우측 창문 끝 라인과 같아지게 이동한다.

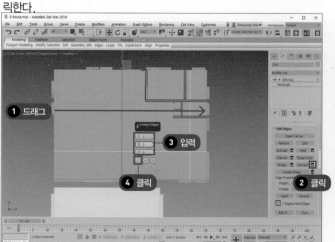

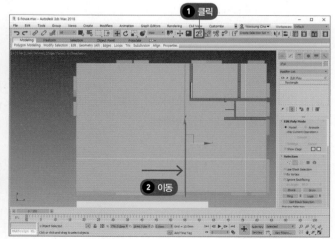

05 Perspective 뷰로 변경한 후, 좌측 하단의 창문 쪽 Segment를
선택한다. 그다음 Shift 를 누른 상태로 벽 바깥쪽으로 이동하여
Polygon을 만든다.

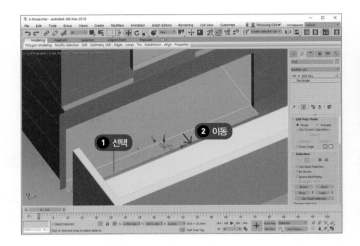

06 Top 뷰에서 베란다 바닥의 위쪽 면과 만나게 Y축 방향으로 이동한다.

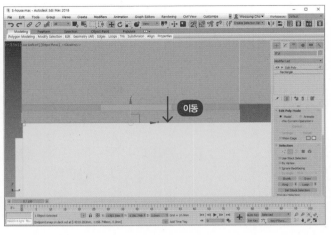

07 Perspective 뷰에서 1f pl 오브젝트를 선택한 후, Ctrl + V 를
누르고 [Clone Options] 창에서 Object에 Copy를 체크한다.
그다음 Name and Color에 '2f pl'를 입력한 후, [OK] 버튼을 클릭하여
복사한다.

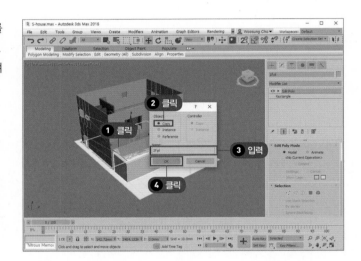

08 06번 과정에서 만든 면을 선택하여 삭제한 후, 하단의 절대좌표 Z
에 2810을 입력하여 위로 이동한다.

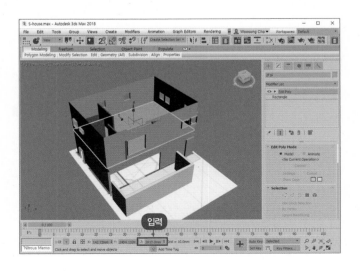

09 2층의 벽체와 바닥 오브젝트를 제외하고 Hide 한다.

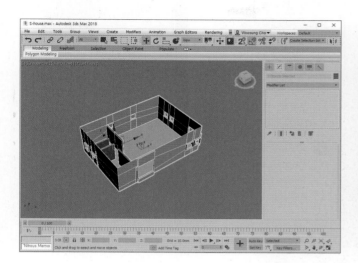

10 2f plan 오브젝트를 Unhide 한 후, 2f pl 오브젝트를 선택하고 Display as See-through Toggle(Alt + X)를 클릭하여 반투명 상태로 만든다.

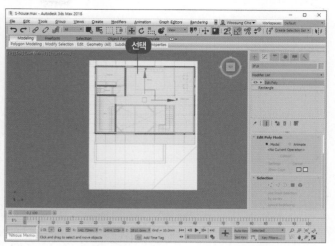

11 Selection에서 Edge( )(2)를 클릭한 후, 세로 Segment를 전부 드래그하여 선택한다. 그다음 Edit Edges에서 Connect Setting( )을 클릭한 후, Segments에 1을 입력하고 [OK]( )를 클릭한다.

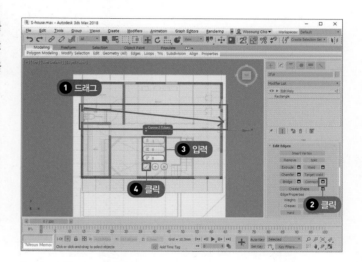

12 가로 Segment를 전부 드래그하여 선택한 후, Edit Edges에서 Connect Setting( )을 클릭한다. 그다음 Segments에 2를 입력하고 [OK]( )를 클릭한다.

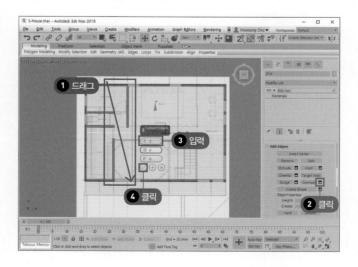

13 Selection에서 Vertex(⋯)(1)를 선택한 후, Vertex들을 2층의 좌측 벽체 안쪽으로 벽 라인과 동일하게 이동한다.

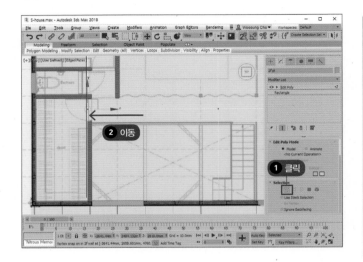

14 보이드 공간 우측에서 계단 우측으로 Vertex를 이동한다.

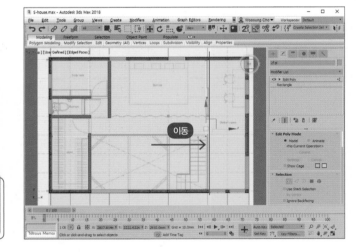

t i p

보이드 공간은 구심점이 되는 곳으로 주로 층과 층사이의 뚫려져 있는 공간
을 지칭한다.

15 Selection에서 Polygon(■)(4)을 선택한 후, 보이드 공간의
면을 선택하고 삭제한다.

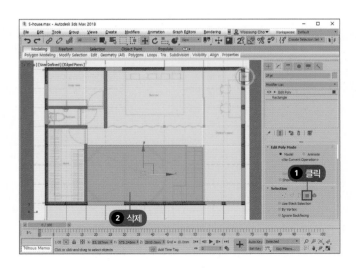

16 커맨드 패널에서 Modify > Modifier List > Shell을 클릭한 후, Parameters에서 Inner Amount에 50을 입력하여 두께를 만든다.

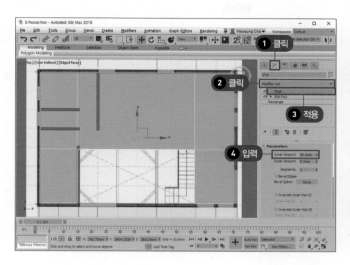

17 el-S 오브젝트를 Unhide 한 후, 선택하여 [Transform Type-In](F12)창을 열고 Offset:Screen의 Y에 -610을 입력하여 이동하고 2층 바닥의 두께를 확인한다.

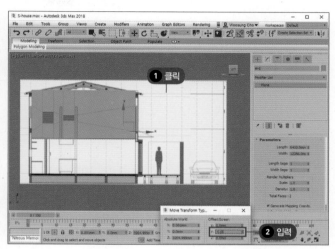

1, 2층 천장 만들기

01 1,2층 천장은 예제 파일 Shouse-008.jpg를 참고하여 만든다. 1층 우측 천장의 끝나는 부분과 정면 안쪽의 2층 벽과 천장이 연결되어 있는 형태를 확인한다. 그리고 2층 천장은 사선 구조이다.

02 Left 뷰로 변경한 후, el-S 오브젝트의 단면을 참고하여 1층 천장의 끝부분을 확인한다.

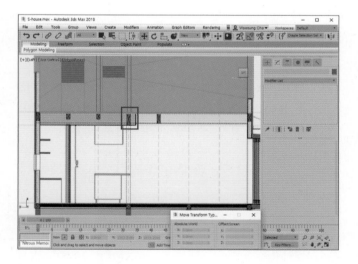

03 커맨드 패널에서 Create > Shapes > Splines > Rectangle를 클릭한 후, 메인 툴바에서 Snaps Toggle( )(S)을 선택한다. 그다음 2층 바닥 좌측 밑 라인의 Vertex를 Snap을 사용하여 선택한 후, 우측의 1층 천장이 끝나는 부분까지 이동하여 만든다.

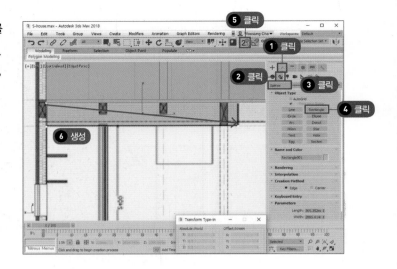

04 Rectangle를 선택한 후, 커맨드 패널에서 Modify > Modifier List > Extrude를 클릭하고 Parameters에서 Amount에 1950을 입력한다.

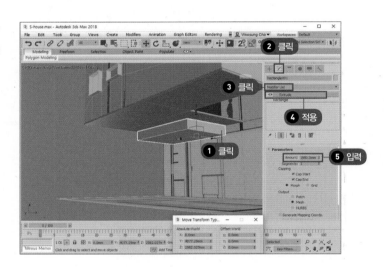

05 커맨드 패널에서 Modify > Modifier List > Edit Poly를 클릭한 후, Selection에서 Vertex( )(1)을 선택한다. 그다음 좌측의 Vertex를 선택한 후, 벽 라인과 같아지게 좌측 끝으로 이동한다.

06 우측의 Vertex를 선택한 후, 벽 라인과 같아지게 우측 끝으로 이동한다.

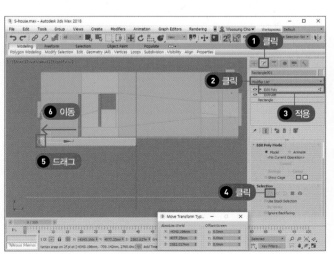

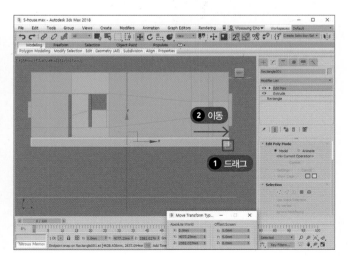

07 Name and color에 '1f ceil wh'를 입력하여 이름을 변경한다.

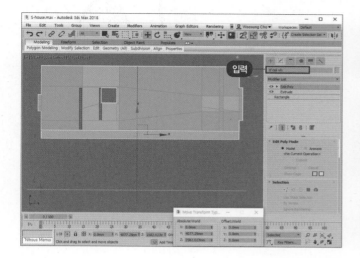

08 2층 천장을 만든다. el-S 오브젝트를 제외하고 전부 Hide 한다.

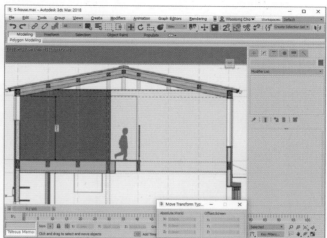

09 커맨드 패널에서 Create 〉 Shapes 〉 Splines 〉 Line을 선택한 후, 사선에 맞춰 만든다.

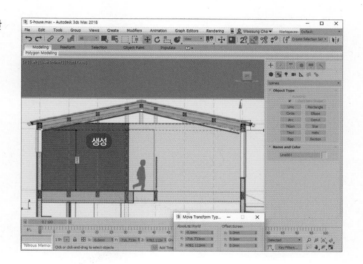

10 Line을 선택한 후, 커맨드 패널에서 Modify 〉 Modifier List 〉 Extrude를 클릭하고 Parameters에서 Amount에 1950을 입력한다.

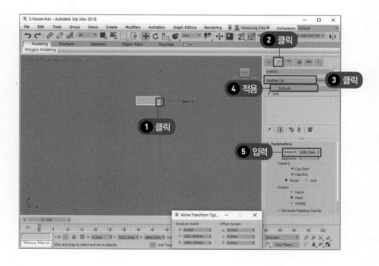

11 out 2f wall을 Unhide 한 후, 선택한다. 그다음 Display as See-through Toggle(Alt + X)을 클릭하여 반투명 상태로 변경한다.

12 화면을 확대한 후, 2층 천장 오브젝트를 선택한다. 그다음 Stack 에서 Line을 선택한 후, Selection에서 Vertex(⋮⋮)(1)를 클릭한다.

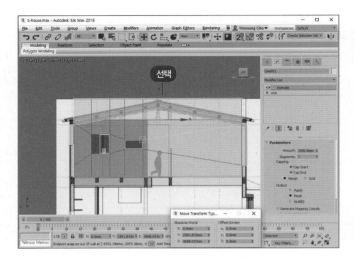

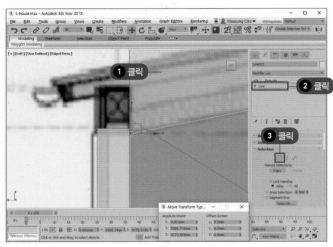

13 Vertex를 선택한 후, 2층 벽체 창문의 안쪽 Vertex와 겹쳐지게 이동한다.

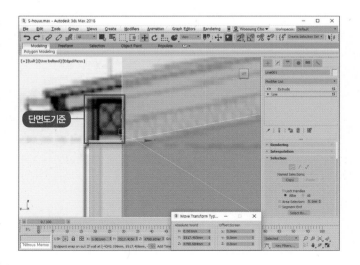

14 단면도를 확인하면 Vertex의 위치가 맞지 않을 수 있다. 단면도를 기준으로 수정한다.

15 out 2f wall 오브젝트를 선택한 후, Selection에서 Vertex( )
(1)을 클릭한다. 그다음 창문의 위에 Vertex를 선택한 후, 단면
이미지의 창문 위치로 이동한다.

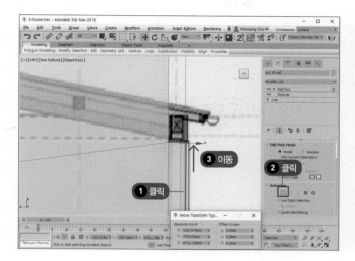

16 2층 천장 오브젝트를 선택한 후, Stack에서 Line을 선택하고
Selection에서 Vertex( )(1)를 클릭한다. 그다음 Vertex를
선택하여 우측의 벽체 라인과 같아지게 Vertex를 이동한다.

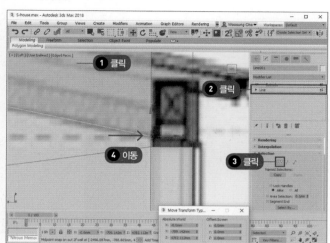

17 Top 뷰에서 커맨드 패널에서 Modify 〉 Modifier List 〉 Edit
Poly를 클릭한다.

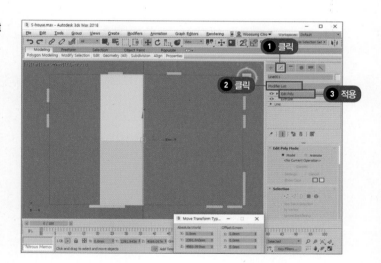

18 양옆의 Vertex들을 드래그하여 선택한 후, 벽체 라인과 맞게 양끝
으로 이동한다. 그다음 Name and Color에 '2f ceil'를 입력한다.

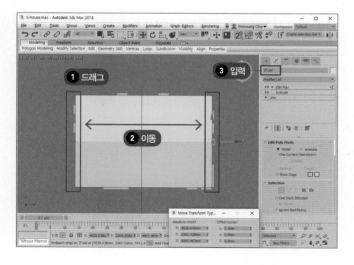

19 1층 천장과 2층 벽체가 연결된 부분을 만든다. in 2f wall 오브젝트를 선택한 후, Selection에서 Vertex( )(1)를 클릭하여 천장과 바닥이 연결된 벽체의 하단 Vertex를 선택한다.

20 el–S를 Unhide 한 후, [Transform Type-In](F12) 창을 열고 Offset:Screen의 Y에 –380을 입력하여 이동한다.

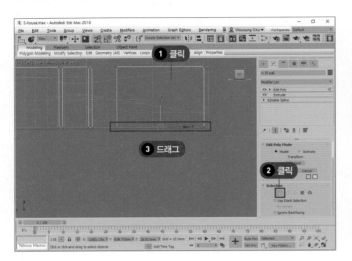

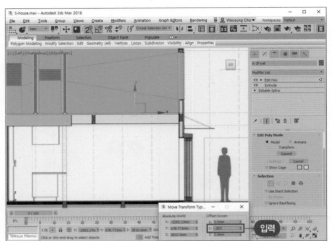

21 Selection에서 Element( )(5)를 선택한 후, 벽체를 선택한다.

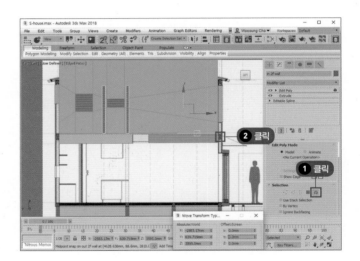

22 Front 뷰에서 Shift 를 눌러 이동한 후, [Clone Part of Mesh] 창에서 Clone To Element를 체크하고 [OK] 버튼을 눌러 복사한다.

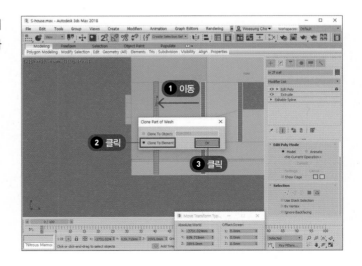

23   복사된 오브젝트를 선택한 후, 메인 툴바에서 Select and Rotate(C)(E)로 변경한다. 그다음 [Transform Type-In] 창에서 Absolute:World의 X에 90을 입력하여 회전한다.

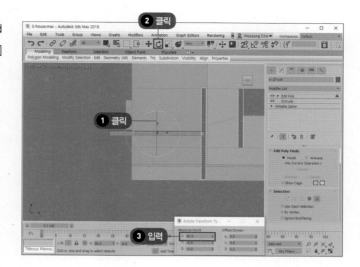

24   메인 툴바에서 Select and Move(✥)(W)로 변경한다. 그다음 Snaps Toggle(2)(S)을 클릭한 후, 회전한 오브젝트의 Vertex를 선택한다. 그리고 우측 오브젝트 좌측 하단의 Vertex와 만나게 이동한다.

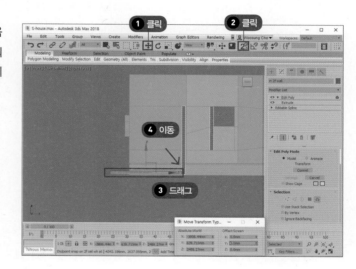

25   좌측의 Vertex를 전부 선택한 후, X축 방향으로 이동하여 벽체 라인에 맞춘다.

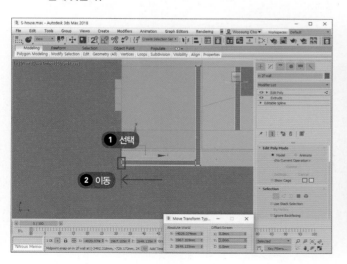

26   Perspective 뷰에서 형태를 확인해본다.

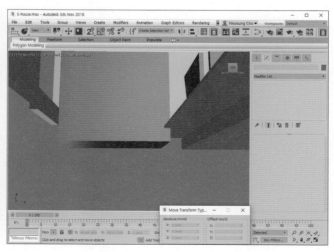

Layer 사용하기

큰 프로젝트의 작업을 진행할 때 Layer를 사용하면서 작업해보자. Layer는 Hide와 Freeze 기능을 사용할 수 있어 모델링 편집 시 유용하다. 메인 툴바에서 [Layer Explorer] 창을 표시하여 사용할 수 있다.

01
새로운 Layer를 만들어서 분류해보자. 메인 툴바에서 Toggle Layer Explore(📄)를 클릭한다. 그다음 [Layer Explore] 창이 나타나면 Layer 대화상자에서 우 클릭한 후, 쿼드 메뉴에서 Create Layer을 클릭하여 2개의 Layer를 만든다.

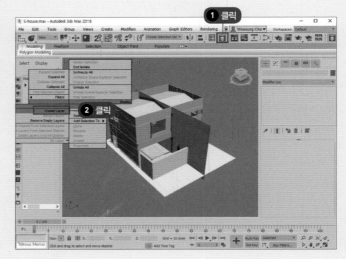

02
추가한 Layer을 선택한 후, 우 클릭하고 쿼드 메뉴에서 Rename을 클릭하여 이름을 각각 '1F, 2F'로 수정한다.

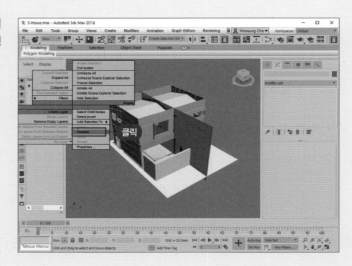

0 3 0 Layer의 Subtrees(▶)를 클릭하여 목록을 연다.
1F와 2F Layer로 오브젝트를 분류한다.

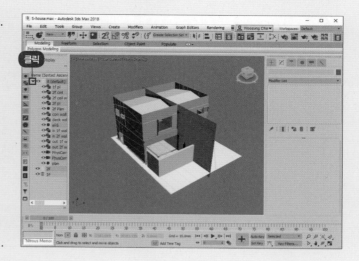

0 4 뷰에서 2층 오브젝트들을 전부 선택하면 좌측의 Layer
대화상자에서 0 Layer 안에 선택된 오브젝트들이 표시
된다. 선택된 오브젝트를 2F Layer 위로 드래그하면
2F Layer로 이동된다.

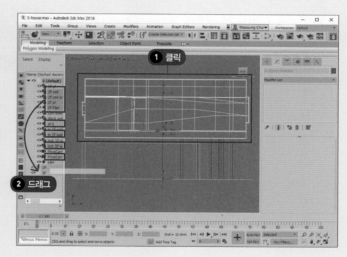

0 5 1층 오브젝트들을 전부 선택한 후, 1F Layer로 이동
시킨다.

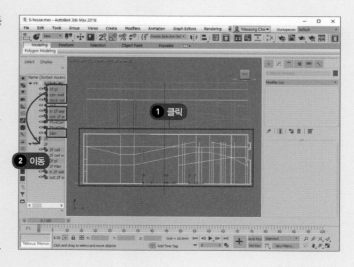

0 6 Layer 이름 좌측의 On/Off(👁)을 클릭한 후, Layer On/Off를 해본다. 1F와 2F Layer에 들어간 오브젝트들을 확인할 수 있다.

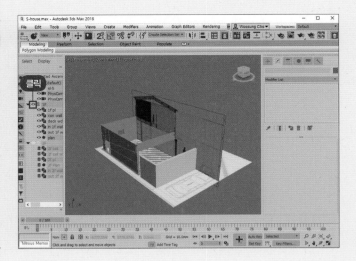

0 7 Layer 이름 좌측의 Make Selected Layer Active(≋)를 클릭한 후, 새로운 오브젝트를 만들면 자동으로 Layer에 추가된다.

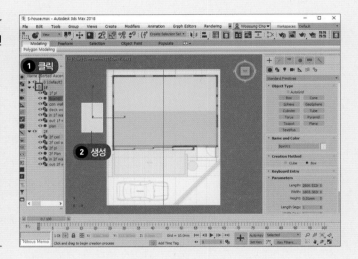

외부 창호 만들기

1, 2층 외부 벽체의 창호와 문을 만들어보자.

외부 창문 만들기

01 1층과 2층 외벽 오브젝트를 제외하고 Hide 한다.

02 Front 뷰의 메인 툴바에서 Snaps Toggle(2층)(S)을 클릭한 후, 커맨드 패널에서 Create 〉 Shapes 〉 Splines 〉 Rectangle를 선택한다. 그다음 2층은 정면의 큰 창을 좌측 상단에서 우측 하부로 드래그하여 만든다.

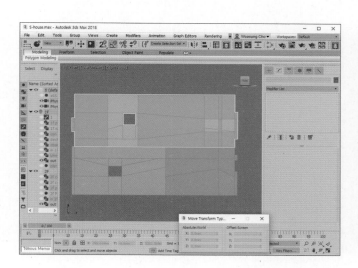

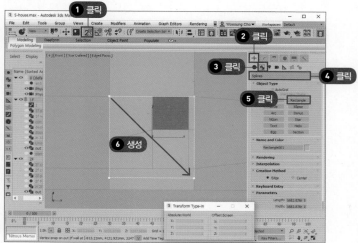

03 Rectangle를 선택한 후, 커맨드 패널에서 Modify 〉 Modifier List 〉 Edit Poly를 적용하고 Selection에서 Polygon(■)(4)를 변경하고 면을 선택한다.

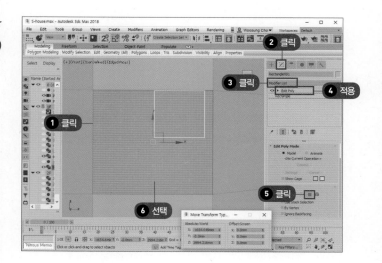

04 Edit Polygons에서 Inset Setting(□)을 클릭한 후, Amount
에 30을 입력하고 [OK](◯)를 클릭하여 선택한 면을 삭제한다.

05 Ctrl 를 눌러 전체 면을 선택한 후, Shift 를 누른 상태로 선택한
다. 그다음 이동하여 [Clone Part of Mash] 창에서 Clone To
Element를 체크한 후, [OK] 버튼을 클릭하여 복사한다.

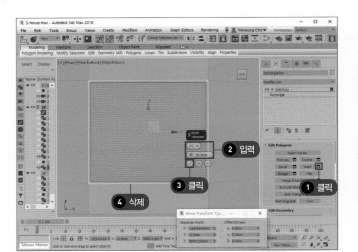

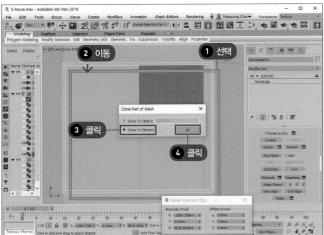

06 Selection에서 Vertex(⚬)(1)을 변경한 후, Vertex를 선택
하여 복사된 형태의 안쪽으로 이동한다.

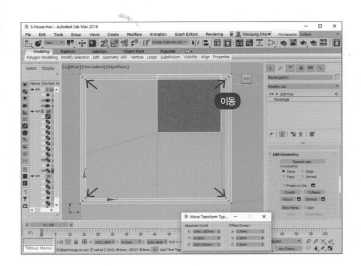

07 커맨드 패널에서 Modify 〉 Modifier List 〉 Shell를 적용한 후,
Parameters에서 Inner Amount에 70을 입력하여 두께를 만든다.

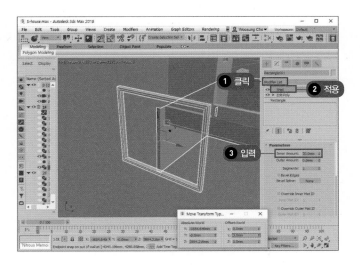

08 커맨드 패널에서 Modify 〉 Modifier List 〉 Edit Poly를 적용한
후, Selection에서 Element(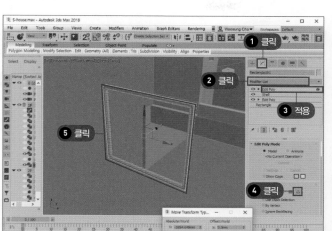)(5)를 변경하여 안쪽 프레임
을 선택한다.

09 Top 뷰의 [Transform Type-In] 창에서 Offset:Screen의 Y
에 10을 입력하여 이동한다.

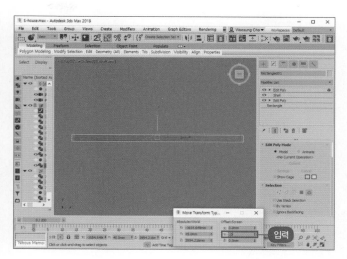

10 Selection에서 Vertex( )(1)을 선택한 후, 돌출된 Vertex
들을 전부 선택한다. 그다음 [Transform Type-In] 창에서
Offset:Screen의 Y에 −20을 입력하여 이동한다.

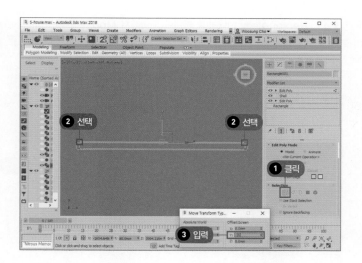

11 Selection에서 Element( )(5)으로 변경한 후, 바깥쪽 프레
임을 선택하여 Shift 를 누른 상태로 드래그하여 이동한다. 그다음
[Clone Part of Mash] 창에서 Clone To Element를 체크한 후,
[OK] 버튼을 클릭하여 복사한다.

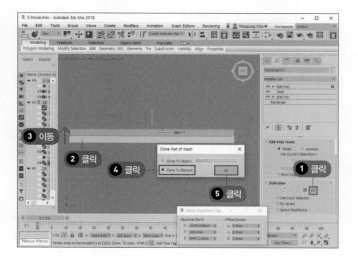

12 Selection에서 Vertex(●)(1)으로 변경한 후, 복사한 오브젝트의 바깥쪽 Vertex들을 드래그하여 선택한다. 그다음 [Transform Type-In] 창에서 Offset:Screen의 Y에 30을 입력하여 이동한다.

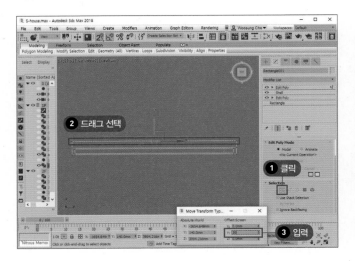

13 창문의 유리를 만든다. Front 뷰로 변경한 후, 커맨드 패널에서 Create 〉 Shapes 〉 Splines 〉 Rectangle를 선택한다. 그다음 오브젝트 안쪽 프레임 끝을 Snap을 잡아서 만든다.

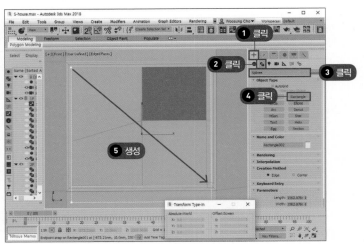

14 Rectangle를 선택하여 커맨드 패널에서 Modify 〉 Modifier List 〉 Extrude를 클릭한 후, Parameters에서 Amount에 10을 입력하여 돌출시킨다.

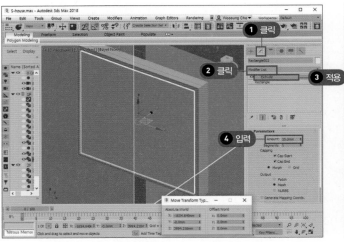

15 유리 오브젝트를 선택한 후, Top 뷰에서 Y축으로 이동하여 안쪽 프레임의 중심으로 이동한다.

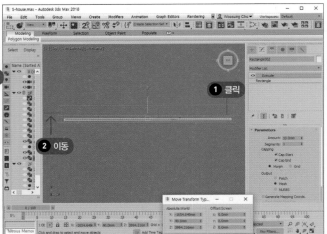

---

t i p

유리의 두께를 표시하는 1T, 2T, 3T 등에서 1T=10mm를 의미하는 기호이다. 유리 두께를 알지 못할 경우 일반적으로 10mm로 만들어 사용한다.

---

16 프레임 오브젝트를 선택한 후, Edit Geometry에서 Attach를 클릭하여 유리 오브젝트를 선택한다. 그다음 Name and Color에 'a win'을 입력하여 이름을 변경한다.

17 창문을 복사하여 다른 창문을 만든다. Front 뷰에서 Shift 를 누른 상태로 이동한 후, [Clone Options] 창이 나타나면 Object에 Copy를 체크하고 Name에 'b win'을 입력한 후, [OK] 버튼을 클릭한다.

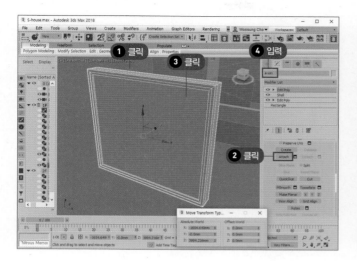

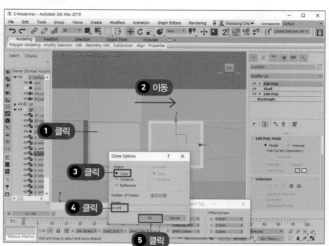

18 b win 오브젝트를 선택한 후, Selection에서 Element( )(5)을 클릭한다. 그다음 안쪽 프레임을 선택하고 Shift 를 누른 상태로 드래그하여 이동시킨다. [Clone Part of Mash] 창에서 Clone To Object를 체크한 후, [OK] 버튼을 클릭하여 복사한다.

19 복사한 오브젝트를 선택한 후, Selection에서 Polygon( )(4)를 클릭하여 오브젝트의 안쪽 면을 제외하고 나머지 면 전부를 선택하여 삭제한다.

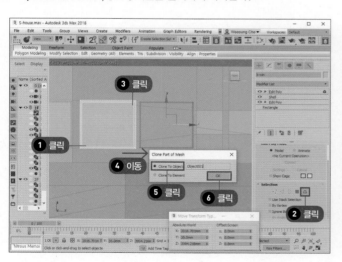

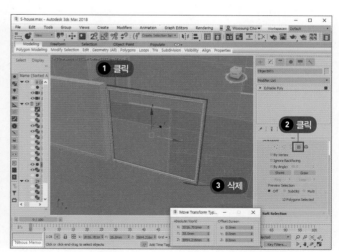

20 Front 뷰로 변경한 후, Selection에서 Vertex( )(1)를 변경 하고 위쪽의 Vertex를 전부 선택한다. 그다음 [Transform Type-In] 창에서 Offset:Screen의 Y에 −10을 입력하여 이동한다.

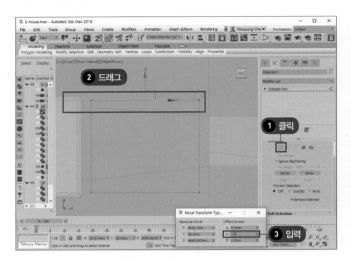

21 다른 방향도 20번 과정을 반복하여 안쪽으로 10만큼 이동한다.

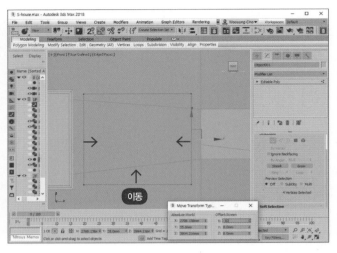

22 커맨드 패널에서 Modify 〉 Modifier List 〉 shell을 적용한 후, Parameters에서 Outer Amount에 100을 입력하여 두께를 만 든다.

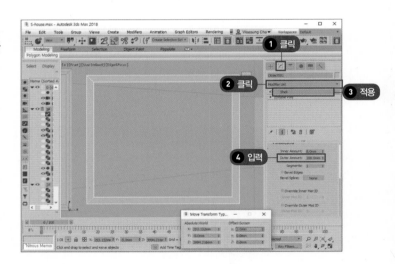

23 b win 오브젝트를 선택한 후, Edit Geometry에서 Attach를 클 릭하여 선택한다.

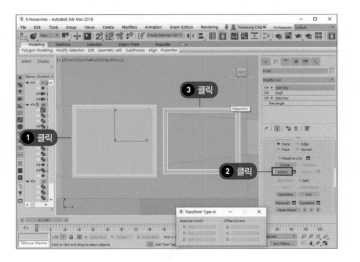

24 Selection에서 Element(□)(5)를 클릭한 후, Attach한 오브젝트를 선택하여 메인 툴바에서 Snaps Toggle(2³)(S)을 클릭한다. 그다음 위쪽 중간 Snap을 잡아서 X축을 선택하고 중간에 들어가게 이동한다.

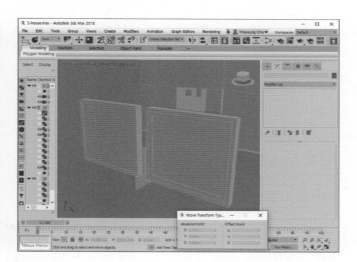

25 창문 A 타입과 B 타입을 만들었다. A 타입은 정면과 우측면의 큰 창에 들어가고 B 타입은 크기를 줄여 작은 창에 들어가게 한다.

26 창문의 Material ID를 지정한다. a win을 선택한 후, Selection에서 Element(□)(5)을 클릭하여 앞쪽 두 개의 프레임을 선택한 후, Polygon: Material IDs에서 Set ID에 1을 입력한다.

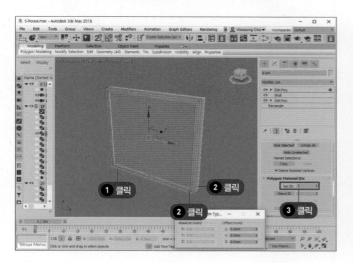

27 유리면을 선택한 후, Polygon: Material IDs에서 Set ID에 2을 입력한다.

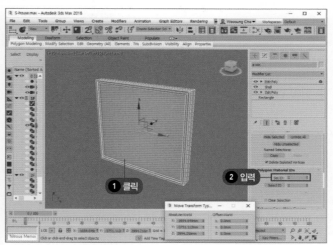

28 뒤쪽 프레임을 선택한 후, Polygon: Material IDs에서 Set ID
에 3을 입력한다.

29 b win은 27번에서 28번 과정과 같다. 앞쪽의 유리면에 있는 프레
임까지 Set ID를 1로 지정한다.

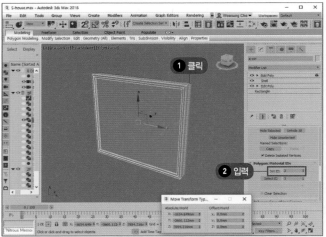

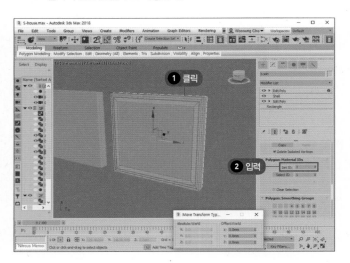

30 창문을 벽체로 이동할 때 안쪽 라인을 기준으로 맞춘다. 밖에서 봤
을 때 돌출되도록 한다.

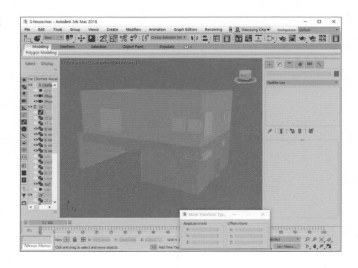

31 작은 창들은 Vertex를 선택하여 창의 크기에 맞춰 수정하고 이동
한다.

32 다음의 이미지와 같이 1층의 전면의 큰 부분을 제외하고 창을 만든다.

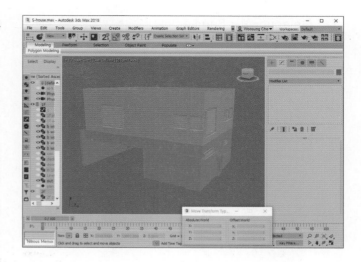

문 만들기

01 문틀의 프레임을 만든다. Left 뷰로 변경한 후, 문이 들어가는 곳을 확대하여 커맨드 패널에서 Create 〉 Shapes 〉 Splines 〉 Rectangle를 클릭한다. 그다음 메인 툴바에서 Snaps Toggle(2) (S)을 클릭한 후, 좌측 상단과 우측 하단의 지점을 Snap을 사용하여 만든다.

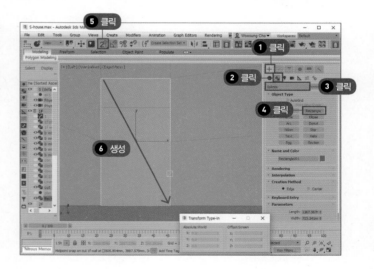

02 커맨드 패널에서 Create 〉 Shapes 〉 Splines 〉 Edit Spline을 적용한다.

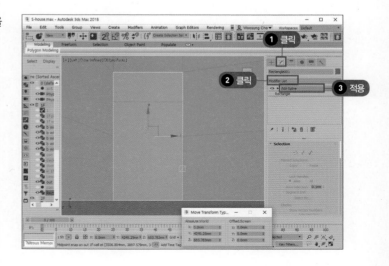

03 Selection에서 Segment(□)(2)를 변경한 후, 하단의 Segment를 선택하여 삭제한다.

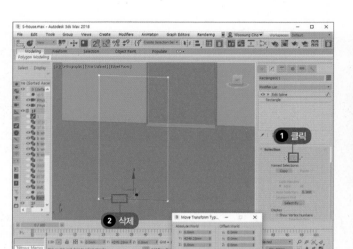

04 Selection에서 Vertex(□)(1)를 클릭한 후, Vertex를 전부 선택한다. 그다음 우 클릭하여 Quad Menu 〉 tools1 〉 Corner 을 클릭하여 적용한다.

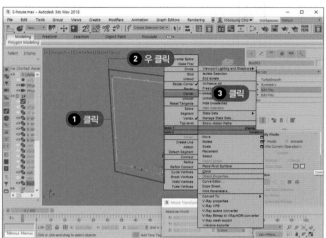

05 Selection에서 Spline(□)(3)를 클릭하여 Segment를 전부 선택한 후, Geometry에서 Outline에 30을 입력하여 두께를 만 든다.

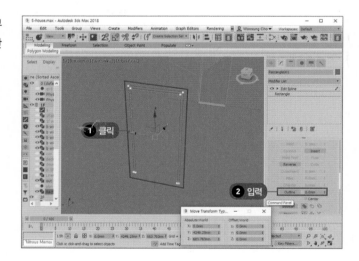

06 커맨드 패널에서 Modify 〉 Modifier List 〉 Extrude를 클릭한 후, Parameters에서 Amount에 150을 입력하여 돌출시킨다.

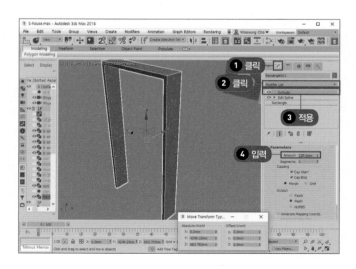

07 문의 프레임을 만든다. Left 뷰에서 커맨드 패널에서 Create 〉 Shapes 〉 Splines 〉 Rectangle를 클릭하여 만들어진 오브젝트의 안쪽으로 Snap을 사용하여 만든다.

08 커맨드 패널에서 Modify 〉 Modifier List 〉 Edit Poly를 적용한다.

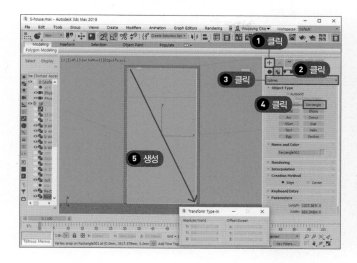

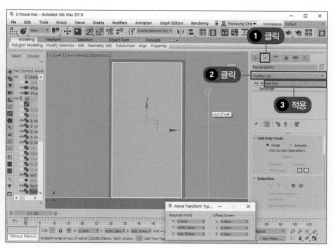

09 Selection에서 Edge( )(2)를 선택한 후, 세로 Segment를 전부 드래그하여 선택한다. 그다음 Edit Edges에서 Connect Setting( )을 클릭한 후, Segments에 1을 입력하고 [OK]( )를 클릭한다.

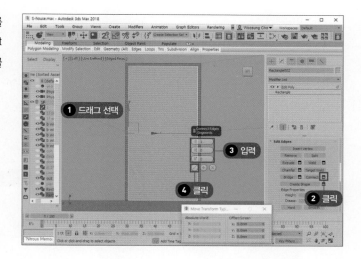

10 Selection에서 Polygon( )(4)을 변경한 후, 나눠진 2개의 면을 전부 선택한다. 그다음 Edit Polygons에서 Inset Setting( )을 클릭한 후, By Polygon으로 변경하고 Amount에 30을 입력하고 [OK]( )를 클릭하여 적용한다.

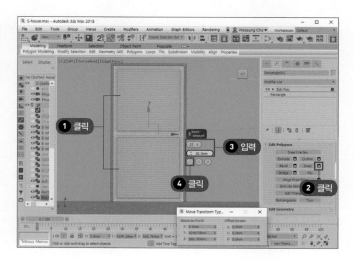

11 메인 툴바에서 Select and Uniform Scale(■)(R)로 변경한 후, Selection에서 Vertex(⬚)(1)을 선택하고 중간 위아래로 나눠진 곳의 Vertex를 전부 선택한다. 그다음 하단의 절대좌표 Y가 50이 되도록 축소한다.

12 메인 툴바에서 Selection에서 Select and Move(✛)(W)으로 변경한다. 그다음 Polygon(■)(4)로 변경한 후, Inset 한 안쪽의 면을 위아래로 선택한다. 그리고 Edit Geometry에서 Detach를 선택하여 분리한다.

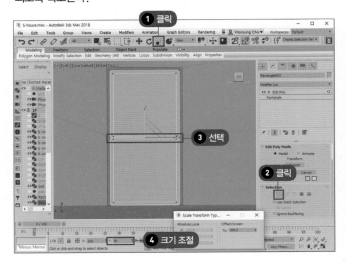

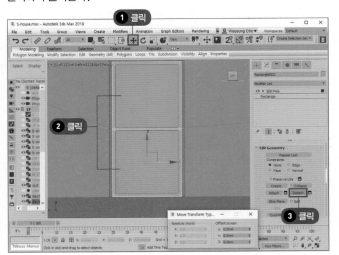

13 커맨드 패널에서 Modify 〉 Modifier List 〉 Shell을 적용한 후 Parameters에서 Outer Amount에 50을 입력하여 두께를 만든다.

14 Detach 했던 오브젝트를 선택하여 Selection에서 Vertex(⬚)(1)를 클릭한 후, Vertex를 이동하여 가로의 폭을 30으로 만든다.

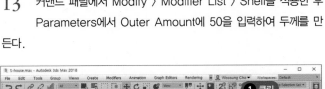

15 Selection에서 Element(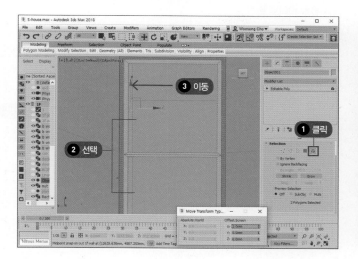)(5)으로 변경한 후, 전부 선택하고 좌측으로 이동하여 붙여준다.

16 [Transform Type-In] 창에서 Offset:Screen의 X에 40을 입력하여 이동한다.

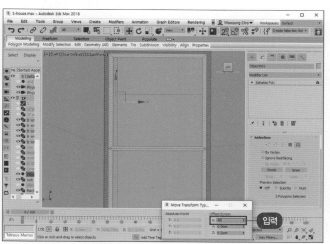

17 Shift 를 누른 상태로 드래그한 후, X축으로 이동한다. 그다음 [Clone Part of Mash] 창에서 Clone To Element를 체크하고 [OK] 버튼을 클릭하여 바로 옆으로 복사한다.

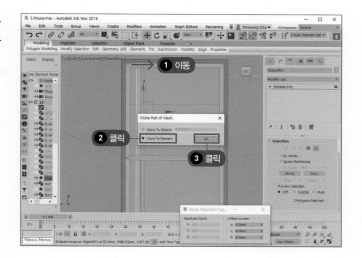

18 복사된 오브젝트를 선택한 후, [Transform Type-In] 창에서 Offset:Screen의 X에 40을 입력하여 이동한다.

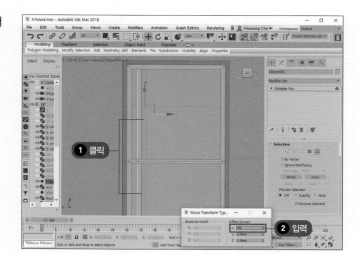

19 17, 18번 과정을 반복하여 창안에 들어가도록 창살을 만든다.

20 Shell을 적용했던 오브젝트를 선택한 후, Stack에서 Edit Poly 를 선택한다. 그다음 Geometry에서 Attach를 클릭하여 창살 오 브젝트를 하나로 합친다.

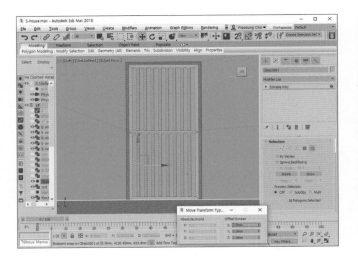

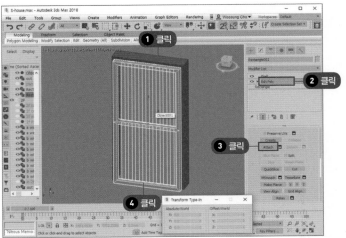

21 Top 뷰에서 오브젝트를 이동하여 문틀 프레임 중간에 위치하도록 X축으로 이동한다.

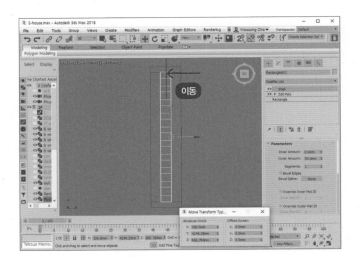

22 문의 유리를 추가해보자. Left 뷰에서 커맨드 패널에서 Create 〉 Shapes 〉 Splines 〉 Rectangle를 클릭한 후, 문틀의 안쪽으 로 Snap을 사용하여 만든다.

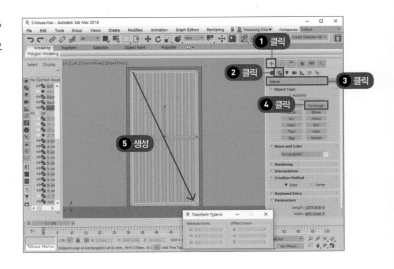

23 커맨드 패널에서 Modify 〉 Modifier List 〉 Extrude를 클릭한 후, Parameters에서 Amount에 10을 입력한다.

24 Top 뷰에서 문틀 오브젝트의 중간으로 이동한다.

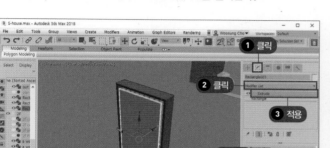

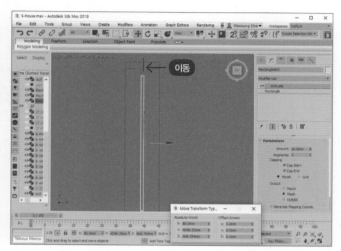

25 문틀 프레임을 선택한 후, 커맨드 패널에서 Modify 〉 Modifier List 〉 Edit Poly를 적용한다. 그다음 Edit Geometry에서 Attach를 클릭하고 문틀과 유리를 선택하여 하나로 합쳐준다. 그리고 Name and Color에 'ex door'를 입력한다.

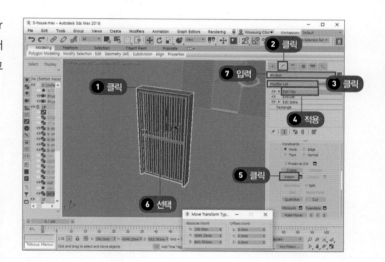

26 Material ID를 적용한다. Selection에서 Element(📦)(5)를 클릭한 후, 유리 오브젝트를 선택한다. 그다음 Polygon: Material IDs에서 Set ID에 1을 입력한다.

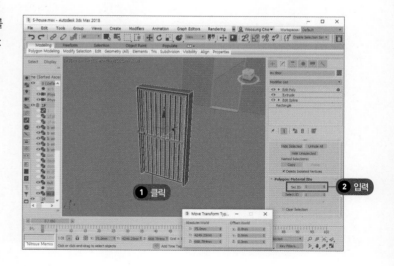

27 나머지 문틀과 문틀 프레임을 선택한 후, Polygon: Material
IDs에서 Set ID에 2을 입력한다.

28 1층 좌우 측면에 문 위치로 복사하여 이동한다.

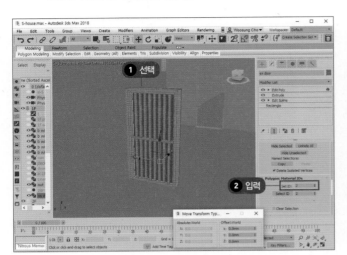

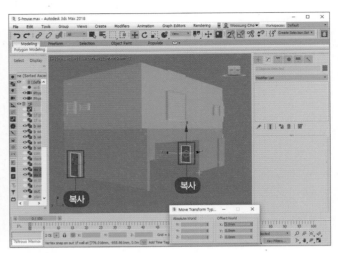

1층 전면 창호 만들기

01 el-C 오브젝트만을 남기고 전부 Hide 한다.

02 창호의 틀부터 만든다. 커맨드 패널에서 Create 〉 Shapes 〉
Splines 〉 Line을 클릭하여 창틀의 안쪽으로 만든다.

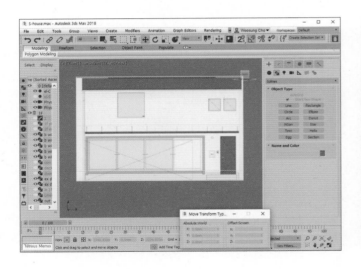

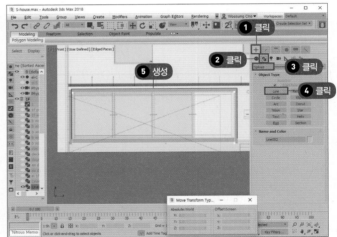

03 Selection에서 Spline( )(3)을 클릭하여 전부 선택한 후, Geometry에서 Outline에 120을 입력하여 두께를 만든다.

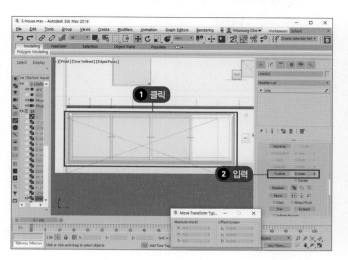

04 커맨드 패널에서 Modify 〉 Modifier List 〉 Extrude를 클릭한 후, Parameters에서 Amount에 250을 입력한다.

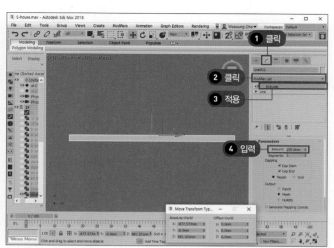

05 커맨드 패널에서 Create 〉 Shapes 〉 Splines 〉 Rectangle를 클릭하여 창틀의 밑 부분을 만든다. Parameters에서 Width의 경우는 02번 과정에 따라 값이 달라지고 Length에는 150을 입력하여 다른 틀보다 굵게 만든다.

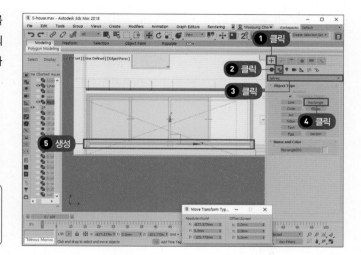

> **t i p**
>
> 이미지에서는 밑 부분의 창틀과 창문 사이에 틈이 존재한다. 실제 시공 시 불가능하기 때문에 우선 이미지의 위치대로 만든 후, 다음에 수정한다.

06 커맨드 패널에서 Modify 〉 Modifier List 〉 Extrude를 클릭한 후, Parameters에서 Amount에 250을 입력한다.

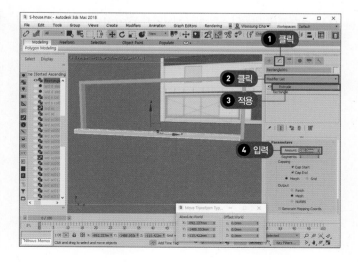

07 Top 뷰에서 창틀과 겹쳐지게 Y축으로 이동한다.

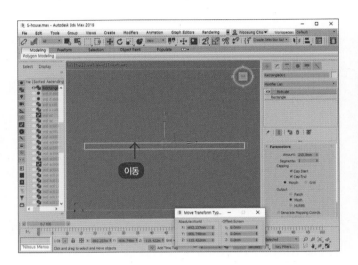

08 Front 뷰에서 창틀 오브젝트를 선택한 후, Edit Geometry에서 Attach를 클릭하여 창틀 밑 부분을 합친다.

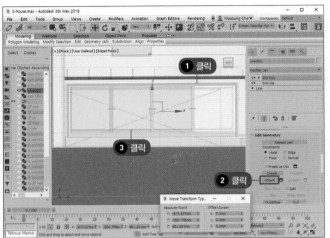

09 안쪽 창틀을 만든다. Top 뷰에서 Selection에서 Element( ) (5)을 클릭한 후, 창틀을 선택한다. 그다음 Shift 를 누른 상태로 Y축으로 드래그하여 이동한 후, [Clone Part of Mash] 창에서 Clone To Element를 체크하고 [OK] 버튼을 클릭하여 복사한다.

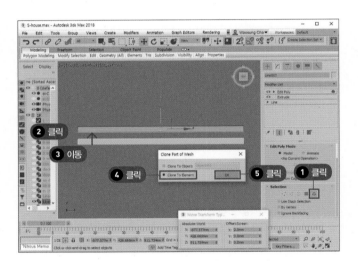

10 창문틀을 만든다. 커맨드 패널에서 Create 〉 Shapes 〉 Splines 〉 Line을 선택하여 창문 하나의 크기로 만든다.

t i p

창문틀은 서로 겹쳐지는 부분을 감안하여 만들어야 한다.

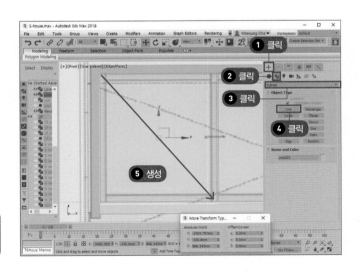

11 Selection에서 Spline(✓)(3)을 선택하여 전부 선택한 후, Geometry에서 Outline에 100을 입력하여 창문틀의 두께를 만든다.

12 커맨드 패널에서 Modify 〉 Modifier List 〉 Extrude를 클릭한 후, Parameters에서 Amount에 50을 입력한다.

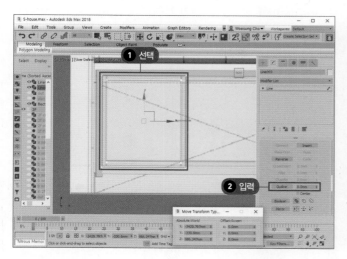

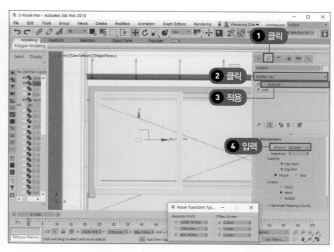

13 창문 유리를 만든다. WireFrame(F3)으로 변경한 후, 커맨드 패널에서 Create 〉 Shapes 〉 Splines 〉 Rectangle를 선택하여 창문틀 안쪽 크기에 맞게 만든다.

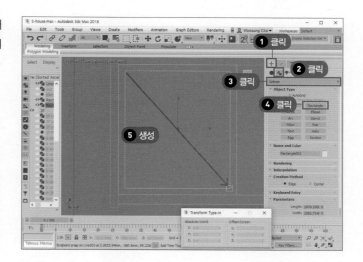

14 커맨드 패널에서 Modify 〉 Modifier List 〉 Extrude를 클릭한 후, Parameters에서 Amount에 10을 입력한다.

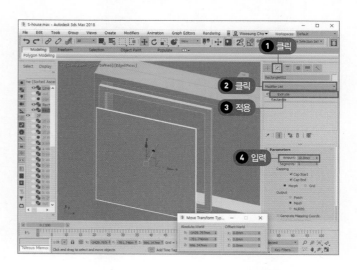

15 Edged Faces(F3)로 변경한 후, Top 뷰에서 유리 오브젝트를 선택하여 창문틀 중간에 위치하도록 Y축으로 이동한다.

16 창문 손잡이를 만든다. Front 뷰에서 창문틀 오브젝트를 선택한 후, 커맨드 패널에서 Modify 〉 Modifier List 〉 Edit Poly를 적용한다. 그다음 Selection에서 Edge(◁)(2)를 클릭한 후, 좌측의 세로 Segment를 선택한다. 그리고 Edit Edges에서 Connect Setting(□)을 클릭한 후, Segments에 1을 입력하고 [OK](◯)를 클릭한다.

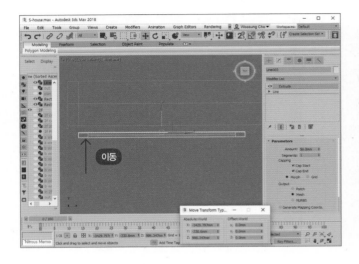

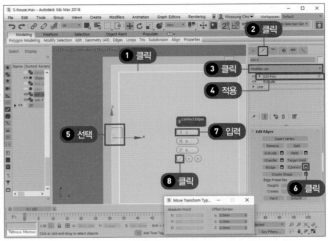

17 Connect로 만들어진 Segment를 Edit Edges에서 Chamfer Setting(□)을 클릭한 후, Amount에 120, Segment에 1을 입력하고 [OK](◯)를 클릭하여 나눠준다.

18 나눠준 Segment를 선택한 후, Edit Edges에서 Connect Setting(□)을 클릭한다. 그다음 Segments에 2을 Slide에 20을 입력하고 [OK](◯)를 클릭하여 적용한다.

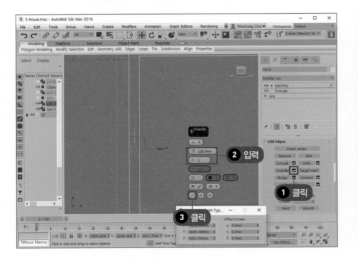

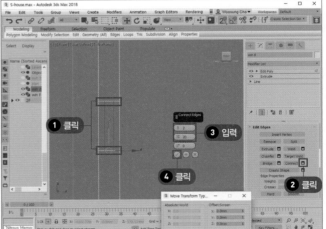

19 Selection에서 Vertex(⬚)(1)로 변경한 후, Connect를 적용시킨 안쪽의 Vertex를 선택한다.

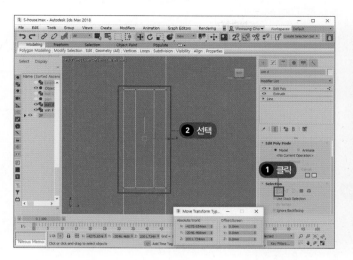

20 Edit Vertices에서 Chamfer를 클릭하여 깎아준다. 깎을 때 생성되는 Vertex들을 동일한 간격이 되도록 만든다.

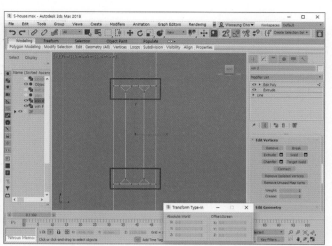

21 20번 과정을 2번 반복하여 위아래가 곡선처럼 보이게 만들어준다.

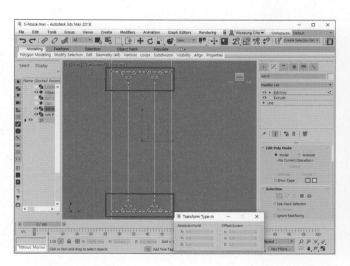

22 Selection에서 Polygon(⬛)(4)를 선택한 후, 손잡이 면을 앞뒤로 선택한다. Edit Polygons에서 Extrude Setting(□)을 클릭한 후, Amount에 −20을 입력하고 [OK](✓)를 적용한다.

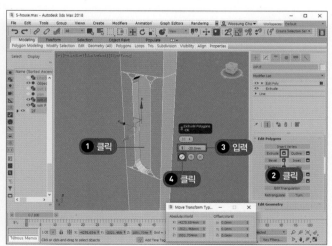

---

t i p

Chamfer를 사용하면 다음과 같이 면이 깨지는 현상이 발생할 수 있다. Selection에서 Polygon(⬛)(4)을 클릭하여 면을 전부 선택한 후, Edit Polygons에서 Retriangulate를 클릭하면 원상태로 돌아온다.

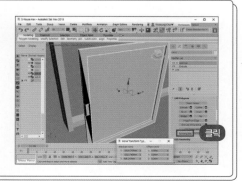

23 파여진 면을 이용하여 손잡이를 만든다. Selection에서 Grow를 선택하여 연결된 면을 추가로 선택한다.

24 Shift 를 누른 상태로 드래그한 후, 이동하여 [Clone Part of Mash] 창에서 Clone To Object를 체크한다. 그다음 [OK] 버튼을 클릭하여 복사한다.

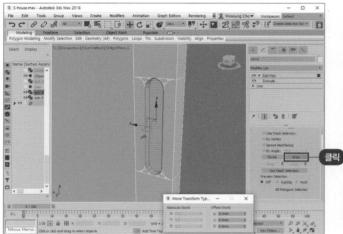

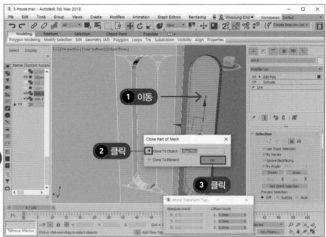

25 복사한 손잡이 오브젝트를 선택한 후, Selection에서 Vertex( ) (1)를 클릭한다. Vertex들을 Ctrl + A 를 눌러 전부 선택한다. 그다음 Edit Vertices에서 Weld를 클릭하여 정리한다.

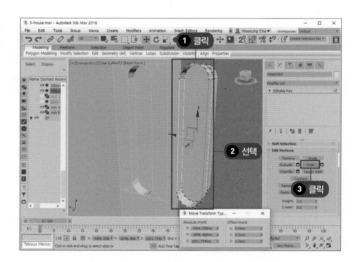

26 커맨드 패널에서 Modify 〉 Modifier List 〉 Shell을 적용한 후, Parameters에서 Outer Amount에 2를 입력하여 두께를 만든다.

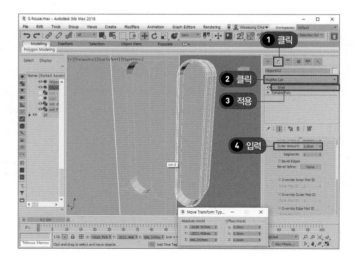

27 Top 뷰에서 손잡이를 복사했던 위치와 겹쳐지게 X축으로 이동한다. 그다음 Stack에서 EditablePoly를 선택한 후, Selection에서 Vertex( )(1)를 클릭하여 손잡이 앞부분의 Vertex를 선택한다. 그리고 [Transform Type-In] 창에서 Offset:Screen의 Y에 3을 입력하여 창문틀보다 돌출되도록 이동한다.

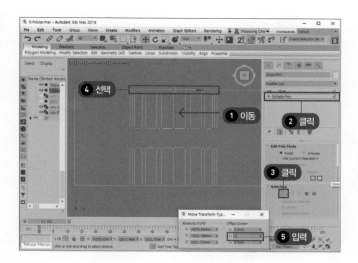

28 양쪽 손잡이를 27번 과정을 반복하여 반대쪽도 돌출되도록 편집한다.

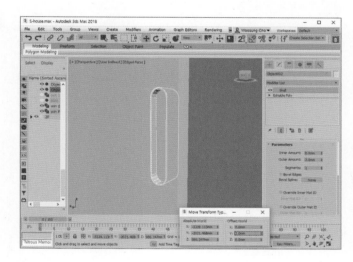

29 창문틀 오브젝트를 선택한 후, Name and Color에 'wind d'를 입력하고 Geometry에서 Attach를 클릭하여 손잡이와 유리를 하나로 합쳐준다.

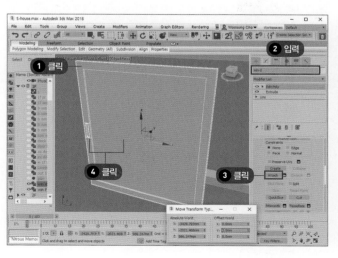

30 Selection에서 Element( )(5)를 클릭하여 창문틀을 선택한 후, Polygon: Material IDs에서 Set ID에 1을 입력한다.

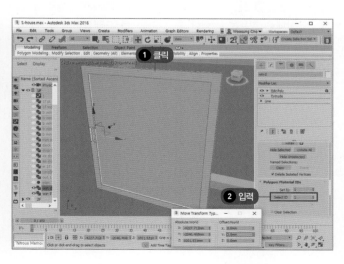

31 유리를 선택한 후, Polygon：Material IDs에서 Set ID에 2를 입력한다.

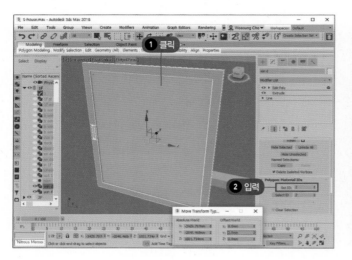

32 손잡이를 선택한 후, Polygon：Material IDs에서 Set ID에 3을 입력한다.

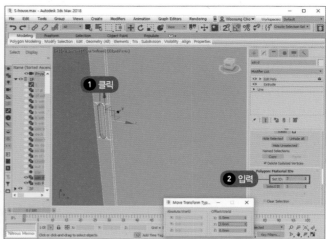

33 WireFrame(F3)으로 변경한 후, Top 뷰에서 만들어진 창문을 창틀 안쪽으로 이동한다.

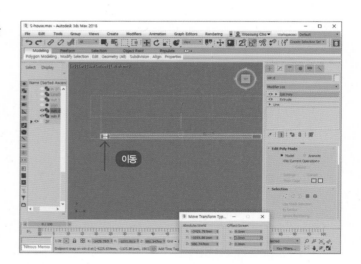

34 다음은 창문을 배치해보자. Snap을 활성화시키고 Shift 를 누른 상태로 창문을 선택한 후, 우측으로 드래그하여 이동한다. [Clone Options] 창이 나타나면 Object에 Instance를 체크한 후, Number of Copies에 3을 입력하고 [OK] 버튼을 클릭한다.

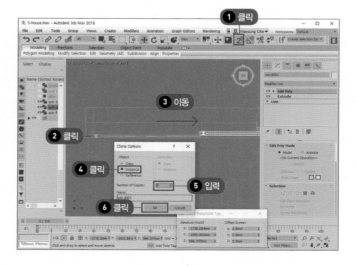

35 win F의 우측을 확인한 후, 간격을 수정한다. Selection에서 Vertex(⋯)(1)를 클릭한 후, 우측의 Vertex를 드래그하여 선택하고 창문틀의 좌측면과 맞닿게 이동하여 간격이 발생하지 않도록 조정한다.

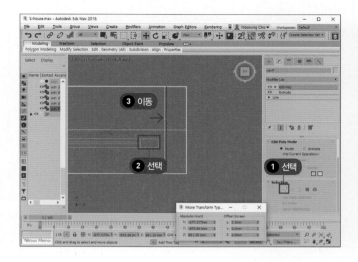

36 창틀 밑 부분의 위치를 이동한다. Edged Faces(F3)로 변경한 후, 밑 부분 위쪽 Vertex의 절대좌표 Z 값이 0이 되도록 이동한다. 그다음 창문 하단의 높이가 0이 되도록 이동한다.

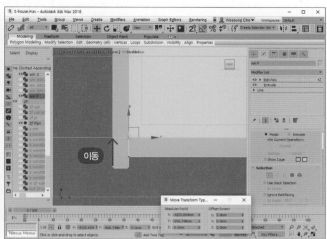

37 WireFrame(F3)으로 변경한다. Top 뷰에서 창틀과 창문 오브젝트를 전부 선택한 후, deck wd 위 라인과 창틀 오브젝트의 밑 라인이 겹쳐지게 이동한다.

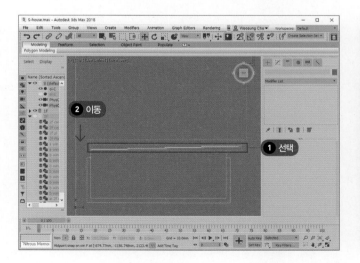

38 out 1f wall 오브젝트를 선택한 후, Selection에서 Vertex(⋯)(1)를 클릭하여 좌측 하단 벽체의 Vertex를 선택한다.

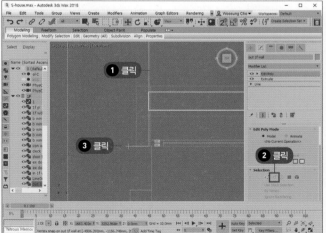

39 선택한 Vertex들을 창틀 오브젝트의 내부 라인과 동일하게 이동한다.

40 창틀 오브젝트를 선택한 후, 내부 창틀을 수정한다. Selection에서 Vertex( )(1)를 클릭한 후, 우측 내부 창틀의 Vertex들을 전부 선택한다.

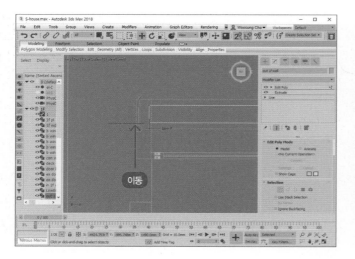

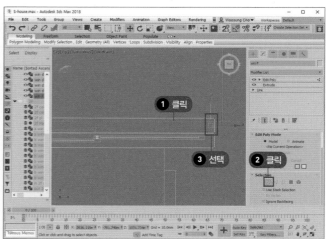

41 내부 창틀 우측 끝 Vertex를 벽체의 우측 끝으로 이동한다.

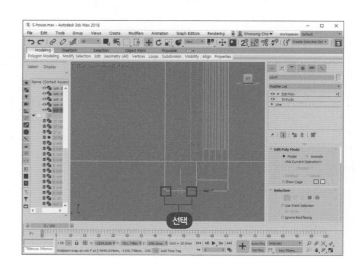

42 Left 뷰에서 내부 창틀의 하단 Vertex들을 전부 선택한다.

43 하단의 절대좌표 Z에 0을 입력하여 이동한다.

44 Top 뷰에서 내부 창의 우측의 안쪽 Vertex들을 드래그하여 선택한 후, [Transform Type-In] 창에서 Offset:Screen의 Z에 100을 입력하여 폭을 줄인다.

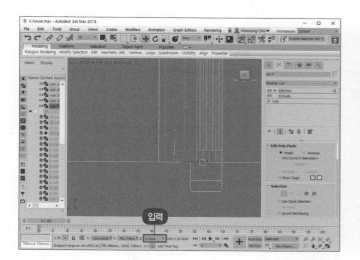

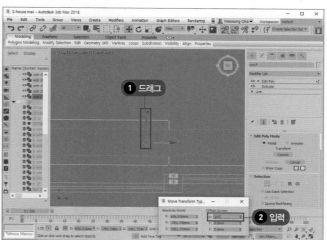

45 Left 뷰에서 Selection에서 Polygon(■)(4)을 선택한 후, 내부 창틀의 안쪽 면만 드래그하여 선택한다. 그다음 [Transform Type-In] 창에서 Offset:Screen의 Y에 90을 입력하여 폭을 줄인다.

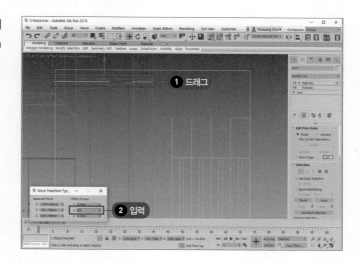

46 Edged Faces(F3)으로 변경한 후, 만들어진 창문을 확인한다.

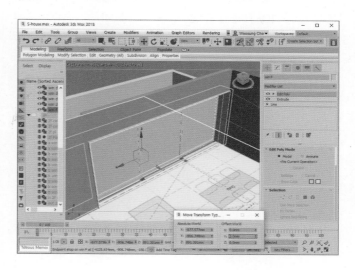

내부 구조물 만들기

1, 2층에 들어가는 내부 구조물인 기둥과 보, 보잡이와 장식물을 만들어보자.

1층 기둥과 보 만들기

01 Top 뷰에서 1층 창호 앞의 기둥을 만들어보자. 커맨드 패널에서 Create 〉 Shapes 〉 Splines 〉 Rectangle를 사용하여 만든 후, Name and Color에서 wd s col'을 입력하고 Parameters에서 Length와 Width에 100을 입력한다.

02 커맨드 패널에서 Modify 〉 Modifier List 〉 Extrude를 클릭한 후, Parameters에서 Amount에 2100을 입력한다.

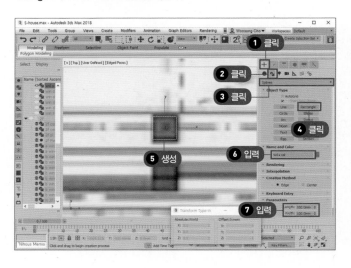

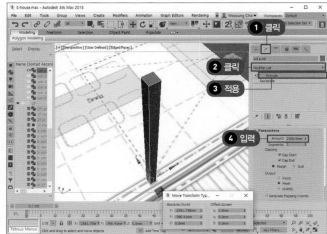

03 커맨드 패널에서 Modify 〉 Modifier List 〉 Edit Poly를 적용한 후, Selection에서 Element( )(5)을 클릭하여 오브젝트를 선택한다. 그다음 주방 우측에 있는 기둥을 복사하기 위해 Shift 를 누른 상태로 이동한다. [Clone Part of Mash] 창에서 Clone To Element 를 체크한 후, [OK] 버튼을 클릭한다.

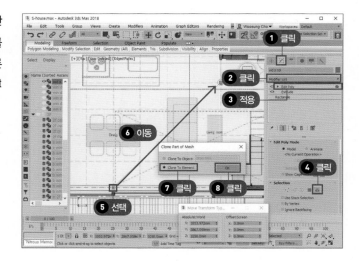

04 1층 천장의 보를 만든다. Left 뷰에서 1f ceil wh와 2f pl 오브젝트를 Unhide 한다.

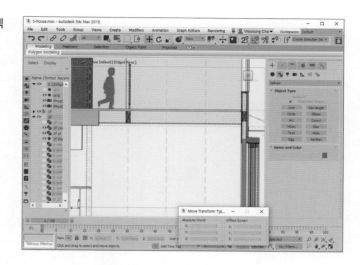

05 커맨드 패널에서 Create 〉 Shapes 〉 Splines 〉 Rectangle를 클릭한 후, 우측 2f pl 하단에서 1f ceil wh 오브젝트의 우측 하단에 맞게 만든다. 그다음 Name and Color에 'wd slab'로 이름을 입력하고 Parameters에서 Length에 280을 입력한다.

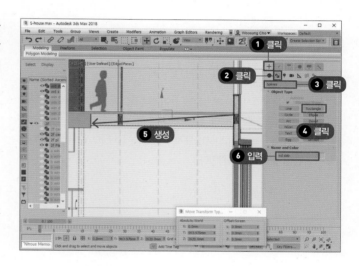

06 커맨드 패널에서 Modify 〉 Modifier List 〉 Extrude를 클릭한 후, Parameters에서 Amount에 100을 입력하여 돌출시킨다.

07 커맨드 패널에서 Modify 〉 Modifier List 〉 Edit Poly를 적용한 후, Selection에서 Element( )(5)를 클릭하여 오브젝트를 선택한다.

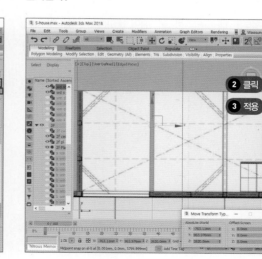

08 `Shift`를 누른 채 우측의 보로 이동한 후, [Clone Part of Mash] 창에서 Clone To Element를 체크하고 [OK] 버튼을 클릭하여 복사한다.

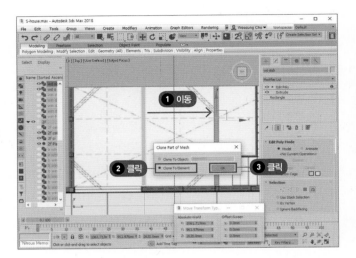

09 2f pl 오브젝트를 Hide 한 후, 08번 과정을 반복한다. 이때 보의 간격을 일정하게 복사한다.

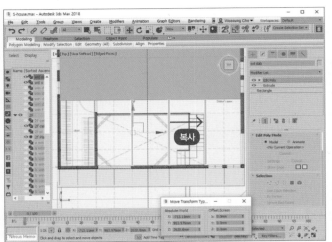

10 메인 툴바에서 Select and Rotate(ⓒ)(E)로 변경한 후, 좌측의 오브젝트를 선택한다. 그다음 `Shift`를 누른 상태로 90도 회전한 후, [Clone Part of Mash] 창에서 Clone To Element를 체크하고 [OK] 버튼을 클릭하여 복사한다.

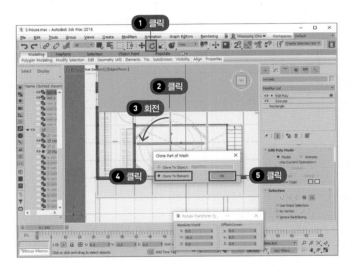

11 2f pl 오브젝트를 Unhide 한 후, 메인 툴바에서 Select and Move(✛)(W)으로 변경한다. 그다음 Rotate로 복사한 오브젝트를 2층 바닥 라인에 맞춰 이동한다.

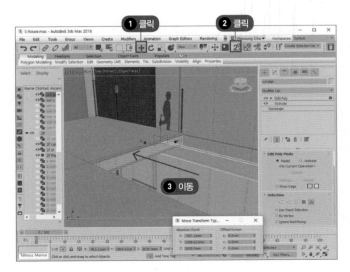

12 WireFrame(F3)으로 변경한 후, Selection에서 Polygon(■)
(4)을 선택하고 보의 간격과 동일하게 좌측과 우측 옆면을 선택
하여 크기를 조절한다.

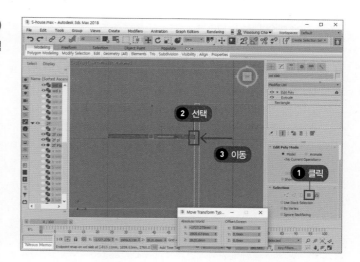

13 Selection에서 Element(●)(5)를 클릭하여 가로 보를 선택한
후, Shift 를 누른 상태로 이동하여 세로 보와 보 사이로 복사한다.
그다음 [Clone Part of Mash] 창에서 Clone To Element를 체크한
후, [OK] 버튼을 클릭한다.

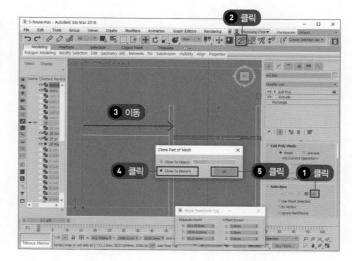

14 Selection에서 Vertex(●)(1)를 클릭하여 맞지 않은 Vertex
들을 선택한 후, 세로의 보 사이 간격과 맞도록 이동한다.

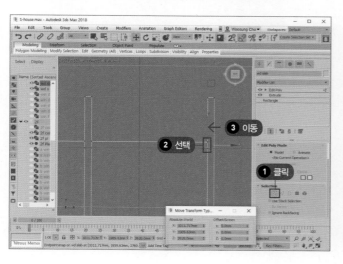

15 13~14번 과정을 반복하여 우측의 벽체 라인까지 가로 보를 수정
한다.

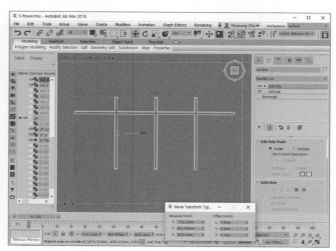

16 Selection에서 Edge(▨)(2)으로 변경한 후, 세로 보의 세로 Segment를 전부 드래그하여 선택한다. 그다음 Edit Edges에서 Connect Setting(□)을 클릭한 후, Segments에 1을 입력하고 [OK](✓)를 클릭하여 적용한다.

17 Selection에서 Vertex(⋮)(1)를 클릭한 후, 만들어진 Segment의 Vertex를 전부 선택한다. 그다음 가로 보의 아래쪽 Vertex 라인과 일치하도록 이동한다.

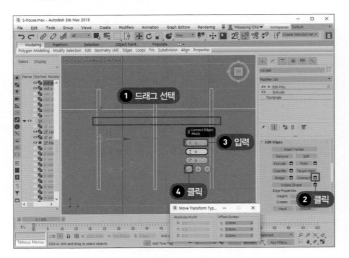

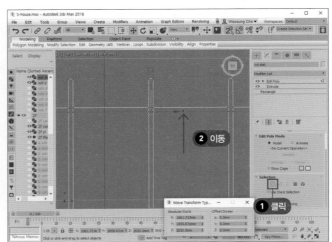

18 [Transform Type-In] 창에서 Offset:Screen의 Y에 −30을 입력하여 이동한다.

19 Edged Faces(F3)로 변경한다. 그다음 Perspective 뷰에서 보이는 시점을 보의 아래 면이 보이도록 변경하고 Selection에서 Edge(▨)(2)를 선택한다. 그리고 중간으로 이동한 Segment와 앞쪽의 아래쪽 Segment를 선택한다.

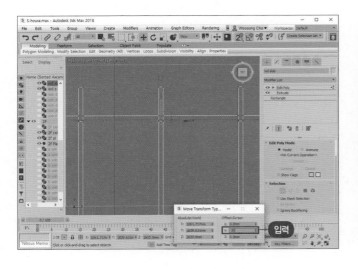

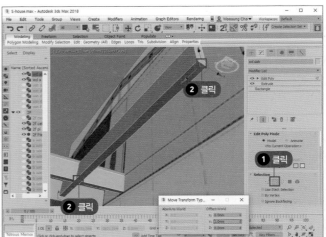

20 Edit Edges에서 Connect Setting(□)을 클릭한 후, Segments에 2를 입력하고 [OK](⊘)를 클릭하여 적용한다.

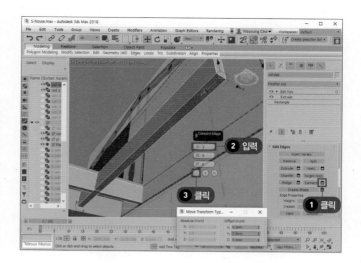

21 Selection에서 Polygon(■)(4)으로 변경한 후, 나눠준 중간 면을 선택한다. 그다음 Edit Polygons에서 Extrude Setting (□)을 클릭한 후, Amount에 −50을 입력하고 [OK](⊘)를 클릭하여 적용한다.

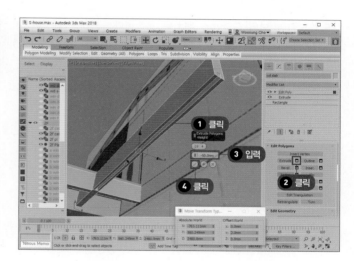

22 다음으로 앞쪽의 단면을 전부 선택하고 삭제한다.

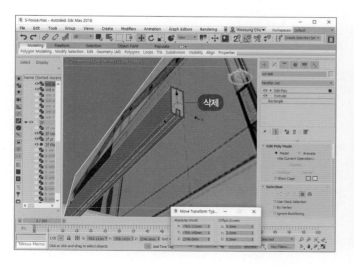

23 수정된 보를 복사하여 3개의 보가 똑같이 되도록 편집한다.

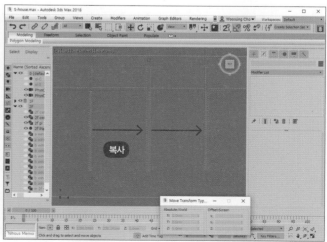

24 보와 보를 잇는 대각선 보잡이를 만든다. Selection에서 Element( )(5)를 선택한 후, Shift 를 누른 채 가로 보를 이동한다. 그다음 [Clone Part of Mash] 창에서 Clone To Object를 체크한 후, [OK] 버튼을 클릭하여 복사한다.

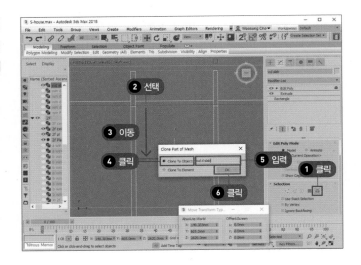

25 보잡이 보의 Gizmo 위치를 조정한다. 커맨드 패널에서 Hierarchy 〉 Adjust Pivot에서 Move/Rotate/Scale의 Affect Pivot Only와 Alignment의 Center to Object를 클릭하여 Gizmo를 오브젝트의 중심으로 이동한다.

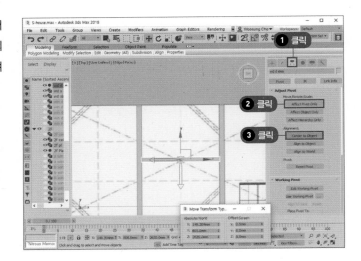

26 메인 툴바에서 Select and Rotate( )(E)로 변경한 후, 보잡이 오브젝트를 −45 각도로 회전한다.

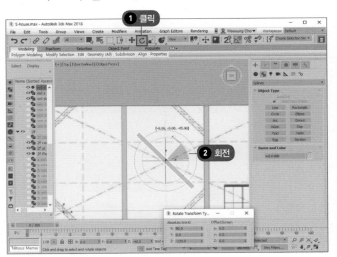

27 보잡이 보 오브젝트를 평면 이미지의 위치와 동일하게 이동한다.

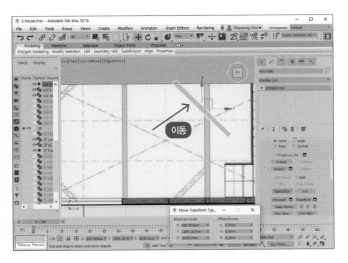

28 Geometry에서 QuickSlice를 선택한다. 그다음 Snap을 사용하여 2층 바닥 라인의 좌측과 우측을 선택하여 Segment를 추가한다.

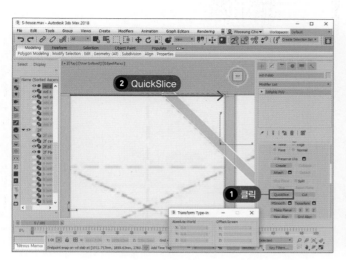

29 그다음 우측 세로 보의 좌측 Vertex를 선택한 후, 수직으로 QuickSlice하여 Segment를 추가한다.

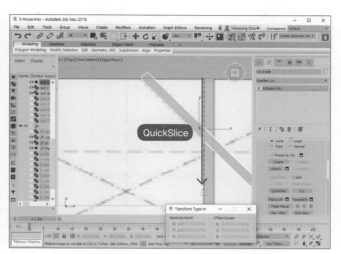

30 Selection에서 Polygon(■)(4)을 클릭한다. 그다음 대각선 보 양쪽 끝부분 Polygon을 선택하여 삭제한다.

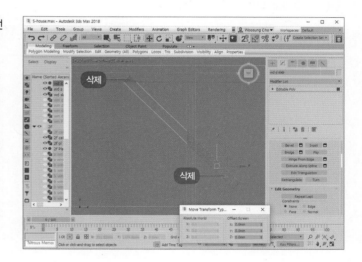

31 Selection에서 Element(●)(5)으로 변경한 후, 보잡이 보를 선택한다. 그다음 Shift 를 누른 상태로 이동하고 [Clone Part of Mash] 창에서 Clone To Element를 체크한 후, [OK] 버튼을 클릭하여 복사한다.

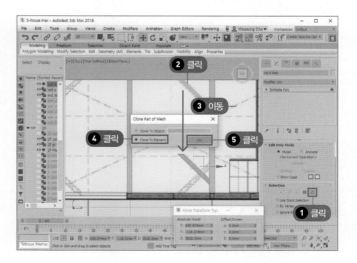

32 메인 툴바에서 Select and Rotate(ⓒ)(Ｅ)으로 변경한 후, 복사한 보잡이 보를 선택하여 180도 회전한다.

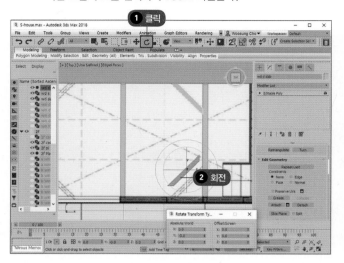

33 메인 툴바에서 Select and Move(✥)(Ｗ)으로 변경한 후, 보잡이 보를 도면 위치에 맞게 이동한다.

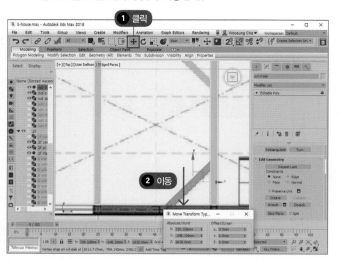

34 다른 곳의 보잡이도 복사하여 완성한다.

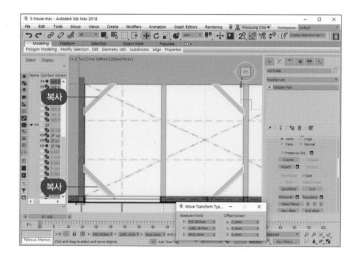

35 Front 뷰에서 WireFrame(Ｆ3)으로 변경한다. 그다음 Selection에서 Vertex(∷)(１)를 선택하고 보잡이 보의 밑 부분 Vertex를 전부 선택한 후, [Transform Type-In] 창에서 Offset:Screen의 Y에 150을 입력하여 이동한다. 그리고 다른 3개의 보잡이 보도 수정한다.

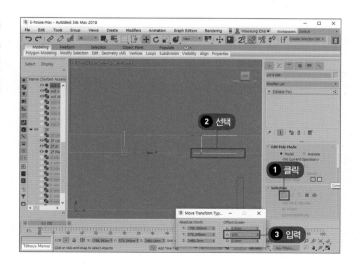

36 wd s col 오브젝트를 선택하여 Selection에서 Vertex(⣀)(1)
으로 변경한다. 그다음 주방 우측에 있는 오브젝트의 상단 Vertex
를 선택한 후, 1f ceil wh의 밑 면 높이까지 이동한다.

37 win F 오브젝트를 Unhide 한 후, 전면 창 앞 기둥의 상단 Vertex
를 선택한다. 그다음 창틀의 밑면 높이까지 Vertex를 이동한다.

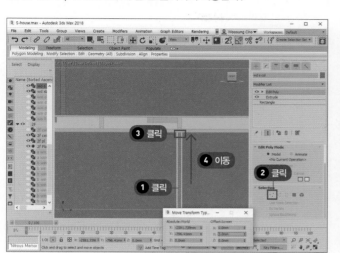

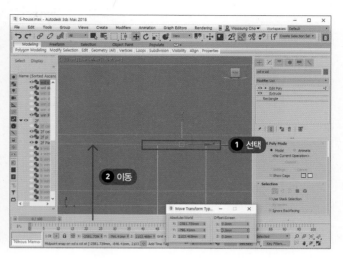

기둥 보 장식 만들기

01 기둥 보의 장식을 만들어보자. 커맨드 패널에서 Create >
Shapes > Splines > Rectangle를 선택한 후, 그림과 같은 위
치에 만들고, Parameters에서 Length와 Width에 100을 입력한다.

02 커맨드 패널에서 Modify > Modifier List > Edit Poly를 적용한
후, Selection에서 Polygon(▣)(4)를 클릭하여 면을 선택한다.

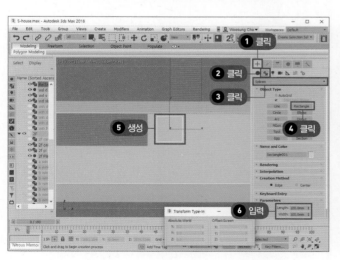

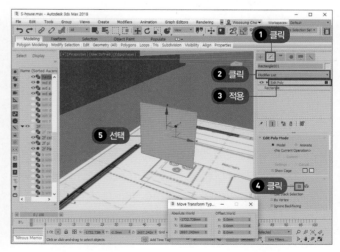

03 Edit Polygons에서 Extrude Setting(■)을 클릭한 후, Amount에 10을 입력하고 [OK](✓)를 클릭하여 적용한다.

04 Edit Polygons에서 Bevel Setting(■)을 클릭한 후, Height에 30, Outline에 −30을 입력하고 Apply and Continue(➕)를 클릭한다.

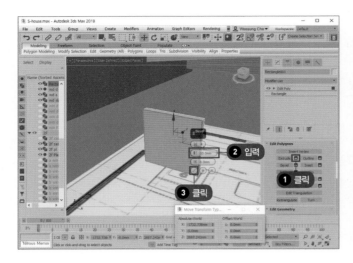

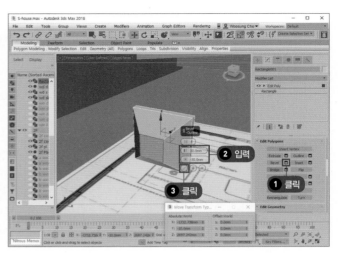

05 Height에 10을 입력하고 Apply and Continue(➕)를 클릭한다. 그다음 Height에 30을 입력하고 [OK](✓)를 클릭한다.

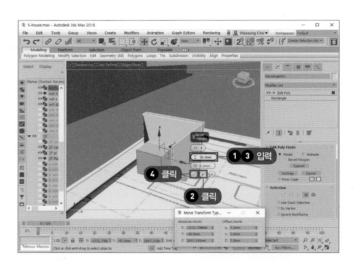

06 중간에 돌출한 면을 전부 선택한다. 그다음 Edit Polygons에서 Extrude Setting(■)을 클릭한 후, Local Normals를 선택하고 Amount에 −5를 입력하여 [OK](✓)를 클릭한다.

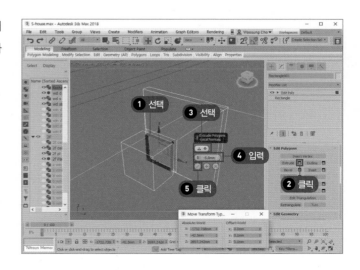

07 Top 뷰에서 화면을 WireFrame(F3)으로 변경하고 Selection 에서 Edge( )(2)를 선택한다. 그다음 넓은 쪽 모서리 Segment를 전부 선택한다.

08 Edit Edges에서 Chamfer Setting( )을 클릭한 후, Amount 에 1을 입력하고 [OK]( )를 클릭한다.

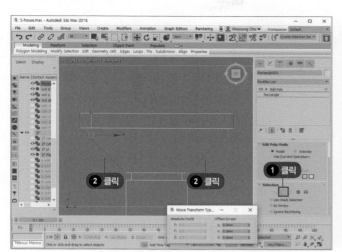

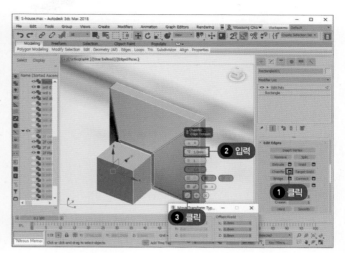

09 Name and Color에 'wd sc'를 입력하고 커맨드 패널에서 Modify 〉 Modifier List 〉 TurboSmooth를 적용한 후, Main 에 Iterations에 2를 입력하여 면을 부드럽게 만든다.

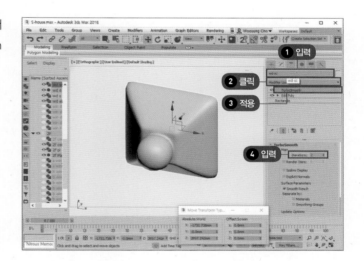

10 메인 툴바에서 Select and Rotate( )(E)으로 변경한 후, 45 도로 회전한다.

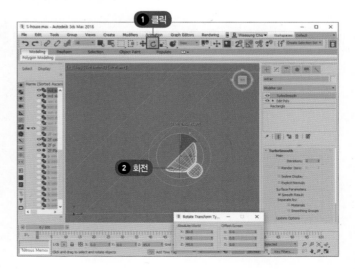

11   메인 툴바에서 Select and Move(✛)(W)으로 변경한 후, wd sc를 보잡이 보의 대각선 면과 맞닿게 이동한다.

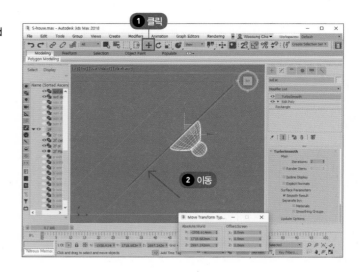

12   Shift 를 누른 상태로 이동한 후, [Clone Options] 창이 나타나면 Object에 Instance를 체크하고 [OK] 버튼을 클릭하여 복사한다.

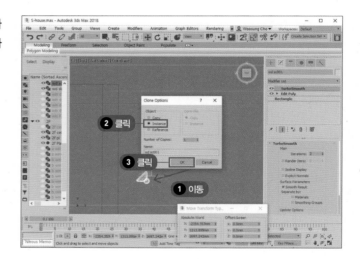

13   앞 과정을 반복하여 보잡이 보에 2개의 장식이 들어가도록 구성한다. 그다음 전부 선택하고, 메인 툴바에서 Group 〉 Group를 선택한 후, [Group] 창에서 Group name에 'wd sc'를 입력하고 [OK] 버튼을 클릭한다.

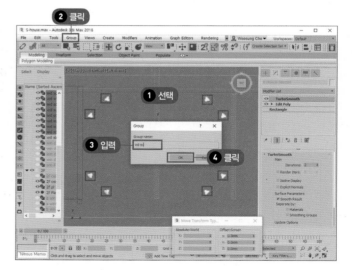

2층 기둥과 보 만들기

01 1층에 만들었던 보와 보잡이, 보 장식을 선택하여 복사한 후, 2층 천장도를 확인하여 다음과 같이 수정한다.

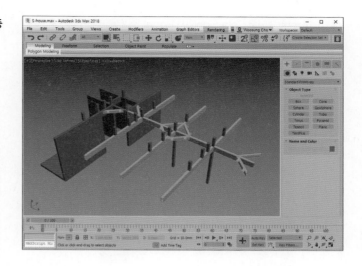

02 2층에 추가되는 것은 천장 면과 맞닿는 기둥이 추가된다. 단면도를 확인하여 천장 면과 맞닿는 기둥의 위치를 체크한다.

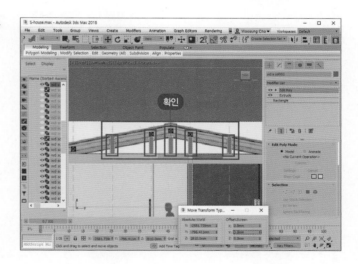

03 2층 좌측의 벽체 안쪽으로도 천장 면과 닿는 기둥 오브젝트를 복사한다.

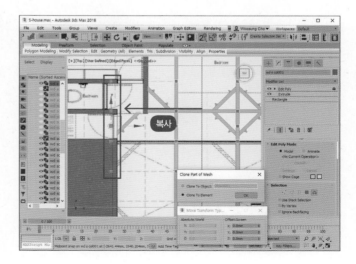

2층 보 레일 만들기

01 Front 뷰에서 Selection에서 Edge(　)(　2　)로 변경한 후, 아랫 면의 Segment를 드래그하여 선택한다.

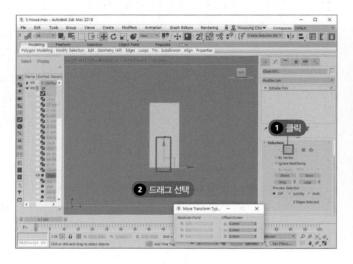

02 Edit Edges에서 Connect Setting(　)을 클릭한 후, Segments 에 2, Pinch에 30을 입력하고 [OK](　)를 클릭한다.

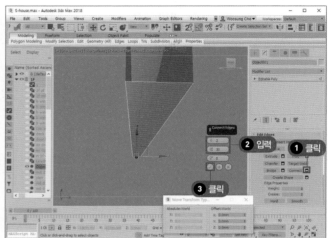

03 추가된 안쪽의 짧은 Segment를 선택한다.

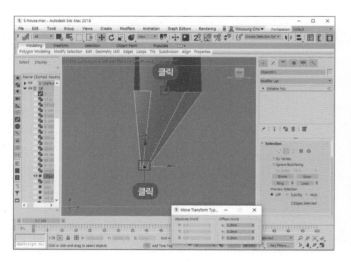

04 Edit Edges에서 Connect Setting(　)을 클릭한 후, Segments에 2, Pinch에 20을 입력하고 [OK](　)를 클릭한다.

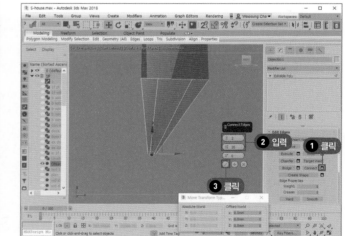

05 Selection에서 Polygon(■)(4)으로 변경한 후, Connect로 만들어진 아랫면 중간에 있는 얇은 2개의 면을 선택한다. 그다음 Edit Polygons에서 Extrude Setting(□)을 클릭한 후, Amount에 −30을 입력하고 [OK](◯)를 클릭한다.

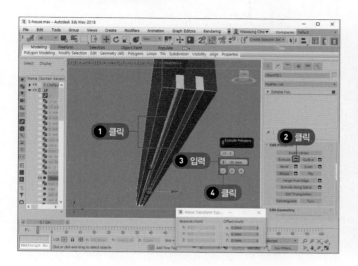

06 Extrude로 생성된 옆면만을 전부 선택한 후, 삭제한다.

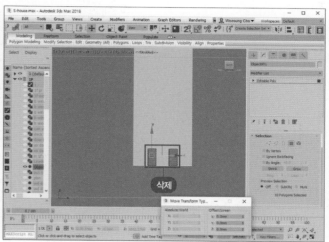

07 Extrude한 2개의 면을 선택하여 Shift 를 누른 상태로 아랫면과 동일하게 이동한다. 그다음 [Clone Part of Mash] 창에서 Clone To Element를 체크한 후, [OK] 버튼을 클릭하여 복사한다.

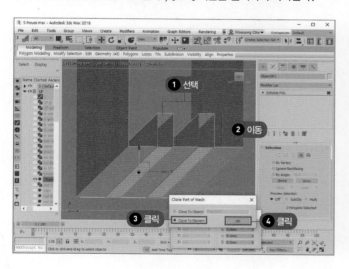

08 복사한 면의 짧은 쪽 Segment만을 선택한 후, Edit Edges에서 Connect Setting(□)을 클릭한다. 그다음 Segments에 4, Pinch에 30을 입력하고 [OK](◯)를 클릭한다.

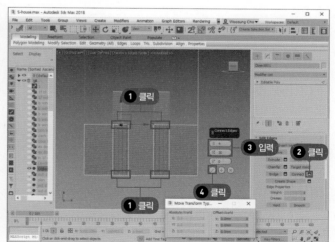

09 Selection에서 Polygon(■)(4)로 변경한 후, Connect로
나눈 면을 한 칸씩 건너 선택한다.

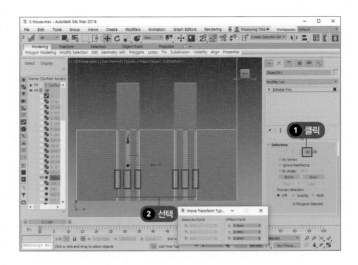

10 Edit Polygons에서 Extrude Setting(□)을 클릭한 후,
Amount에 −30을 입력하고 [OK](○)를 클릭한다.

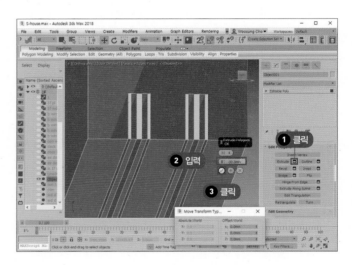

11 Extrude 한 양쪽 외곽의 긴 쪽 옆면을 선택하고 삭제한다.

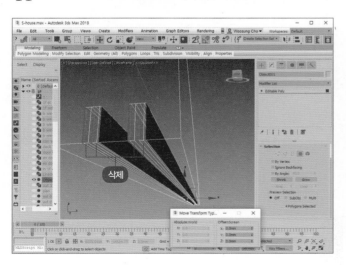

12 Extrude 한 양쪽의 좁은 옆면을 전부 선택하여 삭제한다.

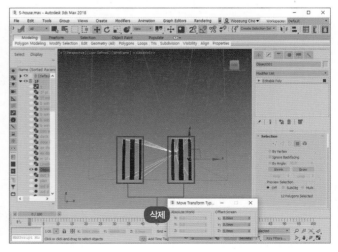

13 Selection에서 Edge(▱)(2)으로 변경한 후, Extrude가 적
용되지 않은 면의 세로 Segment를 전부 선택한다.

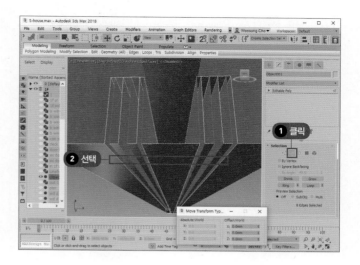

14 Edit Edges에서 Chamfer Setting(▣)을 클릭한 후,
Segments에 1, Amount에 2을 입력하고 [OK](◯)를 클릭한다.

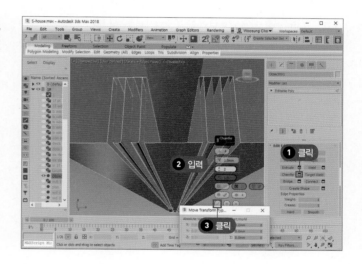

15 Selection에서 Element(▣)(5)으로 변경한 후, 레일 오브젝
트를 선택한다. 그다음 Polygon: Material IDs에서 Set ID에 2
를 입력한다.

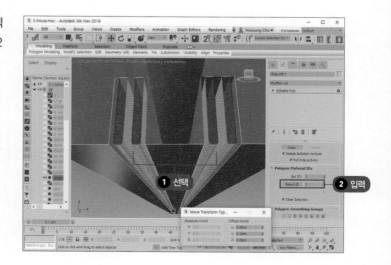

16 보를 선택한 후, Polygon: Material IDs에서 Set ID에 1을 입력한다.

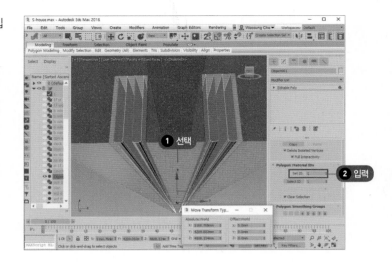

17 Attach를 사용하여 보와 레일 오브젝트를 하나로 합친 후, 다음과 같이 선택된 보의 위치로 각각 복사한다. 원래 자리에 있던 보는 삭제한다.

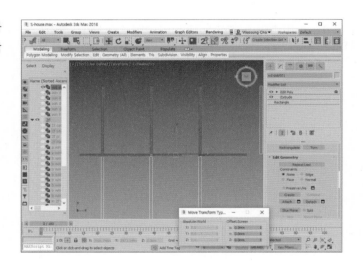

18 Selection에서 Element(　)(　5　)을 클릭한 후, 레일을 제외하고 보를 전부 선택한다. 그다음 Polygon: Material IDs에서 Set ID에 1을 입력한다.

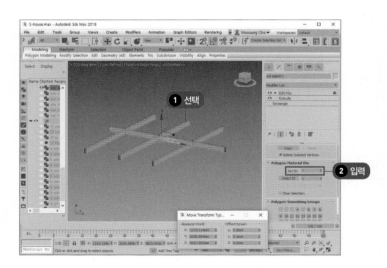

1층 내부 벽체 수정 및 문 만들기

1층의 내부 벽체를 수정하고 벽체에 들어갈 문을 만들어보자.

문 만들기

01 Top 뷰로 변경한다. 커맨드 패널에서 Create 〉 Shapes 〉 Splines 〉 Rectangle를 선택하여 만든 후, Parameters에서 Length에 40, Width에 700을 입력한다.

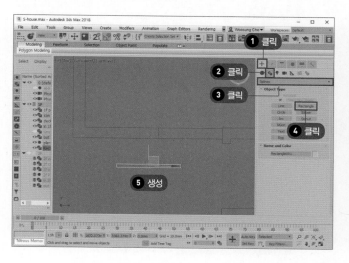

02 Front 뷰로 변경한 후, 커맨드 패널에서 Modify 〉 Modifier List 〉 Extrude를 클릭한다. 그다음 Parameters에서 Amount에 2400을 입력하여 돌출시킨다.

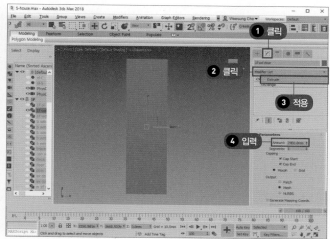

03 커맨드 패널에서 Modify 〉 Modifier List 〉 Edit Poly를 적용한 후, Selection에서 Edge(◁)(2)를 클릭한다. 그다음 세로 Segment를 드래그하여 선택하여 Edit Edges에서 Connect Setting (□)을 클릭한 후, Segments에 1을 입력하고 [OK](○)를 클릭한다.

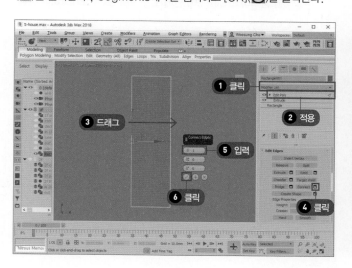

04 가로 Segment를 드래그하여 선택한다. 그다음 Edit Edges에서 Connect Setting(□)을 클릭한 후, Segments에 1을 입력하고 [OK](○)를 클릭한다.

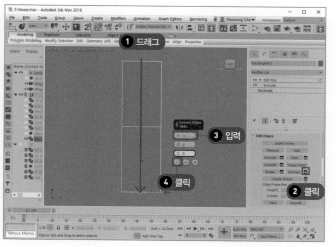

05 Selection에서 Vertex( )(1)으로 변경한 후, 중간의 가로 라인 Vertex를 선택한 후, 절대좌표 Z에 1000을 입력한다.

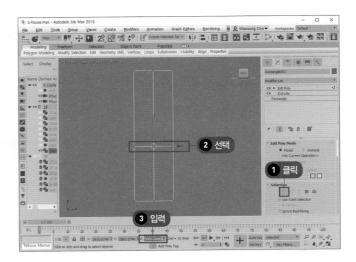

06 WireFrame(F3)으로 변경한다. 그다음 중간의 세로 라인 Vertex를 드래그하여 선택한 후, [Transform Type-In](F12) 창을 열고 Offset:Screen의 X에 -120을 입력하여 이동한다. 그리고 Name and Color에 '1f wd door'를 입력한다.

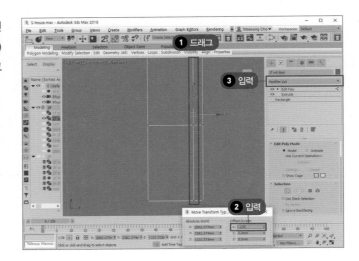

07 커맨드 패널에서 Create 〉 Shapes 〉 Splines 〉 Circle를 선택하고 Segment가 교차되는 중심을 기준으로 그린 후, Parameters에서 Radius에 50을 입력한다.

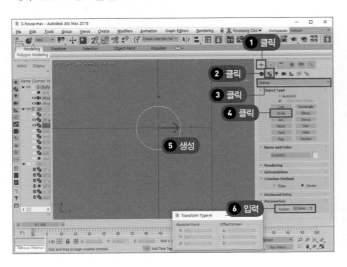

08 1f wd door 오브젝트를 선택한 후, Selection에서 Vertex( ) (1)을 클릭하고 Circle에 안에 있는 Vertex를 드래그하여 선택한다.

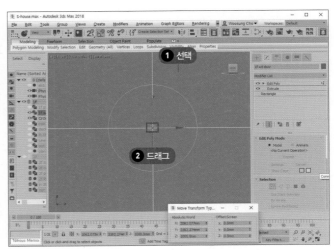

09 Edit Vertices에서 Chamfer를 선택한 후, 그림과 같이 원에 맞 닿도록 적용한다.

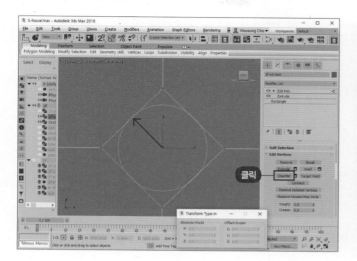

10 다시 한번 Chamfer를 사용하여 깎아낸 간격이 동일하게 적용한다.

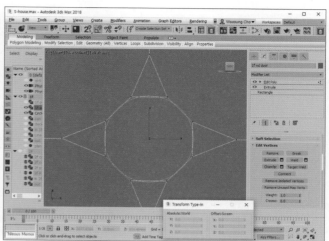

11 마지막으로 그림과 같은 모양이 되도록 Chamfer를 추가로 적용 하여 편집한다.

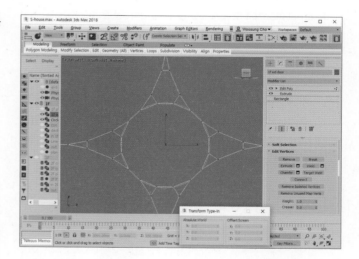

12 Perspective 뷰로 변경한다. Selection에서 Polygon(■) (4)으로 변경한 후, Chamfer가 적용된 중간의 면을 양쪽으로 선택하고 Edit Polygons에서 Bridge를 적용한다.

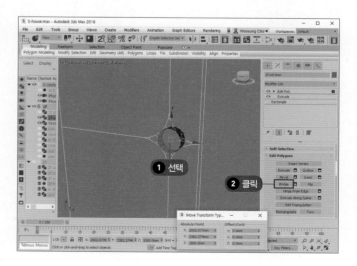

13 Circle 오브젝트를 선택한 후, Name and Color에 'door handle'로 입력하고 Interpolation에서 Steps에 16을 입력한다.

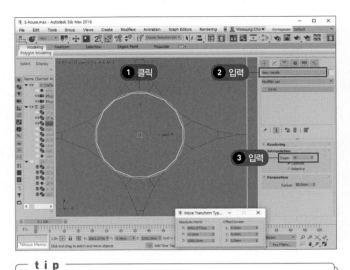

14 커맨드 패널에서 Modify 〉 Modifier List 〉 Extrude를 클릭한 후, Parameters에서 Amount에 30을 입력하여 돌출한다.

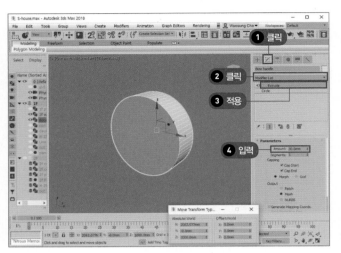

---

tip

Interpolation에서 Step의 값을 올릴수록 원의 곡선은 부드러워진다.
최대값은 40을 넘지 않도록 하고 4의 배수로 올린다.

---

15 커맨드 패널에서 Modify 〉 Modifier List 〉 Edit Poly를 적용한 후, Selection에서 Polygon(■)(4)를 선택한다. 그다음 옆면을 선택하고 Edit Polygons에서 Inset Setting(□)을 클릭한 후, Amount에 4을 입력하고 [OK](⊘)를 클릭한다.

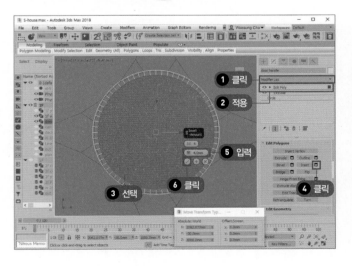

16 Edged Faces(F3)으로 변경한다. Edit Polygons에서 Extrude Setting(□)을 클릭한 후, Amount에 −20을 입력하고 [OK](⊘)를 클릭한다.

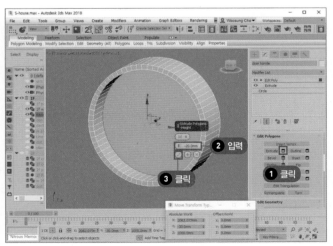

17 WireFrame(F3)으로 변경한 후, door handle 오브젝트를 Y축
으로 이동하여 1f wd door 오브젝트의 뚫린 부분과 같은 라인이
되도록 이동한다. 그다음 [Transform Type-In] 창에서
Offset:Screen의 Y 값을 −5로 입력한다.

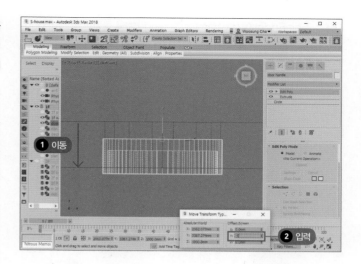

18 Perspective 뷰에서 Edged Faces(F3)으로 변경한 후,
Selection에서 Polygon(■)(4)을 클릭한다. 그다음
Extrude하여 들어간 면을 선택한다.

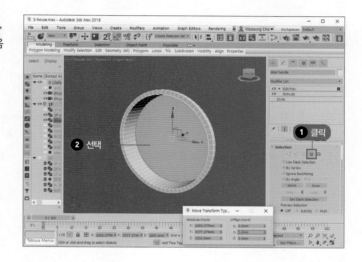

19 Shift 를 누른 상태로 Selection에서 Edge(◢)(2)을 클릭하
여 Segment가 선택되도록 한다. 그다음 Extrude가 되지 않는
옆면의 바깥쪽과 안쪽의 원 Segment를 선택한다.

20 Selection에서 Loop를 선택하여 이어진 Segment를 전부 선택
한다.

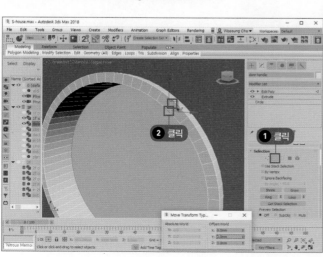

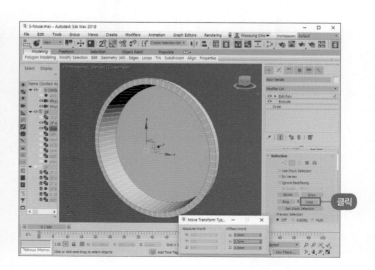

21 Edit Edges에서 Chamfer Setting(□)을 클릭한 후, Amount
에 2를 Segments에 4을 입력하고 [OK](⊘)를 클릭한다.

22 door handle과 1f wd door 오브젝트를 선택한 후, 메인 메뉴
바의 Group 〉 Group을 선택한다. 그다음 [Group] 창에서
Group name에 'Door'을 입력하고 [OK] 버튼을 클릭한다.

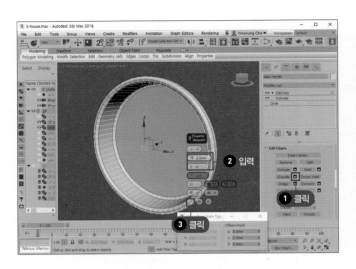

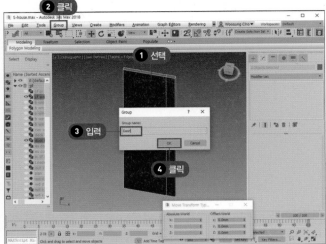

1층 내벽 수정하기

01 in 1f wall와 plan 오브젝트를 제외하고 Hide 한다.

02 Front 뷰에서 in 1f wall 오브젝트를 선택한 후, Selection에서
Edge(　)(2)를 클릭한다. 그다음 세로 Segment를 선택한
후, Edit Edges에서 Connect Setting(□)을 클릭한다. 그리고
Segments에 1을 입력하고 [OK](⊘)를 클릭한다.

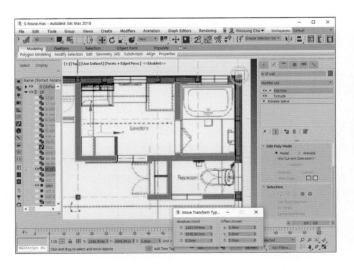

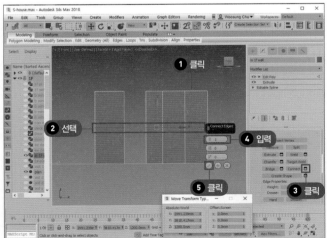

03 선택한 상태로 하단의 절대좌표 Z에 2100을 입력하여 Segment 를 이동한다.

04 문 위의 벽체를 만든다. WireFrame(F3)으로 변경한 후, Selection에서 Polygon(▣)(4)을 클릭한다. 그다음 내벽 안쪽 공간의 위쪽 양면을 선택한다.

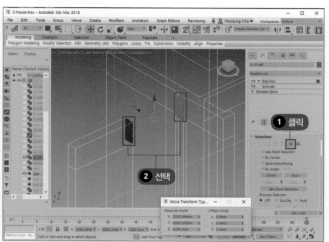

05 Edged Faces(F3) 상태로 변경한 후, Edit Polygons에서 Bridge를 클릭한다.

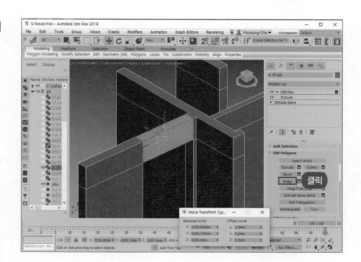

06 거실 쪽 벽체의 위쪽 옆면을 선택하여 Edit Polygons에서 Extrude Setting(▣)을 클릭한 후, Amount에 500을 입력하고 [OK](◯)를 클릭한다.

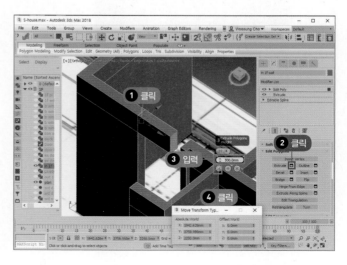

07 WireFrame(F3)상태로 변경한 후, Top 뷰에서 Selection에서 Vertex(⊡)(1)를 클릭한다. 그다음 돌출된 끝의 Vertex를 드래그하여 선택한 후, 우측 벽면에 맞닿게 이동한다.

08 Edged Faces(F3)으로 변경한 후, Selection에서 Polygon(■)(4)을 클릭하고 입구에서 옆면의 위쪽 면을 선택한다. 그 다음 Edit Polygons에서 Extrude Setting(■)을 클릭한 후, Amount에 500을 입력하고 [OK](⊘)를 클릭한다.

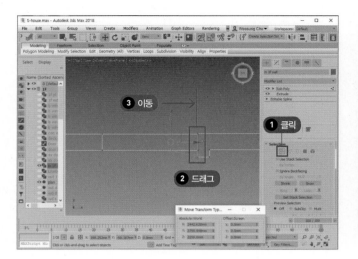

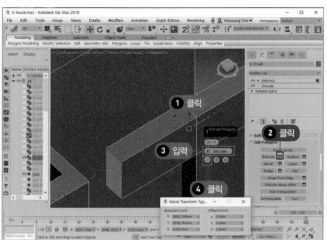

09 Selection에서 Vertex(⊡)(1)을 선택한 후, Extrude 한 끝 면의 Vertex를 선택한다. 그다음 좌측 벽면과 맞닿게 이동한다.

10 예제 파일에서 Shouse-007.jpg 이미지를 확인하고 주방 쪽 좌측 벽면 상단 부분을 만든다. Top 뷰로 변경한 후, Selection에서 Edge(◁)(2)를 선택하고 좌측 벽체의 세로 Segment를 선택한다. 그다음 Edit Edges에서 Connect Setting(■)을 클릭한 후, Segments에 1을 입력하고 [OK](⊘)를 클릭한다.

⦿ 예제 파일 | Sample/Part03/Lesson01/S-House image/Shouse-007.jpg

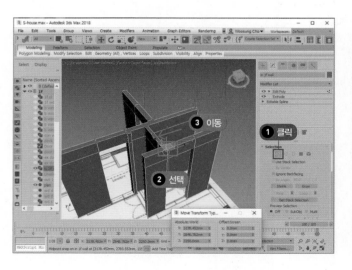

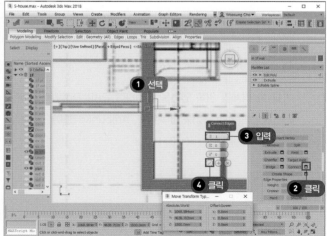

11 Selection에서 Vertex(⚬)(1)을 선택한 후, Connect로 만든 Segment의 Vertex를 선택한다. 그 다음 Vertex들을 아래의 벽면 아래쪽 라인과 수평으로 위치하게 Y축으로 움직인다.

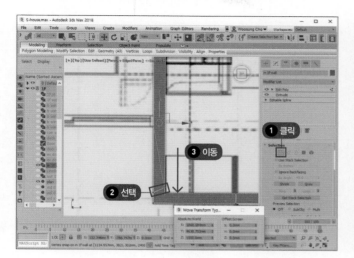

12 우측의 수평이 되지 않은 Vertex를 선택한 후, 아래쪽 벽면 모서리에 겹치도록 이동한다. 그다음 모서리 부분의 Vertex를 드래그하여 선택하고 Edit Vertices에서 Weld를 클릭한다.

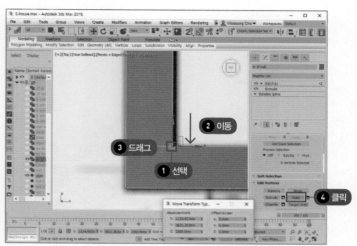

13 Selection에서 Edge(◁)(2)으로 변경한 후, 좌측 벽면의 세로 Segment를 선택한다. 그다음 Edit Edges에서 Connect Setting(■)을 클릭한 후, Segments에 1을 입력하고 [OK](⊘)를 클릭한다.

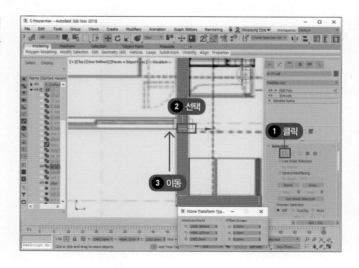

14 Selection에서 Vertex(⚬)(1)을 클릭한 후, 만들어진 Segment의 Vertex를 선택한다. 그다음 평면 이미지의 주방 라인과 일치하도록 Y축으로 이동한다.

15 Perspective 뷰에서 좌측 벽면 하단의 양쪽 세로 Segment를 선택한다. 그다음 Edit Edges에서 Connect Setting(▣)을 클릭한 후, Segments에 1을 입력하고 [OK](✓)를 클릭한다.

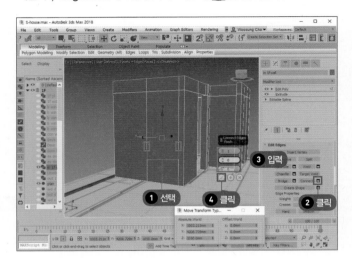

16 하단의 절대좌표 Z에 2000을 입력하여 이동한다.

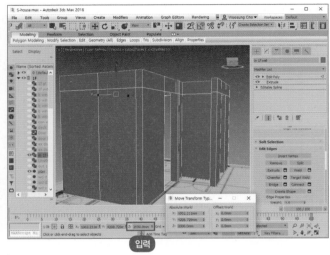

17 Selection에서 Polygon(■)(4)을 선택한 후, 벽체의 윗면을 선택하여 삭제한다.

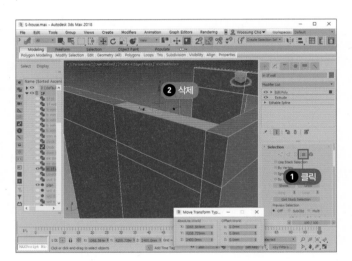

18 2000 높이 위의 2개의 면을 선택한 후, Edit Polygons에서 Extrude Setting(▣)을 클릭한다. 그다음 Amount에 −30을 입력하고 [OK](✓)를 클릭한다.

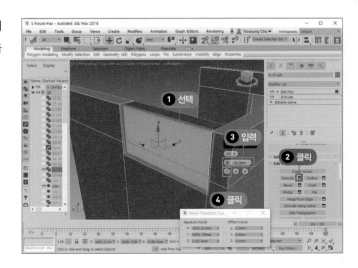

19 Extrude 한 면의 윗면을 선택하여 삭제한 후, 정면의 면을 선택하고 Edit Geometry에서 Detach를 클릭하여 면을 분리한다.

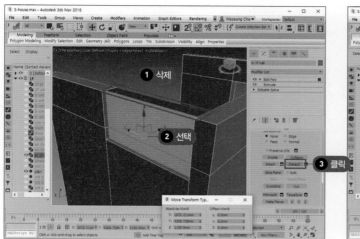

20 Detach 된 오브젝트를 선택한 후, Selection에서 Vertex(⬚)([1])을 클릭한다. 그다음 오브젝트의 Vertex를 선택하여 폭이 30이 되도록 간격을 조절한다.

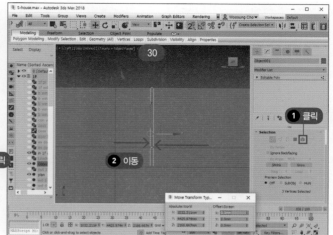

21 Selection에서 Element(⬤)([5])으로 변경한 후, 오브젝트를 선택하여 좌측면에 맞닿게 이동한다.

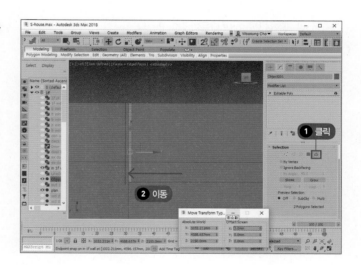

22 [Transform Type-In] 창에서 Offset:Screen의 X에 30을 입력하여 우측으로 이동한다.

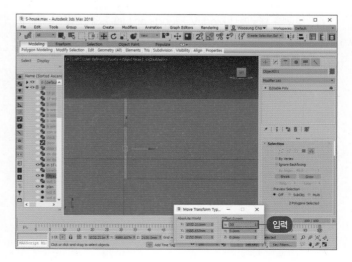

23 Shift 를 누른 상태로 오브젝트의 우측에 붙게 이동하여 [Clone Part of Mash] 창에서 Clone To Element를 체크한 후, [OK] 버튼을 클릭하여 복사한다.

24 [Transform Type-In] 창에서 Offset:Screen의 X에 30을 입력하여 우측으로 이동한다.

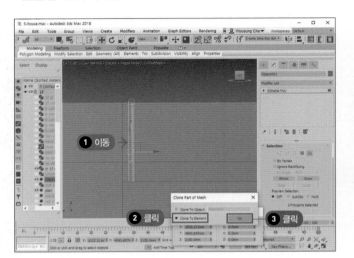

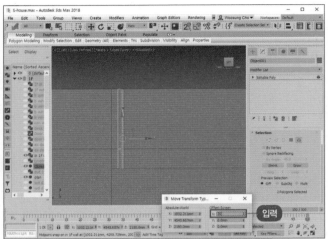

25 앞 과정을 반복하여 다음과 같이 만든다.

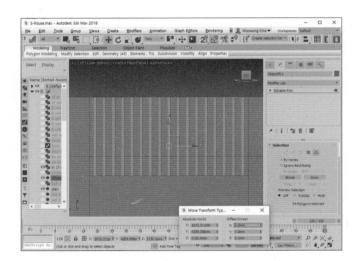

26 커맨드 패널에서 Modify 〉 Modifier List 〉 Shell을 적용한 후, Parameters에서 Outer Amount에 30을 입력하여 두께를 만든다.

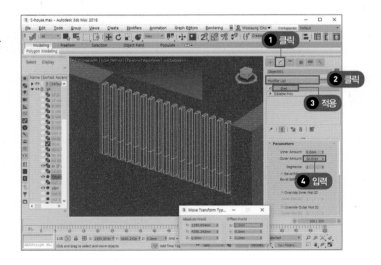

27 in 1f wall 오브젝트를 선택한 후, Edit Geometry에서 Attach
를 클릭하여 Shell이 적용된 오브젝트를 하나로 합쳐준다.

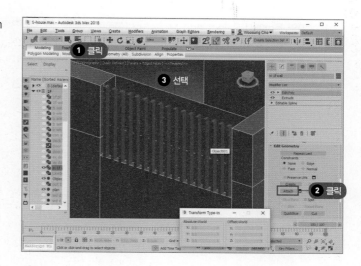

28 Selection에서 Element(⊕)(5)를 클릭하여 Attach 된 오브
젝트 하나를 선택한 후, Shift 를 누른 상태로 이동한다. 그다음
[Clone Part of Mash] 창에서 Clone To Element를 체크한 후,
[OK] 버튼을 클릭하여 복사한다.

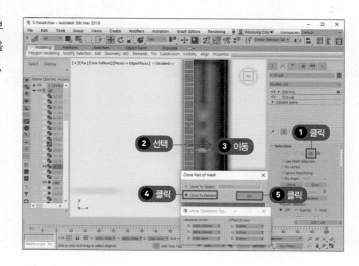

29 메인 툴바에서 Select and Rotate(C)(E)를 선택한 후,
[Transform Type-In] 창에서 Absolute:World의 X에 90을
입력하여 회전한다.

30 Left 뷰로 전환하고 [Transform Type-In] 창의 Absolute:
World에서 Z에 −90을 입력하여 회전한다.

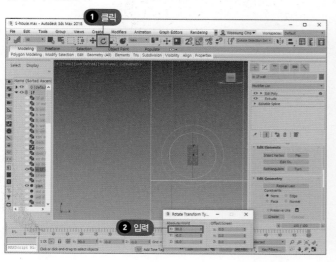

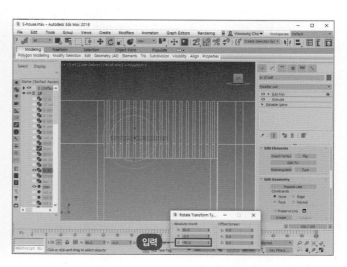

31 메인 툴바에서 Select and Move(✛)(W)을 선택한 후, 오브젝트를 좌측 하단의 2100 높이로 이동한다.

32 Shift 를 누른 상태로 Y축 벽체 높이 라인과 동일하게 이동하고 [Clone Part of Mash] 창에서 Clone To Element를 체크한 후, [OK] 버튼을 클릭하여 복사한다.

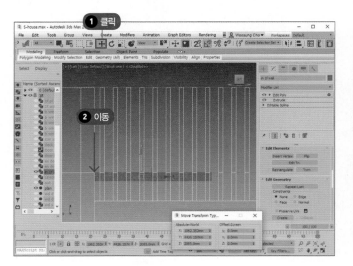

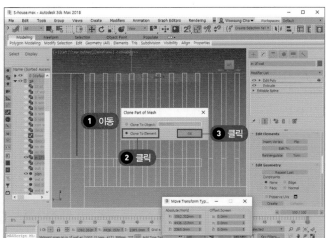

33 Selection에서 Vertex(∷)(1)으로 클릭한 후, 위아래 가로 오브젝트의 우측 끝 Vertex를 선택한다. 그다음 우측의 벽과 맞닿게 이동한다.

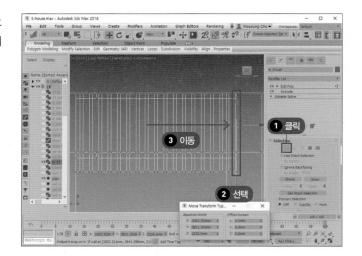

34 Top 뷰로 전환하고 Selection에서 Element(▦)(5)으로 변경한 후, 좌측으로 붙도록 이동한다.

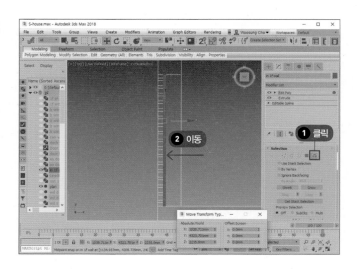

35 다음과 같이 나무창이 만들어진다.

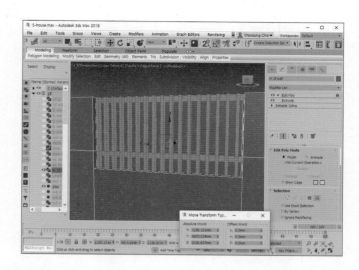

1층 내부 벽체 문 달아주기

01 in 1f wall, Door, Plan 오브젝트를 제외하고 전부 Hide 한 후,
Door 오브젝트의 우측면이 벽체에 맞닿게 이동한다.

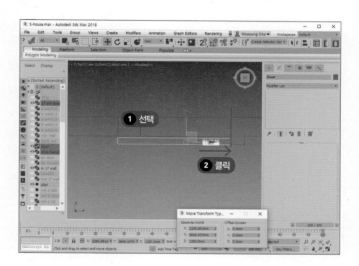

02 메인 메뉴바의 Group 〉 Ungroup을 선택하여 그룹을 해제한다.

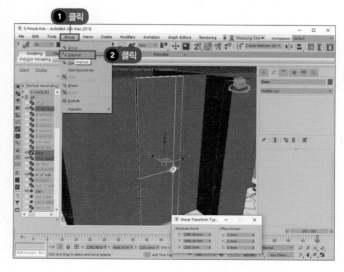

03 1f wd door 오브젝트를 선택한 후, Edit Geometry의 Attach 를 선택하여 door handle 오브젝트를 클릭한다.

04 Selection에서 Element(🔘)(5)을 선택한 후, 문 오브젝트를 클릭한다. 그다음 Polygon : Material IDs에서 Set ID에 1을 입력한다.

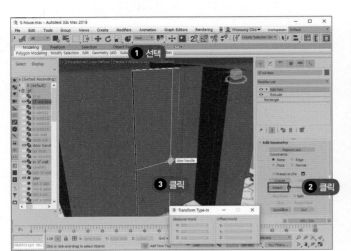

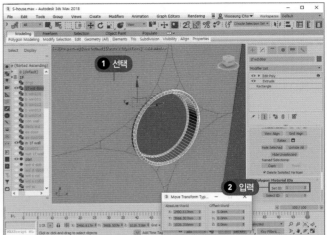

05 문의 손잡이를 선택한 후, Polygon : Material IDs에서 Set ID 에 2를 입력한다.

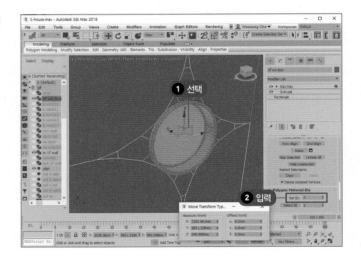

06 문을 선택하여 Shift 를 누른 상태로 움직인다. 그리고 [Clone Options] 창에서 Object 항목에서 Copy를 체크한 후, [OK] 버튼을 클릭하여 복사한다. 그 다음 우측의 화장실 안쪽 벽면과 맞닿게 움직인다.

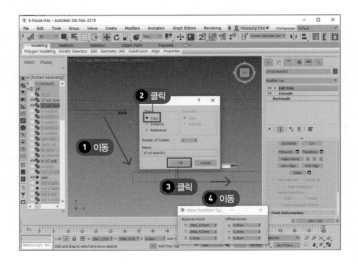

07 메인 툴바에서 Mirror(🔳)을 클릭한 후, [Mirror: Screen C...] 창에서 Mirror Axis에 X를 선택하고 Clone Selection에서 No Clone을 선택하여 [OK] 버튼을 클릭한다.

08 오브젝트를 벽체의 안쪽 모서리에 맞닿게 이동한다.

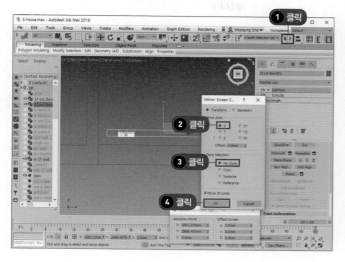

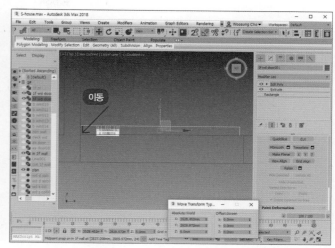

09 Selection에서 Vertex(🔳)(1)을 클릭한 후, 문의 크기를 벽체 높이에 맞도록 조절한다.

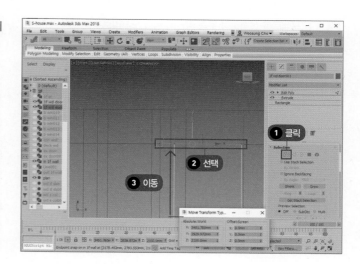

10 Top 뷰로 변경한 후, 문의 우측 Vertex를 선택한다. 그다음 우측으로 이동하여 벽면에 맞닿게 한다.

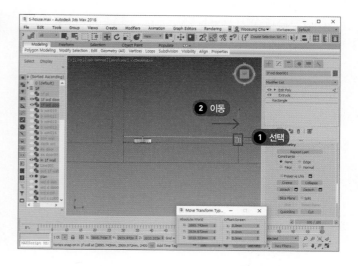

11 벽장의 문은 새롭게 만든다. 커맨드 패널에서 Create 〉 Shapes 〉 Splines 〉 Rectangle를 클릭하여 임의의 크기로 만든 후, Parameters에서 Length에 370, Width에 40을 입력한다.

12 커맨드 패널에서 Modify 〉 Modifier List 〉 Extrude를 클릭한 후, Parameters에서 Amount에 2400을 입력한다.

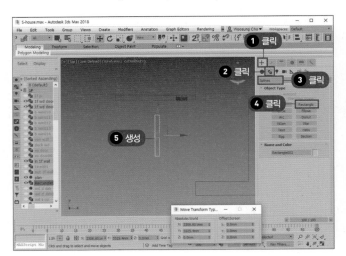

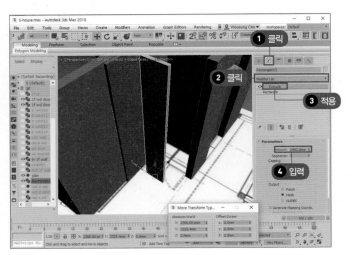

13 오브젝트를 선택하여 우측 상단의 벽장 모서리로 이동한다.

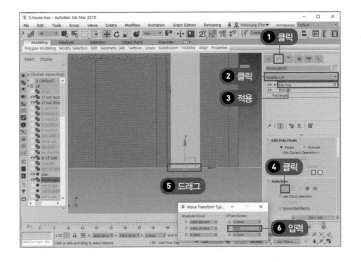

14 커맨드 패널에서 Modify 〉 Modifier List 〉 Edit Poly를 적용한 후, Selection에서 Vertex( )(1)를 클릭한다. 그다음 Left 뷰에서 하단의 Vertex를 드래그하여 선택한 후, [Transform Type-In] 창의 Offset:Screen의 Y에 200을 입력하여 이동한다.

15 Top 뷰로 전환하고 Selection에서 Element(⬚)(5)으로 변경한 후, 메인 툴바에서 Snaps Toggle(2⅔)(S)을 클릭한다. 그 다음 상단의 Snap을 클릭하고 Shift 를 누른 상태로 이동한다. 그리고 [Clone Part of Mash] 창에서 Clone To Element를 체크한 후, [OK] 버튼을 클릭하여 복사한다.

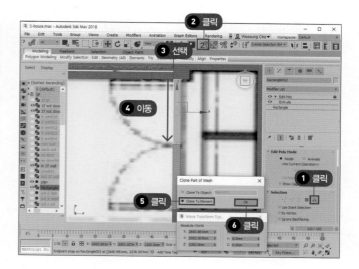

16 복사한 오브젝트를 선택한 후, [Transform Type-In] 창에서 Offset:Screen의 Y에 −1을 입력하여 이동한다.

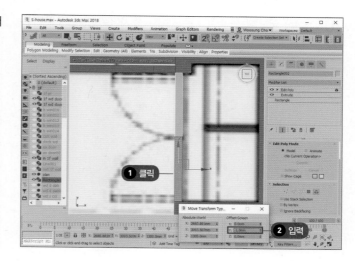

17 위쪽 오브젝트를 선택한 후, [Transform Type-In] 창에서 Offset:Screen의 Y에 −1을 입력하여 이동한다.

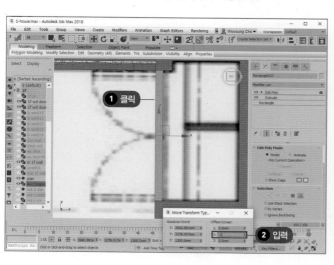

18 Name and Color에 'wall door'를 입력하여 이름을 변경한다.

19 내부 벽체를 선택한 후, Selection에서 Element(🖼)(5)를 클릭한다. 그다음 좌측의 벽체 살을 선택하고 Shift 를 누른 상태로 이동하여 [Clone Part of Mash] 창에서 Clone To Element를 체크한 후, [OK] 버튼을 클릭하여 복사한다.

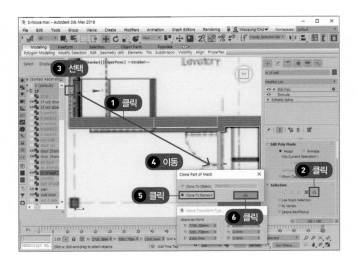

20 복사한 오브젝트를 벽장의 문 오브젝트를 사이로 이동시켜 문 안쪽의 면과 맞닿게 한다.

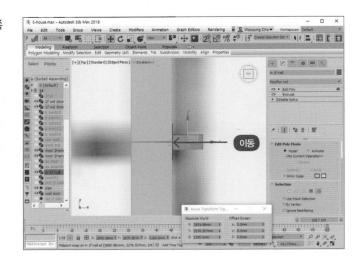

21 Selection에서 Vertex(⸬)(1)으로 변경한 후, 우측의 Vertex를 선택하고 우측의 벽과 맞닿게 이동한다.

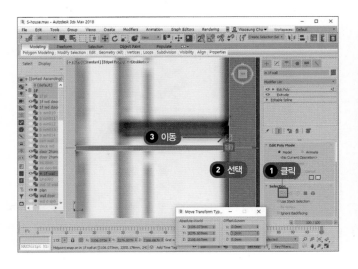

22 Front 뷰에서 복사한 오브젝트의 하단의 Vertex를 드래그하여 선택한 후, 하단의 절대좌표 Z에 0을 입력하여 이동한다.

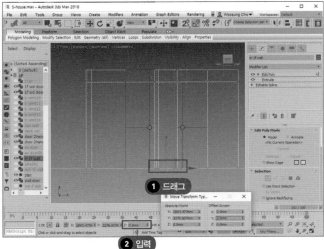

벽장 손잡이 만들기

01 커맨드 패널에서 Create 〉 Shapes 〉 Splines 〉 Rectangle를 클릭하여 임의로 만든 후, Parameters에서 Length에 180, Width에 50을 입력하여 만든다.

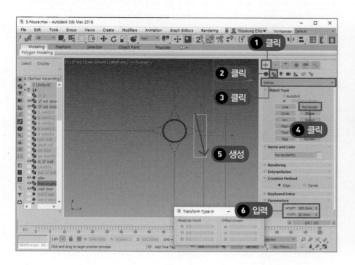

02 커맨드 패널에서 Modify 〉 Modifier List 〉 Edit Spline을 적용한 후, Selection에서 Segment(✓)(2)을 클릭하고 우측 Segment를 선택하여 삭제한다.

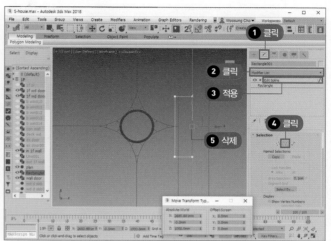

03 Selection에서 Vertex(∴)(1)으로 변경하고 Vertex를 전부 선택한다. 그다음 우 클릭하고 쿼드 메뉴에서 tools 1 〈 Corner을 선택한다.

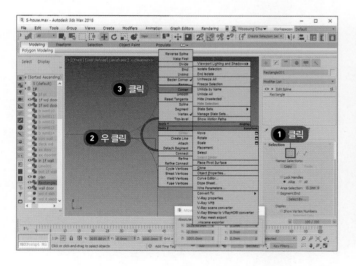

04 Selection에서 Segment(✓)(2)으로 변경한 후, 좌측의 세로 Segment를 선택한다. 그다음 [Transform Type-In] 창에서 Offset:Screen의 X에 10을 입력하여 이동한다.

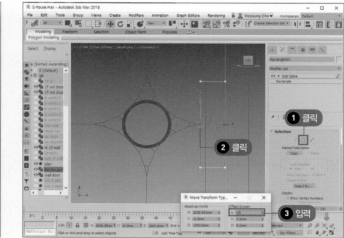

05 커맨드 패널에서 Modify 〉 Modifier List 〉 Extrude를 클릭한 후, Parameters에서 Amount에 20을 입력하여 돌출한다.

06 커맨드 패널에서 Modify 〉 Modifier List 〉 Shell을 적용한 후, Parameters에서 Outer Amount에 10을 입력하여 두께를 만든다.

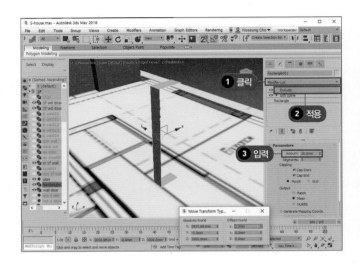

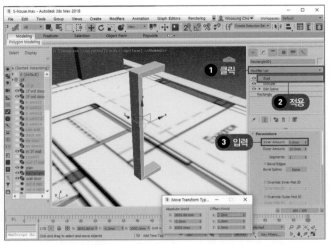

07 커맨드 패널에서 Modify 〉 Modifier List 〉 Edit Poly를 적용한 후, Front 뷰에서 WireFrame(F3)으로 변경한다. 그다음 Selection에서 Vertex( )(1)를 선택하고 위아래 우측 끝의 Vertex를 선택하여 좌측의 Vertex와 수평이 되도록 이동한다.

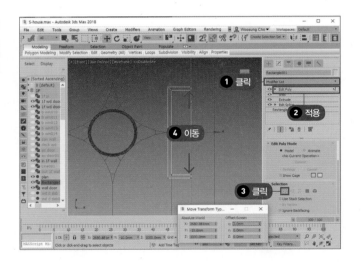

08 메인 툴바에서 Selection에서 Snaps Toggle(2)(S)을 클릭한다. 그다음 Edge( )(2)로 변경한 후, Edit Geometry에서 QuickSlice를 선택하여 위아래 가로 손잡이 중간을 Snap으로 선택하고 QuickSlice를 적용한다.

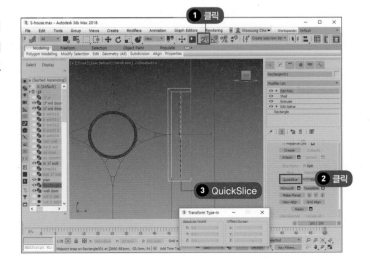

09 Selection에서 Vertex(⋯)(1)으로 변경한 후, 만든 Vertex 를 선택하고 [Transform Type-In] 창에서 Offset:Screen의 X에 15를 입력하여 이동한다.

10 Selection에서 Polygon(■)(4)으로 변경한 후, 위아래 윗면 과 아랫면의 짧은 부분을 선택한다. 그다음 Edit Polygons에서 Extrude Setting(□)을 클릭한 후, Amount에 25를 입력하고 [OK] (◯)를 클릭한다.

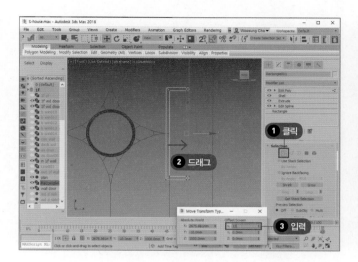

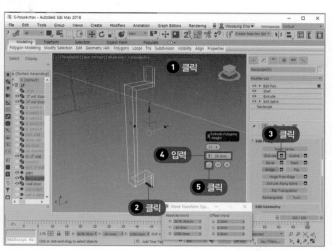

11 Top 뷰에서 Selection에서 Edge(◁)(2)로 변경한 후 세로 Segment를 드래그하여 선택한다. 그다음에 Edit Edges에서 Connect Setting을 클릭한 후, Segments에 2, Pinch에 65를 입력 하고 [OK](◯)를 클릭하여 적용시킨다.

12 Front 뷰에서 위아래에 꺾이는 부분의 대각선 Segment를 선택 한 후, Edit Edges에서 Chamfer Setting(□)을 선택하고 Amount에 5, Segments에 1을 입력하여 [OK](◯)를 클릭한다.

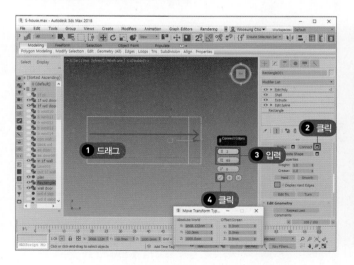

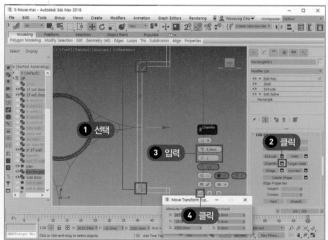

13 Left 뷰에서 위아래 Extrude 한 면의 세로 Segment를 드래그하여 선택한 후, Edit Edges에서 Connect Setting(■)을 클릭한다. 그다음 Segments에 2, Pinch에 55를 입력하고 [OK](◯)를 클릭한다.

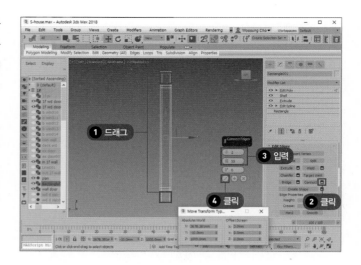

14 Selection에서 Vertex(⬚)(1)으로 변경한 후, 위쪽 양끝의 모서리 Vertex를 드래그하여 선택한다. 그다음 [Transform Type-In] 창에서 Offset:Screen의 Y에 −3을 입력하여 이동한다.

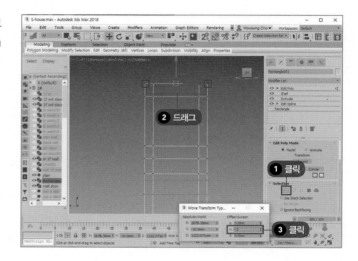

15 아래쪽 양끝의 모서리 Vertex를 드래그하여 선택한다. 그다음 [Transform Type-In] 창에서 Offset:Screen의 Y에 3을 입력하여 이동한다.

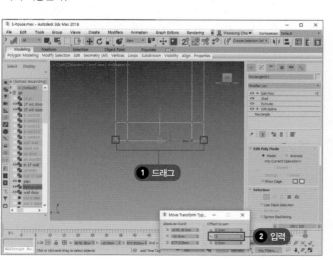

16 커맨드 패널에서 Modify 〉 Modifier List 〉 TurboSmooth를 적용한 후, Main에 Iterations에 2를 입력하여 면을 부드럽게 만든다.

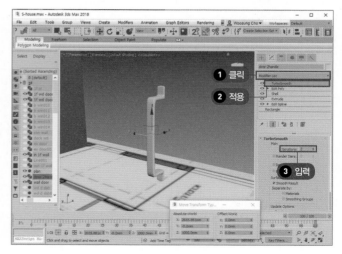

17 Top 뷰에서 WireFrame(F3)으로 변경한 후, 오브젝트를 벽장 문 중간으로 이동하여 문의 앞면과 맞닿게 한다.

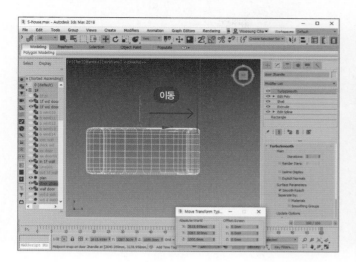

18 [Transform Type-In] 창에서 Offset:Screen의 Y에 40을 입력하여 이동한다.

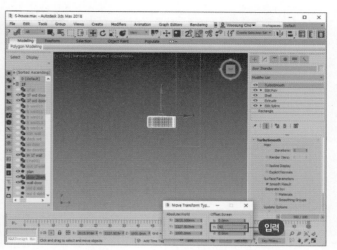

19 오브젝트를 선택한 상태로 Ctrl + V 를 클릭한 후, [Clone Options] 창이 나타나면 Object에 Instance를 체크하고 [OK] 버튼을 클릭하여 복사한다.

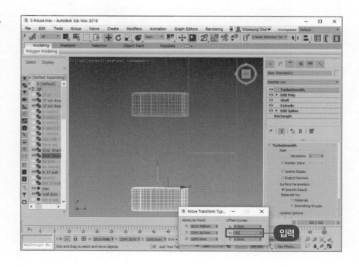

20 [Transform Type-In] 창에서 Offset:Screen의 Y에 −80을 입력하여 이동한다.

21 Front 뷰에서 메인 툴바의 Select and Uniform Scale(🔲)
(R)으로 변경한 후, Y축으로 절대좌표 Y가 70이 되도록 줄여준다.

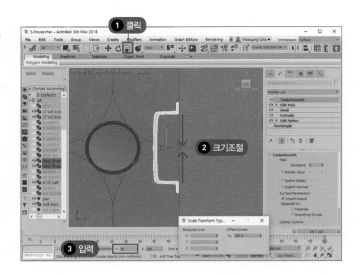

<!-- SECTION 7 -->

주방 및 입구 벽장 만들기

주방의 벽장 문틀과 슬라이딩 문 그리고 입구의 벽장과 슬라이딩 문을 만들어보자.

주방 벽장 문틀과 슬라이딩 문 만들기

01 주방 벽장의 문틀을 만들어보자. Front 뷰에서 WireFrame(F3)
으로 변경한다.

02 커맨드 패널에서 Create 〉 Shapes 〉 Splines 〉 Rectangle를
클릭한 후, 우측 내벽 상단에서 좌측 외벽 하단으로 드래그하여 만
든다.

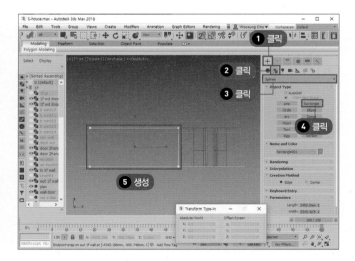

03 Top 뷰로 변경한 후, 만든 Rectangle를 이동하여 in 1f wall의 좌측 벽체 중간 Segment 라인과 동일하게 이동한다.

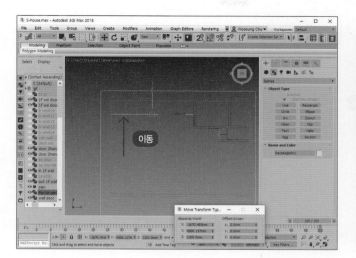

04 Perspective 뷰에서 커맨드 패널에서 Modify 〉 Modifier List 〉 Edit Spline을 적용한 후, Selection에서 Segment(✓)(2)을 클릭한다. 그다음 하단의 가로 Segment를 선택하여 삭제한다.

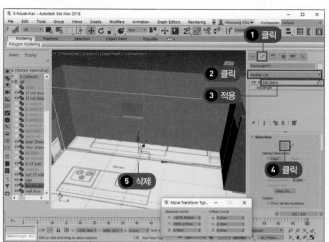

05 Selection에서 Spline(✓)(3)으로 변경한 후, 전체 선택한다. 그다음 Geometry에서 Outline에 20을 입력하여 두께를 만든다.

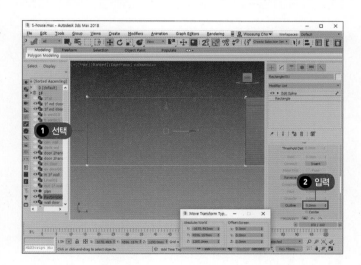

06 커맨드 패널에서 Modify 〉 Modifier List 〉 Extrude를 클릭한 후, Parameters에서 Amount에 −140을 입력하여 돌출한다. 그다음 Name and Color에 'kitch frame'를 입력한다.

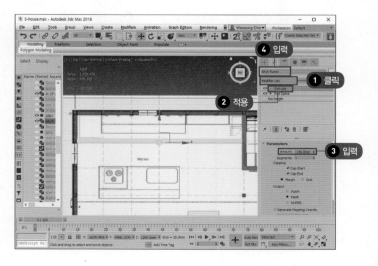

07 슬라이딩 문을 만들자. Front 뷰로 전환하고 메인 툴바에 Snaps Toggle(🧲)(⑤)을 클릭한 후, 커맨드 패널에서 Create 〉 Shapes 〉 Splines 〉 Rectangle를 선택한다. 그다음 벽장 틀 안쪽의 Snap을 선택하여 우측 상단에서 좌측 하단으로 드래그하여 만든다.

08 커맨드 패널에서 Modify 〉 Modifier List 〉 Edit Poly를 적용한 후, Selection에서 Edge(◢)(②)를 클릭한다. 그다음 위아래 가로 Segment를 선택하고 Edit Edges에서 Connect Setting(□)을 클릭한 후, Segments에 5를 입력하고 [OK](⊘)를 클릭한다.

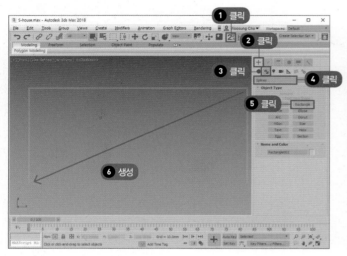

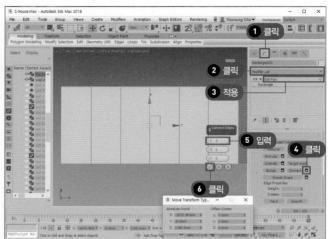

09 Selection에서 Polygon(▪)(④)으로 변경한 후, 좌측 끝의 면을 제외하고 선택하여 삭제한다.

10 Selection에서 Edge(◢)(②)을 클릭한 후, 위아래 가로 Segment를 선택한다. 그다음 Edit Edges에서 Connect Setting(□)을 클릭한 후, Segments에 2, Pinch에 85를 입력하고 [OK](⊘)를 클릭한다.

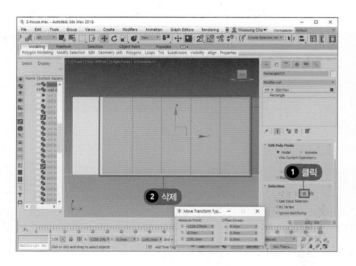

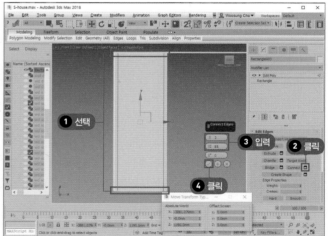

11 커맨드 패널에서 Modify 〉 Modifier List 〉 Shell을 적용한 후, Parameters에서 Outer Amount에 30을 입력하여 두께를 만든다.

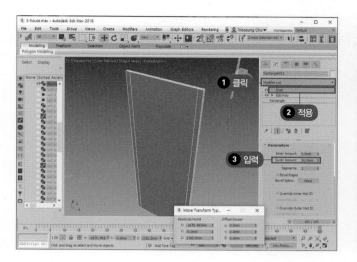

12 커맨드 패널에서 Modify 〉 Modifier List 〉 Edit Poly를 적용한 후, Selection에서 Polygon(■)(4)를 변경하고 우측 앞면을 선택한다. 그다음 Edit Polygons에서 Extrude Setting(□)을 클릭한 후, Amount에 10을 입력하고 [OK](☑)를 클릭한다.

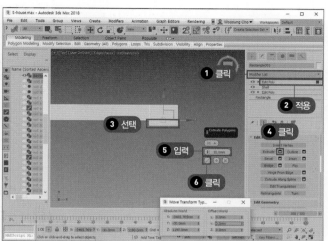

13 Selection에서 Edge(◢)(2)을 클릭한 후, 좌측의 얇은면의 위아래 가로 Segment를 드래그한다. 그다음 Edit Edges에서 Connect Setting(□)을 클릭한 후, Segments에 1을 입력하고 [OK](☑)를 클릭한다.

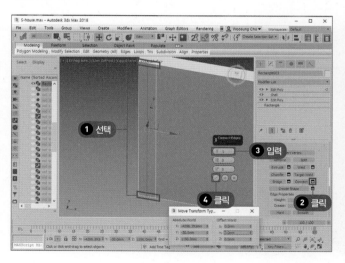

14 WireFrame(F3)으로 변경한다. 그다음 Selection에서 Polygon(■)(4)으로 변경한 후, 나눠진 얇은 면의 우측면을 선택한다. 그리고 Edit Polygons에서 Extrude Setting(□)을 클릭한 후, Amount에 10을 입력하고 [OK](☑)를 클릭한다.

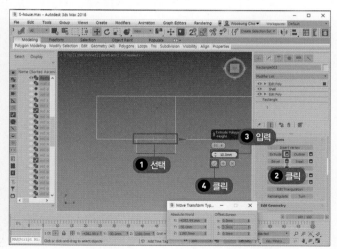

15 Selection에서 Vertex()(1)을 클릭한 후, Top 뷰에서 Extrude된 우측의 Vertex를 선택한다. 그다음 [Transform Type-In] 창에서 Offset:Screen의 Y에 7을 입력하여 이동한다.

16 Edged Faces(F3)로 변경한 후, Perspective 뷰에서 Selection에 Polygon(■)(4)을 클릭하여 우측의 Extrude 된 앞면을 선택한다. 그다음 Shift 를 누른 상태로 Selection에서 Edge(◁)(2)를 클릭하여 Segment가 선택되도록 한다.

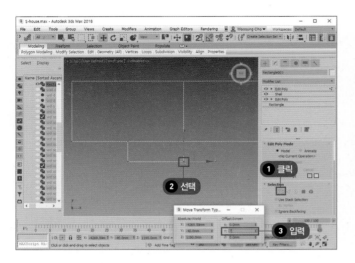

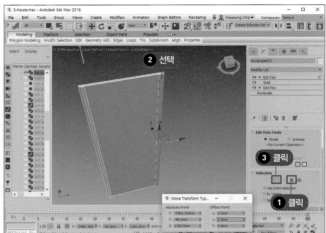

17 Edit Edges에서 Chamfer Setting(□)을 선택한 후, Amount 에 3, Segments에 1을 입력하여 [OK](◯)를 클릭한다.

18 Top 뷰에서 Selection에서 Polygon(■)(4)으로 변경한 후, 양쪽의 끝부분을 드래그하여 선택한다. 그리고 Polygon: Material IDs에서 Set ID에 2를 입력하고 Name and Color에 'Sliding door'을 입력한다.

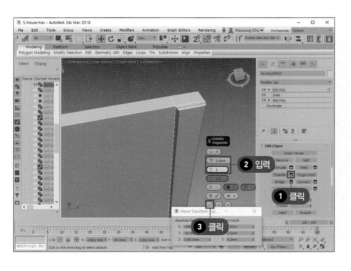

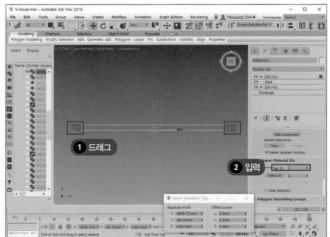

19 Ctrl + I 를 눌러 선택을 반전한 후, Polygon: Material IDs에 서 Set ID에 1을 입력한다.

20 kitch frame 오브젝트를 Unhide 한 후, Sliding door 오브젝 트를 선택한다. 그다음 Sliding door 오브젝트의 좌측 하단이 kitch frame 오브젝트 중간 앞으로 오도록 이동한다.

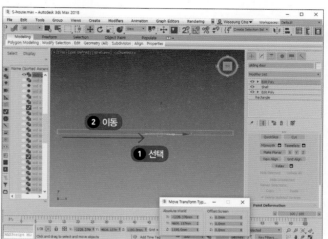

21 메인 툴바에서 Snaps Toggle(🧲)(S)을 클릭하여 Snap을 선 택한 후, Sliding door 오브젝트 좌측의 돌출된 부분을 Shift 를 누른 상태로 우측 뒷부분의 중간 Snap이 선택되는 곳으로 이동한다. 그다 음 [Clone Options] 창이 나타나면 Object에 Instance를 체크하고 Number of Copies에 2를 입력한 후, [OK] 버튼을 클릭하여 복사한다.

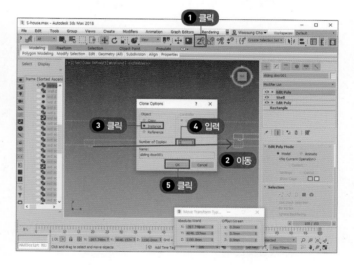

22 복사된 오브젝트 3개를 선택한다.

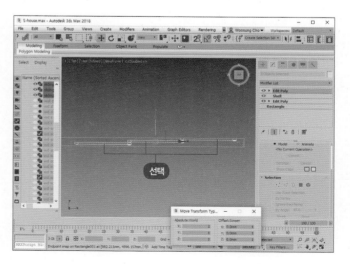

23 커맨드 패널에서 Modify 〉 Modifier List 〉 FFD 2x2x2를 클릭한 후, Stack에서 Subtrees(▶)를 선택하여 Control Points(1)를 클릭한다. 그다음 Front 뷰에서 우측 위아래의 Control Point를 선택한 후, 우측 문 프레임 안쪽과 맞닿게 이동한다.

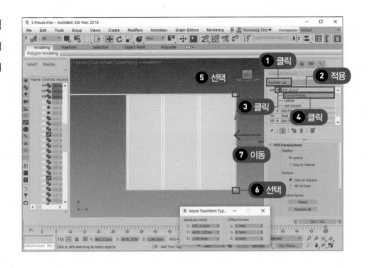

24 메인 툴바에서 Mirror( )를 클릭한 후, [Mirror. Screen C...] 창이 나타나면 Mirror Axis:에서 X를 체크하고 Clone Selection에서 Instance를 체크하여 [OK] 버튼을 클릭한다.

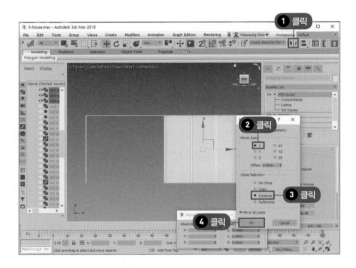

25 Mirror 복사된 오브젝트를 좌측으로 움직인 후, 좌측 프레임 안쪽 면과 맞닿게 한다.

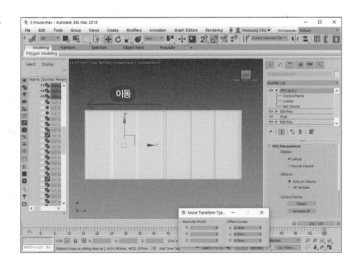

입구 벽장 및 슬라이딩 문 만들기

01 Top 뷰에서 Plan과 out 1f wall을 제외하고 Hide 한다. 그다음 커맨드 패널에서 Create 〉 Shapes 〉 Splines 〉 Line을 선택한 후, 이미지에서 보이는 입구 쪽 벽장의 외곽 라인을 만든다.

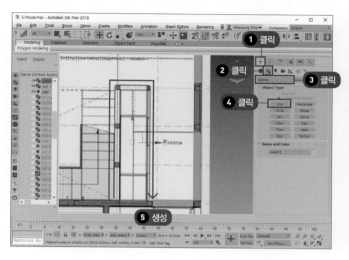

02 커맨드 패널에서 Modify 〉 Modifier List 〉 Extrude를 클릭한 후, Parametes에서 Amount에 2100을 입력하여 돌출한다.

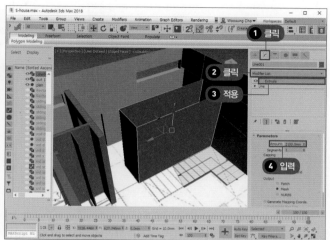

03 커맨드 패널에서 Modify 〉 Modifier List 〉 Edit Poly를 적용한 후, Left 뷰로 변경한다. 그다음 Selection에서 Edge(◁)(2)을 선택하고 세로 Segment를 드래그하여 선택한다. 그리고 Edit Edges 에서 Connect Setting(□)을 클릭한 후, Segments에 1을 입력하고 [OK](◯)를 클릭한다.

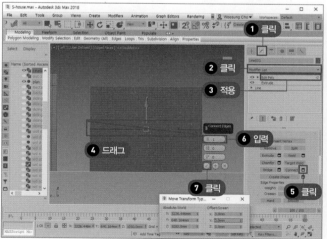

04 Selection에서 Vertex(∵)(1)을 클릭한 후, 만든 Segment 의 Vertex를 선택한다. 그다음 하단의 절대좌표 Z에 1900을 입 력한다.

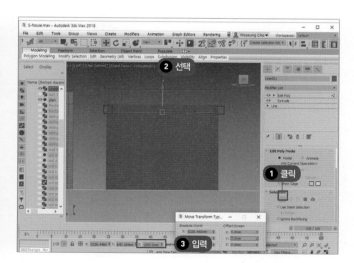

05 Selection에서 Edge(✓)(2)를 클릭하고 가로 Segment를 드래그하여 선택한다. 그다음 Edit Edges에서 Connect Setting(□)을 클릭한 후, Segments에 1을 입력하고 [OK](✓)를 클릭한다.

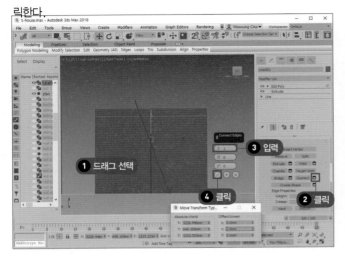

06 Selection에서 Vertex(⋯)(1)으로 변경한 후, Connect로 만든 Segment를 좌측 끝 라인으로 이동한다. 그다음 [Transform Type-In] 창의 Offset:Screen에서 X에 100을 입력하여 이동한다.

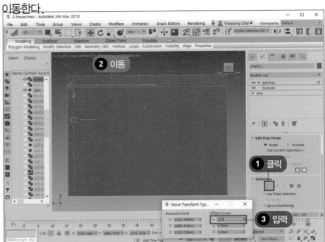

07 Perspective 뷰에서 다음과 같이 바라본 후, Selection에서 Polygon(■)(4)을 선택하고 슬라이딩 문이 들어갈 면을 선택한다. 그다음 Edit Polygons에서 Extrude Setting(□)을 클릭한 후, Amount에 80을 입력하고 [OK](✓)를 클릭한다.

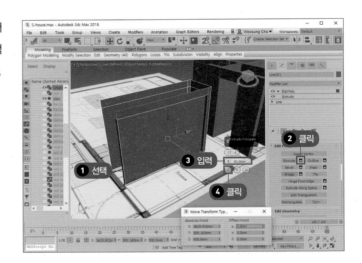

08 Selection에서 Grow를 클릭하여 선택된 면을 확장한 후, 우측 옆면의 선택은 해제하고 선택되어 있는 나머지 면을 삭제한다.

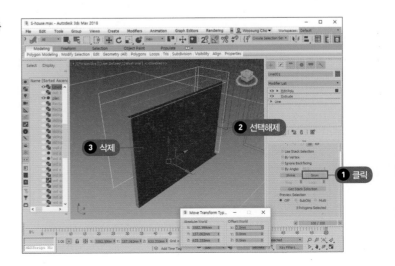

09 1f wd door 오브젝트를 선택한 후, Shift를 누른 상태로 이동한
다. [Clone Options] 창이 나타나면 Object에 Copy를 체크한
후, Name에 'ent fur door'을 입력하고 [OK] 버튼을 클릭한다.

10 메인 툴바에서 Select and Rotate( )(E)를 클릭한 후, Top
뷰에서 Z축으로 90도 회전한다.

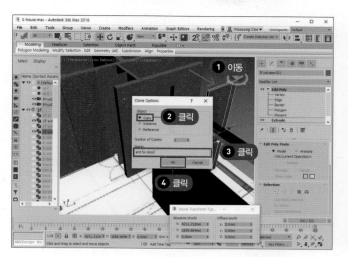

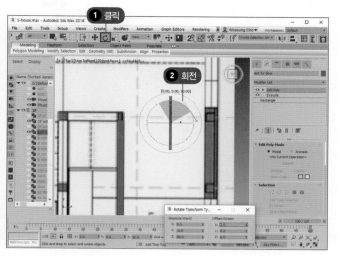

11 메인 툴바에서 Select and Move( )(W)를 선택한 후, 오브
젝트를 벽장 오브젝트의 Extrude 한 곳으로 위쪽의 면이 맞닿게
이동한다.

12 Right 뷰로 전환하고 Selection에서 Vertex( )(1)를 클릭한
다. 그다음 문의 상단 Vertex를 선택한 후 벽장의 문이 들어갈 높
이와 동일하게 한다.

13 4개의 문을 만든다. 같은 크기로 만들기 위해 벽장 오브젝트를 선택한 후, Selection에서 Edge(◁)(2)를 클릭하고 상단의 가로 Segment를 위아래로 드래그하여 선택한다. 그다음 Edit Edges에서 Connect Setting(□)을 클릭한 후, Segments에 4를 입력하고 [OK](✓)를 클릭한다.

14 ent fur door 오브젝트를 선택한 후, Selection에서 Vertex(∷)(1)를 클릭하여 좌측 Vertex들을 전부 선택한다. 그다음 벽장에 만들어놓은 우측 Segment와 같은 위치가 되도록 이동한다.

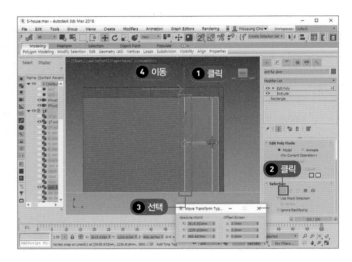

15 Mirror(⊪)를 클릭한 후, [Mirror. Screen C…] 창이 나타나면 Mirror Axis:에서 X를 체크하고 Clone Selection에서 Instance를 선택한 후, [OK] 버튼을 클릭하여 실행한다.

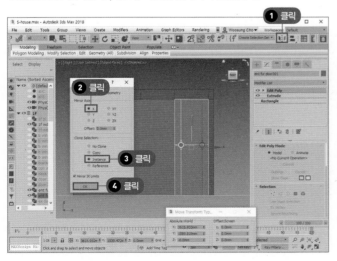

16 Mirror로 만든 문 좌측 끝 라인을 벽장 가운데 Segment와 같아지도록 이동한다.

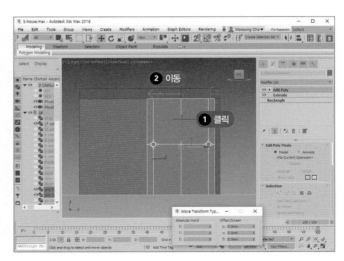

17 2개의 문 오브젝트를 선택한 후, Mirror(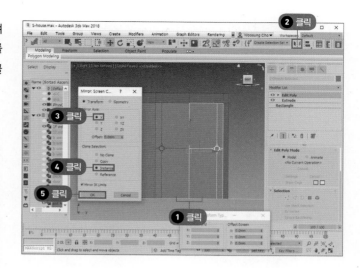)를 클릭하여 [Mirror. Screen C...] 창이 나타나면 Mirror Axis:에서 X를 체크하고 Clone Selection에서 Instance를 선택하여 [OK] 버튼을 클릭하여 실행한다.

18 오브젝트 좌측 끝 라인이 벽장 좌측의 끝 라인과 같아지도록 이동한다.

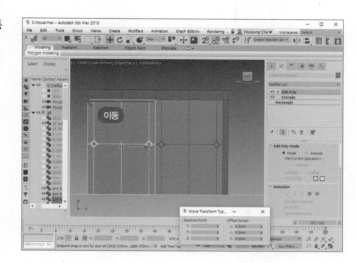

19 Top 뷰에서 위아래 끝의 문 오브젝트를 선택한다.

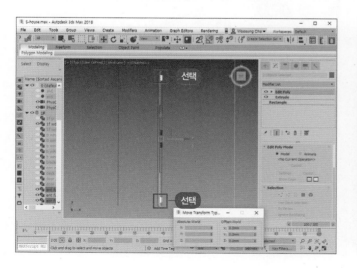

20 문의 두께만큼 벽장 안쪽으로 이동한다.

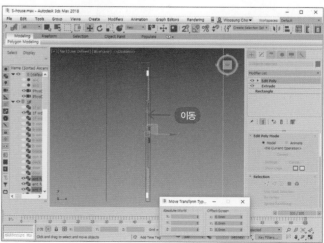

21 Right 뷰로 전환하고 좌측에서 두 번째 문 오브젝트를 선택한 후, Selection에서 Vertex( )(1)를 클릭한다. 그다음 우측 끝 라인의 Vertex를 전부 드래그하여 선택하고 [Transform Type-In] 창에서 Offset:Screen의 X에 −1을 입력하여 이동한다.

22 상단의 Vertex를 전부 드래그하여 선택하고 [Transform Type-In] 창에서 Offset:Screen의 Y에 −2를 입력하여 이동한다.

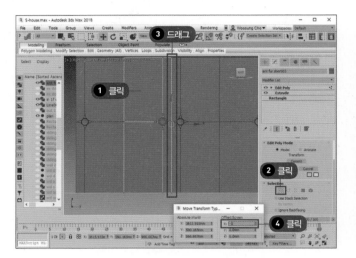

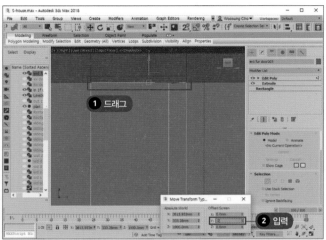

23 wd s col 오브젝트를 Unhide 한다.

24 Top 뷰로 변경한 후, Selection에서 Element( )(5)을 선택하여 주방 쪽 기둥 오브젝트를 선택한다. 그다음 Shift 를 누른 상태로 벽장의 기둥 위치로 이동하고 [Clone Part of Mash] 창에서 Clone To Element를 체크한 후, [OK] 버튼을 클릭하여 복사한다.

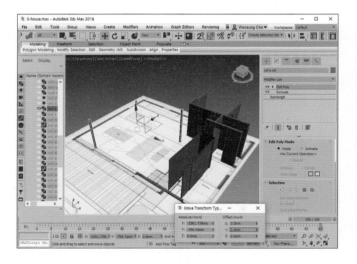

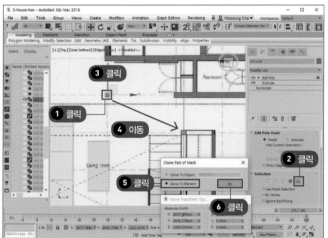

25 Shift 를 누른 상태로 아래쪽 기둥의 위치로 이동하고 [Clone Part of Mash] 창에서 Clone To Element를 체크한 후, [OK] 버튼을 클릭하여 두 번 복사한다.

26 Front 뷰로 변경한 후, wd slab 오브젝트를 Unhide 한다.

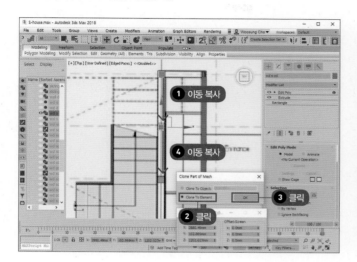

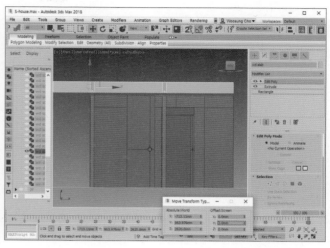

27 wd s col을 선택하고 Selection에서 Vertex( )(1)를 클릭한 후, 입구 벽장 기둥의 상단 Vertex를 드래그하여 선택한다. 그 다음 wd slab 오브젝트의 하단 면과 맞닿게 이동한다.

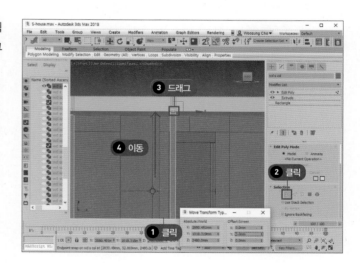

28 하단의 Vertex를 드래그하여 선택한 후, 하단의 절대좌표 Z에 1900을 입력하여 이동한다.

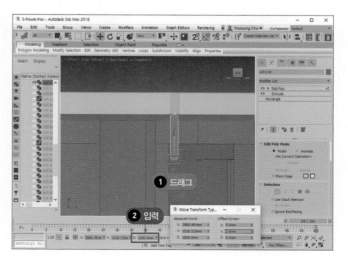

29 Selection에서 Element(▦)(⑤)을 클릭하여 벽장 기둥을 전부 선택한 후, 세로 보의 중심라인과 맞게 이동한다.

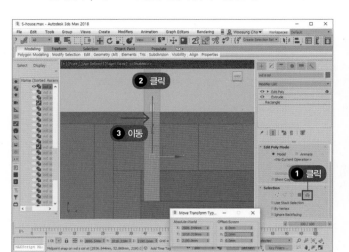

30 Top 뷰에서 화면 모드를 WireFrame(F3)으로 변경한다.

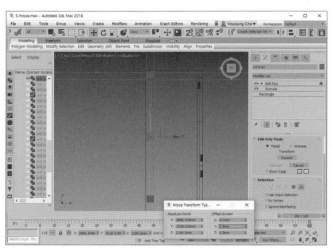

31 제일 위쪽의 기둥 오브젝트가 가로 보와 세로 보가 만나는 중심에 있도록 이동한다.

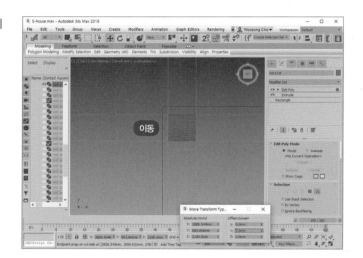

32 입구 벽장 오브젝트를 선택하고 Name and Color에 'int fur wall'을 입력한다.

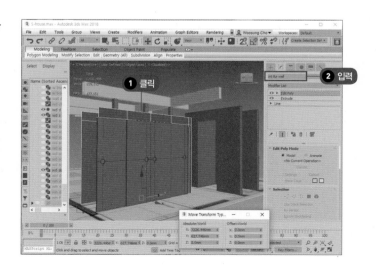

계단 및 난간 만들기

계단을 만들고 2층까지 연결된 계단의 난간을 만들어보자.

계단 디딤판 만들기

01 Top 뷰로 변경한 후, 커맨드 패널에서 Create 〉 Shapes 〉 Splines 〉 Rectangle를 선택하여 임의의 크기로 만든다. 그다음 Parameters에서 Length에 730, Width에 200을 입력한다.

02 커맨드 패널에서 Modify 〉 Modifier List 〉 Extrude를 클릭한 후, Parameters에서 Amount에 50을 입력하여 돌출한다.

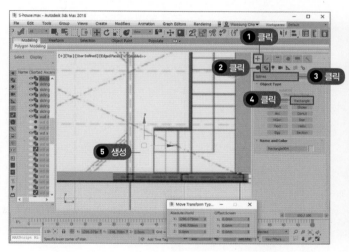

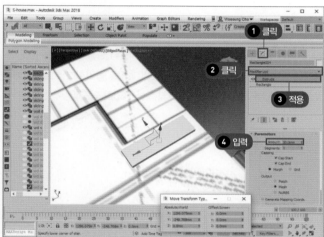

03 Top 뷰에서 오브젝트를 이동하여 아래쪽 벽면에 맞닿게 첫 번째 계단에 위치시킨다.

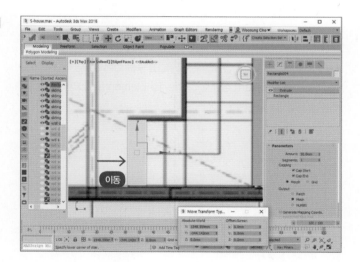

04 메인 툴바에서 Snaps Toggle(📐)(⑤)을 클릭한다. 그다음 커맨드 패널에서 Modify 〉 Modifier List 〉 Edit Poly를 적용한 후, Selection에서 Element(⬗)(⑤)를 클릭하고 선택한다. 그리고 **Shift** 를 누른 상태로 옆면이 서로 맞닿게 이동하고 [Clone Part of Mash] 창에서 Clone To Element를 체크한 후, [OK] 버튼을 클릭하여 복사한다.

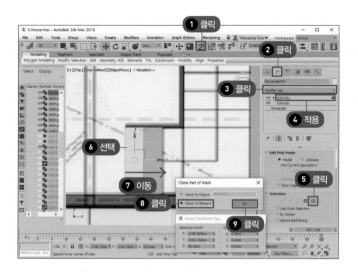

05 반복적으로 두 번 더 복사한 후, 계단의 방향이 바뀌는 부분에서 Selection에서 Vertex(⬗)(①)를 클릭한다. 그다음 우측 Vertex를 전부 선택하고 꺾이는 면의 폭을 730이 되도록 수정한다.

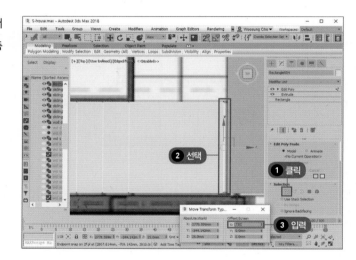

06 좌측 계단 3개를 선택한 후, **Shift** 를 누른 상태로 이동하고 [Clone Part of Mash] 창에서 Clone To Element를 체크한 후, [OK] 버튼을 클릭하여 복사한다.

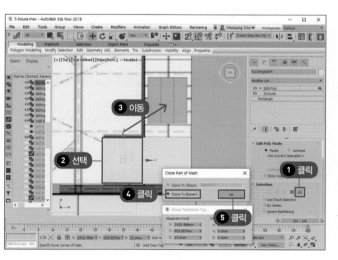

07 메인 툴바에서 Select and Rotate(↻)(Ｅ)를 선택하여 오브젝트를 90도 회전한다.

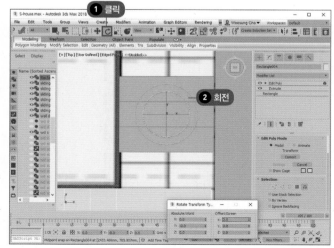

08 메인 툴바에서 Select and Move(✛)(W)를 선택한 후, 아래쪽 면과 면이 맞닿게 복사하고 이동하여 계단 끝까지 만든다.

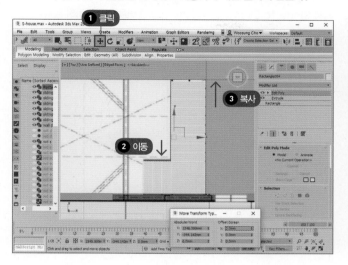

09 Perspective 뷰로 변경한 후, [Transform Type-In] 창에서 Offset:Screen의 Z에 150을 입력하여 이동한다.

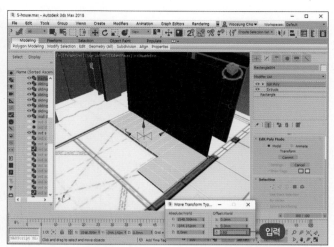

10 Selection에서 Element(■)(5)을 클릭한 후, 첫 번째 계단을 제외하고 전부 선택하고 [Transform Type-In] 창에서 Offset:Screen의 Z에 200을 입력하여 이동한다.

11 두 번째 계단을 선택 해제한 후, [Transform Type-In] 창에서 Offset:Screen의 Z에 200을 입력하여 이동한다.

12 앞 과정을 반복하여 높이의 간격이 200이 되도록 수정한다.

13 Top 뷰에서 제일 높은 계단 오브젝트를 선택한 후, [Shift]를 누른 상태로 옆면이 서로 맞닿게 이동하여 [Clone Part of Mash] 창에서 Clone To Element를 체크하고 [OK] 버튼을 클릭하여 복사한다.

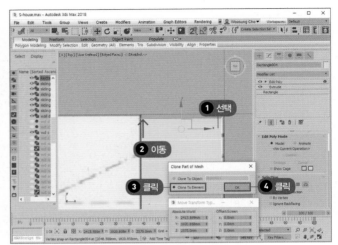

---

t i p

보통 계단의 높이는 150~250 사이를 기준으로 만들거나 일정 간격으로 만든 후, FFD를 사용하여 높이를 조절한다.

---

14 Front 뷰에서 [Transform Type-In] 창에서 Offset:Screen의 Y에 200을 입력하여 이동한다.

15 2층 바닥 높이에 살짝 부족하다.

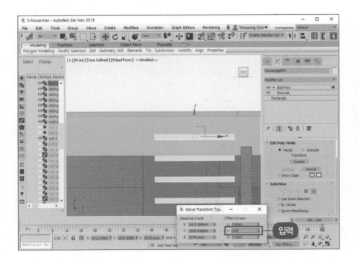

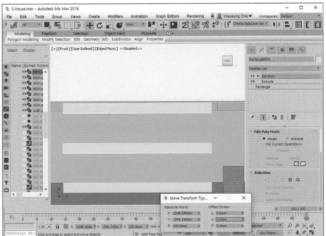

16 높이를 맞추기 위해서 커맨드 패널에서 Modify 〉 Modifier List 〉 FFD 2x2x2를 클릭한 후, Stack에서 Subtrees(▶)를 클릭하여 Control Points(1)를 클릭한다. 그다음 상단의 Control Points를 전부 선택하고 하단의 절대좌표 Z에 2810을 입력하여 높이를 맞춘다.

17 Stack에서 Edit Poly를 선택한 후, Selection에서 Element (🔲)(5)을 클릭한다. 그다음 마지막 계단 오브젝트를 선택하여 삭제한다.

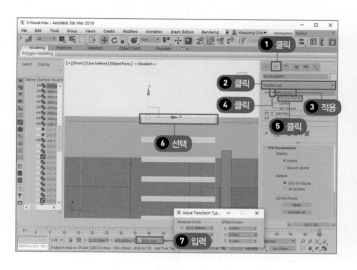

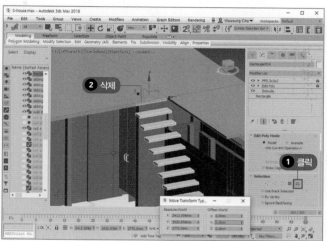

18 Top 뷰로 변경한 후, Stack에서 FFD2x2x2의 Subtrees(▶)를 선택하여 Control Points(1)를 클릭한다. 그다음 좌측 아래쪽과 우측 위아래의 Control Points를 선택한 후, 2층 바닥의 우측 위아래 모서리와 아래쪽 벽면에 맞닿게 이동한다.

19 아래쪽 좌우의 Control Points를 선택한 후, [Transform Type-In] 창에서 Offset:Screen의 Y에 20을 입력하여 이동한다.

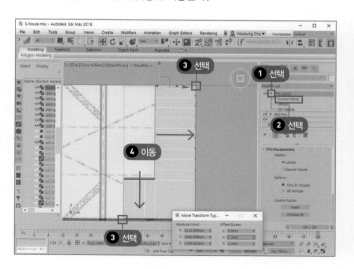

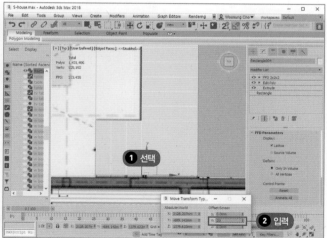

20 우측 위아래의 Control Points를 선택한 후, [Transform Type-In] 창에서 Offset:Screen의 X에 −20을 입력하여 이동한다.

21 위쪽 좌우의 Control Points를 선택한 후, [Transform Type-In] 창에서 Offset:Screen의 Y에 −20을 입력하여 이동한다.

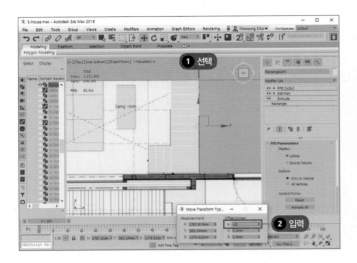

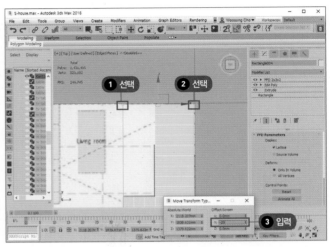

계단 옆판 만들기

01 Left 뷰에서 메인 툴바의 Snaps Toggle( )(S)을 클릭한다. 그다음 커맨드 패널에서 Create 〉 Shapes 〉 Splines 〉 Line을 선택한 후, Snap을 선택하여 계단의 제일 위부터 계단의 옆면을 따라 다음과 같이 그린다.

02 커맨드 패널에서 Modify 〉 Modifier List 〉 Extrude를 클릭한 후, Parameters에서 Amount에 20을 입력하여 돌출한다.

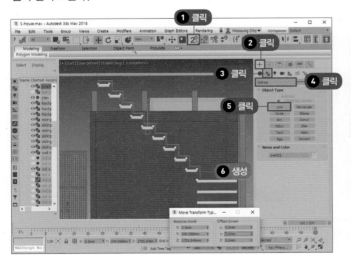

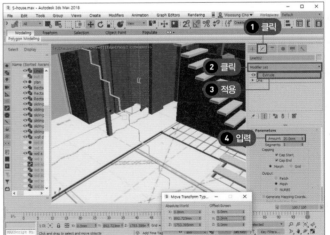

03 커맨드 패널에서 Modify 〉 Modifier List 〉 Shell을 적용한 후, Parameters에서 Outer Amount에 100을 입력하여 두께를 만든다.

04 커맨드 패널에서 Modify 〉 Modifier List 〉 Edit Poly를 적용한 후, Selection에서 Vertex(□)(1)를 클릭한다. 그다음 상단과 하단 아랫면의 수평 수직이 맞지 않는 Vertex를 선택하여 맞춰준다.

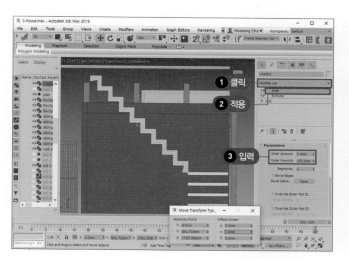

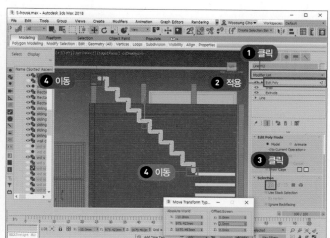

05 계단 옆면을 계단과 맞닿게 이동한다.

06 Selection에서 Element(●)(5)을 클릭한 후, 오브젝트를 선택한다. 그다음 Shift를 누른 상태로 이동하여 [Clone Part of Mash] 창에서 Clone To Element를 체크한 후, [OK] 버튼을 클릭하여 복사한다.

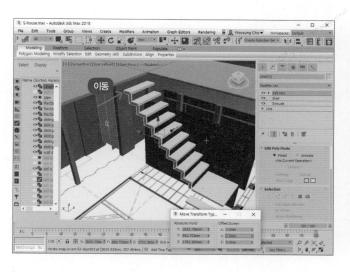

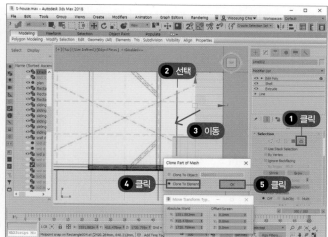

07 메인 툴바에서 Select and Rotate(↻)(E)로 변경한 후, Z축으로 90도 회전한다.

08 회전한 오브젝트를 계단 옆판 모서리 쪽으로 이동한다.

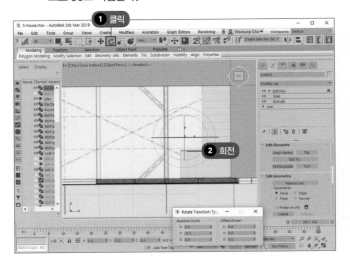

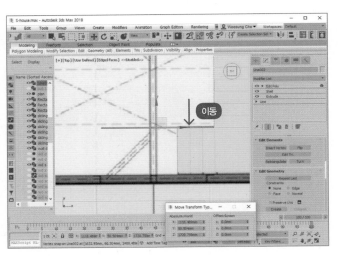

09 Front 뷰에서 오브젝트를 아래쪽으로 이동하여 계단의 옆면과 일치하도록 이동한다.

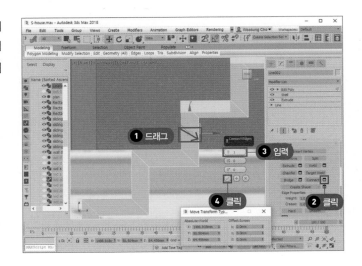

10 Selection에서 Edge(◢)(2)를 선택한 후, 첫 번째 계단 밑 세로 Segment를 드래그하여 선택한다. 그다음 Edit Edges에서 Connect Setting(▣)을 클릭한 후, Segments에 1을 입력하고 [OK](◯)를 클릭한다.

11 Selection에서 Polygon(▣)(4)을 클릭한 후, 계단 아래 부분을 선택하여 삭제한다.

12 Selection에서 Vertex(∷)(1)로 변경한 후, 삭제된 끝부분의 Vertex를 선택한다. 그다음 하단의 절대좌표 Z에 0을 입력하여 바닥 라인에 맞닿게 이동한다.

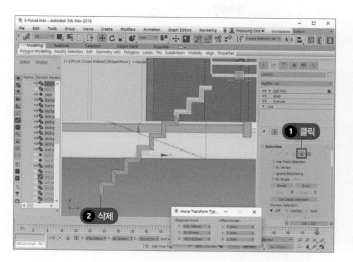

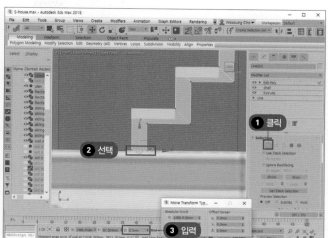

13 위쪽 계단 옆 판 오브젝트의 하단 Vertex를 드래그하여 선택한 후, 꺾어진 계단 옆 아래쪽 Vertex와 같은 위치가 되도록 아래로 이동한다.

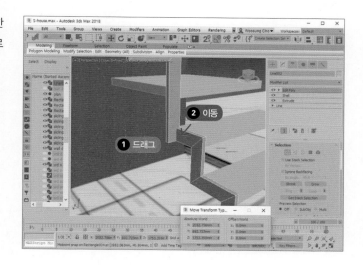

14 Front 뷰에서 WireFrame(F3)으로 변경한 후, 위치가 어긋나 있는 Vertex를 선택한다. 그다음 계단 디딤판과 맞게 위치를 조정한다.

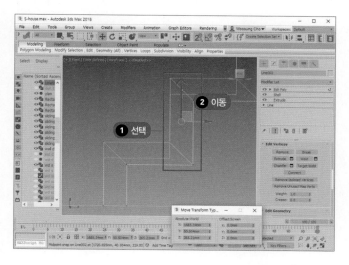

15 Top 뷰에서 Selection에서 Element( )(5)을 클릭한 후, 아래쪽 계단 옆 판 오브젝트를 선택한다. 그다음 Shift 를 누른 채 아래쪽으로 이동하여 면이 서로 맞닿게 하고 [Clone Part of Mash] 창에서 Clone To Element를 체크한 후, [OK] 버튼을 클릭하여 복사한다.

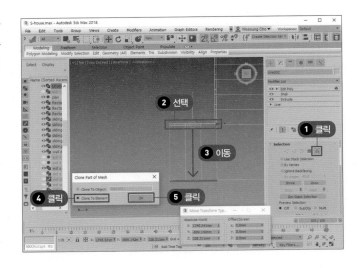

16 위쪽의 계단 옆 판을 선택한 후, Shift 를 누른 상태로 우측 계단 옆면에 면이 서로 맞닿게 이동한다. 그다음 [Clone Part of Mash] 창에서 Clone To Element를 체크한 후, [OK] 버튼을 클릭하여 복사한다.

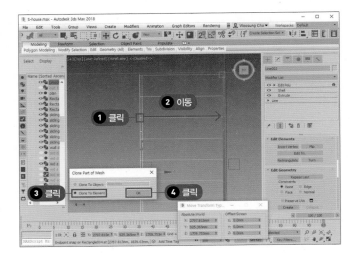

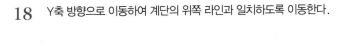

17 Edged Faces(F3)상태로 변경한 후, Selection에서 하단의 Vertex( )(1)을 드래그하여 선택한다. 그다음 복사된 오브젝트의 아래쪽 Vertex를 선택한다.

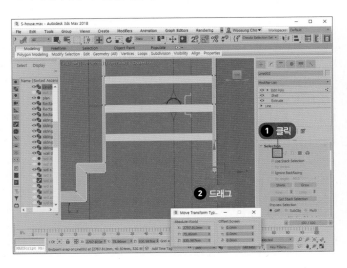

18 Y축 방향으로 이동하여 계단의 위쪽 라인과 일치하도록 이동한다.

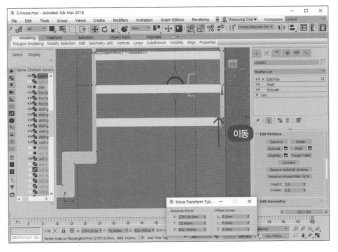

19 [Transform Type-In] 창에서 Offset:Screen의 Y에 −70을
입력하여 이동한다.

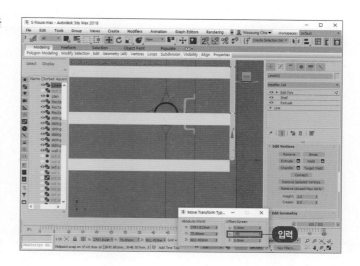

20 Selection에서 Polygon(■)(4)를 클릭한 후, 세 번째 계단
옆 판의 기역 자로 꺾이는 부분만 선택한다. 그다음 Shift 를 누른
상태로 이동하고 [Clone Part of Mash] 창에서 Clone To Element를
체크한 후, [OK] 버튼을 클릭하여 복사한다.

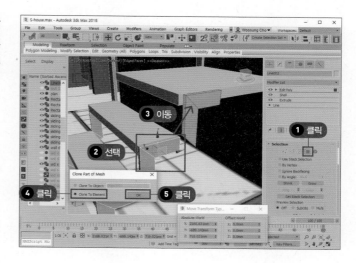

21 복사한 오브젝트를 4번째 계단의 모서리로 이동한다.

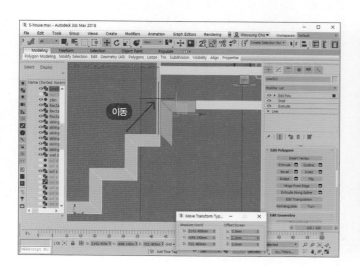

22 Selection에서 Vertex(∷)(1)로 변경한 후, 3번째 계단 옆 판
의 Vertex를 우측으로 이동하여 끝부분에 맞춘다.

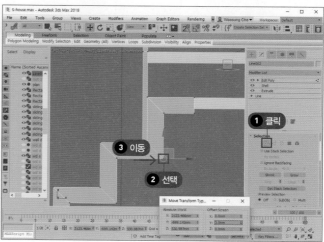

23 복사한 오브젝트의 우측 Vertex를 선택한 후, 우측 계단 옆 판의 Vertex와 맞닿게 이동한다.

24 Selection에서 Polygon(■)(4)으로 변경한 후, Perspective 뷰에서 끝으로 이동시킨 Vertex의 옆면을 클릭한다. 그다음 Edit Polygons에서 Extrude Setting(■)을 클릭한 후, Amount에 20을 입력하고 [OK](✓)를 클릭한다.

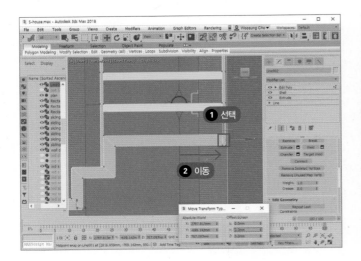

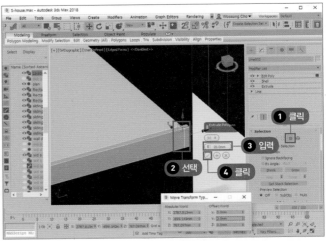

25 WireFrame(F3)으로 변경한 후, 돌출된 안쪽의 옆면을 선택하여 Edit Polygons에서 Extrude Setting(■)을 클릭한다. 그다음 Amount에 임의의 숫자를 입력하고 [OK](✓)를 클릭한다.

26 Selection에서 Vertex(⠿)(1)를 클릭하여 임의로 돌출시킨 면의 Vertex를 선택한다. 그다음 안쪽 계단 옆 판의 앞면과 맞닿게 이동한다.

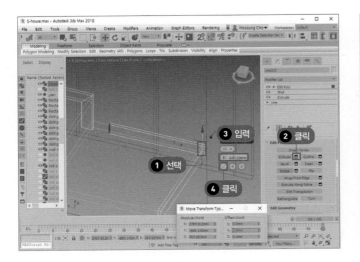

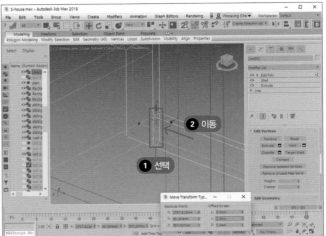

27 Selection에서 Polygon(▦)(4)를 클릭한 후, 위쪽 계단 양쪽 옆면을 선택한다. 그다음 Edit Polygons에서 Extrude Setting(▫)을 클릭한 후, Amount에 20을 입력하고 [OK](⊘)를 클릭한다.

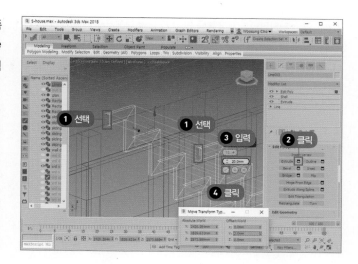

28 돌출된 안쪽의 양쪽 면을 선택한 후, Edit Polygons에서 Bridge를 클릭하여 면을 연결한다.

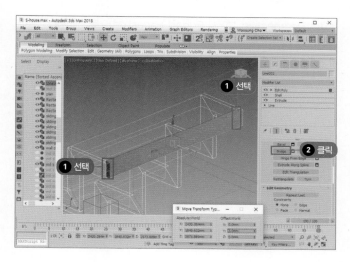

29 계단 오브젝트를 선택한 후, Name and Color에 'stair wd'를 입력한다.

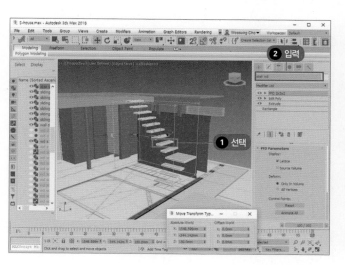

30 계단 옆 판 오브젝트를 선택한 후, Name and Color에 'stair sus'를 입력한다.

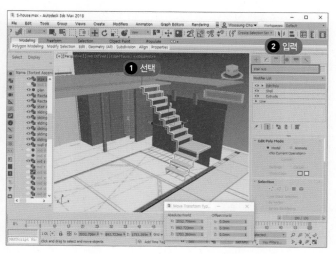

31 계단 디딤판의 지지대 봉을 만든다. Left 뷰에서 WireFrame(F3)으로 변경한 후, 커맨드 패널에서 Create 〉 Shapes 〉 Splines 〉 Circle을 클릭하고 임의의 원을 만든다. Parameters에서 Radius에 8을 입력한다.

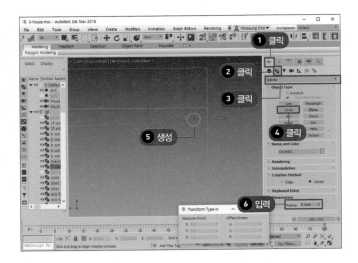

32 Perspective 뷰에서 Edged Faces(F3)으로 변경한다. 그다음 커맨드 패널에서 Modify 〉 Modifier List 〉 Extrude를 클릭한 후, Parameters에서 Amount에 730을 입력하여 돌출한다.

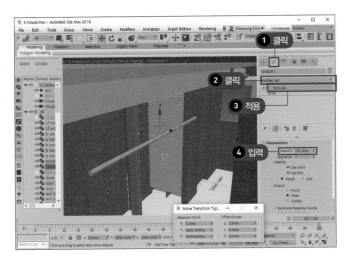

33 stair sus를 선택한 후, Edit Geometry에서 Attach를 클릭하여 Circle 오브젝트를 선택하고 하나로 합쳐준다.

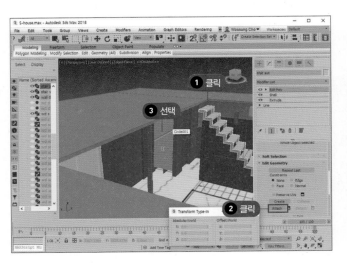

34 Selection에서 Element(　)(5)을 선택한 후, Front 뷰에서 봉 오브젝트를 선택하여 계단 옆 판 사이로 들어가게 이동한다.

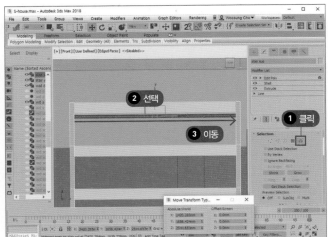

35 Left 뷰에서 WireFrame(F3)으로 변경한 후, 봉 오브젝트를 계단 디딤판 밑에 면과 맞닿게 이동한다. 그다음 X축으로 계단 옆 판 앞면과 같은 라인이 되도록 이동한다.

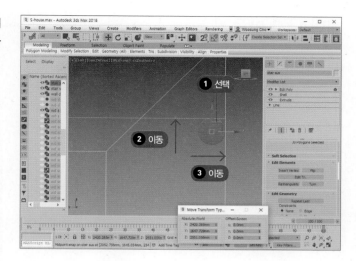

36 [Transform Type-In] 창에서 Offset:Screen의 X에 -5을 입력하여 이동한다.

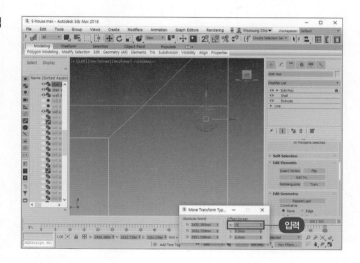

37 34~36번 과정을 반복하여 계단 밑에 전부 복사한다.

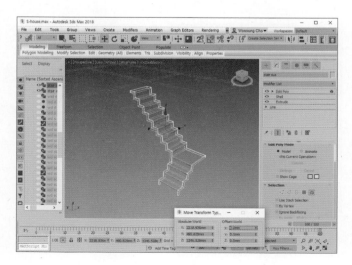

계단 난간 만들기

01 Front 뷰에서 Edged Faces(F3)으로 변경한다. 그다음 커맨드 패널에서 Create 〉 Shapes 〉 Splines 〉 Rectangle를 클릭하여 임의의 크기로 만든 후, Parameters에서 Length에 1100, Width에 600을 입력한다.

02 메인 툴바에서 Snaps Toggle(2)(S)을 클릭한 후, 만든 Rectangle의 좌측 하단을 Snap으로 선택하고 계단 옆 판 바닥면과 닿는 아랫면의 중간으로 이동한다.

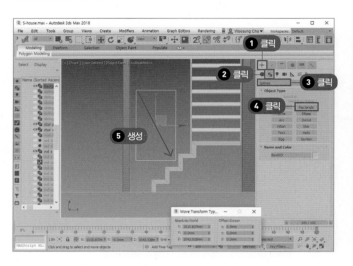

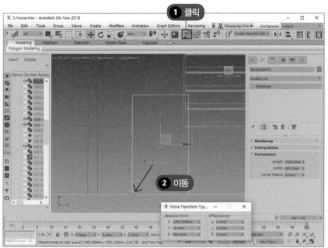

03 Edged Faces(F3)으로 변경한 후, 커맨드 패널에서 Modify 〉 Modifier List 〉 Edit Spline을 적용한다.

04 Selection에서 Vertex( )(1)을 클릭하고 Vertex를 전부 선택한다. 그다음 우 클릭하고 쿼드 메뉴에서 tools 1 〉 Corner을 클릭한다.

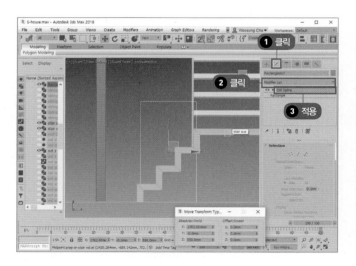

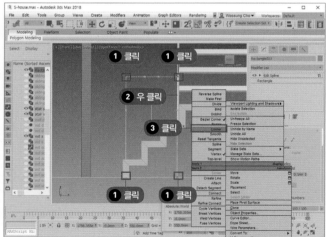

05 Selection에서 Segment(✓)(2)로 변경한 후, 우측 Segment를 선택하여 [Transform Type-In] 창에서 Offset:Screen의 Y에 550을 입력하여 이동한다.

06 WireFrame(F3)으로 변경한 후, 우측과 아래쪽의 Segment를 선택하여 삭제한다.

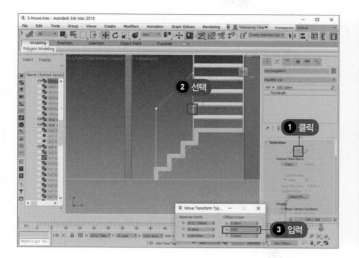

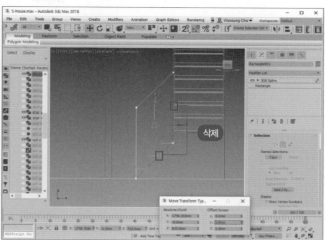

07 메인 툴바에서 Snaps Toggle(🧲)(S)을 클릭한 후, 위쪽의 Segment를 선택하여 Shift 를 누른 채 세로 Segment의 중간으로 이동하여 복사한다.

08 Selection에서 Spline(✓)(3)으로 변경한 후, 전부 선택하여 Shift 를 누른 상태로 이동하여 복사한다.

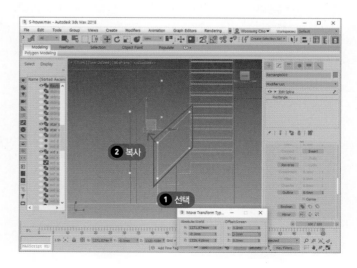

09 메인 툴바에서 Select and Rotate(ⓒ)(Ⓔ)으로 변경한 후, Top 뷰에서 Z축으로 90도 회전한다.

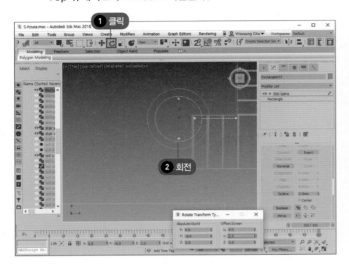

10 메인 툴바에서 Select and Move(✛)(Ⓦ)로 변경한 후, 우측의 계단 난간 끝 Vertex와 이어지게 이동한다.

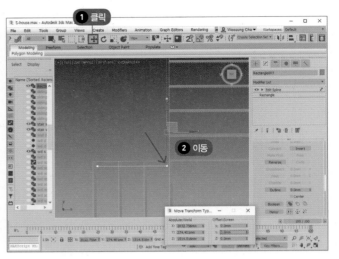

11 전체를 선택한 후, 위쪽 계단 옆 판의 라인과 같은 위치가 되도록 위로 이동한다.

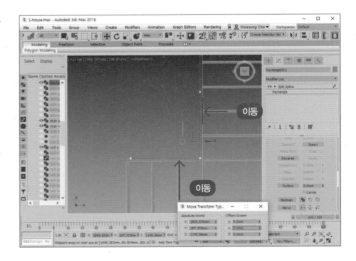

12 Left 뷰에서 오브젝트의 높이를 계단이 꺾인 첫 번째 계단 높이에 맞춘다.

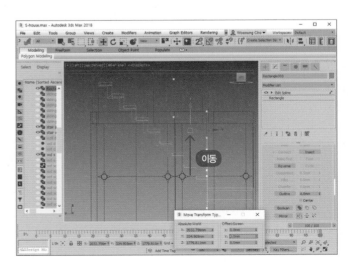

13 Selection에서 Segment( )(**2**)로 변경한 후, 세로 Segment를 선택하고 2층 바닥의 높이로 복사한다.

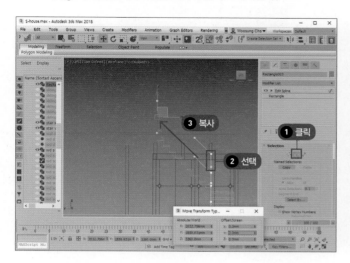

14 Geometry에서 Extend를 클릭하고 대각선 가로 Segment의 좌측 끝부분을 선택하여 연장한다.

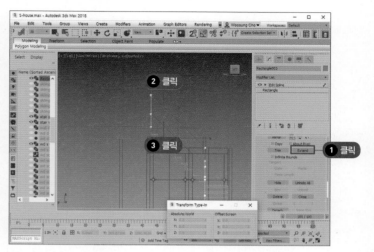

15 2층 바닥 높이로 복사했던 Segment를 선택하고 삭제한다.

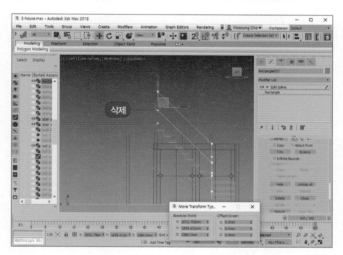

16 우 클릭한 후, 쿼드 메뉴에서 transform 〉 Convert To: 〉 Convert to Editable Spline을 클릭하여 변경한다.

17 Rendering에서 Enable In Renderer와 Enable In Viewport를 체크한 후, Radial의 Thickness에 30을 입력한다.

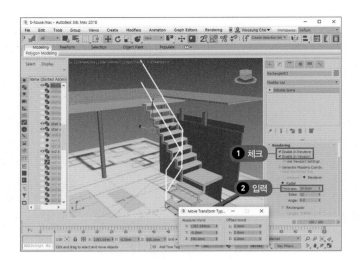

18 Rendering에서 Enable In Renderer과 Enable In Viewport의 체크를 해제한다. 그다음 Front 뷰에서 Selection에서 Spline(☑)(3)을 클릭한 후, 꺾여서 올라가는 계단 난간을 선택한다. 그리고 [Transform Type-In] 창에서 Offset:Screen의 X에 −15를 입력하여 이동한다.

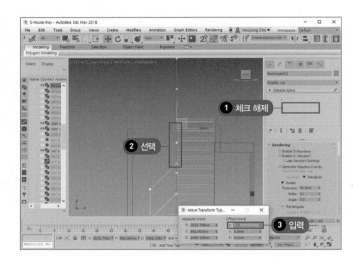

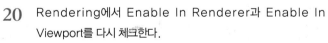

19 Selection에서 Vertex(∴)(1)를 클릭한 후, 이동한 계단 난간의 아래 Vertex를 선택하여 [Transform Type-In] 창에서 Offset:Screen의 Y에 −100을 입력하여 이동한다.

20 Rendering에서 Enable In Renderer과 Enable In Viewport를 다시 체크한다.

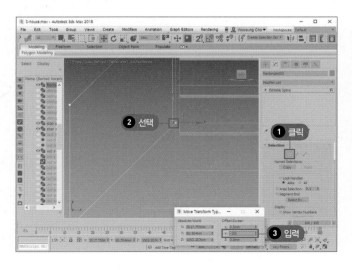

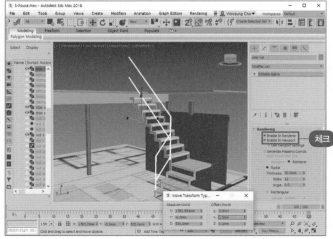

2층 난간 만들기

01 Front 뷰로 변경한 후, 커맨드 패널에서 Create 〉 Shapes 〉 Splines 〉 Rectangle를 클릭하여 임의의 크기로 만든다. 그다음 Parameters에서 Length에 1100, Width에 3500을 입력한다.

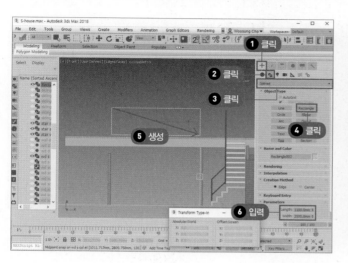

02 커맨드 패널에서 Modify 〉 Modifier List 〉 Edit Spline을 적용한 후, Selection에서 Segment(〔 / 〕)(〔 2 〕)을 클릭하고 좌측과 아래쪽 Segment를 선택하여 삭제한다.

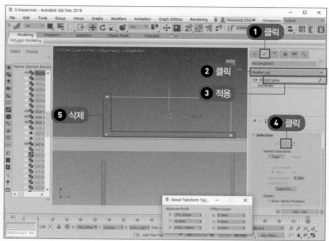

03 나머지 부분을 선택한 후, 우측의 계단 난간과 2층 바닥에 맞닿도록 이동한다.

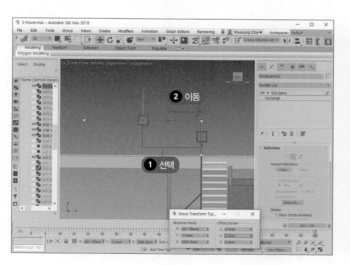

04 가로 Segment만 선택한 후, [Transform Type-In] 창에서 Offset:Screen의 Y에 300을 입력하여 이동한다.

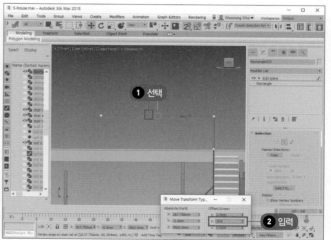

05 Shift 로 누른 채 가로 Segment를 세로 Segment의 중간으로 이동 복사한다.

06 한 번 더 Shift 를 누른 상태로 2층 바닥 높이로 복사하여 이동한 후, [Transform Type-In] 창에서 Offset:Screen의 Y에 100 을 입력하여 이동한다.

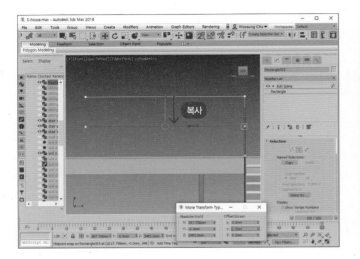

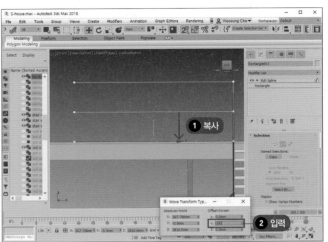

07 Selection에서 Vertex( )(1)를 클릭한 후, Vertex를 전부 선택한다. 그다음 우 클릭한 후, 쿼드 메뉴에서 tools1 〉 Corner 를 클릭하여 적용한다.

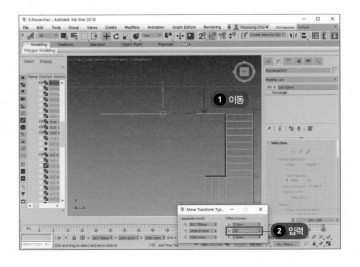

08 Top 뷰에서 오브젝트를 이동하여 2층 바닥 끝 라인과 동일하게 이 동한다. 그다음 [Transform Type-In] 창에서 Offset:Screen 의 Y에 30을 입력하여 이동한다.

09 Front 뷰로 변경한 후, Selection에서 Vertex(🔘)(1)를 클릭한다. 그다음 좌측 끝 라인의 Vertex들을 전부 선택한 후, 2층 바닥의 보이드가 끝나는 바닥 라인까지 이동한다.

10 Selection에서 Segment(✏️)(2)를 클릭한 후, 세로 Segment를 선택한다. 그다음 Shift 를 누른 상태로 좌측으로 이동하여 두 번 복사한 후, 간격이 균등하도록 이동한다.

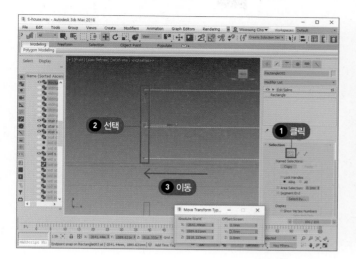

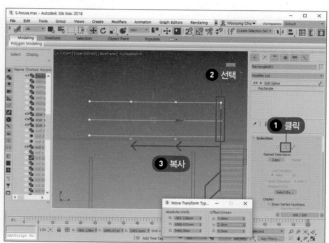

11 Selection에서 Vertex(🔘)(1)을 클릭한 후, 우측 상단 모서리의 Vertex를 선택한다. 그다음 Geometry에서 Fillet에 100을 입력하여 모서리를 라운드 처리한다.

12 우 클릭하고 쿼드 메뉴에서 transform 〉 Convert To: 〉 Convert to Editable Spline을 클릭하여 변경한다.

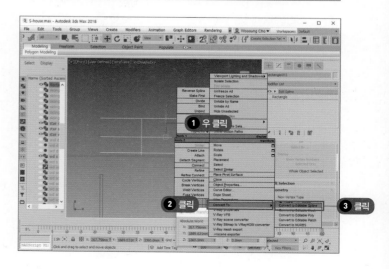

13 Rendering에서 Enable In Renderer과 Enable In
Viewport를 체크한 후, Radial의 Thickness에 30을 입력한다.

14 커맨드 패널에서 Modify 〉 Modifier List 〉 Edit Poly를 적용
한다.

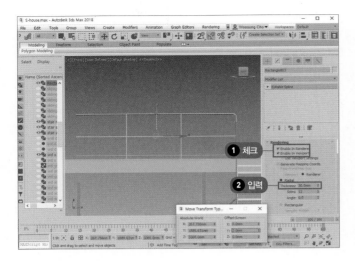 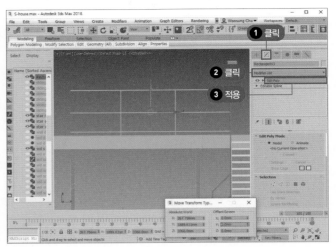

15 Selection에서 Element( )(5)를 클릭한 후, 세로 난간 오브
젝트를 선택한다. 그다음 Shift 를 누른 상태로 좌측으로 이동한
다. [Clone Part of Mash] 창이 나타나면 Clone To Element를 체크
하고 [OK] 버튼을 클릭하여 복사한다.

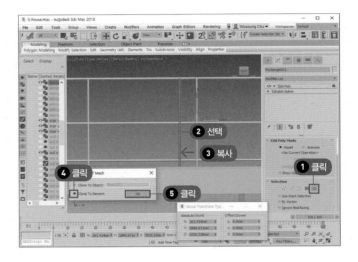

16 Selection에서 Vertex( )(1)로 변경한 후, 복사한 오브젝트
의 상단 Vertex를 선택한다. 그다음 2층 바닥 라인으로 이동한
후, [Transform Type-In] 창에서 Offset:Screen의 Y에 10을 입력
하여 이동한다.

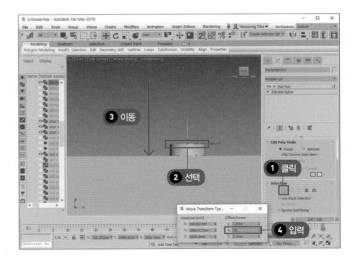

17 Selection에서 Polygon(■)(4)으로 변경한 후, 위아래 면을 클릭하여 삭제한다.

18 Selection에서 Border(◎)(3)로 변경한 후, Edit Border에 서 Cap을 클릭하여 면을 만든다.

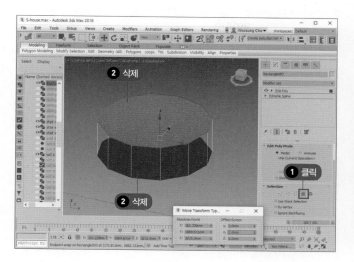

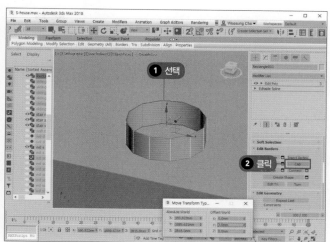

19 메인 툴바에서 Select and Uniform Scale(■)(R)을 클릭한 후, Top 뷰에서 WireFrame(F3) 상태로 변경한다. 그다음 오브 젝트를 선택하여 X, Y축으로 하단의 절대좌표 X, Y 값이 1900이 되도록 늘려준다.

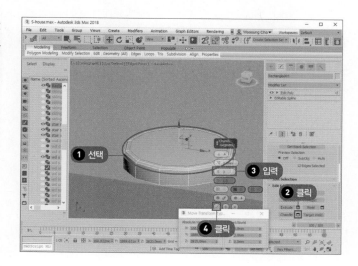

20 Selection에서 Edge(◢)(2)로 변경한 후, 윗면의 Segment 를 선택한다. 그다음 Edit Edges에서 Chamfer Setting(■)을 선택하고 Amount와 Segments에 3을 입력하여 [OK](✓)를 클릭한다.

21 Selection에서 Element(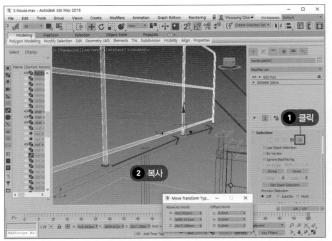)(5)로 변경한 후, Shift를 누른 상태로 각각 세로 기둥의 하부로 복사한다.

22 Element(⬚)(5) 선택을 해제한 후, Shift를 누른 상태로 이동한다. 그다음 [Clone Optinos] 창이 나타나면 Object에 Copy를 체크하고 Name에 'b win'을 입력한다. 그리고 [OK] 버튼을 클릭하여 복사한다.

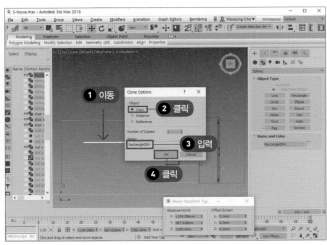

23 메인 툴바에서 Select and Rotate(C)(E)로 변경한 후, 복사한 오브젝트를 Z축으로 180도 회전한다.

24 WireFrame(F3)으로 변경한다. 그다음 메인 툴바에서 Select and Move(✛)(W)로 변경한 후, 오브젝트를 2층 바닥 오브젝트의 우측 보이드 공간으로 이동한다. 그리고 [Transform Type-In] 창에서 Offset:Screen의 X에 30을 입력하여 이동하고 다시 한 번 Offset:Screen의 Y에 30을 입력하여 이동한다.

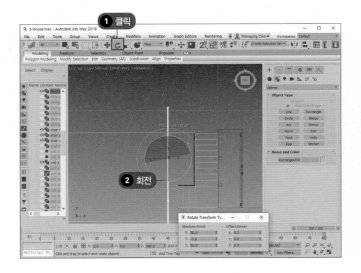

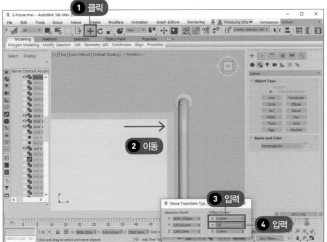

25 Left 뷰에서 WireFrame(F3) 상태로 변경한다. 그다음 Selection에서 Element(▣)(5)을 클릭하여 우측의 세로 난간 오브젝트를 선택하여 삭제한다.

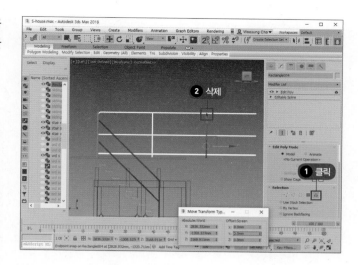

26 Selection에서 Vertex(⠿)(1)를 클릭한 후, 우측 가로 난간의 Vertex를 전부 선택한다. 그다음 2층 바닥 라인과 위치가 같아지 도록 X축으로 이동한다.

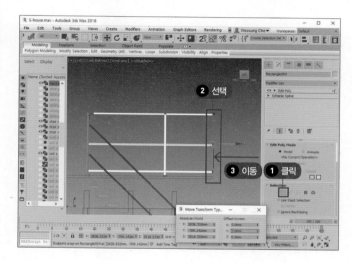

27 Selection에서 Element(▣)(5)을 클릭하고 세로 난간 오브젝 트를 선택하여 가로 난간의 중간 위치로 이동한다.

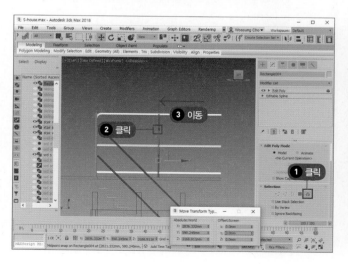

28 좌측이나 우측의 계단 난간 오브젝트를 선택한 후, Edit Geometry에서 Attach를 클릭하여 하나로 합쳐준다.

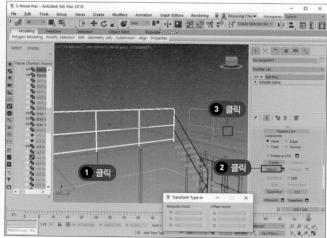

29 out 2f wall을 Unhide 한 후, 우측의 창문의 위치를 확인한다. 실제 이미지와는 다르게 창문의 위치가 내려가 있다. out 2f wall 을 선택한 후, Selection에서 Vertex( )(1)을 선택한다. 그다음 올려야할 창문 2곳의 Vertex를 드래그하여 선택한다.

30 창문의 위 라인이 우측 큰 창의 위 라인과 같아지도록 Z축 방향 위로 올려준다.

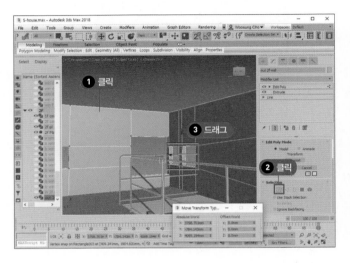

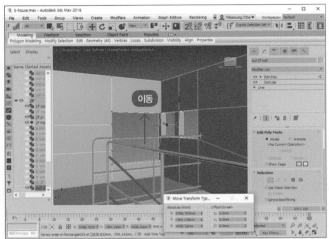

31 창에 들어갈 창문 오브젝트 2개를 Unhide 한 후 위로 올려준다.

32 WireFrame(F3)으로 변경한다. 2층 난간을 선택한 후, Selection에서 Vertex( )(1)를 클릭하고 가로 난간 윗줄의 Vertex를 전부 드래그하여 선택한다. 그다음 [Transform Type-In] 창에서 Offset:Screen의 Y에 −150을 입력하여 이동한다.

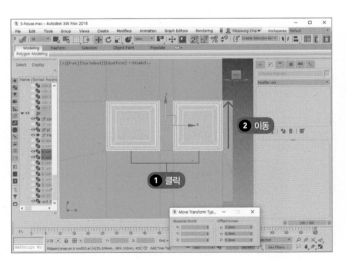

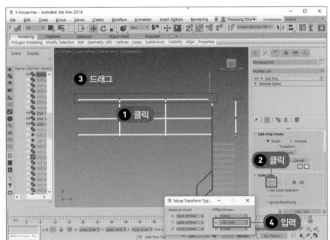

33 계단 난간 오브젝트를 선택하여 Selection에서 Vertex(⋯)(1)
을 클릭한다. 그다음 윗줄의 Vertex를 선택한 후, [Transform
Type-In] 창에서 Offset:Screen의 Y에 −100을 입력하여 이동한다.

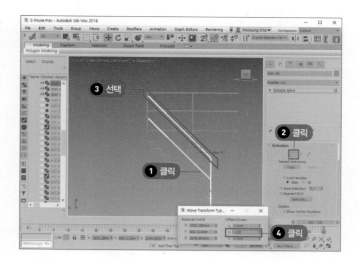

34 Top 뷰에서 계단 난간 2층 끝 라인의 Vertex를 선택한 후, 2층
난간 세로 오브젝트의 중심으로 이동한다.

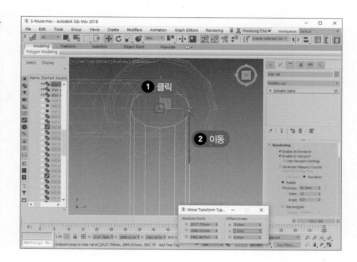

35 커맨드 패널에서 Modify 〉 Modifier List 〉 Edit Poly를 적용한
후, Edit Geometry에서 Attach를 클릭하고 2층 난간을 선택하
여 하나로 합쳐준다.

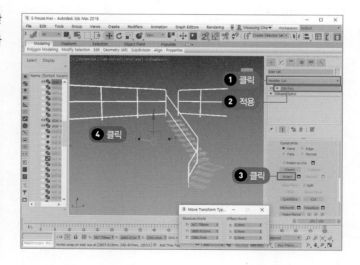

2층 내부 벽체 수정 및 문 만들기

2층 내부의 벽체를 수정한 후, 벽체의 문과 손잡이를 만들어보자.

2층 벽체 수정하기

01 in 2f wall과 2f plan 오브젝트를 제외하고 Hide 한다.

02 in 2f wall 오브젝트를 선택하고 Selection에서 Edge(◁)(2) 로 변경한 후, Front 뷰에서 세로 Segment를 선택한다. 그다음 Edit Edges에서 Connect Setting(□)을 클릭한 후, Segments에 1 을 입력하고 [OK](⊘)를 클릭한다.

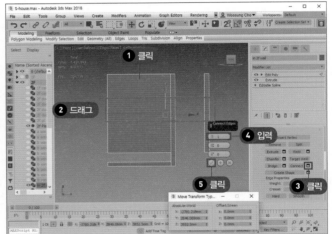

03 Selection에서 Vertex(⋮)(1)을 클릭한 후, 만든 Segment 의 Vertex 중, 위치가 맞지 않는 Vertex를 선택하여 같은 라인이 되도록 수정한다.

04 만든 Segment의 Vertex를 전부 선택한 후, 벽체 아래 라인으로 이동하고 [Transform Type-In] 창에서 Offset:Screen의 Y에 1900을 입력한다.

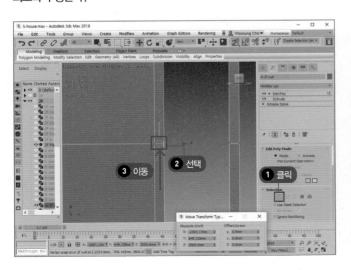

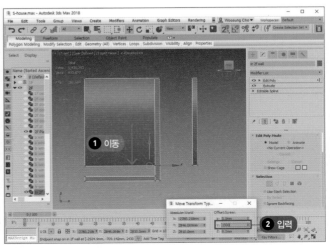

05 Selection에서 Polygon(■)(4)를 클릭한 후, 좌측에 첫 번째 문 위의 옆면을 선택한다. 그다음 Edit Polygons에서 Extrude Setting(□)을 클릭한 후, Amount에 230을 입력하고 [OK](◯)를 클릭한다.

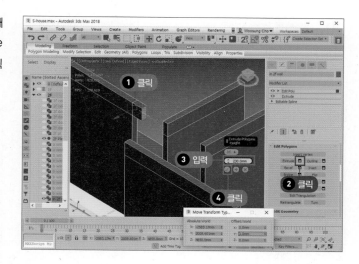

06 Top 뷰에서 Exturde하여 돌출된 면을 반대쪽 면과 맞닿게 이동한다.

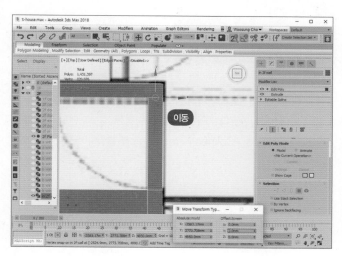

07 위쪽의 안쪽 벽체도 앞 과정과 동일한 방법으로 만든다.

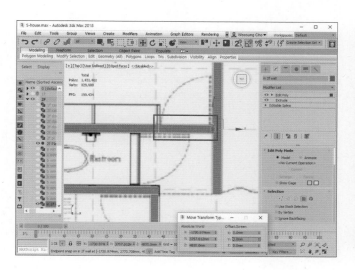

08 화장실 벽은 Top 뷰에서 첫 번째로 Extrude 된 벽체를 Section에서 Polygon(■)(4)으로 변경하여 선택한다.

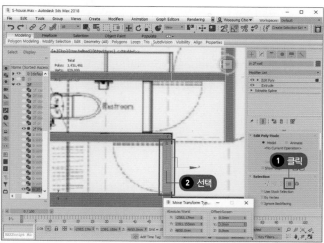

09 Shift 를 누른 상태로 화장실 문 위치로 이동하여 [Clone Part of Mash] 창에서 Clone To Element를 체크한 후, [OK] 버튼을 클릭하여 복사한다.

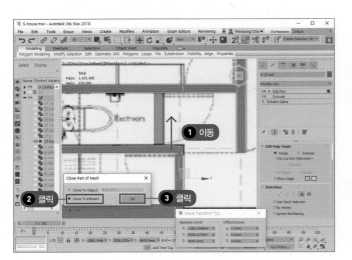

10 Selection에서 Vertex( )(1)를 클릭한 후, 위아래의 Vertex를 선택한다. 그다음 위아래 벽과 맞닿게 이동한다.

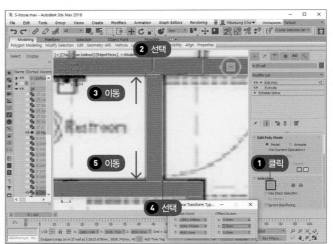

11 다음으로 화장실과 안쪽의 방으로 들어가기 전 벽체 사이에 들어가는 형태를 만든다. Front 뷰로 변경한 후, 커맨드 패널에서 Create 〉 Shapes 〉 Splines 〉 Rectangle를 클릭하여 직사각형 크기로 만든다.

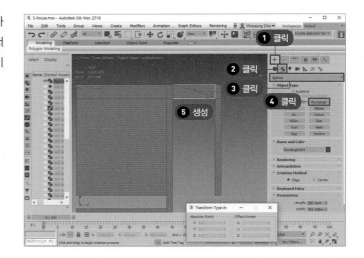

12 커맨드 패널에서 Create 〉 Shapes 〉 Splines 〉 Object Type에 Start new Shape를 체크 해제한 후, Circle를 클릭하여 Rectangle의 우측 하단에서 상단으로 드래그하여 만든다.

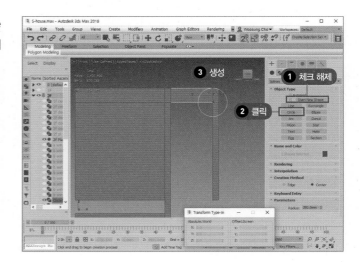

13 Selection에서 Spline(☑)(3)을 클릭한 후, Circle를 선택하여 윗면이 Rectangle의 밑면과 우측면이 벽체 우측 면에 닿게 이동한다.

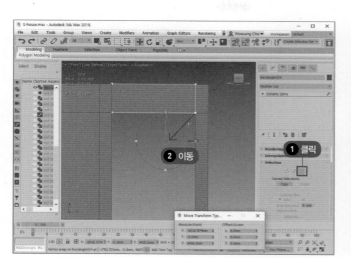

14 Selection에서 Segment(☑)(2)로 변경한 후, 우측 위쪽을 제외하고 나머지 호를 선택하여 삭제한다.

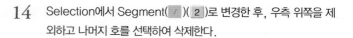
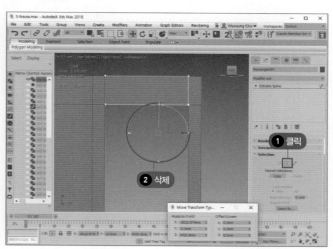

15 Selection에서 Vertex(⋮)(1)을 클릭한다. 그다음 Rectangle의 우측 하단 Vertex를 선택하고 Geometry에서 Break를 클릭하여 분리한다.

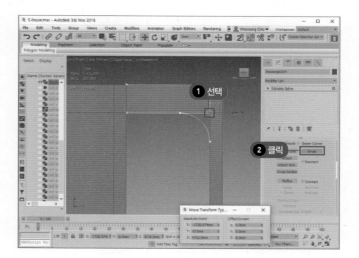

16 Break 된 하단의 Vertex를 선택하여 호의 끝부분으로 이동한 후, Geometry에서 Weld를 클릭하여 합쳐준다.

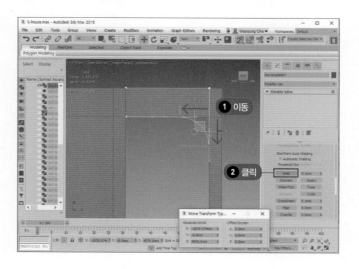

17 커맨드 패널에서 Modify 〉 Modifier List 〉 Extrude를 클릭한 후, Parameters에서 Amount에 60을 입력하여 돌출한다.

18 in 2f wall을 선택하여 Edit Geometry의 Attach를 클릭한 후, 만든 벽체를 클릭하여 하나로 합쳐준다.

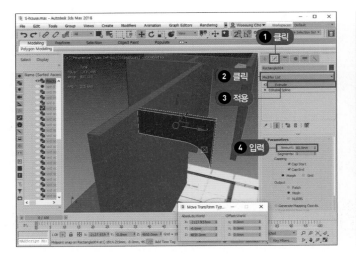

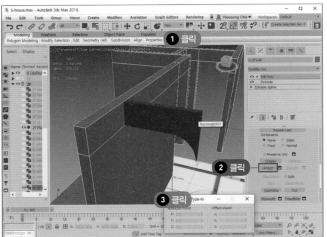

19 Selection에서 Element(◉)(5)로 변경한 후, Attach 한 오브젝트를 선택하고 Top 뷰에서 Y축으로 이동하여 벽체 라인과 맞게 한다.

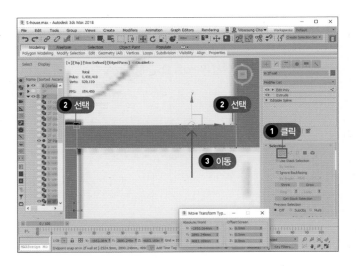

20 Selection에서 Vertex(⋯)(1)로 변경하고 안쪽 면의 Vertex를 선택한 후, 벽의 두께와 같은 라인이 되도록 이동한다.

2층 문 만들기

01 Right 뷰로 변경한 후, 커맨드 패널에서 Create 〉 Shapes 〉 Splines 〉 Rectangle을 클릭한다. 그다음 그림과 같이 드래그하여 문 형태를 만들고 Name and Color에서 이름을 '2f door'로 입력한다.

02 커맨드 패널에서 Modify 〉 Modifier List 〉 Extrude를 클릭한 후, Parameters에서 Amount에 60을 입력하여 돌출한다.

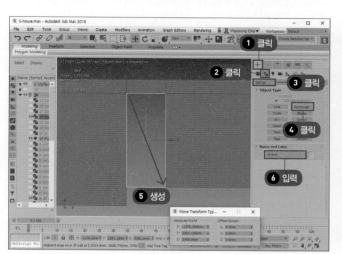

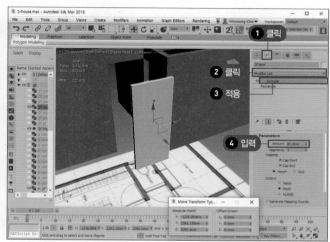

03 Top 뷰에서 WireFrame(F3)상태로 변경한 후, 이동하여 반대편 벽체와 같은 라인의 위치가 되도록 안쪽으로 이동한다.

04 커맨드 패널에서 Modify 〉 Modifier List 〉 Edit Poly를 적용한 후, Edged Faces(F3) 상태로 변경한다. 그다음 Right 뷰에서 Vertex(⠿)(1)를 클릭하고 하단의 Vertex를 드래그하여 선택한 후, [Transform Type-In] 창에서 Offset:Screen의 Y에 10을 입력하여 이동한다.

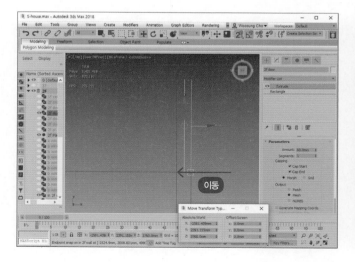

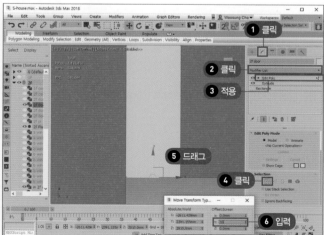

05 문의 손잡이를 만들어보자. 커맨드 패널에서 Create 〉 Shapes 〉 Splines 〉 Circle를 클릭하여 임의의 크기로 만든 후, Interpolation에서 Steps에 12, Parameters에 30을 입력하여 만든다.

06 커맨드 패널에서 Modify 〉 Modifier List 〉 Extrude를 클릭한 후, Parameters에서 Amount에 10을 입력하여 돌출한다.

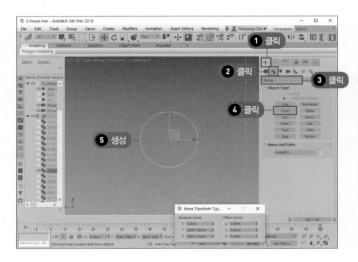

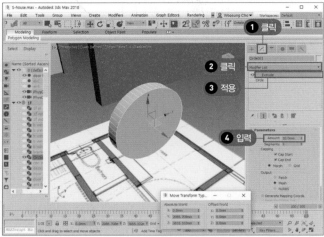

07 Shift 를 누른 상태로 면이 서로 맞닿게 이동한 후, [Clone Options] 창이 나타나면 Object에 Copy를 체크하고 [OK] 버튼을 클릭하여 복사한다.

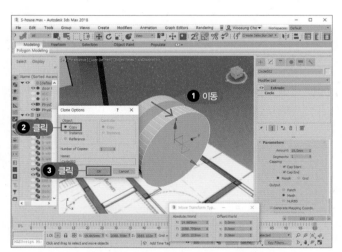

08 Stack에서 Circle을 선택하고 Parameters에서 Radius에 8을 입력하여 크기를 줄인다.

09 커맨드 패널에서 Modify 〉 Modifier List 〉 Edit Poly를 적용한 후, Selection에서 Polygon(■)(4)을 클릭하고 앞면을 선택하여 앞으로 임의적으로 이동한다.

10 커맨드 패널에서 Modify 〉 Modifier List 〉 Symmetry를 적용한다.

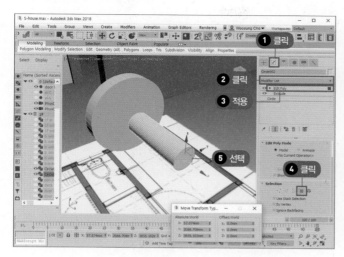

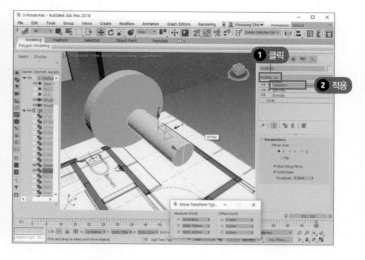

11 Stack에서 Symmetry의 Subtrees(▶)를 클릭하여 Mirror(1)을 선택한 후, 메인 툴바에서 Select and Rotate (C)(E)를 클릭하여 우측 방향으로 90도 회전한다.

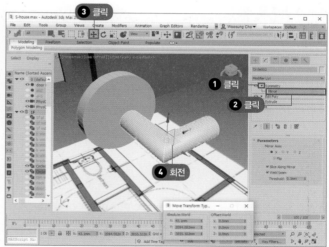

12 커맨드 패널에서 Modify 〉 Modifier List 〉 Edit Poly를 적용한 후, Selection에서 Vertex(⋯)(1)를 클릭하여 Top 뷰에서 위쪽 끝의 Vertex를 선택하고 원하는 만큼 Y축으로 이동한다.

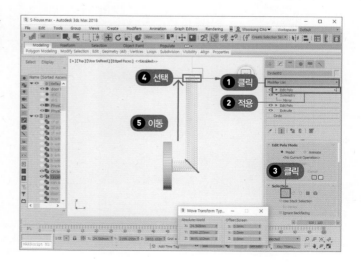

13 복사했던 원본 오브젝트를 선택한 후, 커맨드 패널에서 Modify 〉 Modifier List 〉 Edit Poly를 클릭한다. 그다음 Edit Geometry 에서 Attach를 클릭하고 손잡이 부분을 선택하여 하나로 합쳐준다.

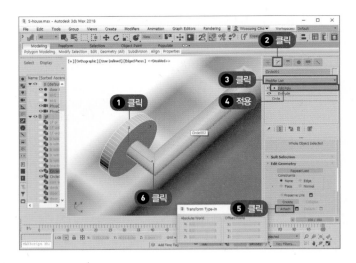

14 Selection에서 Edge( )(2)를 선택한 후, 앞쪽 넓은 면의 Segment를 전부 선택한다. 그다음 Edit Edges에서 Chamfer Setting( )을 선택하고 Amount에 1, Segments에 1을 입력하여 [OK]( )를 클릭한다.

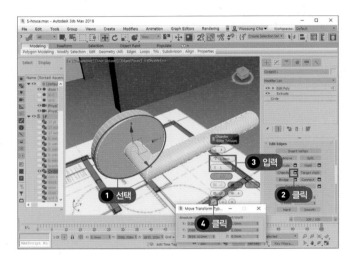

15 오브젝트를 Top 뷰에서 문의 바깥쪽 면과 맞닿게 이동한다.

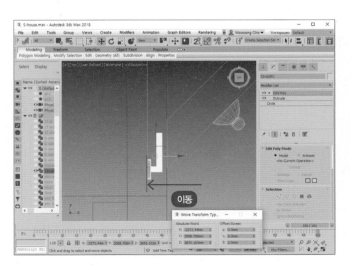

16 Left 뷰에서 WireFrame(F3) 상태로 변경한다. 그다음 문고리 오브젝트를 선택하여 우측 하단 모서리 중심과 맞게 이동한다.

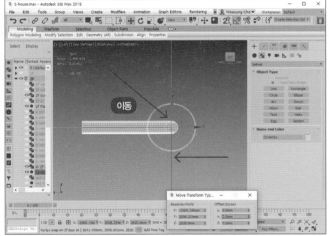

17 [Transform Type-In] 창에서 Offset:Screen의 Y에 1000을 입력하여 이동한다.

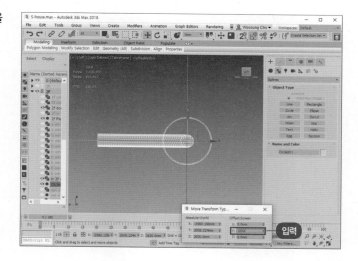

18 [Transform Type-In] 창에서 Offset:Screen의 X에 −80을 입력하여 이동한다.

19 2f door 오브젝트를 선택한 후, Edit Geometry에서 Attach를 클릭하고 문고리 오브젝트를 선택하여 하나로 합쳐준다.

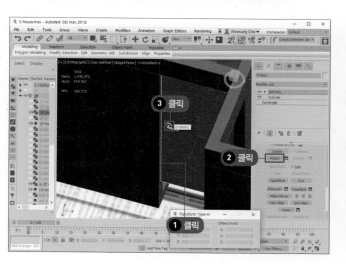

20 Selection에서 Element( )(5)를 선택한 후, 문을 선택하고 Polygon: Material IDs에서 Set ID에 1을 입력한다.

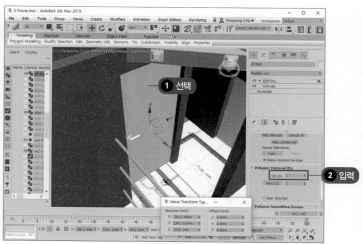

21 문 손잡이를 선택한 후, Polygon: Material IDs에서 Set ID에 2를 입력한다.

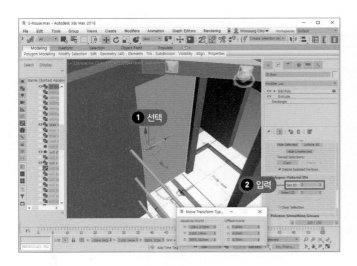

22 화장실에도 Shift 를 누른 채 2f door 오브젝트를 이동한다. [Clone Options] 창이 나타나면 Object에 Copy를 체크하고 Name에 'b win'을 입력한 후, [OK] 버튼을 클릭하여 복사한다.

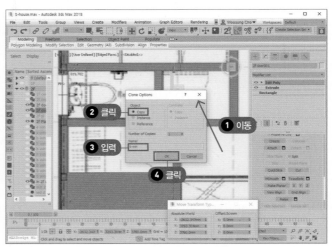

23 문의 크기가 조금씩 다르기 때문에 안쪽 면과 같은 라인이 되도록 Selection에서 Vertex( )(1)를 클릭하여 Vertex를 벽에 맞닿게 이동한다.

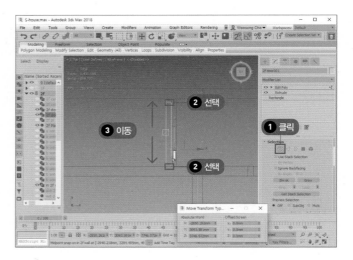

24 다른 한쪽의 문도 한 번 더 복사한 후, Vertex를 이동하여 문의 폭을 맞춰준다.

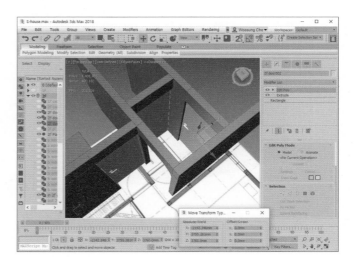

2층 슬라이딩 도어 만들기

01 2층의 기둥과 보 오브젝트들을 제외하고 전부 Hide 한다. 그다음 Left 뷰로 변경한 후, 커맨드 패널에서 Create 〉 Shapes 〉 Splines 〉 Rectangle을 클릭하여 좌측 가로 보의 밑 부분에서 기둥 하단 좌측의 끝 라인으로 드래그한다.

02 커맨드 패널에서 Modify 〉 Modifier List 〉 Edit Poly를 적용한 후, Selection에서 Edge( )(2)를 클릭하고 가로 Segment 를 드래그하여 선택한다. 그다음 Edit Edges에서 Connect Setting(■)을 클릭한 후, Segments에 1을 입력하고 [OK](✓)를 클릭한다.

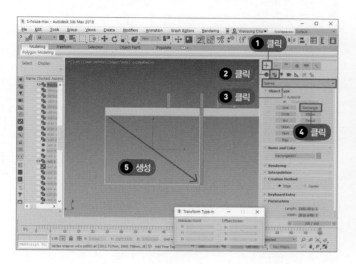

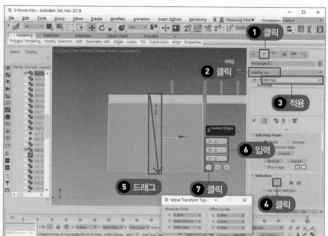

03 Selection에서 Polygon(■)(4)으로 변경한 후, 우측의 면을 선택하고 삭제한다.

04 커맨드 패널에서 Modify 〉 Modifier List 〉 Shell을 적용한 후, Parameters에서 Inner Amount에 40을 입력하여 두께를 만든다.

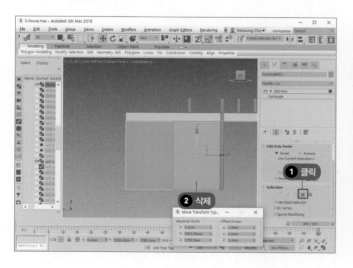

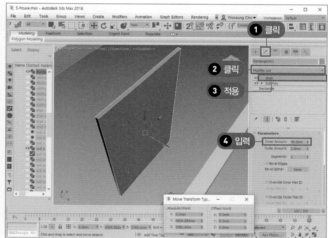

05 Front 뷰에서 WireFrame(F3)로 변경한 후, 오브젝트의 좌측면이 보 라인 중간에 위치하도록 이동한다.

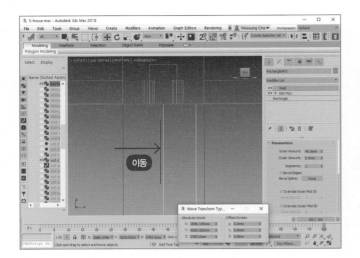

06 Right 뷰에서 Edged Faces(F3)로 변경한다. 그다음 커맨드 패널에서 Modify 〉 Modifier List 〉 Edit Poly를 적용한 후, Selection에서 Polygon(■)(4)을 선택하고 앞면을 클릭한다.

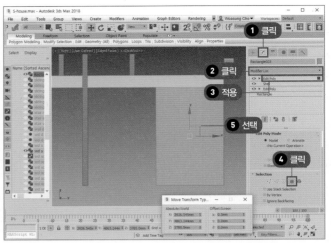

07 Edit Polygons에서 Inset Setting(□)을 클릭한 후, Amount에 20을 입력하고 [OK](○)를 클릭한다.

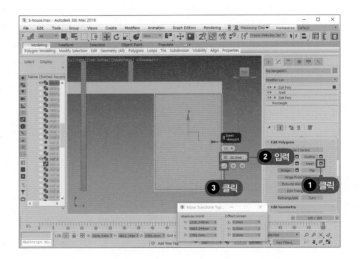

08 Polygon: Material IDs에서 Set ID에 1을 입력한다.

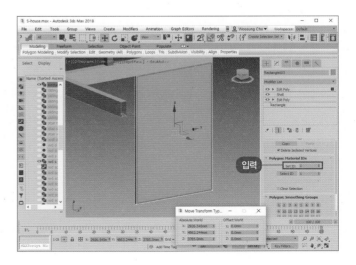

09 Ctrl + I 를 눌러 선택을 반전시키고 Polygon : Material IDs에서 Set ID에 2를 입력한다.

10 마지막으로 뒷면을 클릭하여 Polygon : Material IDs에서 Set ID에 3을 입력한다.

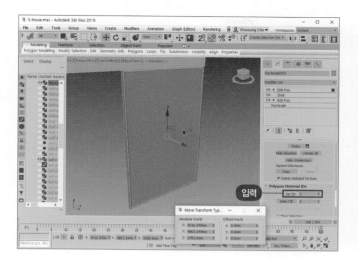

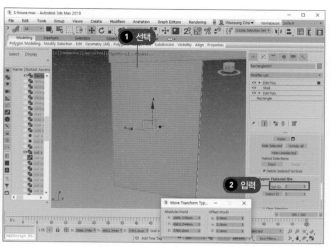

11 Name and Color에 'wd m wall'을 입력한다.

12 Top 뷰에서 WireFrame(F3) 상태로 변경한 후, Shift 를 누른 채 좌측으로 이동한다. 그다음 [Clone Options] 창이 나타나면 Object에 Instance를 체크하고 [OK] 버튼을 클릭하여 복사한다.

13 우측으로 이동하여 앞쪽의 오브젝트와 맞닿게 한 후, Y축 아래 방향으로 이동하여 겹쳐져 있는 모습이 보이게 한다.

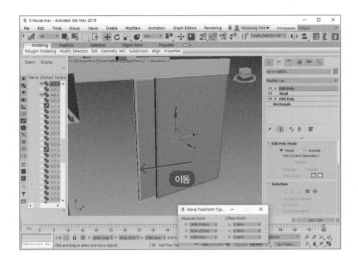

걸레받이 바닥 프레임 만들기

1층과 2층 벽체에 들어갈 걸레받이와 주방 바닥에 들어가는 바닥 프레임을 만들어보자.

주방 바닥 프레임 만들기

01 Top 뷰로 변경한 후, 커맨드 패널에서 Create 〉 Shapes 〉 Splines 〉 Rectangle를 클릭하여 임의의 크기로 만든다. 그다음 Parameters에서 Length: 650, Width: 650을 입력한다.

02 커맨드 패널에서 Modify 〉 Modifier List 〉 Edit Poly를 적용한다.

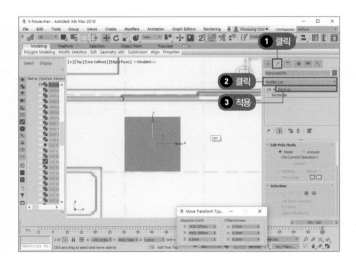

03 Selection에서 Polygon(■)(4)를 클릭한 후, 면을 선택한다. 그다음 Edit Polygons에서 Inset Setting(□)을 클릭한 후, Amount에 25을 입력하고 [OK](⊘)를 클릭하여 면을 삭제한다.

04 Selection에서 Edge(◢)(2)으로 변경한 후, 각 모서리의 대각선 Segment를 선택한다.

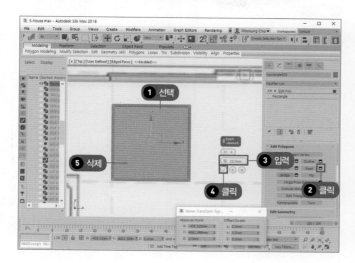

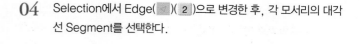

05 Edit Edges에서 Connect Setting(□)을 클릭한 후, Segments에 2을 입력하고 [OK](⊘)를 클릭한다.

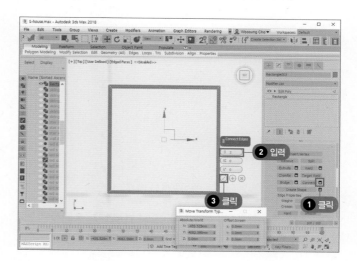

06 Front 뷰에서 [Transform Type-In] 창에서 Offset:Screen의 Y에 5를 입력하여 이동한다.

07 Top 뷰에서 Selection에서 Polygon(▣)(4)으로 변경한 후,
우측의 세로 면들을 선택한다. 그다음 Shift 를 누른 상태로 우측으
로 이동하여 [Clone Part of Mash] 창에서 Clone To Element를 체
크한 후, [OK] 버튼을 클릭하여 복사한다.

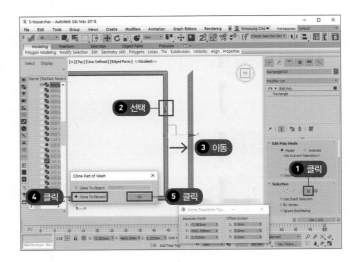

08 Selection에서 Vertex(⋯)(1)으로 변경한 후, 복사한 오브젝
트 양끝의 Vertex를 수평으로 만든다. 그다음 Vertex를 아래로
이동하여 폭을 줄인다.

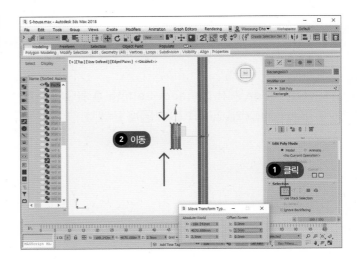

09 Selection에서 Element(◉)(5)로 변경한 후, 폭을 줄인 오브
젝트를 선택한다. 그다음 중간 라인에 맞게 이동한다.

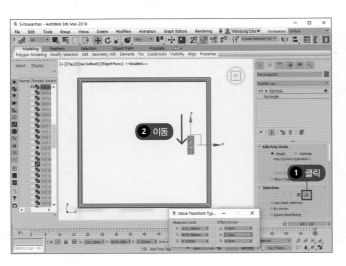

10 커맨드 패널에서 Modify 〉 Modifier List 〉 Shell을 적용한 후,
Parameters에서 Inner Amount에 10을 입력하여 두께를 만든다.

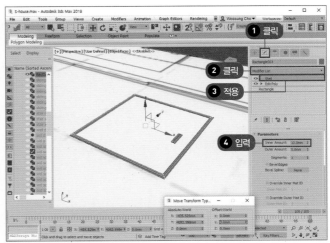

11 커맨드 패널에서 Modify 〉 Modifier List 〉 Symmetry를 적용한다.

12 Stack에서 Subtrees(▶)를 클릭하여 Mirror(1)를 선택한 후, Gizmo를 오브젝트의 우측으로 이동한다.

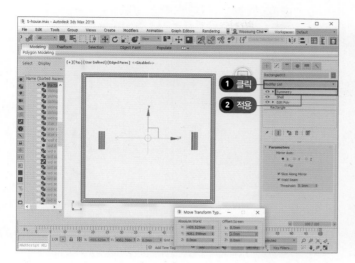

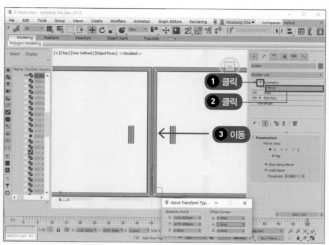

1, 2층 걸레받이 만들기

01 1층 걸레받이부터 만든다. out 1f wall, in 1f wall, int fur wall, plan 오브젝트를 제외하고 전부 Hide 한 후, Top 뷰에서 WireFrame(F3)으로 변경한다. 그다음 커맨드 패널에서 Create 〉 Shapes 〉 Splines 〉 Line을 사용하여 좌측 벽과 우측 계단 아래쪽 벽, 입구 우측 벽에 라인을 만들고 Name and Color에 'base'를 입력한다.

02 Front 뷰로 전환하고 커맨드 패널에서 Create 〉 Shapes 〉 Splines 〉 Rectangle를 선택하여 임의로 만든 후, Parameters에서 Length에 80, Width에 10을 입력하여 크기를 변경한다.

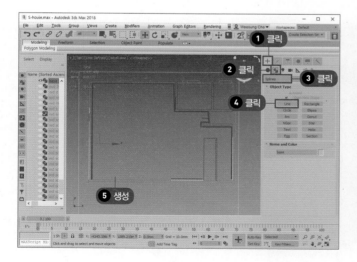

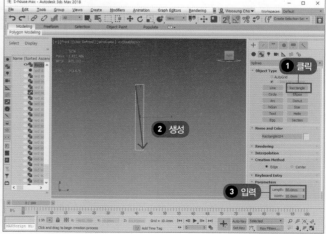

03 Base 오브젝트를 클릭한 후, 커맨드 패널에서 Modify 〉
Modifier List 〉 Bevel Profile을 적용한다. 그다음 Parameters
에서 Bevel Profile에 Classic을 선택한다. 그리고 Classic에서 Pick
Profile을 클릭하고 Rectangle를 선택하여 적용한다.

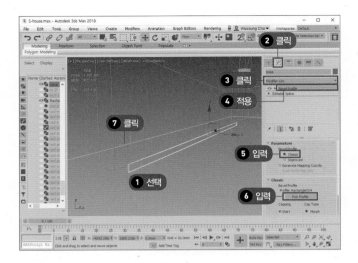

04 Stack에서 Bevel Profile의 Subtrees(▶)를 클릭한 후,
Profile Gizmo(1)를 선택한다. 그다음 메인 툴바에서 Select
and Rotate(C)(E)를 클릭하여 Gizmo를 180도 적용하여 회전한다.

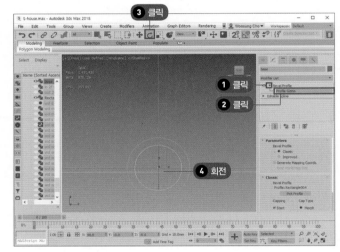

05 다음으로 2층 걸레받이를 만들기 위해 Shift 를 누른 채 오브젝트
를 이동한 후, [Clone Options] 창이 나타나면 Object에 Copy
를 체크하고 [OK] 버튼을 클릭하여 복사한다.

06 2f plan과 2f pl 오브젝트를 Unhide 한 후, 1층 벽체를 Hide 한다.

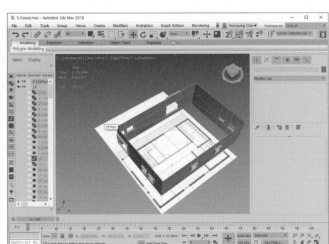

07 복사한 걸레받이 오브젝트를 선택한 후, Stack에서 Editable Spline을 선택한다. 그다음 Selection에서 Vertex(⠿)(1)를 클릭한 후, Line을 위쪽 내벽이 시작되는 지점부터 아래쪽 2층 바닥이 끝나는 곳까지 수정한다.

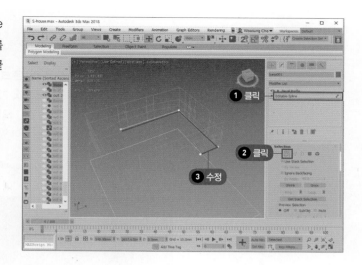

08 높이를 수정하기 위해 Front 뷰에서 절대좌표 Z에 2810을 입력하여 이동한다.

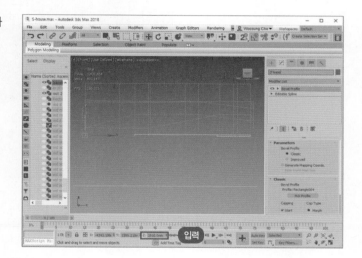

09 마지막으로 지금까지 만든 오브젝트를 Layer 별로 분리하도록 한다. 1층과 2층의 오브젝트를 1F와 2F Layer에 맞게 좌측의 Layer Explorer 창에서 정리한다.

예제 파일 | Sample/Part04/Lesson01/S-house.max

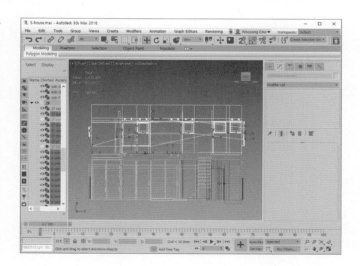

가구 및 조명 배치하기

가구와 조명은 크기에 따라 형태감이 변하기 때문에 실제 스케일에 맞게 모델링을 만들었다.
가구와 조명을 배치해보자. 가구와 조명의 모델링 과정을 따로 진행하지 않고 예제 이미지에 있는 가구를
모델링했다. 메인 메뉴바의 File 〉 Import 〉 Merge를 사용하여 불러온다.
배치와 크기 조절도 되어 있기 때문에 파일을 불러온 후, 형태를 확인하고 추후 맵핑 작업을 진행한다.

⊙ 예제 파일 | Sample/Part04/Lesson01/S-house fur.max

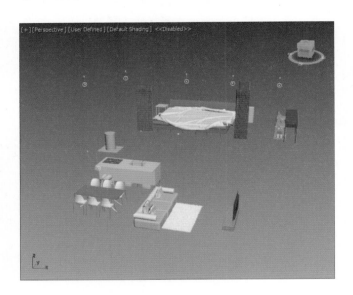

소파

거실에 많이 배치되는 소파 가구이다. 모듈 형식으로 만들어져 있어서 일자형이나 L자형으로 변경한다. Merge를 사용하여 불러올 때 sofa set을 클릭
한다.

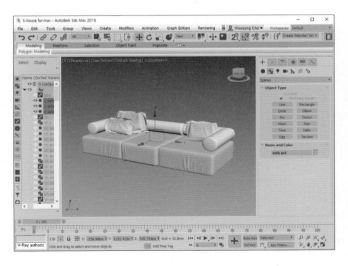

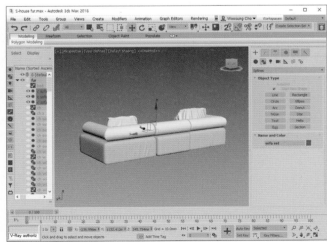

거실 러그(Rug)

러그는 마루나 방바닥에 까는 직물 제품으로 소파 밑 부분에 놓아보자.
Merge 명령어로 불러올 때 rug를 클릭한다.

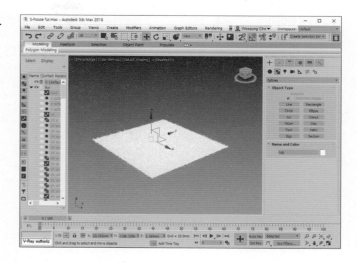

TV 테이블 Set

계단 밑 공간에 들어가는 TV와 테이블이다. Merge 명령어로 불러올 때
tv set를 클릭한다.

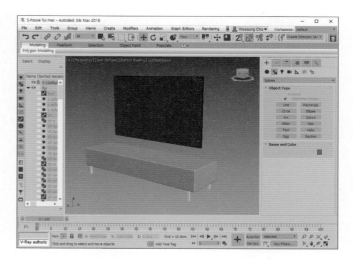

식탁 테이블 Set

식탁 테이블과 의자이다. Merge 명령어로 불러올 때 table set를 클릭한다.

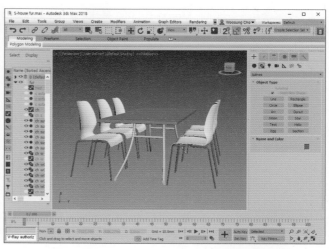

식탁 조명

식탁 위에 들어가는 조명이다. 조명의 길이를 필요한 만큼 조절하여 배치하면 된다. Merge 명령어로 불러올 때 pa light를 클릭한다.

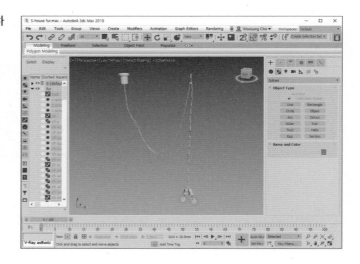

2층 조명

식탁 조명을 변형하여 만든 조명이다. 2층의 천장은 사선으로 떨어지기 때문에 천장과 맞닿는 고정 부분이 꺾여 있다. Merge 명령어로 불러올 때 pa light 2f를 클릭한다.

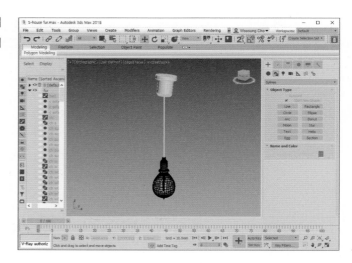

주방 조명

주방 조명은 할로겐 조명이다. Merge 명령어로 불러올 때 hal light를 클릭한다.

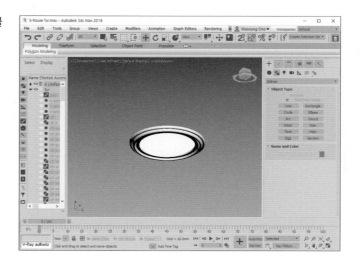

주방 조리대 및 소품

주방 조리대와 보조 의자이다. Merge 명령어로 불러올 때 sink set를 클릭한다.

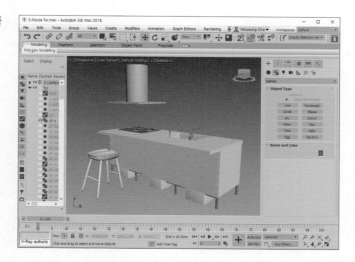

커튼

2층에 들어가는 커튼이다. FFD를 사용하여 형태를 변형이 가능하다. Merge 명령어로 불러올 때 curtain set를 클릭한다.

침대

2층에 들어가는 침대이다. Merge 명령어로 불러올 때 bed를 클릭한다.

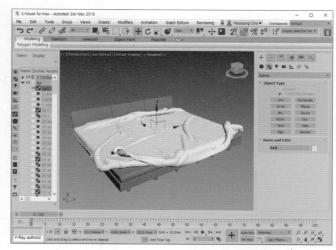

침대 사이드 테이블

2층에 침대 좌우로 들어가는 사이드 테이블이다. 좌측과 우측의 형태가 다르며 우측에는 전신 거울이 들어간다. Merge 명령어로 불러올 때 side table, side table2, Mirror를 클릭한다.

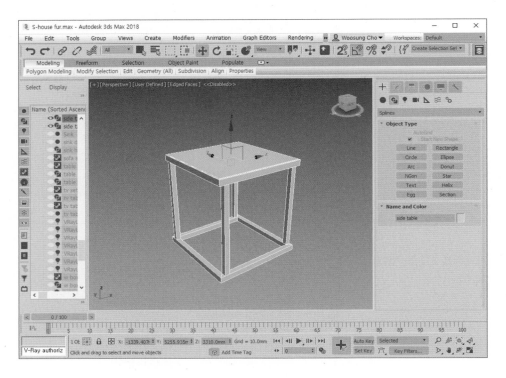

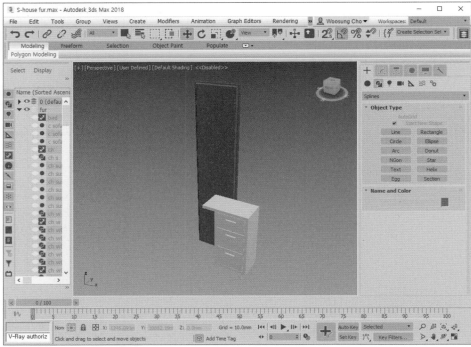

책상

2층 우측 공간에 들어가는 책상과 의자이다. Merge 명령어로 불러올 때 desk set과 desk set2를 클릭한다.

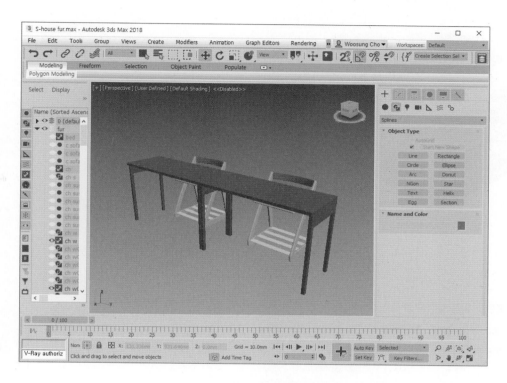

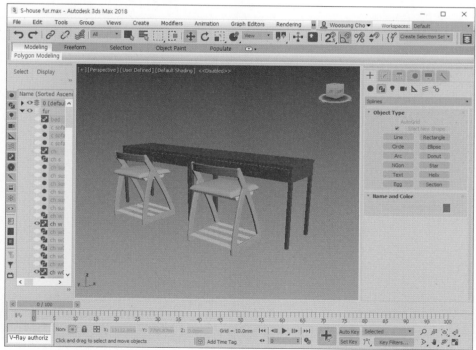

tip

주방 안쪽과 2층의 옷장 그리고 책상 등 소품이 들어갈 곳이 많이 있다. 필요한 소품을 직접 만들어서 채워보자.

건축 CG에서 재질은 사실적 표현을 위한 필수 구성 요소 중 하나이다.
다양한 재질을 표현하기 위해 많은 맵핑 소스가 사용되며 재질별 특성에 대한 이해도가 필요하다.
재질을 만들기 위해 핵심인 Material 기능에 대해서 알아보자.

5

재질(Materials)

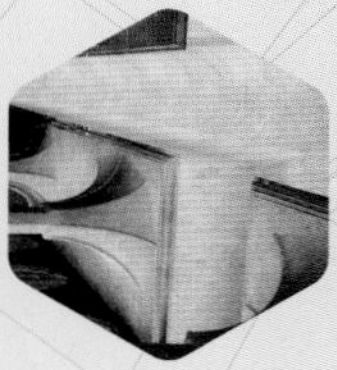

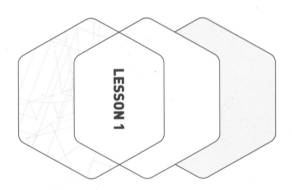

Material Editor의
이해하기

Material Editor는 재질의 특성과 맵을 편집하는 곳이다.
필요한 재질을 만들기 위해 Material Editor의 사용법 및 다양한 기능에 대해 살펴보자.

SECTION 1

Compact Material Editor 구성과 기능 알기

Compact Material Editor 모드는 3ds Max 초기부터 사용해오던 방식으로 Sample Slot을 통해 재질의 특성을
확인하기 쉬운 장점을 가지고 있다. 이미 만들어진 재질을 사용할 경우 사용하기 좋다.

Material Editor

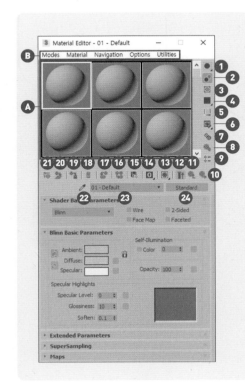

A. Sample Slot: Shader를 사용한 재질과 Map을 미리보기 형태로 보여준다. 최대 24개까지 슬롯을 추가할 수 있다.

B. Menu Bar: 재질 편집기의 다양한 기능을 메뉴로 제공한다.

C. 재질 편집기 아이콘: 재질 편집 기능을 아이콘으로 정리한 곳이다.

❶ Sample Type(● ▮ ◆): Sample Slot의 모양을 선택한다.

❷ Backlight(◉): 기본값으로 설정되어 있다. Sample Slot의 백라이트 효과를 적용한다.

❸ Background(▦): 재질에 대한 투명도와 반사를 쉽게 확인할 수 있도록 한다. Sample Slot에 배경 이미지를 적용한다.

❹ Sample UV Tiling(▮): 가로와 세로 방향으로 현재 적용된 Map을 반복한다. 현재 Sample Slot에만 반복되고 적용된 물체에는 적용되지 않는다.

❺ Video Color Check(▥): 비디오로 표현되는 색에 따라 NTSC나 PAL이 표현할 수 있는 범위에서 벗어나는 색을 찾아 구분한다.

❻ Make Preview, Play Preview, Save Preview(🖼): 재질이 애니메이션 되는 것을 미리보기 형태로 만들거나 볼 수 있게 하고 저장이 가능하다.

❼ Options(🖌): Material Editor의 전체 설정이 가능한 Option 창을 보여준다.

❽ Select By Material(🖌): 현재 선택된 Sample Slot 재질이 적용된 물체들을 선택한다.

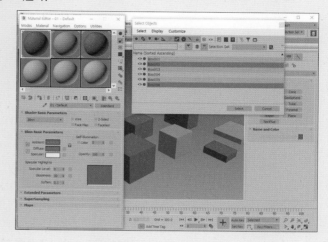

❾ Material/Map Navigator(📑): 선택된 슬롯의 재질 구성 상태를 Material/Map Navigator를 통해 볼 수 있으며 원하는 부분을 빠르게 이동하거나 복사가 가능하다.

❿ Go Forward to Sibling(🖌): 상하 구조로 이루어진 재질에서 현재 작업 중인 팔레트와 같은 레벨의 팔레트로 이동한다.

⓫ Go to Parent(🖌): 현재 작업 중인 팔레트에서 바로 앞의 팔레트로 이동한다.

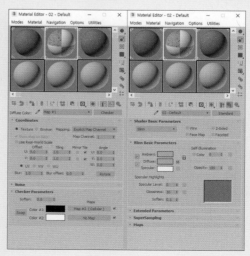

⓬ Show End Result(⬆): 기본값으로 설정되어 있다. 다양한 Map이 적용되어 있을 때 최종 결과가 보이도록 한다.

⓭ Show Shaded Material in Viewport(◉ ◎): Texture를 사용할 경우 적용된 오브젝트의 Viewport에서도 보이게 한다.

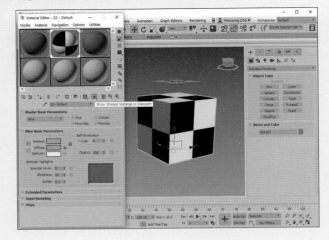

⓮ Material ID Channel(◙): Rendering 메뉴의 Effect 또는 Video Post에서 Effect를 사용할 때 쓰는 재질 ID를 지정한다.

⓯ Put to Library(🖳): 현재 선택된 재질을 저장할 수 있다. 재질을 저장할 때 이름을 직접 입력한다.

⓰ Make Unique(⚙): Mult/Sub-Object 재질에서 각 재질을 독립적으로 설정한다.

⓱ Make Material Copy(⚙): 오브젝트에 적용된 재질을 그대로 두고 새로운 재질로 복사가 가능하다.

⓲ Reset Map/Mtl to Default Settings(🗑): 현재 선택된 Sample Slot을 초기화한다.

⓳ Assign Material to Selection(⚙): 현재 선택된 오브젝트에 Sample Slot에서 만들어진 재질을 적용한다.

⓴ Put Material to Scene(🖳): 현재 선택된 Sample Slot의 재질 이름이 다른 슬롯의 이름과 같거나 장면에 적용된 재질일 경우에만 사용 가능하다. 재질이 수정된 부분이 장면 속 물체에 적용되게 한다.

㉑ Get Material(🖳): 저장되어 있는 장면이나 Library(.Mat)에서 재질을 가져온다. Material/Map Brower에서 원하는 재질을 선택한다.

㉒ Pick Material from Object: Viewport의 오브젝트를 클릭하여 적용된 재질을 불러온다.

㉓ Material Name: 재질의 이름을 입력한다.

㉔ Material Type: 현재 선택한 재질의 적용되어 있는 타입을 설정한다.

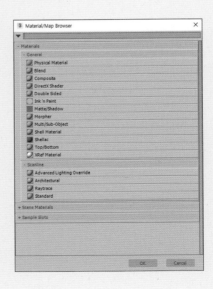

Sample Slot 기능

Compact에서는 슬롯에 대해서 알아야 한다. 재질이 오브젝트에 적용되어 있거나 사용되는 Slot을 알아야 하고 복사하는 방법과 Slot의 개수를 조정하고 크기를 조절하는 방법을 파악한다.

A. Sample Slot 상태

❶ 재질이 오브젝트에 적용되지 않은 상태다.

❷ 재질이 오브젝트에 적용되어 사용되고 있는 상태다.

❸ 재질이 오브젝트에 적용되어 있고 현재 선택되어 편집이 가능한 상태다.

B. Sample Slot 조정하기

재질 Sample Slot에서 우 클릭하면 나타나는 대화상자에서 재질의 편집 기능과 슬롯의 수를 설정한다.

C. Sample Slot 복사

복사할 Slot을 선택하여 다른 Slot 위로 드래그하면 복사가 된다. 동일한 재질명이 존재할 수 없기 때문에 복사된 재질의 이름이 변경된다.

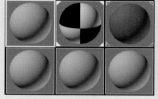
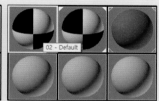

D. Sample Slot 확대

확대할 Slot을 더블클릭하면 별도의 Slot 창이 나타나며 창의 크기를 조절할 수 있다.

Slate Material Editor

Slate Material Editor는 재질과 맵이 노드(Node)형식으로 표시되는 넓은 대화상자로 재질의 트리를
한눈에 파악할 수 있는 장점이 있다. 메인 툴바에서 Material Editor(圖)(M) 아이콘을 누르고 있으면
Slate Material Editor(▧) 모드로 변경할 수 있다.

Slate Material Editor

Info

재질 창 편집기의 Menu Bar 〉
Modes에서도 원하는 Material
Editor를 선택하여 변경 가능하다.

Modes	Material	Navigation	Options
✓ Compact Material Editor...			
Slate Material Editor...			

A. Menu Bar: 재질 편집기의 아이콘과 같은 기능으로 다양한 선택
항목의 메뉴가 있으며 재질을 만들고 관리하는데 사용한다.

B. Toolbar: 아이콘들을 사용하여 다양한 기능을 빠르게 사용한다.

❶ Move Children(圖): 클릭한 후, 노드를 이동하면 자식 노드도 같
이 이동된다. 해제되어 있을 경우 선택한 노드만 이동이 된다.

❷ Layout All-Vertical(圖), Layout All-Horizontal(圖):
Active View에 있는 모든 노드를 수평/수직으로 정렬한다.

❸ Lay out Children(圖): 선택된 노드의 자식을 자동으로 레이아웃
을 정리한다.

C. Material/Map Browser: Compact와는 다르게 항상 기본으
로 표시되며 재질, 맵, 또는 멘탈레이를 선택할 수 있다. 재질을 사용
할 때 드래그하거나 더블클릭하여 사용한다.

D. Active View: Map 제어기를 재질 컴포넌트에 와이어링하여 재질
트리를 구성할 수 있다. 재질의 종류별로 View를 만들어 사용한다.

E. Navigator: Active View를 탐색한다.

F. Parameter Editor: 설정할 Node를 더블클릭하여
Parameter에서 재질의 옵션을 디테일하게 설정한다.

G. View Navigation: Active View를 탐색하는 필요한 아이콘이
있다.

Active View의 재질 및 노드(Node)

Node는 Active View에서 노드와 노드를 연결하여 재질 트리를 구성하거나 여러 개의 View로 구성하여 재질 노드를 관리할 수 있어 다양한 재질을 편집할 때 편리하다.

A. 노드(Node)

재질이나 맵의 유형을 표시하는 장치로 재질과 맵을 편집할 경우 해당 재질과 맵을 와이어링할 수 있으며 노드 (Node)로 Active View에 표시한다.

❶ 미리보기: 설정이 적용된 재질의 미리보기가 표시된다.

❷ 제목 표시줄: 재질의 이름과 맵의 이름 및 유형이 차례대로 표시된다.

❸ 입, 출력용 원형 소켓: 왼쪽에는 재질을 와이어링하기 위한 입력용 원형 소켓이 있다. 오른쪽에는 출력용 원형 소켓이 있다.

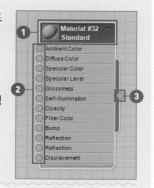

B. 노드 표시 컨트롤

❶ 우측의 표시를 클릭하여 노드를 축소하거나 확대한다.

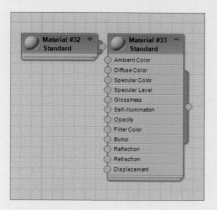

❷ 우측 하단을 잡고 노드의 수평 크기를 조절 가능하다.

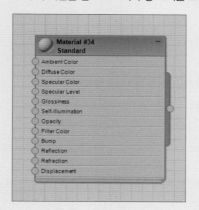

❸ 노드 좌측 상단의 미리보기를 더블클릭하여 미리보기 화면을 확장하거나 축소한다.

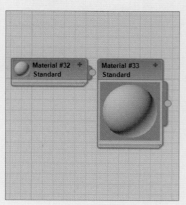

❹ 우측 Parameter Editor의 노드를 찾으려면 노드 주위에 회색 점선으로 테두리가 표시되며 Navigator에도 테두리가 표시되어 나타난다.

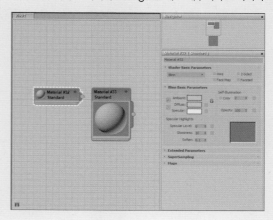

C. 노드 선택, 이동 및 복사

❶ 기본 방식은 다른 툴과 별 차이는 없다. Ctrl 를 누른 상태에서 노드를 클릭하거나 드래그하면 다중 선택이 가능하고 Alt 를 누른 상태에는 선택이 해제된다.

❷ 노드를 선택한 후, Shift 를 누른 상태로 드래그하면 해당 노드만 복사가 되고 Ctrl + Shift 를 누른 상태에서 드래그하면 선택한 노드와 연결되어 있는 노드의 자식들도 복사된다.

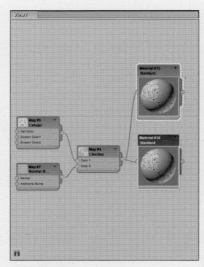
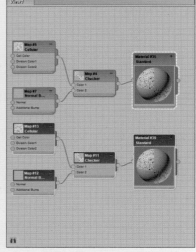

▲ Shift +드래그　　　　　▲ Ctrl + Shift +드래그

D. Parameter Editor의 Material 및 Map 설정 변경

Material 및 Map마다 조정할 수 있는 각각의 Parameter를 가지고 있다. 노드를 더블클릭하면 우측의 Parameter 창에 표시된다.

❶ Standard의 Parameter　　　❷ Checker의 Parameter　　　❸ Cellular의 Parameter

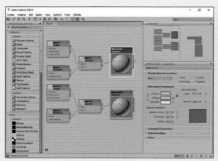
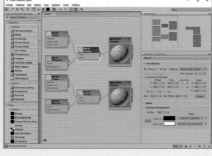
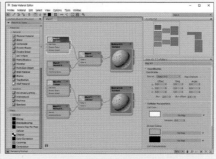

E. Active View

Active View는 Slate Material Editor의 중요한 부분으로 여러 개의 View를 만들어 장면에 있는 재질을 재질별로 정리할 수 있고, 장면마다 다른 View를 만들어 재질을 저장할 수 있다.

1 View 추가하기

01 | View의 우측 빈 공간을 우 클릭하여 Create New View을 클릭한다.

02 | [Create New View] 창에서 View의 이름을 변경하여 사용한다.

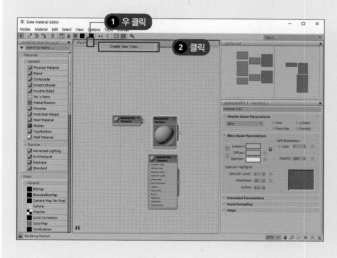

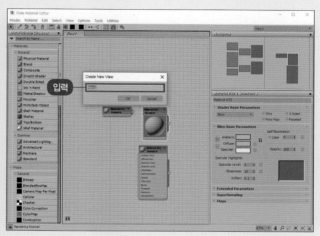

2 재질 노드를 다른 View로 복사하기

재질을 다른 View로 이동시키거나 복사가 가능하다.

01 | 재질을 선택한 후, 우측 출력용 소켓을 View2로 드래그하면 잠시 후에 View2가 활성화된다. 활성화된 View 창에 연결 와이어를 놓는다.

02 | [Instance(Copy)..] 창에서 Instance나 Copy를 선택한 후, [OK] 버튼을 클릭한다.

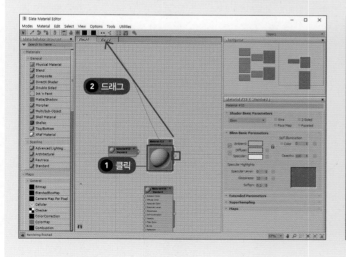

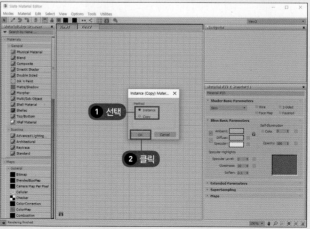

03 | View2에 같은 재질이 복사된 것을 확인한다.

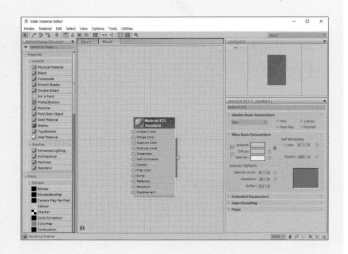

3 Instance 재질을 다른 View로 이동하기

Instance 재질 노드를 선택하고 우 클릭한 후, 메뉴에서 > Multiple Instances > Pan to Instance on [View Name]을 선택한다.

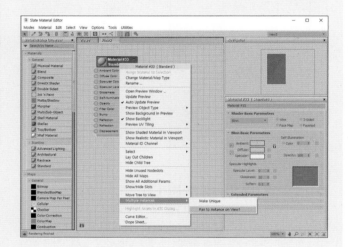

4 재질을 다른 View 이동하기

이동할 재질 노드를 선택하고 우 클릭한 후, 메뉴에서 Move Tree to View > [View Name]을 선택한다.

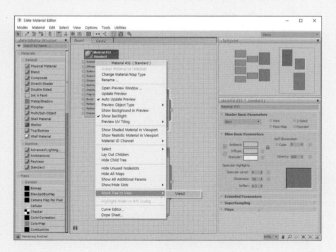

SECTION 3

Standard/VRay Material 기본 구성 파악하기

3ds Max에서 기본으로 사용되는 Standard Material과 VRay에서 사용되는 VRay Material의 기능을 파악해보자.
Standard Material은 많이 사용하지 않지만 기본 기능을 알아두고 VRay Material의 기능을 중점적으로 파악하자.

Standard Material

VRay가 사용되기 전 주로 사용하였던 기능으로 설정을 통해 재질을 만들 수 있다. 각각의 Parameters에 대해 알아보자.

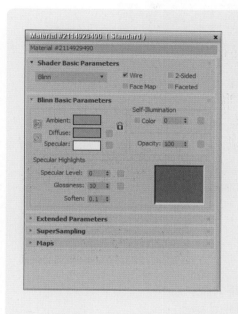

A. Shader Basic Parameters

❶ Wire: 오브젝트에 있는 Edge만을 렌더링에서 보여준다. Wire의 굵기 설정은 Extended Parameters에서 설정한다.

❷ 2-Sided: 렌더링할 경우 물체의 반대편 면이 보이지 않았을 때 반대편까지 보이도록 렌더링을 한다.

❸ Face Map: 물체가 가지고 있는 면의 단위만큼 Map이 적용되도록 한다.

❹ Faceted: 표면이 면 형
태로 렌더링 된다.

B. Blinn Basic Parameters

재질의 색, 광택, 투명도 등 필요한 부분에 Map을 사용하여 사실적인
표현을 한다. Shader의 종류에 따라 옵션이 조금씩 달라진다.

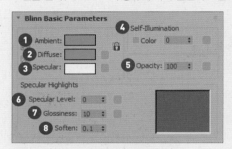

❶ Ambient: 조명에 의해 그림자 부분에 표현되는 색상이나 Map을
설정한다.

❷ Diffuse: 물체가 가지는 색상이나 Map을 설정한다.

❸ Specular: 물체에 빛이 비칠 때 생기는 하이라이트 부분의 색상이
나 Map을 설정한다.

❹ Self-Illumination: 조
명처럼 자체적으로 빛을
발산한다.

❺ Opacity: 오브젝트의
투명도를 조절한다. 값
이 0으로 가까워질수록
투명해진다.

❻ Specular Lever: Highlight의 강도를 정한다. 값이 커질수록 강
한 Highlight가 생겨난다.

❼ Glossiness: Highlight가 되는 부분의 폭을 지정한다. 값이 클수
록 폭이 넓어진다.

❽ Soften: Ambient, Diffuse, Specular의 경계를 부드럽게 만든다.

C. Extended Parameters

Standard 재질의 모든 유형이 설정 상태와 같다. 재질의 투명도와 반
사 옵션을 설정한다.

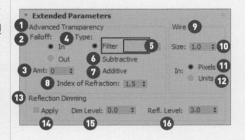

❶ Advanced Transparency: 투명도에 대한 세부 항목을 설정한다.

❷ Falloff: In은 오브젝트 내
부의 투명도를 Out은 외
부쪽 투명도를 조절한다.

❸ Amt: 투명도의 양을 조절한다.

❹ Type: 투명도의 방법을 정한다.

❺ Filter: 투명한 표면에 적용되는 색상을 선택한다.

❻ Subtractive: 투명한 표면에서 색상을 뺀다.

❼ Additive: 투명한 표면에서 색상을 더한다.

❽ Index of Refraction: 굴절 인덱스(IOR)를 설정한다. 투과되는 빛
의 굴절되는 값을 정한다.

❾ Wire: Wire 모드의 세부 항목을 설정한다.

❿ Size: Wire의 크기를 설정한다.

⓫ Pixel: 픽셀 단위로 측정한다.

⓬ Units: 3ds Max 단위로 측정하고 카메라에 가까이 있을수록 두껍
게, 멀수록 가늘게 보인다.

⓭ Reflection Dimming: 그림자 영역에 있는 반사 맵을 어둡게 만든다.

⓮ Apply: 체크하면 반사가 어둡게 된다.

⓯ Dim Level: 그림자 영역에서 발생하는 어두워지는 값을 정한다.

⓰ Refl Level: 밝은 영역의 어둡기 정도를 보정하는 값을 정한다.

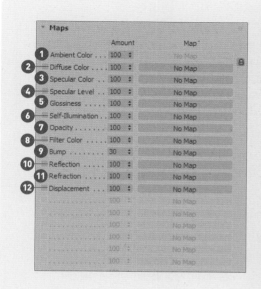

D. Maps

여러 가지 맵을 사용하여 다양한 효과를 만들어 낸다.

❶ Ambient Color: 재질에 맵을 적용할 때 어두운 부분이나 색을 사용하여 효과를 나타 낸다.

❷ Diffuse Color: 색상이나 맵을 적용하여 재질을 표현한다.

❸ Specular Color: Highlight 영역에 나타는 맵을 설정한다.

❹ Specular level: 음영 이미지를 사용하여 강도와 영역을 조절한다. 흰색 영역은 반사광 효과가 나타나고 검은색 영역은 반사광 효과가 제거된다.

❺ Glossiness: Specular level과 같은 효과를 나타내지만 반대로 음영 효과가 나 타난다. 검은색 영역은 광택 효과가 생성되고 흰색 영역은 광택을 제거한다.

❻ Self-Illumination: 자체적으로 조명값을 가지게 한다.

❼ Opacity: 음영 이미지를 사용하여 투명하게 만든다. 밝을수록 불투명해지고 어두 워질수록 투명해진다.

❽ Filter Color: 유리 재질을 만드는데 사용된다. 광원이 통과하는 재질 효과를 만들 때 사용된다.

❾ Bump: 사용하는 이미지에 따라서 울퉁불퉁한 효과를 나타낸다.

❿ Reflection: 맵을 사용하여 오브젝트의 반사를 표현한다.

⓫ Refaction: 맵을 사용하여 오브젝트의 굴절을 표현한다.

⓬ Displacement: Bump와 비슷하지만 오브젝트의 실제 표면에도 변화가 일어난다.

VRay Material

VRay Renderer를 사용해야지만 사용할 수 있는 기능이다. Standard와 비슷한 기능을 갖고 있지 만 더 빠르고 쉽게 사용할 수 있는 향상된 기능을 가지고 있다. 기본적인 개념을 파악해보자.

A. Basic Parameters

색상, 반사, 굴절에 대한 옵션을 지정할 수 있다.

❶ Diffuse: 재질의 색상을 지정한다.

❷ Roughness: 재질의 거친 정도를 표현할 때 설정한다.

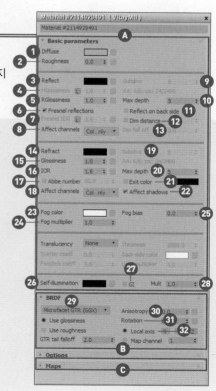

❸ Reflect: 재질의 반사가 되는 표현의 정도를 설정한다.

▲ Reflect: 127 ▲ Reflect: 255

❹ HGlossiness: 하이라이트가 퍼지는 정도를 설정한다.

▲ HGlossiness: 0.9 ▲ HGlossiness: 0.7

❺ RGlossiness: 반사 이미지의 선명도를 설정한다.

▲ RGlossiness: 1 ▲ RGlossiness: 0.8

❻ Fresnel reflections: Fresnel 방식의 반사를 사용 가능하게 한다. Link를 클릭하여 해제한 후, Fresnel IOR에서 IOR을 별도로 지정하여 사용한다.

▲ 적용 전 ▲ 적용 후

❼ Fresnel IOR: Fresnel 반사를 사용할 때 IOR 값을 사용한다.

❽ Affect channels: 어떤 채널에 투명도를 적용할지 선택한다.
- Color Only: 반사가 RGB 채널에만 적용된다.
- Color+alpha: 반사 오브젝트에 알파 값이 적용된다.
- All channels: 모든 채널에 재질 반사의 영향이 적용된다.

❾ Subdivs: Glossiness의 퀄리티를 조절한다. 값이 클수록 퀄리티가 좋지만 렌더링 시간이 오래 걸린다.

❿ Max depth: 반사의 횟수를 정할 수 있다. 지정 수치 이상의 반사는 무시한다.

▲ Max depth: 5

⓫ Reflect on back side: 오브젝트의 뒷면에도 반사가 적용된다.

⓬ Dim distance: 반사가 적용되는 거리를 설정한다.
⓭ Dim fall off: 거리에 따라 반사가 되는 부분이 흐릿하게 표현된다.

⓮ Refract: 투명도가 되는 값을 지정한다. 흰색이 될수록 투명해진다.

▲ Refract: 127

⓯ Glossiness: 작은 값일수록 굴절 이미지가 강하게 나타난다. 작을수록 렌더링이 시간이 늘어난다.

▲ Refract: 0.2

> **tip**
>
> 재질의 Glossiness 값에 따른 최소 Max Depth 값이다. 퀄리티를 포기하지 않고 렌더링 시간을 단축한다.
> - Glossiness 0.9-0.99 = Max Depth 5
> - Glossiness 0.8-0.89 = Max Depth 4
> - Glossiness 0.7-0.79 = Max Depth 3
> - Glossiness 0.6-0.69 = Max Depth 2
> - Glossiness 0.35-0.59 = Max Depth 1

⓰ IOR: 물체의 IOR(굴절률)의 값을 정한다. 물체의 종류에 따라 굴절률이 정해져 있다.

▲ Refract: 2.5

> **tip**
>
> **재질에 따른 IOR 값**
>
> 진공: 1.0, 공기: 1.0003, 물: 1.333, 유리: 1.5(투명유리)~1.7, 플라스틱: 1.4~2.4, 다이아몬드: 2.418, 나무, 돌, 콘크리트: 3~6, 철 18~100(40 이상은 하지 않는다)

⓱ Abbe number: 굴절의 분산 효과를 줄이거나 높일 수 있다.

⓲ Affect channels: 어떤 채널에 굴절을 적용할지 선택한다.
- Color Only: 굴절이 RGB 채널에만 적용된다.
- Color+alpha: 굴절 오브젝트에 알파 값이 적용된다.
- All channels: 모든 채널에 재질의 굴절이 적용된다.

⓳ Subdivs: 굴절의 퀄리티를 조절한다. 값이 낮으면 노이즈가 나타난다.
⓴ Max depth: 굴절되는 횟수를 정한다. 수치 이상의 반사는 무시한다.
㉑ Exit color: 최대 횟수 이상의 계산 값은 Exit color로 표시한다.
㉒ Affect shadows: 그림자에 투명도를 적용하게 한다.
㉓ Fog color: 투명한 물체의 두께에 따른 빛의 감쇄 효과와 색을 설정한다. 유리가 두꺼울수록 덜 투명해 보이는 효과를 표현한다.

▲ Fog color 적용

㉔ Fog multiplier: Fog color의 강도를 설정한다.

▲ Fog multiplier: 1.0

㉕ Fog bias: 유리 측면의 Fog 효과를 조절한다.
㉖ Self-illumination: 선택한 색상으로 조명 효과를 낸다.
㉗ Gi: 체크하면 Self-illumination에 GI 효과를 낸다.
㉘ Mult: Self-illumination의 밝기를 설정한다.

B. BRDF

재질과 오브젝트에 따라 반사와 하이라이트의 양을 조절한다.

> **tip**
>
> BRDF=Bidirectional Reflectance Distribution Function의 약자이다. 같은 모양의 구라 하더라도 재질에 따라 어떤 것은 구의 가운데가 더 반짝일 수도 있고 또 어떤 것은 구의 외곽으로 갈수록 더 반짝거리는 것도 있을 수 있다. 이런 효과를 설정해주는 것이 BRDF이다.

㉙ BRDF: 반사와 하이라이트의 타입을 선택한다. Blinn, Phong, Ward 등이 있다.

– Blinn: 금속의 표면 효과를 나타낸다.

– Phong: 유리나 플라스틱과 같은 광택을 낸다. Blinn보다 강한 광택 효과가 난다.

– Ward: 메탈같이 표면에 광택이 많이 없는 효과를 나타낼 때 사용한다.

– Microfacet GTR(GGX): 표면이 단단한 금속 같은 재질의 효과를 나타낼 때 사용한다.

㉚ Anisotropy: 머리카락이나 프라이팬 재질의 바닥에서 보이는 이방성 하이라이트를 표현되게 한다. 0이 기본값이고 0보다 크거나 작을 때 효과가 나타난다.

▲ 0.7　　　　　　　　　▲ −0.7

㉛ Rotation: Anisotropy의 효과를 원하는 각도로 회전하여 나타낸다.

㉜ Local axis: Anisotropy의 효과를 오브젝트의 X, Y, Z축 방향으로 나타낸다. 기본으로 Z축 방향으로 설정되어 있다.

▲ Anisotropy 0.7 Local axis X　　　▲ Anisotropy 0.7 Local axis Y

C. Maps

각각의 요소에 Texture를 적용하고 Texture가 적용되는 정도를 수치로 조절한다.

Texture의 효과를 보기 위해서 다음과 비슷한 이미지를 적용한 후, Map의 효과를 확인한다.

▲ 기본 상태

Maps			
Diffuse	100.0	✓	No Map
Roughness	100.0	✓	No Map
Self-illum	100.0	✓	No Map
Reflect	100.0	✓	No Map
HGlossiness	100.0	✓	No Map
RGlossiness	100.0	✓	No Map
Fresnel IOR	100.0	✓	No Map
Anisotropy	100.0	✓	No Map
An. rotation	100.0	✓	No Map
Refract	100.0	✓	No Map
Glossiness	100.0	✓	No Map
IOR	100.0	✓	No Map
Translucent	100.0	✓	No Map
Fog color	100.0	✓	No Map
Bump	30.0	✓	No Map
Displace	100.0	✓	No Map
Opacity	100.0	✓	No Map
Environment		✓	No Map

▲ Diffuse

▲ Self-illum

▲ Reflect

▲ HGlossiness

▲ RGlossiness

▲ Fresnel IOR

▲ Refract

▲ Glossiness

▲ IOR

▲ Bump

▲ Displace

▲ Opacity

Map Browser 알아두기

Map Browser는 재질을 효율적으로 사용하게 만들어주는 기능이다. Standard나 VRay에서 사용되는 Map 재질로 Texture와는 다르다. 많은 기능들이 있지만 자주 활용되는 기능들을 중점으로 효과를 파악해보자.

Bitmap

제일 많이 사용하는 Map이다. 여러 Texture를 사용하여 재질을 만들 수 있다.

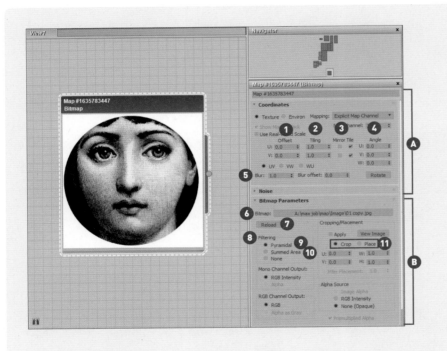

A. Coordinates

오브젝트에 적용한 Texture의 좌표계를 설정한다.

❶ Offset: 가로, 세로 방향으로 Texture를 이동한다.

❷ Tiling: 가로, 세로 방향으로 Texture를 반복해서 적용하게 한다.

❸ Mirror, Tile: Mirror는 이미지를 반전해서 적용한다. Tile은 이미지를 반복으로 적용한다.

❹ Angle: Texture를 각 방향으로 회전한다.

❺ Blur: 적용한 Texture를 흐릿하게 만든다.

U, V Tiling과 Mirror를 사용하여 이미지의 반복 횟수와 방법을 다양하게 만든다.

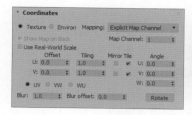  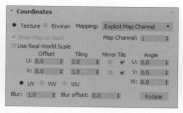 

  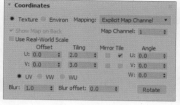 

B. Bitmap Parameters

적용한 이미지의 경로와 렌더링결과물의 표현, 그리고 이미지에서 원하는 부분만 나타나게 할수 있다.

❻ Bitmap: 지정된 이미지의 경로를 확인하고 클릭하여 다른 이미지로 교체할 수 있다.

❼ Reload: 3ds Max를 실행 중일 때 이미지를 수정한 경우 클릭하여 새롭게 최신 버전의 이미지로 불러온다.

❽ Filtering: 적용한 이미지의 가장자리가 거칠게 나오는 것을 교정한다.

❾ Pyramidal: 기본으로 설정되어 있는 기능으로 메모리를 적게 사용하여 부드럽게 표현하는 방식이다.

❿ Summed Area: Pyramidal 보다 더 깔끔하게 이미지가 나온다. 렌더링 시간이 늘어난다.

⓫ Croppong/placement: 적용한 이미지의 특정 부분을 사용한다. View Image에서 사용할 부분을 선택한 후, Apply을 체크하면 적용된다.

Color Correction

이미지의 색상과 밝기, 채도를 보정할 수 있다. 변경한 이미지를 별도로 저장할 수 없다.

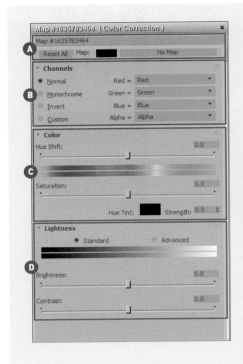

A. Basic parameters: Map을 적용하거나 Map의 설정으로 이동한다.

B. Channels: Map에 대한 색상 채널을 설정한다. Normal, Monochrome, Invert, Custom으로 설정 가능하다.

C. Color: 적용된 Map의 색을 변화시키거나 채도를 조절한다.

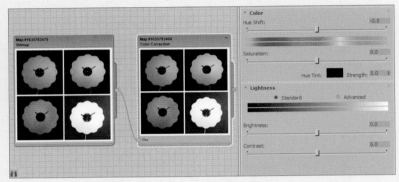

▲ 원본 상태

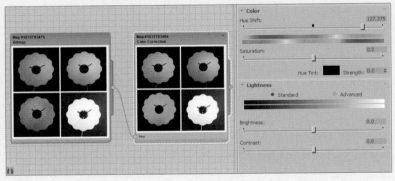

▲ 색 변화

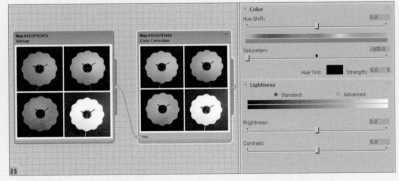

▲ 채도 변화

D. Lightness: 적용된 Map의 밝기와 대비를 조정한다.

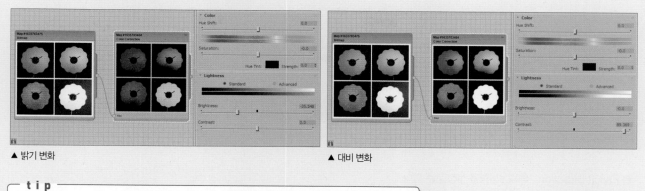

▲ 밝기 변화   ▲ 대비 변화

> **t i p**
>
> Color Correction으로 모든 재질의 색감을 보정하기보다는 간단하게 보정의 개념으로 이해하고
> 사용하길 추천한다. 주된 보정은 Photoshop에서 하는 것을 권장한다.

Falloff

두 가지의 색상이나 Map을 섞어서 적용하여 보이는 방향과 면의 방향에 따라 보이게 설정한다. 가죽이나 자동차 페인트 재질을 만들 때 많이 사용된다.

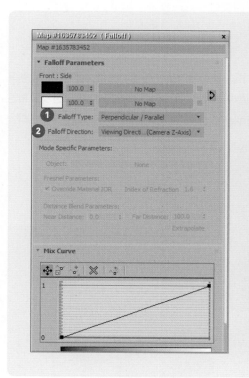

A. Falloff Parameters

❶ Falloff Type: 섞이는 방법을 설정한다.

– Towards/Away: 가까운 곳의 색상과 떨어져 있는 곳의 색상으로 설정한다.

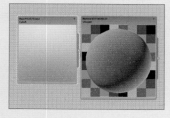

– Perpendicular/Parallel: 직각 부분과 평행한 곳의 색상을 설정한다.

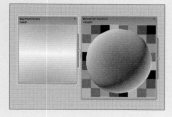

– Fresnel: IOR 값에 따라 변하게 된다.

– Shadow/Light: 조명 값이 높을수록 두 번째 색상이 나타난다.

– Distance Blend: 먼 거리와 가까운 거리로 구별하여 적용합니다.

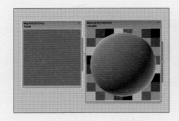 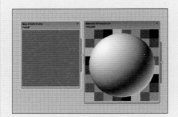 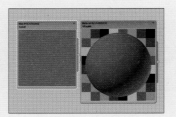

❷ Falloff Direction: 섞이는 방향을 설정할 수 있다.

– Viewing Direction: Viewport 방향으로 Type을 적용한다.

– Camera X/Y-Axis: Camera의 X/Y축으로 Type을 적용한다.

– Object: 다른 오브젝트를 향한 방향으로 Type을 적용한다.

– Local X, Y, Z-Axis: Object가 가진 축 방향으로 Type을 적용한다.

– World X, Y, Z-Axis: Scene 좌표가 가진 축 방향으로 Type을 적용한다.

예제 Falloff 사용해보기

Falloff를 VRayMtl의 Diffuse에 사용하여 효과를 확인해보자.

⊙ 예제 파일 | Sample/Part05/Lesson01/Falloff.max

01 Base 재질을 만든 후, 렌더링을 적용하여 확인한다.

02 Falloff를 다음과 같이 설정을 만든 후, Diffuse에 연결하여 렌더링으로 확인한다. 오브젝트의 경계면 색감이 더 풍부해진 것을 확인 가능하다. 이처럼 Falloff를 사용하면 더 사실적인 재질을 표현할 수 있다.

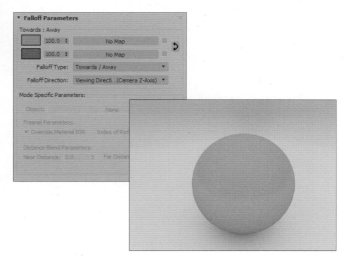

Gradient

세 가지 색이나 Map을 혼합하여 표현한다. 그라데이션 색감을 표현할 때 사용하거나 유리에 안개 시트지를 표현할 때 사용한다.

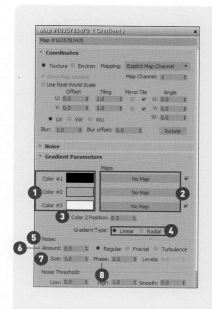

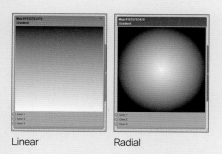

Linear   Radial

A. Gradient Parameters

❶ Color #1~3: 색을 지정한다.

❷ Maps: 다른 Map을 지정하여 그라데이션을 사용한다.

❸ Color 2 Position: Color #2의 위치를 변경한다.

❹ Gradient Type: Linear는 색상을 직선 방향으로 Radial은 색상을 방사형으로 그라데이션이 적용한다.

❺ Noise: Noise를 이용해 입자 구성을 표현한다. 쌀알이 뭉치거나 퍼지는 것처럼 표현 가능하다.

❻ Amount: 입자의 양을 많게 하거나 적게 할 수 있다.

❼ Size: 입자의 크기를 키우거나 작게 할 수 있다.

❽ Phase: 입자의 위치를 변경하여 움직이는 것처럼 보일 수 있다.

Gradient Ramp

Gradient의 상위 기능으로 더 많은 색상이나 Map을 혼합하여 표현한다.

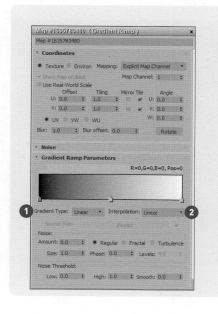

A. Gradient Ramp Parameters

❶ Gradient Type: 그라데이션을 어떤 무늬로 할 것인지 정한다.

❷ Interpolation: 그라데이션의 방향이나 면적을 조정해준다.

Mix

두 가지의 Map을 혼합하여 표현한다. 주로 똑같은 재질이 없을 경우 비슷한 재질 두 가지를 합하여 표현할 때 사용한다.

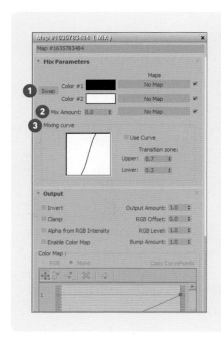

A. Mix Parameters

❶ Swap: 적용된 Map의 순서를 변경한다.

❷ Mix Amount: 섞이는 강도를 조절한다.

❸ Mixing Curve: 섞이는 강도를 그래프로 조절한다.

예제 Mix 사용해보기

예제 파일 | Sample/Part05/Lesson01/Mix.max

01 Mix를 사용하여 두 가지의 Texture를 섞어보자. 다음 이미지와 같은 재질을 만든 후, 렌더링 결과를 확인한다.

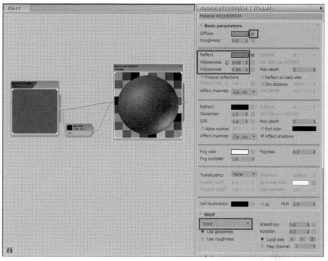

02 현재 재질에서 다음과 같은 다른 이미지 재질의 느낌을 Mix를 사용
하여 설정을 한 후, 렌더링을 확인한다.

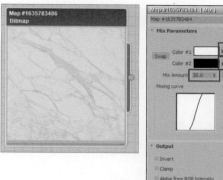

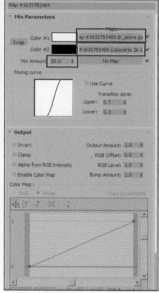

03 Mix Amount의 값을 적절히 조절하면 다음 이미지처럼 두 가지가
섞인 재질을 만들어 낸다.

Noise

두 가지의 색상으로 3차원의 불규칙한 무늬를 만든다. 유리, 금속 재질의 굴절에 적용하거나 물의 표면과 지형 등 다양한 곳에 사용된다.

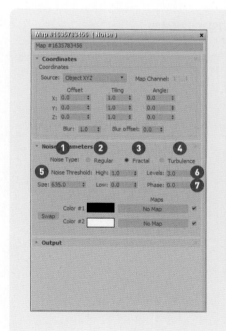

A. Noise Parameters

❶ Noise Type: 적용되는 노이즈의 모양을 정한다.

❷ Regular: 부드러우면서 규칙적인 패턴을 만든다.

❸ Fractal: Regular 보다 거친 느낌의 패턴을 만든다.

❹ Turbulence: 거칠고 복잡한 패턴을 만든다.

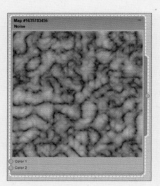

❺ Noise Threshold: 두 컬러의 영역과 농도를 조절한다.

– High: 값이 내려갈수록 Color #2의 영역이 넓어지고 색상이 진하게 표현된다.

– Low: 값을 올릴수록 Color #1의 영역이 넓어진다.

❻ Levels: 노이즈의 효과를 세분화시켜 거칠게 표현한다. Regular에서는 사용할 수 없다.

❼ Phase: 노이즈 효과를 애니메이션에서 사용할 수 있게 한다.

예제 Noise 사용해보기

● 예제 파일 | Sample/Part05/Lesson01/Noise.max

01 다음과 같이 Noise를 사용하여 얼음 재질을 만들 수 있다. Noise Map의 활용하는 방법은 더 다양하게 사용한다.

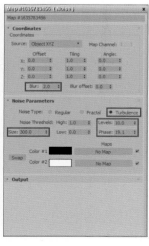
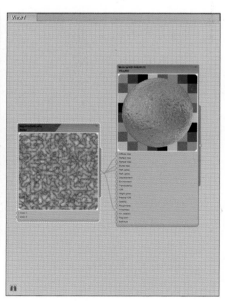

02 설정된 상태로 렌더링을 실행하면 다음과 같이 얼음 재질을 만들 수
있다.

Tiles

3ds Max의 자체 기능으로 다양한 타일 무늬를 만들 수 있다.

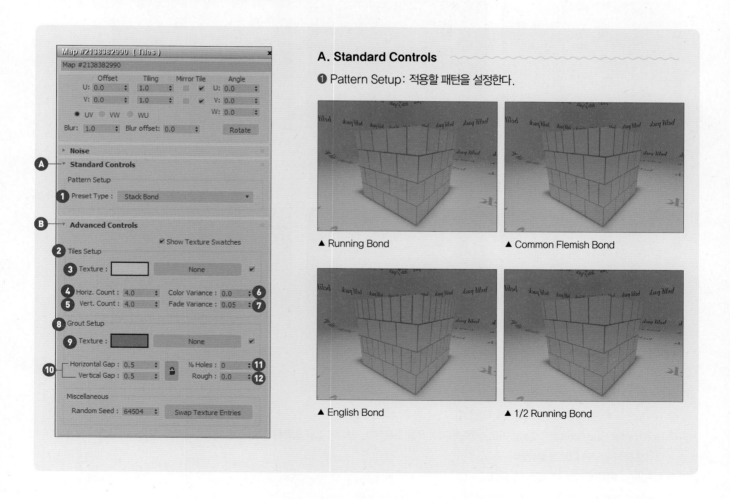

A. Standard Controls

❶ Pattern Setup: 적용할 패턴을 설정한다.

▲ Running Bond

▲ Common Flemish Bond

▲ English Bond

▲ 1/2 Running Bond

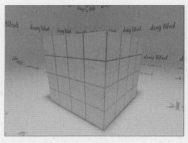
▲ Stack Bond

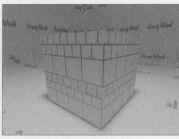
▲ Fine Running Bond

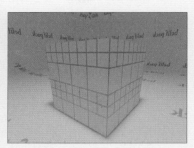
▲ Fine Stack Bond

B. Advanced Controls: 타일의 간격, 색상, 타일 사이의 메지 부분에 대한 설정을 한다.

❷ Tiles Setup: 타일에 대한 설정을 한다.

❸ Texture: 색상을 지정하거나 이미지를 적용한다.

❹ Horiz. Count: 가로 방향의 타일 수를 조절한다.

❺ Vert. Count: 세로 방향의 타일 수를 조절한다.

❻ Color Variance: 타일의 색상을 변화를 조절한다.

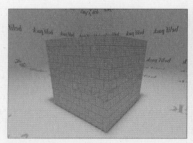
▲ Color Variance: 0

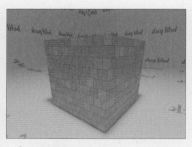
▲ Color Variance: 1

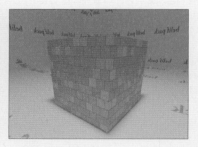
▲ Color Variance: 2

❼ Fade Variance: 색상이 변화되는 강도를 조절한다.

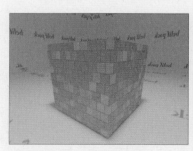
▲ Fade Variance: 0.5

▲ Fade Variance: 1.5

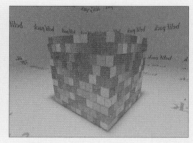
▲ Fade Variance: 3

❽ Grout Setup: 타일 간 사이 메지의 설정을 한다.

❾ Texture: 색상을 지정하거나 이미지를 적용한다.

❿ Horizontal Gap/Vertical Gap: 가로, 세로 메지의 폭을 조절한다. 하나의 값을 입력하면 같이 변경된다. 우측의 잠금 버튼을 해제하여 가로세로 폭의 간격을 다르게 설정한다.

⓫ %Holes: 메지의 폭의 깊이를 설정 한다

⓬ Rough: 메지의 폭이 거친 정도를 설정한다.

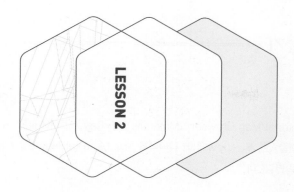

VRay Material의 기능 파악하기

LESSON 2

VRay Material는 VRay Render에서만 사용할 수 있는 재질이다. 제공된 라이브러리 재질을 사용하여 다양한 효과를 만들어 낼 수 있다.
VRay Material의 재질을 알아보자.

SECTION 1

VRay2SidedMtl

VRay2SideMtl는 오브젝트 뒷면의 재질도 표현이 가능하게 만든다.
얇은 종이나 천, 나뭇잎, 사람의 피부 등 양면의 재질이 서로 다르게 표현할 때 사용한다.

Parameters

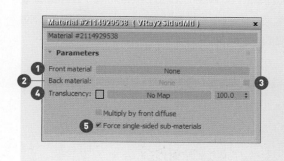

❶ Front material: 물체 앞면에 적용될 재질을 지정한다.

❷ Back material: 물체 뒷면에 적용될 재질을 지정한다. 우측 체크박스에 체크하여 사용한다.

❸ Use back material checknox: 물체의 앞면과 뒷면에 서로 다른 재질을 지정할 때 체크한다.

❹ Translucency: 렌더링 시 앞면과 뒷면의 재질이 어떤 비율로 나타나게 될 것인지를 정한다.

❺ Force single-sided sub-materials: 옵션을 체크하면 Front나 Back을 2-sided로 설정해도 1-sided로 인식하고 렌더링이 된다.

> **t i p**
>
> VRay2SideMtl의 재질은 부피가 있는 물체에 적용하면 렌더링 시간이 기하급수적으로 늘어난다. 가능하면 단면으로 이루어진(Plane이나 Line을 Extrude 한 면) 오브젝트에 사용하는 것이 좋다.

예제 VRay2SidedMtl을 사용하여 전등갓 재질 만들기

● 예제 파일 | Sample/Part05/Lesson02/VRay2SidedMtl.max

01 메인 툴바에서 Slate Material Editor(▨)을 클릭한 후, [Slate Material Editor] 창을 열고 좌측의 Material/Map Browser 〉 Materials 〉 V-Ray 〉 VRay2sidedMetl을 더블클릭한다. 그리고 View 창에 표시하고 Material Name을 'light P'로 변경한다.

02 Material/Map Browser 〉 Materials 〉 V-Ray 〉 VRayMtl를 더블클릭한 후, View 창에 나타나게 하고 Material Name을 'frontMtl'로 변경한다.

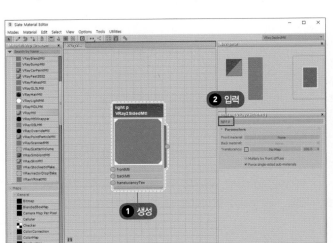

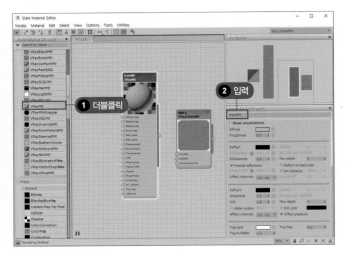

03 전등갓 재질에 사용할 이미지는 예제 파일에서 Sample-image 폴더의 H image.jpg, H image bump.jpg 파일을 사용한다.

● 예제 파일 | Sample/Sample-image/H image.jpg
　　 예제 파일 | Sample/Sample-image/H image bump.jpg

04 Material/Map Browser 〉 Maps 〉 General 〉 Bitmap을 클릭한 후, Sample-image 폴더에서 H image 파일을 선택하여 View 창에 나타나게 한다.

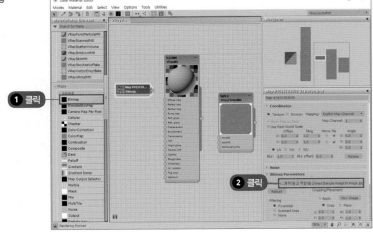

05 앞 과정을 반복한 후, H image bump 파일을 적용하고 View 창에 나타나게 한다.

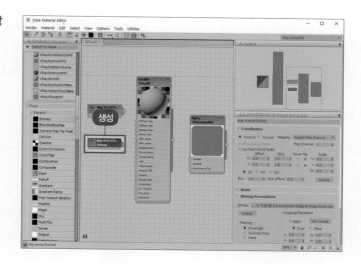

06 H image가 적용된 Bitmap의 입력용 소켓을 Diffuse map의 출력용 소켓과 연결하고 H image bump가 적용된 Bitmap의 입력용 소켓을 Bump map의 출력용 소켓에 연결한다. 그다음 frontMtl을 클릭하여 Parameter Editor 창의 Maps에서 Bump에 100을 입력한다.

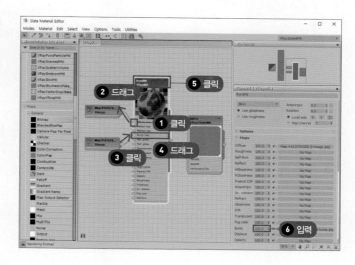

07 frontMtl의 입력용 소켓을 light P의 frontMtl, backMtl 출력용 소켓에 둘 다 연결하여 재질을 완성한다.

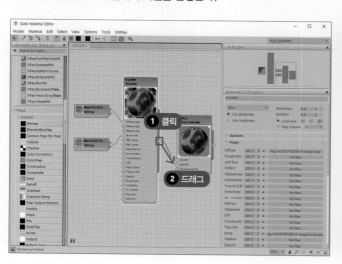

08 다음은 완성된 재질을 장면에 적용한 장면이다.

VRayOverrideMtl

VRayOverrideMtl는 렌더링 장면에서 물체에 적용된 재질이 Color Bleeding 되는 현상을 줄이거나
반사 및 굴절, 그림자 등의 실제 지정된 재질과 다르게 표현이 가능하다.

Parameters

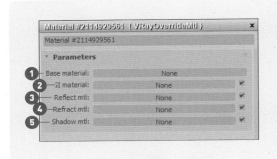

❶ Base material: 렌더링 시 오브젝트에 나타날 재질을 지정한다.

❷ GI material: GI가 계산 과정에서 사용될 재질을 지정한다.

❸ Reflect material: 물체의 반사체에 반사가 나타나는 재질을 지정한다.

❹ Refract material: 물체의 투명한 굴절에 나타나는 재질을 지정한다.

❺ Shadow material: 물체의 그림자에 표현될 재질을 지정한다.

예제 VRayOverrideMtl을 사용하여 Color Bleeding 줄이기

◉ 예제 파일 | Sample/Part05/Lesson02/VRayOverrideMtl.max

01 예제 파일을 열고 Render(Shift + Q)를 눌러 렌더링 결과를 확인하면 바닥의 Wood 재질 때문에 공간 전체가 노랗게 물들어져 있는 것을 확인
할 수 있다.

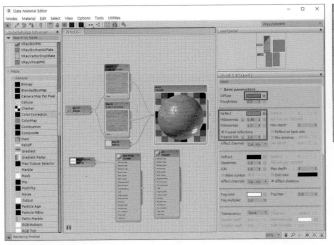

▲ wood 바닥 재질

▲ wood 바닥 재질 Map

02 Color Bleeding을 설정하기 위해서 메인 툴바의 Slate Material Editor(⬚)을 클릭한다. 그다음 [Slate Material Editor] 창을 열고 Material/Map Browser에서 Materials 〉 V-Ray 〉 VRayOverrideMtl을 더블클릭하여 View 창에 나타나게 한다.

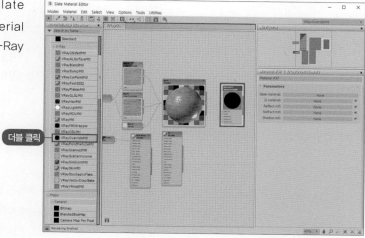

03 wood 재질의 입력용 소켓과 VRayOverrideMtl의 Base Material 출력용 소켓을 연결한 후, VP 재질의 입력용 소켓과 VRayOverrideMtl의 GI material 출력용 소켓을 연결한다. 그다음 Viewport에서 wd floor를 선택하고 [Slate Material Editor] 창의 View 창에서 VRayOverrideMtl 재질을 선택하여 바닥 오브젝트에 다시 적용한다.

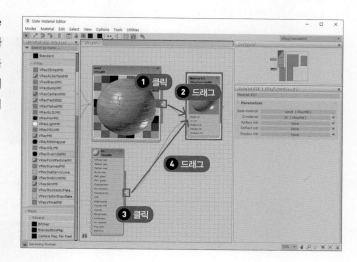

04 Render(Shift + Q)를 클릭하여 렌더링 결과를 확인하면 Color Bleeding 현상이 줄어든 것을 확인할 수 있다.

┌─ **t i p**
│ 주로 색감이 강한 재질이 면적을 많이 차지할 때 사용한다. 면적이 작은 곳에
│ 서는 사용하지 않고 자연스러운 Color Bleeding을 유지하는 것이 좋다.
└─

VRayLightMtl

VRayLightMtl을 사용하면 물체 자체가 빛을 발산하는 발광체로 만든다.
주로 컴퓨터의 모니터, 네온사인이나 야경의 배경 이미지에 적용되어 사용한다.

Parameters

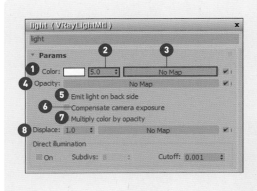

❶ Color: 적용된 물체가 발산할 빛의 색상을 정한다.

❷ Multiplier: 적용된 물체가 발산할 빛의 세기를 지정한다.

❸ Texture: 적용된 물체가 발산할 빛의 이미지를 지정한다.

❹ Opacity: 이미지를 적용하여 물체가 발산할 빛의 세기를 조정한다.

❺ Emit light on back side: 체크하면 적용된 물체의 뒷면에서도 빛을 발산한다.

▲ 체크 전　　　　　　　　　▲ 체크 후

❻ Compensate camera exposure: PhysicalCamera에서 노출 값을 보정한다.

❼ Multiply color by opacity: 조명의 밝기에 Opacity 맵을 적용한다.

▲ Opacity map에 Falloff 적용

❽ Displace: Displace map을 적용하여 오브젝트를 돌출한 후, 자체 발산하게 한다.

예제 VRaylightMtl을 활용하기

⊙ 예제 파일 | Sample/Part05/Lesson02/VRayLightMtl.max

01 몇 가지 VRaylightMtl을 활용한 예시 이미지이다.

02 첫 번째로 외부 야경 배경에 적용 가능하다.

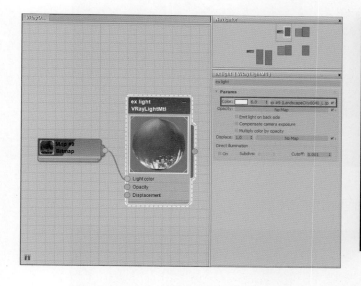

03 두 번째로 네온사인으로 적용 가능하다.

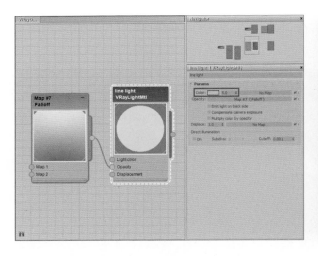

04 세 번째로 이미지를 적용하여 프로젝트 빔의 효과처럼 적용 가능하다.

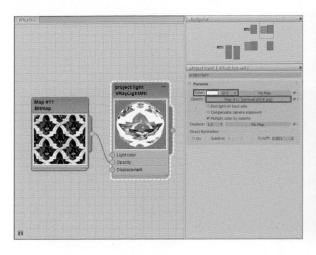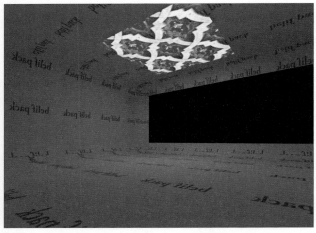

05 네 번째로 많이 사용되는 방법으로 자체 발광 효과를 적용하여 무드 조명처럼 적용할 수 있다.

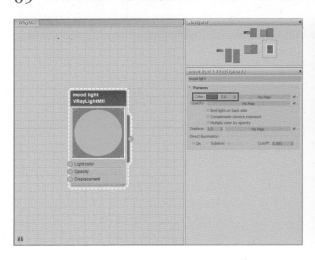

VRayBlendMtl

VRayBlendMtl는 기본이 되는 재질 위에 다른 재질을 코팅하는 방식으로 여러 개의 재질을 효과적으로 섞어 사용하여 재질을 만들어 낸다. 주로 자동차 페인트나 사람의 피부를 만드는데 사용한다.

Parameters

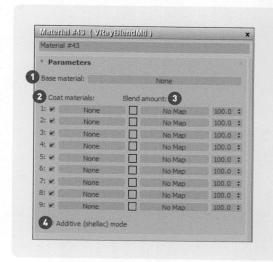

❶ Base material: 블렌딩의 기초가 되는 재질을 지정한다. 재질이 비어 있을 시 투명한 재질로 인식하고 혼합된다.

❷ Coat material: Base material 위에 코팅될 재질을 지정한다.

❸ Blend amount: 색상을 지정하여 Coat material의 양을 지정하여 혼합한다. 흰색일 경우는 Coat material이 100% 적용된다. 번호 순서가 높은 대로 적용된다. Texture map을 사용하여 혼합 정도를 부분적으로도 조절이 가능하다.

❹ Additive (shellac) mode: 체크하면 Shellac 재질처럼 사용할 수 있게 된다.

VRayBlendMtl을 사용하여 Car Paint 재질을 만들기

🔘 예제 파일 | Sample/Part05/Lesson02/VRayBlendMtl.max

01 다음 이미지는 최종 결과물이다. 예제 파일을 열고난 후, 메인 툴바에서 Slate Material Editor( )을 클릭하여 [Slate Material Editor] 창이 나타나게 한다.

02 View 창을 확인하면 두 개의 재질이 만들어져 있다. 첫 번째로 car paint1의 재질로 다음과 같은 설정으로 오브젝트에 적용하여 렌더링한 결과이다.

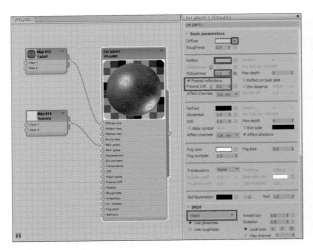
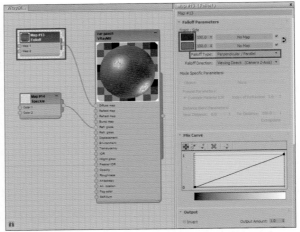

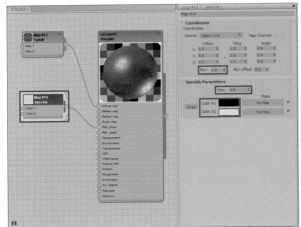

03 두 번째로 car paint 2의 재질로 car paint1의 재질을 복사한 후 만들었고 Speckle만을 삭제했다.

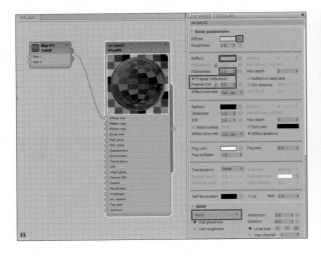

04 Material/Map Browser에서 Materials 〉 V-Ray 〉 VRayBlendMtl을 더블클릭하여 View 창에 나타나게 한 후, car paint1의 입력용 소켓과 VRayBlendMtl의 Base material 출력용 소켓을 연결하고 car paint2의 입력용 소켓과 VRayBlendMtl의 Coat materials 출력용 소켓을 연결한다. 그다음 VRayBlendMtl을 적용하고 렌더링한 결과를 확인한다.

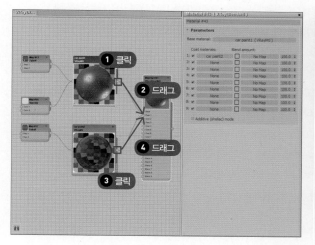

SECTION 5

VRayDirt

물체의 틈 사이에 더러움이나 닳아버린 느낌, 그리고 빛이 잘 닿지 않는 구석진 곳의 음영 등
사실적인 표현을 할 수 있는 Map이다.

Parameters

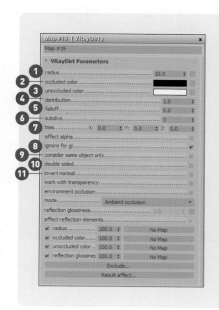

❶ radius: VRayDirt가 적용되는 범위를 지정한다.

▲ radius: 300

▲ radius: 500

❷ occluded color: VRayDirt가 적용되는 범위의 색상을 지정한다.

❸ inoccluded color: VRayDirt가 적용되지 않는 범위의 색상을 지정한다.

❹ distribution: 면과 면이 만나는 모서리 부분에 효과를 더 적용한다. 값이 클수록 효과가 집중된다.

▲ radius: 500, distribution: 0

❺ falloff: occluded와 inoccluded 영역 사이의 변화하는 구간 범위를 지정한다. 값이 클수록 적용되는 경계가 줄어든다.

▲ radius: 500, falloff: 0

❻ subdivs: 값이 클수록 VRayDirt의 퀄리티가 올라간다. 그 대신 렌더링 속도가 느려진다.

❼ bias: 설정된 축의 방향으로 VRayDirt 효과가 강제로 적용된다.

❽ ignore for gi: 체크하면 최종 결과물에서만 VRayDirt 효과가 적용된 결과가 보인다.

❾ consider same object only: VRayDirt가 접촉면에 형성되지 않고 오브젝트 자체에 적용되어 자연스럽고 랜덤하게 퍼지는 효과가 나타난다.

❿ double sided: 체크하면 양방향으로 VRayDirt가 적용된다.

⓫ invert normal: 체크하면 안쪽 면에 모서리에 적용되어있는 VRayDirt가 바깥쪽 모서리에 적용된다.

▲ radius: 500, distribution: 1

▲ radius: 500, distribution: 1, falloff : 4

예제 VRayDirty를 사용하여 콘크리트 벽 재질 만들기

콘크리트가 실제로 시공된 사진을 보면 면의 끝 부분이 중간 부분의 톤보다 어둡게 라인이 간 것처럼 돼 있다. 일반적인 재질 설정으로도 콘크리트 재질을 만들기는 어렵지는 않지만 끝 부분을 표현하는 것은 재질 맵의 타일링이 생기기 때문에 VRayDirty를 사용하여 만들어보자.

◉ 예제 파일 | Sample/Part05/Lesson02/VRayDirt.max

01 제공된 예제 파일을 열고 Render(Shift + Q)를 눌러 렌더링 결과를 확인하면 다음과 같은 렌더링 결과가 나타난다. 이제 VRayDirty를 사용하여 재질을 변경한다.

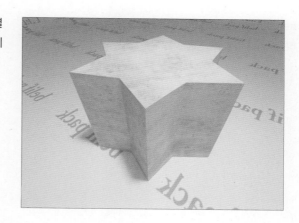

02 메인 툴바에서 Slate Material Editor(⬚)을 클릭한 후, [Slate Material Editor] 창을 열고 VrayDirt 콘크리트 재질의 설정과 사용한 재질을 확인한다. 파일은 예제 파일에서 Sample-image 폴더에 Concreate.jpg를 사용했다.

⦿ **예제 파일** | Sample/Sample-image/Concreate.jpg

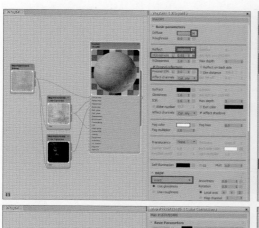
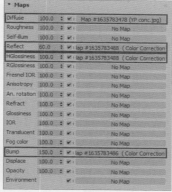
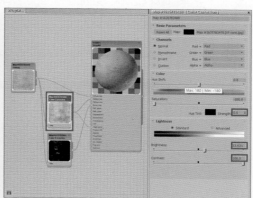

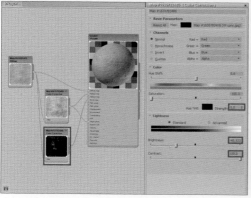
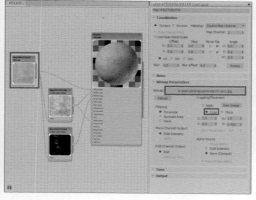

03 Material/Map Browser에서 Maps 〉 V-Ray 〉 VRayDirty 를 더블클릭하여 View 창에 만든다.

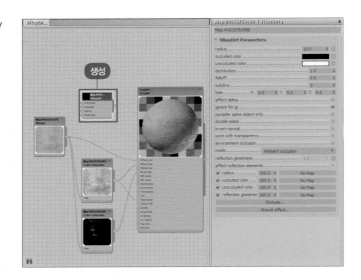

04 Material/Map Browser 〉 Maps 〉 General 〉 Bitmap을 클릭한 후, 예제 CD에서 Sample-image 폴더에 있는 VRayDirty Concrate.jpg 이미지를 적용한다.

🔘 예제 파일: Sample/Sample-image/VRayDirty Concreate.jpg

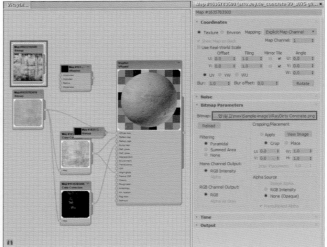

05 Material/Map Browser 〉 Maps 〉 General 〉 Color Correction을 더블클릭하여 View 창에 표시한 후, Bitmap의 입력용 소켓과 Color Correction에서 Map의 출력용 소켓을 연결하고 Material에서 Color의 Saturation을 -100, Lightness의 Contrast 를 18.272로 만든다.

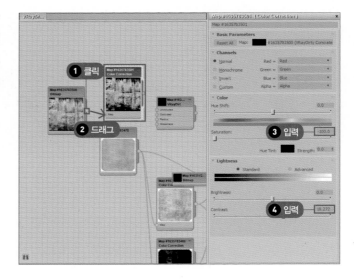

06 Color Correction의 입력용 소켓과 VRayDirt에서 Occluded
의 출력용 소켓을 연결한다. 그다음 radius에 400, occluded
Color의 색상에서 Value에 10을 입력한다. 그리고 falloff은 1,
subdivs에는 24를 입력하고 invert normal을 체크한다.

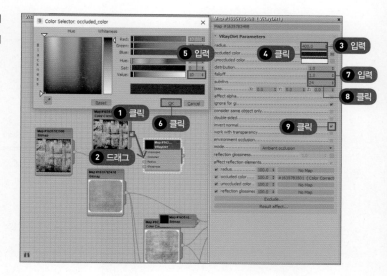

07 VRayDirt의 출력용 소켓을 VrayDirty에서 Diffuse map의 출
력용 소켓에 연결한 후, 원래 연결되어 있었던 Bitmap의 입력용
소켓을 VRayDirt에서 Unocluded의 출력용 소켓에 연결한다.

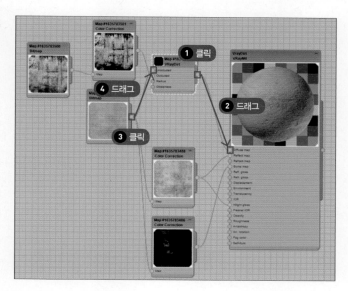

08 Render(Shift + Q)를 클릭한 후, 렌더링을 하면 다음과 같이
VRayDirt가 적용된 것을 확인한다.

09 08번 과정과 다르게 VRayDirt의 Occluded의 소켓 연결을 해제
한 후, 렌더링을 한다. 결과를 확인하면 다른 느낌으로 VRayDirt
가 적용된 것을 확인할 수 있다. 사용자가 선호하는 스타일로 사용하자.

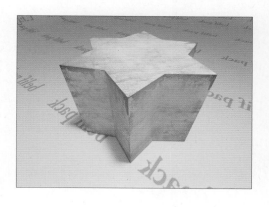

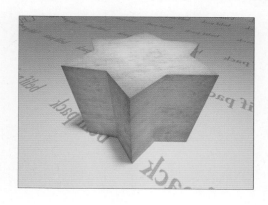

VRayEdgesTex

VRayEdgesTex는 오브젝트를 Edge 상태로 렌더링하여 표현한다.
투시도 작업 시 앞에서 뒤에 공간을 막아주는 오브젝트를 숨길 때 사용한다.

Parameters

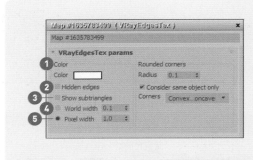

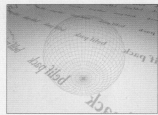

❶ Color: Edge의 색상을
지정한다.

❷ Hidden edges: 오브젝트
의 모든 Edge를 표현한다.

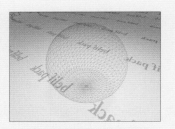

❸ Show Subtriangles: Displacement 맵을 적용했을 때 돌출되
는 면을 전부 삼각형 구조의 Edge로 표현한다.

❹ World width: 두께를 항상 고정된 값으로 표현한다.

❺ Pixel Width: 선의 두께를 픽셀 단위로 설정한다.

VRayEdgeTex를 적용하여 재질을 만들기

01 3ds Max를 실행한 후, 메인 툴바에서 Slate Material Editor
(🗖)을 클릭하여 [Slate Material Editor] 창을 나타나게 한다.
그다음 Material/Map Browser에서 Materials 〉 V-Ray 〉 VRayMtl
과 Materials 〉 VRayEdgesTex를 더블클릭하여 View 창에 만든다.

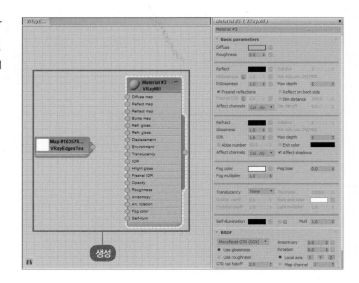

02 VRayEdgesTex의 입력용 소켓을 VRayMtl에서 Diffuse map
과 Opacity의 출력용 소켓과 연결한다.

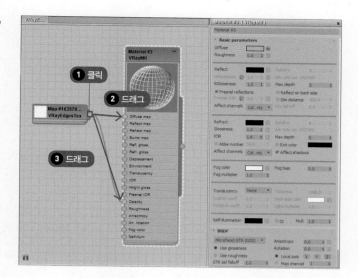

03 적용할 오브젝트를 선택한 후, 툴바에서 Assign Material to
Selection(▣)를 클릭한다. 그다음 Render(Shift + Q)을 클
릭한다. 렌더링 결과를 확인하면서 VRayEdgesTex의 Pixel Width 값
을 입력하여 원하는 굵기로 조절하여 사용한다.

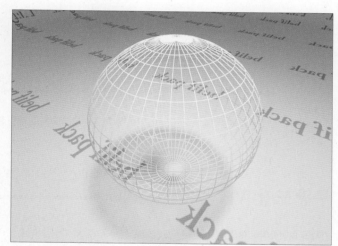

▲ Pixel Width: 2

04 오브젝트를 Edge와 함께 표시할 때는 Diffuse map에만 소켓을
연결하여 사용한다.

▲ Diffuse에만 적용

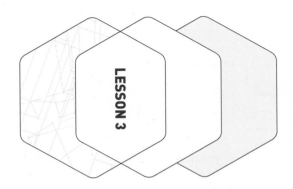

재질 만들기

앞으로 작업에 사용할 재질을 재질별로 만들어 사용한다.
만든 재질은 Mat 파일로 저장한 후, 상황에 맞는 재질을 불러와서 작업을 진행하면 편하다.

예제 파일 | Sample/Part05/Lesson03/Sample Material.mat

도장(페인트)

주거 공간을 제외하고 제일 많이 사용되는 재질이다. 다양한 색과 표면의 광택 효과를 만들어서 사용한다.

무광 도장: VP

반사와 하아라이트가 없는 일반적은 도장으로 실무 작업 시 재질을 따로
설정하지 않았을 때 사용되는 재질이다. 재질에 Bitmap을 적용하여 다
양하게 사용 가능하다.

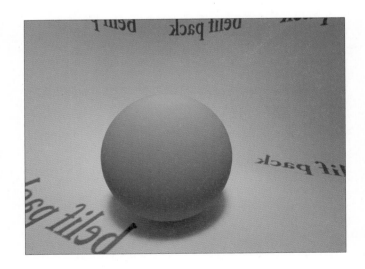

A. View

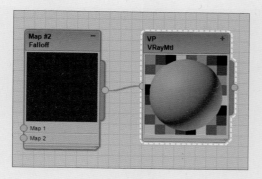

B. Basic parameters

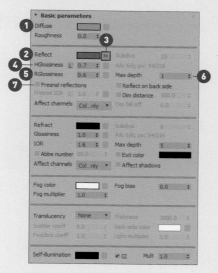

❶ Diffuse: [원하는 색상을 적용]

❷ Reflect: [R: 40, G: 40, B: 40]

❸ Reflect Map: [Falloff 적용]

– [Map 1 color: R: 6, G: 6, B: 6]

– [Map 1 color: R: 30, G: 30, B: 30]

– [Falloff Type: Fresnel]

❹ HGlossiness: [0.7]

❺ RGlossiness: [0.6]

❻ Max depth: [1]

❼ Fresnel reflections: [체크 해제]

C. BRDF

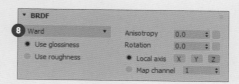

❽ BRDF Type: [Ward]

D. Maps

Diffuse	100.0	✔ i	No Map
Roughness	100.0	✔ i	No Map
Self-Illum	100.0	✔ i	No Map
❾ Reflect	100.0	✔ i	Map #2 (Falloff)
HGlossiness	100.0	✔ i	No Map
RGlossiness	100.0	✔ i	No Map
Fresnel IOR	100.0	✔ i	No Map
Anisotropy	100.0	✔ i	No Map
An. rotation	100.0	✔ i	No Map
Refract	100.0	✔ i	No Map
Glossiness	100.0	✔ i	No Map
IOR	100.0	✔ i	No Map
Translucent	100.0	✔ i	No Map
Fog color	100.0	✔ i	No Map
Bump	30.0	✔ i	No Map
Displace	100.0	✔ i	No Map
Opacity	100.0	✔ i	No Map
Environment		✔ i	No Map

❾ Reflect Map: [Falloff 100% 적용]

> **tip**
>
> 흰색은 RGB 값이 255이고 검정색은 RGB 값이 0이지만 실전 작업 시 흰색의 RGB 값은 180으로 하고 검정색은 5를 최젓값으로 설정하여 사용한다. 보정 작업을 할 때 완전한 흰색과 검정색은 밝기 조절이 어렵기 때문이다.

유광 도장: VP Op

반사되는 효과와 하이라이트 효과가 적용된 도장 재질이다. 광택의 효과
가 있어 무광 도장보다는 고급스럽게 표현할 때 사용한다. Reflect의 값
을 조절하여 반사 효과의 강도를 설정할 수 있다.

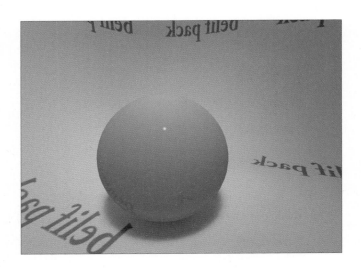

A. View

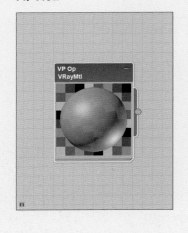

B. Basic parameters

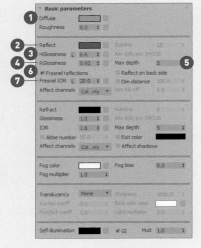

❶ Diffuse: [원하는 색상을 적용]

❷ Reflect: [R: 30, G: 30 , B: 30]

❸ HGlossiness: [0.6]

❹ RGlossiness: [0.92]

❺ Max depth: [5]

❻ Fresnel reflections: [체크]

❼ Fresnel IOR: [잠금 해제, 20]

C. BRDF

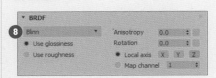

❽ BRDF Type: [Blinn]

반광 도장: VP Di

유광 도장과 비슷하지만 반사되는 효과와 하이라이트 효과가 약한 재질이다. 렌더링 시 강한 반사 효과를 약하게 표현할 때 사용한다.

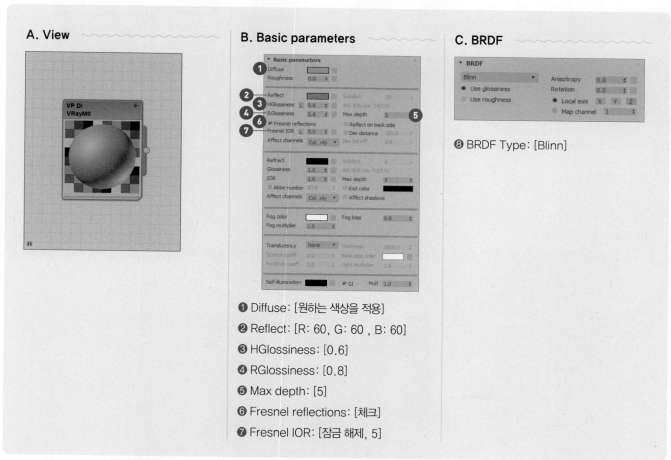

A. View

B. Basic parameters

❶ Diffuse: [원하는 색상을 적용]

❷ Reflect: [R: 60, G: 60, B: 60]

❸ HGlossiness: [0.6]

❹ RGlossiness: [0.8]

❺ Max depth: [5]

❻ Fresnel reflections: [체크]

❼ Fresnel IOR: [잠금 해제, 5]

C. BRDF

❽ BRDF Type: [Blinn]

Wood

나무는 인테리어 재질 중에서 자주 사용되는 재질로 원목, 무늬목 등 여러 종류가 존재한다.
재질의 설정은 사용되는 곳과 실제 이미지를 비교하여 종류별로 구분해보자.

일반 Wood: WD

적당한 반사와 Bump 효과가 들어간 일반적인 우드 재질이다. Reflect와 Bump 값을 수정하여 반사 및 Bump 효과의 강도를 수정할 수 있다.

A. View

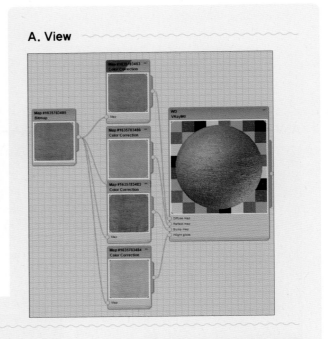

B. Basic parameters

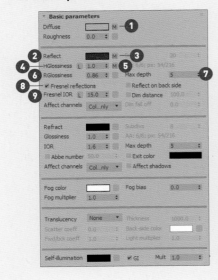

❶ Diffuse Map: [Color Correction 〉 Bitmap 〉 예제 파일: Sample/Material image/
WoodVeneer.jpg를 적용]

– [Color Correction: Saturation의 값을 조절하여 사용]

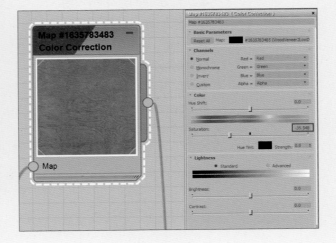

– [Bitmap: Coordinates의 Blur: 0.25, Bitmap Parameters 의 Bitmap에 Texture를 적용, Filtering: Summed Area]

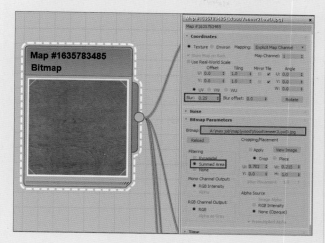

❷ Reflect: [R: 15, G: 15, B: 15]

❸ Reflect Map: [Color Correction 적용] [Bitmap: Diffuse와 같은 Map 적용]

– [Color Correction: Color의 Saturation: −100, Lightness 의 Brightness: 18.272, Contrast: 28.904]

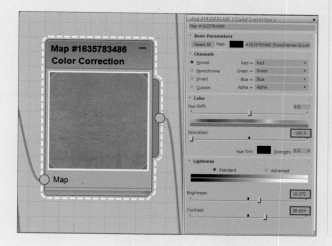

❹ HGlossiness: [1.0]

❺ HGlossiness Map: [Color Correction 적용] [Bitmap: Diffuse와 같은 Map 적용]

– [Color Correction: Color의 Saturation: −100, Lightness 의 Brightness: 46.179, Contrast: 90.033]

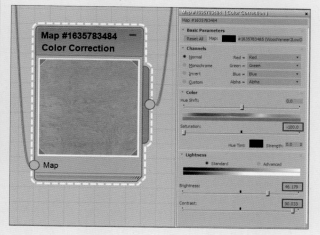

❻ RGlossiness: [0.86]

❼ Max depth: [5]

❽ Fresnel reflections: [체크]

❾ Fresnel IOR: [잠금 해제, 15]

C. BRDF

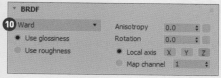

❿ BRDF Type: [Ward]

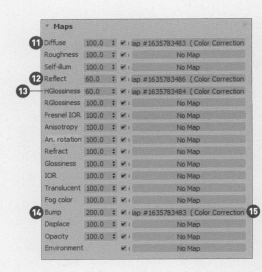

⑪ Diffuse Amount: [100]

⑫ Reflect Amount: [60]

⑬ Hglossiness Amount: [60]

⑭ Bump Amount: [200]

⑮ Bump Map: [Color Correction 적용] [Bitmap: Diffuse와 같은 Map 적용]

－[Color Correction: Color의 Saturation: −100, Lightness의
Brightness: 10.299, Contrast: 42.193]

t i p

Diffuse에 적용하는 Texture를 Color
Correction 사용하여 채도를 조절한다. 이유는
Color Bleeding을 줄이고 보정 작업 시 색감 조절
을 수월하게 하기 위해서다. 또한 Reflect와 Bump
등 Color Correction에 Texture를 적용하여 자연
스러운 효과가 나타나게 사용한다.

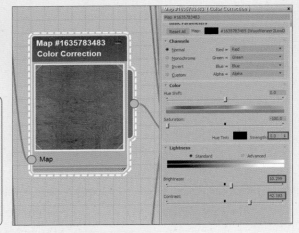

Wood 유광: WD Op

일반 Wood 재질에서 강한 반사와 하이라이트 효과가 들어간 재질로 실제
원목 위에 코팅 효과를 더한 느낌의 재질이다.

A. View

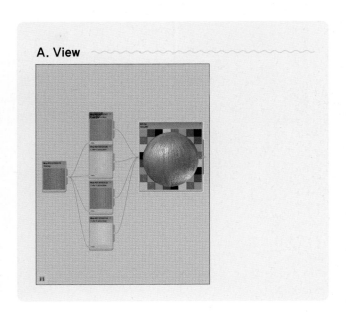

B. Basic parameters

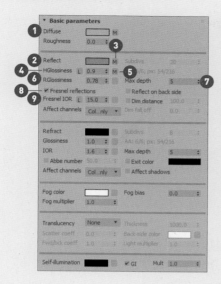

① Diffuse Map: [Color Correction 〉 Bitmap 〉 (예제 파일:
Sample/Material image/Dotwood.jpg)를 적용]

– [Color Correction: Color의 Saturation에서 채도를 조절하여
사용]

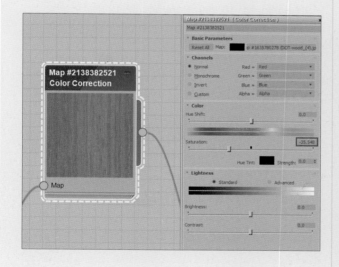

– [Bitmap: Coordinates의 Blur: 0.35, Bitmap Parameters
의 Bitmap에 Texture를 적용, Filtering: Summed Area]

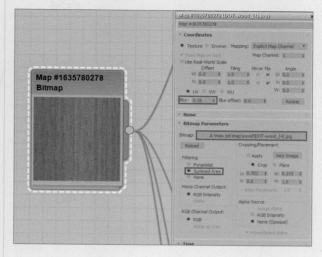

② Reflect: [R: 80, G: 80, B: 80]

③ Reflect Map: [Color Correction 적용] [Bitmap: Diffuse와
같은 Map 적용]

– [Color Correction: Color의 Saturation: –100, Lightness
의 Brightness: 54.817, Contrast: 90.698]

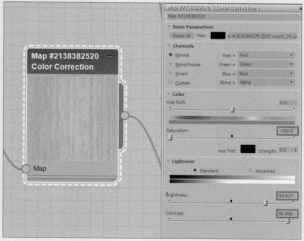

④ HGlossiness: [0.9]

❺ HGlossiness Map: [Color Correction 적용] [Bitmap: Diffuse와 같은 Map 적용]

– [Color Correction: Color의 Saturation: −100, Lightness 의 Brightness: 56.811, Contrast: 79.402]

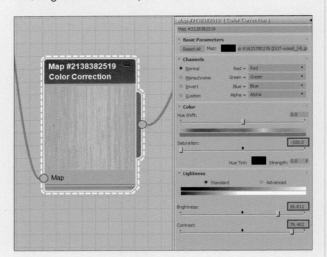

❻ RGlossiness: [0.78]

❼ Max depth: [5]

❽ Fresnel reflections: [체크]

❾ Fresnel IOR: [잠금 해제, 15]

C. BRDF

❿ BRDF Type: [Ward]

D. Maps

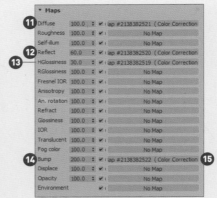

⓫ Diffuse Amount: [100]

⓬ Reflect Amount: [60]

⓭ Hglossiness Amount: [30]

⓮ Bump Amount: [200]

⓯ Bump Map: [Color Correction 적용] [Bitmap: Diffuse와 같은 Map 적용]

– [Color Correction: Color의 Saturation: −100, Lightness 의 Brightness: 10.299, Contrast: 42.193]

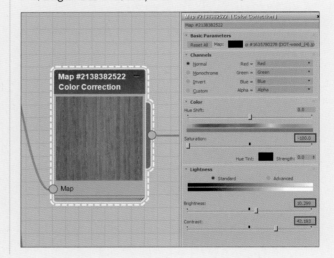

Wood 필름지: WD P

실제 인테리어 필름지처럼 사용하기 위해 만든 재질이다. 적절한 반사와 Bump 효과가 두드러지지 않는다.

A. View

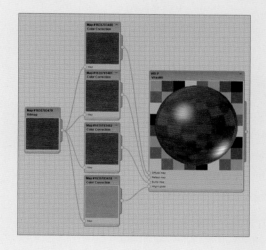

B. Basic parameters

❶ Diffuse Map: [Color Correction 〉 Bitmap 〉 (예제 파일: Sample/Material image/Wood-black. jpg)를 적용]

– [Color Correction: Color에서 Saturation의 채도를 조절하여 사용]

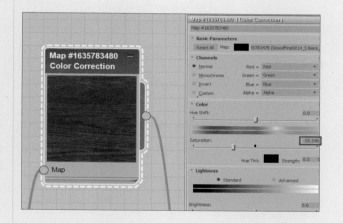

– [Bitmap: Coordinates의 Blur: 0.35, Bitmap Parameters 의 Bitmap에 Texture를 적용, Filtering: Summed Area]

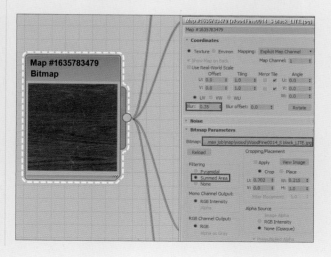

❷ Reflect: [R: 30, G: 30 , B: 30]

❸ Reflect Map: [Color Correction 적용] [Bitmap: Diffuse와
같은 Map 적용]

– [Color Correction: Color의 Saturation: −100]

❹ HGlossiness: [1.0]

❺ HGlossiness Map: [Color Correction 적용] [Bitmap:
Diffuse와 같은 Map 적용]

– [Color Correction: Color의 Saturation: −100, Lightness
의 Brightness: 30.897, Contrast: 28.904]

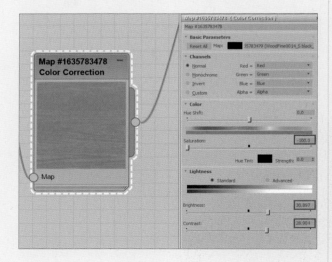

❻ RGlossiness: [0.9]

❼ Max depth: [5]

C. BRDF

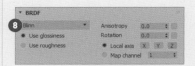

❽ BRDF Type: [Blinn]

D. Maps

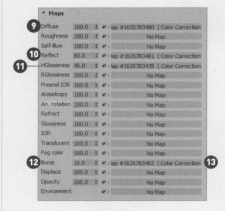

❾ Diffuse Amount: [100]

❿ Reflect Amount: [80]

⓫ Hglossiness Amount: [40]

⓬ Bump Amount: [10]

⓭ Bump Map: [Color Correction 적용] [Bitmap: Diffuse와 같
은 Map 적용]

– [Color Correction: Color의 Saturation: −100]

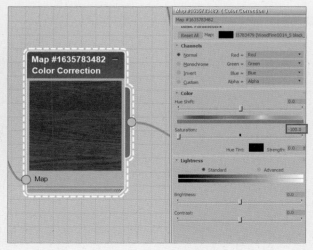

플로어링 Wood: WD F

일반적으로 많이 사용되는 플로어링 재질이다. 기본 재질로 반사와 Bump의 값을 조정하여 다양한 느낌으로 표현할 수 있다.

A. View

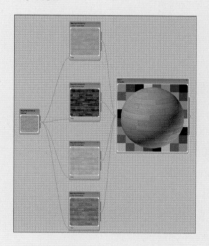

B. Basic parameters

❶ Diffuse Map: [Color Correction 〉 Bitmap 〉 (예제 파일: Sample/Material image/woodflooring TEAK.jpg)를 적용]

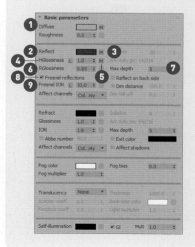

– [Color Correction: Color의 Saturation에서 채도를 조절하여 사용]

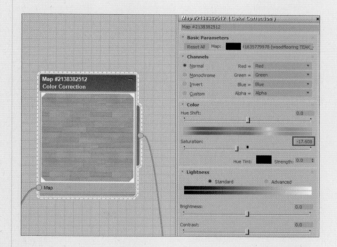

– [Bitmap: Coordinates의 Blur: 0.35, Bitmap Parameters 의 Bitmap에 Texture를 적용, Filtering: Summed Area]

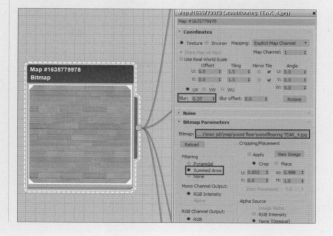

❷ Reflect: [R: 15, G: 15 , B: 15]

❸ Reflect Map: [Color Correction 적용] [Bitmap: Diffuse와
같은 Map 적용]

– [Color Correction: Color의 Saturation: −100, Lightness
의 Brightness: −25.581, Contrast: 28.904]

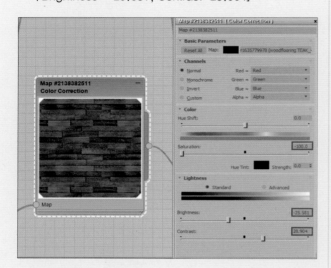

❹ HGlossiness: [1]

❺ HGlossiness Map: [Color Correction 적용] [Bitmap:
Diffuse와 같은 Map 적용]

– [Color Correction: Color의 Saturation: −100, Lightness
의 Brightness: −7.641, Contrast: 55.482]

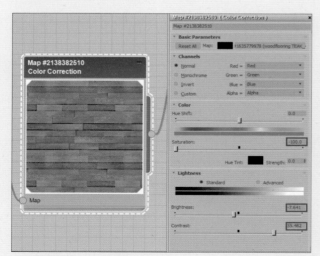

❻ RGlossiness: [0.85]

❼ Max depth: [5]

❽ Fresnel reflections: [체크]

❾ Fresnel IOR: [잠금 해제, 10]

C. BRDF

❿ BRDF Type: [Ward]

D. Maps

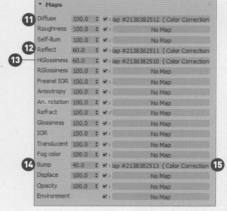

⓫ Diffuse Amount: [100]

⓬ Reflect Amount: [60]

⓭ Hglossiness Amount: [30]

⓮ Bump Amount: [40]

⓯ Bump Map: [Color Correction 적용] [Bitmap: Diffuse와 같
은 Map 적용]

– [Color Correction: Color의 Saturation: −100, Lightness
의 Brightness: 14.286, Contrast: 42.193]

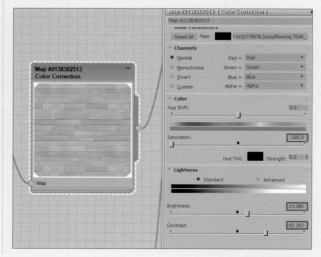

플로어링 Wood 반광: WD F Di

플로어링 Wood 재질보다 강한 반사 효과를 가진 재질로 부드러운 하이라이트 효과가 적용되어 있다.

A. View

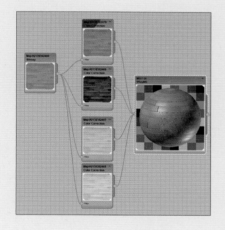

B. Basic parameters

❶ Diffuse Map: [Color Correction 〉 Bitmap 〉 (예제 파일: Sample/Material image/maple floor_d.jpg)를 적용]

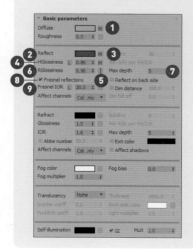

– [Color Correction: Color에서 Saturation의 채도를 조절하여 사용]

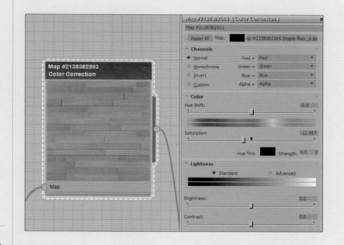

– [Bitmap: Coordinates의 Blur: 0.35, Bitmap Parameters 의 Bitmap에 Texture를 적용, Filtering: Summed Area]

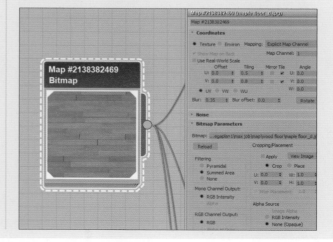

❷ Reflect: [R: 30, G: 30 , B: 30]

❸ Reflect Map: [Color Correction 적용] [Bitmap: Diffuse와
같은 Map 적용]

- [Color Correction: Color의 Saturation: −100, Lightness
의 Brightness: −22.259, Contrast: 13.621]

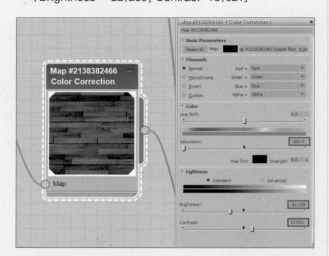

❹ HGlossiness: [0.86]

❺ HGlossiness Map: [Color Correction 적용] [Bitmap:
Diffuse와 같은 Map 적용]

- [Color Correction: Color의 Saturation: −100, Lightness
의 Brightness: 46.844, Contrast: 74.751]

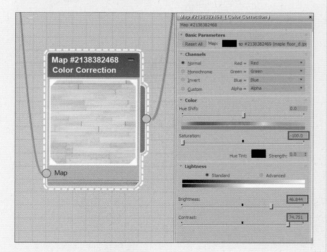

❻ RGlossiness: [0.96]

❼ Max depth: [5]

❽ Fresnel reflections: [체크]

❾ Fresnel IOR: [잠금 해제, 20]

C. BRDF

❿ BRDF Type: [Ward]

D. Maps

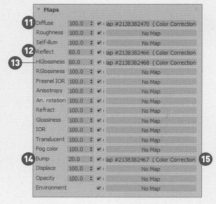

⓫ Diffuse Amount: [100]

⓬ Reflect Amount: [60]

⓭ Hglossiness Amount: [60]

⓮ Bump Amount: [20]

⓯ Bump Map: [Color Correction 적용] [Bitmap: Diffuse와 같
은 Map 적용]

- [Color Correction: Color의 Saturation: −100, Lightness
의 Brightness: 34.884, Contrast: 48.837]

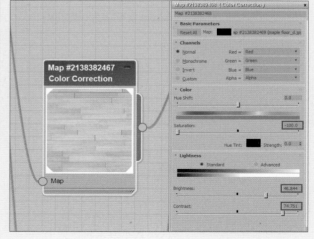

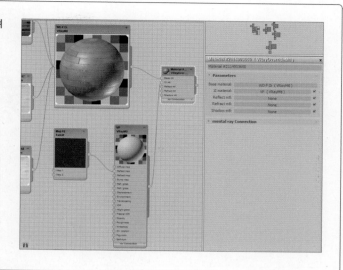

Stone

스톤 재질은 적용되는 장소와 위치에 따라 표면의 광택이나 거친 정도를 조절하여 사용한다.

거친 Stone: Mb

거친 돌을 표현하기 위해 만든 재질이다. 주로 벽면에 사용되는 재질로
반사 효과는 약하고 Bump 효과가 강하다. 렌더링 결과에서 Bump 효
과가 약할 경우 Bump 값을 수정하여 강하게 표현한다.

A. View

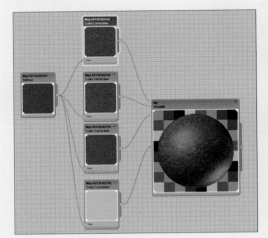

B. Basic parameters

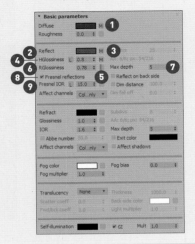

❶ Diffuse Map: [Color Correction 〉 Bitmap 〉 (예제 파일: Sample/Material image/dark stone.jpg)를 적용]

– [Color Correction: 어두운 Texture일 경우 밝기를 조절하여 사용, Lightness의 Brightness: 19.601 , Contrast: 42.193]

– [Bitmap: Coordinates의 Blur: 0.5, Bitmap Parameters의 Bitmap에 Texture를 적용, Filtering: Summed Area]

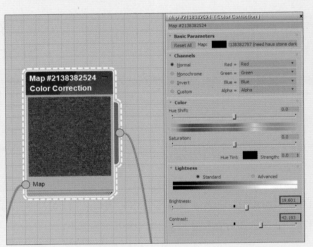

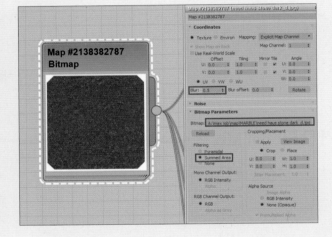

❷ Reflect: [R: 30, G: 30 , B: 30]

❸ Reflect Map: [Color Correction 적용] [Bitmap: Diffuse와 같은 Map 적용]

– [Color Correction: Color의 Saturation: −100, Lightness의 Brightness: 19.601, Contrast: 42.193]

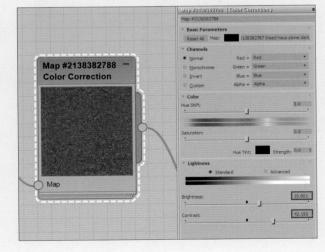

❹ HGlossiness: [0.8]

❺ HGlossiness Map: [Color Correction 적용] [Bitmap:
　Diffuse와 같은 Map 적용]

－ [Color Correction: Lightness의 Brightness: 19.601,
　Contrast: 42.193]

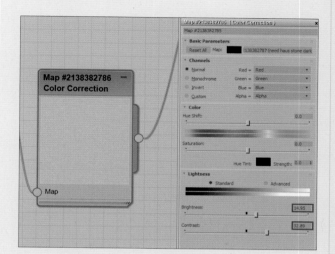

❻ RGlossiness: [0.78]

❼ Max depth: [5]

❽ Fresnel reflections: [체크]

❾ Fresnel IOR: [잠금 해제, 15]

C. BRDF

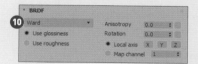

❿ BRDF Type: [Ward]

D. Maps

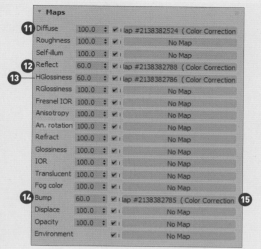

⓫ Diffuse Amount: [100]

⓬ Reflect Amount: [60]

⓭ Hglossiness Amount: [60]

⓮ Bump Amount: [60]

⓯ Bump Map: [Color Correction 적용] [Bitmap: Diffuse와 같
　은 Map 적용]

－ [Color Correction: Lightness의 Brightness: 14.95,
　Contrast: 32.89]

광택 Stone: Mb Op

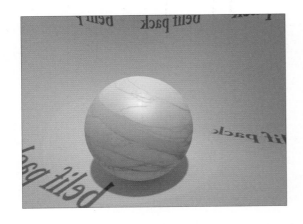

대리석을 표현하기 위해서 만든 재질이다. Color Correction에서 밝기를 조절하며 패턴마다 반사를 다르게 적용할 수 있다.

A. View

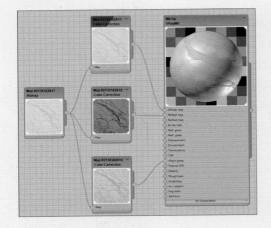

B. Basic parameters

❶ Diffuse Map: [Color Correction 〉 Bitmap 〉 (예제 파일: Sample/Material image/calacatta 2k.jpg)를 적용]

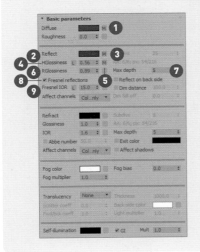

– [Color Correction: Color의 Saturation에서 채도를 조절하여 사용]

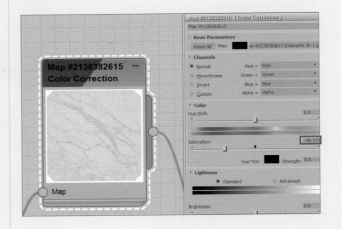

– [Bitmap: Coordinates의 Blur: 1.0, Bitmap Parameters의 Bitmap에 Texture를 적용, Filtering: Pyramidal]

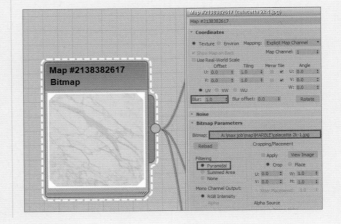

❷ Reflect: [R: 15, G: 15, B: 15]

❸ Reflect Map: [Color Correction 적용] [Bitmap: Diffuse와 같은 Map 적용]

– [Color Correction: Color의 Saturation: −100, Lightness 의 Brightness: −56.146, Contrast: 42.193]

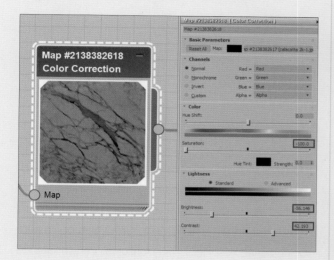

❹ HGlossiness: [0.55]

❺ HGlossiness Map: [Color Correction 적용] [Bitmap: Diffuse와 같은 Map 적용]

– [Color Correction: Color의 Saturation: −100, Lightness 의 Brightness: −18.937, Contrast: 42.193]

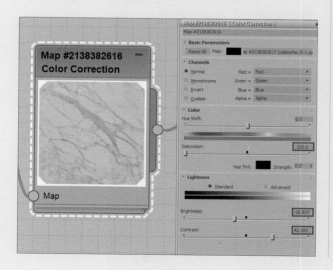

❻ RGlossiness: [0.89]

❼ Max depth: [5]

❽ Fresnel reflections: [체크]

❾ Fresnel IOR: [잠금 해제, 15]

C. BRDF

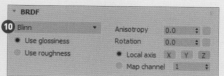

❿ BRDF Type: [Blinn]

D. Maps

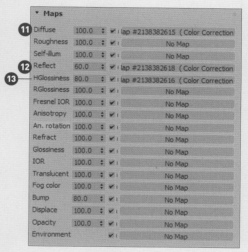

⓫ Diffuse Amount: [100]

⓬ Reflect Amount: [60]

⓭ Hglossiness Amount: [80]

Stone Tile: Mb Tile(Tiles Map 적용)

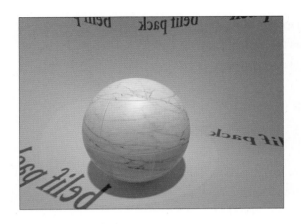

Tile Map을 사용하여 만든 타일 재질이다. Diffuse에 Bitmap 재질을 적용하여 쉽게 타일 재질을 만들 수 있다. 또한 Tile Map에서 타일링의 스타일과 크기를 변경할 수 있다.

A. View

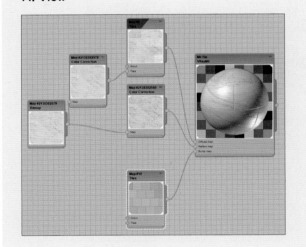

B. Basic parameters

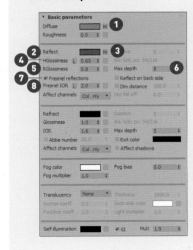

❶ Diffuse Map: [Tiles 〉 Color Correction 〉 Bitmap 〉 (예제 파일: Sample/Material image/White Marble. jpg)를 적용]

– [Tiles: Standard Controls: Patten Setup의 Preset Type: 원하는 타입을 선택, Advanced Controls: Tiles Stup의 Texture Map에 Color Correction를 적용, Horiz/Vert Count /Fade Variance: 원하는 값 입력, Grout Setup: Texture Color에 원하는 메지 색상을 적용, Horizontal/Vertical Gap: 원하는 값 입력]

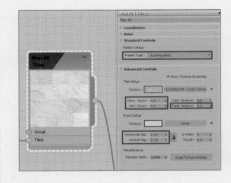

– [Color Correction: Color에서 Saturation의 채도를 조절하여 사용]

– [Bitmap: Coordinates의 Blur: 0.35, Bitmap Parameters
의 Bitmap에 Texture를 적용, Filtering: Summed Area]

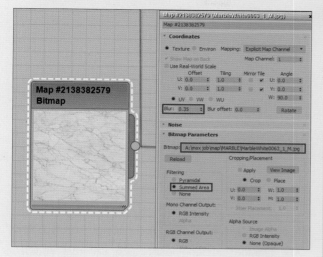

❷ Reflect: [R: 32, G: 32, B: 32]

❸ Reflect Map: [Color Correction 적용] [Bitmap: Diffuse와
같은 Map 적용]

– [Color Correction: Color의 Saturation: –100, Lightness
의 Brightness: –11.628, Contrast: 24.917]

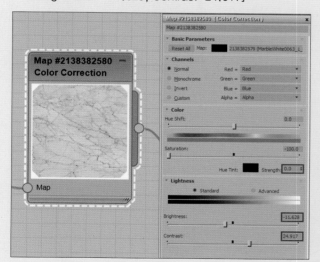

❹ HGlossiness: [0.65]

❺ RGlossiness: [0.8]

❻ Max depth: [5]

❼ Fresnel reflections: [체크]

❽ Fresnel IOR: [잠금 해제, 2]

❾ BRDF Type: [Blinn]

D. Maps

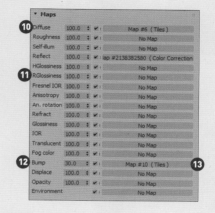

❿ Diffuse Amount: [100]

⓫ Reflect Amount: [100]

⓬ Bump Amount: [30]

⓭ Bump Map: [Diffuse 에 적용한 Tiles Map을 적용]

– [Advanced Controls의 Tiles Setup에서 Texture에 적용한
Texture만 제거하여 사용]

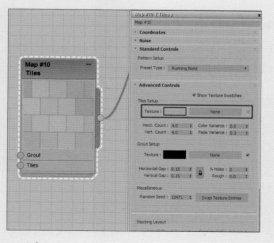

t i p

타일의 메지 간격은 렌더링을 진행하면서 확인해가야 되기 때문에
정해진 값이 필요 없다.

Stone Tile: Mb Tile(Bump Map 적용)

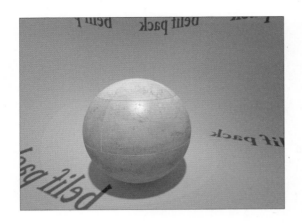

Tile Map을 사용하는 것이 아니라 Bitmap 이미지를 사용하여 만든 재질이다. 편집 툴을 사용하여 원하는 재질을 Tile 이미지로 만들어 적용한다.

A. View

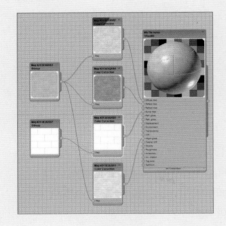

B. Basic parameters

❶ Diffuse Map: [Color Correction 〉 Bitmap 〉 (예제 파일: Sample/Material image/marble tile 600 300.jpg)를 적용]

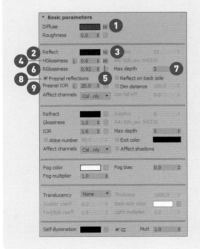

– [Color Correction: [Color의 Saturation에서 채도를 조절하여 사용, Lightness의 Brightness: 2.326, Contrast: 76.08]

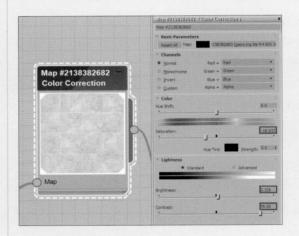

– [Bitmap: Coordinates의 Blur: 1.0, Bitmap Parameters의 Bitmap에 Texture를 적용, Filtering: Pyramidal]

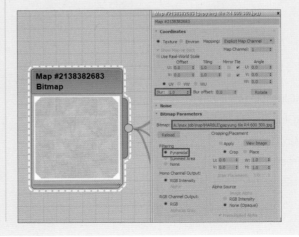

❷ Reflect: [R: 3, G: 3, B: 3]

❸ Reflect Map: [Color Correction 적용] [Bitmap: Diffuse와 같은 Map 적용]

– [Color Correction: Color의 Saturation: −100, Lightness 의 Brightness: −26.246, Contrast: 42.193]

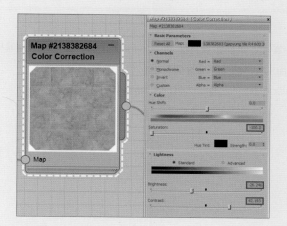

❹ HGlossiness: [0.6]

❺ HGlossiness Map: [Color Correction 적용] [Bitmap: Diffuse와 같은 Map 적용]

– [Color Correction: Color의 Saturation: −100, Lightness 의 Brightness: 16.944, Contrast: 42.193]

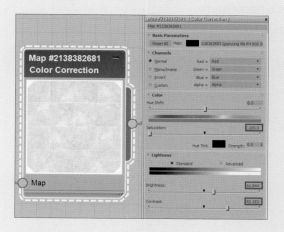

❻ RGlossiness: [0.92] ❼ Max depth: [3]

❽ Fresnel reflections: [체크] ❾ Fresnel IOR: [잠금 해제, 20]

C. BRDF

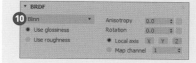

❿ BRDF Type: [Blinn]

D. Maps

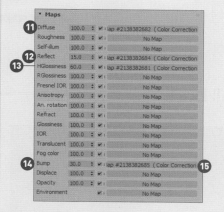

⑪ Diffuse Amount: [100] ⑫ Reflect Amount: [15]

⑬ HGlossiness Amount: [60] ⑭ Bump Amount: [30]

⑮ Bump Map: [Color Correction 〉 Bitmap 〉 (예제 파일: Sample/Material image/marble tile 600 300 bump.jpg) 적용]

– [Color Correction: Lightness의 Brightness: −11.628, Contrast: 56.811]

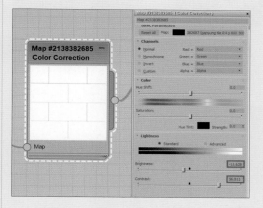

– [Bitmap: Bump Bitmap 적용, Coordinates의 Blur: 1.0, Bitmap Parameters의 Bitmap에 Texture를 적용, Filtering: Pyramidal]

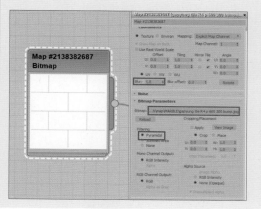

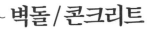

벽돌/콘크리트

외, 내부 벽체에 주로 사용되는 재질이다. Texture에 따라 사실적인 재질의 효과를 만든다.

거친 벽돌: Wall Brick

실제 쌓여진 벽돌을 표현한 재질이다. Bump와 Displace에서 Bitmap 이미지와 수치 값을 입력하여 거친 느낌을 표현했다.
Displace 값은 1~2정도 사용하여 적용한다.

A. View

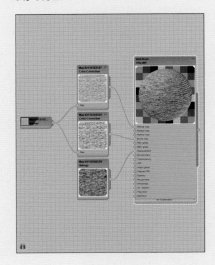

B. Basic parameters

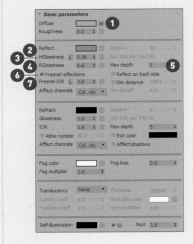

❶ Diffuse Map: [Color Correction 〉 Bitmap 〉 (예제 파일:
Sample/Material image/brown brick.jpg)을 적용]

- [Color Correction: Color에서 Saturation의 채도를 조절하여 사용]

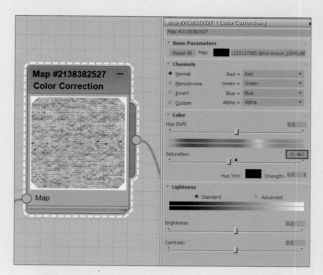

- [Bitmap: Coordinates의 Blur: 0.35, Bitmap Parameters의 Bitmap에 Texture를 적용, Filtering: Summed Area]

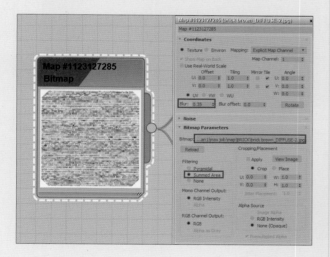

❷ Reflect: [R: 87, G: 87, B: 87]

❸ HGlossiness: [0.56]

❹ RGlossiness: [0.6]

❺ Max depth: [1]

❻ Fresnel reflections: [체크]

❼ Fresnel IOR: [잠금 해제, 3]

C. BRDF

❽ BRDF Type: [Ward]

D. Maps

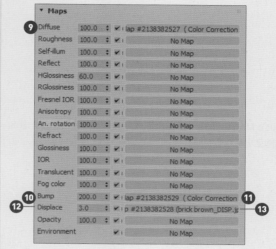

❾ Diffuse Amount: [100]

❿ Bump Amount: [200]

⓫ Bump Map: [Color Correction 〉 Diffuse와 같은 Bitmap 적용]

- [Color Correction: Color의 Saturation −100, Lightness 의 Contrast: 68.106]

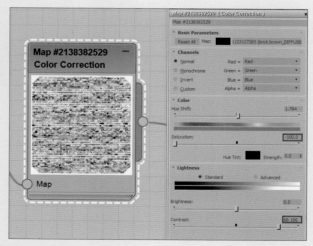

⓬ Displace Amount: [3]

⑬ Displace Map: [Bitmap 〉 (예제 파일: Sample/Material
image/brown brick dis.jpg)를 적용] [Coordinates의 Blur:
1.0, Bitmap Parameters의 Bitmap에 Texture를 적용,
Filtering: Pyramidal]

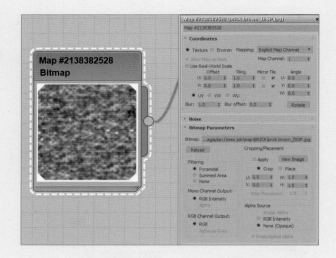

t i p

Diffuse Map에 적용한 Texture를 제거하여 벽돌 재질 위에 도장을 입
힌 재질로 만들 수 있다.

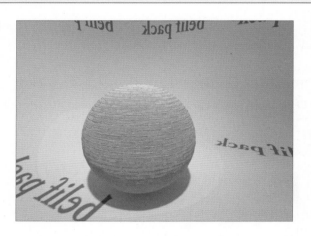

일반 콘크리트: Concrete

반사가 없고 콘크리트의 거친 느낌을 표현한 재질이다. Bump의 값을 조절하여 부드럽거나 더 거칠게 표현할 수 있다.

A. View

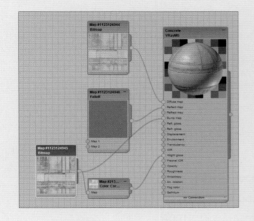

B. Basic parameters

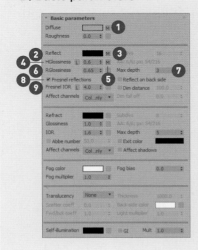

❶ Diffuse Map: [Bitmap 〉 (예제 파일: Sample/Material image/Concrete_T.jpg)를 적용]

– [Bitmap: Coordinates의 Blur: 1.0, Bitmap Parameters의 Bitmap에 Texture를 적용, Filtering: Pyramidal]

❷ Reflect: [R: 0, G: 0, B: 0]

❸ Reflect Map: [Falloff 적용]

– [Falloff: Color#1: R: 45, G: 45, B: 45, Color#2: R: 127, G: 127, B: 127, Falloff Type: Fresnel]

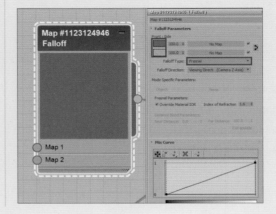

❹ HGlossiness: [0.6]

❺ HGlossiness Map: [Color Correction 〉 Bitmap 〉 (예제 파
일: Sample/Material image/Concrete_T_bump.jpg) 적용]

– [Color Correction: Lightness의 Contrast: 16.279]

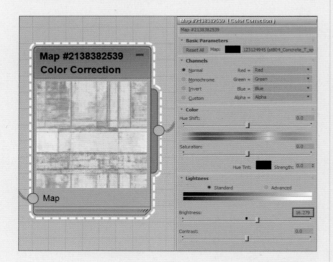

– [Bitmap: Coordinates의 Blur: 1.0, Bitmap Parameters의
Bitmap에 Texture를 적용, Filtering: Pyramidal]

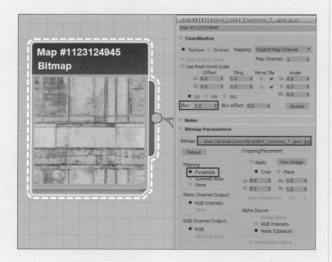

❻ RGlossiness: [0.65]

❼ Max depth: [3]

❽ Fresnel reflections: [체크]

❾ Fresnel IOR: [잠금 해제, 4]

C. BRDF

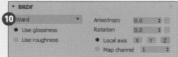

❿ BRDF Type: [Ward]

D. Maps

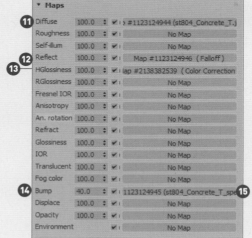

⑪ Diffuse Amount: [100]

⑫ Reflect Amount: [100]

⑬ HGlossiness Amount: [100]

⑭ Bump Amount: [40]

⑮ Bump Map: [Bitmap 〉 HGlossiness에 적용한 Bitmap 적용]

바닥 콘크리트: Pl Concrete

바닥에 사용되는 콘크리트 재질이다. 일반 콘크리트와는 달리 거친 느낌보다는 부드럽고 반사가 적용되어 있다. 반사 값을 조절하여 콘크리트 표면에 반사 강도를 설정할 수 있다.

A. View

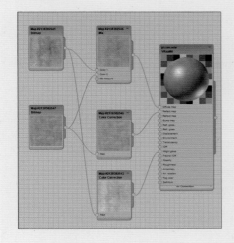

B. Basic parameters

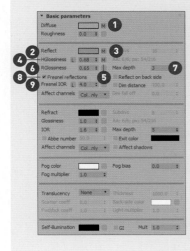

❶ Diffuse Map: [Mix 〉 Color1 〉 Bitmap 〉 (예제 파일: Sample/Material image/Conc02B.jpg 적용, Color2 〉 Bitmap 〉 예제 파일: Sample/ Material image/ Conc02B1.jpg) 적용]

– [Mix: Mix Parameters의 Mix Amount: 50]

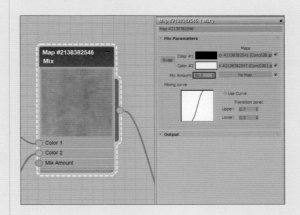

– [Color#1 Bitmap: Coordinates의 Blur: 1.0, Bitmap Parameters의 Bitmap에 Texture를 적용, Filtering: Pyramidal]

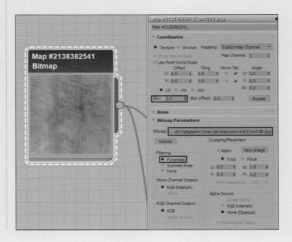

– [Color#2 Bitmap: Coordinates의 Blur: 1.0, Bitmap Parameters의 Bitmap에 Texture를 적용, Filtering: Pyramidal]

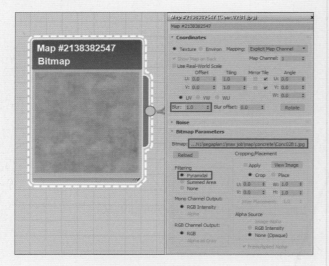

❷ Reflect: [R: 100, G: 100, B: 100]
❸ Reflect Map: [Color Correction › Mix Color#2 Bitmap 적용]
– [Color Correction: Color의 Saturation –100]

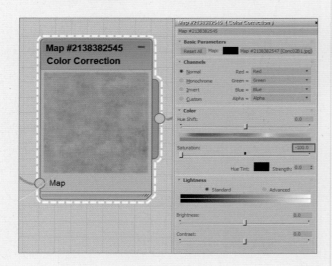

❹ HGlossiness: [0.68]
❺ HGlossiness Map: [Color Correction › Mix Color#1 Bitmap 적용]

– [Color Correction: Lightness의 Brightness: 16.279]

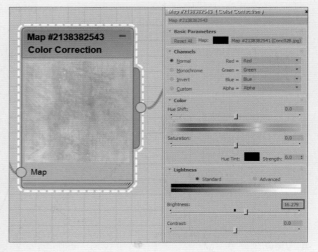

❻ RGlossiness: [0.65]
❼ Max depth: [3]
❽ Fresnel reflections: [체크]
❾ Fresnel IOR: [잠금 해제, 4]

C. BRDF

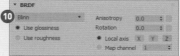

❿ BRDF Type: [Blinn]

D. Maps

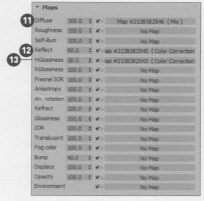

⓫ Diffuse Amount: [100]
⓬ Reflect Amount: [60]
⓭ HGlossiness Amount: [20]

바닥 에폭시 콘크리트: Pl Concrte Op

바닥 콘크리트와는 다르게 실제 에폭시를 코팅한 것처럼 만든 재질이다. Fresnel IOR 값을 조절하여 코팅된 느낌을 더 살릴 수 있다.

A. View

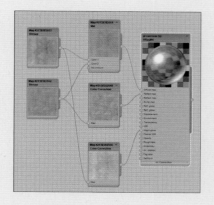

B. Basic parameters

❶ Diffuse Map: [Mix 〉 Color1 〉 Bitmap 〉 (예제 파일: Sample/Material image/Conc02B.jpg)를 적용, Color2 〉 Bitmap 〉 (예제 파일: Sample/Material image/Conc02B1. jpg)를 적용]

– [Mix: Mix Parameters의 Mix Amount: 50]

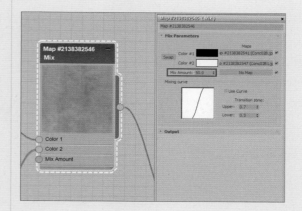

– [Color#1 Bitmap: Coordinates의 Blur: 1.0, Bitmap Parameters의 Bitmap에 Texture를 적용, Filtering: Pyramidal]

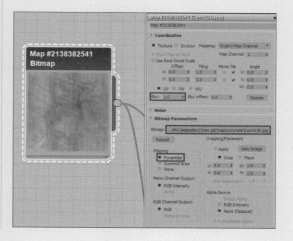

– [Color#2 Bitmap: Coordinates의 Blur: 1.0, Bitmap Parameters의 Bitmap에 Texture를 적용, Filtering: Pyramidal]

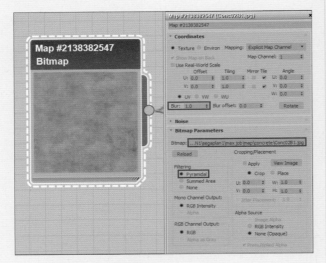

❷ Reflect: [R: 120, G: 120, B: 120]

❸ Reflect Map: [Color Correction 〉 Mix Color#2 Bitmap 적용]

– Color Correction: [Color의 Saturation −100]

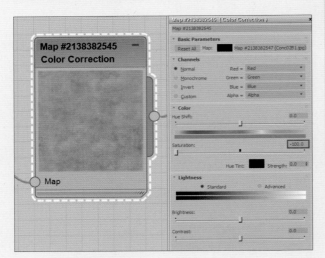

❹ HGlossiness: [0.45]

❺ HGlossiness Map: [Color Correction 〉 Mix Color#1 Bitmap 적용]

– [Color Correction: Lightness의 Brightness: 16.279]

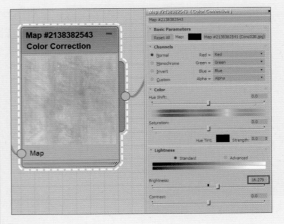

❻ RGlossiness: [0.8]

❼ Max depth: [5]

❽ Fresnel reflections: [체크]

❾ Fresnel IOR: [잠금 해제, 20]

C. BRDF

❿ BRDF Type: [Phong]

D. Maps

⓫ Diffuse Amount: [100] ⓬ Reflect Amount: [20]

⓭ HGlossiness Amount: [60]

> **tip**
> 만들어진 콘크리트 재질에 VRayDirty를 추가 적용하여 같이 사용해본다.

가죽은 주로 가구와 소품에 적용되는 재질로 일반적인 가죽 재질과 벨벳 재질을 만들어 사용한다.

일반 가죽: Leather

일반적으로 사용하는 광택이 들어가 있는 가죽을 만든 재질이다. 반사 값을 조절하여 표면의 반사를 설정할 수 있다.

A. View

– [Falloff: Color#1, 2: 원하는 색상 사용, Falloff Type: Fresnel]

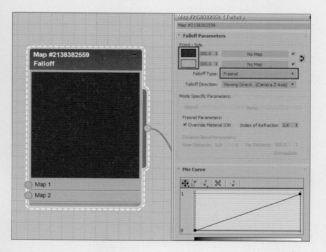

B. Basic parameters

❶ Diffuse Map: [Falloff 적용]

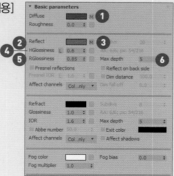

❷ Reflect: [R: 39, G: 39, B: 39]

❸ Reflect Map: [Bitmap 〉 (예제 파일: Sample/Material
image/leather bump.jpg) 적용]
– [Bitmap: Coordinates의 Blur: 1.0, Bitmap Parameters의
Bitmap에 Texture를 적용, Filtering: Pyramidal]

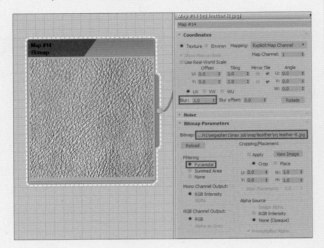

❹ HGlossiness: [0.6]
❺ RGlossiness: [0.85]
❻ Max depth: [5]

C. BRDF

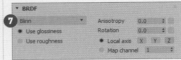

❼ BRDF Type: [Blinn]

D. Maps

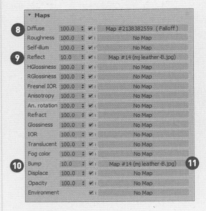

❽ Diffuse Amount: [100]
❾ Reflect Amount: [10]
❿ Bump Amount: [10]
⓫ Bump Map: [Reflect에 사용한 Bitmap 적용]

---

t i p

Fresnel reflections를 체크하여 동일한 설정으로 다른 재질을 만들 수
있다.

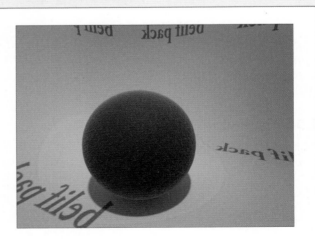

벨벳 가죽: Velvet Leather

실제 벨벳 가죽 느낌의 재질이다. VRayBlendMtl를 적용하여 만들었고 Base와 Coat Material의 Diffuse에서 적용된 Falloff의 색상을 변경하여 색상을 설정할 수 있다.

A. View

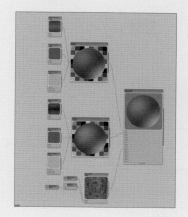

B. VRayBlendMtl Parameters

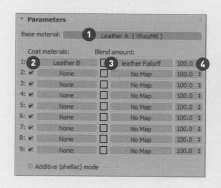

❶ Base material: [Leather A VRayMtl 적용]

❷ Coat material: [Leather B VRayMtl 적용]

❸ Coat material Amount: [R: 128, G: 128, B: 128]

❹ Blend amount: [Leather Falloff 적용] [100]

C. Leather A Basic parameters

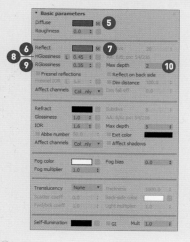

❺ Diffuse Map: [Falloff 적용]

– [Falloff: Color#1, 2: 원하는 색상 사용, Falloff Type: Perpendicular/Parallel]

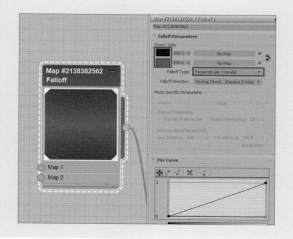

❻ Reflect: [R: 39, G: 39, B: 39]

❼ Reflect Map: [Falloff 적용]

– [Falloff: Color#1 R: 29, G: 29, B: 29, Color#2 R: 124, G: 124, B: 124, Falloff Type: Fresnel]

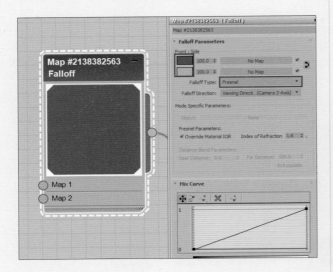

❽ HGlossiness: [0.45]

❾ RGlossiness: [0.35]

❿ Max depth: [2]

D. BRDF

⓫ BRDF Type: [Blinn]

E. Maps

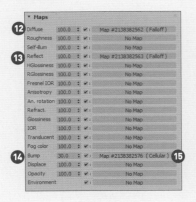

⓬ Diffuse Amount: [100]

⓭ Reflect Amount: [100]

⓮ Bump Amount: [30]

⓯ Bump Map: [Cellular 적용]

– [Cellular: Cellular Parameters에서 Cell Color를 R: 0, G: 0, B: 0, Division Colors1을 R: 255, G: 255, B: 255, Division Colors2를 R: 0, G: 0, B: 0, Cell Characteristics 에서 Size: 0.001]

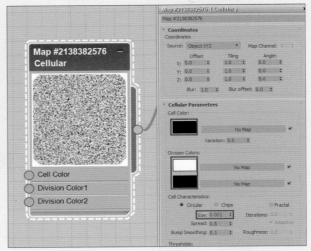

F. Leather B Basic parameters

– Leather A와 같고 Diffuse Map의 Falloff에서 Color1, 2의 색 상을 Swap로 변경한다.

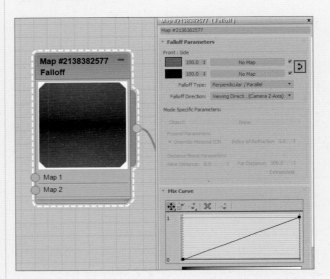

G. leather Falloff parameters

[Map1 Amount: 40, Map1 map: Bitmap 〉 (예제 파일:
Sample/Material image/dirty_1A.jpg) 적용,
Map2 Amount: 100, Map2 map: Color Correction 〉
Bitmap 〉 (예제 파일: Sample/Material image/dirty_2k.jpg)
적용, Falloff Type: Shadow/Light]

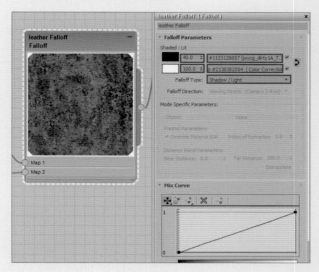

– [Map1 Bitmap: Coordinates에서 Tiling을 원하는 크기로 적
  용, Blur: 1.92, Bitmap Parameters의 Bitmap에 원하는
  Texture 사용, Filtering: Pyramidal]

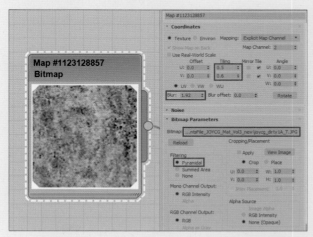

– [Map2 Color Correction: Lightness의 Brightness:
  14.95]

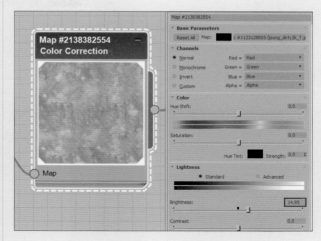

– [Bitmap: Coordinates에서 Tiling을 원하는 크기로 적용, Blur:
  1.0, Bitmap Parameters의 Bitmap에 원하는 Texture 사용,
  Filtering: Pyramidal]

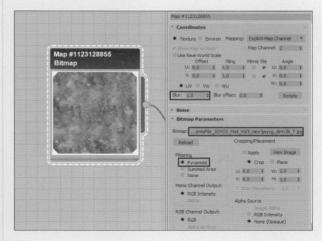

천

벽면에 패턴 마감재 형식으로 많이 사용하고 그밖에 인테리어 가구나 소품, 커튼에 사용되는 재질이다.

일반 천 재질: FB

벽면이나 의자 시트에 사용되는 천 재질이다. 천 재질인 만큼 반사가 약하고 Bump 값을 강하게 하여 천 재질이 부각되게 만들었다.

A. View

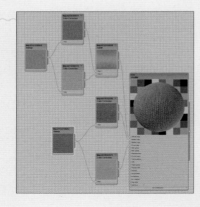

– [Falloff: Color#1: Color Correction 〉Bitmap 〉(예제 파일: Sample/Material image/less_Fabric.jpg) 적용, Color#2: Color Correction 〉Bitmap 〉(예제 파일: Sample/Material image/less_Fabric.jpg) 적용, Falloff Type: Fresnel]

– [Color#1 〉Color Correction: Lightness의 Brightness: −4.983, Contrast: 7.641]

B. Basic parameters

❶ Diffuse Map: [Falloff 적용]

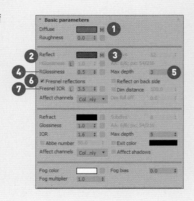

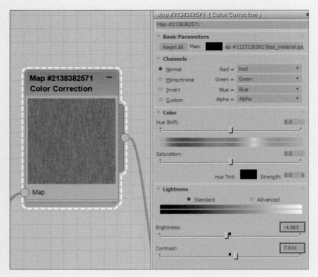

– [Color#2 〉 Color Correction: Lightness의 Brightness: 9.635]

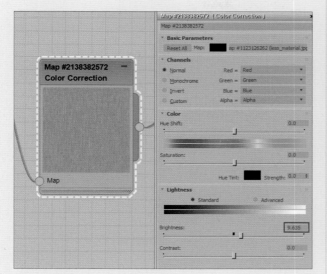

– [Bitmap: Coordinates의 Blur: 1.0, Bitmap Parameters의 Bitmap에 Texture를 적용, Filtering: Pyramidal]

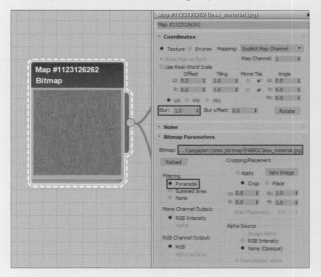

❷ Reflect: [R: 20, G: 20 , B: 20]

❸ Reflect Map: [Color Correction 〉 Bitmap 〉 (예제 파일: Sample/Material image/Less_fabric_bump.jpg) 적용]

– [Color Correction: Lightness의 Brightness: 22.259, Contrast: 62.791]

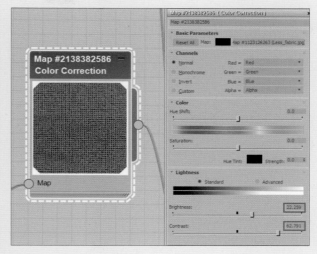

– [Bitmap: Coordinates의 Blur: 1.0, Bitmap Parameters의 Bitmap에 Texture를 적용, Filtering: Pyramidal]

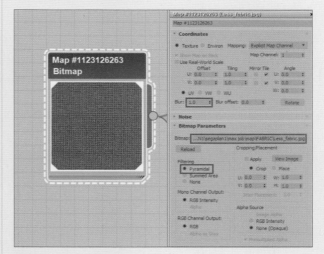

❹ RGlossiness: [0.5]

❺ Max depth: [3]

❻ Fresnel reflections: [체크]

❼ Fresnel IOR: [잠금해제, 3.5]

C. BRDF

❽ BRDF Type: [Ward]

D. Maps

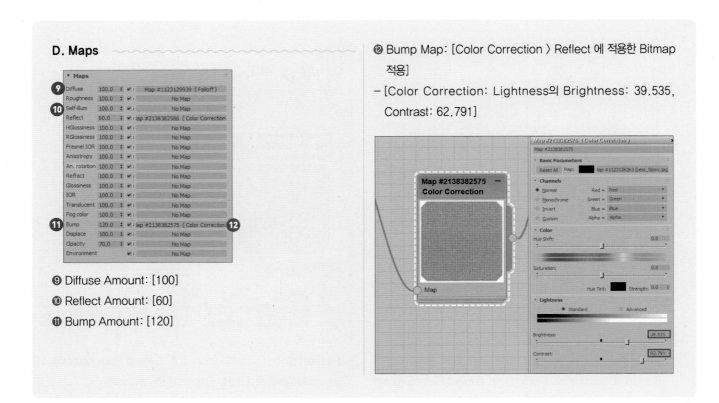

⑫ Bump Map: [Color Correction 〉 Reflect 에 적용한 Bitmap 적용]

– [Color Correction: Lightness의 Brightness: 39.535, Contrast: 62.791]

⑨ Diffuse Amount: [100]

⑩ Reflect Amount: [60]

⑪ Bump Amount: [120]

반투명 커튼: FB Opacity

반투명한 커튼 재질이다. 천 Bitmap을 적용하여 음영 차이 및 반사와 투명도를 조절할 수 있다.

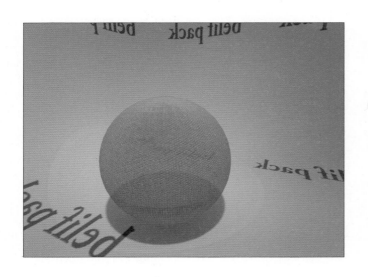

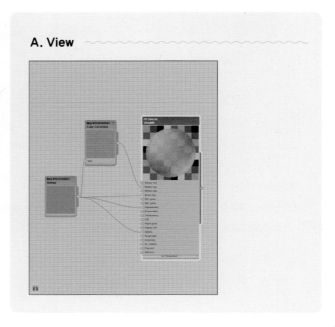

A. View

B. Basic parameters

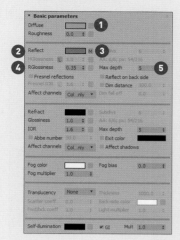

❶ Diffuse: [원하는 색상 적용]

❷ Reflect: [R: 60, G: 60 , B: 60]

❸ Reflect Map: [Color Correction 〉 Bitmap 〉 (예제 파일:
Sample/Material image/Fabric_grey.jpg) 적용]

– [Color Correction: Color의 Saturation: −100, Lightness
의 Brightness: 14.95, Contrast: 44.85]

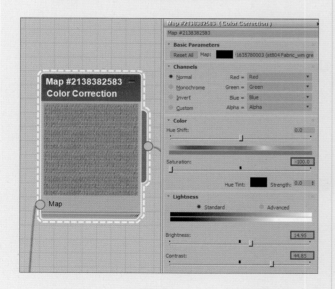

– [Bitmap: Coordinates의 Blur: 1.0, Bitmap Parameters의
Bitmap에 Texture를 적용, Filtering: Pyramidal]

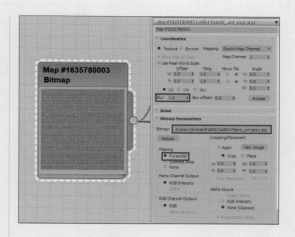

❹ RGlossiness: [0.35]

❺ Max depth: [5]

C. BRDF

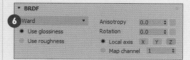

❻ BRDF Type: [Ward]

D. Maps

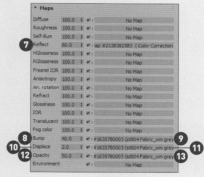

❼ Reflect Amount: [60]

❽ Bump Amount: [40]

❾ Bump Map: [Color Correction 〉 Reflect에 적용한 Bitmap
적용]

❿ Displacement Amount: [2]

⓫ Displacement Map: [Color Correction 〉 Reflect에 적용한
Bitmap 적용]

⓬ Opacity Amount: [50]

⓭ Opacity Map: [Color Correction 〉 Reflect에 적용한
Bitmap 적용]

일반 커튼 재질: FB Curtain

일반 커튼을 표현한 재질이다. Diffuse에 Falloff를 적용하여 표면의 색상을 조절할 수 있다. 또한 일반 천 재질처럼 Bump 값을 수정하여 천 재질의 강도를 설정한다.

A. View

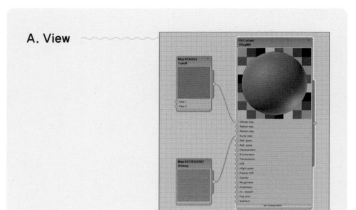

B. Basic parameters

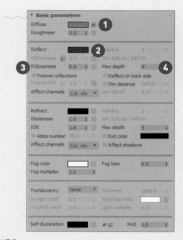

❶ Diffuse Map: [Falloff 적용]

- [Falloff: Color#1: R: 116, G: 76, B: 44, Color#2: R: 80, G: 29, B: 10, Falloff Type: Fresnel]

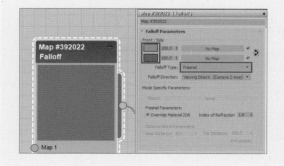

❷ Reflect: [R: 10, G: 10, B: 10]

❸ RGlossiness: [0.6] ❹ Max depth: [4]

C. BRDF

❺ BRDF Type: [Blinn]

D. Maps

❻ Diffuse Amount: [100]

❼ Bump Amount: [15]

❽ Bump Map: [Bitmap 〉 (예제 파일: Sample/ Material image/Fabric_ grey.jpg) 적용]

- [Bitmap: Coordinates의 Blur: 1.0, Bitmap Parameters의 Bitmap에 Texture를 적용, Filtering: Pyramidal]

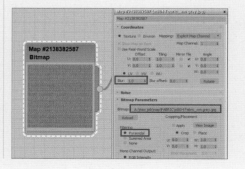

SECTION 7

유리

유리 재질은 색상을 변경하여 칼라 유리를 만들거나 반사와 굴절 값을 변경하여
안개 유리와 모자이크 유리를 만들 때 사용한다.

창문 유리: Win Glass

외/내부에 사용되는 유리 재질이다. Reflect 값을 수정하여 반사의 강도를 설정할 수 있고 Bump에 Noise를 적용하여 반사의 굴절을 표현했다. 굴절되는 반사가 필요하지 않으면 Noise를 제거하여 사용한다.

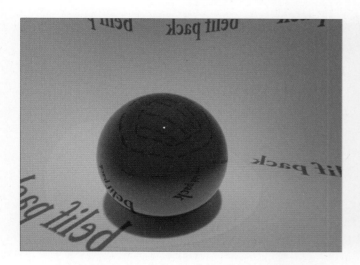

A. View

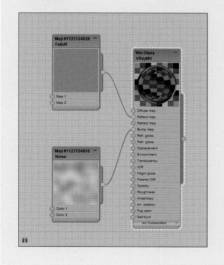

B. Basic parameters

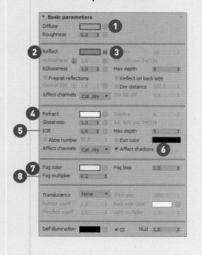

❶ Diffuse: [R: 128, G: 128 , B: 128]

❷ Reflect: [R: 82, G: 82, B: 82]

❸ Reflect Map: [Falloff 적용]

– [Falloff: Color#1: R: 70, G: 70, B: 70, Color#2: R: 225, G: 225, B: 225, Falloff Type: Fresnel]

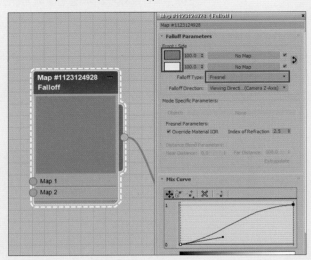

❹ Refract: [R: 255, G: 255, B: 255]
❺ IOR: [1.6]
❻ Affect shadows: [체크]
❼ Fog color: [R: 233, G: 235 , B: 237]
❽ Fog multiplier: [0.2]

C. BRDF

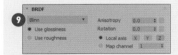

❾ BRDF Type: [Blinn]

D. Maps

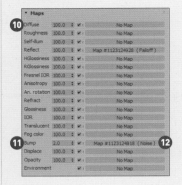

❿ Reflect Amount: [100]
⓫ Bump Amount: [2]
⓬ Bump Map: [Noise 적용]

– [Noise: Noise parameters의 Size: 1500]

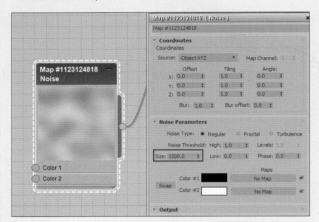

창문 유리 Side: Glass Side

창문 Side 면에 적용되는 재질로 실제로도 유리의 Side 면은 다른 재질로 되어 있다. 벽면 전체가 유리로 되어 있을 때 Side 면에 적용하여 유리의 형태감을 표현한다.

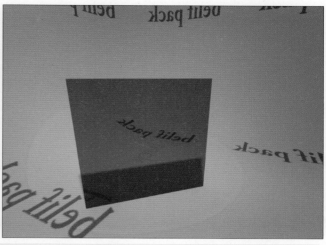

A. View

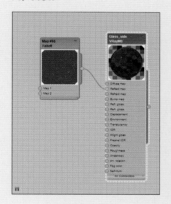

❶ Diffuse: [R: 45, G: 52, B: 61]

❷ Reflect: [R: 29, G: 29, B: 29]

❸ Reflect Map: [Falloff 적용]

– [Falloff: Color#1: R: 15, G: 15, B: 15, Color#2: R: 74, G: 74, B: 74, Falloff Type: Fresnel]

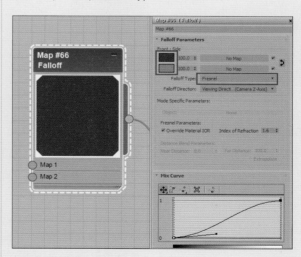

B. Basic parameters

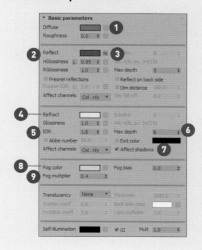

❹ Refract: [R: 223, G: 223, B: 223]

❺ IOR: [1.6]

❻ Max depth: [8]

❼ Affect shadows: [체크]

❽ Fog color: [R: 180, G: 184, B: 190]

❾ Fog multiplier: [0.4]

C. BRDF

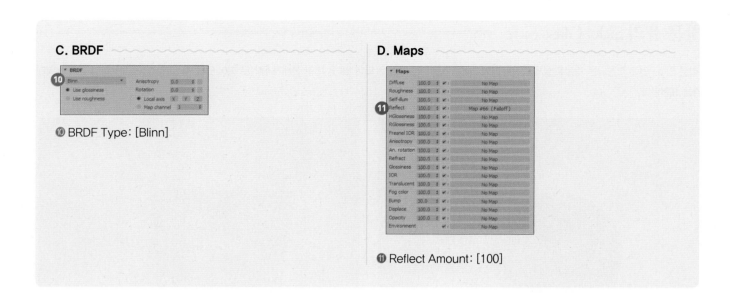

⑩ BRDF Type: [Blinn]

D. Maps

⑪ Reflect Amount: [100]

안개 유리: Frost Glass

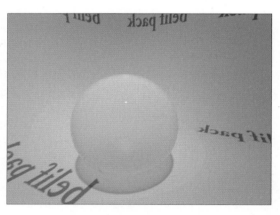

주로 사무 공간의 회의실 같은 곳이나 화장실 칸막이에 사용되는 유리에 적용한다.
Glossiness의 설정값을 변경하여 굴절되는 강도를 설정할 수 있다.

A. View

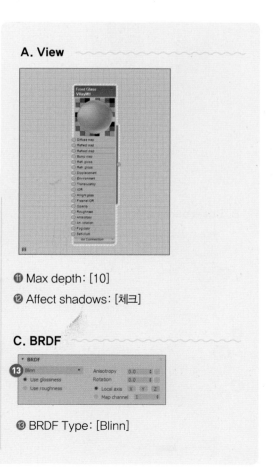

⑪ Max depth: [10]

⑫ Affect shadows: [체크]

C. BRDF

⑬ BRDF Type: [Blinn]

B. Basic parameters

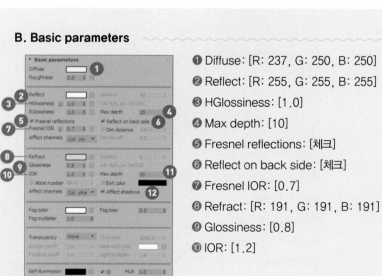

❶ Diffuse: [R: 237, G: 250, B: 250]

❷ Reflect: [R: 255, G: 255, B: 255]

❸ HGlossiness: [1.0]

❹ Max depth: [10]

❺ Fresnel reflections: [체크]

❻ Reflect on back side: [체크]

❼ Fresnel IOR: [0.7]

❽ Refract: [R: 191, G: 191, B: 191]

❾ Glossiness: [0.8]

❿ IOR: [1.2]

반사 유리: D Glass

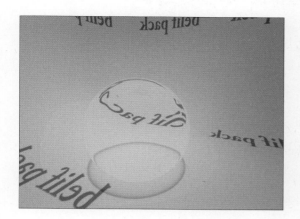

일반 창문 유리 재질과 비교하여 반사가 강한 유리 재질이다. 반사가 강하게 적용되며 Reflect 값으로 반사되는 양을 조절하며 IOR 값으로 물체에 굴절률을 설정할 수 있다.

A. View

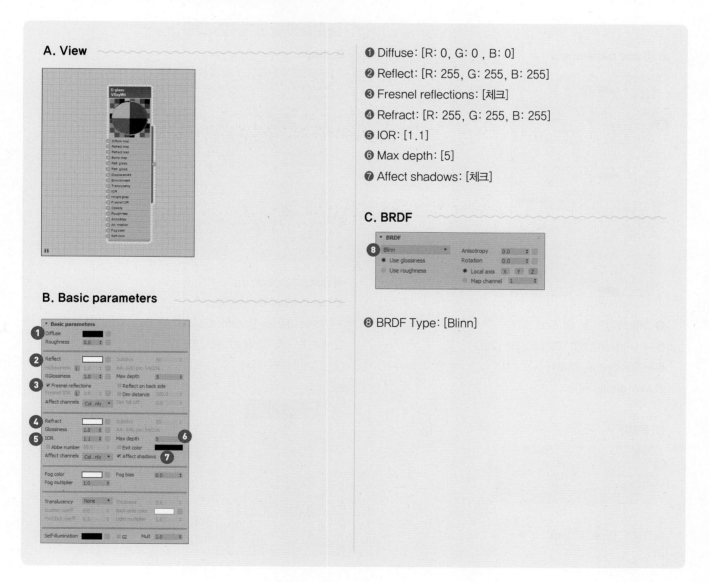

❶ Diffuse: [R: 0, G: 0 , B: 0]

❷ Reflect: [R: 255, G: 255, B: 255]

❸ Fresnel reflections: [체크]

❹ Refract: [R: 255, G: 255, B: 255]

❺ IOR: [1.1]

❻ Max depth: [5]

❼ Affect shadows: [체크]

B. Basic parameters

C. BRDF

❽ BRDF Type: [Blinn]

거울: Mirror

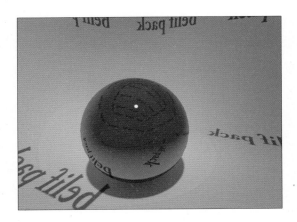

A. View

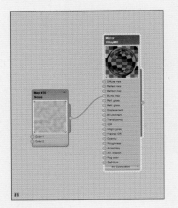

B. Basic parameters

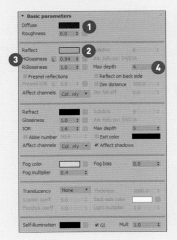

❶ Diffuse: [R: 5, G: 5, B: 5]

❷ Reflect: [R: 120, G: 120, B: 120]

❸ HGlossiness: [0.94]

❹ Max depth: [4]

C. BRDF

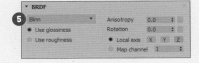

❺ BRDF Type: [Blinn]

D. Maps

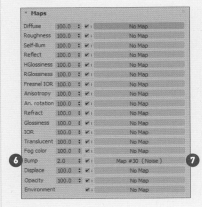

❻ Bump Amount: [2]

❼ Bump Map: [Noise 적용]

– [Noise: Noise Parameters의 Size: 600, Color#1: R: 54, G: 54, B: 54, Color#2: R: 183, G: 183, B: 183]

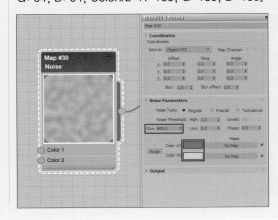

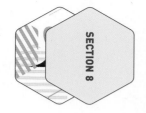

SECTION 8

— 스틸

스틸은 스테인레스나 구리, 철판 등 다양한 반사를 가진 물체로 표현하기 어려운 재질 중 하나이다.

헤어라인 스틸: Hair Sus

주위에서 흔하게 사용되는 금속 재질 중 하나인 헤어라인 스틸이다. 하이라이트의 강도와 각도를 BRDF의 Anisotropy와 Rotation에서 설정할 수 있다.

A. View

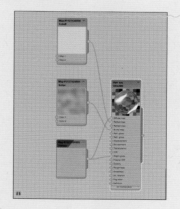

– [Bitmap: Coordinates의 U Tiling: 1, V Tiling: 2, Blur: 2.0, Bitmap parameters의 Filtering: Pyramidal]

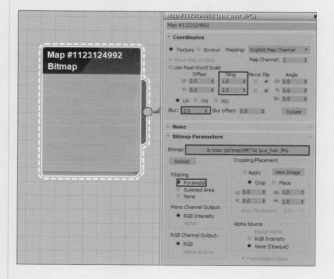

B. Basic parameters

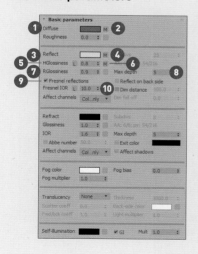

❶ Diffuse: [R: 40, G: 40, B: 40]

❷ Diffuse Map: [Bitmap 〉 (예제 파일: Sample/Material image/Hair_sus.jpg) 적용]

❸ Reflect: [R: 200, G: 200, B: 200]

❹ Reflect Map: Falloff 적용]

– [Falloff: Color#1: R: 183, G: 183, B: 183, Color#2: R: 242, G: 242, B: 242, Falloff Type: Fresnel]

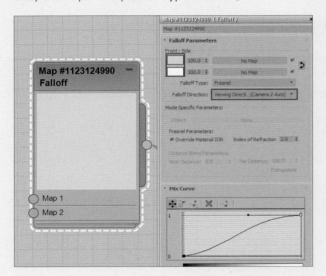

❺ HGlossiness: [0.8]

❻ HGlossiness Map: [Bitmap – Diffuse에 적용한 Bitmap 적용]

❼ RGlossiness: [0.9]

❽ Max depth: [5]

❾ Fresnel reflections: [체크]

❿ Fresnel IOR: [잠금 해제, 10]

C. BRDF

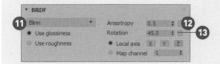

⓫ BRDF Type: [Blinn]

⓬ Anisotropy: [0.5]

⓭ Rotation: [45]

D. Maps

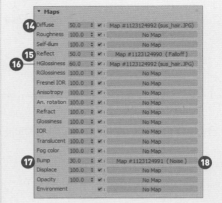

⓮ Diffuse Amount: [50]

⓯ Reflect Amount: [50]

⓰ HGlossiness Amount: [60]

⓱ Bump Amount: [30]

⓲ Bump Map: [Noise 적용]

– [Noise: Noise parameters의 Size: 1500, Color#1: R: 5, G: 5, B: 5, Color#2: R: 183, G: 183, B: 183]

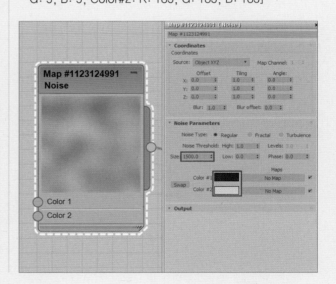

구로 메탈: Guro Metal

마감재로 많이 사용되는 구로 메탈 재질이다. Bump 값을 조절하여 표면의 부드러움을 조절할 수 있고 Reflect에 적용된 Color Correction의 밝기를 조절하여 표면의 반사되는 양과 면적을 설정할 수 있다.

A. View

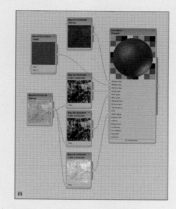

B. Basic parameters

❶ Diffuse Map: [Bitmap 〉 (예제 파일: Sample/ Material image/guro sus.jpg) 적용]

– [Bitmap: Coordinates 의 Blur: 1.0, Bitmap parameters의 Filtering: Pyramidal]

❷ Reflect: [R: 166, G: 166 , B: 166]

❸ Reflect Map: [Falloff 적용]

– [Falloff: Color#1: R: 24, G: 15, B: 7, Color#2: R: 56, G: 42, B: 31, Falloff Type: Fresnel]

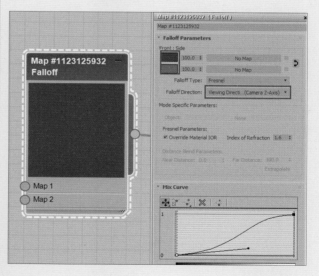

❹ HGlossiness: [0.8]

❺ HGlossiness Map: [Color Correction 〉 Bitmap 〉 (예제 파 일: Sample/Material image/guro sus bump.jpg) 적용]

– [Color Correction: Lightness의 Brightness: 28.904, Contrast: 49.502]

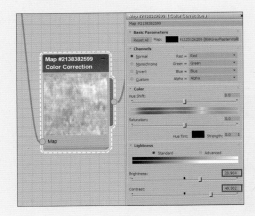

– [Bitmap: Coordinates의 Blur: 1.0, Bitmap parameters의 Filtering: Pyramidal]

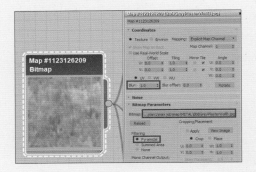

❻ RGlossiness: [0.8]

❼ RGlossiness Map: [Color Correction 〉 Bitmap 〉 HGlossiness에 적용한 Texture 적용]

– [Color Correction: Lightness의 Brightness: −20.266, Contrast: 63.455]

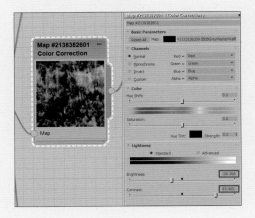

❽ Max depth: [2]

C. BRDF

❾ BRDF Type: [ward]

D. Maps

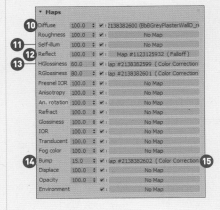

❿ Diffuse Amount: [100]

⓫ Reflect Amount: [100]

⓬ HGlossiness Amount: [60]

⓭ RGlossiness Amount: [80]

⓮ Bump Amount: [15]

⓯ Bump Map: [Color Correction 〉 Bitmap 〉 HGlossiness에 적용한 Texture 적용]

– [Color Correction: Lightness의 Brightness: −20.266, Contrast: 63.455]

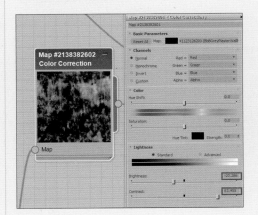

골드 스틸: Gold Sus

골드 스틸에 사용되는 재질로 실제 골드 색보다는 어둡게 만든 재질이다. Diffuse에서 색상을 변경하여 사용하고 헤어라인 스틸 재질처럼 빛이 반사되는 하이라이트의 강도와 각도를 BRDF의 Anisotropy와 Rotation에서 설정할 수 있다.

A. View

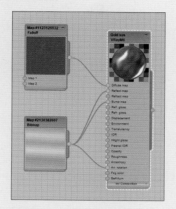

❷ Reflect: [R: 30, G: 30 , B: 30]

❸ Reflect Map: [Bitmap 〉 (예제 파일: Sample/Material image/Hairline.jpg) 적용]

– [Bitmap: Coordinates 〉 W Angle: 90, Blur: 0.35, Bitmap parameters의 Filtering: Summed Area]

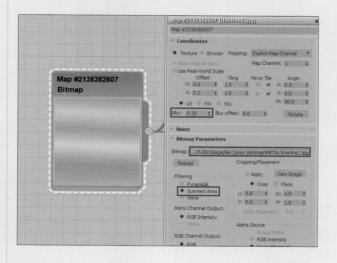

B. Basic parameters

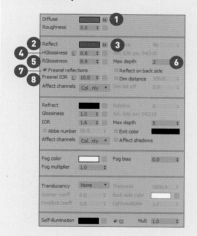

❶ Diffuse Map: [Falloff 적용]

– [Falloff: Color#1: R: 53, G: 21, B: 0, Color#2: R: 110, G: 47, B: 19, Falloff Type: Fresnel]

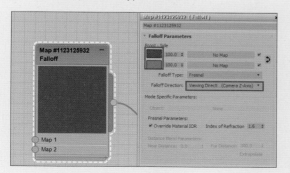

❹ HGlossiness: [0.8]

❺ RGlossiness: [0.9]

❻ Max depth: [3]

❼ Fresnel reflections: [체크]

❽ Fresnel IOR: [10]

C. BRDF

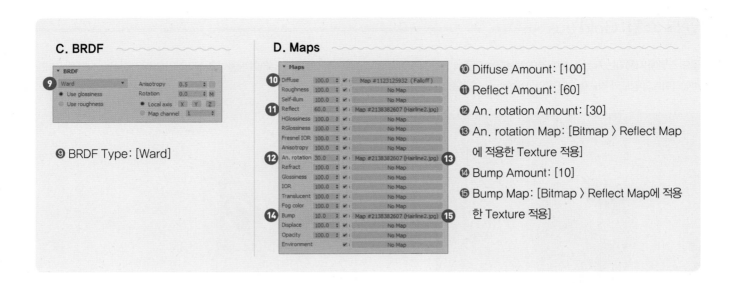

⑨ BRDF Type: [Ward]

D. Maps

⑩ Diffuse Amount: [100]

⑪ Reflect Amount: [60]

⑫ An. rotation Amount: [30]

⑬ An. rotation Map: [Bitmap > Reflect Map
에 적용한 Texture 적용]

⑭ Bump Amount: [10]

⑮ Bump Map: [Bitmap > Reflect Map에 적용
한 Texture 적용]

알루미늄 스틸: AL Sus

알루미늄 재질이다. RGlossiness의 값을 변경하여 표면의 거친 느낌을 부드럽게 하며 반사가 더 잘되도록 할 수 있다.

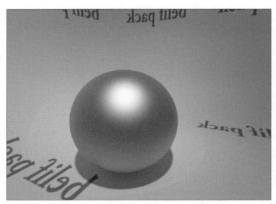

A. View

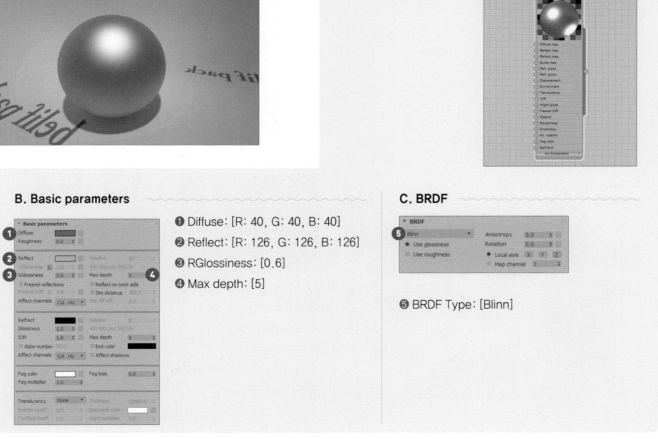

B. Basic parameters

❶ Diffuse: [R: 40, G: 40, B: 40]

❷ Reflect: [R: 126, G: 126, B: 126]

❸ RGlossiness: [0.6]

❹ Max depth: [5]

C. BRDF

❺ BRDF Type: [Blinn]

크롬 메탈: Metal Crome

다른 스틸 재질과는 다르게 투명하게 반사가 적용된 재질이다. 헤어라인이나 거친 느낌은 없다. HGlossiness의 값을 설정하여 하이라이트 효과를 강하게 줄 수 있고 Reflect의 값으로 반사되는 강도를 설정할 수 있다.

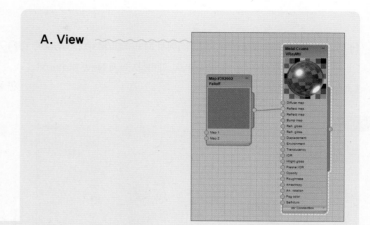

A. View

B. Basic parameters

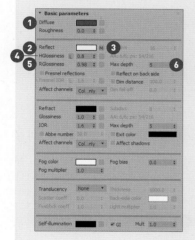

❶ Diffuse: [R: 25, G: 27, B: 29]

❷ Reflect: [R: 242, G: 242, B: 242]

❸ Reflect Map: [Falloff 적용]

❹ HGlossiness: [0.8]

❺ RGlossiness: [0.98]

❻ Max depth: [5]

C. BRDF

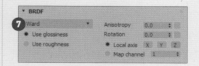

❼ BRDF Type: [Ward]

D. Maps

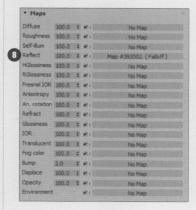

❽ Reflect Amount: [100]

- [Falloff: Color#1: R: 44, G: 44, B: 44, Color#2: R: 135, G: 135, B: 135, Falloff Type: Fresnel]

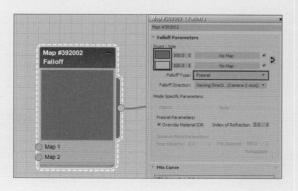

재질 저장하기

작업 시 재질을 처음부터 다시 만드는 번거로움을 줄이기 위해 만들었던 재질을 따로 저장한 후,
필요할 때마다 불러와 사용할 수 있는 방법을 알아보자.

01 [Slate Material Editor] 창 좌측에서 Material/Map Browser
바로 밑에 화살표(▼)를 클릭한 후, 대화상자에서 New Material
Library를 클릭한다.

02 [Create New Material Library] 창이 나타나면 사용자가 원하
는 경로에 파일 이름을 입력한 후, [Save] 버튼을 클릭하여 저장하
면 된다.

03 저장한 재질 파일을 불러올 경우 Material/Map Browser의 바
로 밑에 화살표(▼)를 클릭한 후, 대화상자에서 Open Material
Library를 클릭한다.

04 [Import Material Library] 창에서 저장했던 파일을 선택하여 불
러온다.

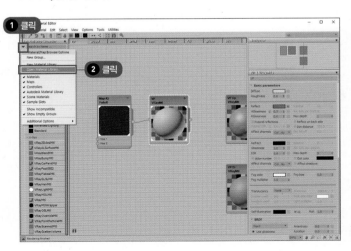

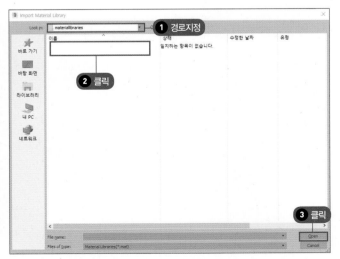

05 Material/Map Browser의 아래로 불러온 재질 파일 목록이 표시된다. 여기에 원하는 재질을 추가하여 등록한다.

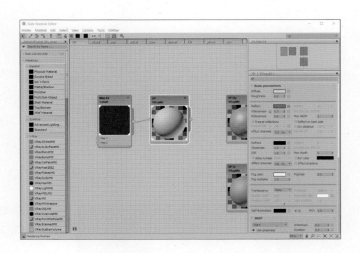

06 View 창에서 선택하여 등록하는 것은 되지 않는다. 오브젝트에 적용된 재질만 등록 가능하기 때문에 Material/Map Browser에서 Scene Materials의 목록을 찾는다. Scene Materials에는 오브젝트에 적용된 재질만 나타난다. 여기에서 목록에 추가할 재질을 우 클릭하고 대화상자에서 Copy to > New Library.mat(재질 파일 목록)를 클릭한다.

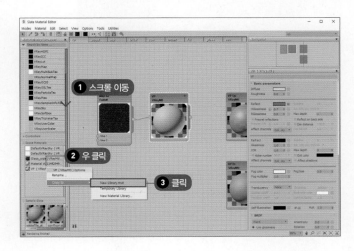

07 상단의 재질 파일 목록을 살펴보면 재질이 추가된 것을 확인할 수 있다.

08 추가된 재질 파일도 저장을 해야 한다. 재질 파일을 우 클릭한 후, 대화상자에서 지정된 경로의 Mat 파일 > Save를 클릭하여 변경된 재질 파일을 저장한다.

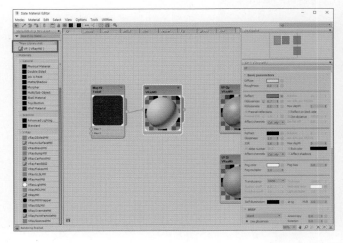

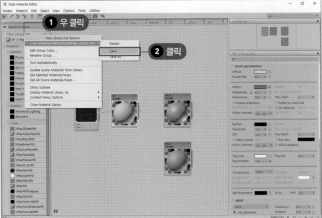

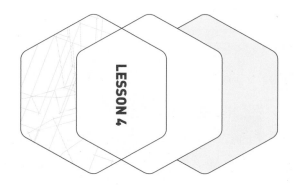

LESSON 4

UVW 사용하기

UVW는 재질에 적용한 Map을 올바르게 보여주기 위해 사용한다. 오브젝트의
맵핑 좌표를 적용하여 맵핑을 제어할 수 있다. 인테리어 공간 작업에서 공간과
카메라가 보여주는 시점에 맞게 UVW Map을 사용한다.

A. UVW Parameters

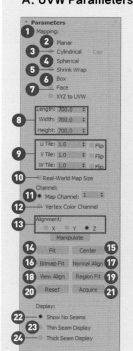

❶ Mapping : 맵핑되는 타입의 종류와 크기 타일링을 조절한다.

❷ Planar : 사각형의 면 형태로 맵을 사용한다.

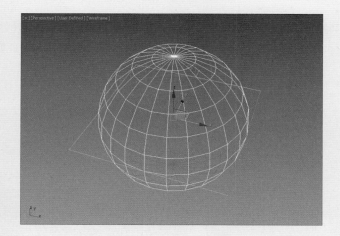

❸ Cylinder: 원기둥 형태로 맵 좌표를 만들어 사용한다. Cap을 체크하면 상하단의 윗면을 Planar 맵 형태로 지정한다.

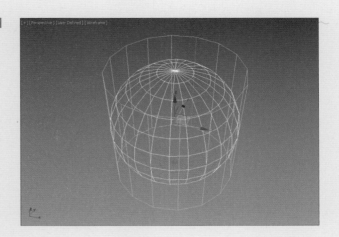

❹ Spherical: 구 형태의 맵 좌표를 만들어 사용한다.

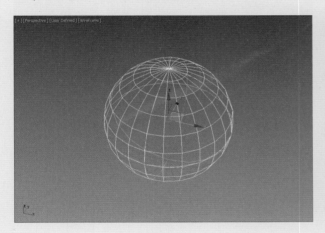

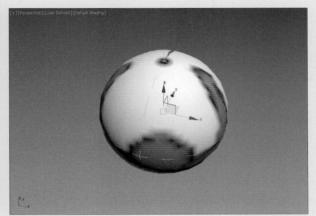

❺ Shrink Wrap: Spherical과 비슷하게 적용되나 풍선처럼 이미지가 한 방향으로 모이는 맵 형태로 지정된다.

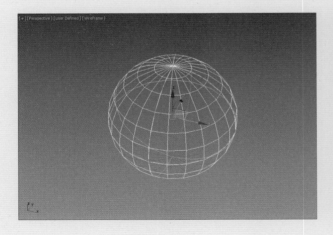

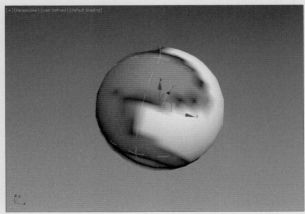

❻ Box : 정육면체 형태의 6개 면을 투영하여 맵 좌표를 만들어 사용한다.

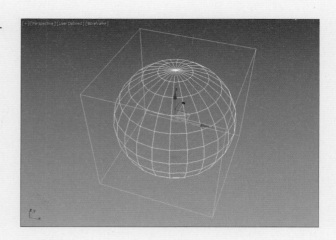

❼ Face : 오브젝트 면의 크기대로 반복되어 사용한다.

❽ Length, Width, Height : UVW Map Gizmo의 길이와 너비, 높이를 지정한다.

❾ U Tile , V Tile, W tile : UVW 방향으로 반복될 횟수를 정한다.

❿ Real-World Map Size : 체크했을 때 오브젝트에 적용되는 맵핑의 크기가 실제 맵핑 크기로 적용된다.

⓫ Map Channel : Map의 채널을 지정하여 사용가능하다.

⓬ Vertex Color Channel : 선택했을 때 지정한 오브젝트의 Vertex Color를 사용할 수 있다. 사용하려면 선택한 오브젝트에서 Editable Poly나 Mesh의 Vertex Color를 적용한다.

⓭ Alignment : X/Y/Z축 방향으로 맵을 설정할 수 있다.

▲ Face

⓮ Fit : Gizmo를 오브젝트의 크기로 맞춘다.

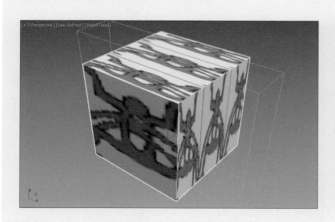

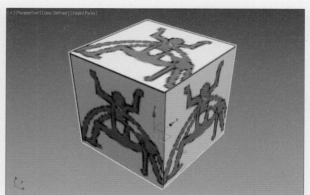

⑮ Center: 오브젝트 중심으로 Gizmo를 움직인다.

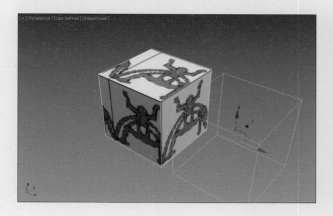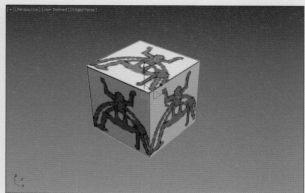

⑯ Bitmap Fit: 오브젝트와는 별도로 선택한 맵의 가로와 세로 비율로 Gizmo를 설정한다.

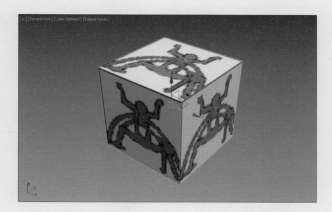

⑰ Normal Align: 선택한 오브젝트를 다른 오브젝트의 표면으로 정렬한다.

⑱ View Align: 선택한 View의 방향으로 Gizmo를 정렬한다.

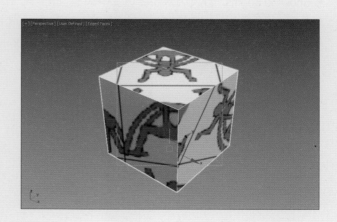

⑲ Region Fit: 마우스를 드래그하는 영역 범위만큼 적용되는 크기를 조절한다.

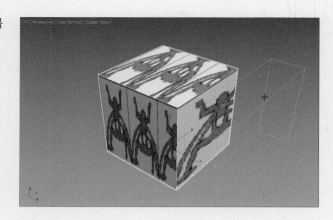

⑳ Reset: UVW Map의 초깃값으로 되돌린다.

㉑ Acquire: UVW Map이 적용된 다른 오브젝트의 UVW Map을 복사한다.

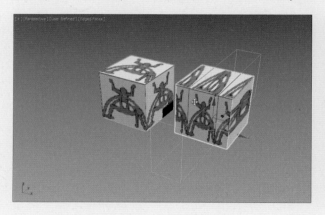
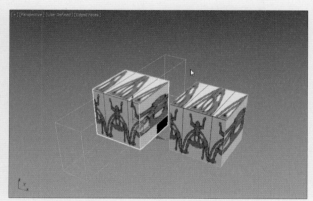

㉒ Show no Seams: 맵핑 경계를 뷰포트에 표시하지 않는다.

㉓ Thin Seam Display: 맵핑 경계의 얇은 선을 기준으로 Viewport에 표시한다.

㉔ Thick Seam Display: 맵핑 경계를 두꺼운 선을 기준으로 Viewport에 표시한다.

재질을 사용할 때 주의할 점

필자가 만든 재질들은 Color Correction을 사용하여 적용된 Bitmap의 음영을 조절하여 사용하였다. 재질을 불러온 후, 다른 Bitmap을 사용할 때 이미지의 명암에 따라 Color Correction의 값을 전부 변경하여 사용해야 한다.

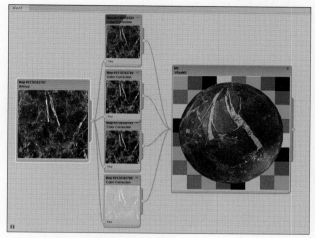

▲ 어두운 재질을 적용 했을 때

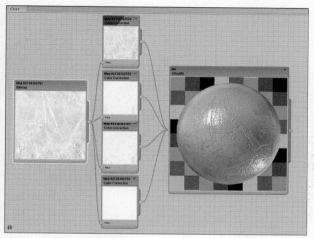

▲ 밝은 재질을 적용 했을 때

또한 감마값이 2.2으로 설정되어 있어 실제 색상의 RGB 값을 3ds Max에서 입력하면 달라진다. 차이를 파악하면서 색상 값을 설정해야 한다.

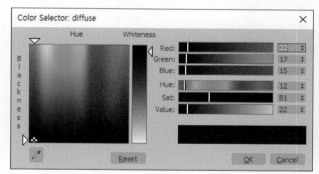

▲ Gamma 1.0

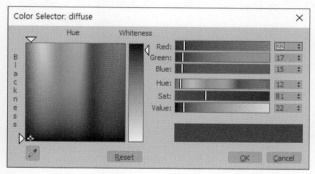

▲ Gamma 2.2

사실적인 표현을 위해 조명과 카메라는 밀접한 관계를 가지고 있다.
3ds Max에서 제공하는 조명과 카메라의 기본 기능은 물론 실무자들이 많이 사용하는
VRay 전용 조명과 카메라에 대해 파악하여 좋은 장면을 연출하기 위한 밑거름을 다져보자.

3DS MAX 2018

6

조명(Lighting) &
카메라(Camera)

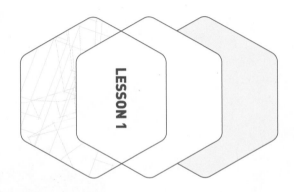

LESSON 1

Light의 이해

공간에 Light를 사용하기 전 조명에 대해 이해하고 3ds Max에서 사용되는 조명의 종류와 특징에 대해 알아보자.

SECTION 1

조명 이해하기

조명의 종류와 색의 온도에 대한 지식은 렌더링 시 사실적인 표현을 효과적으로 표현할 수 있다.
동일한 공간이라도 조명 방식에 따라 다양한 느낌을 연출할 수 있다.

조명의 종류

조명은 크게 간접 조명과 직접 조명으로 나뉘고 그 사이에 반직접 조명과 반간접 조명이 있다. 간접 조명은 천장과 벽면에서부터 반사되는 빛을 이용한 조명으로 부드럽고 은은한 효과를 연출하기 위해 사용된다. 흔히 우리가 사용하는 테이블 스탠드와 벽면 브래킷(벽 등)이 있다.

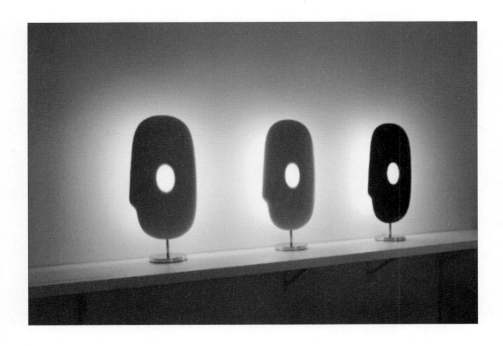

A. 직접 조명은 반사 갓을 사용하여 빛을 모아 비추는 방식으로 조명의 효과는 좋지만 눈부심이나 균등한 조도의 분포를 얻기 힘들며 강한 그림자가 생긴다. 우리 주위에서는 금속으로 사용되는 펜던트와 스포트라이트 등이 해당된다.

B. 반직접 조명은 반투명의 유리나 플라스틱을 사용하여 60~90%의 빛만 사물에 가해지고 나머지는 천장과 벽에 반사되는 방식으로 직접 조명보다는 약하지만 그림자와 눈부심이 생긴다. 주로 사무실이나 주거 공간에 사용되는 조명이다.

C. 반간접 조명은 반직접 조명과는 반대로 10~40%의 빛만 사물에 가해지고 나머지는 천장과 벽에 반사되는 방식으로 부드러운 그림자와 눈부심이 적어진다. 같은 공간에 오래 있어야 하는 교실이나 사무실의 조명으로 사용된다.

D. 직접과 간접 조명의 중간 방식으로 전반 확산 조명도 있다. 일정한 높이와 같은 간격에서 전체적으로 균일하게 하는 방식으로 확산이 잘되도록 덮개를 사용하여 모든 방향으로 빛이 확산된다.

t i p

실무 작업 시 시중에 판매되고 있는 조명의 종류와 다양한 공간에서 사용하고 있는 조명에 대해 알고 있으면 효과적으로 조명 연출 작업을 진행할 수 있다.

조명의 색온도

빛의 광원에 따라 색이 존재한다. 이런 광원의 절대온도를 이용하여 숫자로 표시한 것을 색온도라고 한다. 흔한 예로 새벽에 일어나 창밖을 보면 푸르스름하게 보이는 것과 노을 질 때 노랗게 보이는 것을 생각하면 쉽다. 붉은색 광원일수록 색온도가 낮고 푸른색 광원일수록 색온도가 높다.

t i p

필자는 조명의 색을 설정할 때 색온도를 사용한다. 전구색: 2800K, 주백색: 5000K, 주광색: 6500K인데 주로 따뜻한 느낌을 주기 위해 4800~5200 사이의 값을 입력하여 사용하고 후보정을 통해 과한 색온도의 느낌을 보정한다.

색온도에 따라 전구색, 백색, 주광색으로 나뉘는데 백색으로 갈수록 흰빛이나 푸른색이 감돌고 전구색으로 갈수록 노란빛이 나타난다.

실제로 공간마다 사용되는 전구색은 다르다. 전구색은 카페나 레스토랑 같은 안락함을 주기위해 자주 사용되며 백색과 주광색은 장기간 집중력을 요하는 사무실이나 교실과 같은 곳에 사용된다. 공간의 목적에 따라 사용되는 조명의 색도 다르지만 색온도에 따라 공간을 표현하는 느낌도 달라진다. 이처럼 조명의 색온도에 따라 다양한 느낌을 표현할 수 있으니 참고하여 작업 시 적용해보자.

VRay Light 알아보기

VRay 렌더링에 최적화되어 있고 빛의 효과와 강도 및 그림자의 연출이 자연스러워 VRay 렌더링 시 효과적이다.

VRay Light는 4가지의 종류를 사용한다. VRayLight를 가장 많이 사용하며 VRayIES는 Photometric Light처럼 IES 파일을 사용하고 VRayambientlight는 빛을 특정한 방향 없이 표현할 때 사용한다. VRaySun은 Standard의 Skylight처럼 실제 태양과 하늘의 빛을 표현하기 위해 사용한다.

VRayLight

주로 사용되는 일반적인 라이트이다. 라이트 타입에 따라 천정 조명이나 ISO 모델링 시 벽체를 밝혀줄 때 사용하거나 펜던트 조명, 스탠드 조명 등 일반적인 조명에 사용된다.

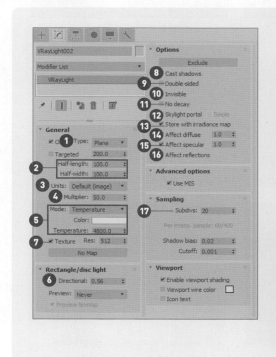

❶ Type: Plane, Dome, Sphere, Mesh, Disc의 5가지 종류를 선택한다.

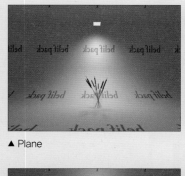

▲ Plane

▲ Dome

▲ Sphere

▲ Mesh

▲ Disc

❷ Half-length/Width/Radius: Plane은 가로와 세로를 Sphere와 Disc는 반지름을 정한다.

❸ Units: 조명 빛의 단위를 정한다.

❹ Multiplier: 조명 빛의 세기를 입력한다.

❺ Mode: 조명의 색상을 Color로 직접 지정하거나 Temperature로 색온도 값을 입력하여 설정한다.

❻ Directional: 조명의 빛을 가운데로 모아주는 역할을 한다. 값이 1에 가까워질수록 빛이 가운데로 모아진다.

▲ Directional: 0

▲ Directional: 0.5

▲ Directional: 0.9

t i p

Directional의 값에 따라 조명의 빛이 가운데로 모아지고 그림자의 표현도 강해진다. 보통 0.45~0.6 사이로 적용하며 적절한 빛과 그림자를 조절하여 사용한다.

❼ Texture: Plane 형태의 조명을 사용할 때 Texture를 적용한다.

❽ Cast shadows: 체크하면 그림자가 만들어진다. 해제하면 그림자가 생기지 않는다.

❾ Double-sided: 체크하면 양쪽으로 조명 효과가 나타난다.

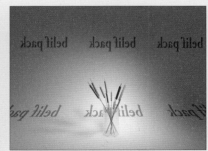

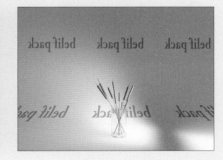

⑩ Invisible: 조명이 카메라와 굴절되는 효과에서 보이지 않는다.

⑪ No decay: 체크하면 거리에 따른 빛의 감쇄 효과가 적용되지 않는다.

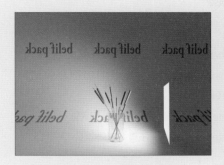
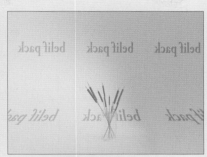

⑫ Skylight portal: VRaysky의 빛을 모아주는 역할을 한다.

⑬ Store with irradiance map: GI를 Irradiance map으로 설정하면 렌더링할 때 사용된 데이터를 불러온다.

⑭ Affect diffuse: 체크하면 VRayLight로 만들어진 반사광을 적용한다. 체크 해제에는 재질의 색상이 나타나지 않는다.

⑮ Affect specular: 재질에 적용된 반사광을 제어한다.

⑯ Affect reflections: 반사 영역에서 조명이 비치지 않게 한다.

⑰ Subdivs: 렌더링할 때 조명을 계산하는 샘플의 수를 결정한다. 값이 높을수록 부드럽게 표현되지만 렌더링 시간이 오래 걸린다.

▲ Subdivs: 3

▲ Subdivs: 30

VRay IES

일부 영역에 강한 빛을 비춰주는 스폿 라이트이다.
빛의 영역이 보이며 벽면 또는 일정 영역에 스폿
라이트를 설치하여 실내 분위기를 연출할 때 사용
한다.

❶ enabled: Light를 On/Off 한다.

❷ ies file: 클릭하여 사용할 IES 파일을 불러온다.

❸ shape subdivs: 조명의 퀄리티를 설정한다.
수치가 높아질수록 부드러워지고 렌더링 시간이
늘어난다.

❹ intensity type: 조명 세기의 단위를 정한다.

❺ intensity value: 조명 세기의 값을 입력한다.

VRayAmbientLight

VRayLight 설치 시 공간의 빛이 부족하여 어두울 경우 전체적으로 밝기를 추가해주는 라이트이며 다른 조명과 달리 그림자가 발생하지 않는다.

❶ mode: VRayAmbientLight가 Direct+GI, Direct Light, GI 등 총 3가지 타입으로 영향을 주는 곳을 설정
한다.

▲ Direct+GI

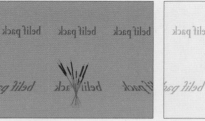

▲ Direct Light

▲ GI

❷ gi min distance: 물체의 경계를 기준으로 지정한 거리안의 GI가 VRayAmbientLight에 영향을 받지 않는다.

❸ compensate exposure: 체크하면 VRayPhysicalCamera를 사용할 때 Exposure 설정에 영향을 받지
않는다.

VRaysun

태양빛과 같은 효과를 주는 라이트이다. 그림자가 표시되며 빛의 방향과 강도에 따라 그림자의 세기를 설정할 수 있다. 주로 외부 장면과 내부 장면에서 창가로 들어오는 빛을 연출할 때 사용한다.

❶ turbidity: 대기 중 먼지의 양을 결정하여 먼지의 양에 따라 태양과 하늘의 색상이 변경된다. 값이 낮으면 푸른색, 높으면 노랗게 보인다.

 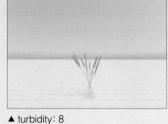 

▲ turbidity: 2   ▲ turbidity: 8   ▲ turbidity: 10

❷ ozone: 대기 중 오존의 양을 결정하여 태양빛이 변경된다. 값이 낮으면 노랗게, 높으면 푸르게 보인다.

▲ ozone: 0   ▲ ozone: 0.5   ▲ ozone: 1

❸ Intensity multiplier: Light의 세기를 결정한다.

❹ size multiplier: 카메라와 반사에 나타나는 태양의 크기를 결정한다. 태양의 크기가 커질수록 그림자가 부드러워진다.

  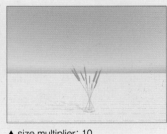

▲ size multiplier: 0   ▲ size multiplier: 5   ▲ size multiplier: 10

❺ Sky model: 하늘을 표현하기 위한 세 가지 모델로 기본 설정은 Preetham et al.로 되어 있고 맑은 하늘은 CIE Clear, 구름 낀 하늘은 CIE Overcast를 사용한다.

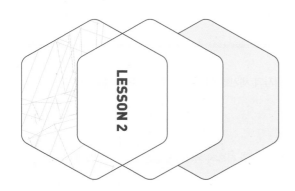

LESSON 2

Light의
설치 방법 알기

Light는 장면 연출 방법에 따라 배치와 설정이 달라진다. 우선적으로 클라이언트가 원하는 느낌에 따라 달라지고 그다음 시간의 흐름에 맞게 변경되며 마지막으로 선택한 장면에 따라 달라진다. 투시도와 아이소메트릭, 외부 조감도를 표현할 때 적용하는 방법을 알아보자.

SECTION 1

투시도를 표현하는 방법

호텔의 복도, 건물의 로비 카페, 교실이나 사무공간 등 공간의 용도에 따라 달라진다. 다른 이유로는 낮과 밤에 따라 조명의 연출이 달라져야 한다. 공간마다 다양하게 연출하는 방법과 주경, 야경을 구분하여 조명을 표현하는 방법에 대해 알아보자.

주경 & 야경

주경과 야경 공간의 빛 연출 시 차이점은 첫 번째로 햇빛 효과에 의한 것이다. 햇빛이 들어오는 실내 공간이라면 낮에는 빛의 양이 많고 밤에는 외부 환경에 따라 다르지만 빛의 양이 작아질 수밖에 없다. 또한 낮에는 햇빛을 주로 사용하지만 밤에는 실내 조명도 같이 사용하기 때문에 빛의 연출이 달라진다.

예제 파일 | Sample/Part06/Lesson02/DayTime.ZIP

주경 장면은 햇빛의 양을 먼저 생각해야 한다. 그다음 조명은 빛이 생성되는 곳과 조명의 종류에 맞게 배치한다. 다음 이미지는 주경 장면을 작업한 결과물이다. 조명은 밖에서 들어오는 햇빛과 펜던트 조명, 스포트라이트 조명으로 배치하였다.

01 예제로 주어진 파일을 3ds Max로 불러오면 다음 이미지와 같은 V Camera View가 잡혀 있고 공간 조명은 설치되지 않은 상태이다.

예제 파일 | Sample/Part06/Lesson02/DayTime.ZIP

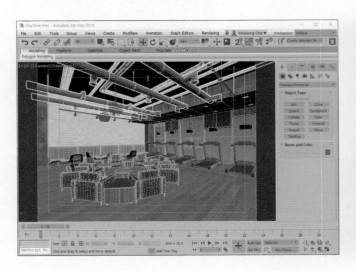

02 메인 툴바에서 Render Production( )(Shift + Q)을 클릭하여 렌더링된 결과를 확인한다. 빛이 없는 공간이라 어둡게 나올 것이다. 조명을 하나씩 추가하면서 렌더링 결과를 확인하고 빛의 효과를 파악하여 장면을 완성해 나간다.

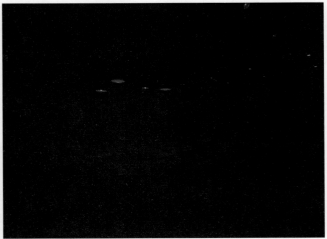

> **t i p**
> 현재 렌더링은 V-Ray Frame buffer를 사용하여 진행한다.

03 첫 번째로 밖에서 들어오는 햇빛을 만든다. Left 뷰에서 커맨드 패널의 Create 〉 Lights 〉 VRay 〉 VraySun을 클릭한 후, 임의로 만들면 [V-Ray Sun] 창이 나타난다. 그다음 [예(Y)] 버튼을 클릭하여 생성을 완료하면 [Environment and Effects](8) 창의 [Environment] 탭에서 Common Parameters의 Environment Map에 DefaultVRaysky가 적용된다. Use Map을 체크 해제하면 적용이 되지 않는다.

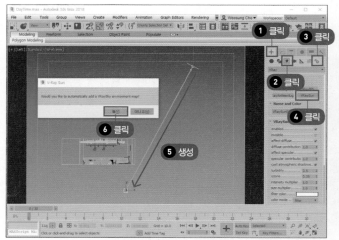

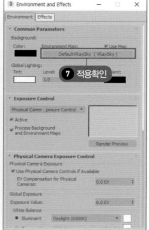

04 화면에서 VRaySun을 선택한 후, 다음과 같이 설정을 변경한다.

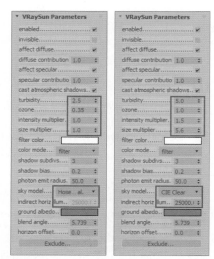

▲ 변경 전　　　　　　▲ 변경 후

05 Top 뷰로 변경한 후, 공간 안쪽으로 빛이 들어오게 위치를 조정한다. VRaySun001을 클릭하여 다음과 같이 위치와 각도를 조정한다. 그리고 메인 툴바에서 Render Production( )(Shift + Q)을 클릭하여 렌더링을 확인한다.

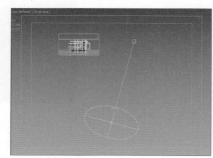

▲ Top view

▲ Left view

06 렌더링 결과를 확인하면 공간에 전체적으로 빛이 들어오는 것을 확인한다.

07 천장의 펜던트 안에 조명을 만든다. P lamp를 선택한 후, 다른 오브젝트들을 Unhide 한다.

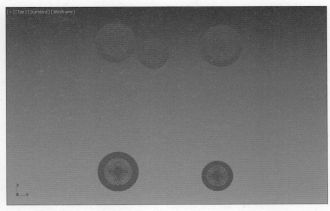

08 Top 뷰에서 커맨드 패널의 Create 〉 Lights 〉 VRay 〉 VRayLight를 클릭한 후, 펜던트 조명의 중간 위치 부근에 임의의 크기로 만든다.

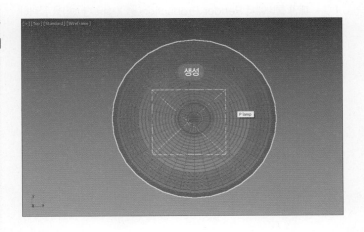

09 Modify 창에서 Name and color에 'P lamp light'를 입력한 후, VRayLight 설정을 다음과 같이 변경한다.

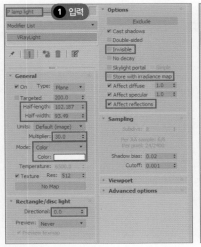

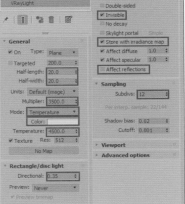

▲ 변경 전   ▲ 변경 후

10 P lamp light의 위치를 펜던트 안쪽 전구 바로 밑으로 이동한다.

11 다른 펜던트의 전구 밑에도 Light를 Instance 복사한다.

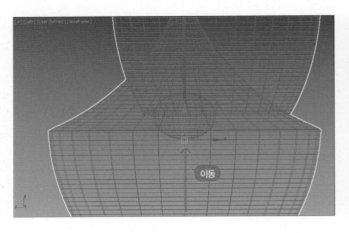

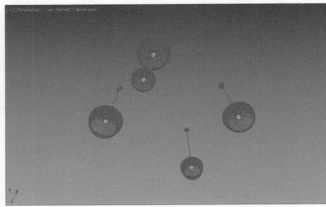

12 메인 툴바에서 Render Production( )(Shift + Q)을 클릭하여 렌더링을 한다. 그다음 렌더링 된 결과를 확인하면 펜던트 안이 밝아지고 테이블 공간이 더 밝아진 것을 확인한다.

12 다음은 벽에 스포트라이트를 설치한다. H Spot Group을 선택하고 다른 오브젝트를 Hide 한다.

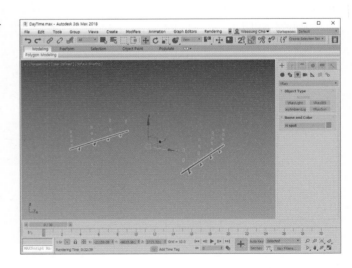

13 커맨드 패널의 Create 〉 Lights 〉 VRay 〉 VRayIES을 클릭한 후, Front 뷰로 전환하고 스포트라이트 높이에서 바닥을 향하게 만든다.

14 만든 VRayIES를 선택한 후, Name and color에 'H IES'를 입력한다. 그다음 VRayIES Parameters의 ies file의 None을 클릭하여 예제 폴더의 1589835_nice.IES 파일을 적용한다.

⬤ 예제 파일 | Sample/IES/1589835_nice.IES

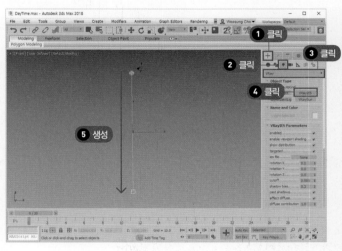

15 다음으로 VRayIES Parameters의 color mode를 Temperature로 변경한 후, color temperature에 3800을 입력한다.

16 Front 뷰에서 H IES를 스포트라이트 위치로 최대한 가깝게 이동한다.

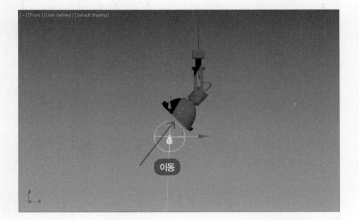

17 H IES. Target을 선택한 후, 하단의 절대좌표 X에 −25420.992 을 입력하여 이동한다.

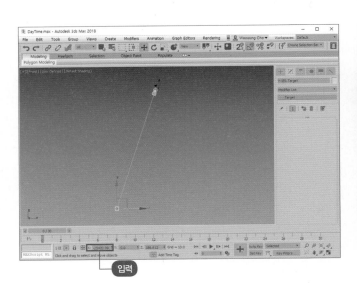

18 Top 뷰로 변경한 후, 스포트라이트의 위치로 이동한다. 그다음 스 포트라이트의 개수만큼 Shift 를 누른 상태로 이동하여 Instance 복사를 한다.

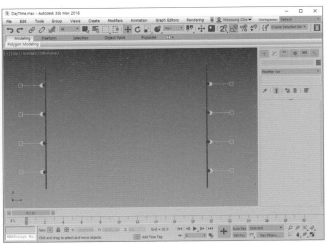

19 모든 오브젝트를 보이도록 Unhide 한다. 그다음 메인 툴바에서 Render Production( )(Shift + Q)을 클릭하여 렌더링을 확인한다. 벽에 스포트라이트 빛을 비추어 낮 공간의 조명 연출을 완성한다.

기능
예제
따라하기

예제 파일 | Sample/Part06/Lesson02/NightTime.ZIP

야경 장면 연출 시 외부 조명은 은은하게 비추도록
하고 실내 조명 효과가 크게 보이도록 한다. 또한
주경과는 다른 야경만의 조명 연출을 추가한다.

제공된 야경 장면 예제 파일과 아래의 야경 렌더
링 결과 이미지를 확인하여 주경 장면을 야경 장
면으로 수정해보자.

예제 파일 | Sample/Part06/Lesson02/
NightTime.ZIP

▲야경 렌더링 이미지

화장실 공간

화장실 공간의 경우 천장 조명보다 간접 조명 효과로 분위기를 연출하는 경우가 많다. 천장 조명이 없는 경우가 많고 간접 조명으로 공간의 밝기가 정해진다.

예제 파일: Sample/Part06/Lesson02/Toilet.ZIP

제공된 화장실 공간 분위기를 조명의 설정을 변경하여 다른 느낌으로 만든다. Light를 추가로 만들지 않고 현재 만들어져 있는 Light만을 사용한다.

01 예제 파일을 3ds Max로 불러오면 V Camera View와 조명이 설치되어 있다. 메인 툴바에서 Render Production(🐤)(Shift + Q)을 클릭한 후, 렌더링을 실행하여 현재 분위기를 확인한다.

02 밝은 분위기의 화장실이 연출되어 있다. Light의 설정을 조절하여 다른 분위기로 연출한다. 천장에 있는 ceil light를 선택한 후, 설정을 다음과 같이 변경한다.

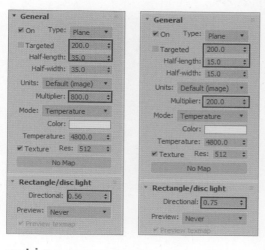

> **t i p**
>
> 천장의 Light는 Instance Copy 상태로 되어 있다.

03 메인 툴바에서 Render Production( )(Shift + Q)을 클릭하여 렌더링을 한다. 변경된 Light로 인한 어두워진 분위기를 확인한다.

04 거울 위아래 간접 조명을 더 확산시키기 위해 만들어진 mirror, in light, in light001를 선택하고 나머지 오브젝트를 Hide 한다.

05 Front 뷰에서 위쪽의 in light를 선택한 후, 거울 위쪽으로 Shift 를 누른 채 이동하여 Instance 복사를 한다.

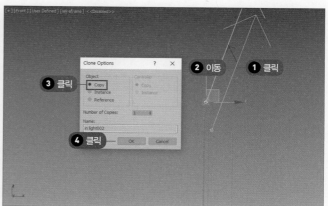

06 메인 툴바에서 Select and Rotate(⟳)(E)으로 변경한 후, in light를 하단의 절대좌표 Z에 −65가 되도록 회전한다.

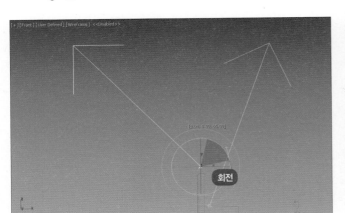

07 메인 툴바에서 Select and Move(✥)(W)으로 변경한 후, mirror 위쪽으로 위치를 이동한다.

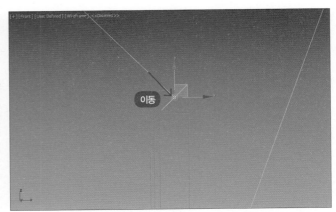

08 메인 툴바에서 Mirror(▥)를 클릭한 후, [Mirror: Screen C...] 창에서 Mirror Axis의 Y를 선택하고 Clone Selection에서 Instance를 선택한다. 그다음 [OK] 버튼을 클릭하여 복사한다.

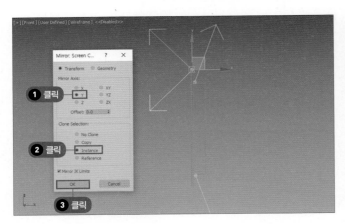

09 Mirror 복사한 오브젝트를 선택한 후, 거울 하단으로 이동한다.

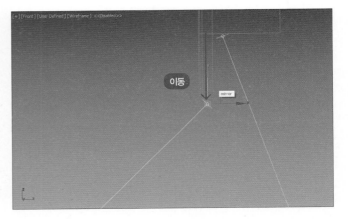

10 in Light002 오브젝트를 선택한 후, 설정을 다음과 같이 변경한다.

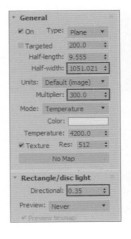
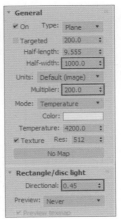

11 메인 툴바에서 Render Production(🖼️)(Shift + Q)을 클릭하여 렌더링한 후, 추가된 간접 조명의 확산 범위를 확인한다.

12 화장실 세면대의 하부에도 간접 조명을 만든다. Top 뷰에서 Wash d 오브젝트를 제외하고 다른 오브젝트를 전부 Hide 한다.

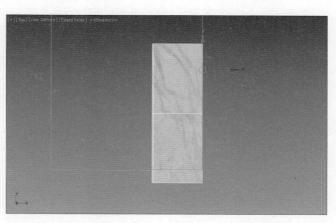

13 커맨드 패널의 Create 〉 Lights 〉 VRay 〉 VRayLight를 클릭한 후, 임의의 크기로 만든다.

14 Name and color에 'Wash d light'를 입력한 후, 설정을 다음과 같이 변경한다.

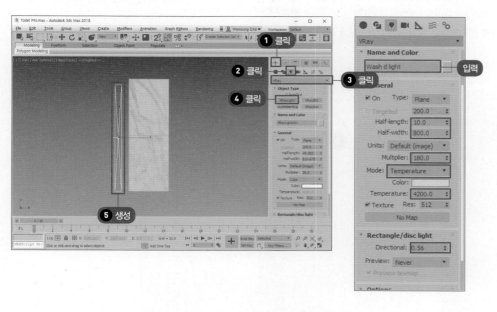

15 Front 뷰로 변경한 후, Wash d light를 세면대 하부 밑으로 이동한다. 그다음 메인 툴바에서 Select and Rotate(C)(E)으로 변경한 후, Wash d light를 하단의 절대좌표 Z에 35가 되도록 회전한다.

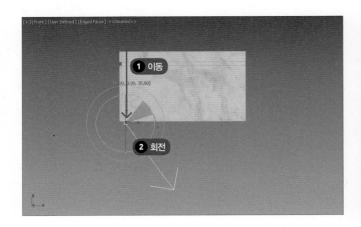

16 메인 툴바에서 Render Production( )(Shift + Q)을 클릭하여 렌더링한 후, 세면대 하부 간접 조명이 퍼져 나오는 효과를 확인한다.

17 그다음 정면의 도어 밑에서 빛이 비추도록 Light를 만든다. Top 뷰에서 WireFrame(F3)로 변경한다. 그리고 커맨드 패널의 Create 〉 Lights 〉 VRay 〉 VRayLight를 클릭한 후, 임의의 크기로 만든다.

18 Name and color에 's light'를 입력한 후, 설정을 다음과 같이 변경한다.

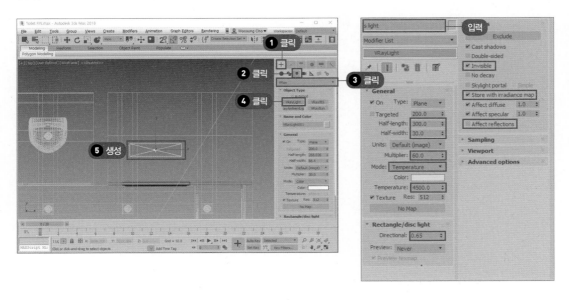

19 Left 뷰로 변경한 후, slight 오브젝트를 다음과 같이 이동하고 메인 툴바에서 Select and Rotate(⟳)(E)을 선택한다. 그다음 하단의 Z 값이 55가 되도록 회전한다.

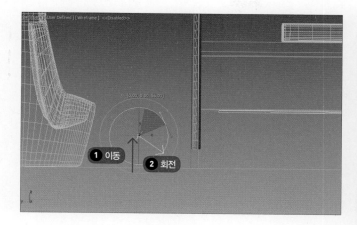

20 메인 툴바에서 Render Production(🫖)(Shift+Q)을 클릭한 후, 렌더링하여 도어의 하부 틈 사이로 빛이 들어오는 것을 확인한다.

21 소변기가 있는 좌측에 조명을 설정하여 밝게 Top 뷰에서 ceil light 중 하나를 선택하여 Shift를 누른 채 소변기 위 천장 위치로 이동한 후, [Clone Options] 창에서 Copy 복사를 한다.

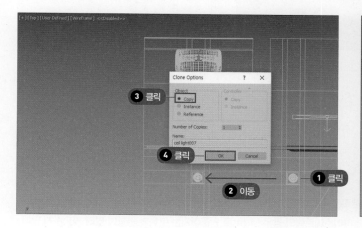

22 Left 뷰로 변경한 후, 위치를 조명 밑으로 이동한다.

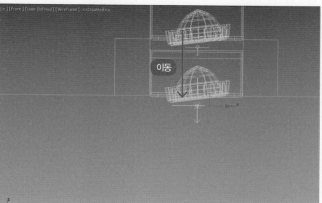

23 복사한 light의 설정을 다음과 같이 변경한다.

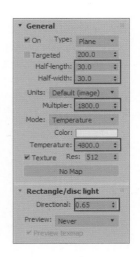

24 메인 툴바에서 Render Production(🐷)(Shift + Q)을 클릭한 후, 렌더링 결과를 확인한다.

t i p

조명의 색상을 변경하여 분위기를 연출할 수 있다.

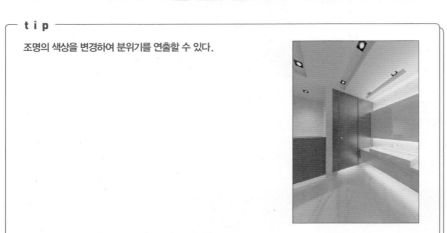

SECTION 2

아이소메트릭을 표현하는 방법

아이소메트릭은 공간 전체의 구조나 가구와 같은 집기류 배치를 확인하기 위해 필요하다.
아이소메트릭의 경우 Light로 만들어지는 분위기 연출이 많이 필요하지 않다.

아이소메트릭(ISO)

아이소메트릭은 VRayLight를 이용하여 공간의 면적보다 넓게 사용한다. 천장의 Light를 설치하지 않고 가구에 들어가는 조명이나 벽체의 간접 등만 표현한다.

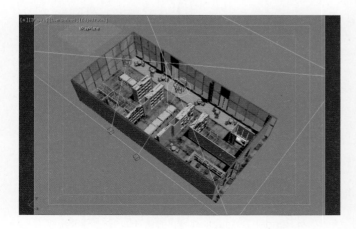
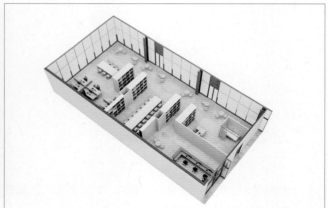

기능
예제
따라하기

ISO 장면 만들기

예제 파일 | Sample/Part06/Lesson02/ISO.zip

01 3ds Max를 실행한 후, 제공된 예제 파일을 불러오면 2F iso c Camera의 View를 확인할 수 있다.

02 Top 뷰로 변경한 후, 커맨드 패널의 Create 〉 Lights 〉 VRay 〉 VrayLight를 클릭하여 그림과 같이 공간의 면적보다 넓게 설정한다.

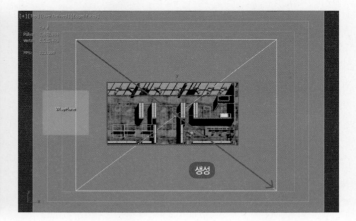

생성

03 만들어진 Light를 선택한 후, Modify 창의 Name and color에 'ISO light'를 입력한다. 그
　　 다음 설정을 다음과 같이 변경한다.

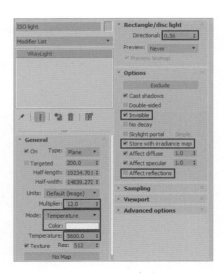

04 설정을 완료한 후, Front 뷰로 변경한다. 그다음 하단의 절대좌표
　　 Z에 12000을 입력하여 이동한다.

05 Camera View(C)를 클릭하여 View를 변경한 후, 메인 툴바에
　　 서 Render Production(　)(Shift + Q)을 클릭하여 렌더링을
　　 확인한다.

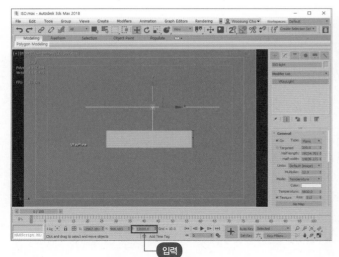

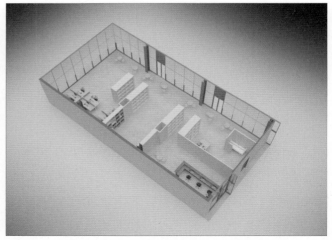

06 보정 작업을 통해 어두운 부분의 밝기를 조절하여 완성한다.

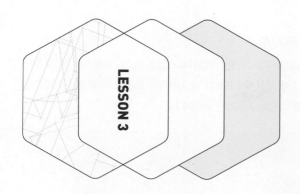

LESSON 3

Camera에 대해서 파악하기

장면 연출 시 카메라의 종류와 그에 따른 설정 값을 알아야 좋은 구도를 선택할 수 있다. 카메라의 구도와 기능에 대해 알아보자.

SECTION 1

Camera 시점에 따른 구도 찾기

장면에 따라 적절한 Camera를 사용하는 것이 중요하다. 소점과 시점에 따라 구도의 어떤 영향이 미치는지 확인해보자.

소점에 따른 구도의 구별

소실점의 개수에 따라 구분하는 방법이다. 소실점의 개수에 따라 1점 투시, 2점 투시, 3점 투시로 구분된다.

A. 1점 투시도

1개의 소실점을 두고 그리는 방법이며 소점을 기준으로 물체나 건물이 수직, 수평으로 구성하는 장면에 적합하여 전체적인 공간 느낌을 강조하고 싶을 때 많이 사용하는 구도이다.

▲ 1점 투시도

B. 2점 투시도

2개의 소실점을 두고 그리는 방법이며 소점을 기준으로 물체나 건물이 수직으로 구성하는 장면에 적합하여 특정 대상을 집중시킬 때 많이 사용하는 구도이다.

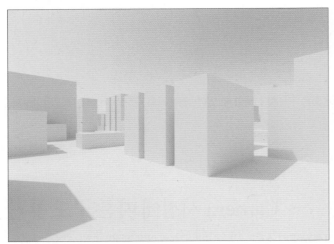

▲ 2점 투시도

C. 3점 투시도

3개의 소실점을 두고 그리는 방법이며 소점을 기준으로 물체의 3면이 보이기 때문에 1점, 2점 투시도보다 더 입체적인 표현이 가능하다. 주로 조감도를 표현할 때 많이 사용하는 구도이다.

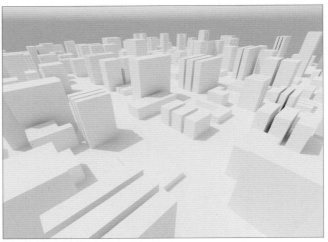

▲ 3점 투시도

Camera 시점에 따른 좋은 구도 찾기

구도는 Camera의 시점 즉, 위치에 따라 결정된다. 또한 동일한 시점이라도 화각에 따라 그 느낌이 다르기 때문에 확인해보도록 하자.

A. Camera의 시점

일반적으로 관찰자의 눈높이(1,700mm)를 기준으로 하여 진행한다.

▲ 1,700mm

▲ 1,000mm

▲ 2,500mm

> **tip**
>
> 실내 투시도의 경우 일반적으로 사람의 평균키 높이로 카메라 위치를 설정하는데 늘 보던 장면을 연출하여 안정감을 주기 위해서다.
> 그러나 천장의 높이가 낮아 답답해 보이거나 천장과 특정 위치를 강조하고 싶을 때는 높이를 적절히 조절하는 것이 필요하다.

B. Camera의 화각

Physical Camera의 Lens에서 Focal Length를 광각의 18mm로 설정한다. 화각을 광각으로 설정하면 넓은 화면을 담을 수 있어 한 번에 많은 구조물을 보여줄 수 있는 장점이 있다. 그러나 화면 가장자리로 갈수록 왜곡 현상이 발생하는 단점이 있어 상황에 맞게 잘 조절해야 한다. 일반적으로 18mm의 화각을 많이 사용한다.

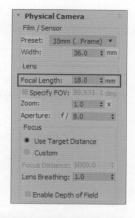

▲ Focal Length: 18

▲ Focal Length: 10

▲ Focal Length: 25

ISO의 경우에는 40~45 정도를 사용한다.

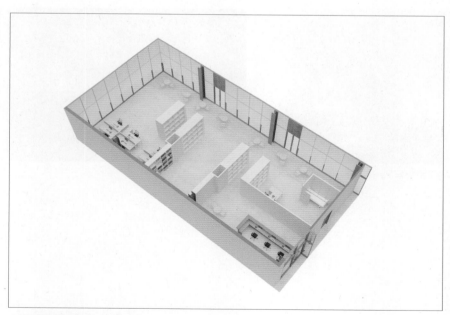

▲ ISO Focal Length: 42

Interior/Exterior에 사용되는 구도 알기

Interior에서는 1, 2점 투시도를 많이 사용하고 Exterior의 경우 2점 투시도를 주로 사용한다. 또한 조감도와 ISO는 3점 투시도를 사용한다. 주된 건물을 강조할 때 2점 투시도를 많이 사용하고 거리나 배경 전체를 표현할 때는 1점 투시도도 같이 사용한다.

A. Interior에 사용되는 구도

▲ 1점 투시도

▲ 2점 투시도

B. Exterior에 사용되는 구도

▲ 2점 투시도

▲ 3점 투시도

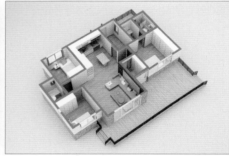

▲ 3점 투시도

Camera의 종류

3ds Max의 카메라는 Physical Camera와 Target Camera의 두 가지 종류가 있다.
2016 버전부터 Physical Camera가 Standard에 포함되어 VRayPhysical Camera처럼 사용이 가능하다.

Target/Free Camera의 대해 알아보기

커맨드 패널의 Camera 〉Standard에서 선택할 수 있다. Standard 카메라는 기본적인 카메라로 Physical 카메라와는 달리 설정이 간단하여 쉽게 사용할 수 있다.

A. Parameters

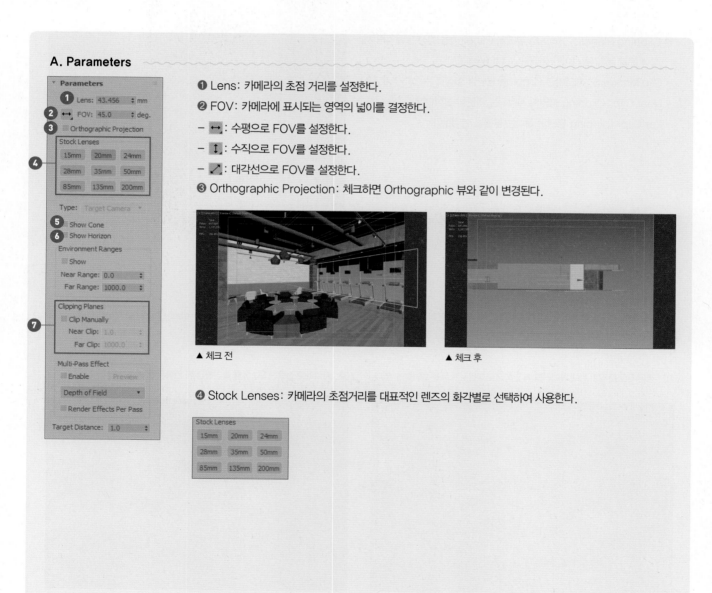

❶ Lens: 카메라의 초점 거리를 설정한다.

❷ FOV: 카메라에 표시되는 영역의 넓이를 결정한다.

– ↔ : 수평으로 FOV를 설정한다.

– ↕ : 수직으로 FOV를 설정한다.

– ↗ : 대각선으로 FOV를 설정한다.

❸ Orthographic Projection: 체크하면 Orthographic 뷰와 같이 변경된다.

▲ 체크 전   ▲ 체크 후

❹ Stock Lenses: 카메라의 초점거리를 대표적인 렌즈의 화각별로 선택하여 사용한다.

❺ Show cone: Camera의 콘을 표시한다. Camera 뷰포트에는 나타나지 않는다.

❻ Show Horizon: 수평선을 표시한다. Camera 시점이 수평선 아래에 있으면 나타나지 않는다.

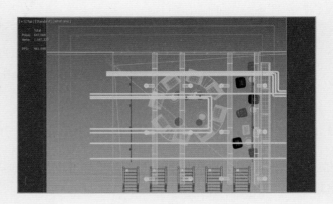

❼ Clipping Planes: Camera 뷰에서 Clipping을 설정한 영역의 시작 부분과 끝 부분 사이만 렌더링 시 나타나게 한다.
– Clip Manually: 체크하면 Clipping 평면을 설정할 수 있다.
– Near Clip: Clipping 평면의 시작되는 부분을 설정한다.
– Far Clip: Clipping 평면의 끝나는 부분을 설정한다.

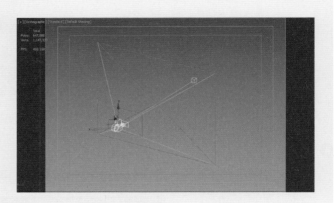

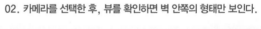

Clipping planes
좁은 공간에서 렌더링할 뷰의 공간이 나타나지 않을 때 앞부분의 벽을 클리핑하여 뷰를 잡을 수 있도록 한다. Clipping planes는 Physcial Camera를 사용할 때도 유용하다.

01. 좋은 구도를 잡기 위해 카메라를 벽 안쪽으로 이동시켜 뷰를 설정할 수 있다.

02. 카메라를 선택한 후, 뷰를 확인하면 벽 안쪽의 형태만 보인다.

03. Modify 창의 Parameters에서 Clipping Planes를 체크한 후, Clipping 거리를 설정하고 화면을 확인한다. Clipping Planes의 거리를 잘못 설정하면 의도하지 않는 곳까지 Clipping이 되어 렌더링 시 잘못된 결과물을 얻을 수 있기 때문에 영역 설정 시 유의해야 한다.

Physical Camera의 대해 알아보기

커맨드 패널의 Camera 〉 Standard에서 선택하여 사용한다. Physical Camera가 Standard에 포함되면서 VRay 설치 시 VRay Camera의 Physical Camera가 삭제됐다. 실제 카메라의 기능처럼 셔터속도와 조리개, ISO를 설정하여 사용할 수 있다.

A. Basic

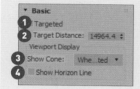

❶ Targeted: 체크하면 Target Camera처럼 사용한다. 체크를 해제하면 Target 포인트가 사라진다.

❷ Target Distance: Target 포인트와의 거리를 설정한다.

❸ Show cone: 카메라 콘의 표시 방법을 설정한다.

– When Selected: 카메라 선택 시 표시된다.

– Always: 항상 표시된다.

– Never: 표시하지 않는다.

❹ Show Horizon Line: 카메라 뷰에서 수평선을 표시한다.

B. Physical Camera

❶ Preset: 대표 기성 제품의 카메라 센서를 기준으로 선택할 수 있다. 35mm 1:1 프레임 및 다양한 규격의 센서를 제공한다.

❷ Width: 프레임의 크기를 설정한다.

❸ Focal Length: 렌즈의 초점 거리를 설정한다.

❹ Specify FOV: 새 FOV(Field-of-View)값을 설정한다. 값을 많이 변경할 경우 왜곡 현상이 발생한다.

❺ Zoom: 카메라의 위치는 그대로 두고 렌즈를 확대하거나 축소한다.

❻ Aperture: 조리개 값을 설정한다. 값이 작을수록 조리개가 크게 열리고 필드의 깊이가 좁아진다.

❼ Use Target Distance: Target 포인트의 거리를 초점 거리로 사용한다.

❽ Custom: 사용자 정의로 초점 거리 값을 설정한다.

❾ Focus Distance: 초점 거리를 설정한다.

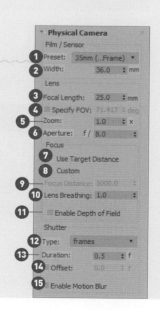

⑩ Lens Breathing: 초점 거리를 설정할 때 렌즈의 안쪽이나 바깥쪽으로 이동하여 시야를 조정한다.

⑪ Enable Depth of Field: 초점이 맞는 부분을 벗어난 공간에 블러 효과를 주는 DOF(Depth-of-Field)를 적용한다.

⑫ Type: 셔터속도를 측정하는데 사용할 단위를 선택한다.

⑬ Duration: 선택한 Type의 유형에 따라 셔터속도를 설정한다.

⑭ Offset: 각 프레임의 시작을 기준으로 셔터가 열리는 시점을 설정한다.

⑮ Enable Motion Blur: 모션블러 효과를 적용한다.

C. Exposure

❶ Manual: ISO 감도를 설정한다. 값이 클수록 밝아지고 작을수록 어두워진다.

▲ ISO 10   ▲ ISO 100   ▲ ISO 200

❷ Target: 단일 노출 설정을 한다. 값이 클수록 어두워지고 작을수록 밝아진다.

❸ Illuminant: 표준 광원을 기준으로 컬러밸런스를 설정한다.

▲ Daylight(6500K)   ▲ Halogen(3200K)   ▲ Sunlight(5200K)

❹ Temperature: 켈빈 색온도를 기준으로 컬러밸런스를 설정한다.

❺ Custom: 사용자가 설정한 색상으로 컬러밸런스를 설정한다.

▲ 1.0,1.0,1.0,1.0   ▲ 1.0,0.5,0.5,1.0   ▲ 0.5,0.5,1.0,1.0

❻ Enable Vignetting : 이미지 가장자리에 어두워지는 비네팅 효과를 적용한다.

▲ 1.0

▲ 1.5

D. Bokeh(Depth of Field)

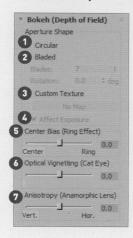

❶ Cirular : 원형 보케 효과를 적용한다.

❷ Bladed : 다각형 모양의 보케 효과를 적용한다.

❸ Custom Texture : 텍스쳐 맵을 사용하여 효과를 적용한다.

❹ Affect Exposure : 활성화하여 체크하면 적용한 텍스쳐 맵이 이미지의 노출에 영향을 준다.

❺ Center Bias(Ring Effect) : 조리개의 투명도를 설정한다. 음수는 투명도를 증가시키고 양수는 투명도를 감소한다.

❻ Optical Vignetting(Cat Eye) : 광각 렌즈에서 사용할 수 있는 Cat Eye 효과를 비네팅한다.

❼ Anisotropy(Anamorphic Lens) : 아나모픽 렌즈 효과를 적용한다.

E. Perspective Control

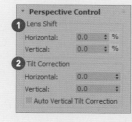

❶ Lens Shift : 카메라를 움직이지 않고 카메라 뷰를 수직이나 수평으로 이동한다.

▲ Horizontal −10

▲ Horizontal 0

▲ Horizontal 10

▲ Vertical −10

▲ Vertical 0

▲ Vertical 10

❷ Tilt Correction: 카메라 뷰를 수직이나 수평으로 이동하여 투시를 보정한다.

▲Horizontal −1

▲ Horizontal 0

▲ Horizontal 1

▲ Vertical −1

▲ Vertical 0

▲ Vertical 1

F. Lens Distortion

❶ None: 렌더링 시 왜곡 효과가 적용되지 않는다.

❷ Cubic: 0일 경우 왜곡되지 않는다. 양수일 때 핀쿠션 왜곡을 적용하고 음수일 때 배럴 왜곡을 적용한다.

❸ Texture: 텍스쳐 맵을 사용하여 왜곡을 적용한다.

G. Miscellaneous

❶ Clipping Planes: 체크한 후, Clipping 되는 수치를 입력하여 사용한다.

❷ Environment Ranges: Environment 패널에서 설정한 효과의 범위 한도를 설정한다.

VRayPhysical Camera 사용하기

기존의 VRayPhysical Camera를 사용하고 싶다면 MaxScript Listener에서 명령어를 입력하여 사용할 수 있다.
vrayCreateVRayPhysicalCamera ()를 입력하면 VRayPhysicalCamera가 만들어진다.

01. 인터넷을 실행하고 주소 입력 창에 https://docs.chaosgroup.
com/display/VRAY3MAX/Physical+Camera+%7C+VRayP
hysicalCamera를 입력한다.

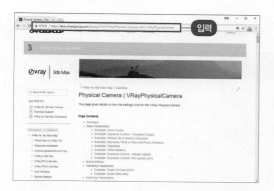

02. 창이 변경되면 스크롤을 제일 하단으로 내려
'vrayCreateVRayPhysicalCamera ()' 문구를 복사한다.

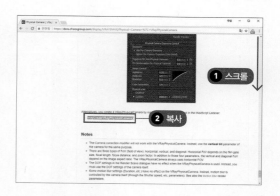

03. 3ds Max를 실행한 후, Top 뷰를 선택한다. 그다음 화면 좌측 하단의
MaxScript 명령어 입력 창에 복사한 문구를 붙여넣기 한 후, Enter 를 누른다.

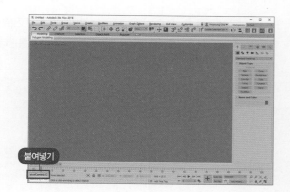

04. Top 뷰를 다시 클릭하면 화면 중앙에 VRayPhysical Camera가 생성
된다.

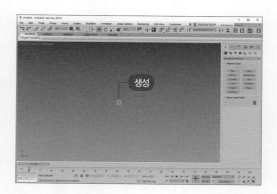

05. 만들 때 확인할 점으로 선택한 Viewport의 방향으로 만들어진다. Front
뷰나 Right 뷰에서 클릭하여 만든다.

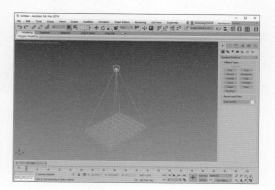

내부 Physical Camera 설정하고 구도 잡아보기

중앙 로비 공간의 뷰를 설정하기 위해 Physical Camera를 설치하고 내부 렌더링용 Camera로 설정을 한다. 예제는 세로로 긴 공간이기 때문에 로비 공간의 정면보다는 측면에서 뷰를 잡아야 공간감이 느껴진다.

01 3ds Max를 실행한 후, 예제 폴더에서 'in setting' 파일을 불러온다.

⬤ 예제 파일 | Sample/Part06/Lesson03/in setting.max

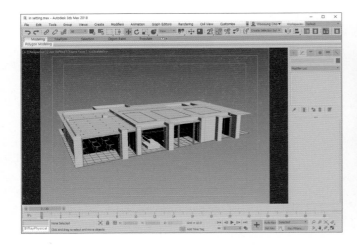

02 Top 뷰로 변경한 후, 커맨드 패널의 Camera 〉 Standard 〉 Physical을 선택하여 설치한다.

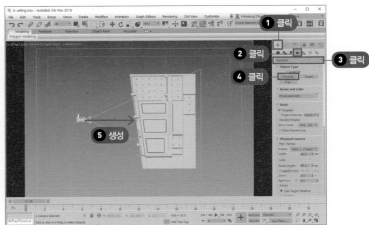

03 커맨드 패널의 Name and Color에 'P Cam'으로 입력하고 Viewport를 WireFrame(F3)으로 변경한다.

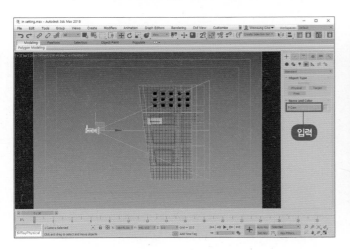

04 Front 뷰로 변경한 후, P Cam을 Target 포인트와 함께 전부 선택한다. 그다음 하단의 절대좌표 Z에 1300을 입력하여 이동한다.

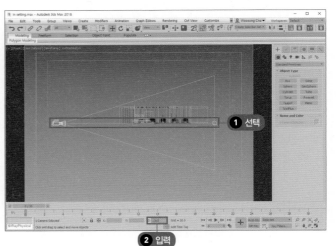

> **tip**
>
> 천장의 높이가 2650이다. 중간 높이인 1300으로 이동시킨다. 층고가 3000 이상이라면 관찰자 높이인 1500~1700 사이로 이동한다.

05 P Cam만을 선택한 후, 로비 공간의 창문 안쪽으로 이동한다.

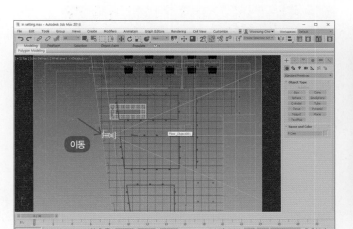

06 Camera View(C)를 누르고 Edged Faces(F3)로 변경한다.

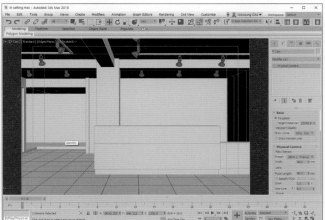

07 뷰를 잡기위해 P Cam의 카메라를 다음과 같이 설정한다.

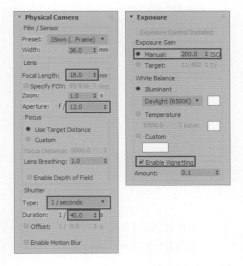

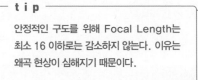

> **t i p**
>
> 안정적인 구도를 위해 Focal Length는
> 최소 16 이하로는 감소하지 않는다. 이유는
> 왜곡 현상이 심해지기 때문이다.

08 설정을 완료하고 P Cam 뷰를 확인한다.

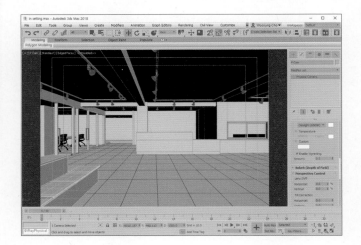

09 Top 뷰에서 WireFrame(F3)으로 변경한 후, P Cam을 선택하여 아래쪽 기둥과 창문이 만나는 모서리 지점으로 최대한 가까이 이동한다.

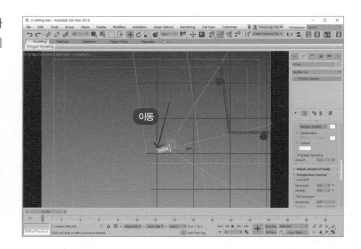

10 Camera View(C)을 클릭하여 뷰를 확인한다.

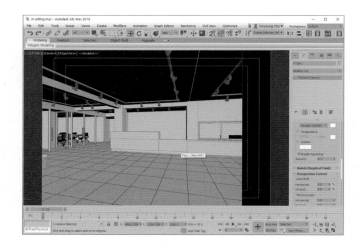

11 좌측 공간이 더 보이도록 한다. Viewport 좌측 상단의 [P Cam]을 클릭하여 나오는 대화상자에서 Select Camera Target를 선택하고 Target 포인트를 선택한다.

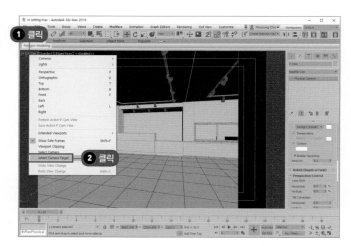

12 선택한 상태로 [Transform Type-In](F12) 창을 열고
Offset:World의 Y에 5500을 입력하여 이동한다.

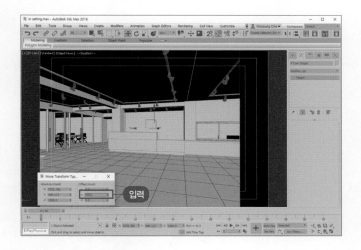

13 Target 포인트를 이동한 후, 뷰를 확인한다.

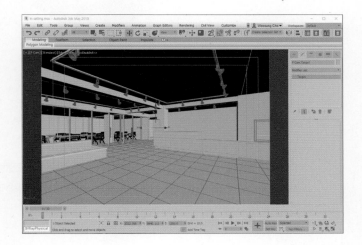

14 우측 창문이 나오지 않도록 Target 포인트를 좌측으로 이동하여
로비와 좌측 상담실이 더 보이도록 뷰를 수정한다.

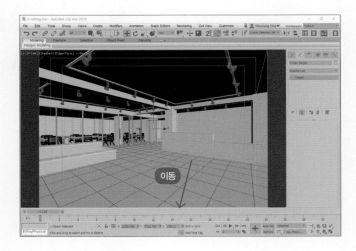

맵핑과 조명 & 카메라에 대한 기능을 파악했다면
다음은 만들었던 모델링 파일에 적용해보자. 앞서 만들었던 모델링 파일을 이용하여
Mapping을 하고 Light와 Camera를 설치하는 방법에 대해 알아보자.

3DS MAX 2018

7

Mapping 및 Light & Camera 설정

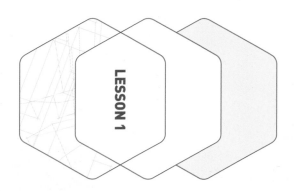

재질별 맵핑하기

앞서 만들었던 여러 가구 모델링에 재질을 사용해본다. 원하는 재질이 없을 경우 만들었던 재질을 수정하여 맵핑하는 방법을 알아보자.

SECTION 1

의자 맵핑하기

의자를 맵핑할 경우 재질에 맞춰 따로따로 분리하고 재질을 입혀야한다.
또한 재질의 방향도 UVW Map의 사용으로 방향에 맞게 설정한다.

Standard stool

Standard stool은 시트와 등받이 부분이 가죽으로 되어 있고 그 외 다리 부분은 나무 재질이다. 사진 이미지를 참고하여 맵핑을 진행한다.

● 예제 파일 | Sample/Part07/Lesson01/Standard ch(a) map.max

01 제공된 예제 파일을 3ds Max에서 불러온다.

⊙ 예제 파일 | Sample/Part03/Lesson04/Section01/Standard ch(a).max

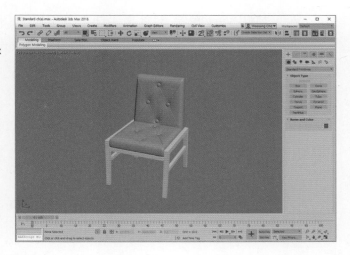

02 메인 툴바에서 Slate Material Editor(⬛)(M)을 클릭하여 [Slate Material Editor] 창을 열고 Material/Map Browser option(▼)를 클릭한 후, 대화상자에서 Open Material Library…를 클릭한다.

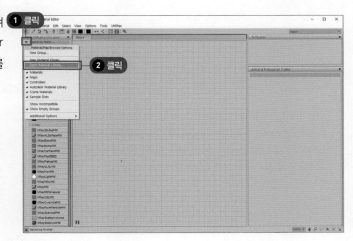

03 [Import Material Library] 창이 나타나면 제공된 파일이 있는 폴더에서 Sample Material.mat 파일을 불러온다.

⊙ 예제 파일 | Sample/Part05/Lesson03/Sample Material.mat

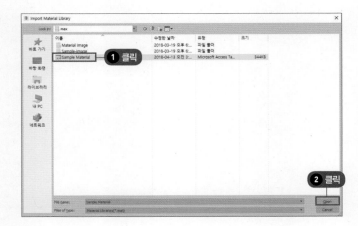

04 View 창에서 View1을 우 클릭한 후, 나타나는 대화상자에서 Create New View를 클릭한다.

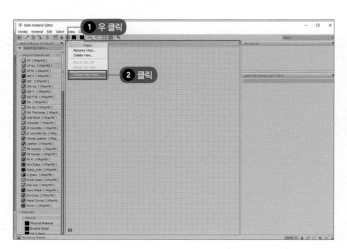

05 [Create New View…] 창에 'Wood'로 입력한 후, [OK] 버튼을 클릭하여 새로운 Wood View를 만든다.

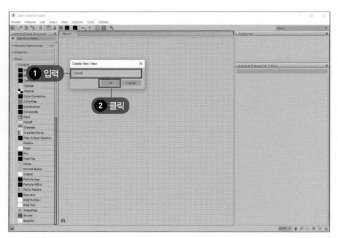

Info

재질이 보이지 않을 경우 설정 환경이 VRay로 되어있지 않기 때문이다. 메인 툴바에서 Render Setup( )(F10)을 클릭하여 [Render Setup] 창이 나타나면 Renderer에서 설치한 VRay 버전을 선택하고 렌더링 환경을 VRay로 변경하면 재질이 나타난다.

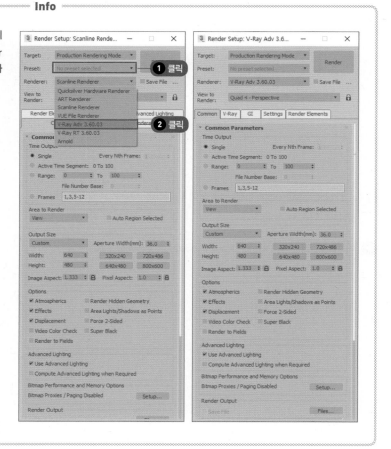

06 View1을 우 클릭한 후, Rename View를 클릭한다.

07 [Rename view "View1"] 창이 나타나면 'Leather'를 입력한 후, [OK] 버튼을 클릭한다.

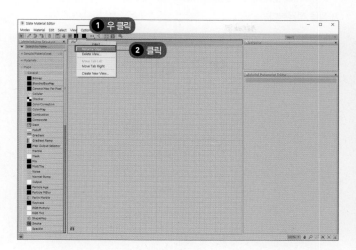

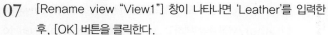

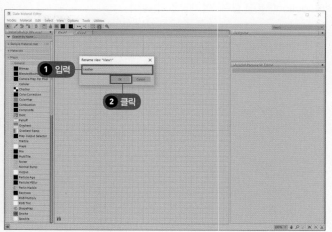

08 재질 View를 전부 만들었다면 Leather View를 선택한 후, Material/Map Browser의 Sample Material.mat에서 Leather 재질을 선택한 상태로 드래그하여 불러온다.

09 Wood View를 선택한 후, Material/Map Browser에 Sample Material.mat에서 Wd 재질을 선택한 상태로 드래그하여 불러온다.

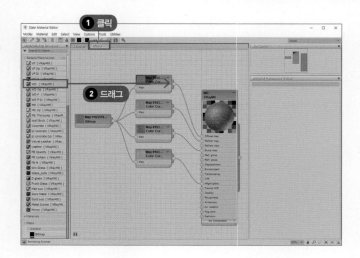

10 Ch Sh, Ch Sh002 오브젝트를 선택한 후, Leather View에서 Leather 재질을 선택하고 툴바에서 Assign Material to Selection(아이콘)을 클릭하여 재질을 적용한다.

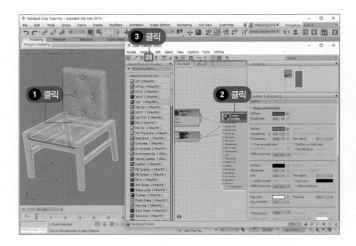

11 Ch I 오브젝트를 선택한 후, Wood View에서 WD 재질을 선택하고 툴바에서 Assign Material to Selection(아이콘)을 클릭하여 재질을 적용한다.

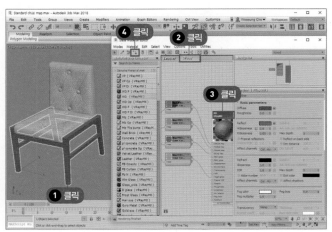

12 UVW Map을 적용하기 전 가죽 재질은 수정할 필요가 없고 나무 재질은 Texture 맵을 다른 것으로 사용해야 한다. 제공된 예제 파일의 Material image 폴더에 wood m.jpg를 사용한다.

● 예제 파일 | Sample/Material image/wood m.jpg

13 WD 재질의 Bitmap을 더블클릭한 후, Parameters Editor에서 Bitmap parameters의 Bitmap을 클릭한다. 그다음 제공된 예제 파일의 Material image 폴더에서 wood m.jpg를 클릭하여 적용한다.

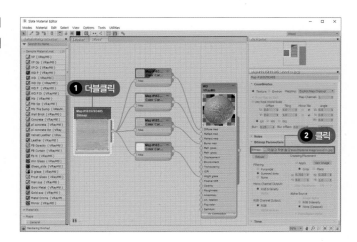

14 WD 재질의 Reflect map이 적용된 Color correction을 더블클릭한 후, Parameters Editor에서 Lightness의 Brightness를 −14.286, Contrast를 11.628로 변경한다.

15 WD VRayMtl을 더블클릭한 후, Parameters Editor에서 Maps의 Bump를 50으로 변경한다.

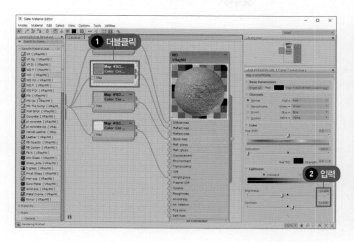

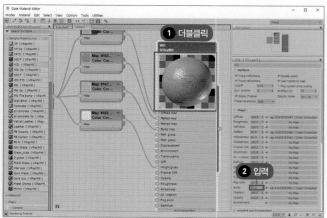

16 Ch sh 오브젝트를 선택한 후, 커맨드 패널에서 Modify 〉 Modifier List 〉 UVW Map을 클릭하여 적용한다.

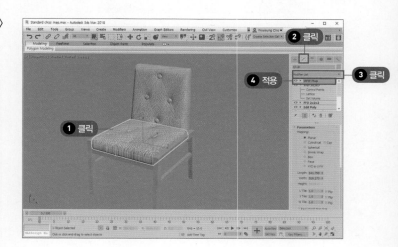

17 UVW Map Parameters에서 Mapping에 Box를 선택하고 Length, Width, Height 값을 250으로 입력한다.

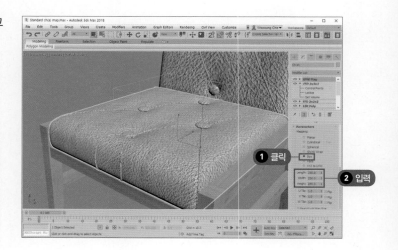

18 Ch sh002 오브젝트를 선택한 후, 커맨드 패널에서 Modify 〉 Modifier List 〉 UVW Map을 클릭하여 적용한다. 그다음 Parameters에서 [Acquire] 버튼을 클릭하여 Ch sh 오브젝트를 선택한다.

19 [Acquire UVW Mapping] 창이 나타나면 Acquire Absolute를 체크한 후, [OK] 버튼을 클릭하여 Ch sh 오브젝트의 UVW Map 설정과 같아지게 한다.

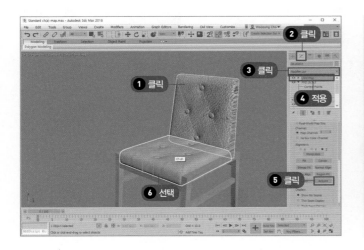

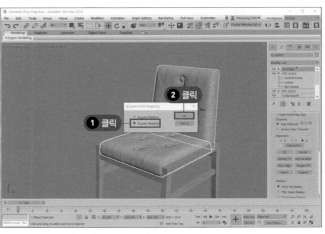

20 Ch L 오브젝트를 선택한 후, 우 클릭한다. 그다음 쿼드 메뉴에서 transform 〉 Convert To: 〉 Convert to Editable Poly를 클릭하여 Editable Poly 상태로 변환한다.

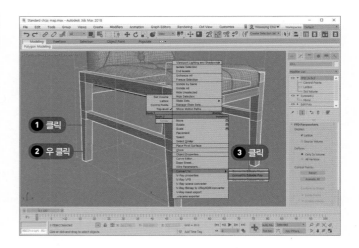

21 커맨드 패널에서 Modify 〉 Modifier List 〉 UVW Map를 적용한다. 그다음 Parameters에서 Mapping에 Box를 선택하고 Length, Width, Height에 각각 600을 입력한다.

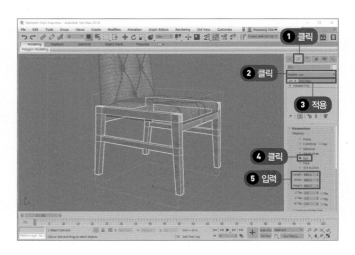

22 의자 다리의 가로 방향 우드결을 맞추기 위해 메인 툴바에서 Select and Rotate(C)(E)를 선택한 후, Modify 창의 Stack에서 UVW Map의 Subtrees(▶)를 클릭하여 Gizmo(1)를 클릭하고 하단의 절대좌표 Z에 90을 입력하여 회전한다.

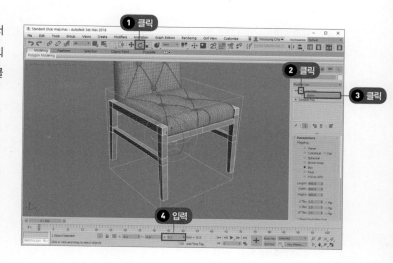

23 커맨드 패널에서 Modify 〉 Modifier List 〉 Mesh Select를 클릭하여 적용한다. 그다음 Mesh Select parameters에서 Polygon(■)(4)을 선택한다.

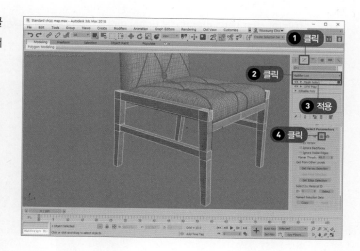

---

t i p

나무 재질을 사용할 때 주의할 점은 무늬결의 방향을 맞추는 것이다. 윗면은 가로 방향이고 옆면은 세로 방향으로 적용되기 때문에 UVW Map을 사용할 시 맵의 크기뿐만 아니라 방향도 맞춰야 한다.

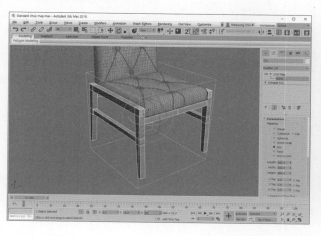

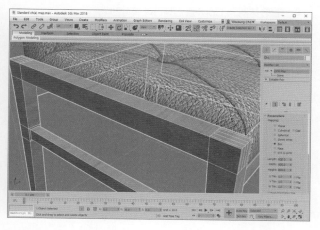

24 세로 방향의 의자 다리를 전부 선택한다.

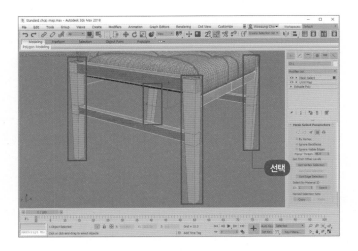

25 의자 다리 상부의 가로 방향과 세로 방향이 만나는 이음새 부분을 구분하기 위해 다음 이미지를 참고하여 Alt 를 누른 상태로 4곳을 선택 해제한다.

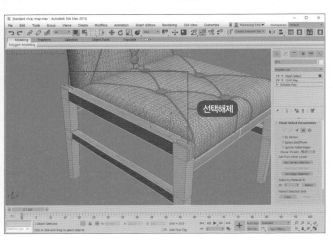

26 선택한 상태로 Modify 창의 Stack에서 UVW Map을 우 클릭한 후, 대화상자에서 Copy를 선택하여 복사한다.

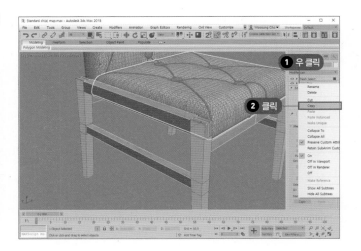

27 Mesh Select를 우 클릭한 후, 대화상자에서 Paste를 선택하여 붙여넣기 한다.

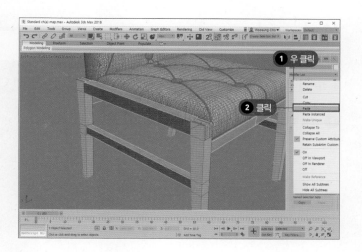

28 세로 방향으로 무늬결을 맞추기 위해 메인 툴바에서 Select and Rotate(ⓒ)(ⓔ)를 선택한 후, Modify 창의 Stack에서 UVW Map의 Subtrees(▶)를 선택하여 Gizmo(①)를 클릭하고 하단의 절대 좌표 X에 −90을 입력하여 회전한다.

> **t i p**
>
> Polygon이 선택된 상태로 Stack에 명령어를 쌓으면 선택된 Polygon 에만 쌓인 명령어가 적용된다. 선택한 Polygon을 해제하면 쌓인 명령어 가 전부 적용된다. 단 Mesh Select를 적용하면 새롭게 UVW Map을 사용해야 한다.

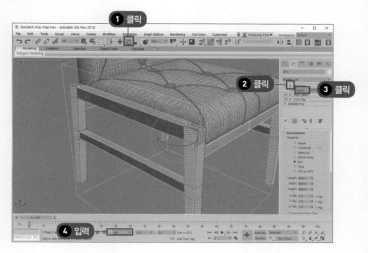

29 다음으로 중간 지지대 부분의 무늬결을 맞춘다. 앞 과정을 참고하 여 무늬결의 방향을 수정해본다.

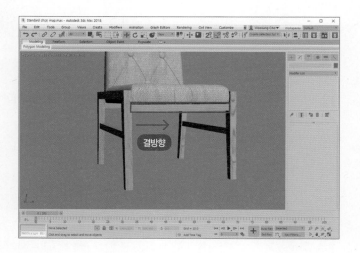

Mesh stool

Mesh stool의 시트는 Wood로 되어 있고 다른 부분은 전부 금속 재질로 되어 있다.

⬤ 예제 파일 | Sample/Part07/Lesson01/Mesh ch(a) map.max

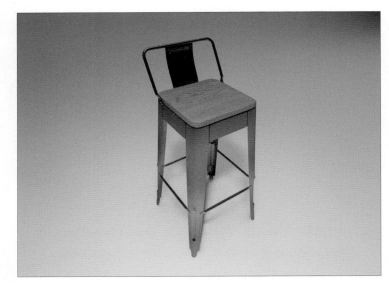

01 제공된 예제 파일을 3ds Max에서 불러온다.

⬤ 예제 파일 | Sample/Part03/Lesson04/Section02/Mesh ch(a).max

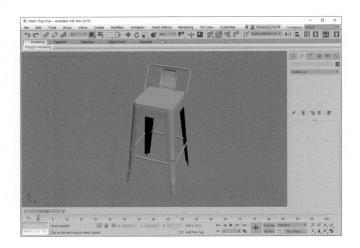

02 Standard stool에서 진행하던 02번 과정부터 09번 과정을 참고하여 Sus와 Wood View를 만든 후, Gold sus 재질과 WD 재질을 불러온다.

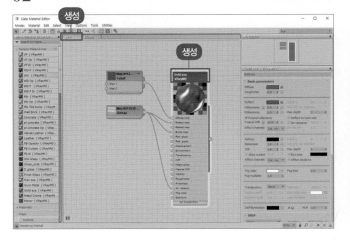
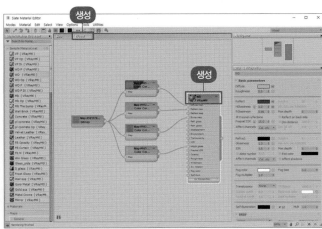

03 Sus View에서 Glod sus 재질의 VRayMtl을 더블클릭한 후, Parameters Editor에서 재질 이름을 'Dark sus'로 변경한다.

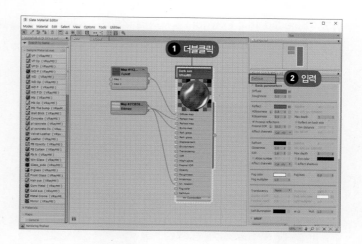

04 Falloff을 더블클릭한 후, Parameters Editor의 Falloff Parameters에서 Color1의 R, G, B 값을 각각 10으로 입력한다. Color2의 R, G, B 값은 각각 14, 18, 23으로 입력한다.

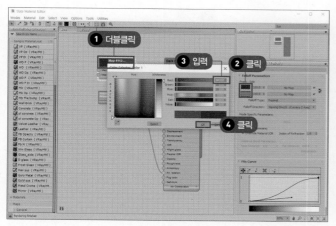

▲ color 1

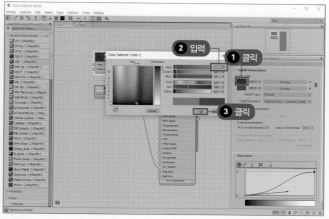

▲ color 2

05 오브젝트를 전부 선택한 후, [Slate Material Editor] 창의 툴바에서 Assign Material to Selection(⬚)을 클릭하여 Dark sus 재질을 적용한다.

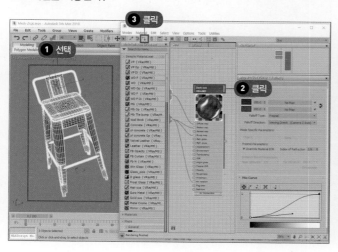

06 Stool를 선택하고 우 클릭한 후, 쿼드 메뉴에서 transform 〉 Convert To: 〉 Convert to Editable Poly를 선택하여 Editable Poly 상태로 변환한다.

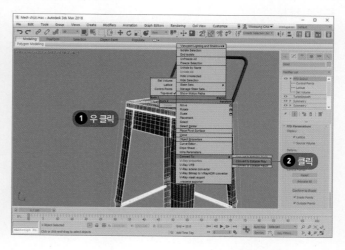

07 Selection에서 Polygon(▓)(4)을 클릭한다. 그다음 Front 뷰로 변경한 후, 드래그하여 앉는 자리 일정 부분을 선택한다.

08 Selection에서 [Grow] 버튼을 반복적으로 클릭하여 선택 영역을 증가시키고 꺾이는 면의 안쪽까지 선택한다.

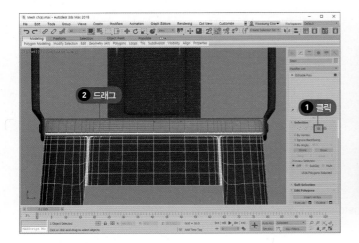

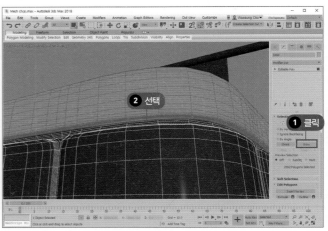

09 선택한 상태로 [Slate Material Editor] 창의 툴바에서 Assign Material to Selection(▓)을 클릭하여 WD 재질을 적용한다.

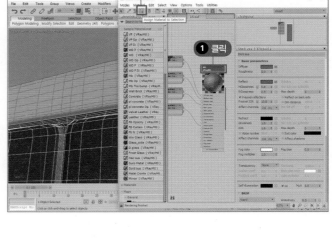

10 Selection에서 Polygon(▓)(4)을 선택 해제한 후, Modify 〉 Modifier List 〉 UVW Map을 적용한다. 그다음 Parameter의 Mapping에서 Box를 선택하고 Length, Width, Height에 각각 800을 입력한다.

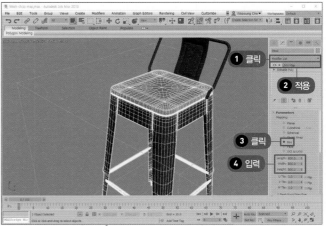

11 다음과 같이 UVW Map을 적용하여 나뭇결의 모양과 방향을 조절한다.

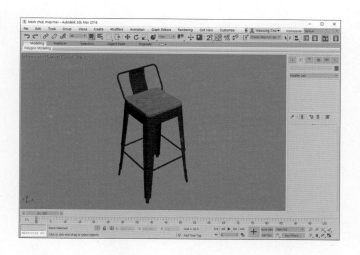

SECTION 2

테이블 맵핑하기

테이블도 의자와 마찬가지로 따로 재질을 적용한다. UVW Map를 사용하여 면의 방향과 결의 방향이 일치하도록 조절한다.

원형 테이블

원형 테이블의 경우 같은 재질로 되어 있다. 테이블 기둥만 나뭇결 방향에 맞춰 따로 UVW Map을 적용한다.

● 예제 파일 | Sample/Part07/Lesson01/Table map.max

01 예제 파일을 3ds Max에서 불러온다.

⊙ 예제 파일 | Sample/Part03/Lesson04/Section03/Table1.max

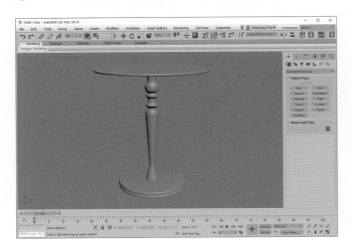

02 Section01에서 진행했던 02번~09번 과정을 참고하여 Wood View를 만든 후, WD P 재질을 불러온다.

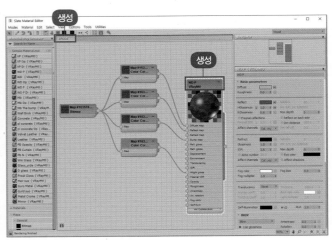

03 WD P 재질의 Bitmap을 더블클릭한 후, Parameters Editor에서 Bitmap parameters의 Bitmap을 클릭하여 취소 예제 파일 중 wood m.jpg를 선택하여 적용한다.

⊙ 예제 파일 | Sample/Material image/wood m.jpg

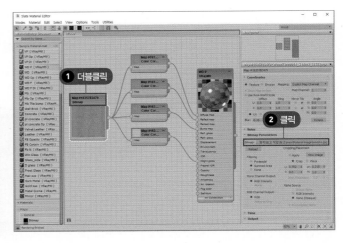

04 Reflect map에 적용된 Color Correction을 더블클릭한 후, Parameters Editor에서 Lightness의 Brightness를 −25, Contrast를 25로 변경한다.

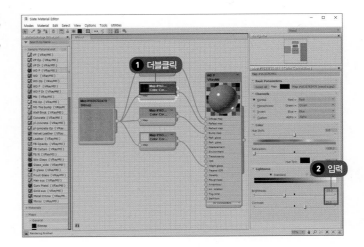

05 Highlight gloss map에 적용된 Color Correction을 더블클릭한 후, Parameters Editor에서 Lightness의 Brightness를 12.292, Contrast를 8.97로 변경한다.

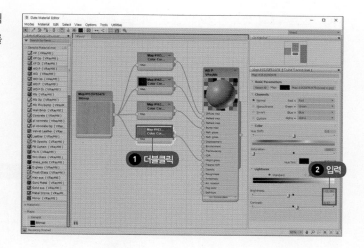

06 WD P VRAyMtel를 더블클릭한 후, Parameters Editor에서 Fresnel reflections을 체크하고 Fresnel IOR에 20를 입력한다.

07 Table1 오브젝트를 선택한 후, [Slate Material Editor] 창의 툴바에서 Assign Material to Selection( )을 클릭하여 WD 재질을 적용한다.

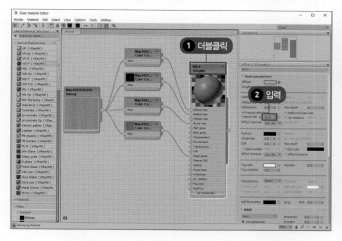

08 오브젝트를 확인하면 적용된 재질의 Texture 맵이 보이지 않는다. [Slate Material Editor] 창의 Wood View에서 WD P의 Bitmap를 선택한 후, 툴바의 Show Shaded Material in Viewport( )를 클릭한다.

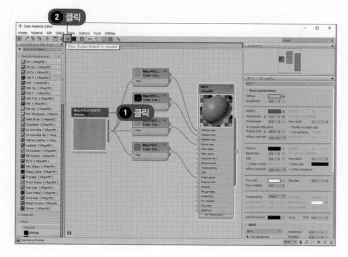

09 오브젝트의 색이 변경되어 있다. 커맨드 패널에서 Modify 〉 Modifier List 〉 UVW Map을 적용한다. 그다음 Parameters 에서 Mapping에 Box를 선택하고 Length, Width, Height에 각각 700을 입력한다.

10 UVW Map이 적용된 것을 확인하면 테이블 기둥의 맵이 반반씩 다른 방향으로 적용된 것을 확인할 수 있다. 같은 방향을 수직으로 회전해야 한다.

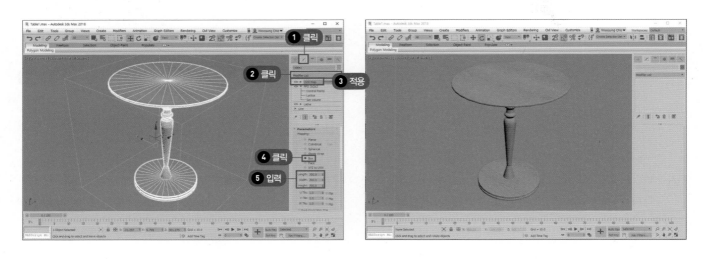

11 메인 툴바에서 Select and Rotate(ⓒ)(Ⓔ)를 선택한다. 그다음 Modify 창의 Stack에서 UVW Map의 Subtrees(▶)를 클릭한 후, Gizmo(①)를 클릭하고 하단의 절대좌표 X에 90을 입력하여 회전한다.

12 결의 방향이 동일하게 변경되었는지 확인한다.

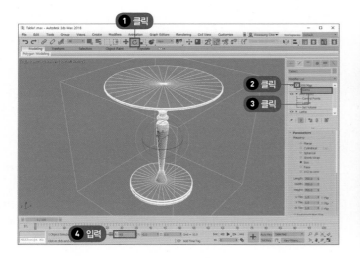

원목 테이블

원목 테이블 맵은 모델링할 때 사용했던 상판 이미지를 사용한다. 이미지가 없을 경우에는 Wood 재질을 편집하여 적용한다.

⊙ 예제 파일 | Sample/Part07/Lesson01/Wd Table map.max

01 제공된 예제 파일을 3ds Max에서 불러온다.

⊙ 예제 파일 | Sample/Part03/Lesson04/Section04/Wd Table.max

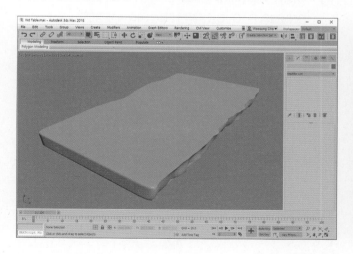

02 Section01에서 진행했던 02번~09번 과정을 참고하여 Wood View를 만든 후, WD P 재질을 불러온다.

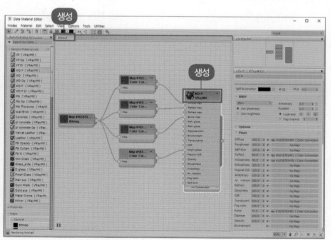

03 모델링 작업 시 사용하던 이미지 파일을 편집하여 가장자리가 일직
선이 되도록 수정한다.

🔵 예제 파일 | Sample/Material image/Wd table.jpg

▲ 편집 전　　　　　　　▲ 편집 후

04 WD P의 Bitmap에 이미지를 Wd table.jpg로 변경한다. 그다
음 Bitmap을 선택한 상태로 툴바의 Show Shaded Material
in Viewport(◉)를 클릭한다.

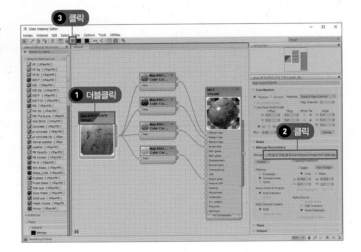

05 Reflect map에 적용된 Color Correction을 더블클릭한 후,
Parameters Editor에서 Lightness의 Brightness를 −20,
Contrast를 −25로 변경한다.

06 WD P VRayMtl를 더블클릭한 후, Parameters Editor에서
Reflect의 R, G, B를 각각 15로 입력하여 변경한다.

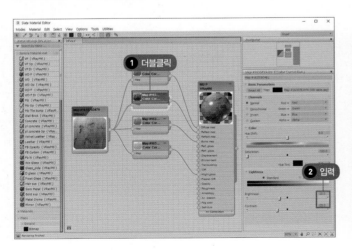 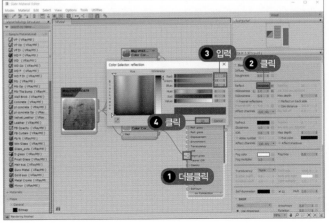

07 Wd t 오브젝트를 선택한 후, [Slate Material Editor] 창의 Wood View에서 WD P 재질을 선택하고 툴바에서 Assign Material to Selection(🖼)을 클릭하여 재질을 적용한다.

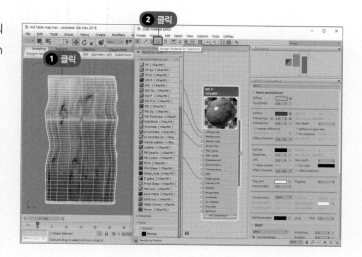

08 Wd t 오브젝트를 선택한 후, 커맨드 패널에서 Modify 〉 Modifier List 〉 UVW Map을 적용한다. 그다음 Parameters의 Mapping에서 Box를 체크하고 Alignment에 [Fit] 버튼을 클릭하여 UVW Map을 조절한다.

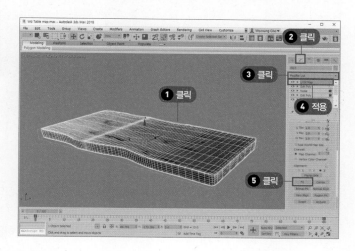

09 UVW Map이 적용된 것을 확인한다. 윗부분과 옆면의 결 방향이 맞지 않는다. UVW Map의 크기를 조절한다.

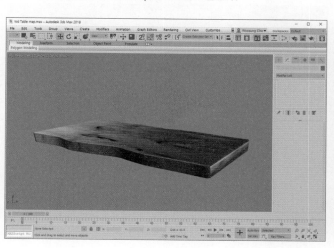

10 Parameters의 Width에 1200을 Height에 1800을 입력한다.

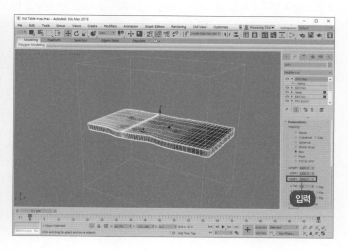

11 메인 툴바에서 Select and Rotate(⟳)(E)를 선택한 후, Modify 창의 Stack에서 UVW Map의 Subtrees(▶)를 선택하여 Gizmo(1)를 클릭한 후, 하단의 절대좌표 X에 −90을 입력하여 회전한다.

12 적용된 것을 확인한다.

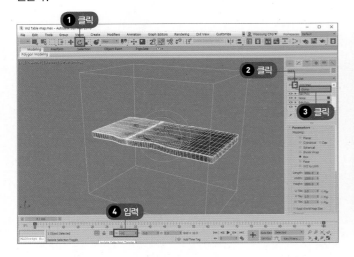

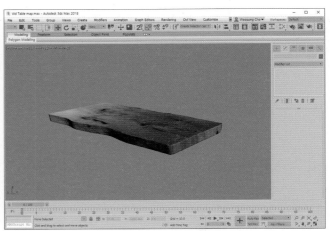

조명 맵핑하기

조명의 경우 재질을 다양하게 적용하여 사용할 수 있다.
모델링을 하면서 참고했던 이미지의 재질뿐만 아니라 다른 재질도 적용하여 확인해보자.

펜던트 조명

조명의 경우 전구가 보일 경우에는 VRayLight 재질을 사용하여 전구를 밝게 표현한다. 전구가 보이지 않는 경우에는 Light를 사용하여 조명 안에서 빛이 나오는 것처럼 표현한다. 펜던트 조명에만 재질을 적용해보자.

● 예제 파일 | Sample/Part07/Lesson01/Light Twist map.max

01 예제 파일을 3ds Max에서 불러온다.

🔘 예제 파일 | Sample/Part03/Lesson04/Section05/Light Twist.max

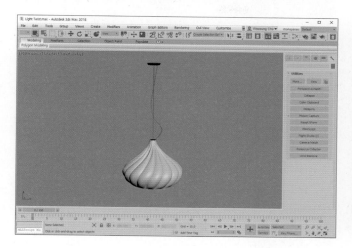

02 Section01에서 진행했던 02번~09번 과정을 참고하여 VP View를 만든 후, VP Di 재질을 2번 불러온다..

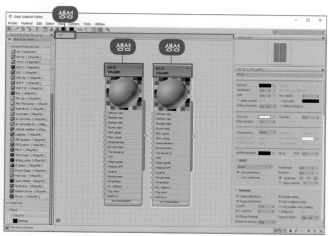

03 Parameter Editor에서 이름을 'VP Di W'와 'VP Di B'로 입력하여 변경한다.

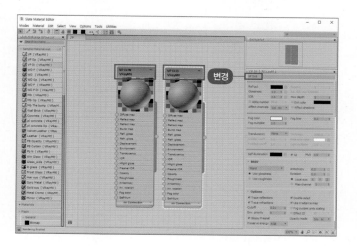

04 VP Di W는 Diffuse의 Color에서 R, G, B 값을 각각 180으로 입력하고 VP Di B는 Diffuse의 Color에서 R, G, B 값을 각각 10으로 입력한다.

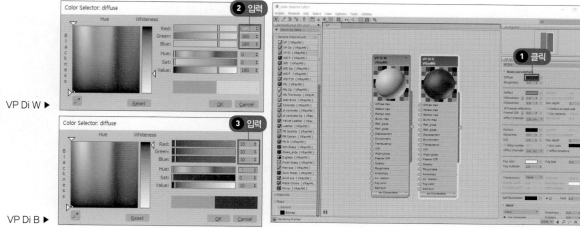

VP Di W ▶

VP Di B ▶

05 조명을 전부 선택한 후, [Shift]를 누른 상태로 X축 방향으로 이동
한다. [Clone Options] 창이 나타나면 Object에 Copy를 체크
한 후, [OK] 버튼을 클릭하여 복사한다.

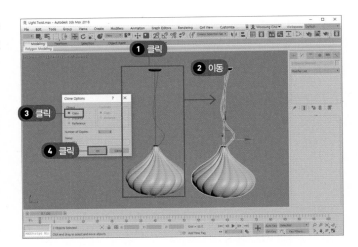

06 좌측 base 오브젝트에는 VP Di W 재질을 적용하고 우측 base001 오브젝트에는 VP Di B 재질을 적용한다.

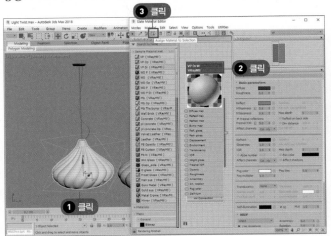

▲ VP Di W

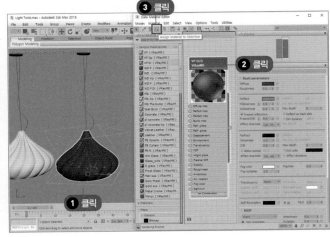

▲ VP Di B

07 base 오브젝트에만 재질을 적용했다. 조명 줄이나 천장에 고정되
는 부분은 다른 재질을 사용한다.

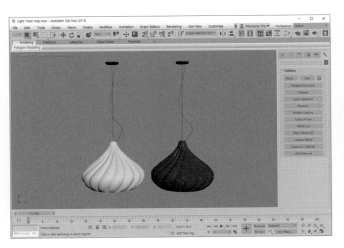

> **Info**
>
> base 오브젝트에 다른 재질을 적용해보았다. 참고하여 다른 재질로도 적
> 용해보자.
>
>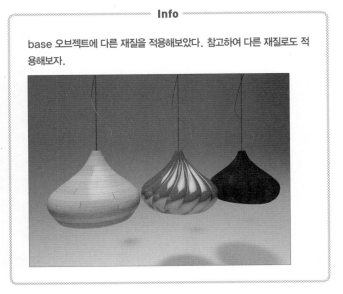

커튼 맵핑하기

커튼의 경우 사용하는 용도에 따라 재질이 나뉘지만 주로 천 재질로 되어 있다.
암막 커튼처럼 빛을 투과시키지 않거나 반투명의 실크 커튼 등 연출 상황에 맞춰 재질을 적용한다.

일반적으로 길게 내려오는 형태의 커튼은 재질을 적용하기가 쉽다. UVW Map을 사용하여 커튼처럼 보이게 만든다.

⦿ 예제 파일 | Sample/Part07/Lesson01/curtain map.max

01 제공된 예제 파일을 3ds Max에서 불러온다.

⦿ 예제 파일 | Sample/Part03/Lesson04/Section06/curtain.max

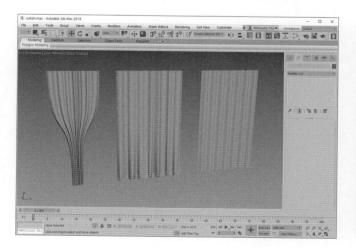

02 Section01에서 진행했던 02번~09번 과정을 참고하여 FB View를 만든 후, FB Curtain 재질을 불러온다.

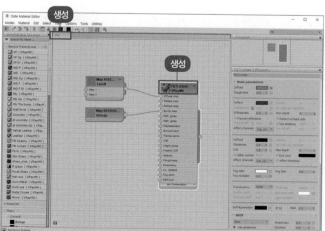

03 FB Curtain 재질의 Bitmap을 클릭한 후, 툴바에서 Show
Shaded Material in Viewport(■)를 클릭한다.

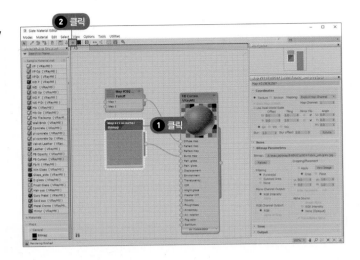

04 FB Curtain 재질에 연결되어 있는 Falloff를 더블클릭한다. 그다음 Parameters Edtior에서 Color1의 R: 133, G: 171, B: 218, Color2
의 R: 10, G: 33, B: 62를 입력한다.

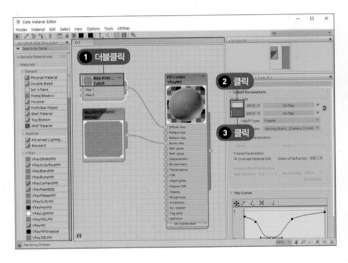

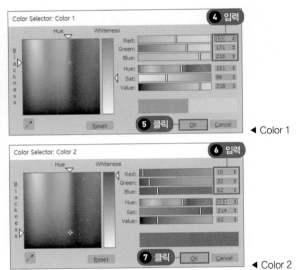

◀ Color 1

◀ Color 2

05 FB Curtain VRayMtl를 더블클릭한 후, Parameters Editor
에서 Maps의 Bump에 100을 입력한다.

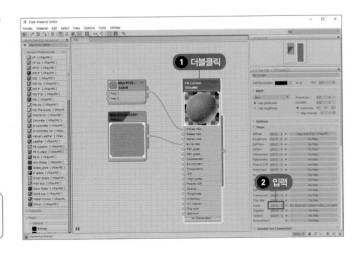

tip
bump값은 렌더링할 때 표현되는 상태에 따라서 값을 줄이거나 늘린다.

06 3개의 커튼 중에서 가운데 커튼만을 제외하고 Hide 한다.

07 오브젝트를 선택한 후, 메인 툴바에서 Slate Material Editor(⬚)(M)을 클릭하여 [Slate Material Editor] 창의 FB View에서 FB Curtain VRay Mtl을 선택하고 툴바에서 Assign Material to Selection(⬚)을 클릭하여 재질을 적용한다.

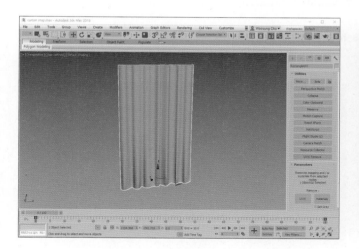

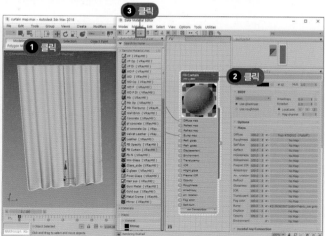

08 오브젝트를 선택한 상태로 커맨드 패널에서 Modify 〉 Modifier List 〉 UVW Map을 적용한다. 그다음 UVW Map의 Parameters에서 Mapping의 Box를 체크하고 Length, Width, Height에 각각 600을 입력한다.

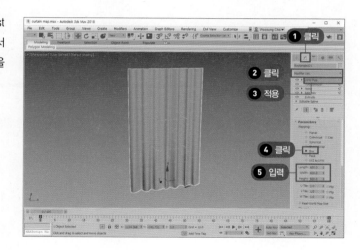

---

tip

커튼 재질의 경우 색상 외에 다양한 패턴과 벨벳 재질도 사용 가능하다. 다른 재질도 사용해본다.

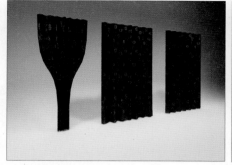

▲ 패턴 이미지

▲ 반투명 재질

건축 모델링 맵핑하기

건축 모델링의 맵핑 작업 시 많은 재질들이 사용되기 때문에 재질별로 순서를 정하여 작업하면 구분하기 쉽다. 많이 사용되는 재질로 일반적으로 VP(도장), Wood(나무), Sus(스틸), Glass(유리), FB(천), Con(콘크리트)이 있다.

◉ 예제 파일 | Sample/Part07/Lesson01/S-house map.max

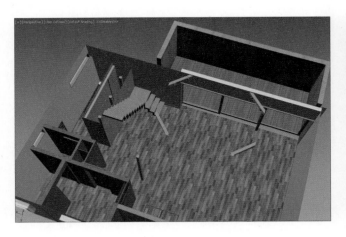

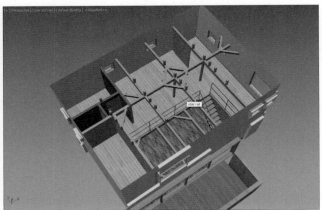

VP(도장) 맵핑하기

VP 재질은 특별하게 Texture 맵이 들어가 있지 않아 착각하기 쉽다. 또한 같은 색으로 사용되는 경우가 많으므로 이름을 확실하게 구분하여 사용할 수 있도록 한다. 모델링을 할 때 참고 했던 이미지를 확인하면서 진행한다.

01 예제 파일을 3ds Max에서 불러온다.

◉ 예제 파일 | Sample/Part04/Lesson01/S-house.max

02 메인 툴바에서 Render Setup( )(F10)을 클릭하고 [Render Setup] 창이 나타나면 Renderer에서 설치한 VRay 버전을 선택하여 렌더링 환경을 VRay로 변경한다.

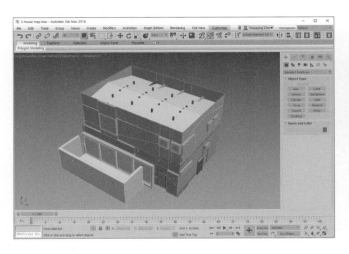

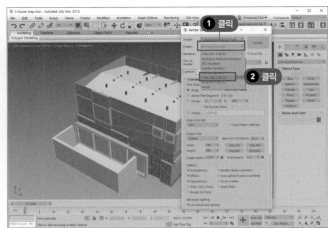

03 메인 툴바에서 Slate Material Editor(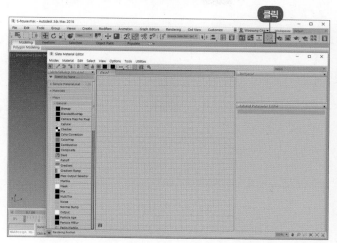)(M)를 클릭하여
[Slate Material Editor] 창이 나타나게 한다.

04 Actvie View에서 View1을 우 클릭한 후, Rename View를 클
릭하여 새로운 VP View를 만든다.

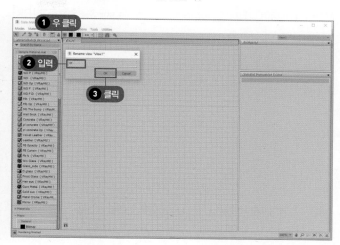

05 VP View에 Material/Map Browser 〉 Sample Material 〉
VP, VP Op, VP Di 재질을 더블클릭하여 불러온다.

06 창문을 만들 때 지정했던 Material ID를 사용하기 위해서 Multi/
Sub-Object 재질을 사용한다. Material/Map Browser 〉
Materials 〉 Multi/Sub-Object를 더블클릭하여 VP View에 만들고
Parameter Editor의 이름을 'Win'으로 입력한다.

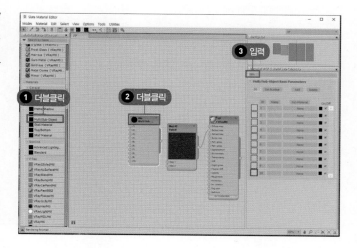

07 Multi/Sub-Object의 ID가 10개로 되어 있다. Parameter Editor에서 [Set Number] 버튼을 클릭하여 [Set Number of Materials] 창이 나타나면 Number of Materials에 3을 입력하고 [OK] 버튼을 클릭한다.

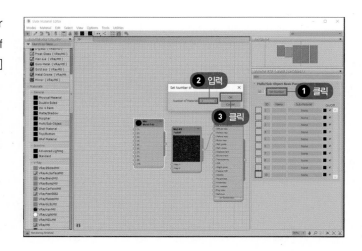

08 ID가 3개로 변경됐다. ID 1은 바깥쪽 화이트 프레임, ID 2는 유리, ID 3은 WD 재질이다. VP View에서 VP Op 재질을 드래그한 후, Shift 를 누른 상태로 복사하여 복사한 VP Op 재질의 입력용 단자와 Win Multi/Sub-Object의 ID 1 출력용 단자를 연결한다. 그다음 Parameter Editor에서 복사한 VP 재질의 이름을 'Win VP Op'로 변경하고 Diffuse의 Color에서 R, G, B가 각각 180이 되도록 변경한다.

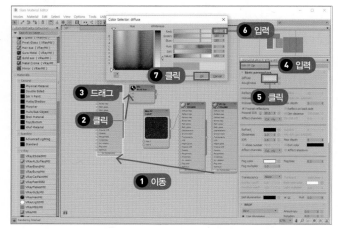

> **tip**
>
> 남은 ID 2, 3에는 다른 재질을 적용할 때 연결하여 적용한다.

09 Perspective 뷰에서 1층의 큰 창호를 제외하고 전부 선택한 후, 다른 오브젝트들은 Hide 한다. 그다음 [Slate Material Editor] 창의 VP View의 Win Multi/Sub-Object를 선택하고 툴바에서 Assign Material to Selection( )을 클릭하여 재질을 적용한다.

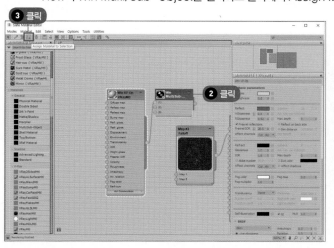
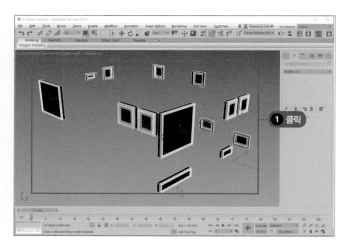

> **tip**
>
> Edit Poly 경우 Multi/Sub-Object를 사용해야 재질을 여러 가지로 적용할 수 있다. Editable Poly의 경우는 Multi/Sub-Object를 사용하지 않고 Polygon을 사용하여 선택한 Polygon에만 재질을 적용할 수 있다.

10 out 1f wall, out 2f wall, 2f ceil, 1f ceil wh 오브젝트만 선택한 후, [Slate Material Editor] 창의 VP View의 VP 재질을 선택하고 툴바에서 Assign Material to Selection( )을 클릭하여 재질을 적용한다.

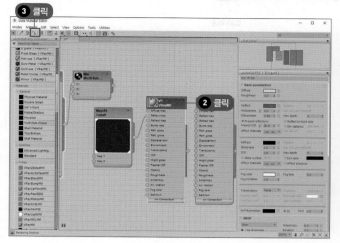
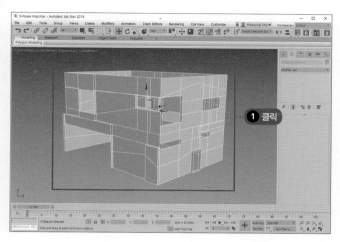

Glass(유리) 맵핑하기

창문 유리에 Glass 재질을 맵핑한다. 현재 모델링에는 창문에만 유리 재질이 들어가기 때문에 Win Glass 재질만 사용하여 적용한다.

01 [Slate Material Editor] 창에서 VP View를 선택한 후, Material/Map Browser 〉 Sample Material 〉 Win Glass를 더블클릭하여 불러온다.

02 불러온 Win Glass 재질의 입력용 단자와 Win Multi/Sub-Object 재질의 ID 2 출력용 단자와 연결한다.

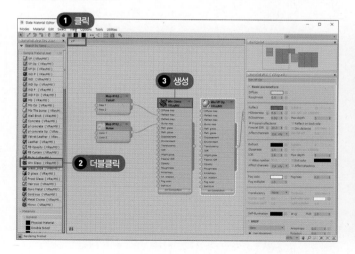

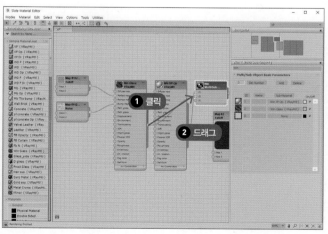

> **tip**
>
> 이미 Win Multi/Sub-Object 재질은 오브젝트에 적용되어 있기 때문에 다시 Assign Material to Selection( )을 클릭하여 창문 오브젝트에 적용할 필요가 없다.

03 VP View 옆 빈 공간에서 우 클릭한 후, Create New View를 클릭하여 Glass View를 만든다.

04 Material/Map Browser 〉 Sample Material 〉 Win Glass를 더블클릭하여 새롭게 만든다.

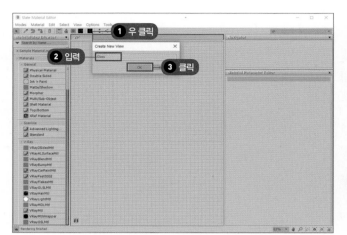

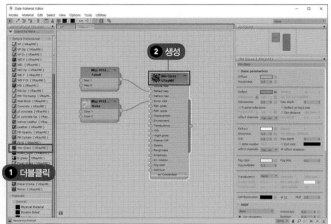

05 win d, win d001, win d002, win d003 오브젝트를 선택한 후, 다른 오브젝트를 Hide 한다. 그다음 win d 오브젝트를 선택하고 우 클릭한 후, 쿼드 메뉴에서 transform 〉 Convert To: 〉 Convert to Editable Poly를 클릭하여 Editable Poly 상태로 변환한다.

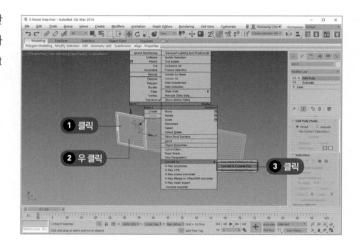

06 Modify의 Edit Geometry에 Attach를 클릭하고 나머지 3개 오브젝트를 선택하여 합쳐준다.

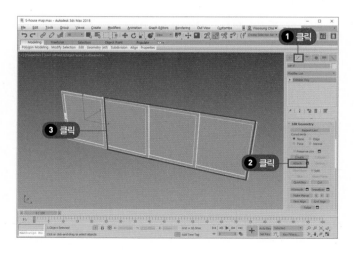

07 Selection에서 Polygon(■)(4)을 선택한 후, Polygon: Material IDs의 [Select ID]의 옆에 2를 입력하고 [Select ID] 버튼을 클릭하여 Polygon을 선택한다.

08 선택한 상태로 [Slate Material Editor] 창의 Glass View에서 Win Glass를 선택한 후, 툴바에서 Assign Material to Selection(▣)으로 재질을 적용한다.

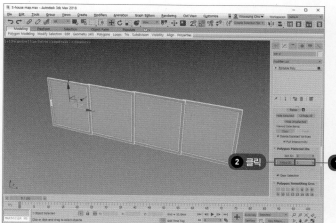

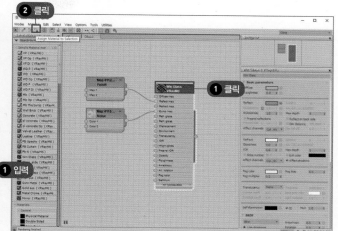

09 ex door, ex door001 오브젝트를 선택한 후, 다른 오브젝트를 Hide 한다. 그다음 ex door 오브젝트를 선택하고 우 클릭한 후, 쿼드 메뉴에서 transform 〉 Convert To: 〉 Convert to Editable Poly를 클릭하여 Editable Poly 상태로 변환한다.

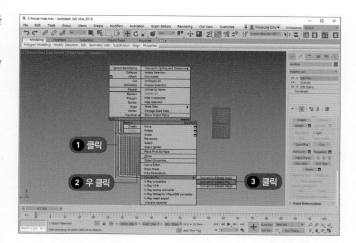

10 Modify의 Edit Geometry에 Attach를 클릭하여 ex door001 오브젝트를 선택하여 합쳐준다.

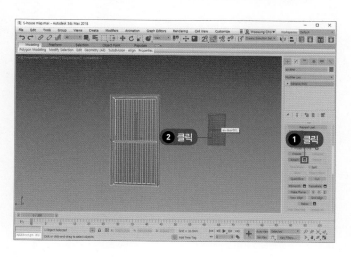

11 Polygon: Material IDs의 [Select ID] 옆에 1을 입력하고 [Select ID] 버튼을 클릭하여 Element를 선택한다.

12 선택한 상태로 [Slate Material Editor] 창의 Glass View에서 Win Glass를 선택한 후, 툴바에서 Assign Material to Selection( )으로 재질을 적용한다.

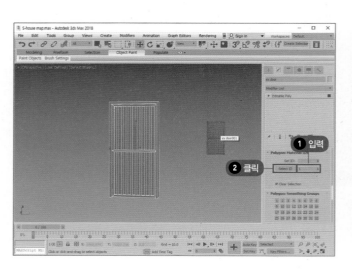

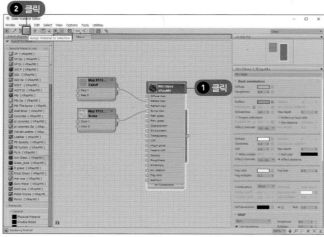

Wood 1(나무) 맵핑하기

나무 재질은 창문의 안쪽 프레임과 벽면, 기둥과 보, 그리고 문과 계단에 사용된다.
나무 재질의 경우 Texture 맵이 다르기 때문에 구분을 하면서 사용한다.

01 [Slate Material Editor] 창에서 Glass View 옆 빈 공간을 우 클릭한 후, Create New View를 클릭하여 Wood View를 만든다.

02 Wood View를 클릭한 후, Material/Map Browser 〉 Sample Material 〉 WD 재질을 더블클릭하여 불러온다.

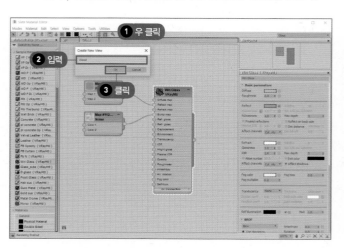

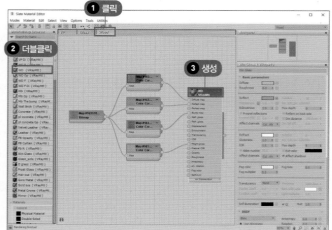

03 총 3가지의 WD 재질을 만들어야 한다. 창문 안쪽 프레임과 2층 보이드 공간 벽과 문, 계단에 사용되는 WD 1 재질, 같은 벽에 사용되지만 색이 더 어두운 WD 2 재질, 기둥과 보에 사용되는 WD 3 재질이다. 3가지에 사용되는 Wood Texture 맵은 다음과 같다.

⊙ 예제 파일 | Sample/Material image/WD 1.jpg, WD 2.jpg, WD 3.jpg

▲ WD 1 　　　　　▲ WD 2 　　　　　▲ WD 3

---

t i p

Wood 재질의 경우 똑같은 패턴을 찾기가 어렵다. 최대한 비슷한 패턴을 찾거나 색감을 비슷하게 만들어서 사용한다. 모델링 이미지를 참고하면 벽면이나 도어에 사용된 우드 재질의 톤이 조금씩 다르다. 앞으로 사용할 WD 재질의 경우 이것을 감안하여 만들었으니 참고한다.

---

04 WD 1 재질을 만든다. 불러온 WD 재질의 VRayMtl을 더블클릭한다. Parameters Editor에서 이름을 WD 1로 변경하고 Bitmap을 클릭한 후, Parameters Editor의 Bitmap Parameters의 Bitmap를 클릭하여 예제 파일 WD 1.jpg를 적용한다.

⊙ 예제 파일 | Sample/Material image/WD 1.jpg

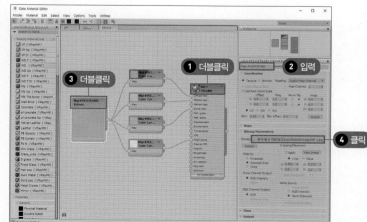

05 모델링 이미지를 참고하여 재질의 반사 정도와 Bump를 변경한다. WD 1의 VRayMtl을 더블클릭한 후, Parameters Editor의 Maps에서 Bump를 50으로 변경한다. 그다음 Reflect map에 연결된 Color Correction을 더블클릭한 후, Parameters Editor의 Maps에서 Lightness의 Brightness를 −30으로 Contrast를 −34로 변경한다. 그리고 Highlight gloss에 연결된 Color Correction을 더블클릭한 후, Parameters Editor의 Maps에서 Lightness의 Brightness를 15로 Contrast를 −22로 변경한다.

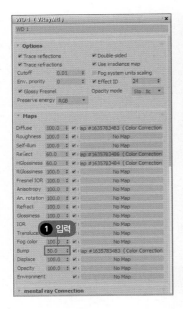
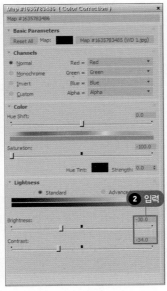
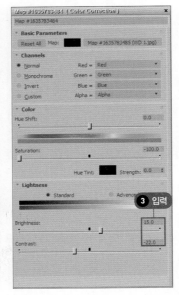

06 Material/Map Browser에서 Materials 〉 General 〉 Multi/Sub-Object를 더블클릭하여 불러온 후, Parameter Editor에서 [Set Number] 버튼을 클릭하여 ID 개수를 2개로 만들고 이름을 '2F wall'로 변경한다. 그다음 WD 1 재질의 입력용 단자와 2F wall의 ID 1 출력용 단자를 연결한다.

07 Perspective 뷰에서 in 2f wall, sliding door~sliding door006, int fur wall, ent fur door~003 오브젝트를 선택한 후, 다른 오브젝트는 Hide 한다. 그다음 in 2f wall 오브젝트를 선택한 후, Selection에서 Polygon(■)(4)을 클릭한다. 그리고 모델링 이미지를 참고하여 WD 1 재질이 적용되는 Polygon만 다음과 같이 선택하고 Polygon: Material IDs에서 Set ID에 1을 입력한다.

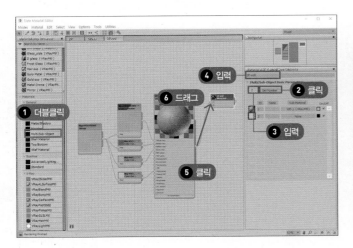
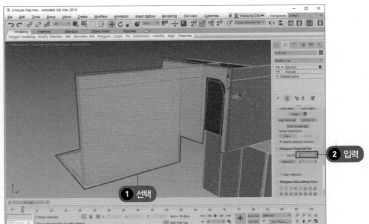

08 [Slate Material Editor] 창의 Wood View에서 2F wall 재질을 선택한 후, 툴바에서 Assign Material to Selection(🔩)을 클릭하여 재질을 적용한다.

09 Selection에서 Polygon(■)(4)을 선택 해제한 후, Modifier List 〉 UVW Map를 적용한다. 그다음 Parameters에서 Mapping에 Box을 선택하고 Length에 4200, Width에 1800, Height에 4200을 입력한다. 그리고 Stack에서 UVW Map의 Subtrees(▶)를 클릭하여 Gizmo(1)을 선택하고 Front 뷰에서 Y축으로 이동하여 적용된 재질 맵이 오브젝트의 밑면과 같은 높이가 되도록 이동시킨다.

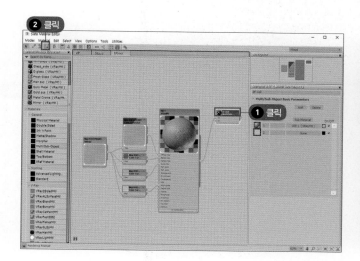

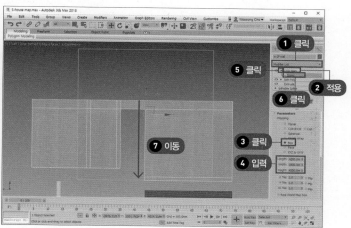

10 메인 툴바에서 Select and Rotate(↻)(E)으로 변경한 후, Top 뷰에서 하단의 절대좌표 Z에 −90을 입력하여 회전한다.

11 다음은 슬라이딩 도어에 Wood 재질을 맵핑한다. [Slate Material Editor] 창의 Wood View에서 2F wall Multi/Sub-Object 노드만을 선택한 후, Shift 를 누른 상태로 이동하여 복사한다. 그다음 Parameter Editor에서 이름을 1F sliding door라고 변경한다.

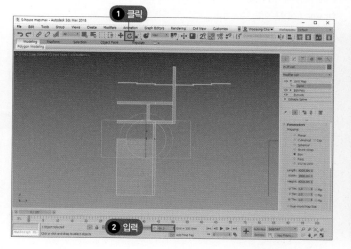

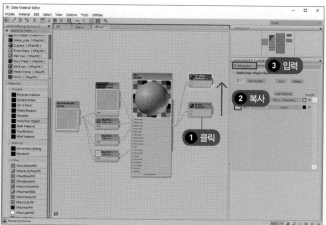

12 sliding door 오브젝트를 전부 선택한다. [Slate Material Editor] 창의 Wood View에서 1F sliding door 재질을 선택한 후, 툴바에서 Assign Material to Selection(🔧)을 클릭하여 재질을 적용한다.

13 커맨드 패널에서 Modify 〉 Modifier List 〉 UVW Map을 적용한다. 그다음 Parameters에서 Mapping에 Box를 선택하고 Length에 4200, Width에 1800, Height에 4200을 입력한다. 그리고 Stack에서 UVW Map의 Subtrees(▶)를 클릭하여 Gizmo(1)을 선택하고 Front 뷰에서 [Transform Type-In](F12) 창을 열고 Offset:Screen의 Y에 500을 입력하여 이동한다.

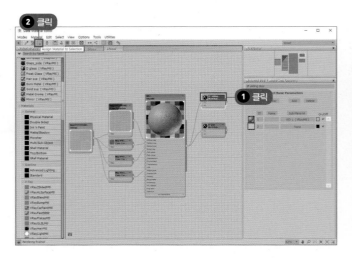

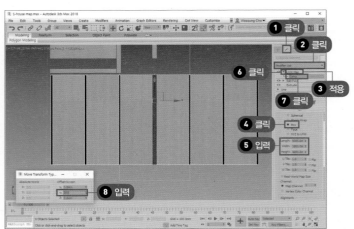

14 int fur wall 오브젝트를 선택한 후, [Slate Material Editor] 창의 Wood View에서 WD 1 재질을 선택한다. 그다음 툴바에서 Assign Material to Selection(🔧)을 클릭하여 재질을 적용한다.

15 커맨드 패널에서 Modify 〉 Modifier List 〉 UVW Map을 적용한다. 그다음 Parameters에서 Mapping에 Box를 선택하고 Length, Width에 1800, Height에 4200을 입력한다. 그리고 Stack에서 UVW Map의 Subtrees(▶)를 클릭하여 Gizmo(1)을 선택하고 Front 뷰에서 [Transform Type-In](F12) 창을 열고 Offset:Screen의 Y에 500을 입력하여 이동한다.

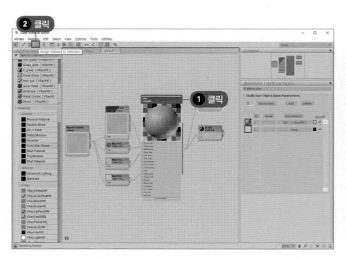

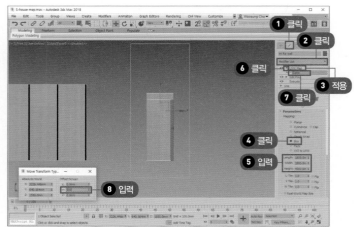

16 입구 도어에 Wood 재질을 맵핑한다. [Slate Material Editor] 창의 Wood View에서 2F wall Multi/Sub-Object 노드만을 선택한 후, Shift 를 누른 상태로 이동하여 복사한다. 그다음 Parameter Editor에서 이름을 'ent fur door'로 변경한다.

17 ent fur door 오브젝트를 전부 선택한 후, [Slate Material Editor] 창의 Wood View에서 ent fur door 재질을 선택한다. 그다음 툴바에서 Assign Material to Selection(🔧)을 클릭하여 재질을 적용한다.

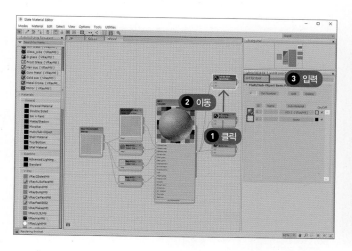

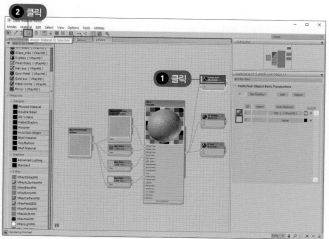

18 ent fur door 오브젝트를 선택한 후, 커맨드 패널에서 Modify 〉 Modifier List 〉 UVW Map을 적용한다. 그다음 Parameters에서 Alignment의 [Acquire] 버튼을 클릭한 후, int fur wall을 선택한다. [Acquire UVW Mapping] 창이 나타나면 Acquire Relative를 체크하고 [OK] 버튼을 클릭한다.

19 WD 2 재질을 만든다. [Slate Material Editor] 창의 Wood View에서 WD 1 재질을 선택한 후, Shift 를 누른 상태로 이동하여 복사한다. 그다음 Parameter Editor에서 이름을 'WD 2'로 변경한다.

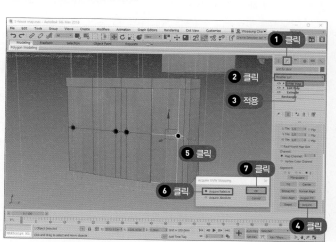

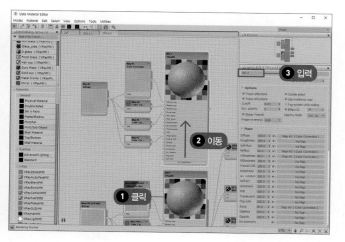

20 모델링 이미지를 참고하여 재질을 변경한다. WD 2의 Bitmap을 더블클릭한 후, Parameters Editor의 Bitmap Parameters에서 Bitmap을 클릭하여 예제 파일이 있는 Material image 폴더에서 WD 2.jpg로 변경한다. 그다음 Reflect map에 연결된 Color Correction을 더블클릭한 후, Parameters Editor의 Maps에서 Lightness의 Brightness를 −15, Contrast를 −30으로 변경한다. 그리고 Highlight gloss에 연결된 Color Correction을 더블클릭한 후, Parameters Editor의 Maps에서 Lightness의 Brightness를 30, Contrast를 −15로 변경한다.

⬤ 예제 파일 | Sample/Material image/WD 2.jpg

 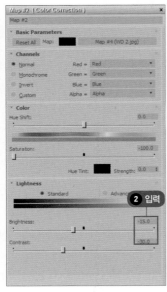 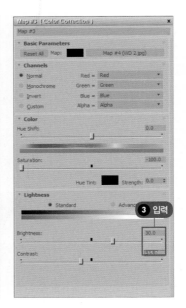

21 2F wall Multi/Sub-Object의 ID 2의 출력용 단자와 WD 2 재질의 입력용 단자를 연결한다. WD 2 재질의 Bitmap을 선택한 후, 툴바의 Show Shaded Material in Viewport(◉)를 클릭한다. 대화상자가 나타나면 Show on 2F wall (Multi/Sub-Object)을 선택한다.

22 in 2f wall 오브젝트를 선택한 후, Selection에서 Polygon(■)(4)를 클릭한다. 그다음 Ctrl + I 를 눌러 반전 선택한 후, Polygon: Material IDs의 Set ID에 2를 입력한다.

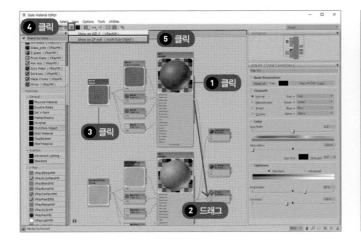 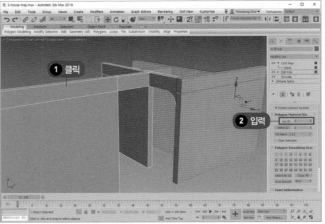

23 in 1f wall, wall door, 1f wd door, 1f wd door001 오브젝
트를 제외하고 다른 오브젝트를 Hide 한다.

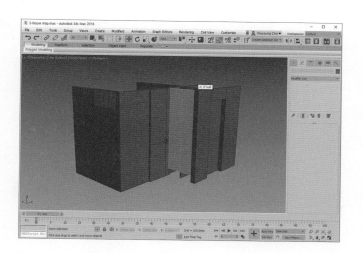

24 in 1f wall과 wall door 오브젝트를 선택한 후, [Slate Material Editor] 창의 Wood View의 WD 2 재질을 선택한다. 툴바의 Assign
Material to Selection(🔲)을 클릭하여 재질을 적용한다. 그다음 커맨드 패널에서 Modify 〉 Modifier List 〉 UVW Map을 적용한다.
Parameters에서 Mapping에 Box를 선택하고 Length, Width에 1800, Height에 4200을 입력한다. 그리고 Stack에서 UVW Map의
Subtrees(▶)를 클릭하여 Gizmo(1)을 선택하고 Front 뷰에서 Y축으로 이동하여 적용된 재질 맵이 오브젝트의 밑면과 같은 높이가 되도록 이동한다.

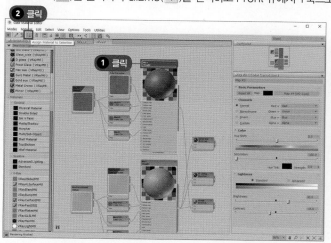

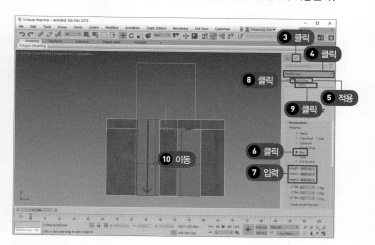

25 1f wd door, 1f wd door001 오브젝트를 선택한다. [Slate
Material Editor] 창에서 Wood View의 ent fur door Multi/
Sub-Object 노드만을 Shift 를 누른 상태로 복사한 후, Parameter
Editor에서 이름을 '1f wd door로' 변경한다. 그다음 1f wd door
Multi/Sub-Object의 ID 1 출력용 단자와 WD 2 재질의 입력용 단자를
연결한다. 그리고 1f wd door Multi/Sub-Object를 선택하고 툴바에
서 Assign Material to Selection(🔲)을 클릭하여 재질을 적용한다.

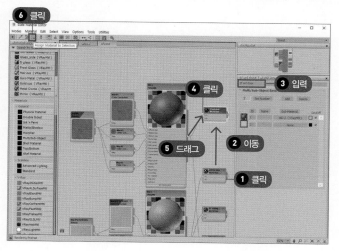

26 커맨드 패널에서 Modify 〉 Modifier List 〉 UVW Map을 적용한다. 그다음 Parameters에서 Alignment의 [Acquire] 버튼을 클릭한 후, in 1f wall을 선택한다. [Acquire UVW Mapping] 창이 나타나면 Acquire Relative를 체크하고 [OK] 버튼을 클릭한다.

27 2f door, 2f door001, 2f door002 오브젝트를 제외하고 Hide 한 후, 2f door 오브젝트를 선택한다. 그다음 커맨드 패널의 Edit Geometry에서 Attach를 클릭하고 2f door001, 2f door002 오브젝트를 선택하여 하나로 합쳐준다. 그리고 Selection에서 Element(⚙) (⑤)을 선택한다. 문에서 나무 재질을 적용할 곳을 선택한 후, Polygon: Material IDs에서 Set ID에 1을 입력한다.

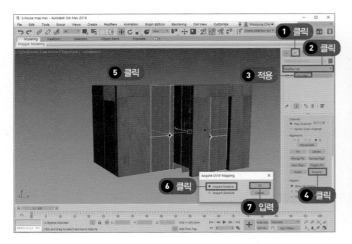

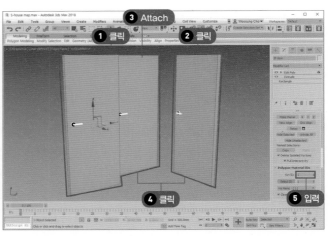

28 [Slate Material Editor] 창의 Wood View에서 1F sliding door Multi/Sub-Object 노드만을 선택한 후, Shift 를 누른 상태로 복사한다. 그다음 Parameter Editor에서 이름을 2F door로 변경한 후, 툴바에서 Assign Material to Selection(🔧)을 클릭하여 재질을 적용한다.

29 커맨드 패널에서 Modify 〉 Modifier List 〉 UVW Map을 적용한다. Parameters에서 Mapping에 Box를 선택하고 Length에 4200, Width와 Height에 각각 1800을 입력한다. 그다음 Stack에서 UVW Map의 Subtrees(▶)를 클릭하여 Gizmo(①)을 선택한 후, Left 뷰에서 [Transform Type-In](F12) 창을 열고 Offset:Screen의 Y에 1000을 입력하여 이동한다.

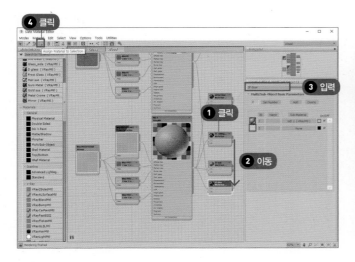

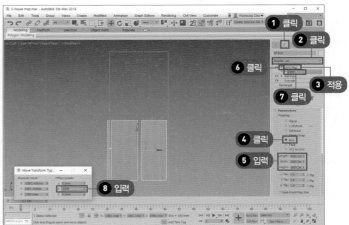

30 wd m wall, wd m wall001 오브젝트를 선택한 후, [Slate Material Editor] 창의 Wood View에서 1F sliding door 재질을 선택하고 툴바에서 Assign Material to Selection(🎨)을 클릭하여 재질을 적용한다.

31 커맨드 패널에서 Modify 〉 Modifier List 〉 UVW Map을 적용한다. Parameters에서 Mapping에 Box를 선택하고 Length와 Width에 1800, Height에 4200을 입력한다. 그다음 Stack에서 UVW Map의 Subtrees(▶)를 클릭하여 Gizmo(1)을 선택한 후, Front 뷰에서 [Transform Type-In](F12) 창을 열고 Offset:Screen의 Y에 1000을 입력하여 이동한다.

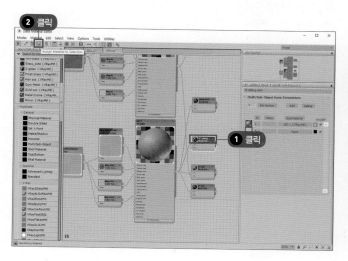

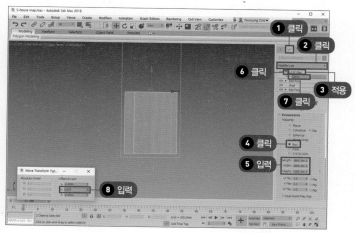

Wood 2(나무) 맵핑하기

창문 프레임과 기둥, 보, 계단에 Wood 재질을 맵핑한다.

01 창문 프레임에 사용할 Wood 재질을 먼저 만든다. [Slate Material Editor] 창의 Wood View에서 WD 1 재질을 선택한 후, Shift 를 누른 상태로 복사한다. Parameters Editor에서 이름을 'WD 1 Dark'로 변경한다.

02 WD 1 Dark에 적용된 Bitmap을 더블클릭한 후, Parameters Editor 〉 Bitmap Parameters 〉 Cropping/Placement에서 Apply를 체크하고 [View Image] 버튼을 클릭한다. [Specify Cropping/Placement] 창이 나타나면 우측 상단이나 좌측 하단의 어두운 부분 중 한쪽 영역만 선택한다.

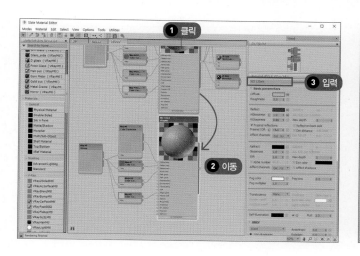

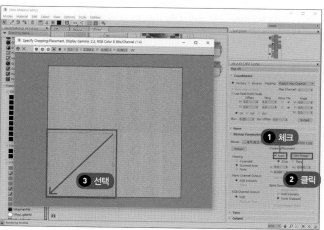

03 Diffuse map에 적용된 Color Correction을 더블클릭한 후, Parameters Editor의 Lightness에서 Brightness를 –10, Contrast를 5로 변경한다. 그다음 툴바에서 Show Shaded Material in Viewport(⬤)를 클릭한다.

04 1F sliding door Multi/Sub-Object의 ID 2 출력용 단자와 WD 1 Dark 입력용 단자를 서로 연결한다.

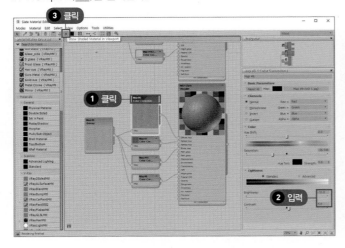

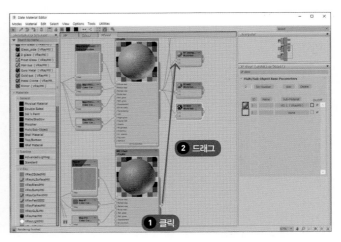

05 1F sliding door 재질을 적용한 오브젝트를 확인하여 적용되었는지 확인한다.

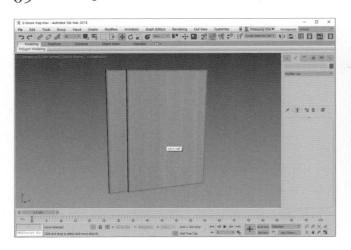

06 WD 1 Dark 입력용 단자를 선택한 후, VP View로 드래그한다. 그다음 VP View에서 [Instance(Copy) M] 창이 나타나면 Instance에 체크되었는지 확인한 후, [OK] 버튼을 클릭하여 복사한다. 그리고 Win Multi/Sub-Object의 ID 3 출력용 단자와 WD 1 Dark 입력용 단자를 서로 연결한다.

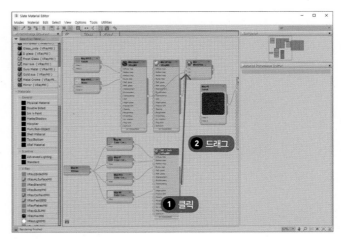

07 창문 오브젝트를 제외하고 Hide 한 후, 오브젝트를 전부 선택한
다. 그다음 커맨드 패널에서 Modify 〉 Modifier List 〉 UVW
Map을 적용한다. Parameters에서 Mapping에 Box를 선택하고
Length, Width, Height에 각각 1500을 입력한다.

08 a win 오브젝트를 선택한다. 커맨드 패널에서 Modify 〉
Modifier List 〉 Mesh Select를 적용한다. 그다음 Mesh
Select Parameters에서 Selection에 Polygon(▥)(4)을 클릭하고
나무 재질이 적용된 위아래 Polygon을 선택한다.

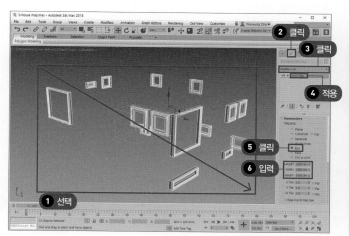

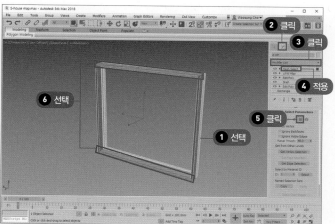

09 한 번 더 Modifier List 〉 UVW Map을 적용한다. Parameters
에서 Mapping에 Box를 선택하고 Length, Width, Height에
각각 1500을 입력한다. 그다음 메인 툴바에서 Select and Rotate(↻)
(E)를 선택한 후, Stack에서 UVW Map의 Subtrees(▶)를 클릭하여
Gizmo(1)를 선택하고 하단의 절대좌표 Z에 90을 입력하여 회전한다.

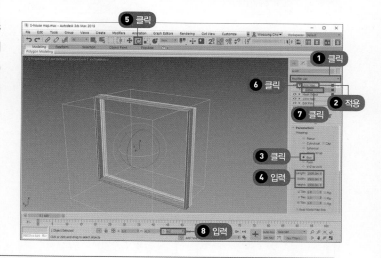

t i p

UVW Map을 새로 적용하지 않고 먼저 적용했던 것을 복사하여 사용할 수 있
다. 그러나 복사했을 경우 UVW Map의 Gizmo가 오브젝트에 있지 않고 전체
를 선택하여 적용했기 때문에 창문 오브젝트 중간에 있다.

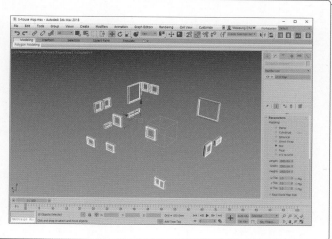

10 오브젝트 선택을 해제하고 확인한다. 그다음 나머지 창문 오브젝트들을 앞 과정을 반복하여 a win 오브젝트처럼 만든다.

11 win d, win F 오브젝트를 선택한 후, 다른 오브젝트는 Hide 한다. 그다음 win d를 선택하고 Modify 창의 Selection에서 Polygon(■)(4)을 선택한다. 그리고 Polygon: Material IDs에서 [Select ID] 옆 칸에 1을 입력하고 [Select ID] 버튼을 클릭하여 Polygon을 선택한다.

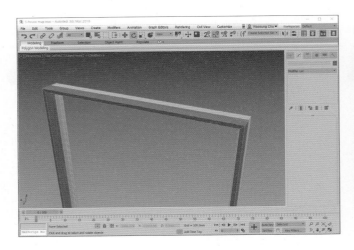

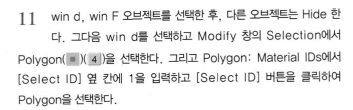

12 [Slate Material Editor] 창의 Wood View에서 WD 1 Dark 재질을 선택한 후, 툴바에서 Assign Material to Selection(🔳)을 클릭하여 재질을 적용한다.

13 win F 오브젝트를 선택한 후, WD 1 Dark 재질을 적용한다. 그리고 win d, win F를 선택한 후, 커맨드 패널에서 Modify 〉 Modifier List 〉 UVW Map을 적용한다. Parameters에서 Mapping에 Box를 선택하고 Length, Width, Height에 각각 1500을 입력한다.

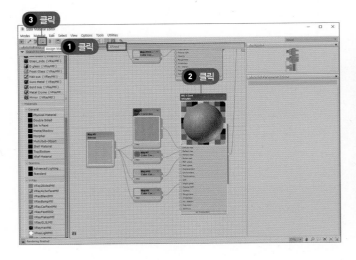

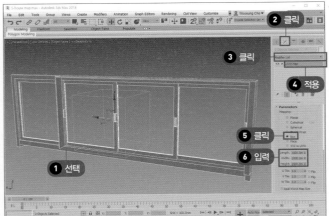

14 메인 툴바에서 Select and Rotate(⟳)(E)를 선택한 후, Stack에서 UVW Map의 Subtrees(▶)를 선택하여 Gizmo(1)를 클릭하고 하단의 절대좌표 Y에 −90이 되도록 회전한다.

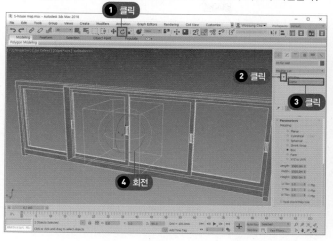

15 ex door 오브젝트를 선택한 후, 다른 오브젝트들은 Hide 한다. 그다음 Modify 창의 Selection에서 Element(⬤)(5)을 선택하고 Polygon: Material IDs에서 Set ID에 2을 입력하여 선택한다.

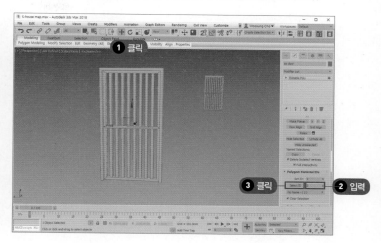

16 [Slate Material Editor] 창의 Wood View에서 WD 1 Dark 재질을 선택한 후, 툴바에서 Assign Material to Selection(⬤)을 클릭하여 재질을 적용한다. 그리고 커맨드 패널에서 Modify 〉 Modifier List 〉 UVW Map을 적용한다. Parameters에서 Mapping에 Box를 선택하고 Length, Width, Height에 각각 1500을 입력한다.

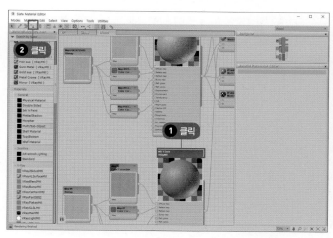

17 stair wd 오브젝트를 선택한 후, 앞 과정을 반복한다. 그다음 커맨드 패널에서 Modify 〉 Modifier List 〉 Mesh Select를 적용한다. 그리고 Mesh Select Parameters의 Selection에서 Element(⬤)(5)를 클릭하고 Top 뷰에서 그림과 같이 세로로 꺾이는 오브젝트들을 선택한다.

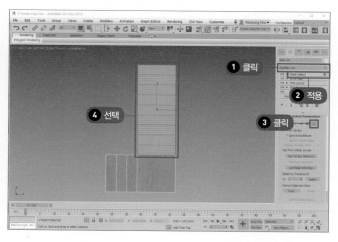

18 메인 툴바에서 Select and Rotate(⟳)(E)로 변경한 후, 커맨드 패널의 Stack에서 UVW Map을 우 클릭하여 복사하고 Mesh Select 명령어 위로 붙여넣기 한다. 그다음 UVW Map의 Subtrees(▶)를 선택하여 Gizmo(1)를 클릭하고 하단의 절대좌표 Z에 90을 입력하여 회전한다.

19 다음과 같이 계단이 꺾이는 곳부터 재질의 결 방향이 변경된다.

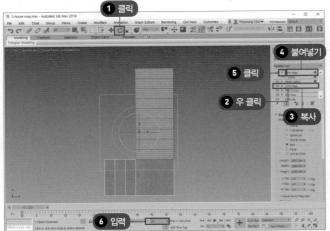

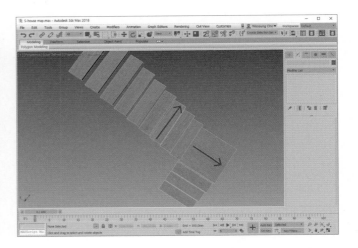

20 kitch frame, base, 2f base 오브젝트도 WD 1 Dark 재질을 적용하고 앞의 과정을 참고하여 UVW Map을 적용한다.

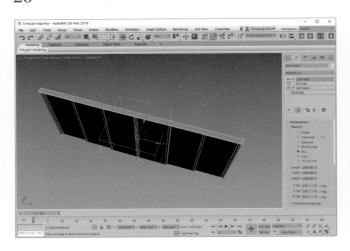

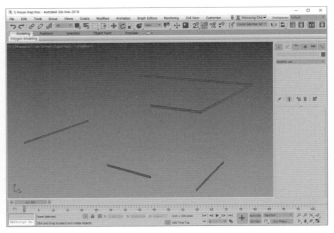

21 기둥과 보에 사용할 Wood 재질을 만든다. [Slate Material Editor] 창의 Wood View에서 WD 1 재질을 선택한 후, Shift 를 누른 상태로 복사한다. Parameters Editor에서 이름을 'WD 3'으로 변경한다.

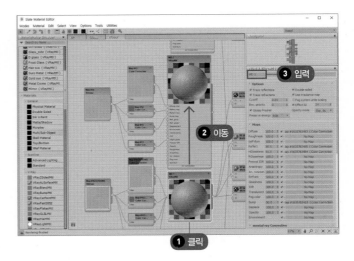

22 WD 1 Dark에 적용된 Bitmap을 더블클릭한 후, Parameters Editor의 Bitmap Parameters에서 적용된 Bitmap을 클릭하고 예제 파일의 Material image 폴더에서 WD 3.jpg를 클릭하여 변경한다. 그다음 툴바에서 Show Shaded Material in Viewport(▣)를 클릭한다.

23 기둥과 보 오브젝트를 전부 선택한 후, 다른 오브젝트는 Hide 한다. 그다음 재질을 적용한다.

● 예제 파일 | Sample/Material image/WD 3.jpg

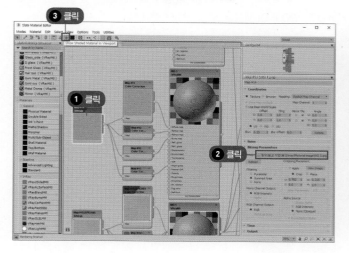

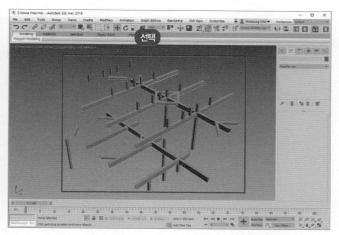

24 wd slab001 오브젝트를 선택한 후, 커맨드 패널에서 Modify 〉 Modifier List 〉 UVW Map을 적용한다. 그다음 Parameters에서 Mapping에 Box를 선택하고 Length, Width, Height에 각각 1500을 입력한다. 그리고 메인 툴바에서 Select and Rotate(C)(E)를 선택한 후, Modify 창의 Stack에서 UVW Map의 Subtrees(▶)를 클릭하여 Gizmo(1)를 선택하고 하단의 절대좌표 Y에 90을 입력하여 회전한다.

25 앞 과정을 반복하여 다른 기둥과 보 오브젝트에도 UVW Map을 적용한다.

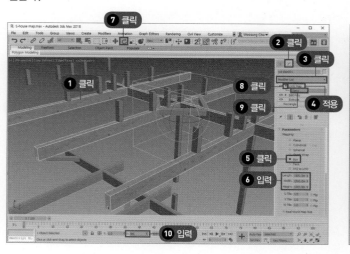

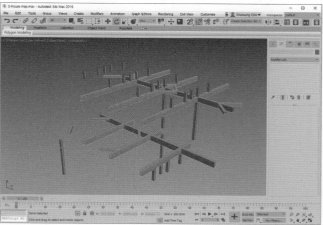

Wood Floor(나무 플로어링) 맵핑하기

1층과 2층의 바닥 마감과, 1층 외부 바닥 마감까지 총 3군데로 각각 재질의 Texture가 다르다.

01 1f pl, 2f pl, deck wd를 제외하고 전부 Hide 한다.

02 [Slate Material Editor] 창에서 WD Floor View를 새로 만든다. 그다음 Material/Map Browser 〉 Sample Material 〉 WD F, WD F Di 재질을 더블클릭하여 불러온다.

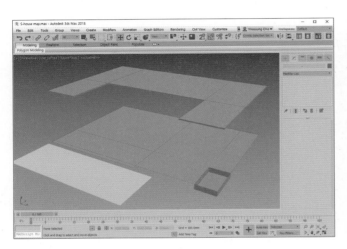

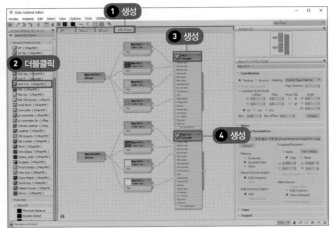

03 WD F VRayMtl을 더블클릭한 후, Parameter Editor에서 이름을 '2F WD F'로 변경한다. Maps에서 bump를 30으로 변경한다.

04 2F WD F의 Bitmap을 더블클릭한 후, Parameter Editor의 Coordinates에서 Tiling을 1.0으로 변경하고 Bitmap Parameters에서 Bitmap을 클릭하여 예제 파일의 Material image 폴더에서 WD floor 1.jpg를 선택하여 변경한다.

● 예제 파일 | Sample/Material image/WD floor 1.jpg

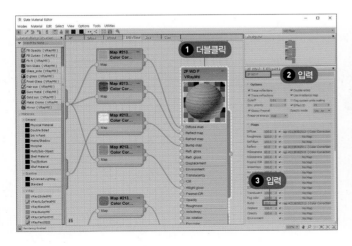

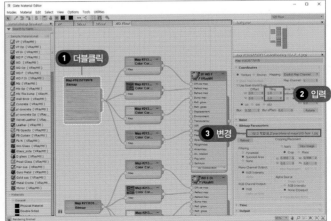

05 Bitmap을 클릭하고 Shift 를 누른 상태로 이동하여 복사한다. 복사한 Bitmap의 입력용 단자와 2F WD F VRayMtl의 Bump map에 연결되어 있는 Color Correction의 출력용 단자를 연결한다. 그다음 Bitmap을 더블클릭한 후, Parameter Editor 〉 Bitmap Parameters 〉 Bitmap을 클릭하고 예제 파일에서 WD floor 1 bump.jpg를 클릭하여 변경한다.

● 예제 파일 | Sample/Material image/WD floor 1 bump.jpg

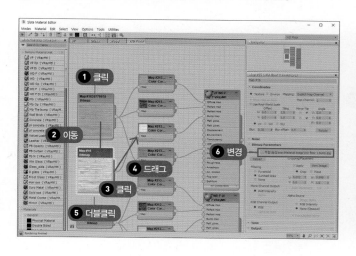

06 2F WD F 재질을 선택한 후, Shift 를 누른 상태로 복사한다. 그다음 Parameter Editor에서 이름을 '1F Ex F'로 변경한다.

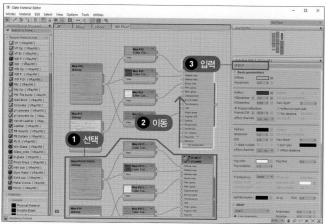

07 Diffuse map에 연결된 Bitmap을 더블클릭한 후, Parameter Editor 〉 Bitmap Parameters 〉 Bitmap을 선택하고 예제 파일의 Material image 폴더에서 WD floor 3.jpg를 클릭하여 변경한다.

● 예제 파일 | Sample/Material image/WD floor 3.jpg

08 Bump map에 연결된 Bitmap을 더블클릭한 후, Parameter Editor 〉 Bitmap Parameters 〉 Bitmap을 선택하고 예제 파일의 Material image 폴더에서 WD floor 3 bump.jpg를 클릭하여 변경한다.

● 예제 파일 | Sample/Material image/WD floor 3 bump.jpg

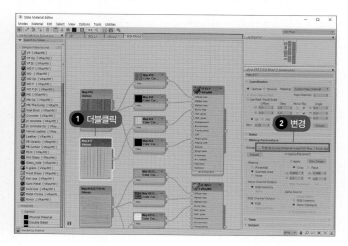

09 Reflect map에 연결되어 있는 Color Correction과 Highlight gloss에 연결되어 있는 Color Correction을 각각 더블클릭한 후, Parameter Editor의 Lightness에서 Brightness를 0, Contrast를 10으로 변경한다.

10 WD F Di VRayMtl를 더블클릭한 후, Parameter Editor에서 1F WD F Di로 변경한다.

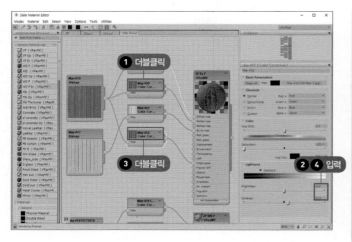

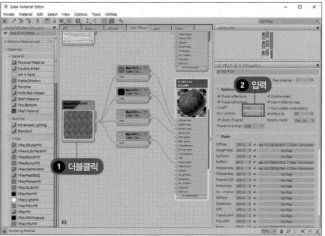

11 Bitmap을 더블클릭한 후, Parameter Editor의 Bitmap Parameters에서 Coordinates의 Tiling을 1로 입력하고 Bitmap을 클릭한다. 그다음 예제 파일의 Material image 폴더에서 WD floor 2.jpg를 클릭하여 변경한다.

● 예제 파일 | Sample/Material image/WD floor 2.jpg

12 1F EX F 재질의 Diffuse Map에 연결되어 있는 Bitmap을 선택한 상태로 툴바에서 Show Shaded Material in Viewport(▣)를 클릭한다. 그다음 2F WD F, 1F WD F Di 재질도 1F EX F 재질처럼 적용한다.

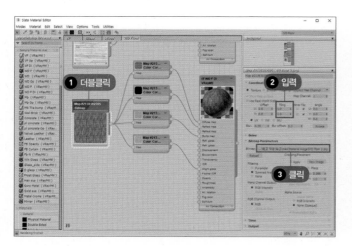

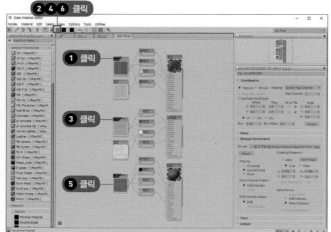

13 Perspective 뷰에서 2f pl를 선택한 후, [Slate Material Editor] 창에서 WD Floor View의 2F WD F 재질을 선택한다. 그다음 툴바에서 Assign Material to Selection(⊕)으로 재질을 적용한다.

14 13 과정을 반복하여 1f pl은 1F WD F Di 재질을 적용하고 deck wd는 1F Ex F 재질을 적용한다.

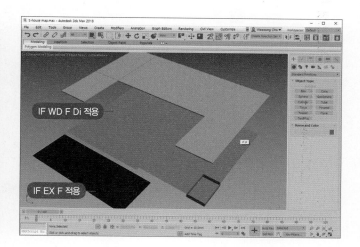

15 2f pl 오브젝트를 선택한 후, 커맨드 패널에서 Modify 〉 Modifier List 〉 UVW Map을 적용한다. 그다음 Parameters에서 Mapping에 Box를 선택하고 Length에 2500, Width와 Height에 각각 4500을 입력한다.

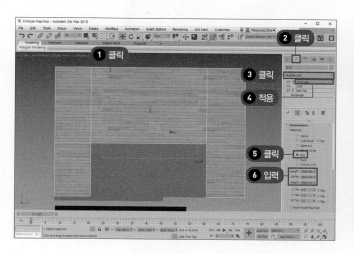

16 메인 툴바에서 Select and Rotate(⟳)(E)를 선택한 후, Modify 창의 Stack에서 UVW Map의 Subtrees(▶)를 클릭하여 Gizmo(1)를 선택하고 하단의 절대좌표 Z에 90을 입력하여 Gizmo를 회전한다.

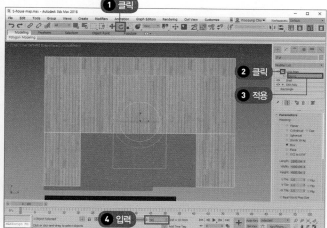

17 메인 툴바에서 Select and Move(✛)(W)로 변경한 후, Gizmo의 위쪽 라인이 오브젝트 위쪽 라인과 겹쳐지게 이동한다.

18 1f pl 오브젝트를 선택한 후, 커맨드 패널에서 Modify 〉 Modifier List 〉 UVW Map을 적용한다. 그다음 Parameters에서 Mapping에 Box를 선택하고 Length, Width, Height에 각각 4500을 입력한다.

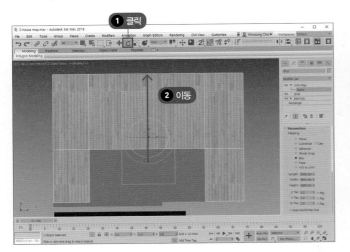

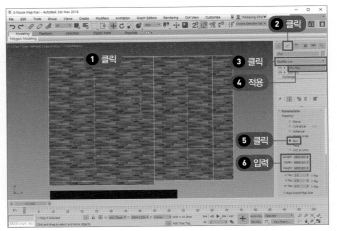

19 메인 툴바에서 Select and Rotate(↻)(E)를 선택한 후, Modify 창의 Stack에서 UVW Map의 Subtrees(▶)를 클릭하여 Gizmo(1)를 선택하고 하단의 절대좌표 Z에 90을 입력하여 Gizmo를 회전한다.

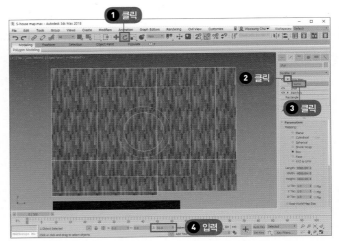

20 deck wd 오브젝트를 선택한 후, 커맨드 패널에서 Modify 〉 Modifier List 〉 UVW Map을 적용한다. 그다음 Parameters에서 Mapping에 Planar를 선택하고 Length에 3000, Width에 4500을 입력한다.

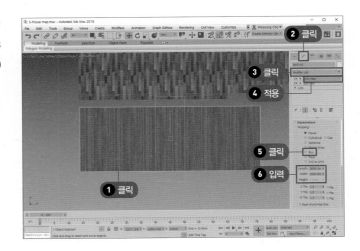

Sus(철) 맵핑하기

Sus 재질을 맵핑한다. Sus가 적용되는 곳은 창문 및 문손잡이와 계단 난간, 그리고 기둥 보의 고정나사에 들어간다.

01 [Slate Material Editor] 창에서 WD Floor View 옆 공간을 우 클릭한 후, 대화상자에서 Create New View를 클릭한다. 그다음 [Create New View] 창에 Sus를 입력하고 [OK] 버튼을 클릭하여 Sus View를 만든다.

02 Material/Map Browser 〉 Sample Material 〉 Metal Crome, Hair sus, Gold sus 재질을 더블클릭하여 불러온다.

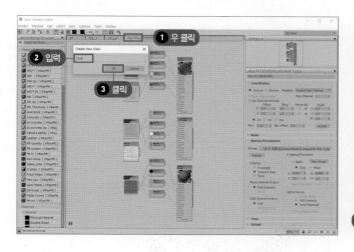

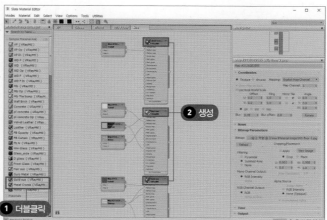

03 Metal Crome VRayMtl를 더블클릭한 후, Parameter Editor 에서 이름을 'Black Metal'로 변경한다. 그다음 Diffuse의 Color 를 클릭하고 R, G, B를 각각 15로 입력한다. 그리고 Fresnel reflections를 체크하고 Fresnel IOR은 체크 해제한 후, 5를 입력한다.

04 Gold sus 재질의 입력용 단자를 클릭한 후, Wood View로 드래 그한다.

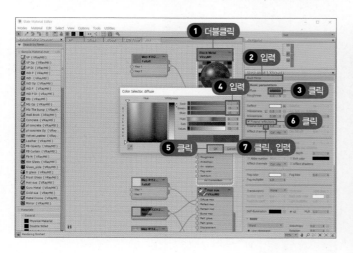

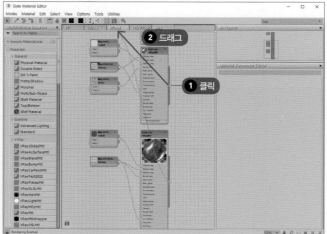

05 그다음 Wood View에서 [Instance(Copy) Mater…] 창이 나타나면 Instance를 클릭하고 [OK] 버튼을 클릭하여 복사한다. 그리고 Hair sus 재질도 Gold sus처럼 Wood View로 Instance 복사한다.

06 Gold sus VRayMtl 입력용 단자를 1f wd door Multi/Sub-Object의 ID 2와 ent fur door Multi/Sub-Object의 ID 2의 출력용 단자에 연결한다.

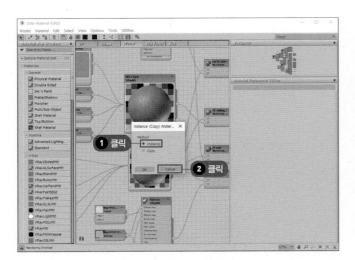

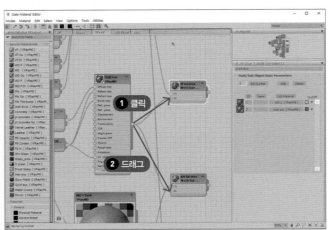

07 Hair sus VRayMtl의 입력용 단자를 2F door Multi/Sub-Object의 ID 2와 연결한다.

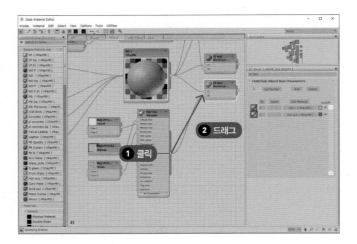

08 Gold sus, Hair sus 재질이 오브젝트에 적용되었는지 확인한다.

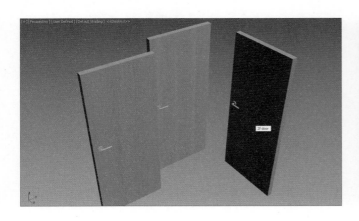

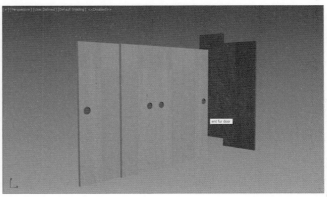

09 win d 오브젝트를 선택한 후, 커맨드 패널의 Modify 창의 Selection 에서 Polygon(■)(4)을 클릭하고 손잡이 부분을 선택한다.

10 Polygon: Material IDs의 [Select ID] 버튼을 클릭하여 ID가 3 인 Polygon을 전부 선택한다.

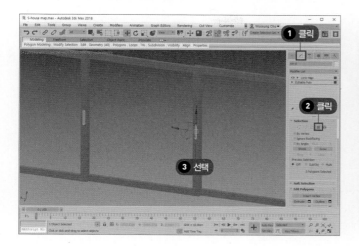

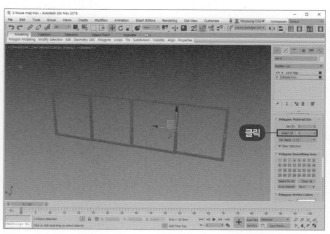

11 [Slate Material Editor] 창의 Sus View에서 Gold sus 재질을 선택한 후, 툴바의 Assign Material to Selection(▣)을 클릭 하여 재질을 적용한다.

12 wd sc, wd sc008 group 오브젝트를 선택한 후, 11번 과정을 반복하여 Gold sus 재질을 적용한다.

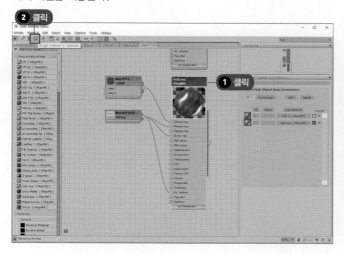

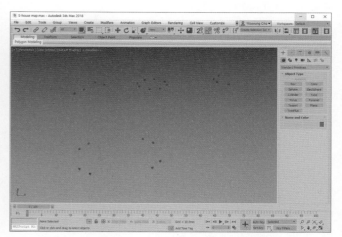

13 door 2handle, door 2handle001 오브젝트를 선택한 후, 11 번 과정을 반복하여 Gold sus 재질을 적용한다.

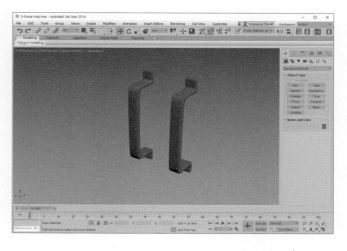

14 stair rail, stair sus 오브젝트를 선택한 후, 11번 과정을 참고하여 Sus View에서 Black Metal 재질을 선택한다.

14 pl door 오브젝트를 선택한 후, 11번 과정을 참고하여 Black Metal 재질을 적용한다.

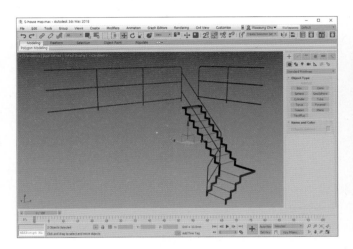

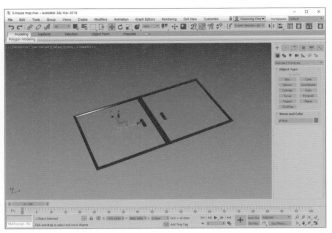

16 마지막으로 wd slab001 오브젝트를 선택한 후, 커맨드 패널의 Selection에서 Polygon(■)(4)를 선택한다. 그다음 Polygon: Material IDs에서 [Select ID] 옆 칸에 2을 입력하고 [Select ID] 버튼을 클릭하여 Polygon을 선택한다.

17 Edit Geometry에서 Detach를 클릭한 후, Detach 된 오브젝트를 선택하고 Name and Color에 이름을 'slab sus'로 변경한다. 그다음 Black Metal 재질을 적용한다.

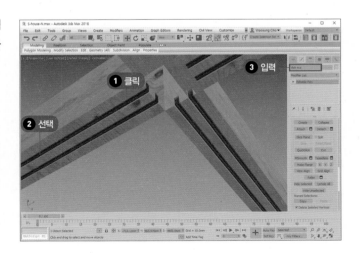

Concrete(콘크리트) 맵핑하기

콘크리트는 사용 위치에 따라 반사도가 달라지기 때문에 다른 재질을 사용한다. 여기서는 외부 벽체에 사용된다.

01   con wall 오브젝트를 선택한 후, 다른 오브젝트들은 Hide 한다.

02   [Slate Material Editor] 창에서 Sus View 옆 공간을 우 클릭한 후, 대화상자에서 Create New View를 클릭한다. 그다음 [Create New View] 창에 'Con'을 입력하고 [OK] 버튼을 클릭하여 Con View를 만든다.

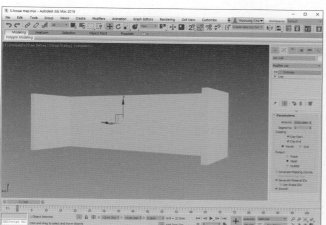

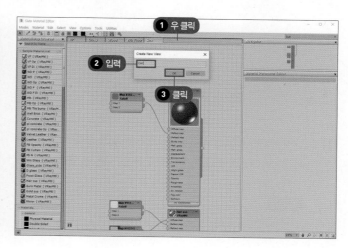

03   Material/Map Browser 〉 Sample Material 〉 Concrete 재질을 더블클릭하여 불러온다.

04   Concrete Diffuse Map에 연결된 Bitmap을 더블클릭한 후, Parameter Editor의 Bitmap parameters에서 Bitmap을 클릭하여 예제 파일의 Material image 폴더에서 conc.jpg를 선택하여 변경한다.

🔵 예제 파일 | Sample/Material image/conc.jpg

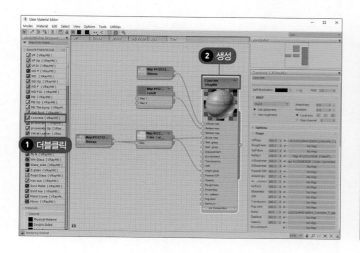

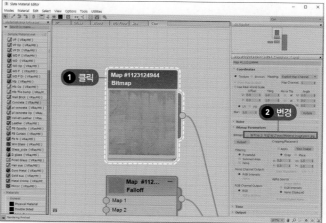

05 04번 과정을 반복하여 Bump map에 연결된 Bitmap의 Texture 이미지도 변경한다.

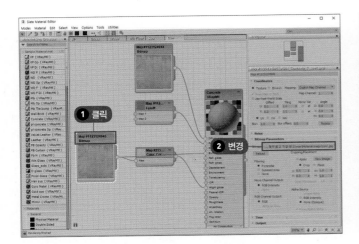

06 Concrete VRayMtl 재질을 더블클릭한 후, Parameter Editor에서 Maps의 Bump를 80으로 변경한다.

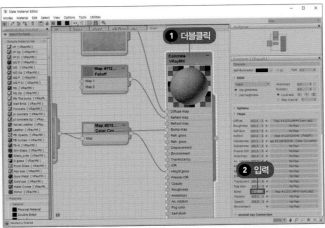

07 Concrete Diffuse Map에 연결된 Bitmap을 클릭한 후, 툴바에서 Show Shaded Material in Viewport(▣)를 클릭한다.

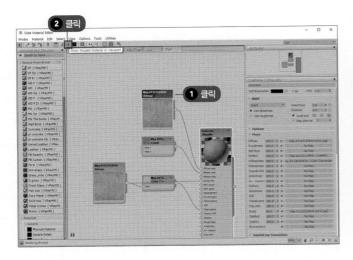

08 con wall 오브젝트를 선택한 후, [Slate Material Editor] 창의 Con View에서 Concrete 재질을 선택한다. 그다음 툴바에서 Assign Material to Selection(▣)을 클릭하여 재질을 적용한다.

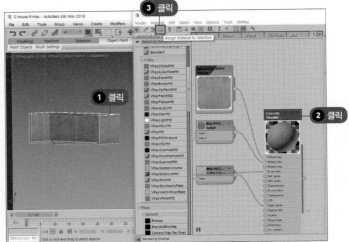

09 오브젝트를 선택한 상태로 커맨드 패널에서 Modify 〉 Modifier List 〉 UVW Map을 적용한다. 그다음 Parameters에서 Mapping에 Box를 선택하고 Length, Width에 각각 4500, Height에 2100을 입력한다.

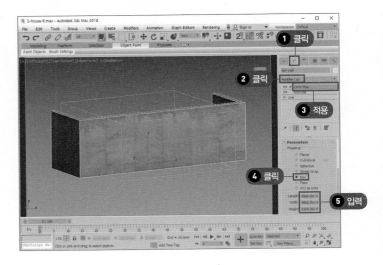

○ 예제 파일 | Sample/Part05/Lesson03/Sample Material.mat

가구 맵핑하기

가구의 경우 사용자가 직접 맵핑을 진행한다. 가구 이미지를 참고하여 예제 파일에서 Sample Material.mat를 불러와 편집하고 UVW Map을 사용하여 Texture 맵의 크기를 조절한다. 예제 파일의 Texture 맵을 사용하거나 사용자가 원하는 Texture 맵을 사용한다. 예시로 필자가 제공한 재질이 적용된 이미지를 참고하여 진행해보자.

> **tip**
>
> Texture 맵의 경우 Color Correction을 사용하여 색상, 명암, 채도를 변경하여 사용한다.

01 Table Set 예시 이미지이다. 테이블 상판에는 Wood-black.jpg를 사용했다. 의자와 테이블 다리는 Sus 재질을 적용하였고 의자의 앉는 부분은 VP Op 재질을 사용했다.

○ 예제 파일 | Sample/Material Image/Wood-black.jpg

02 좌측은 Table set 위에, 우측은 2층에 사용되는 조명이다. 조명의 유리 재질을 제외하고 전부 VP 재질을 사용하여 색상만 다르게 적용했다.

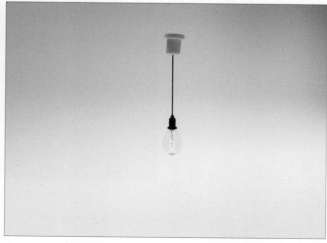

03 주방에 사용되는 Sink set이다. Side 의자의 재질은 Wd dark red.jpg를 사용했다. 씽크대는 Hair sus와 Metal crome 재질을 사용하였다.

◉ 예제 파일 | Sample/Material Image/Wd dark red.jpg

04 거실에 사용되는 Sofa set이다. Sofa의 천 재질은 sofa FB.jpg를 사용했고 카펫에는 blue carpet.jpg를 사용했다. FB 재질을 사용하였다.

◉ 예제 파일 | Sample/Material Image/sofa FB.jpg
◉ 예제 파일 | Sample/Material Image/blue carpet.jpg

05 Tv set이다. Tv table에는 Dotwood.jpg를 사용하였다.

◉ 예제 파일 | Sample/Material Image/Dotwood.jpg

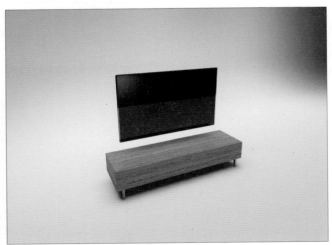

06 2층의 침대 Set이다 04~05번 과정에서 사용되었던 재질을 변경
하여 사용하였다.

07 2층에 들어가는 커튼이다. FB Curtain 재질을 불러와서 사용하
였다.

08 2층에 들어가는 Desk set이다. 04~05번 재질을 변경하여 사용
하였다.

tip

재질을 만들고 UVW Map을 적용하는 것이 아직 서툴다면 재질과 UVW Map을 적용한 파일을 참고하여 진행해보도록 한다.

● 예제 파일 | Sample/Part07/Lesson01/S-house fur map.max

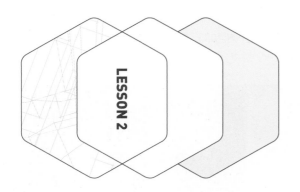

Light & Camera
설치하기

조명과 카메라를 설치한 후, 렌더링을 실행하여 재질과 조명을 확인할 수 있도록 준비하자.

Light 설치하기

실제 건축 이미지를 참고하여 Light를 설치하고 공간 분위기를 연출해보자.

주경 Light 설치하기

주경일 경우 실내 공간의 특별한 조명 없이도 외부에서 들어오는 태양빛으로 내부 공간이 연출된다. 하지만 모델링 작업 시 실제 조명과 같이 설치하여도 실사 이미지와는 다르게 공간의 빛이 부족해 보인다. 실사 이미지처럼 분위기가 연출될 수 있도록 추가로 내부에 Light를 설치해보자.

01 3ds Max를 실행한 후, 예제 파일 S-House Map.max 파일을 실행한다.

🔘 예제 파일 | Sample/Part07/Lesson01/S-house Map.max

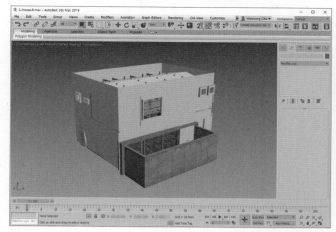

02 Left 뷰로 변경한 후, 커맨드 패널에서 Create 〉 Lights 〉 VRay 〉 VRaySun을 선택하여 그림과 같이 우측 상단에서 좌측 하단 방향으로 설치한다. [V-Ray Sun] 창이 나타나면 [예] 버튼을 클릭한다.

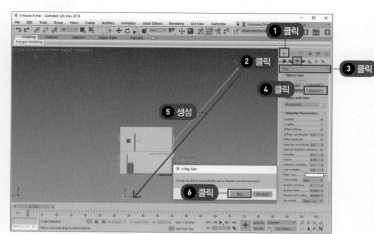

03 Top 뷰로 변경한 후, 커맨드 패널의 Name and Color에 이름을 'Sun'으로 변경한다. 그다음 Sun만을 선택한 상태로 [Transform Type-In](F12) 창을 열고 Offset:Screen의 X에 1500을 입력하여 이동한다.

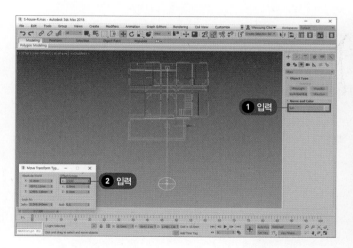

04 VRaySun Parameters의 설정을 다음과 같이 변경한다. 추후 렌더링 시 Intensity Multiplier의 값을 변경하여 빛의 세기를 조절한다.

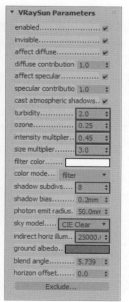

05 VRayLight 설치를 하기 위해 메뉴 바의 File 〉 Import 〉 Merge 를 클릭한다. [Merge File] 창이 나타나면 예제 파일 S-house fur map.max를 클릭하여 가구를 클릭한다.

● 예제 파일 | Sample/Part07/Lesson01/S-house fur Map.max

06 [Merge] 창이 나타나면 목록의 파일을 전부 선택한다. 그다음 하단의 [OK] 버튼을 클릭하여 불러온다.

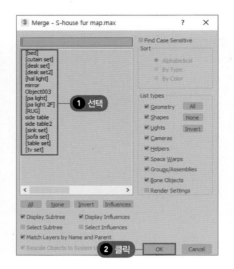

Info

Duplicate Material Name
오브젝트를 Merge로 불러올 때 재질의 이름이 같을 경우 [Duplicate Material Name] 창이 나타난다. 재질 설정이 다르거나 재질의 설정이 같을 때 정리하기 위한 기능이다.

① Rename Merged Material: 변경된 이름으로 재질을 저장한다. 이름을 변경하면 활성화 된다.
② Use Merged Material: 동일한 이름의 재질이 있을 경우 Merge로 불러온 오브젝트의 재질을 사용한다.
③ Use Scene Material: 동일한 이름의 재질이 있을 경우 이미 사용하고 있는 기존 재질을 사용한다.
④ Auto-Rename Merged Material: 각각의 재질이 적용된 상태로 이름을 랜덤하게 변경한다.
⑤ Apply to All Duplicates: 체크할 경우 선택한 방법으로 뒤에 재질도 같이 적용한다.

---

07 가구를 Merge로 불러온 후, Top 뷰에서 WireFrame(F3)으로 변경한다. 그다음 커맨드 패널에서 Create 〉 Lights 〉 VRay 〉 VRayLight를 클릭한다. 그리고 1층 Table set 오브젝트 위에 임의의 크기로 VRayLight를 만든다.

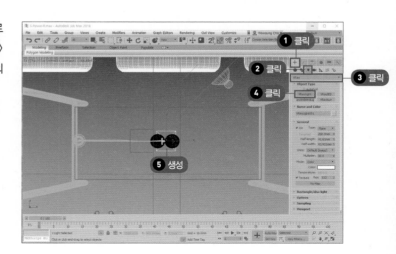

08 Name and Color에 'H light'로 변경한 후, 설정을 다음과 같이 변경한다.

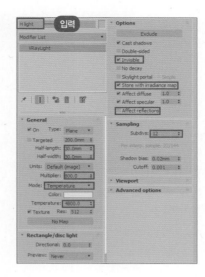

09 설정을 변경한 후, Front 뷰에서 H light 오브젝트를 Y축으로 이동하여 조명의 밑으로 최대한 가깝게 위치한다.

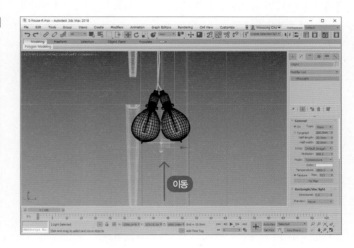

10 Top 뷰에서 Shift 를 누른 상태로 주방의 천장 조명 사이로 이동한 후, [Clone Options] 창이 나타나면 Instance를 체크하고 [OK] 버튼을 클릭하여 복사한다.

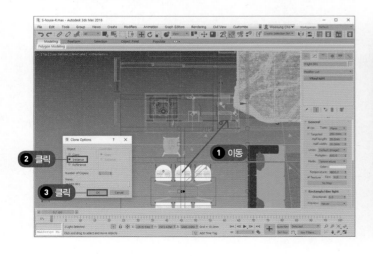

11 Front 뷰에서 Y축으로 천장 조명 밑에 최대한 근접하도록 이동한다.

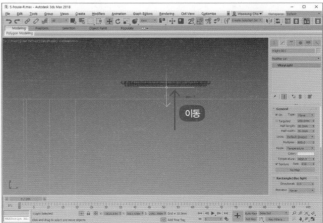

12 Shift 를 누른 상태로 주방의 천장 조명 사이로 이동한 후, [Clone Options] 창이 나타나면 Instance를 체크하고 [OK] 버튼을 클릭하여 복사한다.

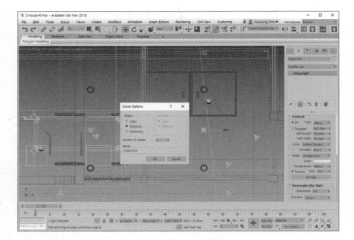

> **t i p**
>
> 실제로는 2층의 침대로 인해 화면이 복잡하지만 편의상 Display as Box 형태로 변경하여 화면을 간소화하였다.

13 10~12번 과정을 참고하여 입구쪽 천장에도 Light를 2개 복사하여 추가한다.

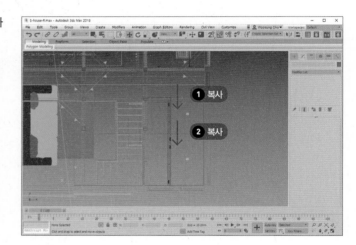

14 마지막으로 2층의 침대와 책상이 있는 천장 조명에도 Light를 3개 복사한다.

● 예제 파일 | Sample/Part07/Lesson02/S-house-R.max

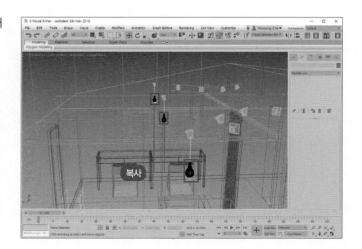

야경 Light 설치하기

야경의 경우 내부 사진이 없다. 외부 사진을 확인하면 내부에는 백색보다는 주광색에 가까운 빛이 보인다.
내부 재질의 영향일 수 있지만 전구 조명의 색상이 더 크게 작용하기 때문에 색온도를 조절하여 Light를 설치해본다.

01 예제 파일 S-house-R.max을 불러온다.

⊙ **예제 파일** | Sample/Part07/Lesson02/S-house-R.max

02 Sun 오브젝트를 선택한 후, 삭제한다.

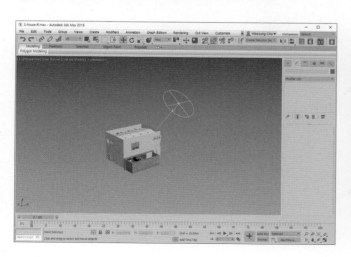
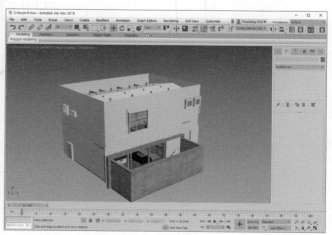

03 메뉴바에서 Rendering 〉 Environment(8)을 클릭한다.

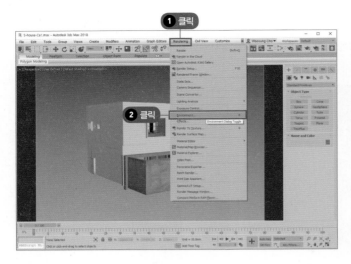

04 [Environment and Effects] 창의 Common Parameters에서 Environment Map의 우측에 있는 Use Map을 체크 해제한다.

> **t i p**
>
> VRaySun을 삭제하여도 Environment and Effects에 적용된 VRaySky가 있어 하늘 배경이 밝게 렌더링 된다. 야경 작업 시 영향을 주기 때문에 체크 해제한다.

05 1층 내부의 Light부터 수정한다. 주방 천장의 2개 Light를 선택한 후, Shift 를 누른 상태로 위쪽의 천장 조명 밑으로 이동한다. 그다음 [Clone Options] 창이 나타나면 Copy를 체크한 후, Name에 'ceil light'를 입력하고 [OK] 버튼을 클릭하여 복사한다.

06 기존에 중간에 있던 Light 오브젝트 2개는 삭제한다. 그다음 ceil light 오브젝트를 선택한 후, 주방 천장 조명의 위치로 3개의 Light를 Instance 옵션으로 복사한다.

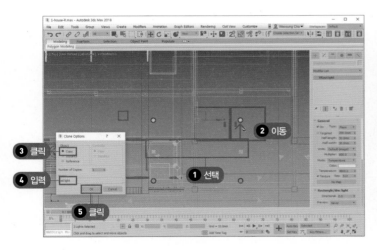

> **t i p**
>
> 1, 2층 조명들 중에서 주방 천장 조명만 성격이 다르기 때문에 따로 구분하여 Light를 설정하기 위해 Copy 옵션으로 복사한다.

07 ceil light 오브젝트를 선택한 후, 설정을 다음과 같이 변경한다.

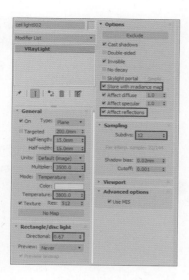

08 H light 오브젝트를 선택한 후, 설정을 다음과 같이 변경한다.

09 Front 뷰로 변경한 후, H light 오브젝트를 살펴보면 Sphere 방식으로 변경되어 겹쳐있다. 아래로 이동하여 조명과 겹치지 않도록 수정한다.

10 2층에 있는 Light도 마찬가지로 Left 뷰에서 전부 선택한 후, 아래로 이동하여 겹치지 않도록 한다.

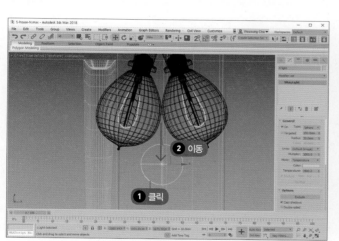

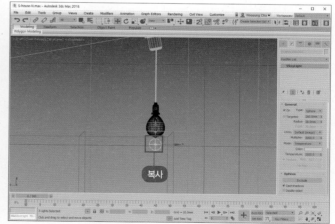

11 2층에 있는 한 개의 Light를 선택한 후, 주경 장면에서는 만들지 않았던 좌측 벽면 안쪽에 있는 조명도 Instance 옵션으로 복사한다.

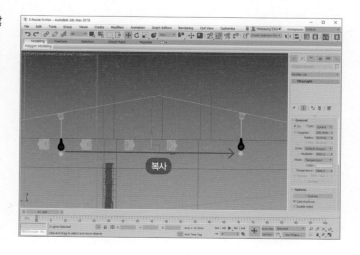

12 외부 배경 Light를 만든다. 커맨드 패널에서 Create 〉 Geometry 〉 Standard Primitives 〉 Sphere를 클릭한 후, Top 뷰에서 공간 모델링이 있는 중심에 임의의 크기로 만든다. 그다음 Parameters에 Radius에 40000, Segments에 48을 입력하여 크기를 수정한다.

13 Name and Color에서 이름을 'ex sky'로 변경한 후, 커맨드 패널에서 Modify 〉 Modifier List 〉 Edit Poly를 적용한다. 그다음 Selection에서 Polygon(■)(4)을 클릭하고 Front 뷰에서 그림과 같이 중간 밑 부분을 선택하여 삭제한다.

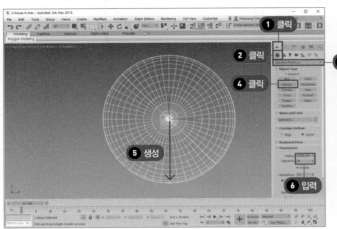
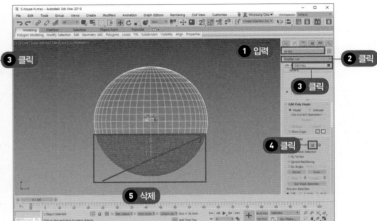

14 메인 툴바에서 Slate Material Editor(＊×)(M)를 클릭한 후, [Slate Material Editor] 창의 Con View 우측 빈 공간을 우 클릭한다. 그다음 [Create New View] 창이 나타나면 'Sky'로 입력한 후, [OK] 버튼을 클릭하여 Sky View를 만든다.

15 Material/Map Browser에서 Materials 〉 V-Ray 〉 VRayMtl을 더블클릭하여 만든다.

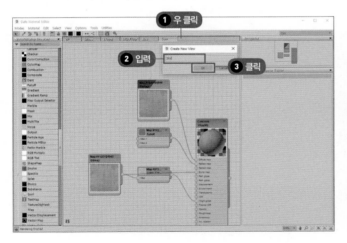
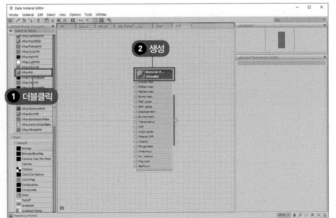

16 Material/Map Browser 〉 Maps 〉 General 〉 Bitmap을 더
블클릭한다. 예제 파일의 Material image 폴더에서 야경하
늘.jpg를 클릭한다.

⊙ 예제 파일 | Sample/Material Image/야경하늘.jpg

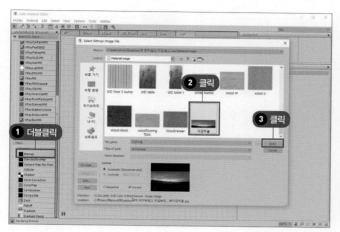

17 만들어진 Bitmap 노드의 입력용 소켓과 만들어진 VRayMtl
Diffuse map의 출력용 소켓을 연결한다. 그다음 연결된 Bitmap
을 클릭한 후, 툴바에서 Show Shaded Material in Viewport(◉)를
클릭하여 적용된 이미지가 보이게 한다.

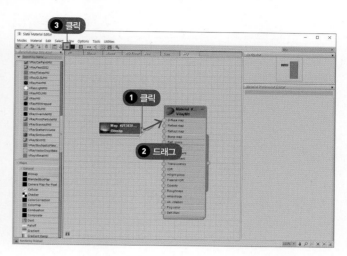

18 ex sky 오브젝트를 선택한 후, [Slate Material Editor] 창에서
Sky View의 VrayMtl 재질을 to Selection(⬆)을 클릭하여 적
용한다.

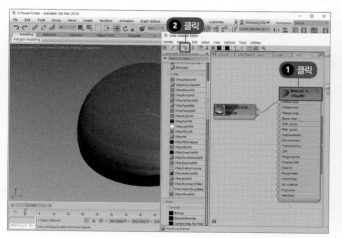

19 커맨드 패널에서 Modify 〉 Modifier List 〉 UVW Map을 적용
한다. UVW Map의 Subtrees(▶)를 클릭하여 Gizmo(1)를
선택한다. 그다음 메인 툴바에서 Select and Rotate(↻)(E)를 선택하
고 하단의 절대좌표 X에 90을 입력하여 Gizmo를 회전한다.

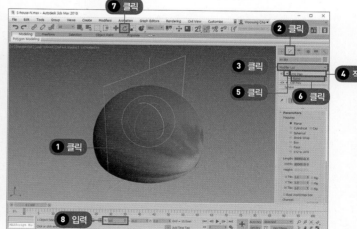

20 UVW Map의 Parameters에서 Alignement의 [Fit] 버튼을 클릭하여 오브젝트의 크기와 이미지의 크기가 같아지도록 수정한다.

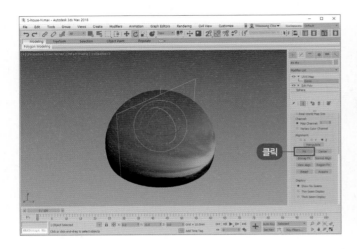

21 ex sky 오브젝트를 선택한 상태로 [Slate Material Editor] 창에서 Sky View를 선택한 후, Material/Map Browser에서 Materials 〉 V-Ray 〉 VRayLightMtl를 더블클릭하여 만든다.
그다음 VRayLightMtl의 Lightcolor 출력용 소켓과 Bitmap의 입력용 소켓을 연결한다.

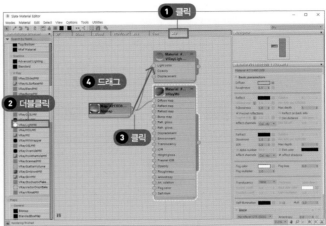

22 VRayLightMtl를 더블클릭한 후, Parameter Editor에서 Ex sky로 변경한다. 그다음 설정을 다음과 같이 변경한다.

23 툴바에서 Assign Material to Selection( )을 클릭하여 재질을 적용하고 마무리한다.

● 예제 파일 | Sample/Part07/Lesson02/S-house-N.max

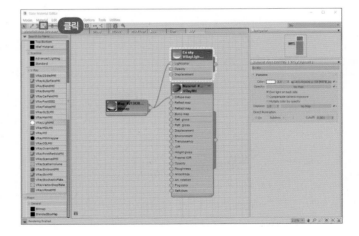

Camera 설치하기

건축 이미지를 참고하여 뷰를 설정해보자.

주경 Camera 설치하기

다음과 같이 4개의 장면을 연출해보자. 이미지와 같이 뷰를 설정하기 위해 이미지의 가로, 세로 크기를 확인해보자. 가로 및 세로 비율이 조금씩 다르지만 세로 크기가 1000이며 가로 크기는 1500 정도이다.

▲ 1447X1000

▲ 1524X1000

▲ 1500X1000

▲ 1500X1000

01 앞의 주경 장면으로 진행했던 파일을 불러오거나 예제 파일 S-house R.max 파일을 사용한다.

⬤ 예제 파일 | Sample/Part07/Lesson02/S-house R.max

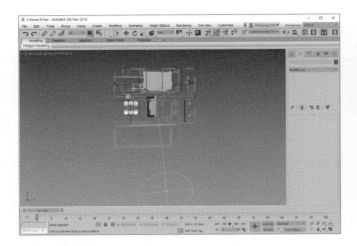

02 커맨드 패널에서 Create > Cameras > Standard > Physical 를 선택한 후, 건물 바깥쪽에서 Target과 Camera가 수평에 가깝도록 설치한다.

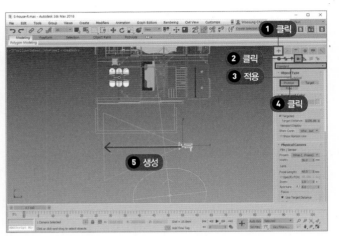

03 Name and Color에서 이름을 '1F Ca'로 변경한 후, Camera 를 전부 선택하여 계단 위쪽으로 이동한다.

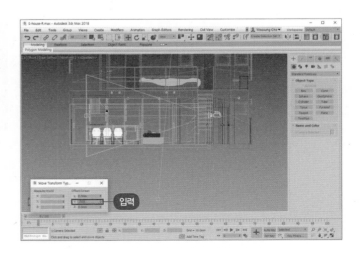

04 Front 뷰로 변경한 후, [Transform Type-In](F12) 창을 열고 Offset:Screen의 Y에 1500을 입력하여 이동한다.

05 Camera View(C)를 클릭하여 1F Ca 뷰로 변경한다.

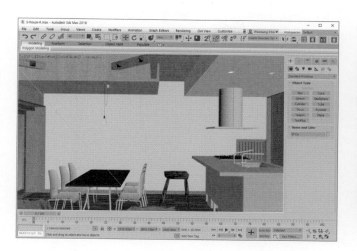

06 Show Safe Frames(Shift + F)를 클릭한다. 카메라 뷰를 잡을 때 Show Safe Frame이 활성화된 상태에서 진행한다.

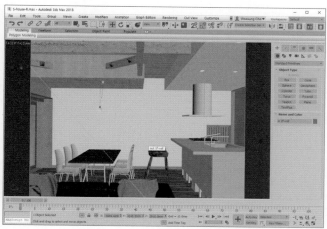

---

t i p

Show Safe Frames는 좌측 상단의 View를 우 클릭하여 나오는 쿼드 메뉴에서도 선택 가능하다.

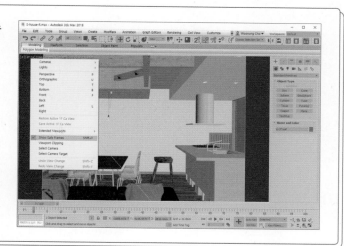

---

07 메인 툴바에서 Render Setup(🌐)(F10)을 클릭한 후, [Render Setup] 창의 [Common] 탭을 선택하고 Common parameters에서 Output Size를 Width: 1500, Height: 1000을 입력하고 창을 닫는다.

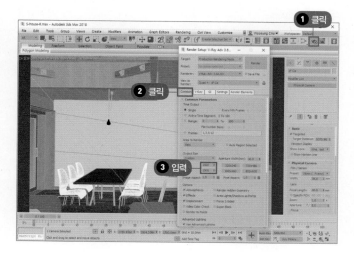

08 그다음 1F Ca Camera를 선택한 후, Modify 창에서 카메라 설정을 다음과 같이 변경한다.

09 카메라 설정을 변경한 후 1F Ca 뷰를 확인한다. 이미지를 참고하여 비교해보자. 비슷하지만 좌측 상단의 계단과 우측 벽의 위치 및 기둥의 위치가 이미지와 다른 것을 확인할 수 있다.

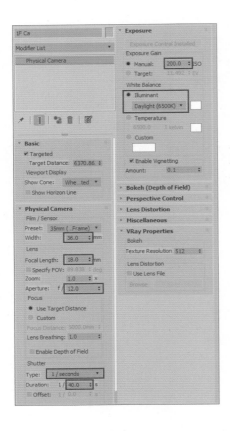

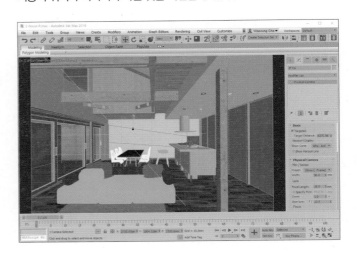

10 Top 뷰로 변경한 후, Camera의 위치를 다음과 같이 이동한다.

11 Camera View(C)를 클릭하여 뷰를 확인한다. 중간의 기둥과 우측 벽이 이미지와 비슷하게 보인다. 하지만 Target을 그대로 두고 Camera를 이동하였기 때문에 수평이 맞지 않는다.

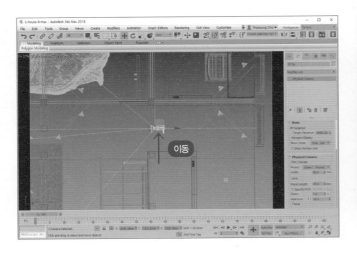

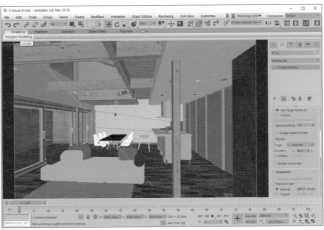

12 커맨드 패널에서 Modify > Perspective Control > Tilt Correction에서 Horizontal에 −0.08을 입력하여 수평을 맞춘다.

13 좌측 상단의 1F Ca를 우 클릭한 후, 쿼드 메뉴에서 Select Camera Target을 선택하여 Target를 선택한다.

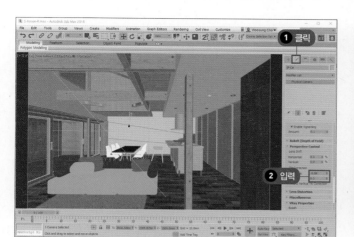

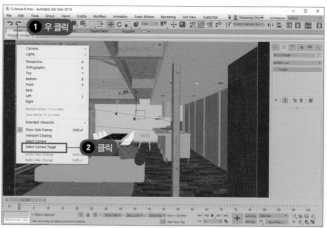

14 선택한 상태로 [Transform Type-In](F12) 창을 열고 Offset:Screen의 Y에 −740을 입력하여 이동한다.

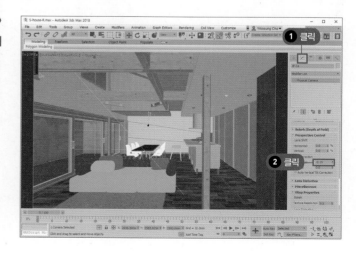

15 1F Ca Camera 오브젝트를 선택한 후, 커맨드 패널의 Modify > Perspective Control > Tilt Correction에서 Horizontal에 −0.19을 입력하여 수평을 맞춘다.

16 뷰를 확인하면 비슷하지만 좌측과 우측이 조금씩 다르다. 마지막으로 Physical Camera의 Lens에서 Focal Length를 17로 변경한다. 그다음 [Transform Type-In](F12) 창을 열고 Offset:Screen의 Y에 −450을 입력하여 이동한다.

17 Perspective Control에서 Tilt Correction의 Horizontal에 −0.25을 입력하여 수평을 맞춘다.

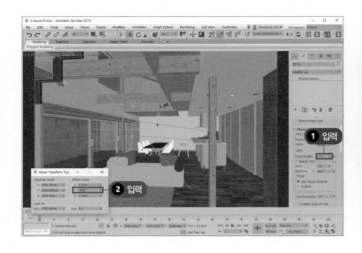

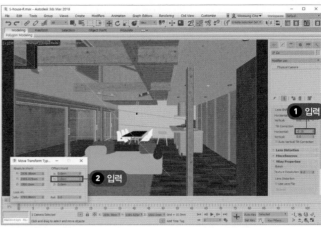

18 다른 뷰를 잡아보자. Top 뷰에서 1F Ca Camere 오브젝트를 선택한 후, Shift 를 누른 상태로 Tabel Set 좌측으로 이동한다. 그다음 [Clone Options] 창이 나타나면 Copy를 체크하고 Name에 '1F Ca 2'로 입력한 후, [OK] 버튼을 클릭하여 복사한다.

19 1F Ca 2.Target을 선택하여 반대편으로 이동한 후, 1F Ca 2와 수평이 일치하게 다시 이동한다.

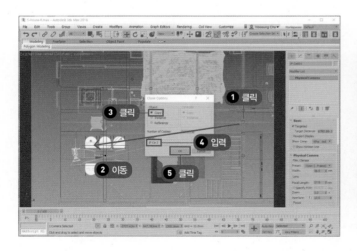

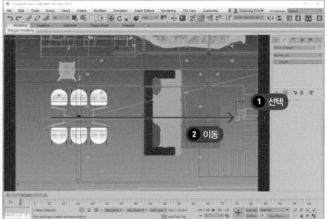

20 1F Ca 2 Camera 오브젝트를 클릭한 후, Modify 〉 Perspective Control 〉 Tilt Correction에서 Horizontal 값을 0으로 입력한다. 그다음 뷰를 확인한다. 뷰를 우측으로 이동하고 2층 천장이 더 나오도록 수정한다.

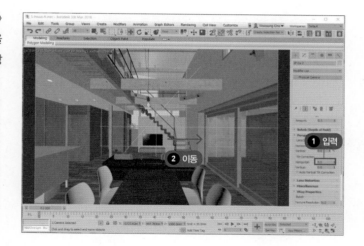

21 Top 뷰에서 1F Ca 2와 1F Ca 2.Target 오브젝트를 전부 선택한 후, 우측으로 조금 이동한다. 테이블 아래쪽 다리의 시작 위치로 맞춘다.

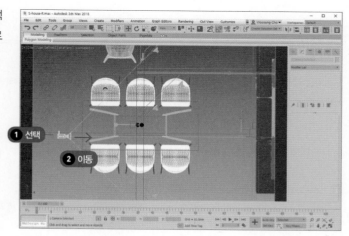

22 Camera View(C)를 클릭한 후, 좌측 상단의 1F Ca 2 오브젝트를 우 클릭하여 Select Camera Target을 클릭하고 Target을 선택한다.

23 선택한 상태로 [Transform Type-In](F12) 창을 열고 Offset:Screen의 Z에 300을 입력하여 이동한다.

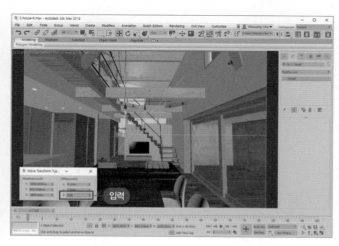

24 좌측 상단의 1F Ca 2 오브젝트를 우 클릭한 후, Select Camera을 클릭하여 1F Ca 2 Camera 오브젝트를 선택한다. 그다음 커맨드 패널의 Modify 〉 Perspective Control에서 Auto Vertical Tilt Correction을 체크하여 자동으로 수직이 되도록 조절한다.

⊙ 예제 파일 | Sample/Part07/Lesson02/S-house R-Ca.max

야경 Camera 설치하기

주경과는 다르게 야경은 내부 조명으로 공간을 연출해야 되기 때문에 Camera의 설정 중 셔터속도와 ISO 값을 변경하여 렌더링 작업 시 이미지가 밝게 나오도록 조절한다.

01 예제 파일을 불러온다.

⊙ 예제 파일 | Sample/Part07/Lesson02/S-house-N.max

02 메뉴바에서 Flie 〉 Import 〉 Merge를 선택한다.

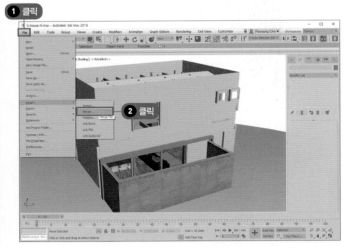

03 [Merge File] 창이 나타나면 주경 Camera 설치하기를 진행하였던 예제 파일을 클릭한 후, [Open]을 클릭한다.

● 예제 파일 | Sample/Part07/Lesson02/S-house R-Ca.max

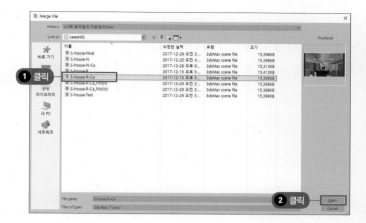

04 [Merge] 창이 나타나면 우측의 List types에서 Cameras를 제외하고 전부 체크 해제한다. 그다음 나타나는 Camera 오브젝트를 선택하고 [OK] 버튼을 클릭하여 Merge 한다.

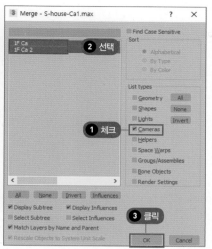

05 Camera View(C)를 클릭하고 [Select Camera] 창에서 1F Ca 2를 선택하여 [OK] 버튼을 클릭한다.

06 뷰 화면 좌측 상단의 1F Ca 2 오브젝트를 우클릭하고 쿼드 메뉴에서 Select Camera를 클릭한 후, 1F Ca 2 Camera 오브젝트를 선택한다.

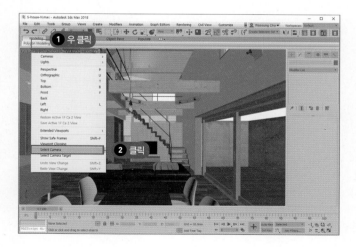

07 커맨드 패널의 Modify 〉 Physical Camera 〉 Shutter에서 Duration을 15로 변경한다.

08 Exposure의 Exposure Gain에서 Manual를 250으로 변경한다.

09 다른 1F Ca Camera 오브젝트도 선택하여 07~08번 과정을 반복하여 설정을 변경한다. 그다음 다른 이름의 파일로 저장한다.

⊙ 예제 파일 | Sample/Part07/Lesson02/S-house N-Ca.max

2F Camera 설치하기

2층에 Camera를 설치하여 뷰를 잡아보자. 방법은 1층과 동일하다. 관찰자 눈높이 시점을 2층 바닥에서 1200~1500정도로 설정한다. 2층 뷰를 설정할 때는 가로 비율과 세로 비율을 같이 잡아보자. 가로 뷰나 세로 뷰 중에서 먼저 잡을 뷰를 정하고 잡아야 한다. Camera마다 비율을 따로 정할 수 없기 때문에 렌더링 시 매번 변경하거나 별도로 파일을 나뉘는 방법도 있다.

예제 파일 | Sample/Part07/Lesson02/S-house-R-Ca_FIN(W).max
예제 파일 | Sample/Part07/Lesson02/S-house-R-Ca_FIN(H).max

▲ 2F Ca

▲ 2F Ca 2

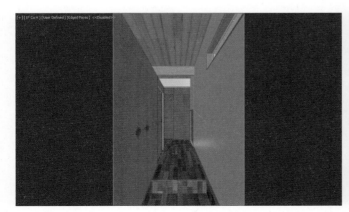

▲ 1F Ca H

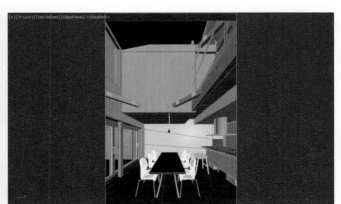

▲ 1F Ca H 2

▲ 1F Ca H 3

▲ 2F Ca H

▲ 2F Ca H 2

그동안 진행했던 과정들을 렌더링이라는 사실적인 표현을 통해 결과물을 만들어낸다.
또한 모델링 작업에서 부족하였던 부분을 보정 작업을 통해 최종 완성할 수 있다.
다양한 렌더링 방법이 존재하며 실사 이미지를 구현하기 위해 끊임없이 연습하는 노력이 필요하다.

3DS MAX 2018

8

렌더링(Rendering)

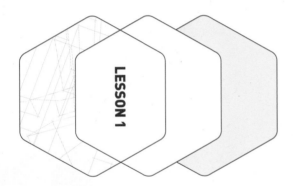

Render Setup

Render Setup()(F10)은 렌더링의 모든 옵션을 설정하는 곳으로 렌더 방식, 저장 방식, 렌더링 이미지의 크기 등과 관련하여 정보를 입력하거나 수정할 수 있다. 렌더 방식으로는 3ds Max에서 사용하는 Scanline Renderer, Mental Ray, VRay 등 다양하지만 일반적으로 VRay를 가장 많이 사용한다.

SECTION 1

Scanline Renderer 패널 알기

Scanline 렌더는 VRay 렌더 이전에 많이 사용하던 방식으로 3ds Max의 기본 렌더이다. 기본적인 패널의 기능을 알아보자.

공통 Common 패널

모든 렌더링 방식에 공통으로 사용되는 Common 패널이다. 렌더 방식과 이미지 크기의 저장 방법 등을 설정한다.

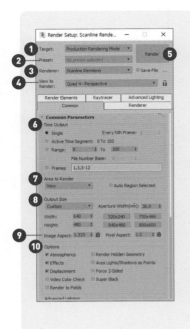

❶ Target: 여러 가지 렌더링 옵션을 선택한다.

– Production Render Mode: 기본값으로 사용되고 렌더링 설정 대화 상자를 열지 않고 현재 프로덕션 렌더 설정을 사용하여 장면을 렌더링하는 기능이다.

– Iterative Render Mode: 반복적으로 렌더링을 할 때 사용하는 기능으로 파일 출력, 네트워크 렌더링, 여러 프레임 렌더링, MI 파일로 내보내기 및 전자 메일 알림을 무시하며 렌더링을 진행한다.

– Active Shade Mode: 조명과 재질을 변경 시 미리보기를 제공하는 기능이다. ActiveShade 창에서 변경된 렌더링 결과가 업데이트되어 보인다.

❷ Preset: 목록에서 Preset 렌더링 설정 세트를 선택할 수 있으며 렌더링 설정을 불러오거나 저장한다.

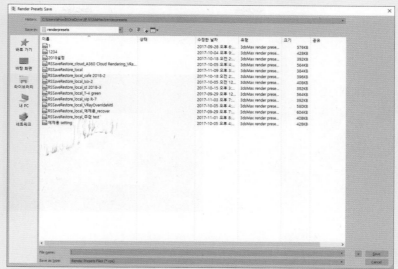

❸ Renderer: 렌더링 방식을 선택한다.

❹ View to Render: 렌더링할 뷰포트를 선택한다. 선택한 Viewport에서 렌더링이 진행된다.

❺ Render: 선택된 장면을 렌더링한다.

❻ Time Output: 애니메이션의 경우 전체 프레임을 전부 보여줄 것인지 일부 이미지만 보여줄 것인지를 결정한다.
일반적인 렌더링의 경우 Single에 체크하고 렌더링을 한다.

❼ Area to Render: 렌더링할 영역을 지정한다.

– View: 기본으로 설정되어 있으며 활성화된 Viewport를 렌더링한다.

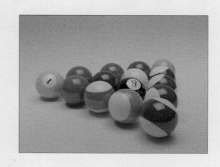

– Selected: 선택한 오브젝트만 렌더링한다. VRay 렌더링 시에는 적용되지 않는다.

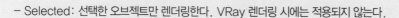

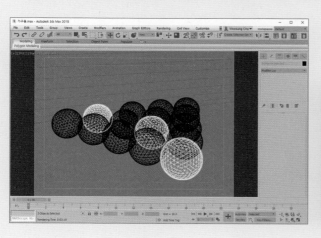

– Region: 영역을 지정하여 렌더링한다.

– Crop: Region과 같이 영역을 지정하고 이미지 크기를 설정하여 렌더링한다.

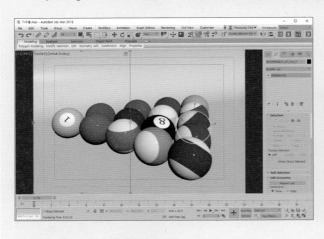

– Blowup: 뷰포트 내의 선택된 영역을 확대하여 렌더링한다.

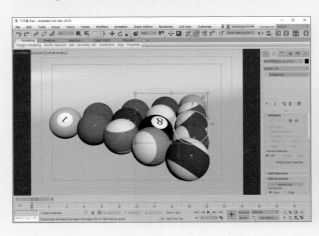

❽ Output Size: 저장할 이미지의 크기를 지정한다. Custom의
Down List에서 다양한 이미지 사이즈를 선택 제공한다.

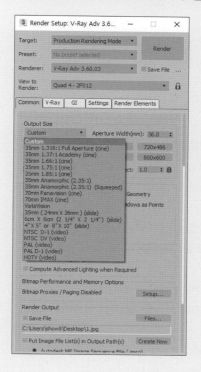

❾ Image Aspect Lock: Image의 가로, 세로 비율이 자동으로 조
정된다.

❿ Options: 렌더링 이미지에 여러 효과를 선택한다.

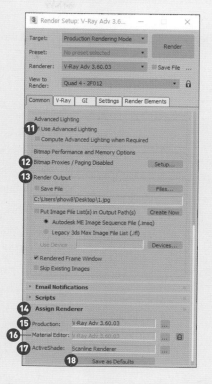

⓫ Advanced Lighting: 3ds Max에서는 Radiosity 솔루션이나
Light Tracer를 렌더링에 통합한다.

⓬ Bitmap Proxies: 전체 해상도 맵을 사용할지 비트맵 프록시를 사
용할지 표시한다.

⓭ Render Output: 렌더링이 되는 이미지 또는 애니메이션의 파일
이름과 확장자, 저장 경로를 설정한다.

⓮ Assign Renderer: 재질 편집기의 샘플 슬롯과 ActiveShade
범주에 어떤 렌더러가 할당되었는지 표시한다. Production 렌더
러를 선택하려면 Choose Renderer를 클릭하고 Choose
Renderer 대화상자에서 렌더러 할당을 변경한다.

⓯ Production: 그래픽 출력 시 사용되는 렌더러를 선택한다.

⓰ Material Editor: 재질 편집기에서 Sample Slot를 렌더링하는데
사용되는 렌더러를 선택한다.

⓱ ActiveShade: 장면에서 광원과 재질 변경의 효과를 미리 보는데
사용되는 ActiveShade 렌더러를 선택한다.

⓲ Save as Defaults: 현재 렌더링 설정을 저장하고 기본값으로 설
정한다.

Renderer 패널

선택한 렌더에 대한 주요 설정을 할 수 있는 곳으로 사용되는 렌더 방식에 따라서 패널이 추가된다.

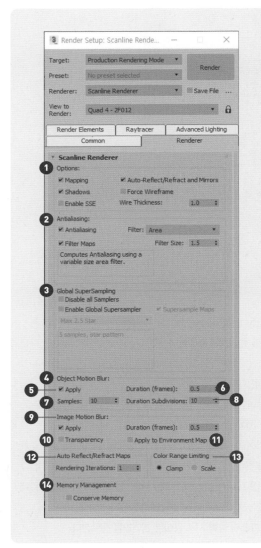

❶ Options: 지정된 것에 의하여 렌더링에 표현된다. 기본 Default 값으로 설정되어 있다.

❷ Antialiasing: 다양한 필터를 사용하여 장면을 부드럽게 하거나 선명하게 하는 것을 설정한다.

❸ Global SuperSampling: 렌더링에서 픽셀에 최상의 색상을 결과를 제공하는 것을 설정한다.

❹ Object Motion Blur: 오브젝트의 Motion Blur 값을 조정한다. 애니메이션에 유용하게 사용한다.

❺ Apply: 전체 장면의 Object Motion Blur를 적용하거나 해제한다.

❻ Duration(frames): 'Virtural Shutter'가 열려있는 기간을 결정한다. 값이 커질수록 효과가 커진다.

❼ Samples: 'Duration Subdivisions' 사본의 샘플링 개수를 결정한다.

❽ Duration Subdivisions: Duration 내에 렌더링 되는 오브젝트 복사본의 수를 정한다.

❾ Image Motion Blur: 이미지에 Motion Blur 효과를 렌더링이 끝난 후 적용한다.

❿ Transparency: 투명한 오브젝트에 적용하면 렌더링 시간이 늘어난다.

⓫ Apply to Environment Map: 체크하면 모든 오브젝트에 적용된다.

⓬ Auto Reflect/Refract Maps: 물체에 반사를 몇 번 적용할 것인지를 설정한다.

⓭ Color Range Limiting: 양쪽 Clamp와 Scale의 두 가지 옵션에 의하여, RGB의 영역과 밝은 영역의 하이라이트나 색상을 조절한다.

⓮ Memory Management: 메모리를 유지 관리한다. 설정하면 렌더링의 시간이 조금 늘어나지만 메모리 사용량이 줄어든다.

Render Elements 패널

다양한 유형 정보를 개별 이미지 파일로 구분하여 저장한다. 추후 보정 작업 시 사용하여 편집할 때 유용한 효과를 만들어 낸다.

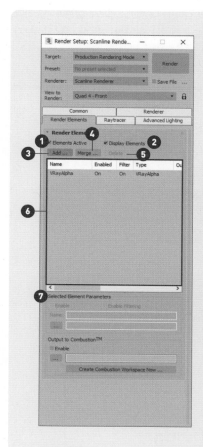

❶ Elements Active: 체크하면 적용한 Elements를 렌더링하여 이미지로 저장한다.

❷ Display Elements: 체크하면 적용한 Elements를 렌더링 창 프레임으로 각각 표시되며 해제했을 경우 파일로만 렌더링이 된다.

❸ Add: 새로운 Elements를 추가한다. 클릭한 후 [Render Elements] 창이 나타난다. VRay 렌더러 선택 시 종류가 달라진다.

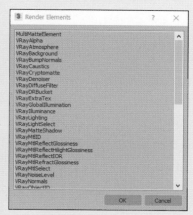

▲ Render Elements창

❹ Merge: 다른 파일에서 사용했던 Elements를 추가할 때 사용한다.

❺ Delete: List에서 선택한 Elements를 삭제한다.

❻ List: Add나 Merge로 선택하여 적용된 Elements를 보여준다. Name(이름), Enable(사용), Filter(필터), Type(종류), Output Path(출력 경로) 등을 표시한다.

❼ Selected Elements Parameters: List에 적용된 Elements를 설정한다.

– Enable: 선택한 Elements를 사용할 때 체크하고 사용하지 않을 때는 체크 해제한다.

– Enable Filtering: 체크하면 필터링을 사용하고 사용하지 않을 때는 체크 해제한다.

– Name: 적용한 Elements의 이름을 변경한다.

– Browse: Elements의 저장 경로와 파일 이름을 설정한다.

V-Ray 패널 알기

VRay 렌더링은 빠른 렌더링 속도 및 사실적 표현이 뛰어나 실무에서 많이 사용한다.
V-Ray 패널은 재질, 조명, 반사와 굴절 그리고 색과 감마 등 다양한 조합으로 설정이 가능하다.
V-Ray 패널의 전반적인 기능에 대해 알아보자.

UI View

V-Ray 3.0 이상의 버전부터는 옵션 설정의 효율성을 위해 메뉴 설정이 기본/고급/전문가 3단계로 나뉘어 단계별로 세부 설정이 가능하다.

❶ Default view : 기본적인 작업에서 사용하는 옵션을 나타낸다.

❷ Advanced view : 고급사용자용으로 사용되는 옵션으로 Default보다는 세부적인 설정이 가능하다.

❸ Expert view : 전문가용으로 사용되는 옵션으로 고급사용자용에서 약간의 옵션이 추가된다.

Frame buffer

V-Ray에 최적화된 렌더링을 표시한 V-Ray Frame buffer 창을 설정한다.

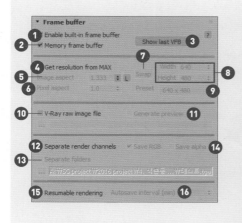

❶ Enable built-in frame buffer: 체크하면 V-Ray Frame buffer를 사용한다. 체크 해제 시 3ds Max의 Render Frame 창이 나타난다.

❷ Memory frame buffer: 체크하면 V-Ray Frame buffer를 사용하고 렌더링하는 동안 볼 수 있는 색상 데이터를 저장하는데 사용한다.

❸ Show last VFB: 마지막으로 V-Ray VFB를 렌더링했던 창을 나타나게 한다.

❹ Get resolution from 3ds Max: V-Ray VFB가 3ds Max 공통 렌더링 설정에서 해상도 설정을 가져와 적용한다.

❺ Image aspect: V-Ray VFB에 사용할 Image의 가로, 세로 비율을 설정한다.

❻ Pixel aspect: V-Ray VFB에서 렌더링된 Pixel의 가로, 세로 비율을 설정한다.

❼ Swap: 설정한 가로, 세로 크기를 반대로 적용한다.

❽ Width/Height: 가로, 세로의 크기를 설정한다.

❾ Preset: 저장할 이미지의 크기를 지정한다.

❿ V-Ray raw image file: 체크한 경우 원본 데이트를 렌더링될 때 경로를 지정하여 저장한다.

⓫ Generate preview: 체크하여 렌더링되는 과정을 살펴본다.

⓬ Separate render channels: 사용자가 VFB의 렌더링된 채널을 별도의 파일로 저장한다.

⓭ Separate folders: 렌더링된 채널 저장 경로를 설정한다.

⓮ Save RGB/Save Alpha: 체크 해제하여 사용자가 RGB 및 Alpha 채널의 저장 유무를 결정한다.

⓯ Resumable rendering: 렌더링 과정 중에 중단했던 부분부터 다시 렌더링을 시작한다.

⓰ Autosave Interval (min): 자동 저장되는 시간(분)을 설정한다.

Global switches

조명, 재질, 반사 등의 세부적인 옵션을 설정한다.

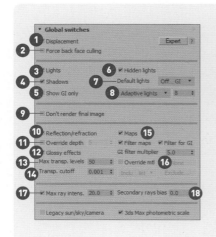

❶ Displacement: 재질에 적용되어 있는 Displacement 효과를 On/Off 한다.

▲ On

▲ Off

❷ Force back face cullling: 오브젝트의 뒷면을 렌더링하여 보이게 할 것인지 체크하여 결정한다.

❸ Lights: 공간에 설치된 Light를 On/Off 한다.

❹ Shadows: 빛의 효과에 의해 만들어지는 그림자의 생성 여부를 체크하여 결정한다.

▲ On   ▲ Off

❺ Show GI only: 직접 광은 렌더링에 표현되지 않고 간접 광만 렌더링에 표현된다.

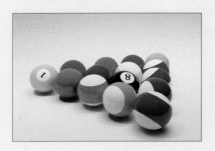

❻ Hidden lights: 숨겨진 Light를 사용할 것인지 선택한다.

❼ Default lights: 3ds Max Light의 사용 유무를 선택한다.

❽ Probablilistic lights: 설치되어 있는 Light가 많을 경우 최적화된 렌더링을 할 수 있게 한다. 시간은 단축되지만 이미지에 노이즈가 생긴다.

❾ Don't render final image: 체크하면 GI만 계산된 결과를 보여준다.

❿ Reflection/refraction: 재질에 적용된 반사와 굴절을 On/Off하여 렌더링한다.

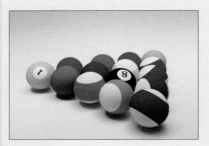

▲ Off

⓫ Override depth: 재질에 적용된 반사와 굴절 횟수를 설정한다. 재질 창에서 설정한 것은 적용되지 않는다.

⓬ Glossy effects: 재질에 적용된 Glossy 효과의 사용 유무를 선택한다.

⓭ Max transp. levels: 겹쳐져 있는 오브젝트가 투명할 경우 투명하게 표현할 개수를 설정한다.

⓮ Transp. cutoff : 설정한 값보다 투명도의 설정값이 작으면 불투명으로 표현된다.

⓯ Maps: 재질에 적용된 Map의 사용 유무를 선택한다.

▲ Off

⓰ Override mtl: 설정된 한 가지 재질로만 렌더링한다.

⓱ Max ray intens: 화이트 노이즈 값을 조절하여 조정한다.

⓲ Secondary rays bias: 오브젝트가 겹쳐서 생기는 얼룩 현상을 조절한다.

Image sampler(Antialiasing)

렌더링 이미지의 퀄리티를 설정한다. 렌더링의 Antialiasing 계산 방법을 선택한다.

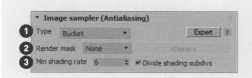

❶ Type: 이미지의 표현 방법을 Bucket, Progressive 2가지 중에서 선택한다.

– Bucket: 픽셀들 사이의 명암 차이를 이용하여 다양한 샘플 픽셀을 만들어 렌더링을 한다. 구 버전에서 Fixed, Adaptive QMC, Adaptive subdivision이 통합되었다.

– Progressive: 렌더링된 결과물을 한 번에 분할하는 방식으로 렌더링한다.

❷ Render mask: 마스크 기능을 적용하여 렌더링한다. 선택한 방식에 따라 마스크를 적용하여 렌더링 시간을 단축한다.

– None: Mask 기능을 사용하지 않는다.

– Texture: Texture 맵을 사용하여 마스크를 적용한다. 검은색 영역은 렌더링되지 않는다.

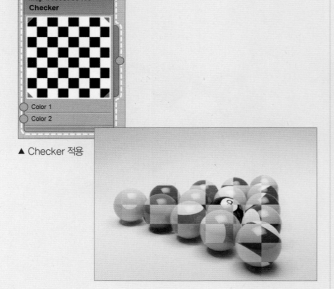

▲ Checker 적용

– Selected: 선택한 오브젝트만 렌더링한다.

▲ 오브젝트 선택

– Include/Exclude list: Selected 기능과 비슷하지만 목록 창에서 렌더링할 오브젝트를 추가하거나 제외한다.

▲ 오브젝트 선택

– Layers: 선택한 레이어에 포함되어 있는 오브젝트만 렌더링한다.

– Object: 지정한 오브젝트의 ID만 렌더링한다.

❸ Min shading rate: 값이 클수록 Antialiasing의 소요되는 시간이 줄어든다.

Image filter

재질의 Sub-Pixel 필터링을 사용하고 필터 종류에 따라 렌더링 시간이 증가한다. 3ds Max의 표준
Antialiasing 필터와 같다.

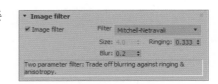

Bucket image sampler

Image Sampler의 Type을 Bucket으로 설정했을 때 나타난다. 픽셀 사이의 명암을 계산하여 다양한 픽셀 샘플을 만든다.

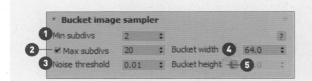

❶ Min subdvis: 픽셀의 최소 샘플 수를 설정한다. 설정한 값의 제곱으로 픽셀을 생성한다. −1일 때 2개, −2일 때 4개 등으로 생성된다.

❷ Max subdivs: 픽셀의 최대 샘플 수를 설정한다. 생성되는 방법은 Min subdvis와 같다.

❸ Noise threshold: 픽셀이 더 많은 수의 샘플을 필요로 할 때 사용한다.

❹ Bucket width: 픽셀의 최대 영역의 폭을 설정한다.

❺ Bucket height: 픽셀의 최대 영역의 높이를 설정한다. 우측의 L 잠금 버튼을 클릭할 경우 Bucket width와 동일하게 설정된다.

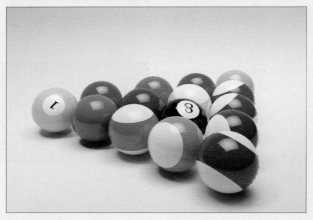

▲ Min: 1, Max: 1

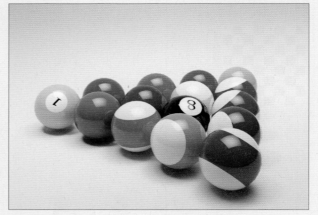

▲ Min: 1, Max: 10

Progressive image sampler

Image Sampler의 Type을 Progressive로 설정했을 때 나타난다. Bucket과 비슷하지만 빠르게 렌더링 된다는 장점이 있다.

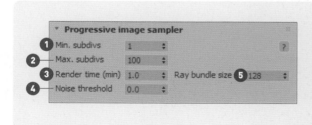

❶ Min. subdvis: 최소 샘플 픽셀 수를 설정한다.

❷ Max. subdivs: 최대 샘플 픽셀 수를 설정한다.

❸ Render time(min): 렌더링 시간을 설정한다.

❹ Noise threshold: 이미지의 Noise 수준을 설정한다. 0일 경우 균일하게 샘플링된다.

❺ Ray bundie size: 분산 렌더링을 진행할 때 사용하면 유용하다

Global DMC

DMC라는 샘플링 효과를 사용하여 항상 동일한 결과를 만들 수 있도록 미리 정해진 샘플링 세트를 사용한다.

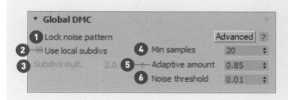

❶ Lock noise pattern: 체크하면 샘플링 패턴을 동일하게 설정한다.

❷ Use local subdivs: 체크하면 재질, 조명 등의 효과에 Subdivs mult에 설정된 값을 적용한다. 체크하지 않으면 각각의 설정된 subdivs 값을 사용한다.

❸ Subdivs mult: Use local subdivs을 체크했을 때 모든 경우의 Subdivs 값을 입력한 값으로 설정한다.

❹ Min samples: 샘플의 최소 수를 설정한다. 값이 클수록 퀄리티는 좋아지지만 렌더링 시간이 증가한다.

❺ Adaptive amount: 0부터 1 사이의 값을 사용하여 명암 차이에 따른 샘플의 수를 제어한다.

❻ Noise threshold: 노이즈 수치를 설정한다. 값이 작을수록 노이즈가 적게 생성된다.

> **tip**
>
> DMC=Deterministic Monte Carlo로 MC=Monte Carlo의 변형이다. MC 는 Anitaliasing, DOF, 간접 조명, 광역 조명, 반사, 굴절, 투명도 등의 효과를 처리하는 방식을 말한다.

Environment

자연광, 반사, 굴절을 계산하여 V-Ray의 환경을 설정하여 오브젝트 재질 표현에 영향을 준다.

❶ GI Environment: GI에 적용될 Color나 Texture를 정한다. Texture가 적용될 경우 Color는 무시된다.
 - Color: 색을 설정한다.

▲ Green   ▲ Blue

 - Multiplier: 밝기를 설정한다.

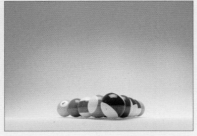

▲ 1   ▲ 5

 - Texture: Map을 체크하면 Texture를 적용할 수 있다. 체크 해제 시 적용할 수 없다.

❷ Reflection/refraction environment: 오브젝트에 반사와 굴절에 적용될 색이나 맵을 설정한다.

❸ Refraction environment: Use local subdivs를 체크했을 때 모든 경우의 Subdivs 값을 입력한 값으로 설정한다.

❹ Secondary matte environment: 샘플의 최소 수를 설정한다. 값이 클수록 퀄리티는 좋아지지만 렌더링 시간이 증가한다.

Color mapping

렌더링 된 이미지의 색상 보정을 위해 사용된다. 종류에 따라서 밝기와 채도, 명도가 달라진다.

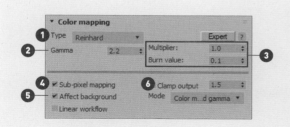

❶ Type: 원하는 Type의 Color Mapping 모드를 선택한다.

- Linear multiply: 이미지의 밝기에 따라 표현한다.

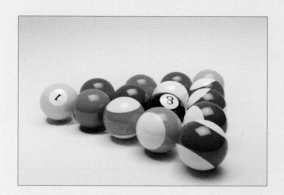

- Exponential: 밝은 부분의 채도를 조절한다. 하얗게 타버리는 현 상을 방지한다.

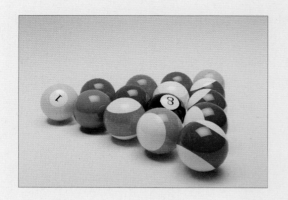

- HSV exponential: Exponential과 비슷하지만 색조와 채도가 높다.

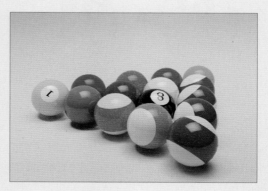

- Intensity exponential: Exponential과 비슷하지만 RGB의 비 율을 유지하면서 색의 명암에만 영향을 준다.

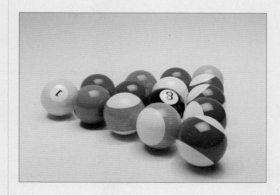

- Gamma correction: 각각 색상에 감마를 적용한다

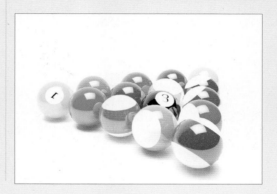

– Intensity gamma: 감마 커브를 색상의 강도에 적용한다.

– Reinhard: Exponential과 Linear multiply를 혼합한 방식이다.

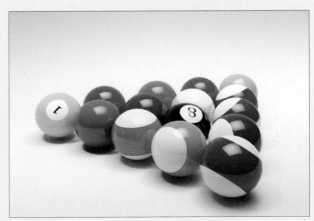

❷ Gamma: Color mapping Type과는 다르게 감마값을 설정한다.

❸ Multiplier/Bright value: 어두운 부분과 밝은 부분의 밝기를 설정한다.

❹ Sub-pixel mapping: 체크하면 Color mapping이 서브 픽셀에 적용된다.

❺ Affect background: 체크 해제하면 Color mapping이 배경에 영향을 주지 않는다.

❻ Clamp output: 체크하면 Color mapping 후 색상이 고정된다.

Camera

거리감에 따른 표현과 모션블러 효과 등을 설정하여 다양한 표현을 설정한다.

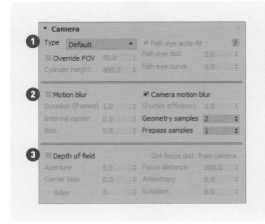

❶ Camera type: 다양한 카메라 유형을 선택한다. 선택한 Type에 따라 렌더링의 결과물이 변한다.

❷ Motion blur: 움직이는 물체를 촬영할 때 생기는 잔상 효과를 설정한다.

❸ Depth of field: 초점이 맞는 오브젝트의 앞뒤로 주위가 흐려지는 효과를 표현한다.

GI 패널 알기

VRay 렌더링으로 변경할 때 나타나는 패널로 GI란 Global Illumination으로
물체와 빛 사이에 생기는 그림자와 반사, 굴절의 관계를 통해 물체의 색을 결정하고 장면에 사용되는 전체 빛을 제어한다.
GI 패널의 기능에 대해 알아보자.

Global illumination

GI를 계산할 때 사용하는 방식의 Type을 설정한다. Type에 따라서 좋은 이미지를 만들어 내거나 렌더링 속도를 단축한다.

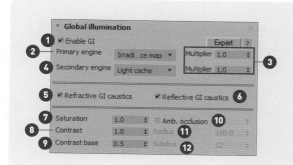

❶ Enable GI: 체크하여 GI를 On/Off 한다.

❷ Primary engine: 첫 번째로 반사되는 빛을 계산할 엔진을 선택한다.

❸ Multiplier: 최종 이미지에 미치는 밝기를 설정한다. Primary와 Secondary Multplier의 값이 1.0(기본값)일 때 가장
   정확한 조명의 결과를 표현한다.

❹ Secondary engine: 두 번째로 반사되는 빛을 계산할 엔진을 선택한다.

❺ Refravtive GI caustics: 간접 광이 투명한 물체를 통과해서 생긴 Caustics를 표현한다.

❻ Reflective GI caustics: 간접 광이 반사 물체에서 반사되는 것을 표현한다.

❼ Saturation: GI의 채도를 조절한다. 0일 경우 색이 없어진다.

❽ Contrast: GI의 대비를 조절한다. 0일 경우 균일한 대비 효과가 나타난다.

❾ Contrast base: Contrast 값을 조절한다.

❿ Amb. occlusion: 물체와 물체 사이에 생기는 그림자를 표현한다.

⓫ Radius: Ambient occlusion의 반경을 설정한다.

⓬ Subdivs: Ambient occlusion 샘플 수를 설정한다.

Irradiance map

Primary engine에서 사용 가능하다. 모든 방향에서 오는 빛을 효율적으로 계산한다.

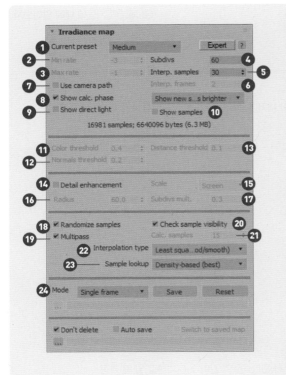

❶ Current preset: 설정된 Irradiance map의 설정값을 불러와 사용하거나 Custom으로 선택하여 사용자가 직접 설정한다. 높은 설정일수록 퀄리티가 좋아지지만 렌더링 시간이 증가한다.

❷ Min rate: 첫 번째 GI 패스의 최소 맵 해상도를 설정한다.

❸ Max rate: 두 번째 GI 패스의 최고 맵 해상도를 설정한다.

❹ Subdvis: 샘플 수의 값을 설정한다. 값이 클수록 퀄리티가 좋아지지만 렌더링 시간이 증가한다.

❺ Interp. samples: 간접 조명에 사용되는 GI 샘플의 수를 설정한다.

❻ Interp. frames: 애니메이션에 사용되는 GI 샘플의 수를 설정한다.

❼ Use camera path: 체크 후 전체 뷰의 카메라 경로에 대한 Irradiance map 샘플을 계산한다.

❽ Show calc. phase: 체크하면 Irradiance map이 계산되는 과정을 보여준다.

❾ Show direct light: Show calc. phase가 체크되어 활성화되어 있을 때만 사용이 가능하다. 계산되는 과정 동안 간접 조명과 직접 조명까지 계산되는 과정을 보여준다.

❿ Show samples: 체크하면 계산되는 과정 중에 작은 점으로 샘플을 보여준다.

⓫ Color threshold (Clr thresh): Irradiance map이 간접 조명 변화에 영향을 받을지를 설정한다. 값이 작을수록 좋은 이미지가 만들어진다.

⓬ Normal threshold (Nrm thresh): Irradiance map이 표면 변화에 영향 받을지를 설정한다.

⓭ Distance threshold (Disth thresh): Irradiance map이 표면 거리 변화에 영향 받을지를 설정한다.

⓮ Detail Enhancement: 클릭하면 Irradiance map에서 세부적인 묘사를 진행한다. 렌더링된 장면에서 해상도가 작거나 디테일한 묘사가 필요할 때 사용한다.

⓯ Scale: 사용할 반경을 설정한다.
- Screen: 이미지 픽셀을 반경으로 한다.
- World: 유닛 단위를 반경으로 한다.

⓰ Radius: 디테일 향상 효과의 반경을 설정한다. 반경이 작을 때 적용되는 주변의 정밀도가 높아진다.

⓱ Subdivs mult: 샘플의 수를 결정한다.

⓲ Randomize samples: Irradiance map을 계산할 때 샘플을 무작위로 생성한다.

⓳ Multipass: 체크하면 Min rate부터 Max rate까지 점차적으로 해상도를 늘려간다.

⓴ Check sample visibility: 체크하면 Irradiance map에서만 샘플을 사용한다.

㉑ Calc. samples: Irradiance map를 계산될 때 계산된 샘플의 수를 나타낸다. 최적값은 10~250이다.

㉒ Interpolation type: 렌더링 중 Irradiance map의 샘플로부터 GI를 보관하는 방법을 설정한다.

㉓ Sample lookup: 렌더링 중 Irradiance map이 주위의 샘플을 선택하는 방법을 설정한다.

㉔ Mode: 계산된 Irradiance map을 저장하거나 재사용 방법을 설정한다.

Light cache

사실적인 빛을 표현하는 주된 방법으로 설치된 카메라와 오브젝트 사이에 빛을 계산하여 결과를 보여주는 방법이다.

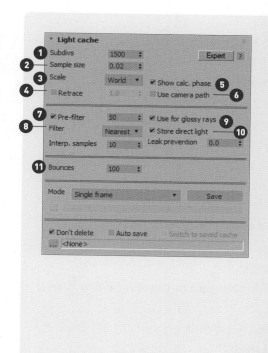

❶ Subdivs: 카메라로부터 빛의 경로를 추적하는 샘플 수를 설정한다.

❷ Sample size: Light cache의 샘플의 크기를 설정한다. 값이 작을수록 세밀한 표현이 가능하다.

❸ Scale: 샘플과 필터의 크기를 설정한다.

   – Screen: 카메라 거리에 따라 샘플 크기를 변경한다.

   – World: 시스템의 Unit 설정에 따라 샘플 크기를 고정한다.

❹ Retreace: Light cache가 에러를 생성할 경우 GI의 정밀도를 향상시킨다.

❺ Show calc. phase: 렌더링 과정을 보여준다.

❻ Use camera path: 전체 카메라 경로에 대한 Light cache의 샘플을 계산한다.

❼ Pre-filter: Light cache의 샘플이 렌더링되기 전에 필터링 된다.

❽ Filter: Light cache의 render-time filter의 종류를 설정한다.

   – None: 필터링을 하지 않는다.

   – Nearest: 음영 지점에서 가까운 샘플을 찾는다.

   – Fixed: 음영 지점에서 일정 거리내의 모든 평균 샘플을 찾는다.

❾ Use for glossy rays: 정상적인 GI 광선 외에 빛을 계산하는데 사용된다. 반사나 굴절이 많은 장면에서 사용할 경우 렌더링 속도를 빠르게 한다.

❿ Store direct light: Light cache를 저장하고 직접 광을 불러온다.

⓫ Bounces: 빛의 2차 반사 횟수를 설정한다.

Brute force GI

빛의 분포를 장면에 맞게 평균치를 산출하여 계산하는 방법이다.

❶ Subdivs: GI에 사용될 샘플 수를 설정한다.

❷ Bounces: 간접 광의 반사 횟수를 설정한다.

Global photon map

장면마다 조명 빛의 밀도를 적정 값으로 계산하는 방법이다.

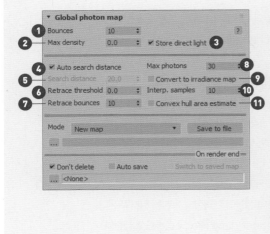

❶ Bounces: 광자에 의해 반사된 빛의 반사 횟수를 설정한다.

❷ Max density: Photon map의 해상도와 메모리를 설정을 한다.

❸ Store direct light: Photon map에 직접 조명을 저장한다.

❹ Auto search distance: 적당한 거리에서 광자를 자동으로 검색하여 계산한다.

❺ Search distnace: Auto search distance가 체크 해제 되었을 때 사용한다. 자동이 아닌 수동으로 검색되는 거리는 설정한다.

❻ Retrace thresholde: 0보다 클 경우 모서리 근처에서 Photon map 대신에 Burte force GI를 사용한다.

❼ Retrace bouncess: 모서리에서 반사되는 횟수를 설정한다.

❽ Max photonse: 음영 지점에서 조도에 근접할 때 가져올 광자의 양을 설정한다.

❾ Convert to irradiance map: Photon map에 저장되어 있는 광자의 지점에서 조도를 미리 계산하여 적게 사용한다.

❿ Interp. samplese: Photon map이 Irradiance map으로 변경될 때 가져올 샘플의 수를 설정한다.

⓫ Convex hull area estimatee: 체크 해제하면 V-Ray가 가장 많은 광자로 덮인 영역을 계산할 때 단순한 방식을 사용한다.

SECTION 3

Render Frame & V-Ray Frame VFB

렌더링된 결과물을 보여주는 창으로 메인 툴바에서 Render Frame(▣)을 클릭하여 나타난다. 설정에 따라서 Render Frame 창이나 V-Ray Frame VFB 창에서 렌더링된 결과물을 저장 및 저장 방식을 선택, Alpa 채널 저장, VFB는 간단하게 이미지를 보정할 수 있다. Render Frame & V-Ray Frame VFB의 기능을 알아보자.

Render Frame

3ds Max에서 기본으로 사용되는 Render Frame 창으로 렌더링된 결과물이 표시된다

A. Title Bar

뷰포트의 이름, 프레임 번호, 감마 표시, 이미지의 유형과 색상의 깊이, 가로/세로 비율 등의 정보가 표시된다.

B. Rendering Controls

렌더링할 뷰포트 설정, 렌더 명령 등을 설정할 수 있는 컨트롤 창을 표시한다.

❶ Area to Render: 뷰(Choose View), 선택(Selected), 영역 (Region), 자르기(Crop) 또는 확대(Blowup)를 선택한다.

❷ Edit Region(🖐): 영역 창의 조작을 활성화한다. 핸들을 드래그하여 크기를 조정하고 창의 내부를 드래그하여 이동한다.

❸ Auto Region Selected(▦): 영역, 자르기 및 확대 영역을 자동으로 설정한다.

❹ warning(⚠): 렌더링할 영역이 자르기나 확대로 설정될 경우에만 나타난다. 뷰포트에서 자르기 또는 확대 영역을 편집하라는 툴 팁이 표시된다.

❺ Viewport: 렌더링을 클릭한 후 렌더링되는 뷰포트를 표시한다.

❻ Lock To Viewport(🔒): 선택하면 다른 뷰포트를 선택한 후에 렌더링을 걸어도 Viewport 리스트에서 선택되어 있는 뷰포트만을 렌더링한다.

❼ Render Preset: 목록에서 설정되어 있는 렌더링 옵션을 선택한다.

❽ Render Setup(🖼): Render Setup 창을 나타나게 한다.

❾ Environment and Effects Dialog (Exposure Controls)(▣): Environment and Effects 창을 나타나게 한다.

❿ Render: 현재 설정을 사용하여 장면을 렌더링한다.

⓫ Production/Iterative: 렌더 버튼을 클릭한 경우의 결과를 선택한다.

  – Production: Frame 창, 설정된 렌더 등 현재 적용되어 있는 설정을 사용하여 렌더링한다.

  – Iterative: 네트워크 렌더링이나 다중 프레임 렌더링, 파일 저장 및 내보내기 등을 무시하고 반복적으로 렌더링한다.

C. Toolbar

⑫ Save image(🖫): Frame 창에 표시되어 있는 렌더링된 결과물을 이미지로 저장한다.

⑬ Copy Image(🖻): 다른 편집 프로그램에 붙여 넣을 수 있도록 Frame 창에 표시되어 있는 이미지를 복사하여 Windows 클립보드에 붙여넣기 한다.

⑭ Clone Rendered Frame Window(🖳): 렌더링된 결과물이 포함되어 있는 다른 창을 만든다. 재질이나 빛을 편집했을 때 비교하기가 쉬워진다.

⑮ Print Image(🖶): 렌더링된 결과물을 이미지로 컴퓨터에 설정되어 있는 기본 프린터로 출력할수 있게 한다. 배경은 투명으로 인쇄된다.

⑯ Clear(✖): 현재 프레임 창에 있는 렌더링 결과물을 삭제한다.

⑰ Enable Red, Green, Blue Channel(◉◉◉): 렌더링된 이미지의 RGB 채널을 표시한다. 각각의 채널을 클릭하여 해제하면 채널이 표시되지 않는다.

⑱ Display Alpha Channel(◉): 알파 채널을 표시한다.

⑲ Monochrome(◉): 렌더링된 이미지를 GrayScale로 표시한다.

⑳ Color swatch(☐): 렌더링된 결과물에 우 클릭하면 선택한 픽셀의 색상을 저장한다.

㉑ Toggle UI Overlays(🔲): 선택하면 영역, 자르기 또는 확대를 할 때 필요한 프레임 영역을 표시한다.

㉒ Toggle UI(🖩): 선택하면 모든 컨트롤을 사용한다.

D. Frame Window

렌더링된 결과를 보여준다. 렌더링되는 동안 및 완료 시 이미지를 확대 및 축소하거나 Pan으로 이동할 수 있다.

V-Ray Frame buffer = VFB

V-Ray 프레임 버퍼는 V-Ray의 특정 기능을 포함하는 렌더링을 위한 디스플레이 창이다. V-Ray는 3ds Max Rendered Frame Window로 렌더링할 수 있지만 V-Ray Frame Buffer 툴바에 있는 기능을 사용하여 보정과 추가 표현이 가능하다.

A. VFB Tool bar A

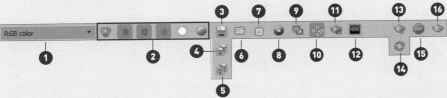

❶ 대화상자: 기본적으로 RGB 색상 및 알파 렌더링 요소를 보여준다. 또한 Elements를 선택하여 추가했을 경우 대화상자에 같이 나타난다.

❷ RGB, Alpha, Mono 패널: 현재 선택된 채널과 미리보기를 설정한다. 원하는 채널을 선택하면 선택한 채널을 보여준다.

❸ Save current channel: 현재 채널을 이미지 파일로 저장한다.

❹ Save all image channels to separate files: 모든 이미지 채널을 별도의 파일로 저장한다.

❺ Save all image channels to single file: 모든 이미지 채널을 하나의 파일로 저장한다.

❻ Load image: V-Ray Frame buffer에서 미리 볼 이미지 파일을 연다.

❼ Copy current channel to clipboard: 현재 채널을 클립보드에 복사한다.

❽ Clears image: 현재 렌더링된 내용을 삭제한다.

❾ Duplicate to Max frame buffer: 클릭하면 V-Ray Frame buffer의 진행되는 과정이나 완료된 결과물의 복사된 창을 만든다.

❿ Track mouse while rendering: 마우스 포인터에서 가까운 위치부터 렌더링을 진행한다.

⓫ Region render: VFB에서 영역을 선택하여 렌더링한다.

⓬ Use LUT correction : 색상 보정 설정에 불러온 효과를 On/Off 한다.

⓭ Start interactive rendering: V-Ray adv 버전인 경우 IPR

렌더링이 RT인 경우에는 ActiveShade 렌더링이 시작된다.

⓮ Refresh interactive rendering: 렌더링을 새로 시작한다.

⓯ Stop rendering: 현재 진행되고 있는 렌더링을 정지한다.

⓰ Render last: 마지막으로 진행했던 렌더링을 반복하여 렌더링한다.

B. VFB Tool bar B

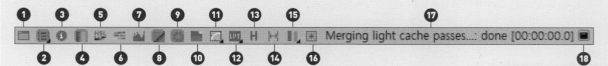

❶ Show Color Corrections: 다양한 색상 채널의 색상 보정을 할 수 있는 창을 생성한다.

❷ Force color clamping: VFB에서 color clamping을 강요하여 보여준다.

❸ Show Pixel information: 마우스 우 버튼 클릭으로 한 픽셀에 대한 정보 창을 생성한다.

❹ Use White Balance correction: 화이트밸런스 색상 보정을 활성화한다.

❺ Use HSL color correction: 색조/채도/밝기 색상 보정을 활성화한다.

❻ Use Color Balance correction: 균형 색상 보정을 활성화한다.

❼ Use Color level correction: 레벨 색상 보정을 활성화한다.

❽ Use colors curve correction: 커브 색상 보정을 활성화한다.

❾ Use exposure correction: 노출 보정을 활성화한다.

❿ Use Background Image: 배경 이미지 사용을 활성화한다.

⓫ Display colors in sRGB spaces: 이미지를 sRGB 색 공간에 표시한다.

⓬ Use LUT correction: 색상 보정 설정에 불러온 찾아보기 테이블의 효과를 On/Off으로 설정한다.

⓭ Show VFB history window: VFB 기록 창을 표시한다.

⓮ Use pixel aspect: 시각화에 픽셀 종회비를 사용한다.

⓯ Stereo red/cyan: 입체 미리보기를 활성화/비활성화 한다.

⓰ Open lens effects settings: 렌즈 효과 컨트롤 창을 생성한다.

⓱ Rendering: 렌더링이 진행되는 과정의 정보와 최종 렌더링 시간을 보여준다.

⓲ Show the V-Ray messages window: 메시지 창을 생성한다.

VFB Color Corrections

V-Ray Frame buffer 창에서 좌측 하단의 Show Color Corrections을 클릭하면 나타나는 창으로 활성화하여 추가 보정 작업이 3ds Max 안에서도 가능하게 한다. 좌측 상단의 체크박스를 클릭하여 원하는 보정 효과를 사용한다.

> **tip**
>
> V-Ray Frame buffer의 Color Correction을 사용하여 간단한 보정 작업뿐만 아니라 최종 렌더링 후 보정 작업을 진행할 때 분위기나 색감 설정을 미리 해보는 것이 가능하다. 최종 디테일한 보정 작업은 포토샵이나 다른 편집 프로그램을 사용한다.

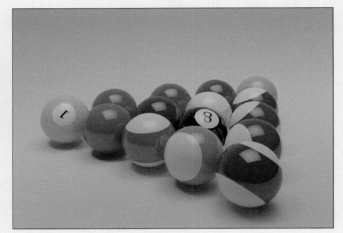

▲ 기본 이미지

A. Exposure

B. White Balance

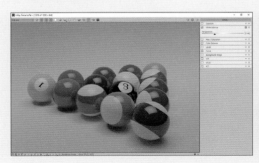

C. Hue/Saturation

D. Color Balance

E. levels

F. Curve

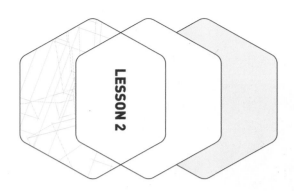

LESSON 2

Test 렌더링과
최종 렌더링 설정

전반적인 분위기와 느낌을 보여주는 것이 Test 렌더링이다. Test 렌더링에서는 작업자가 설정한 재질과 Light가 맞는지
확인하는 작업도 같이 진행한다. 그다음 최종 확인이 끝나면 최종 렌더링을 진행한다. Test 렌더링과 최종 렌더링의 설정 방법을 알아보자.

SECTION 1

Test 렌더링 설정 및 렌더링하기

Test 렌더링 설정을 해보자. 클라이언트와 수정 작업을 진행할 때 사용하며 렌더링 시간이 오래 걸리지 않고
최종 렌더링 시 결과물을 미리 파악할 수 있을 정도의 퀄리티가 필요하다.

Test 렌더링 설정하기

예제 파일을 실행한 후, 메인 툴바에서 Render Setup(🔧)(F10)을 클릭하여 [Render Setup] 창을 불러와
Test 렌더링을 위한 V-Ray 설정을 다음과 같이 변경한다. 기본적으로 설정 UI View는 전문가용이나 고급자
용 설정으로 진행한다.

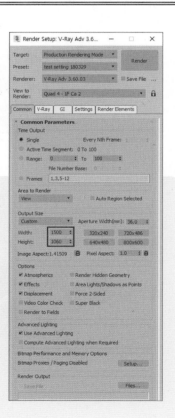

● 예제 파일 | Sample/Part08/Lesson02/S-house Test.max
예제 파일 | Sample/Render Setting/Test Render setting.RPS

A. Common 탭

> **tip**
>
> Test 렌더링의 경우 Width의 크기를 1200~1500 정도로 한
> 다. 1200 이하로 Test 렌더링을 하면 편집 프로그램에서 보정
> 작업이 어렵다.

B. Frame buffer

C. Image sampler(Antialiansing)

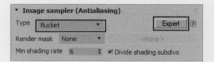

D. Image filter

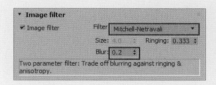

E. Progressive image sampler

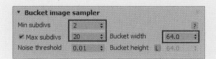

F. Global DMC

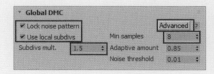

G. Color mapping

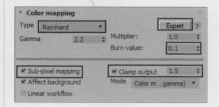

H. Global illumination

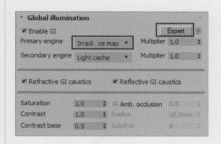

I. Irradiance map

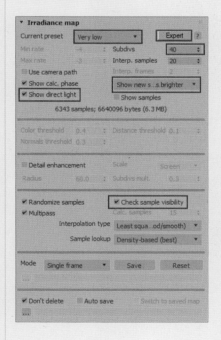

J. Light cache

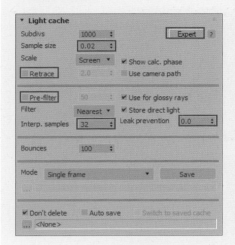

K. System

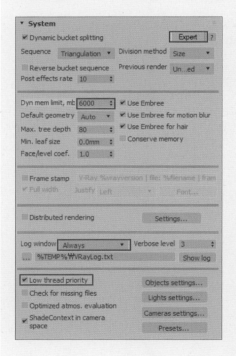

L. Render Elements탭

tip

System은 Settings 탭에 있는 설정 창이다. Dynamic bucket splitting만을 설정 변경하였다. Dynamic bucket splitting는 렌더링 작업 시에 컴퓨터의 사용 가능한 모든 CPU 코어를 사용하기 위해서 Bucket 크기를 줄이는 설정이다.

렌더링 설정 저장하기/불러오기

렌더링 설정 파일을 저장하여 다른 작업 진행 시 사용할 수 있다.

01 메인 툴바에서 Render Setup( )(F10)을 클릭하여 [Render Setup] 창을 불러온다. 설정을 적
용한 후, Preset의 대화상자를 클릭하여 목록 중에서 Save Preset을 클릭한다.

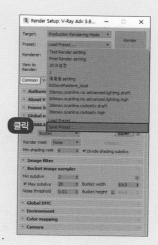

02 [Render presets Save] 창이 나타나면 원하는 경로를 설정
하고 File name에 이름을 입력하고 [Save] 버튼을 클릭한다.

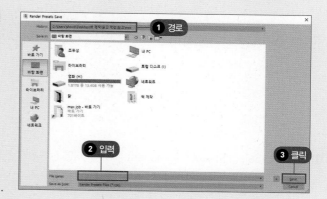

03 [Select Preset Categories] 창이 나타나면 저장할 항목을 확인한 후, [Save] 버튼을 클릭하여 지정
했던 경로로 파일을 저장한다.

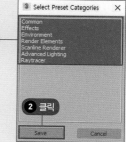

04 저장한 렌더링 설정 파일을 불러온다. 다른 3ds Max를 실행한 후, 메인 툴바에서 Render Setup( )(F10)을 클릭하여 [Render Setup] 창을 불러온다. Preset의 대화상자를 클릭하여 목록 중에서 Load Preset을 클릭한다.

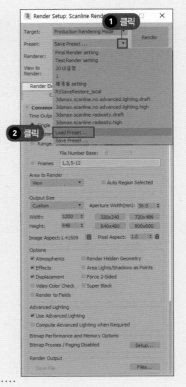

05 [Render presets Load] 창이 나타나면 저장했던 경로로 들어간 후, 파일을 클릭하여 [Load] 버튼을 클릭한다.

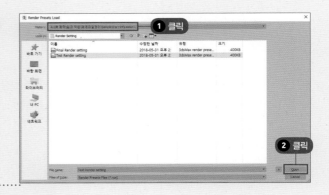

06 [Select Preset Categories] 창이 나타나면 전부 선택된 것을 확인한 후, [Load] 버튼을 클릭하여 설정을 불러온다.

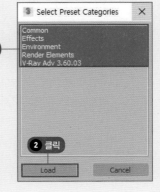

Test 렌더링하기

메인 툴바에서 Render Setup(🐛)(F10)을 클릭하여 [Render Setup] 창에서 [Render] 버튼을 클릭하거나 Render (Shift + Q)를 클릭하여 Test 렌더링을 진행한다. Test 렌더링 완료 후, 파일을 저장할 때 이미지 저장 방식은 JPG를 사용한다.

A. 1F Ca Camera

▲ V-Ray Frame buffer 보정

B. 1F Ca 2 Camera

▲ V-Ray Frame buffer 보정

C. 2F Ca Camera

▲ V-Ray Frame buffer 보정

D. 1F Ca 2 Camera

> **tip**
>
> 렌더링 시 결과물이 밝은 것보다 비교적 어두운 것
> 이 추후 보정 작업이 수월하다. 밝은 영역을 어둡게
> 보정할 경우 이미지가 깨져 보이거나 보정 결과가
> 이상하게 나올 경우가 많기 때문이다. 밝은 것보다
> 는 어둡게 하여 밝게 조절하는 것을 추천한다.

▲ V-Ray Frame buffer 보정

최종 렌더링 설정 및 렌더링하기

Test 렌더링을 통해서 이미지를 확인하였다면 최종 렌더링 작업을 진행해보자

최종 렌더링 설정하기

제공된 예제 파일을 불러온다. 메인 툴바에서 Render Setup(🐭)(F10)을 클릭하여 [Render Setup] 창을 불러와서 최종 렌더링을 위한 V-Ray 설정을 다음과 같이 변경한다.

⦿ 예제 파일: Sample/Part08/Lesson02/S-house Final.max
예제 파일: Sample/Render Setting/Final Render setting.RPS

A. Common 탭

> **tip**
>
> 최종 렌더링의 경우 클라이언트가 원하는 크기에 맞춰 렌더링을 진행한다.
> 보통 A3의 경우 가로 픽셀이 2000~2500 이상이고 A2는 3000 이상,
> A1은 4000으로 렌더링을 진행한다.

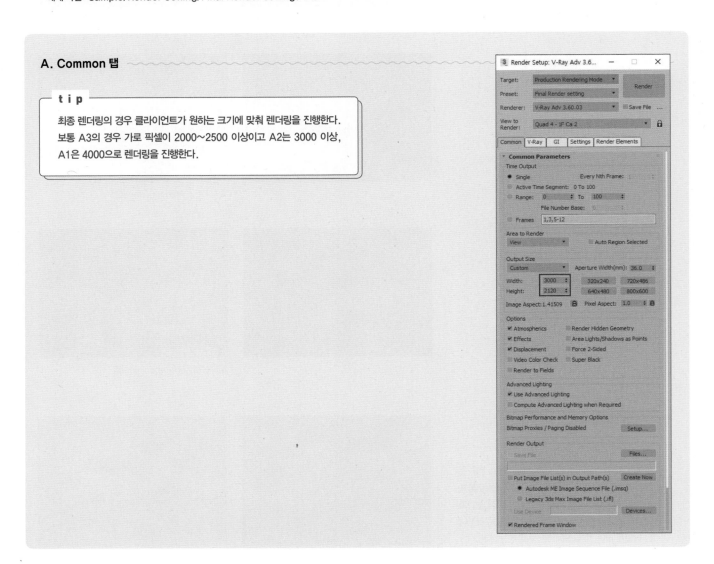

B. Irradiance map

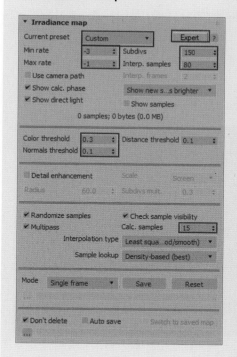

C. Light cache

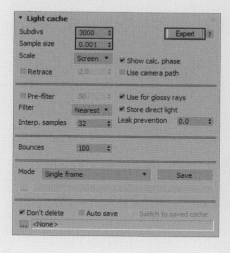

최종 렌더링하기

메인 툴바에서 Render Setup(🎬)(F10)을 클릭한 후, [Render Setup] 창에서 [Render] 버튼을 클릭하거나 단축키 Shift + Q 를 눌러 최종 렌더링을 진행한다. 최종 렌더링 완료 후, 파일을 저장할 때 이미지 저장 방식은 TGA 포맷을 사용한다.

A. 1F Ca Camera

C. 2F Ca Camera

B. 1F Ca 2 Camera

D. 1F Ca 2 Camera

> **tip**
>
> 최종 렌더링 이미지를 TGA를 사용하는 이유는 알파 채널이 지원이 된다는 점과 이미지 손실률이 JPG보다 적다는 점이다. 그러나 용량이 크기 때문에 Test 렌더링부터 사용하기보다는 최종 렌더링에서만 사용한다.

야경 렌더링하기

야경 장면도 최종 렌더링을 진행한다.

01 예제 파일을 불러온다.

● 예제 파일 | Sample/Part08/Lesson02/S-house N-Ca.max

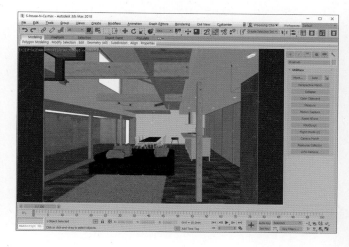

02 메인 툴바에서 Render Setup(🦌)(F10)을 클릭하여 [Render Setup] 창을 나타나게 한다. 그다음 Preset 목록에서 Load Preset을 클릭한다.

03 [Render Presets Load] 창이 나타나면 예제 CD에서 Final Render setting.rps 파일을 선택한 후, [Open] 버튼을 클릭한다.

● 예제 파일 | Sample/Render Setting/Final Render setting.rps

04 [Select Preset Categories] 창이 나타나면 전부 선택된 것을 확인한 후, [Load] 버튼을 클릭하여 설정을 불러온다.

05 [Render Setup] 창에서 변경된 설정을 확인한 후, [Render] 버튼을 클릭하여 렌더링을 시작한다.

06 렌더링이 완료되면 결과를 확인하고 다른 Camera를 선택하여 렌더링을 하거나 세로 뷰를 잡았던 파일을 Merge로 불러온 후, 가로, 세로 비율을 변경하여 렌더링한다.

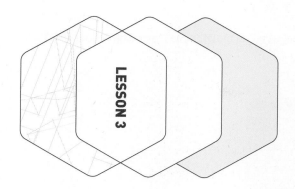

LESSON 3

보정하기

보정 작업은 렌더링 후 반드시 필요한 작업이다. 업무의 특성상 작업 시간과 기간이 짧은 경우가 많아 모든 작업을 3ds Max에서
진행하기 어려울 때 편집 프로그램을 이용하여 보정 작업 후, 최종 결과물을 제출한다. 여러 편집 프로그램이 있지만
V-Ray 기능에 있는 V-Ray Frame buffer를 이용한 방법과 많은 사람들이 알고 있는 Photoshop 프로그램을 이용하여 진행한다.

SECTION 1

V-Ray Frame buffer를 이용한 보정하기

V-Ray Frame buffer를 이용한 보정은 Test 렌더링에서 많이 사용한다. 공간의 밝기 조절과 분위기 색감 조절 등을
주로 체크하여 최종 렌더링 전 분위기를 정리한다.

01 V-Ray Frame buffer는 렌더링 후, 사용이 가능하기 때문에 예제 파일을 불러온다. 그다음 메인 툴바
에서 Render Setup( )(F10)을 클릭하여 [Render Setup] 창에서 Test 렌더링 설정값을 확인한 후,
[Render] 버튼을 클릭하여 렌더링을 실행한다.

🔘 예제 파일: Sample/Part08/Lesson02/S-house Test.max

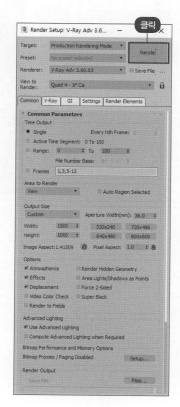

02 렌더링을 실행하면 [V-Ray frame buffer] 창이 나타난다. 창의 좌측 하단 툴바에서 첫 번째 아이콘 Show Color Corrections을 클릭하여 [Color Corrections] 창을 나타나게 한다.

03 [Color Corrections] 창에서 [Globals..] 버튼을 클릭하면 대화상자가 나타난다. Dock Color Corrections을 클릭하여 [V-Ray frame buffer] 창과 하나가 되도록 한다.

▲ Dock Color Corrections 클릭

---

t i p

Color Corrections의 설정도 [Globals...] 대화상자에서 Save를 클릭하여 설정을 저장하거나 Load를 클릭하여 저장했던 설정값을 불러와 사용할 수 있다.
또한 보정 효과마다 효과 창 우측 상단의 [Options](🗏) 버튼을 클릭하여 저장 및 불러오기 그리고 초기화가 가능하다.

04 첫 번째 Exposure의 좌측 옆 박스를 체크하여 활성화한다. 그다음에 우측의 [Show/Hide](∨) 버튼을 클릭하여 Exposure 창을 펼친다.

05 Exposure의 값을 다음과 같이 변경하여 렌더링된 이미지를 조절한다.

06 다음으로 White Balance의 좌측 옆 체크박스를 클릭한 후, 우측의 [Show/Hide](∨) 버튼을 클릭하여 창을 펼친다.

07 White Balance 값을 다음과 같이 변경하여 렌더링된 이미지를 조절한다.

08 Curve의 좌측 옆 체크박스를 클릭한 후, 우측의 [Show/Hide] (⊻) 버튼을 클릭하여 창을 펼친다.

09 Curve의 그래프를 다음과 같이 조정하여 렌더링 결과물의 변화를 확인한다.

10 간단하게 Color Corrections을 사용하여 보정 작업을 진행했다. 현재 사용한 효과 이외에도 다른 보정 효과도 같이 사용하여 렌더링 결과물을 조절해본다.

Photoshop을 이용한 보정하기

디테일한 보정 작업을 위해 다른 편집 프로그램을 사용하는 경우가 많으며 주로 Photoshop을 많이 사용한다.
최종 렌더링 이미지를 Photoshop으로 불러와 보정 작업을 해보자.

01 V-Ray Frame buffer를 사용하지 않은 렌더링 원본 상태의 파일을 사용하여 보정해보자.

🔵 예제 파일 | Sample/Ren/1/1.RGB_color.tga

02 폴더의 다른 파일들을 선택한 후, Photoshop에 불러온 이미지 위로 드래그한다.

03 Enter 를 반복하여 전부 Layer 창에 생성되게 한다.

04 전부 생성되었으면 Layers 창에 Background을 선택한 후, Ctrl + J 를 눌러 레이어를 복사한다. 그다음 Ctrl + Shift + [를 눌러 Layer 상단으로 이동한다.

Lesson 3 보정하기 | **7 8 1**

05 위로 올린 Background 레이어를 선택한 후, `Ctrl` + `J` 를 눌러 복사한다. 그다음 블랜딩 모드를 Screen으로 적용한다.

06 Screen을 적용한 레이어와 그 아래 Backgorund 레이어를 선택한 후, `Ctrl` + `E` 를 눌러 하나의 레이어로 합친다.

07 메뉴바의 Image 〉 Adjustments 〉 Brightness/Contrast를 클릭하여 다음과 같이 적용한다.

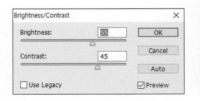

08 메뉴바의 Image 〉 Adjustments 〉 Curves를 클릭하여 다음과 같이 적용한다.

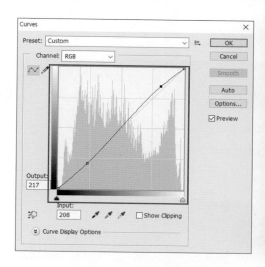

09 메뉴바의 Image 〉 Adjustments 〉 Vibrance를 클릭하여 다음과 같이 적용한다.

10 1.VRayRawReflection Layer를 복사한다. 그다음 Layer 제일 위로 이동한 후, 블랜딩 모드를 Soft Light를 적용하고 Opacity를 30으로 변경한다.

11 그다음 우측 하단에 Add Layer Mask를 적용한다. 지우개 툴을 선택하여 1층의 천정과 창가 쪽 부근, 1층 기둥 부근을 지워준다.

12 Layer 패널에서 맨 위 레이어를 선택한 후, Stamp Visible (Ctrl + Alt + Shift + E)를 클릭하여 하나로 합쳐진 레이어를 만든다.

13 앞에 있는 기둥과 소파 Rug의 밝기를 조절한다. Layer에서 VRayWireColor를 선택한 후, 선택 툴로 기둥 부근을 선택한다.

14 선택된 상태로 Layer 1 레이어를 선택하고 Layer Via Copy (Ctrl + J)를 클릭하여 선택 영역을 레이어로 복사한다. 그 다음 Layer 이름을 Wood Col로 변경한다.

15 소파와 Rug도 각각의 Layer로 복사한다. 그다음 각각의 Layer 이름을 Sofa, Rug로 변경한다.

16 Wood col Layer를 선택한 후, 메뉴바의 Image 〉 Adjustments 〉 Color Balance를 다음과 같이 적용한다.

17 sofa Layer를 선택한 후, 메뉴바의 Image 〉 Adjustments 〉 Brightness/Contrast를 다음과 같이 적용한다.

18 Rug Layer를 선택한 후, 메뉴바의 Image 〉 Adjustments 〉 Brightness/Contrast를 다음과 같이 적용한다.

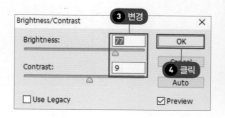

19 보정 전과 후를 확인한 후, PSD 파일로 저장한다. 그다음 별도로 TGA 파일로 다시 한번 저장한다.

▲ 보정 전

▲ 보정 후

20 다른 파일들도 보정을 한다.

▲ 보정 전

▲ 보정 후

▲ 보정 전

▲ 보정 후

▲ 보정 전

▲ 보정 후

다음 프로젝트 파일을 사용하여
사용자가 직접 재질과 조명을 설치하고 새롭게 만들어보자.

실습예제

01

REDUX
HOUSE
| 실사이미지 |

Redux House

실제 건축물의 도면 및 사진을 보고 동일하게 만들어 보는 연습은 모델링의 다양한 기능을 익히고
감각을 키울 수 있는 매우 중요한 과정이다. 다음 이미지는 필자가 건축물 사진을 보고 만든 작품들이다.
건축물 사진을 바탕으로 모델링과 재질, 조명 등 핵심 기능들을 사용하여 분위기를 연출해보자.

● 예제 파일: Sup/redux house

REDUX HOUSE
| 모델링파일 |

예제 파일은 Camera와 모델링만 완료되어 있다. Camera는 각각 이미지의
실제 크기 이름으로 저장하여 사용하였다. 총 5개의 뷰로 정리되어 있으며 나머지 부분의
설정을 완료하여 사진 이미지와 동일하게 분위기를 연출해본다.

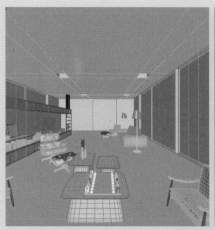
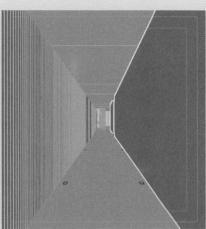
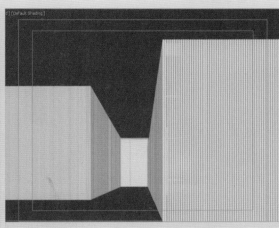

실습예제

02

GUEST HOUSE
| 실사이미지 |

Guest House

필자가 진행하였던 프로젝트중 하나이다. 게스트하우스였으며 도면과 참고 이미지를 바탕으로 작업을 진행했다.
최종 렌더링 이미지를 참고하여 작업을 진행해보자.

● 부록 파일: Sup/guest house

GUEST
HOUSE
| 모델링파일 |

예제 파일은 Camera와 모델링만 설정되어 있다.

나머지 설정 부분을 완료하여 완성해보자.

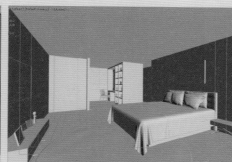

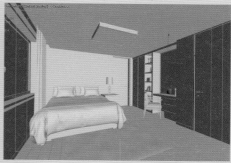

색인

숫자

2.5D Snap	096
2D Snap	096
3D Object	149
3D Snap	096

A~B

Arc	126
Array	072
Attach	081
Bend	158
Bevel	139
Border	150

C

Camera	637
Circle	125
Command Panel	051
Cone	101
Create	100
Crossing	065
Cylinder	104

D~H

Detach	081
Edge	149
Element	150
Ellipse	125
Explode	082
Extrude	137
Falloff	521

Fence	067
FFD	176
Freeze	089
Geometry	100
Geosphere	103
Gi	757
Group	078
Helix	128
Hide	083

L~N

Lathe	146
Light	716
Line	124
Loft	112
Main Toolbar	033
Material Editor	502
Mirror	076
Mix	524
Modify	129
Ngon	126
Noise	172
Noise	525

O~R

Object Selection	064
Plane	107
Polygon	150
Proboolean	115
Pyramid	106
Rectangle	124
Render Frame	760
Render Setup	742
Renderer	746
Rotate	060

S~T

Scale	061
Shapemerge	110
Shell	168
Slate Material Editor	506
Slice	162
Snap	096
Snap Toggle	096
Sphere	102
Spline	122
Spline	132
Star	127
Teapot	107
Text	127
Textplus	108
Torus	105
Transform Gizmo	058
Tube	105
Turbosmooth	174
Twist	169

U~W

Ungroup	078
Vertex	149
VFB	762
Viewport	043
VRay Material	511
VRay2SidedMtl	529
VRayBlendMtl	537
VRayDirt	539
VRayEdgesTex	544
VRayLightMtl	534
VRayOverrideMtl	532
VRayplane	121
VRayproxy	119
Window	065